注册建造师继续教育选修课教材

# 公 路 工 程

## （适用于一、二级）

中国公路建设行业协会　编写

中国建筑工业出版社

**图书在版编目（CIP）数据**

公路工程/中国公路建设行业协会编写. —北京：中国建筑工业出版社，2012.8

注册建造师继续教育选修课教材. 适用于一、二级
ISBN 978-7-112-14558-4

Ⅰ.①公…　Ⅱ.①中…　Ⅲ.①道路工程-建筑师-继续教育-教材　Ⅳ.①U41

中国版本图书馆 CIP 数据核字（2012）第 183145 号

本书是公路工程专业注册建造师参加继续教育选修课学习的参考教材。本书共分四章：公路工程施工企业管理；公路工程建设项目管理；公路工程建设相关法规及标准规范性文件；项目管理案例。附录还收集了 20 个公路工程典型工法。本书为公路工程专业一、二级注册建造师参加继续教育的培训教材，也可供公路工程专业技术和管理人员参考使用。

\* \* \*

责任编辑：刘　江　岳建光
责任设计：董建平
责任校对：党　蕾　陈晶晶

注册建造师继续教育选修课教材
## 公　路　工　程
（适用于一、二级）
中国公路建设行业协会　编写

\*

中国建筑工业出版社出版、发行（北京西郊百万庄）
各地新华书店、建筑书店经销
北京红光制版公司制版
北京建筑工业印刷厂印刷

\*

开本：787×1092毫米　1/16　印张：$29\frac{1}{2}$　字数：733千字
2012年8月第一版　2015年6月第六次印刷
定价：**78.00**元
ISBN 978-7-112-14558-4
(22643)
如有印装质量问题，可寄本社退换
（邮政编码　100037）

注册建造师继续教育选修课教材

# 《公 路 工 程》

# 编 写 委 员 会

主任委员：单长刚

副主任委员：杨屹东　袁秋红

主　　编：王学军

委　　员：（排名不分先后）

于　光　周　钢　刘元炜　李松青

洪　卫　魏道升　翁其能　喻小明

陈万球　张　湘　李雪淋　刘建生

康石磊　傅道春　赵文声　唐　军

向　英　许建盛　刘　鹏　吴　永

# 前　　言

根据《注册建造师管理规定》（建设部第 153 号）和《注册建造师继续教育管理暂行办法》（建市［2010］192 号）以及行业主管部门有关要求，为做好一、二级注册建造师（公路工程专业）继续教育培训工作，我们组织编写了《注册建造师继续教育选修课教材——公路工程》。

选修课教材是对必修课教材的补充和完善，本书补充了新的法律法规，增加了施工企业管理以及安全生产管理的内容，强化了项目的风险管理及信息管理，以及公路工程工法的管理及工法举例，同时列举了典型工程案例，体现了专业性、实践性和应用性，注重提升注册建造师的工程实践能力、项目风险管理能力以及综合管理能力。

本书为公路工程专业一、二级注册建造师参加继续教育的培训教材，也可供公路工程专业技术和管理人员参考使用。

本书共分四章：公路工程施工企业管理；公路工程建设项目管理；公路工程建设相关法规及标准规范性文件；项目管理案例；以及 20 个典型工法。

第一章主要介绍了公路交通发展规划；公路施工企业发展战略与规划；公路工程工法管理；公路交通优质工程奖。

第二章主要介绍了工程建设项目管理模式；公路工程建设项目合同风险管理；公路工程建设项目管理的信息化。

第三章主要介绍了《招标投标法实施条例》等八个与公路工程相关的法律法规。

第四章主要介绍了公路路基、路面、桥梁、隧道施工质量与安全事故的典型案例，以及国际工程合同管理、施工风险管理、技术创新的案例。

参与本书编写的主要人员有王学军、周钢、刘元炜、赵文声、滕小平、李松青、魏道升、洪卫、翁其能、李雪淋、刘建生、喻小明、康石磊、陈万球、张湘、傅道春。编写过程中得到了中交第三公路工程局有限公司、广东省长大公路工程有限公司、重庆交通大学、长沙理工大学、山东交通学院等单位的大力支持，在此，一并表示衷心感谢。

本书难免有不妥和疏漏之处，恳请提出宝贵意见。

# 目　　录

1 公路工程施工企业管理 ……………………………………………………………………… 1

　1.1　公路交通发展规划 ……………………………………………………………………… 1

　　1.1.1　构建综合交通运输体系 …………………………………………………………… 1

　　1.1.2　公路交通"十二五"发展规划 …………………………………………………… 1

　　1.1.3　公路交通运输科技发展规划 ……………………………………………………… 5

　　1.1.4　安全生产"十二五"规划 ………………………………………………………… 7

　1.2　公路施工企业发展战略与规划 ………………………………………………………… 12

　　1.2.1　公路工程施工企业战略观念 ……………………………………………………… 14

　　1.2.2　公路工程施工企业发展战略内容与过程 ………………………………………… 22

　　1.2.3　施工企业品牌形象的塑造战略与发展定位 ……………………………………… 33

　　1.2.4　我国建筑施工企业的国际化战略 ………………………………………………… 39

　1.3　公路工程工法管理 ……………………………………………………………………… 42

　　1.3.1　我国工法产生的背景和开展情况 ………………………………………………… 42

　　1.3.2　工法的基本内容和作用 …………………………………………………………… 45

　　1.3.3　公路工程工法管理办法 …………………………………………………………… 46

　　1.3.4　公路工程工法编制指南 …………………………………………………………… 47

　　1.3.5　公路工程工法范例 ………………………………………………………………… 50

　1.4　公路交通优质工程奖 …………………………………………………………………… 51

　　1.4.1　《公路交通优质工程奖评选办法》修订主要内容 ……………………………… 52

　　1.4.2　《公路交通优质工程奖评选办法》主要内容 …………………………………… 52

2 公路工程建设项目管理 …………………………………………………………………… 54

　2.1　工程建设项目管理模式 ………………………………………………………………… 54

　　2.1.1　施工任务委托的模式 ……………………………………………………………… 54

　　2.1.2　建设项目总承包 …………………………………………………………………… 58

　　2.1.3　CM 模式 …………………………………………………………………………… 63

　　2.1.4　项目融资模式 ……………………………………………………………………… 66

　　2.1.5　工程管理委托的模式 ……………………………………………………………… 69

　2.2　公路工程建设项目合同风险管理 ……………………………………………………… 75

　　2.2.1　公路工程建设项目的合同风险 …………………………………………………… 76

　　2.2.2　公路工程建设项目合同风险的防范 ……………………………………………… 84

　　2.2.3　公路工程建设项目 DB 承包模式及其相关问题 ………………………………… 91

　　2.2.4　国际工程合同索赔 ………………………………………………………………… 102

2.3 公路工程建设项目管理的信息化 ·············· 121

  2.3.1 概述 ····················· 121

  2.3.2 公路工程建设项目管理信息系统 ·········· 130

  2.3.3 公路工程建设项目管理软件介绍 ·········· 142

**3 公路工程建设相关法规及标准规范性文件** ·········· 151

 3.1 《招标投标法实施条例》 ············· 151

  3.1.1 背景及简介 ················· 151

  3.1.2 《条例》重要条款解读 ············· 152

  3.1.3 《条例》法律责任规定 ············· 152

  3.1.4 对《条例》内容的探讨与建议 ·········· 156

 3.2 《公路工程建设项目用地指标》 ·········· 157

  3.2.1 背景及简介 ················· 157

  3.2.2 主要内容解读 ················ 157

 3.3 《公路建设市场管理办法》 ············ 158

  3.3.1 背景及简介 ················· 158

  3.3.2 主要内容 ·················· 158

 3.4 《公路工程施工分包管理办法》 ·········· 164

  3.4.1 背景及简介 ················· 164

  3.4.2 主要内容解读 ················ 165

  3.4.3 《办法》行为管理的规定 ············ 166

 3.5 《企业安全生产费用提取和使用管理办法》 ····· 167

  3.5.1 背景及简介 ················· 167

  3.5.2 主要内容 ·················· 168

 3.6 《交通运输企业安全生产标准化考评管理办法》 ··· 170

  3.6.1 背景及简介 ················· 170

  3.6.2 主要内容 ·················· 170

 3.7 公路桥梁和隧道工程安全风险评估制度 ······· 173

  3.7.1 《公路桥梁和隧道工程设计安全风险评估指南（试行）》 ·· 173

  3.7.2 《公路桥梁和隧道工程施工安全风险评估指南（试行）》 ·· 174

 3.8 《高速公路施工标准化活动实施方案》 ······· 176

  3.8.1 背景及简介 ················· 176

  3.8.2 方案具体细则 ················ 177

**4 项目管理案例** ·················· 180

 4.1 某公路大型桥梁坍塌事故案例分析 ········· 180

 4.2 大伙房输水工程特长隧道施工 ··········· 185

 4.3 渝遂高速公路合同管理 ·············· 191

 4.4 南京某过江隧道盾构施工风险分析 ········· 198

4.5　桥梁工程饰面清水混凝土施工技术创新　………………………　214

4.6　大跨径钢桥面铺装施工技术创新　………………………………　219

4.7　缅甸钦敦江大桥项目管理　………………………………………　224

**附录　公路工程典型工法**　……………………………………………………　230

附录1　高原多年冻土区路基施工工法　………………………………　230

附录2　浅海水域公路工程施工工法　…………………………………　237

附录3　深层软土地基预应力PHC管桩静压处理施工工法　…………　258

附录4　重载交通沥青路面基层贫混凝土施工工法　…………………　271

附录5　高寒地区钢纤维混凝土路面面层施工工法　…………………　285

附录6　钢桥面ERS铺装施工工法　……………………………………　293

附录7　三辊轴机组连续配筋水泥混凝土路面裸化施工工法　………　304

附录8　热拌环氧沥青混凝土钢桥面铺装施工工法　…………………　316

附录9　遥控飞艇施放大跨径悬索桥先导索施工工法　………………　328

附录10　大直径深长钻孔桩旋挖钻机施工工法　………………………　338

附录11　大跨度悬索桥先导索火箭抛送施工工法　……………………　349

附录12　大跨度变截面连续箱梁组合式支架大节段现浇施工工法　…　358

附录13　悬索桥边跨无索区钢箱梁安装施工工法　……………………　373

附录14　斜拉桥组合梁段悬拼吊机安装施工工法　……………………　381

附录15　浅埋偏压地段双连拱公路隧道施工工法　……………………　396

附录16　公路隧道超大直径深竖井施工工法　…………………………　405

附录17　四车道大跨度公路隧道施工工法　……………………………　416

附录18　海底隧道断层破碎带综合施工工法　…………………………　428

附录19　公路隧道前置式洞口工法　……………………………………　443

附录20　超大直径盾构穿越浅覆土水下隧道施工工法　………………　451

**参考文献**　………………………………………………………………………　463

# 1 公路工程施工企业管理

## 1.1 公路交通发展规划

### 1.1.1 构建综合交通运输体系

《中华人民共和国国民经济和社会发展第十二个五年规划纲要》在第 12 章 "构建综合交通运输体系" 中提出,按照适度超前原则,统筹各种运输方式发展,基本建成国家快速铁路网和高速公路网,初步形成网络设施配套衔接、技术装备先进适用、运输服务安全高效的综合交通运输体系。

(1)完善区际交通网络

加快铁路客运专线、区际干线、煤运通道建设,发展高速铁路,形成快速客运网,强化重载货运网。完善国家公路网规划,加快国家高速公路网剩余路段、瓶颈路段建设,加强国省干线公路改扩建。大力推进长江等内河高等级航道建设,推动内河运输船舶标准化和港口规模化发展。完善煤炭、石油、铁矿石、集装箱等运输系统,提升沿海地区港口群现代化水平。完善以国际枢纽机场和干线机场为骨干、支线机场为补充的航空网络,积极推动通用航空发展,改革空域管理体制,提高空域资源配置使用效率。

(2)建设城际快速网络

适应城市群发展需要,以轨道交通和高速公路为骨干,以国省干线公路为补充,推进城市群内多层次城际快速交通网络建设。建成京津冀、长江三角洲、珠江三角洲三大城市群城际交通网络,推进重点开发区域城市群的城际干线建设。

(3)优先发展公共交通

实施公共交通优先发展战略,大力发展城市公共交通系统,提高公共交通出行分担比率。科学制定城市轨道交通技术路线,规范建设标准,有序推进轻轨、地铁、有轨电车等城市轨道交通网络建设。积极发展地面快速公交系统,提高线网密度和站点覆盖率。规范发展城市出租车业,合理引导私人机动车出行,倡导非机动方式出行。优化换乘中心功能和布局,提高出行效率。统筹城乡公共交通一体化发展。

(4)提高运输服务水平

按照客运零距离换乘、货运无缝化衔接的要求,加强铁路、公路、港口、机场、城市公共交通的有机衔接,加快综合交通枢纽建设。推广先进装备技术应用,提高交通运输信息化水平。优化运输组织,创新服务方式,推进客票一体联程、货物多式联运。大力发展节能环保的运输工具和运输方式。积极发展公路甩挂运输。加强安全管理,保障运输安全。

### 1.1.2 公路交通 "十二五" 发展规划

公路交通要坚持建、养、运、管并重,完善国家公路网规划,基本建成国家高速公路网,加大国道改造力度,加强公路科学养护,优化营运车辆结构,创新运输组织模式,规范建设和运输市场管理,全面提升公路运输保障能力和服务水平。

（1）完善公路交通网络

1）完善公路网规划

根据"统筹规划、条块结合、分级负责、联合建设"的公路建设原则，按照现行管理体制，并从事权管理的角度，全面完善公路网规划，推进国家公路网规划建设，形成层次清晰、功能完善、权责分明的干线公路网络系统，重点建设国家高速公路，实施国省道改造，继续推进农村公路建设，加快国家公路运输枢纽等专项建设。贯彻落实新一轮区域发展规划，重点扶持西部地区、"老少边穷"地区，特别是西藏、新疆等重点区域公路交通建设。到 2015 年，基本形成适应综合运输体系发展要求的公路交通网络，公路网结构明显趋于合理，区域公路发展差距明显缩小，城乡之间路网衔接更加顺畅。积极探索建立高速公路与普通公路统筹发展的新机制，逐步形成以高速公路为主体的收费体系和普通公路为主体的不收费体系。

2）加快形成高速公路网

推进国家高速公路建设，加快高速公路网剩余路段、瓶颈路段的建设，基本完成 2004 年国务院审议通过的国家高速公路网规划，建成比例超过 90%，通车里程达到 8.3 万公里。积极推进国家公路网规划中的国家高速公路新增路线建设；支持纳入国家区域发展规划、对加强省际、区域和城际联系具有重要意义的高速公路建设，提高主要通道的通行能力；继续完善疏港高速公路和大中城市绕城高速公路等建设；全国高速公路的网络化程度和可靠性显著提高，有力促进综合运输体系的协调发展。

3）强化国省道改造

加大国省道改造力度，着力提升技术等级、服务能力和水平。重点提高国省道二级及以上公路比例，加快实施县通二级公路建设，国道二级及以上公路比例达到 70% 以上。按照国家公路网规划，重点推进国道网建设，增强国道对县级及以上行政节点的连接和覆盖。进一步加大危桥改造力度，按照技术规范要求严格实施安保工程。

4）继续推进农村公路建设

农村公路建设坚持"扩大成果、完善设施、提升能力、统筹城乡"的总体思路，为广大农村地区提供更完善的公共服务。一是推进以西部建制村通沥青（水泥）路为重点的全国通达、通畅建设任务，满足农民群众的基本出行需求；二是完善农村公路基础设施，包括桥梁新改建工程、安保工程等，提高农村公路的抗灾能力和安全水平；三是改善农村公路网络状况，包括县乡道改造、连通工程等，提高农村公路的网络化水平和整体服务能力。到"十二五"末，农村公路总里程达到 390 万公里。

5）加快公路运输站场建设

加快推进国家公路运输枢纽站场建设，公路客、货运输站场建成率力争达到 50% 和 40%。重点建设一批集铁路、公路、城市交通客运中转换乘功能于一体、实现"零距离换乘"的综合客运枢纽，大力推进一级公路客运站建设，地级市至少拥有 1 个一级客运站。继续推进农村客运站场建设。

6）加强口岸公路等专项建设

推动口岸公路建设，构建国际大通道，支持亚洲公路网、上海合作组织、东盟区域合作以及中俄地区合作规划等涉及的口岸公路建设。全面提高口岸公路技术等级和路面状况，通往国家重要陆路口岸的公路基本实现高等级化。

此外，继续支持红色旅游公路建设。同时结合国省道和农村公路建设，加强旅游公路建设。

（2）加强公路养护管理

1）完善公路养护管理法规体系

创新公路养护管理的体制机制，建立和完善相关工作制度，研究制定《公路养护作业单位资质管理办法》、《公路养护市场管理办法》以及公路技术状况监督、养护工程交（竣）工等配套部门规章和技术标准，修订养护定额标准，完善养护决策工作流程。

2）推进公路科学养护

基本建立国省道养护管理科学决策体系，主要路况检测指标基本实现自动化，路况评价及养护决策实现信息化和制度化。

实施公路大中修养护工程。确保全国每年对不少于17%的国省道实施大中修工程。组织开展公路养护示范工程创建活动。

加快推行预防性养护。研究制订预防性养护指导政策、技术标准。加强预防性养护新设备、新材料、新技术和新工艺的研究，推行低碳、环保、节能养护，努力形成成套技术标准体系。

3）全面加强农村公路养护

建立健全农村公路养护管理机制，深化农村公路管理养护体制改革。落实农村公路养护责任主体，进一步完善指标体系和考核体系。加大政府财政投入，建立长期稳定可靠的农村公路养护资金渠道和政策，力争实现农村公路"有路必养"。

4）规范路政管理，强化公路保护工作

加大路政执法和公路保护工作的力度，逐步实现路政管理覆盖所有公路，逐步提高路政管理设施与装备水平，创新路政管理手段，推进路政管理信息化。力争"十二五"时期路政案件查处率达到90%以上。

提高路政管理规范执法和文明服务的能力。逐步推行网上办理行政许可、跨省大件运输联合审批、高速公路救援、公路养护作业现场秩序维持和疏导等便民服务措施。

全面推进经营性公路的路政管理工作由地方交通运输主管部门或公路管理机构实施派驻管理的模式，探索高速公路和公路超限检测站的路政工作由公路管理机构实施跨区统筹管理模式。

（3）提升公路运输服务水平

1）引导发展现代化营运车辆

引导营运车辆向专业化、标准化、清洁化方向发展。鼓励发展大中型高档客车，大力发展适合农村客运的安全、实用、经济型乡村客车。鼓励发展集装箱、厢式、冷藏、散装、液罐、城市配送等专用运输车辆和标准车型。重点推进干线公路营运货车的轻质化、标准化。加快更新老旧车辆，促进高效、节能运输车辆的发展。建立健全推荐车型制度，促进车型标准化。

2）推进运输组织模式创新

鼓励企业间广泛开展协作与联营，引导运输市场向市场主体集约化和运输经营网络化方向发展。以国家公路运输枢纽为主要节点，完善站场组织功能，构建城际快速公路货运网络，发展零担快运等网络化运输形式。全面推进甩挂运输试点工程，探索甩挂运输运营组织模式，进一步完善促进甩挂运输全面发展的政策法规和标准规范体系。

3）促进区域及城乡客运发展

打破地域壁垒，统筹跨区域班线客运、旅游客运线路资源，鼓励有条件的地区开通公交化的城际客运班线，统一规划城际客运线网、专用候车亭和招呼站以及换乘枢纽，稳步推进城际间道路客运一体化发展。

统筹城乡客运资源配置，鼓励城市公交向城市周边延伸覆盖，支持有条件的地区进一步推进农村客运公交化改造。建立城乡客运一体化的协调共享机制，完善城乡客运一体化标准规范体系，实现城乡客运服务的有效衔接。

推行与其他客运方式差异化发展战略。优化城际客运班线线网布局。稳步拓展短途、多样化与个性化客运市场，优化中长途客运资源配置。大力发展包车客运、旅游客运、精品班线、机场快线、商务快客、短途驳载等运输效率高、通达度深的特色客运业务。

4）大力发展农村客运

加大对农村客运的支持力度，完善农村客运线网布局，稳步提高农村客运班车通达率，基本实现村村通，建制村班车通达率东部地区达到95％，中西部地区达到90％以上。

提高农村客运组织化、规模化水平，稳步推广农村客运的片区经营模式，将企业经营范围由线路规定改为区域划定，实行公司化经营，探索开行隔日班、周班、节日或赶集班等固定或者非固定的班次。

（4）完善公路市场管理

1）完善运输市场管理

以安全、节能减排和服务质量为重点，完善道路运输市场准入和退出机制。加强行业诚信体系建设，完善对道路运输企业质量信誉考核和从业人员的诚信考核。建立驾驶员培训、机动车维修、汽车租赁业的服务质量监测和考核体系，逐步建立全国汽车维修质量检测及汽车配件质量保证和追溯体系。

大力发展汽车租赁业，推动建立全国性的汽车租赁业服务网络，完善汽车租赁业管理制度，规范经营行为。扶持推广"物联网"技术在汽车租赁业的应用，完善租赁车辆调度管理系统。建立顾客诚信管理档案，健全电子支付系统。引导汽车租赁企业以资产和品牌为纽带开展加盟连锁经营，鼓励企业异地设置网点以及与汽车生产企业、汽车维修企业实行联合经营，扩大服务覆盖范围。

2）加强建设市场监管

严格建设市场准入，在资质资格审查、市场资格限制、接受社会监督等方面进一步加强管理，规范工作程序，促进市场公平。加强公路工程招投标监管，严格实行招标文件编制和备案审查，规范评标定标程序，研究建立信用评价辅助招标工作机制，加强招标工作考评和监督。加强监督检查，进一步规范建设市场秩序。

进一步加强公路工程基本建设程序监督和质量安全管理、招标投标、市场监管等方面的法规建设，不断完善公路建设法规体系。同时要加快涉及安全、环保、用地、节能方面标准规范的制修订进程，进一步完善公路工程标准规范体系。

3）完善信用体系建设

加强信用管理，规范信息采集、评价、发布、监督、应用等各环节工作要求，促进信用信息互联互通，形成全国共享的信息管理网络。逐步扩展评价主体，将信用评价范围扩大到项目法人、招标代理、勘察设计、工程咨询、设备材料供应等市场主体。

4）全面推行现代公路工程管理

全面推行现代工程管理，不断提高建设管理水平，推动公路建设发展理念人本化、项目管理专业化、工程施工标准化、管理手段信息化、日常管理精细化。加强对国家重点项目的指导和监督，规范民营和社会资本投资项目管理。严格执行公路工程强制性技术标准，确保工程质量和安全。

### 1.1.3　公路交通运输科技发展规划

根据"十二五"加快转变发展方式、推进现代交通运输业发展的战略需求，结合中长期科技规划思路，着眼于重点领域和薄弱环节，公路水路交通运输"十二五"科技发展规划提出"十二五"科技研发从重大科技专项、重点研发方向两个层面推进。

（1）重大科技专项

其定位是以重大关键技术开发与集成应用为主，依托重大工程建设，重点支持对行业自主创新能力整体提升、支撑引领行业发展效果显著的重大科研项目，力争形成一批拥有核心自主知识产权、技术水平国际领先、实用性强的研发成果。规划提出了 5 个重大专项，即：大型跨海通道工程建设关键技术、长江黄金水道通过能力提升关键技术、基于物联网的城市智能交通关键技术研发及应用、新一代公路基础设施维护技术与装备开发、水上溢油事故应急反应与污染控制技术研究及示范。同"十一五"比，突出解决航道建设、智能交通、公路养护、环境保护等薄弱环节的重大问题。

1）大型跨海通道工程建设关键技术

围绕港珠澳大桥等大型跨海通道高耐久结构工程建设需要，针对复杂海洋环境与远海深水施工，重点突破超长跨越桥梁、海底超长隧道、大型海上人工岛等建设的核心技术，提升跨海大型结构工程建设质量和耐久性。重点攻克：

——跨海大型结构工程综合防灾减灾理论、技术及装备；

——超大跨桥梁结构体系与设计技术；

——远海深水桥梁基础施工技术及装备；

——跨海超长隧道结构体系、建造技术及装备；

——海上人工岛适宜结构体系、修筑技术及装备。

2）新一代公路基础设施维护技术与装备开发

以确保公路基础设施通畅运行为目标，重点突破公路基础设施无损检测、病害诊断、快速维修和材料循环利用等方面的核心技术，构建我国新一代高性能、高效率公路维护技术体系，填补国内相关技术领域的空白，实现公路维护关键技术、材料和重大装备的自主供给与产业化发展。重点攻克：

——公路基础设施结构状况无损检测评价技术与装备；

——高等级公路路基病害快速综合诊断及加固新技术；

——公路基础设施快速维修技术、材料与装备；

——不中断交通的公路预防性养护与补强加固技术及装备；

——公路废旧材料低碳高效循环利用产业化技术及装备；

——半刚性基层路面性能保持与提升关键技术及装备；

——交通工程及沿线设施快速修复技术。

（2）重点研发方向

其定位是以实用性、前瞻性技术为主，引导各级、各地交通运输部门紧密结合全国性或区域性交通运输发展需求，开展共性关键技术研发，力争取得重要突破，显著提升交通运输发展的科技含量。按照需要和可能相结合的原则，规划确定了 9 个方向，即：公路基础设施建设与养护、港口和航道建设与维护、内河枢纽通航、交通运输组织与管理、交通运输信息资源开发利用、智能交通、交通运输资源节约与环境友好、交通运输安全与应急保障、交通运输科学决策支持。

1）公路基础设施建设与养护

围绕提高公路基础设施耐久性和安全性，开展结构、材料、设计、施工和养护等方面关键技术研发，为降低工程造价、养护成本和保障运营安全提供技术支撑。

重点研究：高耐久路面结构设计与材料制备技术；持久稳定路基设计技术；高强复合纤维加筋混凝土桥梁设计与施工技术；高耐久桥梁结构表面防护材料与在役桥梁再涂装技术；山区公路建设与养护关键技术；冬季道路养护技术等。

2）交通运输组织与管理

围绕提升交通运输服务的品质和效率，促进综合运输体系和现代物流业发展，开展综合运输枢纽建设、多式联运和运输生产等方面关键技术研发，为提高运输组织与管理水平提供技术支撑。

重点研究：综合运输通道资源优化利用与综合运输枢纽建设运营技术；公铁水联运关键技术；公路网络状态检测与运营效率提升关键技术；物流资源优化配置与协同服务关键技术；城市物流配送及安全监管技术；公路甩挂运输、滚装运输和汽车列车技术；运输船舶动力装置故障监测与诊断技术；港口装卸机械健康监测与性能改造技术等。

3）交通运输信息资源开发利用

围绕交通运输信息资源开发利用，开展共性关键技术与基础性研究，夯实交通运输信息化建设的技术基础，为促进行业信息平台数据交换与协同服务，显著提升交通运输信息资源的共享与服务水平提供技术支撑。

重点研究：交通运输信息化顶层设计与系统整合技术；交通运输数据中心建设与运营管理技术；交通运输密钥管理与安全认证体系建设技术；交通运输信息化标准一致性和符合性检测技术；交通地理信息系统整合与服务技术；交通运输信息服务平台建设技术；交通运输经济运行监测预警与决策分析系统建设技术等。

4）交通运输资源节约与环境友好

为缓解资源与环境制约，开展资源节约、生态保护与恢复、污染治理等方面的应用基础及实用技术研究，为建设资源节约型和环境友好型交通运输行业提供技术支撑。

重点研究：公路、港口建设集约节约利用土地和岸线技术；公路废旧材料循环利用及地方材料利用技术；运输装备清洁燃料、替代能源和可再生能源应用技术；运输装备节能环保应用技术；交通运输基础设施建设生态环境保护与修复技术；水上油品、化学品、危险品污染监测和处理技术；交通运输能耗及碳排放统计、检测与认证技术等。

5）交通运输安全与应急保障

针对我国自然灾害频发，交通运输安全应急保障水平急需提升的需求，开展主动预防、安全监管、应急处置等关键技术研发，为全面提高交通运输安全监管与应急处置能力提供技术支撑。

重点研究：公路交通安全设施设计开发与应用技术；公路网运营风险评估与安全管理技术及装备；重点营业性运输装备监管体系及联网联控关键技术；危险品运输应急反应与处置技术及装备；海事监管与航海保障技术；水上安全与搜救打捞关键技术及装备；交通运输大型基础设施灾害风险预警与防灾减灾技术；交通抗灾抢险与应急指挥系统技术；港口设施与船舶保安技术及装备等。

6) 交通运输科学决策支持

紧密结合交通运输改革发展中的重大问题和热点难点问题，开展现代交通运输发展战略规划、政策法规、体制机制等研究，为交通运输科学决策提供理论依据和实践操作方案，促进交通运输科学决策水平迈上新台阶。

重点研究：综合运输与现代物流发展战略与政策；交通运输体制改革与法制建设；道路运输与城市客运发展政策；内河航运与国际航运发展政策；低碳交通运输体系建设框架与发展政策；交通运输信息化发展政策；交通运输科技教育与人才发展；交通运输投融资和资产管理等。

### 1.1.4 安全生产"十二五"规划

安全生产事关人民群众生命财产安全，事关改革发展稳定大局，事关党和政府形象和声誉。为贯彻落实党中央、国务院关于加强安全生产工作的决策部署，根据《中华人民共和国国民经济和社会发展第十二个五年规划纲要》和《国务院关于进一步加强企业安全生产工作的通知》（国发〔2010〕23 号）精神，制定安全生产"十二五"规划。下面摘录了与公路工程有关的安全生产规划内容。

（1）现状与形势

1) "十一五"期间安全生产工作取得积极进展和明显成效

党中央、国务院高度重视安全生产，确立了安全发展理念和"安全第一、预防为主、综合治理"的方针，采取一系列重大举措加强安全生产工作。各地区、各部门把安全生产与经济社会发展各项工作同步规划、同步部署、同步推进，深入落实安全生产责任和措施，持续强化安全管理和监督，严厉打击非法违法生产经营和建设行为，积极推动重点行业领域安全专项整治，集中开展"隐患治理年"、"安全生产年"活动，大力推进安全生产执法、治理和宣传教育行动（以下称"三项行动"），切实加强安全生产法制体制机制、安全保障能力和安全监管监察队伍建设（以下称"三项建设"），全国安全生产工作取得积极进展，以提高安全保障能力为核心的基础建设不断加强，以强化监督管理为关键的协作联动机制进一步健全，以安全生产法为基础的安全生产法律法规体系不断完善，以"关爱生命、关注安全"为主旨的安全文化建设不断深入。五年来，全国煤矿瓦斯治理和整顿关闭攻坚战取得明显成效，瓦斯抽采量、利用量分别增长 3 倍和 5 倍，小煤矿由 18145 处降至9042 处，实现了小煤矿数量压减至 1 万处以内的目标；安全执法行动深入开展，共关闭取缔不具备安全生产条件的金属非金属矿山 2.1 万处、烟花爆竹厂点 1.6 万处，以及非法建设项目 1.1 万处，有效规范了安全生产秩序；稳步推进事故隐患排查治理，各级安全监管监察部门查处生产经营单位一般隐患 1277.4 万项、重大隐患 11.6 万项，对 27.6 万处重大危险源采取了安全监控措施；非煤矿山、交通运输、消防（火灾）、建筑施工、危险化学品、烟花爆竹、特种设备、民用爆炸物品、冶金等重点行业领域安全状况明显改善，全国安全生产形势保持了总体稳定、持续好转的发展态势。与"十五"末期的 2005 年相比，2010 年全国各类事故起数、死亡人数分别下降 49.4％和 37.4％，重特大事故起数、死亡人数分别下降 36.6％和 52.8％。全国事故死亡人数由 2005 年的 12.7 万人，降至 2008 年的 10 万人以下、2009 年的 9 万人以下，2010 年又进一步降至 8 万人以下。"十一五"规划任务全面完成，目标如期实现。

2）"十二五"时期安全生产进入关键时期和攻坚阶段

"十二五"时期，是全面建设小康社会的重要战略机遇期，是深化改革、扩大开放、加快转变经济发展方式的攻坚阶段，也是实现安全生产状况根本好转的关键时期。安全生产工作既要解决长期积累的深层次、结构性和区域性问题，又要积极应对新情况、新挑战，任务十分艰巨。

一是安全生产形势依然严峻。我国仍处于生产安全事故易发多发的特殊时期，事故总量仍然较大，2010 年发生各类事故 36.3 万起、死亡 7.9 万人。重特大事故尚未得到有效遏制，"十一五"期间年均发生重特大事故 86 起，且呈波动起伏态势。非法违法生产经营建设行为仍然屡禁不止。尘肺病等职业病、职业中毒事件仍时有发生。

二是安全生产基础依然薄弱。部分高危行业产业布局和结构不尽合理，经济增长方式相对粗放。经济社会发展对交通、能源、原材料等需求居高不下，安全保障面临严峻考验。轨道交通、隧道、超高层建筑、城市地下管网施工、运行、管理等方面的安全问题凸显。一些地方、部门和单位安全责任和措施落实不到位，安全投入不足，制度和管理还存在不少漏洞。部分企业工艺技术落后，设备老化陈旧，安全管理水平低下。

三是安全生产监管监察及应急救援能力亟待提升。各级安全生产监管部门和煤矿安全监察机构基础设施建设滞后，技术支撑能力不足，部分执法人员专业化水平不高，传统监管监察方式和手段难以适应工作需要。现有应急救援基地布局不尽合理，救援力量仍较薄弱，应对重特大事故灾难的大型及特种装备较为缺乏。部分重大事故致灾机理和安全生产共性、关键性技术研究有待进一步突破。

四是保障广大人民群众安全健康权益面临繁重任务。一方面，部分社会公众安全素质不够高，自觉遵守安全生产法律法规意识和自我安全防护能力还有待进一步强化。另一方面，随着经济发展和社会进步，全社会对安全生产的期望不断提高，广大从业人员"体面劳动"观念不断增强，对加强安全监管、改善作业环境、保障职业安全健康权益等方面的要求越来越高。

（2）指导思想、基本原则和规划目标

1）指导思想

以邓小平理论和"三个代表"重要思想为指导，深入贯彻落实科学发展观，围绕科学发展的主题和加快转变经济发展方式的主线，牢固树立以人为本、安全发展的理念，坚持"安全第一、预防为主、综合治理"的方针，深化安全生产"三项行动"、"三项建设"，以强化企业安全生产主体责任为重点，以事故预防为主攻方向，以规范生产为重要保障，以科技进步为重要支撑，加强基础建设，加强责任落实，加强依法监管，全面推进安全生产各项工作，继续降低事故总量和伤亡人数，减少职业危害，有效防范和遏制重特大事故，促进安全生产状况持续稳定好转，为经济社会全面、协调、可持续发展提供重要保障。

2）基本原则

统筹兼顾，协调发展。正确处理安全生产与经济发展、安全生产与速度质量效益的关系，坚持把安全生产放在首要位置，纳入社会管理创新的重要内容，实现区域、行业（领域）的科学、安全、可持续发展。

强化法治，综合治理。完善安全生产法律法规和标准规范体系，严格安全生产执法，强化制度约束，把安全生产工作纳入依法、规范、有序、高效开展的轨道，真正做到依法准入、依法生产、依法监管。

突出预防，落实责任。坚持关口前移、重心下移，夯实筑牢安全生产基层基础防线，从源头上防范和遏制事故。全面落实企业主体责任，强化政府及部门监管责任和属地管理责任，加强全员、全方位、全过程的精细化管理，坚决守住安全生产这条红线。

依靠科技，创新机制。坚持科技兴安，充分发挥科技支撑和引领作用，加快安全科技研发与成果应用，建立企业、政府、社会多元投入机制，加强安全监管监察能力建设，创新监管监察方式，提升安全保障能力。

3）规划目标

到 2015 年，企业安全保障能力和政府安全监管能力明显提升，各行业（领域）安全生产状况全面改善，安全监管监察体系更加完善，各类事故死亡总人数下降 10% 以上，工矿商贸企业事故死亡人数下降 12.5% 以上，较大和重大事故起数下降 15% 以上，特别重大事故起数下降 50% 以上，职业危害申报率达 80% 以上，《国家职业病防治规划（2009－2015 年）》设定的职业安全健康目标全面实现，全国安全生产保持持续稳定好转态势，为到 2020 年实现安全生产状况根本好转奠定坚实基础。

（3）主要任务

建筑施工：加强工程招标投标、资质审批、施工许可、现场作业等环节的安全监管，淘汰不符合安全生产条件的建筑企业和施工工艺、技术及装备。落实建设工程参建各方安全生产主体责任。重点排查治理起重机、吊罐、脚手架和桥梁等设施设备存在的安全隐患。建立建筑工程安全生产信息动态数据库，健全建筑施工企业和从业人员安全生产信用体系，完善失信惩戒制度。以铁路、公路、水利、核电等重点工程及桥梁、隧道等危险性较大项目为重点，建立完善设计、施工阶段安全风险评估制度。

特种设备：严格市场准入，落实使用单位安全责任，保证安全投入和安全管理制度、机构、人员到位。实施起重机械、危险化学品承压设备等特种设备事故隐患整治，建立重大隐患治理与重点设备动态监控机制。推动应用物联网技术，实现对电梯、起重机械、客运索道、大型游乐设施故障的实时监测，推广应用大型起重机械安全监控系统。

铁路交通：加强高速铁路运营安全监管和设备质量控制，强化高速铁路安全防护设施和防灾监测系统建设。深入开展高速铁路运输安全隐患治理，重点对线路、车辆、信号、供电设备以及制度和管理等进行全方位排查。强化高新技术条件下铁路运输安全风险管控。严厉打击危害高速铁路运输安全的非法违法行为。到 2015 年，危险性较大的铁路与公路平交道口全部得到改造。开展路外安全宣传教育入户活动。严格铁路施工安全管理，整治铁路行车设备事故隐患，强化现场作业控制，深化铁路货运安全专项整治。

水上交通：加强水路交通安全监管基础设施和港口保安设施建设。开展重点水域、船舶和时段以及重要基础设施安全综合治理。推进现有港口、码头的安全现状评价。强化运输船舶和码头、桥梁建设及通航水域采砂等水上水下施工作业的安全监管。推进内河主要干线航道、重要航运枢纽、主要港口及地区性重要港口监测系统建设。完善船舶自动识别、船舶远程跟踪与识别、长江干线水上110指挥联动等系统，加快内河船岸通信、监控系统建设。实施渡改桥工程。加强内河海事与搜救一体化建设。严厉查处农用船、自用船、渔船非法载客等行为。

职业健康：开展作业场所职业危害普查。加强职业危害因素监测检测。建立完善职业健康特殊工种准入、许可、培训等制度。建立重点行业（领域）职业健康检测基础数据库。开展粉尘、高毒物质危害严重行业（领域）专项治理。到2015年，新（改、扩）建项目职业卫生"三同时"（同时设计、同时施工、同时投产和使用）审查率达到65％以上，用人单位职业危害申报率达到80％以上，工作场所职业危害因素监测率达到70％以上，粉尘、高毒物品等主要危害因素监测合格率达到80％以上，工作场所职业危害告知率和警示标识设置率达到90％以上，重大急性职业危害事件基本得到控制，接触职业危害作业人员职业健康体检率达到60％以上。强化职业危害防护用品监管和劳动者职业健康监护，严肃查处职业危害案件。

推进安全生产监管监察信息化建设。建成覆盖各级安全监管、煤矿安全监察和安全生产应急管理机构的信息网络与基础数据库。加强特种设备安全监管信息网络和交通运输安全生产信息系统建设。加快建设航空安全信息分析中心，建立民航安全信息综合分析系统。完善农机安全生产监管信息系统。推进海洋渔业安全通信网、渔船自动识别与安全监控系统建设。

创新安全监管监察方式。健全完善重大隐患治理逐级挂牌督办、公告、整改评估制度。推进高危行业企业重大危险源安全监控系统建设，完善重大危险源动态监管及监控预警机制。实施中小企业安全生产技术援助与服务示范工程。强化安全生产属地监管，建立分类分级监管监察机制。把符合安全生产标准作为高危行业企业准入的前置条件，实行严格的安全标准核准制度。推进建立非矿用产品安全标志管理制度。完善高危行业从业人员职业资格制度。健全工伤保险浮动费率确定机制。完善安全生产非法违法企业"黑名单"制度。建立与企业信誉、项目核准、用地审批、证券融资、银行贷款等方面挂钩的安全生产约束机制。

强化安全专业人才队伍建设。加强职业安全健康专业人才和专家队伍建设。实施卓越安全工程师教育培养计划。完善注册安全工程师职业资格制度，建立完善注册安全工程师使用管理配套政策。发展安全生产职业技术教育，进一步落实校企合作办学、对口单招、订单式培养等政策，加快培养高危行业专业人才和生产一线技能型人才。

完善安全生产技术支撑体系。完善国家级安全生产监管监察技术支撑机构，搭建科技研发、安全评价、检测检验、职业危害检测与评价、安全培训、安全标志申办与咨询服务等的技术支撑平台。推进省级安全监管部门和煤矿安全监察机构安全技术研究、应急救援指挥、调度统计信息、考试考核、危险化学品登记、宣传教育、执法检测等监管监察技术支撑与业务保障机构工作条件标准化建设。到2015年，东部省级安全监管技术支撑和业务保障机构工作条件建设100％达到标准配置，中西部100％达到基本配置；省级煤矿安全监察机构达标率达到100％；安全生产新产品、新技术、新材料、新工艺和关键技术准入测试分析能力达到90％以上。

推广应用先进适用工艺技术与装备。完善安全生产科技成果评估、鉴定、筛选和推广机制，发布先进适用的安全生产工艺、技术和装备推广目录。完善安全生产共性、公益性技术转化平台，建立完善国家、地方和企业等多层次安全科技基础条件共享与科研成果转化推广机制。定期将不符合安全标准、安全性能低下、职业危害严重、危及安全生产的工艺、技术和装备列入国家产业结构调整指导目录。

健全安全生产法律制度。加快推动《中华人民共和国安全生产法》等相关法律法规的制定和修订。建立法规、规章运行评估机制和定期清理制度。制定安全设施"三同时"、淘汰落后工艺设备、从业人员资格准入、重大危险源安全管理、危险化学品安全管理、职业危害防控、应急管理等方面以及与法律、法规相配套的规章制度。推动地方加强安全生产立法，根据本地区安全生产形势和特点，研究制定亟须的地方性法规和规章。

完善安全生产技术标准。制定实施安全生产标准中长期规划。提高和完善行业准入条件中的安全生产要求。完善公众参与、专家论证和政府审定发布相结合的标准制定机制。建立健全标准适时修订、定期清理和跟踪评价制度。鼓励工业相对集中的地区先行制定地方性安全技术标准。鼓励大型企业和高新技术集成度大的行业，根据科技进步和经济发展，率先制定企业新产品、新材料、新工艺安全技术标准。

规范企业生产经营行为。全面推动企业安全生产标准化工作，实现岗位达标、专业达标和企业达标。加强企业班组安全建设。强化对境外中资企业的安全生产工作指导与管理，严格落实境内投资主体和派出企业安全生产监督责任。建立完善企业安全生产累进奖励制度。严格执行企业主要负责人和领导班子成员轮流现场带班制度。

提高安全生产执法效力。建立严格执法与指导服务、现场执法与网络监控、全面检查与重点监管相结合的安全生产专项执法和联合执法机制。推行安全监管监察执法政务公开。完善行政执法评议考核和群众投诉举报制度。健全安全生产"一票否决"和事故查处分级挂牌督办制度。强化事故技术原因调查分析，及时向社会公布事故调查处理结果。落实安全生产属地管理责任，建立完善"覆盖全面、监管到位、监督有力"的政府监管和社会监督体系。

推进应急管理体制机制建设。健全省、市、重点县及中央企业安全生产应急管理体系。完善生产安全事故应急救援协调联动工作机制。建立健全自然灾害预报预警联合处置机制，严防自然灾害引发事故灾难。建立各地区安全生产应急预警机制，及时发布地区安全生产预警信息。

加快应急救援队伍建设。加快矿山、公路交通、铁路运输、水上搜救、紧急医学救援、船舶溢油及油气田、危险化学品、特种设备等行业（领域）国家、区域救援基地和队伍建设。鼓励支持化工企业和矿产资源聚集区开展安全生产应急救援队伍一体化示范建设。依托公安消防队伍建立县级政府综合性应急救援队伍。加强紧急运输能力储备。建立救援队伍社会化服务补偿机制，鼓励和引导各类社会力量参与应急救援。

完善应急救援基础条件。强化应急救援实训演练。建立完善企业安全生产动态监控及预警预报体系。完善企业与政府应急预案衔接机制，建立省、市、县三级安全生产预案报备制度。推进安全生产应急平台体系建设，到2015年，国家、省、市及高危行业中央企业应急平台建设完成率达到100%，重点县达到80%以上。

提高从业人员安全素质。建立国家安全生产教育培训考试中心，以及中央企业安全教育培训考试站。推行安全生产"教考分离"和安全技术人员继续教育制度。强化高危行业和中小企业一线操作人员安全培训。完善农民工向产业工人转化过程的安全教育培训机制。高危行业企业主要负责人、安全生产管理人员和特种作业人员持证上岗率达到100%。将安全生产纳入领导干部素质教育范畴。实施地方政府安全生产分管领导干部安全培训工程。

（4）重点工程

开展企业安全生产标准化创建工作。到 2011 年，煤矿企业全部达到安全标准化三级以上；到 2013 年，非煤矿山、危险化学品、烟花爆竹以及冶金、有色、建材、机械、轻工、纺织、烟草和商贸 8 个工贸行业规模以上企业全部达到安全标准化三级以上；到 2015 年，交通运输、建筑施工等行业（领域）及冶金等 8 个工贸行业规模以下企业全部实现安全标准化达标。

开展全国性职业危害状况普查。建立全国职业危害数据库和国家职业危害因素检测分析实验室与技术支撑平台。以防治矿工尘肺、矽肺、石棉肺为重点，实施粉尘危害综合治理工程。以防治高毒物质与重金属职业危害为重点，实施苯、甲醛等高毒物质和铅、镉等重金属重大职业危害隐患防范治理工程。建立健全职业危害防治技术支撑体系，建设一批尘肺病治疗康复中心。

建设完善一批煤矿安全警示教育基地。建设一批安全综合教育培训、特种设备实训、交通安全宣传教育、职业健康教育和安全文化示范基地。实施企业工程技术人员和班组安全培训工程。推进安全社区建设，实施安全促进项目示范工程，建设地区安全社区支持中心和一批国家安全示范社区。建设完善若干安全发展示范城市。

（5）规划实施与评估

完善有利于安全生产的财政、税收、信贷政策，健全安全生产投入保障机制，强化政府投资对安全生产投入的引导和带动作用。加大国家安全生产监管监察技术支撑体系和中西部安全生产监管监察能力建设投入。各级人民政府要继续加强对尾矿库治理、煤矿安全技改、小煤矿机械化改造、瓦斯防治和小煤矿整顿关闭等的支持，引导企业加大安全投入。鼓励银行对安全生产基础设施和技术改造项目给予贷款支持。健全完善企业安全生产费用提取和使用监督机制，适当扩大安全生产费用使用范围，提高安全生产费用提取下限标准。推动高危行业企业风险抵押金与安全生产责任保险制度相衔接。

推进安全生产监管监察经济处罚收入管理制度以及煤矿重大隐患和违法行为举报奖励制度建设。落实煤层气开发利用税收优惠政策，适时调整和完善安全生产专用设备企业所得税优惠目录，支持引导矿山安全避险"六大系统"建设。建立健全涉及公众安全的特种设备第三者强制责任险制度。建立非煤矿山闭坑和尾矿库闭库安全保证金制度。规范和统一道路交通安全管理经费投入渠道，实行道路交通社会救助基金制度。实行农机定期免费检验制度，将农机安全检验、牌证发放等属于公共财政保障范围的工作经费纳入财政预算，鼓励有条件的地方对农机安全保险和渔业保险进行保费补贴。

## 1.2 公路施工企业发展战略与规划

战略一词源于军事学，最早的意思是"将军之学"，当代更多的看法是把战略视为"取胜之道"。企业对顾客的争夺类似于将军对胜利的追求，随着企业竞争的日益激烈，很多人感到，有必要把战略思想应用到企业管理中来。自 1950 年代末以来，企业战略与战略管理在相当大的程度上已经脱离了它早期所带有的浓厚的军事竞争的色彩，而成为一个比较完整的企业管理理论与实践体系。较早地，哈佛大学的钱德勒（A. Chandler）在其《战略与结构》（1962）一书中，将战略定义为"确定企业基本长期目标、选择行动途经和为实现这些目标进行资源分配"。7 年以后，钱德勒的同事，哈佛大学教授安德鲁斯（K. Andrews）为战略下了一个类似的定义。安德鲁斯认为，"战略是关于企业宗旨、目的和目标的一种模式，和为达到这些目标所制定的主要政策和计划；通过这样的方式，战略界定了企业目前从事什么业务和将要从事什么业务，企业目前是一种什么类型和将要成为什么类型"。根据这个定义，战略管理者必须设计一系列展现企业经营领域的目标和计划，以及达到这些目标的方法。在钱德勒与安德鲁斯之间，安索夫（H. I. Ansoff）于 1965 年出版了《公司战略：面向增长与发展的经营政策的分析方法》。在这部著作中，安索夫提出了一个具有分析性而又具行动导向的战略定义。他认为战略是一条贯穿于企业活动与产品—市场之间的"连线"。这个"连线"由四个部分组成：产品/市场范围（企业提供的产品与企业在其中经营的市场）、增长向量（企业打算进入的产品/市场的变化）、竞争优势（在每一个产品/市场中企业较之竞争者具有较强地位的那些独特的优势），以及协同（将企业的不同部分有机结合起来以取得单个部分不能实现的方法）。战略就是将企业活动与这四个方面连接起来的决策规则。安德鲁斯和安索夫的定义形成了两个紧密相连的思考战略的思想方法。他们的战略定义在很长的时间被普遍采用。综合上面的定义，战略中包括有四个组成部分：环境要素——一系列企业必须面对的外部条件，其中有机会（对企业有利的外部条件）也有威胁（对企业不利的外部条件）；使命（企业存在理由的陈述）与目标（具体的目标）；情形分析，即通常的 SWOT 分析；最后，如何实现目标并能够与环境紧密契合的计划。这种战略定义暗含有两个基本假设：

第一，分析先于行动。即先要设计目标，进行环境分析，再制定计划，然后才是行动。这通常称之为"战略制定"；

第二，战略制定与战略执行明确分工。即战略制定者从事战略制定，他们通常是高层管理者、分析人员和计划人员；战略执行者负责战略实施，他们通常是中层管理者以下的人员，他们必须小心翼翼地、忠诚地按章办事，具体操作。执行中的偏差由高层管理者加以监控和纠正。

20 世纪 80 年代以后，战略管理日益引起企业和学者的关注，理论有了很大的发展。加拿大麦吉尔大学的明兹伯格教授（H. Mintzberg）在对以往战略理论进行梳理和深入研究的基础上，将人们对战略的各种定义概括为 5P。明兹伯格认为，人们在谈及战略时都是在谈论其中的某一个和几个含义，实际上，战略具有多重含义，即应当仔细体会每种含义，又应当将多个含义联系起来以形成整体的战略观念。其 5P 包括：

① 战略是策略（Ploy），是威胁和战胜竞争者的计谋和谋略。这是军事战略在企业管理中的直接引用。

② 战略是计划（Plan），是有意识的、正式的、有预计的行动程序。计划在先，行动在后。这是早期的战略观念。

③ 战略是模式（Pattern），是一段时期内一系列行动流的模式。这是明兹伯格为战略下的一个定义。在明兹伯格看来，企业在某一时期基于资源而形成的宗旨与目标固然重要，但更重要的是企业已经做了什么和正在做什么。早期的观念强调分析，明兹伯格强调

行动。在明兹伯格看来，即使企业没有任何计划，甚至企业之中并没有人规划企业的宗旨，写出宗旨陈述，它也可能是有战略的。也就是说，计划并不是战略的必要条件。模式意味着企业行动的一致性，这种一致性可能是也可能不是正式计划或建立目标的结果。

④ 战略是定位（Positino），是在企业的环境中找到一个有利于企业生存与发展的"位置"。这种观念认为企业竞争不同于达尔文式的自然竞争。达尔文认为相同或不同的物种碰到一起完全是一种偶然。就像果树能够结果，不是某一个雄花蕊上的花粉自主地寻找某一个雌花蕊，而是一阵春风或是一个蜜蜂无意而为之的结果。早期的企业竞争过程的确如此。每一个企业都在追逐自己的目标和利润，无意中张三同李四就成了竞争对手。自然竞争的另一个观念认为，碰到一起的竞争者之间的生态选择是一个弱肉强食、适者生存的过程。套用到企业竞争上来，就意味着两个在同一领域里经营的企业就不可能共存，只有具有独占优势的企业才能生存和发展。将战略看做是定位的观念与此不同。这种观念认为，企业选择环境和选择竞争者的过程是具有自主性的，关键看企业是否运用这种自主性。如果企业能够洞察企业的经营环境，并能够与企业的资源状况和能力结合起来，企业就可以在激烈的竞争环境中找到一个有利于自己的定位。

⑤ 战略是观念（perspective），是深藏于企业内部、企业主要领导者头脑中的感知世界的方式。观念一说意味着战略受到领袖个性因素的影响，即认为战略是以思维和智力为基础的，它具有精神导向性，体现了企业中人们对客观世界的认识，它同企业中人们的世界观、价值观和理想等文化因素相联系。观念产生于企业以往的经历与经验。这些经历与经验沉淀下来固化为思想观念。这些观念就是企业的"性格"。模式能够产生观念，定位也能产生观念，但是，观念较之计划和定位具有不易改变的特点。一旦形成，观念就会根植于企业的成员的思想之中，成为企业文化的重要组成部分。从此意义上，战略是企业文化的一种反映，有什么样的企业文化就会形成什么样的战略。如果设计的战略与企业的文化不相兼容，要么战略不能成功，要么需要对企业文化进行变革。

### 1.2.1　公路工程施工企业战略观念

（1）什么是战略观念

本书中的战略观念，是指管理主体在管理实践中从全局和长远出发，对管理客体和管理过程进行总体谋划的管理观念体系。

战略观念来源于管理过程中制定和实施战略的活动，是管理主体对战略的地位、作用反复认识的强化。而战略的制定和实施，则是管理主体战略观念的物化表现形式。换句话说，战略的制定和实施，是战略观念的出发点和落脚点。是否是科学的战略，战略的制定与实施是否符合客观实际，能否取得预期的效果，取决于管理主体是否树立了战略观念，取决于已树立的战略观念是否牢固、深刻。

（2）战略观念的体系构成

战略观念是由多种观念构成的观念体系，其主要内容有以下几个方面。

1）全局性观念

所谓全局，是系统整体相对于系统内部各局部而言的。全局性，就是指代表着各个局部共同利益和共同要求的系统本质属性。全局性观念是战略的首要特征，体现为在制定和实施战略时，必须通观全局，一切从全局出发，从整体最优功能出发，使局部服从于全局，而不能凌驾于全局之上。同时，通观全局也不能脱离局部，局部虽然隶属于全局，但也会影响全局。换句话说，树立全局性观念，不仅要研究全局的整体和各个方面，而且要研究决定全局的关键，全局性不等于全面性。此外，管理系统不同，管理的主体与客体不同，全局性的内容也各不相同。例如，公路施工企业投标方式，是独立投标还是联合投标，不应只考虑经济效益与准入资质方面的问题，还要基于长远和全局立场，全面考虑企业未来的发展是否需要建立联盟并形成新的竞争平台的问题。

2）综合性观念

综合通常被看做是在把整体分解为各因素的基础上，再组合成一个整体的思维活动。但综合绝不是把各局部、各个组成要素机械地凑合或装配在一起，而是在思维中把对象的各个本质的方面按其内在联系有机地结合成一个统一的整体。战略观念中的综合性观念，除了表现为从总体上把握事物之外，还着重强调对事物的各个部分、各个侧面、各个因素各自的本质特征和相互间的内在联系进行分析，寻找出能同时反映各局部变化趋势的共同特征和共同规律，在此基础上，制定出体现整体利益与愿望的战略目标、战略方针和战略措施，将综合性观念应用于战略制定与实施的具体过程。比如工程物流的外包或自营选择，和公路施工企业自身的施工规模及项目工地布局有关，需要综合考虑，不能简单取舍。同时，还要求管理主体具有综合性的知识结构，要求能对自然科学、社会科学、管理科学、思维科学、系统科学进行综合运用。此外还应配备综合性的研究人才结构，既要有专家队伍，又有不同智能层的工作人员，收集、处理、传输战略信息，宣传组织职工群众。可见，综合性的观念，是通过战略研究对象综合性、战略研究知识结构综合性和战略研究人才结构综合性3个方面体现出来的。

3）长远性观念

长远性是战略观念的另一本质特征。在战略制定与实施中确立长远性观念，一是要正确地规划战略期，要从战略目标及实现目标的内外条件、难易程度出发，充分考虑各种制约因素，有计划、分阶段地实现总体目标。因此，总战略期与各战略步骤的规定要适当，不宜过长或过短。二是要正确处理好长远目标（终极目标）与眼前目标（直接目标）的关系，除了立足眼前，积小胜为大胜之外，还要放眼未来，为长远的宏伟目标，愿意牺牲短期的或局部的利益。三是按照发展的观点制定战略方案，要充分估计到管理对象及系统外部环境的不可知因素，在实施时间上留有余地。比如，国际工程市场同样是我国施工企业的重要未来市场，一些公路施工以自身的条件直接进入国际市场还有一定困难，就可先以联合体成员方式或者分包商形式进入国际市场，在增加经验中争取未来。

4）创新性观念

战略的制定和实施，不但要立足于全局和长远，而且要立足于创新。因为只有创新才能推动经济和社会的发展，才能使战略有真正实在的意义。所以从一定意义上说，创新是战略的生命和核心。

（3）战略观念在现代管理中的作用与地位

1）确立战略观念，可以增强管理目的性

在管理中确立战略观念，具有以下意义：

一是能使整个管理系统具有确定的目标、方针和任务；

二是能够围绕战略目标和战略方针，合理配置人力、物力、财力，确保有限资源得到有效率的使用；

三是能够使管理主体根据未来而控制现在，激励现在，尽力去实现未来目标。

2）确立战略观念，可以增强管理系统的活力

随着我国经济体制改革的深入，每一层级管理系统都有一个立足于环境，在竞争中求生存和发展的问题。为此，各层级管理主体都面临着从单纯执行者向决策指挥者，由封闭式管理向开放式管理的转变。这种种转变，要求管理主体确立战略观念，审时度势，及时实行战略指导，协调本组织与环境的关系，以求在竞争中得到发展。

3）确立战略观念，有利于提高各级管理者的管理水平

管理主体是否确立战略观念，有无进行战略思考和研究的能力，是导致管理者素质与才能差异的重要原因。因此，一个优秀的管理者，必须始终坚持从全局、长远看问题，树立牢固的战略观念，亲自研究发展战略问题，使战术服从于战略，近期服从于未来。必须指出的是，强调从战略角度看问题，并不是不干实事，恰恰是为了求得全面均衡发展，使各种短期措施与长远目标有机地衔接起来。

（4）施工企业战略与发展的关系

在计划经济条件下，市场竞争不激烈，施工企业的施工任务往往是计划带来的，不干都不行。企业的生存相当程度上取决于企业自身，其他的企业不会威胁到自己的生存。因而企业不发展也可以生存。人们长期来的普遍思维模式是，企业只有先生存下来了，才能寻求发展。然而，这一在计划经济时代有效的逻辑，在竞争激烈的今天则可能是一个陷阱，如果按这一逻辑进行战略管理，施工企业不仅不能获得发展，连生存也会落空。在现代市场，企业面临的是超级竞争，企业的生存与发展通常必须通过持续地与竞争者的竞争来实现，如果企业不努力地提高素质，增强活力，提升竞争力，拓展空间，寻求发展，企业赖以生存的市场资源就会逐步被竞争者掠去，生存的机会就会越来越少和越来越小。

如中隧集团在改制规划中，提出的是发展规划而不是生存规划。发展目标：国内领先，世界著名。发展战略：积极实施走出去战略、资本运营战略、科技兴企战略、质量品牌战略和集团联合战略。发展机制：人才集合机制、财力积累机制、管理创新机制、技术进步机制、自我约束机制。所以，在市场经济条件下，施工企业只有发展了，才能生存。

（5）施工企业的战略理念

企业早已进入战略制胜的时代，现代企业和建立战略思维新模式的必要性已毋庸置疑。美国著名未来学家托夫勒曾说，对没有战略的企业来说，就像在险恶的气候中飞行的飞机，始终在气流中颠簸，在暴雨穿行，最后很可能迷失方向。如果企业在主要战略上是正确的，即使它在实施战略计划时可能会犯一些小错误，但它最终仍会成功。是否具有战略头脑，已成为判断一个能否成功企业的重要标志。企业正确的战略理念是至关重要的。施工企业在制定战略时，必须准确地把握战略的内涵，建立适应战略经营时代要求的战略思维新模式。以下几方面的战略理念，必须引起注意。

1）再大的战略都依赖细节的保障

一提及战略，无不认为战略就是大事。诚然，现代企业的竞争就是企业战略的较量，战略抉择的正确与否关系着企业的成败与兴衰。战略的决策学派或计划学派无不将战略定义在"大"上。著名战略学家钱德勒也认为，"经营战略就是企业的战略性决策。包括为了企业的长远发展确定基本的经营目的，为达到基本目的制定经营目标或方针，以及为了实现经营目标对企业的资源进行分配和再分配的决策"等等。这些定义如果不能正确地理

解，则极易发生误解。因为一方面战略确实对企业长远整体发展做出了统筹安排，重点考虑解决的是企业整体长远发展的重大问题；但另一方面，却有"千里之堤，溃于蚁穴"之说。

从计划的限定因素原理考虑，一项再完美的企业战略的实施，都应以统筹考虑各种限定因素为前提，而这种限定因素，在不同的环境条件下却是变化着的。众所周知，汽车的刮雨器是一个很不起眼、在正常条件下作用并不很大的部件，但若在下雨这一不利的环境条件下，却可能成为关键性的限定因素。不少人恐怕就曾有路遇暴雨而仅因刮雨器损坏导致汽车根本无法前行的经历。即在环境条件发生变化时，会出现一个新的限定因素，导致战略难以或无法实施。因此，战略的制定与实施是一项系统工程，既要从大处着眼，又要从小处着手，于细微处显战略。

2）战略并非都有扩张意图

人们谈及战略，往往想到扩张。诚然，扩张型战略理应是企业战略的常态。施工企业作为独立的经济实体，企业领导不断扩张的内在冲动与欲望和称霸市场的野心，正是推动企业发展的内在动力。然而，扩张绝非战略的唯一形态，企业在必要时还需要采取稳定型战略乃至紧缩型战略。

3）战略并非仅仅是经营层的事

战略作为关系企业全局未来长远发展的重大问题，战略主体理当是企业高层经营者。从战略问题的提出、战略方案的设计直至战略决策及实施，无一可离开企业的高层经营者。诚然，作为企业经营者，其考虑和解决的主要问题乃是战略问题。但这并非战略的全部。

瑞士的世界经济论坛曾对西欧大企业的领导人的时间支配进行调查，结果发现，大企业主要负责人 40%的时间与精力花在考虑和研究公司的经营战略与发展上，40%时间花在与各方面利益关系人打交道，包括股东、供应商、销售商、政府有关部门以及职工等，只有 20%时间用于处理公司日常事务。但是，决不可因此而忽略企业管理层和基层职工对企业战略的参与。一方面，企业的战略决策过程往往需要企业管理层乃至全体员工的参与，另一方面，企业战略的实施却根本离不开企业全体成员的参与。企业战略指明了企业的发展方向与目标，应让员工充分的了解，只有充分的了解才有可能理解，也只有理解方有可能认同；而只有企业全体成员达成认同，战略的实施才能不折不扣，且更为快捷。

4）战略不是灵丹妙药

战略是现代企业为应付多变乃至"突变"的环境和激烈的竞争所必需的，但战略绝非医治企业的灵丹妙药。战略对企业的作用不可盲目夸大。企业因环境风云突变或在激烈的市场竞争中处于不利，企业自身实力不强或受到重创，企图借某种战略扭转乾坤，往往是徒劳的。

处于逆境中的企业需要实施其相应的战略，但不可以战略代替一切。首先，战略不能代替内部管理，而恰恰相反，成功的战略实施需要企业具备良好的管理基础。企业管理是企业的基本内功，是企业发展的保健因素。不难想象，一个企业内部管理混乱、无序，何以谈战略！只有具有较好的管理与市场经营基础，企业才可能借战略实现腾飞。

无论在中国还是在西方发达国家，战略一词均起源于兵法。在中国，战略一词泛指对全局性、高层次的重大问题的策划与指导。从本质上说，战略就是战略，不应该也不可能承载过多的功能，战略应用到企业，仍然应该保留其本身固有的含义。归根结底，企业战略是企业决策者智慧的结晶，是双方或多方谋略的较量。战略所担负的是围绕着企业的使命和目标对资源和环境作出的筹划安排。

企业战略是一个动态的、渐进的过程。企业的资源状况和所处的环境不是一成不变的，因而，企业战略就一定要随着资源和环境的变化不断地加以调整。在企业战略理论中有一种过程观点，这种观点认为，企业战略是通过不断的微调逐步形成的。对战略不应寄予过重的厚望，战略毕竟不是万能的，也不是随手可得的工具。当然也不是深不可测、高不可攀，关键是要对企业战略有一个正确的认识和准确的理解。

战略本身并无好坏之分，但某一战略与特定的企业联系在一起时就有好坏之分了。尽管目前理论上还没有公认的有关企业战略好坏的判定标准，但是，企业战略的实践表明，好的企业战略必须同时满足以下三个条件：

第一，战略必须与企业的使命和目标相匹配

这意味着企业决策者的意愿与战略的一致性。企业的使命和目标往往与企业决策者的个人抱负、经营哲学和伦理信条紧密联系在一起。企业决策者并不是不偏不倚、不带私心地评价战略途径。他们对竞争方式、企业的定位所持的观点以及他们心目中的企业形象和地位往往影响他们的抉择。只有战略与企业使命和目标的匹配才能保证战略能够有效的实施和成功。

第二，战略必须与企业可用的资源和能力相匹配

一个企业是否拥有有效执行战略所需的资源和能力是影响企业战略的一个最核心的因素。这些因素可以为企业提供竞争优势，以便充分利用某些机会，并可能成为战略成功的关键。获取竞争优势的最佳途径是企业拥有具有竞争价值的资源和能力，而竞争对手不拥有与自己对抗的资源和能力，同时竞争对手若开发可比的能力要付出沉重的代价或者要经历一段很长的时间。一个企业拥有什么样的资源和能力（包括执行力）以及企业拥有的这些资源和能力具有多大的竞争价值都是非常重要的战略影响因素。

第三，战略必须与行业及竞争环境相匹配

一个行业的竞争环境和整体吸引力是决定企业战略的两个重要方面。一个好的战略必须适应行业中竞争因素的特点和组合，如工程造价、工程质量、工期、安全等。如果竞争环境发生了严重的恶化，那么，企业必须做出积极反应，采取恰当的战略行动。如果企业的战略不能很好地同行业竞争环境匹配起来，企业战略就很难取得真正的市场成功，也就不可能会有效。

（6）施工企业的战略与市场

市场是施工企业的基础，没有市场就不可能生存和发展。选择市场首先要做好市场定位（Market Positioning）。市场定位是 20 世纪 70 年代美国学者阿尔·里斯等提出的一个重要的营销学概念。就是企业根据目标市场上同类行业或同类产品的竞争状况，针对公众对该产品某种特征和属性的重视程度，为本企业塑造强有力的与众不同的鲜明个性，并将其形象生动地传递给公众，以求得公众的认同。市场定位的实质就是使本企业与其他企业严格的区分开来，使公众明显感觉和认识到这种差别。

施工市场情况非常特别，僧多粥少、竞争白热化，是典型的卖方市场。加入 WTO 后，中国市场国际化，国际市场中国化，市场竞争空前激烈，相对国外大公司，我国施工

企业无论在资本、技术、设备、管理等方面都处于弱势，在此情况下，中国的施工企业要想生存、发展、壮大，就必须合理进行市场定位，树立市场形象，确立市场特色，创立独特产品，使企业充分发挥资源优势、产品优势、形象优势，从而使自己在竞争中处于有利地位。

市场定位是我国施工企业制定市场战略的基础，就整个施工市场，它又分为铁路、公路、水电、市政、房建、矿山、机电安装、城市地铁、等若干个分市场。一个企业能力再大，不可能占领或拥有整个市场，必须选择主要目标市场，并以此确定企业的市场战略，这样才能使企业在市场中分清目标、明确主次、集中资源、实现市场目标。不同的施工企业所在的行业环境不同，企业的资质不同，经营的范围不同，拥有资源不同。因此，市场定位的依据自然也不同，但总的来讲通常依据有以下几种：

1）根据企业的资质等级定位；

2）根据行业或地区特点定位；

3）根据国家政策和投资方向定位；

4）根据企业的自身特点和专业优势定位；

5）预测今后发展趋势超前定位。

随着我国经济的高速发展和经济实力的不断增强，在今后较长的一段时间内，基本建设规模会越来越大，科技含量会越来越高，专业化施工和专用设备使用会越来越普遍。比如，不论是铁路隧道、公路隧道、水工隧道、还是城市地铁，其隧道越修越多、越修越长，使用盾构机、TBM掘进机、悬臂掘进机、自动控制切削机、竖井钻机等越来越多，这一趋势将是肯定的。施工企业要提高市场竞争力，扩大市场占有份额，就必须未雨绸缪、超前定位，拥有这些先进设备，从而使企业在竞争中把握先机，争取主动。当今市场经济瞬息万变，科学技术日新月异，改革浪潮迅猛异常，特别是中国加入WTO后，正全方位地与国际接轨，一切陈旧、落后的思想、观念、管理、制度、体制等都受到猛烈的冲击，有的已经被市场经济大潮所淹没淘汰。人们的生活、生产、企业、社会一切都在发生着变化，一切都在与国际接轨，适者生存，适者发展，适者壮大。我国施工企业在制定经营战略时，必须以市场为导向，以市场为轴心，要善于摸索市场规律，掌握市场的规律，适应市场规律，驾驭市场规律，按照市场的需求和变化，及时调整市场定位和经营战略，以适应和满足市场的变化和需求，只有这样企业才能在不断变化的市场中求生存、求发展。切忌墨守成规，固化思想、固化阵地。很多实践已经充分证明，快速应变能力强的企业都得到了长足的进步和发展，反之，就陷入困境，有的甚至被市场所淘汰。

施工企业在选择市场和制定市场战略时，必须充分考虑企业的承受能力。企业的承受能力主要体现在资源能力、技术能力、管理能力、决策能力上。资源能力是实现企业战略目标的基础，技术能力是实现企业战略目标的保证，管理能力是实现企业战略目标的核心，决策能力是实现企业战略目标的关键。企业的市场定位和战略目标的选择，必须与企业自身的这些能力相适应，相匹配。如果脱离这些能力，企业的市场战略必将错位，企业的战略目标也不可能实现。

以中铁隧道集团为例，该企业从创立起就以专业局的形象而面世，就将自己的市场定位在：发挥隧道和地下工程设计、施工、科研和制造四位一体的优势，一专多能，全面发展上。从新奥法和机械化作业线的引进应用，从浅埋暗挖法的创立到城市地铁市场份额的扩张繁荣，从 TBM 盾构的引进配套到成为国内保有 TBM 盾构最多的企业，无不体现着战略目标的选择，与企业自身的这些能力相适应，相匹配。

（7）施工企业的战略与管理

企业管理是一个复杂的系统，是一个不断创新、变革、发展的过程，没有也不可能有一个放之四海而皆准的固定模式可以被不断重复套用。人们常说经营是艺术，管理是科学，是说经营开发市场需要灵感，往往成功就在一念之间，而管理企业却要系统、准确、滴水不漏。这就像我们修筑高楼大厦，不论采用多么优质、先进的建筑材料，如果不能有效地、系统地组织，都只能留下遗憾的建筑。

管理是一个系统，是一个在一定市场需求和技术发展阶段或状况中由原则、制度和方法构成的完整体系。管理思想的探索是管理创新的源泉之一，推动着管理实践的变革和发展。从空间角度看，各个国家和地区都在自己社会、政治、文化背景下形成自己独具特色的管理模式，虽然各种"文化的"管理模式是可以互相借鉴学习的，但在本质上又是不可移植的，各个国家的企业管理的成熟只能在自己社会、政治、文化背景下自然地生长和整合，逐渐形成自己的优势和特点；从时间角度看，现代企业管理以市场需求和市场竞争为背景，先后出现了规模模式、质量模式、速度模式。在不同国家模式下，使现代企业管理呈现出多元的和不断变化的形态。这些现代企业管理的多元形态中，有一个共同的规律和原则，那就是：以什么样的态度和方法对待市场和顾客；以什么样的态度和方法对待效率和效益，以什么样的方法和态度对待职工和社会。现代企业管理，就是围绕市场、人、效率和效益这三方面所进行的管理。通过整合，形成一个以市场为中心的明确的目标和策略，一个以人为中心的价值观和企业文化，一套以效率效益为中心，实事求是，不断变革的制度和程序。企业管理是一项复杂的、系统的工程，涉及自然科学、社会科学的方方面面。管理者的责任就是要造就一个生产的统一体，能够把当前利益和长远利益、总体利益和局部利益结合起来。即需要胆略和魄力，需要高瞻远瞩和敏锐的洞察力，同时又需要艺术性、分寸感和把握平衡的能力。在竞争激烈的市场环境中管理企业，就如同大海行舟，需要超常的智力和精力。因此，努力提高管理能力，是提高企业整体水平的关键。企业作为人类社会的经济组织具有两重性。首先，作为经济组织，企业的基本目标是在市场上取得经济效益，体现在企业管理中以什么观念和方法对待效率和效益，这是企业管理的效益模式。同时，企业又是由人组成的社会组织，体现在企业管理中以什么观念和方法对待职工，企业管理应追求经济效益和社会效益的统一。企业既肩负着取得经济效益的责任，又肩负着社会责任，搞好企业管理就显得更为重要。管理对企业的发展和企业经济效益的高低有重大影响，企业发展必须要求加强企业管理来适应，是有目共睹的。在一个企业里，如果管理水平低，生产要素得不到合理运用，职工的积极性得不到很好发挥，企业就不可能得到健康、迅速的发展。

在分析和处理管理问题时，必须从战略出发，树立系统的观点、权变的观点和发展的观点。系统的观点是将管理体系视作一个完整的开放系统，不但要看到此系统中各层次与外界环境间的交流与制约作用，而且要看到组成此系统之各层次的各子系统及其相互联系与作用。管理现代化，手段与技术的现代化固然不可缺，而更重要的是观点、组织、制度、人员的现代化。长处与弱点、理性与感性、远期与近期、战略与战术等的对立统一必须兼顾，防止任何片面性；权变的观点，即因地制宜，具体分析，随机应变。在企业管理中，依据不同的管理环境和管理对象适宜地选择和采取不同的管理手段和管理方式，这是保证管理工作高效率的重要原则。成功的企业在于把别人的先进经验与自己的具体条件融为一体；发展的观点，亦即动态的、转化的观点。今日之长，可能成为明日之短，眼前平安无事，难保日后不会问题成堆。发展观点还说明，"现代化"并无绝对标准，当今最先进，转瞬已落伍，竞争中后来居上者俯拾即是。

（8）施工企业的战略与实施

经常看到有些企业在选择战略管理实施措施时一味求新求洋，完全不顾企业的实际情况，把西方的所谓先进管理制度全盘照搬，生搬硬套，结果导致了水土不服，战略实施失败。什么是最好的？适合自己的才是最好的。

针对性和可行性，是选择战略实施工具时必须要考虑的两个原则。实施工具本身不合理，缺少针对性和可行性，或者过于烦琐不利于执行。实践中经常遇到一些企业企图通过填写各种报表来约束员工的行为，或通过各种考核制度企图达到改善企业战略执行的目的，但往往是事与愿违。企业每制定一个制度就是给执行者头上戴了一个紧箍，也进一步增加了执行者内心的逆反心理。最后导致员工敷衍了事，使企业的规定流于形式。企业在选择战略实施工具时一定要本着这样一个原则，就是所有的制度和规定都是为了帮助员工更好地工作的，是提供方便而不是为了约束，是为了规范其行为而不是一种负担。

战略实施工具还应当具有可执行性。在工具的可执行性方面，比较好的做法是以比较简单的方式来表达、使用实施工具，例如工作流程，实施工具应可将相关的工作程序以流程图的方式表现出来，并注明具体的工作任务、涉及的部门、负责的部门和岗位以及需要进行的决策等，使工作程序一目了然，操作起来也便利可行。可执行性的另一个方面是实施工具对战略实施的可考核程度。一个好的实施工具，其考核范围应包括考核部门、考核标准以及奖惩标准。大多数企业在这方面做得不够全面，要么考核部门不够明确，要么考核标准不够明确，要么奖惩标准不够明确，这些都影响制度考核的顺利进行。

作为一种行之有效的战略实施工具，海尔OEC管理法同样也供施工企业借鉴。OEC管理法的特点是，始终贯穿着PDCA循环，通过设定目标、设计达到这些目标的具体措施和方法——付诸实施——检查、纠正和改进计划及修正目标，从而使日常工作中每件事都处于受控状态，并达到持续提高的目的。可以说，海尔OEC管理法就是将PDCA循环有效地落实到每个人、每件事和每一天的企业管理方法。一个人做好一件事并不难，难的是使每个人每天都能做好每一件事，也就是说，如何做到持之以恒，海尔OEC管理法正是解决了这个问题。OEC实际上是一个目标管理体系，总目标是"日高"，即企业管理水平和企业综合素质水平以及员工个人素质持续提高，而其基础是"日清"，即使得企业日常工作的每一件事都达到有序状态和受控状态。达到"日高"的目的和巩固"日清"的基础又是通过在每天的日常工作中，全面控制企业里每个人、每件事的具体行为过程而达到的。OEC管理因为它的针对性和可执行性，不仅成为"海尔之剑"，而且随着海尔的成功被更多的企业所接受。从海尔的OEC管理法，我们可以看到，任何成熟的管理方法实质是一样的，都不是空中楼阁，都是有实在的实践针对性，也都有很强的执行性。国有施工企业要做的，应是根据自己的实际情况选准实施工具，并持之以恒地做下去。

（9）施工企业的战略与创新

管理创新已成为我国施工企业的必然选择。社会主义市场经济体制的确立与完善，为竞争提供了广阔空间，为管理创新提供了制度基础。以党的十四大为标志，我国确立了社会主义市场经济体制，市场主体的培育，市场体系的建设，宏观调控体系的建设包括政府职能的转换，都有长足进展，我国社会主义市场经济体制更加完善。

大多数国有施工企业正在积极适应变化，企业管理已基本摆脱了对政府行政管理的依赖，由被动管理转为自主管理。企业在应对市场化、国际化、信息化挑战中，在提高管理水平方面做了大量扎扎实实的工作，取得了可喜进展。同时，企业家队伍的素质不断提高，经营者和员工的激励约束机制初步形成，对人力资源开发与管理的投入普遍加大。战略创新正在逐渐成为国有施工企业永恒的主题。

随着国内外市场供求状况的变化和全球经济一体化、管理信息化步伐的加快，企业管理正经历新的变革。突出表现为：企业由追求利润最大化转向追求整体价值最大化；人由"劳动力"转变为"人力资源"，进而成为"人力资本"；传统的监控型管理转向授权型管理，最终转向以潜能开发；人力资本的价值增值为主体金字塔式的权力型组织结构，转向扁平化组织结构、团队式的管理运作模式；传统的物力、财力竞争转向企业对市场瓜分能力的竞争；依靠严格、完备的规章制度转向以共同的愿景来集聚企业的向心力；短期激励转向长短期激励相结合；物质推动型激励转为情感满足型激励；网络信息技术应用由单一的信息处理转向组织的信息分享、共同合作、工作流程改造、虚拟性活动；员工由被动接受型转向参与管理型，进而转向自我管理型等等。新的概念、理论层出不穷，正在受到国内外企业的追崇和运用。

### 1.2.2 公路工程施工企业发展战略内容与过程

通常，将战略管理看作是一种过程，一种对企业战略的管理过程，包括战略制定、战略实施、战略评价等主要内容。

战略制定包括确定企业任务，识别企业外部机会与威胁，识别企业较之竞争者的长处与短处，建立长期目标，开发供选择的多种战略方案，以及选择特定的实施战略。战略制定过程所要决定的问题包括：企业进入何种新的业务领域，放弃何种业务，如何配置资源，是否扩大经营或进行多元经营，是否进入国际市场，是否进行合并或建立合资公司等。

战略实施要求公司制定年度目标、制定政策、激励员工和配置资源，以便使制定的战略得以贯彻实施。战略实施活动包括培育支持战略实施的企业文化、建立有效的组织结构、调整企业经营方向、制定预算、建立和使用信息系统，以及将员工报酬与企业绩效挂钩等。战略实施是战略管理的行动阶段。

战略评价用来评价战略效果，以便采取变革措施。管理者非常需要知道哪一特定的战略管理阶段出了问题，而战略评价便是获得这一信息的主要方法。由于外部及内容因素处于不断变化中之中，所有战略都需要不断地调整和修改。

具体而言，战略管理的过程一般情况下分为七个步骤：确定企业使命，确定企业目标，战略态势分析，战略制定，战略评价与选择，战略的实施和战略控制与反馈。它是一个完整的过程其中最主要包括：战略分析、战略选择和战略实施。战略分析包括对环境的变化（宏观、行业结构）及给组织的影响的分析，对组织的地位、资源及战略能力的分析和与组织有关的个人和团体的价值观和期望、愿望、要求、反应及其影响、制约的分析。战略选择涉及产品和服务的开发方向，进入的市场类型，进入的方式。它是一个管理评测问题，不是一个完全理性的过程和纯逻辑的行为。战略实施是将战略转化为行动。主要涉及：如何在企业内部各部门、各层次间分配、使用现有的资源；如何使用外部资源；调整组织机构，影响组织（管理组织）变革的技术、方法。

（1）公路工程施工企业发展战略分析

环境是由企业无法控制的众多因素构成的，企业只能适应环境而不可能让环境来适应企业。环境的不确定性使企业无法预知外部环境的变化规律，因此企业必须密切关注环境的变化，随时做好适应环境变化的准备。企业面临的环境包括外部和内部两个方面。其中外部环境包括宏观外部环境和产业环境。

企业的宏观外部环境对企业是间接和潜在的影响，可以概括为以下四类：政治法律环境、经济环境、社会文化环境和技术环境。产业环境则对企业有着直接的影响。它属于外部环境分析中的微观环境分析，主要就是波特教授提出的产业竞争的五种力：潜在的加入者、代用品的威胁、购买者的讨价还价的能力、供应者的讨价还价的能力、现有竞争者之间的抗衡。

企业外部环境分析的目的是：为了适时地寻找和发现有利于企业发展的机会，以及对企业来说所存在的威胁，做到"知彼"，以便在制定和选择战略中能够利用外部条件所提供的机会而避开对企业的威胁因素。

企业的内部环境分析主要包括企业的素质和经营能力分析，企业的内部条件分析和企业的核心竞争能力分析。企业的素质和经营能力分析包括企业素质和企业活力分析，企业产品和市场营销分析。而企业内部条件分析则着重分析企业的市场营销能力，财务分析能力，管理组织能力。

企业内部环境分析中最重要的是进行企业核心竞争能力的分析。企业的核心竞争力，是企业发展战略的实质核心。核心竞争力是指企业自身拥有超过参与竞争的其他对手的关键资源、知识或能力。这种能力具有对手难以模仿、不可移植、并不随员工的离开而流失等特性。核心竞争力可以是特殊技能、诀窍、企业的知识管理体系或具备很大竞争价值的生产能力拟或具体的技能组合。企业发展战略的重点，是企业的竞争能力。企业的竞争能力基于对企业内部要素的客观分析和评价，它取决于行业结构和企业相对的市场地位。

企业的内部环境分析的目的是：为了发现企业所具备的优势或弱点，以便在制定和实施战略时能扬长避短、发挥优势，有效地利用企业自身的各种资源。

企业战略管理的一个重要任务，是在复杂多变的内外环境条件下，求得企业外部环境、内部条件和经营目标三者之间的动态平衡。进行企业战略选择之前必须要先进行环境分析，才可以客观地提出适合企业发展的战略。SWOT 分析法（指对优势因素（Strengths）、弱点因素（Weaknesses）、机会因素（Opportunities）和威胁因素（Threats）分析的方法）是比较好的内外部环境分析的方法，它通过对企业外部的机会和威胁内部的优势和劣势来进行环境分析寻找最佳战略组合，提供了四种可选的战略分别为劣势－威胁（WT）组合，劣势－机会（WO）组合，优势－威胁（ST）组合和优势－机会（SO）组合。

内部分析方法可以归纳成两类，一类是纵向分析，即分析企业各个方面的历史沿革，从而发现企业在哪些方面得到了发展和加强，以及哪些方面有所削弱。根据这种纵向分析在历史分析的基础上对企业各方面的发展趋势做出预测。另一类是将企业的情况与行业平均水平做横向比较分析来发现相对于行业平均的优势和劣势。常用的内部分析方法有价值链分析法，雷达图分析法，经济效益分析法等。进行内外部条件分析的时候企业就该开始进行战略的选择。

（2）公路工程施工企业发展战略选择

企业战略层次包括四个方面，企业的使命和目标、公司战略、竞争战略和职能战略。企业使命是企业存在的目的和理由是战略管理必须解决的最重要的问题，也是企业不能回避的现实问题。在制定各项具体的战略之前必须要明确企业的使命远景和目标。公司战略是大中型企业，特别是多种业务经营企业中最高层次的战略。竞争战略，是在企业公司战略的制约下，指导和管理具体经营单位的计划和行动，主要是针对不断变化的外部环境，在各自的经营领域里有效竞争。它可以帮助企业有效地控制资源的分配和使用，协调各职能层的战略。职能战略是企业内主要职能部门的短期战略计划，它可以使职能部门的管理人员更加清楚地认识到本职能部门在实施企业总体战略中的责任和要求，有效地运用研究开发、营销、生产、财务、人力资源等方面的经营职能，保证实现企业目标。

公司战略包括四个方面分别为稳定发展战略、发展战略、防御战略和混合战略。它们又有着各自的子战略。如稳定发展战略有包括无变化战略，维持利润战略，暂停战略和谨慎实施战略。发展战略包括集中单一产品和服务（产品渗透战略，产品开发战略，市场开发战略，全方位创新战略），一体化战略（横向一体化和纵向一体化，纵向一体化又分为了前向一体化和后向一体化），多样化战略（相关多元化和非相关多元化）。防御战略包括收获战略，调整战略，放弃战略和清算战略。混合战略包括同时性战略和顺序性战略。竞争战略主要就是波特教授的三种基本的竞争战略，如成本领先战略，差异化战略，集中化战略，还包括近些年来兴起的竞合战略。职能战略包括市场营销战略、财务战略、生产作业战略、人力资源战略和研究与开发战略。各种战略都有自身的优点和缺点，在使用的时候一定要根据企业的实际情况，结合内外部环境的分析，在各种战略的优势集中起来混合使用而不是只适用其中的单一战略。所以必须明确自身该采取的主战略和辅助战略，这里就必须要用到战略选择的方法。

战略选择的方法主要有波士顿矩阵（BCG）分析法，GE—麦肯锡矩阵等。

BCG矩阵图，也称"市场成长——市场份额"矩阵图，是美国波士顿咨询公司首创的决策咨询方法和工具，它根据市场增长率和相对市场占有率这两个指标来分析企业该采取何种战略。这两个二维指标将平面分为四个象限，相对市场占有率和市场增长率都高的是明星区，采取的是发展战略。相对市场占有率和市场增长率都低的是瘦狗区，采取的是放弃或清算战略。相对市场占有率高，市场增长率低的是金牛区采取维持或收获战略。相对市场占有率低，市场增长率高的是问题区采取的是选择战略，如果它可是向明星发展则采取发挥发展战略，如果效益继续不好没有发展前途的话则选择放弃战略。但波士顿矩阵法有很多局限的地方，比如以市场增长率和相对市场占有率来决定经营单位的战略太过于简单，四个象限业务的处理也太过轻率可能会错失好的机会，另外综合产业的市场占有率也很难确定。由此出现了GE矩阵法。

GE矩阵法，又称行业吸引力—竞争能力分析法，它把波士顿矩阵中的"销售增长率"转化为"产业吸引力"，把"相对市场占有率"转化为"企业竞争能力"，该矩阵法将行业吸引力和竞争能力都分为了高中低三个层次从而将矩阵分为了九个象限。分别对应了

BCG 矩阵中的明星区域，瘦狗区域和问题区域。它比 BCG 矩阵法更为详细，如将行业吸引力分为了 15 个指标，竞争能力分为了 7 个指标，并给出系统评估内容，使企业在分析公司的总体战略时更切合实际，具有操作性。

（3）公路工程施工企业发展战略实施

根据企业内外部环境分析通过战略选择的方法选定了适合企业发展的战略之后最重要的就是将这些战略付诸实施。企业战略就是将战略构想转化为行动的过程是实现既定战略的过程。在此期间要注意的基本原则为适度合理性的原则统一领导，统一指挥的原则和权变原则。战略实施有五种不同的模式：指挥型、变革型、合作型、文化型、增长型。在战略实施的过程中，为了确保企业总体战略和经验领域战略的实现，企业要制定和实施与公司战略目标相一致的市场营销、生产、人力资源、财务、研究与开发等职能战略，选择与之相适应的组织机构，领导者和企业文化。

企业的组织结构是指组织中各种劳动分工与协调方式的总和，它规定着组织内部各个组成单位的任务、职责、权利和相互关系。企业的组织结构可以定义为组织中各种劳动分工与协调方式的总和，它规定着组织内部各个组成单位的任务、职责、权利和相互关系。一个企业要有效的运营必须将战略与组织结构相联系。

成功的领导者必须要做到制定一个企业能够并且应该实现的设想或规划，为实现企业的设想和规划做出战略安排，建立一个强有力的资源协作体系和负责任的核心队伍。选择成功的领导者要做到使总经理的能力与战略类型相匹配，使经理班子中每个人的能力相互匹配。一般来说领导者具有四种类型：目标达成型、团体维持型、两者兼备型、无效领导型。较好的领导一般都是两者兼备型的，他们既注重抓生产，努力实现组织的目标，又注重人际关系的协调处理。

在一系列条件都具备之后，企业实施战略还必须要注意战略的控制和反馈。

企业的战略方案确定后，必须通过具体化的实际行动，才能实现战略及战略目标。一般来说可在三个方面来推进一个战略的实施：

其一，是制定职能策略，如生产策略、研究与开发策略、市场营销策略、财务策略等。在这些职能策略中要能够体现出策略推出步骤、采取的措施、项目以及大体的时间安排等。

其二，是对企业的组织机构进行构建，以使构造出的机构能够适应所采取的战略，为战略实施提供一个有利的环境。

其三，是要使领导者的素质及能力与所执行的战略相匹配，即挑选合适的企业高层管理者来贯彻既定的战略方案。在战略的具体化和实施过程中，为了使实施进行控制。这就是说将经过信息反馈回来的实际成效与预定的战略目标进行比较，如二者有显著的偏差，就应当采取有效的措施进行纠正。当由于原来分析不周、判断有误，或是环境发生了预想不到的变化而引起偏差时，甚至可能会重新审视环境，制定新的战略方案，进行新一轮的战略管理过程。

（4）公路工程施工企业发展战略控制和反馈

企业战略管理是一个动态的过程，在战略的实施过程中由于各方面的原因，如原来的战略制定不当或环境的发展与原来的预测不同，造成战略的局部或整体不符合企业的内外部环境，此时必须要根据反馈的信息实施战略的控制。企业中有三种类型的控制战略控制、战术控制和作业控制。战略控制过程有三项基本要素：确定评价标准；评价工作成绩；反馈。这三项要素对保证有效的控制是必不可少的。控制方法和控制系统按控制的对象，可分为行为控制和产出控制。行为控制是指直接对人们进行的具体生产经营活动的控制，它基于直接的个人观察。产出控制是检查活动成果是否符合战略计划或评价标准的要求而进行的控制，它基于对定量数据，如销售额、财务或生产记录等的测定。实施战略控制有三种控制方法：预算，审计，个人现场观察。通过实施战略控制和反馈可是更有效地帮助企业实施既定的战略。

（5）某公路工程施工企业发展战略简要示例

一、企业现状与发展环境（略）

（一）基本情况

1. 概况

2. 组织结构（该公司组织结构图）

3. 法人治理结构

4. 二级企业（公司）基本情况

5. 主要经济指标

6. 企业主要业务构成情况

企业主要业务构成包括路基工程、路面工程、桥梁、隧道、市政工程施工、房地产开发等。

（二）企业发展环境分析

一）宏观环境分析（略）

1. 国内环境

（1）政策环境

（2）经济环境

2. 国际环境

二）企业所在领域的国内外现状和发展趋势分析

1. 企业所在领域国内发展现状（略）

截止 2010 年，本公司的基本业务划分为基础设施建设与房地产建设两个板块。根据上级集团的总体战略规划，结合本公司的相对竞争优势，决定战略聚核，专注于交通运输基础设施建设。

（1）基础设施建设

（2）发展趋势

1）轨道交通建设迅速增长

2）公路建设的重心由新建项目逐渐向已有项目的养护转移

3）内河港航建设迎来新的发展机遇

2. 国外现状及发展趋势（略）

三）企业主业和主导产品国内外市场分析

1. 国内市场分析（略）

（1）建筑业总体态势

（2）重庆市交通建设态势

2. 企业市场预测及市场占有率分析

（三）竞争力分析——本公司发展 SWOT 分析

1. 优势分析

（1）资质优势

本公司具有公路工程施工总承包特级资质和公路路面工程专业承包壹级资质，可以承接国内外任何等级公路项目，是本地唯一一家国有公路建设企业集团。以企业近 3 年有过业务的重庆、四川、贵州、福建、广西、江西地区来看，以上 6 省拥有公路工程施工总承包特级资质的企业仅有 4 家，这种优势可见本公司在市场竞争中处于优势地位。

（2）体制优势

本公司隶属于某建工集团。该建工集团是目前中国西部地区唯一拥有房屋建筑工程、公路工程施工总承包双特级资质的国有大型建筑企业集团。该建工集团 2010 年名列中国企业 500 强第 266 名、中国建筑企业第 14 名、中国西部建筑企业第 1 名。作为该建工集团下属的企业集团，本公司具有争取建设项目的关联优势，便于在激烈的路桥建设市场竞争中占据先机，充分利用母集团的优势，获取资源，发展企业。

（3）区位优势

本公司地处重庆。重庆市从直辖以来国家给予了一系列的优惠政策，经济发展迅速，各项基础设施的建设投入逐年增加，各种等级的公路建设需求量大，同时城市轻轨等轨道交通建设正在进行，这为地处于重庆的本公司带来了大量的市场需求。同时 2010 年上半年国家交通建设投资仍继续保持一定幅度增长，并且资金投向继续向西部地区倾斜。2010 年下半年以及可预见的短期内，国家在交通基础设施建设方面将继续保持一定的增长并且资金投向将继续向西部倾斜。从分行业看，高速公路建设保持较高增长，这也将会给地处于重庆的本公司带来更多的机会。

2. 劣势分析

通过与本集团对标准企业的主要经济技术指标对比，以及对本集团内部组织结构、管理模式等的分析，不难发现本集团面向未来的发展跨越在许多方面还存在一定制约，具体表现为：管控关系还不够顺、技术创新还不够快、人事体制还不够活、管理观念还不够新、核心能力还不够强、营销办法还不够多。

（1）组织管控关系需进一步理顺

（2）技术创新相对滞后

（3）人力资源管理和开发的不合理

（4）相对保守的管理观念尚不足以全面激发企业的活力

（5）企业核心竞争力不够突出

（6）企业宣传不足，营销能力薄弱

3. 机遇分析

（1）重庆交通建设仍处于重大发展机遇期

2010 年国内生产总值达到 40 万亿元，比上年增长 10.4%；全年完成公路水路交通固定资产投资超过 1 万亿元，同比增长 20% 左右。"十一五"建设期间，全社会共完成公路水路交通建设投资 4.7 万亿元，是"十五"期的 2 倍多。全国公路网总里程达到 398.4 万公里，五年新增 63.9 万公里。高速公路由"十五"期末的 4.1 万公里发展到 7.4 万公里，新增 3.3 万公里。交通部部长李盛霖透露，"十二五"期间我国将坚持交通建设适度超前的原则，继续保持交通运输基础设施建设的适度规模和速度，确保国家扩大内需的重点在建和续建项目顺利建成并发挥效益，完善国家综合交通运输基础设施网络。

在深入实施西部大开发战略的部署中，党中央、国务院继续把基础设施建设放在优先位置，提出了加快构建功能配套、安全高效的现代化基础设施体系，加快形成连通内外、覆盖城乡的综合交通运输网络的目标任务。实现这一目标任务，在公路水路交通建设方面，今后 10 年应着力推进"四化、两体系"，即骨架公路基本实现高速化、干线公路基本实现标准化、水路运输加快推进现代化、交通运输公共服务基本实现均等化，加快建立绿色交通运输体系和安全应急与救助保障体系，力争基本形成连通内外、覆盖城乡，功能配套、服务高效，运转顺畅、安全环保的综合运输体系，从根本上改变西部地区交通运输的落后面貌。

交通固定资产投资结构继续优化。从分区域看，资金投向进一步向西部地区倾斜。东、中、西部地区分别完成交通固定资产投资 1834.3 亿元、1176.4 亿元和 2055.9 亿元，同比分别增长 1.4%、26.0% 和 43.8%，西部地区投资额和增速均超过东、中部地区。这为以重庆市场为基础，以中西部市场为主要目标市场的本公司的发展提供了良好的宏观环境。

(2)"畅通重庆"对交通事业发展带来新任务

重庆市交通建设的近期目标是建成"二环八射"国家高速公路网，推进"一环两射一联"地方高速公路项目，开工渝黔铁路新线、渝万城际铁路、成渝城际铁路等项目，完成江北国际机场三期扩建和黔江机场建设。推进寸滩三期、涪陵龙头山等港口建设，实施嘉陵江、乌江等重要航道治理和船舶标准化改造。提速建设轨道交通一、三、六号线及二、三、六号线延伸段。加快建设双碑等五座大桥、慈母山等两座隧道、两路等五座换乘枢纽和一批公共停车场，开工解放碑地下环道，渠化道路交叉口，消除一批堵点。坚持建管并重，优先发展公共交通，着力优化公交线网、运力结构和信息化管理系统，规范营运秩序，提高公共交通服务能力。强化道路交通管理，从严控制占道施工和占道停车，缓解城市交通拥堵压力。

远景规划是"二环八射"的基础上，新增"一环两射三联"从而形成"三环十射三联"的新格局，到 2020 年完成总投资 2000 亿元以上，形成总规模 3600 公里。新增"一环两射三联"高速公路总长 1590 公里。

(3) 交通运输行业发展对交通建设提出的新挑战

2009 年出台的《国务院关于印发物流业调整和振兴规划的通知》中，将重庆定位为全国性物流枢纽城市、西南物流区域核心城市。随着惠普、富士康、思科等 IT 企业涌入，国际货运物流陡增的重庆更是当仁不让地声称要打造"西部物流中心"。2009 年 4月，重庆市适时提出打造"一江两翼三洋"国际物流大通道的战略构想，这些都将促进重庆交通运输行业的发展，同时肯定会带动交通基础设施建设的投入，如高等级公路的建设，轻轨的建设等，都会给本公司带来机遇。

4. 威胁分析

(1) 建设资金后续保障面临压力

随着国内外经济形势的企稳与复苏，宏观调控政策的力度、节奏及方向正逐步发生变化。今年和明年交通基础设施正处于建设投资高峰期，银行信贷资金是建设投资的重要来源渠道，信贷政策收紧与地方融资政策变化将对交通建设融资能力带来一定影响，在建、续建项目的后续资金保障压力加大。

（2）行业内部的竞争压力

目前已经有一批国有大型公路桥梁公司实现了股份化经营，甚至已经成功上市，企业规模不断扩大，路桥资产不断增加，路桥施工行业竞争激烈。同时一些中小型路桥公司虽然资产结构单一、公司规模小、项目经验及研发能力有限，但是其机构设置比较简单、融资渠道多，能灵活承接一些规模较小的工程，这也会给像本公司一样的国有大中型企业造成一定的压力。

（3）恶劣施工条件与技术发展的挑战

我国待建交通基础设施所在地区各种地形条件复杂，如溶洞，膨胀土，黄土等各种地质，再加上各地的天气，雨水等情况各不相同，使得施工技术复杂多样化，容易带来施工隐患，影响安全、质量、工期、成本，目前本公司针对恶劣施工条件的施工新技术预研和储备不足，亟须通过自身施工技术研发能力提升及与咨询设计研究部门结以应对这一挑战。

（4）国内基础设施建设饱和的威胁

国内公路与桥梁的建设达到国家整体公路交通网络规划设计标准后，将呈现一种类似饱和的现象，国家相关的投入会减少，市场总的份额也会减少，这无疑会给路桥建设公司带来巨大的威胁，促使国内路桥公司为了企业长远的发展，必须使企业发展经营多元化。

二、发展战略与指导思想

（一）企业战略定位与战略描述

"凝固历史的卓越建造"始终是本集团的存在价值与发展使命，"经营信任，回报信任"始终是本集团的自律诉求与社会承诺。具体地，本公司的发展定位表现在母公司内部定位与交通建设行业定位两个方面。

在母公司中的定位：

以"立足交通、回报股东、服务用户、成就员工、奉献社会"为交建核心文化理念，坚承"诚信建工、责任建工、和谐建工、效益建工"的建工企业使命，全面落实建工集团三大战略定位，有机融入建设产品系统集成与增值服务供应链，有力支撑建工整体上市板块并不断提高利润贡献水平，着力打造生产能力与营业收入双"100亿"交建板块；建工体系中交通建设、运营人才的培养基地与路桥工程技术创新的研发中心，以技术、智力、资金、管理领先与集中为特征的EPC建造模式的探路企业。

在交通建设行业中的定位：

重庆地方交通建设的龙头企业，西南片区的交通建设领导型企业；国内交通基础设施建设的一流企业。

（二）企业发展指导思想

以邓小平理论和"三个代表"重要思想为指导，深入贯彻落实科学发展观，围绕重庆战略定位，建设内陆开放高地，促进城乡统筹，着眼于资源优配、资本优化、资产优良，推动资产重组、产业升级、技术创新，立足重庆、面向西部、抓住机遇、提升能力、着力发展，突出交通建设主业，统筹兼顾、协同协调，建设效益企业、和谐企业、诚信企业和责任企业，为全市经济更好更快发展提供强有力的现代交通基础设施保障。

三、企业发展规划目标

（一）远景规划目标

到 2020 年，成为母公司的核心主力企业，管理体系科学、内控体系完备，具备单独上市的条件；努力成为西部交通基础设施建设的领导企业，在地方同类企业中处于领先地位。

不断扩张投资运营板块的份额，使之成为本公司产业结构的主要部分，努力争取到 1 到 2 个优质的长期经营项目，由劳动密集型企业转向知识密集型企业，努力掌握行业先进技术并能参与树立行业标准，在个别领域具备先进技术并能够通过技术应用和输出创造直接经济效益。

主要经济指标：营业收入×××亿元，力争×××亿元；资产总额×××亿元；企业利润总额×亿元；创造就业机会×万个；员工收入在 2015 年基础上再翻一番。

以规模效益与科技进步为发展思路，在优化组织架构、完善母子管控体系的基础上，探索并形成富有竞争力与扩张力的商业运作模式，充分利用、整合外部资源，协同进化、系统管理，掌控建造价值链的主要增值环节，为集团又好又快发展服务。

（二）五年发展目标

成为母公司上市板块的主力企业，西部交通设施建设的依靠企业，技术创新型企业，兼具项目投融资及项目管理优秀能力的企业。

继续抓好市场竞争性投标业务，同时积极寻找优质项目进行投资，积极进入轨道建设市场，强力促进人才引进与技术进步，全面掌握复杂桥隧施工技术，不断开拓新型建设模式，探索与 EPC 相适应的组织结构与管控体系，逐渐完善设计能力以及项目咨询和管理输出，同时大力开拓高等级公路养护市场，以综合管理、工程技术、运营资金的集成竞争力，控制高端养护市场。

2015 年主要经济指标：营业收入翻两番，达到××亿元，力争×××亿元；资产总额××亿元；企业利润总额×万元；创造就业机会×万个；员工收入翻一番。

以资质管理带动规模发展、以技术创新促进效益提升、以学习协同助推组织进步、以流程掌控整合系统资源，主营业务全面覆盖交通建设各大产业领域，投资参股、联合经营，积极开拓外地与海外市场。同时提升人力资源管理，优化人才队伍，注意培养技术创新型人才，创新建设企业文化。

（三）三年滚动发展规划目标及年度目标分解

1. 总体目标

2011 至 2013 年，是本公司夯实基础、培育能力、提升资质、拓展市场的关键时期，也是建设市场竞争将越来越激烈，检验着交建企业品牌的关键时期，更是施工技术不断推陈出新，考验着交建人才队伍整体开拓能力的关键时期，在 2010 年基础上，迎难而上，自我加压，转换模式，拓展市场，到 2013 年力争营业收入达到××亿元。

2. 板块目标

继续保持路桥隧工程建设在西部地区工程建设市场中的领先地位，抓住国家内河整治、发展航运的机遇，促进港航工程建设能力的提高与应用，提升工程建设资质，积极进入方兴未艾的轨道工程建设市场，孵化和推进养护工程专业化能力建设，至 2013 年，形成以路桥隧工程为主要支撑面、轨道工程为主要增长点、港航工程为形势机遇点、道路养护工程为准明星业务的主营业务板块构造。

3. 盈利模式目标

围绕交通建设行业的价值链条，构造交通建设盈利模式。现阶段交通建设企业的运营模式多以施工为主，盈利能力较弱，面对强大的区内外竞争对手缺乏足够的竞争能力，依据波特的价值链理论，交通建设企业向其前、后向延伸就形成了产业价值链。由此形成的盈利模式是：前期咨询平台＋项目实施平台＋项目运营平台＝一体化项目管理服务平台并最终实现施工赢利→总包赢利→工程投资赢利。其中，近期的盈利模式战略就近期而言，应该以施工环节为基础，尽快强化施工总承包能力，培育 EPC 项目运作所需能力，整合资源建立项目实施平台。

中远期的盈利模式：2013 年后的战略中远期，通过与国内外大承包商合作方式进入海外工程建设市场，建立前期项目咨询平台和后期项目运营平台，尽快从承包方式、融资渠道管理模式等方面与国际大承包商相对接，学习和研究国际市场经营的先进经验，熟悉竞争规则，尽快构筑适应国际竞争的建设盈利模式。

4. 企业组织结构调整目标

遵循"治理、控制、宏观管理"的管控体系设计，在传统事业部组织架构之上建立集团控制型组织与一体平衡型组织的目标组织形式，保证集团公司组织管理的紧凑性与灵活性的高度统一。集团控制型组织，集团公司通过总部决策层与技术发展中心、设备物资中心与资金管理中心实施集团管控，管理侧重于规划产业发展、平衡资金调度、控制投融资结构与规模，子公司管理侧重于服务创新、经营增效、业务增值，实行利润中心制、成本中心制考核；一体平衡型组织，围绕现代建设企业集团的战略定位，着眼于资源优配、资本优化、资产优良，推动资产重组、产业升级、技术创新，立足一圈两翼、面向西部地区，突出建设主业，统筹兼顾、协同协调，构建协同平衡、主业突出、优势明显的现代建设企业集团。

将技术中心定位于本公司由实施 EPC 项目到造就 EPC 公司的核心推动部门，结束技术中心目前的空转状态，推动总工办与技术中心的业务整合，把技术中心发展为建设技术的孵化暖房、信息平台、推广中心与管理中枢。同时，充分发挥设备物资中心与资金管理中心的发展规划与资源调配功能，把集团技术发展、设备配置、物资调配、资金管理统一到保障与推进战略目标实现的同一方向上来。

5. 企业技术进步指标

与区内外行业内科研院所院所深度合作，搭建技术研发平台，建立技术创新保障体系，形成技术研发、推广与运用机制；培养一支自主创新队伍。

继续升级信息化手段，在无纸化办公行政信息管理体系基础上，围绕远程监控管理的项目信息化管理体系，建立健全以资金管理为中心的财务信息化管理体系，以材料集中采购统一配送为主线的供应链信息化管理体系，以市场经营为导向的客户关系信息化管理体系。

根据本公司科技发展五年规划，自主创新和横向联合并重，以提高企业产品的技术附加值为目的，以提高公司的机械化施工技术水平为标志，以主要施工领域技术水平达到国内先进行列、力争达到国内领先水平为目标，五年规划期内实现以下分项目标：（以下略）

6. 人力资源目标（略）

7. 投资风险控制目标

四、三年滚动发展规划期内调整重点与实施计划

（一）发展调整重点

本集团将把提升总承包商能力与影响的关键经营要素作为发展调整重点，即：资质和品牌、关键性人才、资金及融资能力、风险控制能力、资源整合能力。

1. 资质与品牌提升（略）

2. 资金和融资能力提升（略）

3. 风险控制能力提升（略）

4. 组织结构变革（略）

5. 关键性人才的引进与培养

6. 资源整合能力提升（略）

7. 夯实管理基础，通过有效内控提升经营绩效（略）

（二）实施计划

1. 组织建设计划及实施

从 EPC 项目到 EPC 组织，企业最终要建立"大总部、小项目"的事业部商务模式以实现项目实施和企业发展之间的良性互动。选择 EPC 组织模式的理由是：建设市场中规模较大、建设难度较大、建设工期要求较高的项目所占比重越来越大，而与传统施工总承包模式相比，EPC 模式项目的投资效益更高、基本建设周期更短、更加符合本公司的战略定位与规模效益取向、更利于实现业主与承包商之间的合作双赢。

2. 人才队伍建设计划及实施（略）

3. 科技发展计划及实施（略）

4. 品牌与资质提升计划及实施（略）

5. 企业文化建设计划及实施（略）

6. 战略联盟计划及实施（略）

五、规划实施的保障措施及建议

（一）组织结构保障战略支持

EPC 总承包项目部组织机构见图 5-1。

根据新的战略定位，把目前的直线职能型结构发展为 EPC 总承包项目部组织结构，增强本公司的工程咨询功能、工程设计功能与融资功能的建设。

采用隐含职能型组织与联合体组织作为向 EPC 转型过渡时期组织模式。隐含职能型组织是指运用企业内部的优势资源实施某一个总承包项目，而联合体是指多个企业联合成优势互补的一个管理主体实施某一个总承包项目。

（二）人力资源保障战略支持

人力资源战略的制定，要从人才的引进与培养机制、职务分析与岗位制度、薪酬体系与绩效考核机制三方面入手。

人才的引进与培养机制方面：

1. 人才的引进。

2. 人才的培养。

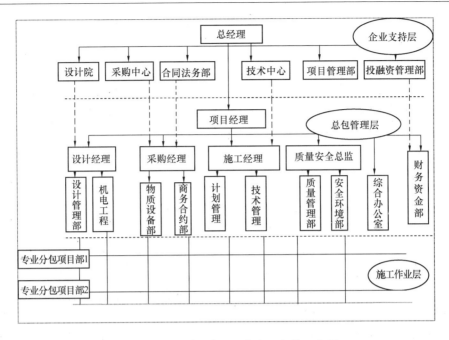

图 5-1　EPC 总承包项目部组织机构示意图

3. 人才培养与队伍锻造相结合。稳定骨干队伍，鼓励员工轮岗换位、一专多能、合理流动。把人才培养与队伍锻造的效果纳入干部考核指标体系。

（三）市场营销保障战略支持

1. 完善市场管理，满足市场需求

（1）划分市场类别

（2）对不同的市场采取不同的策略

（3）建立完善的市场管理团队，定期调研、分析市场、模拟投标、争取进入

2. 完善与市场的接触，促成合作意愿

（1）改善对业主的服务现状

（2）细分客户，采取差别化的合作方式

（四）运营保障战略支持（略）

（五）财务保障战略支持（略）

（六）资源整合与合作结盟战略支持（略）

### 1.2.3　施工企业品牌形象的塑造战略与发展定位

随着经济全球化趋势的不断发展，市场竞争的更为激烈，品牌战略已成为众多知名企业在市场竞争中立于不败之地的法宝。目前，建筑市场同样也已进入品牌竞争的时代，打造施工企业的强势品牌，对于企业的生存和发展已显得更为迫切与重要。

（1）全面认识品牌战略的内涵

认识是实践的向导。只有正确认识品牌的内涵，准确地把握品牌的核心，充分发挥品牌在企业发展中的地位与作用，才能正确地制定适合企业实际的品牌战略，从而为企业的持续、快速发展提供有效保证。目前，在一些企业领导中，对品牌的认识上还存在着误区。他们把品牌只看成是商品的一种标识，认为创立品牌就是多进行广告投入和形象宣

传，使更多的人认识和了解自己的企业就行了，而没有看到品牌更深层的含义与更重大的作用，也就谈不上有效地运用品牌战略。

1）品牌战略的含义

美国市场营销协会定义委员会曾给品牌下了一个定义：品牌是指打算用来识别一个（或一群）卖主的货物或劳务的名称、术语、记号、象征、设计或其组合，并打算用来区别一个（或一群）卖主或其竞争者。事实上，现在的品牌含义已全面拓展，它已演变成企业为适应市场竞争而精心培养核心产品，再依托核心产品质量和信誉创立企业品牌形象，最终提高企业整体形象、整体素质、整体实力和整体信誉的一种战略。

2）品牌战略的核心

名牌是品牌的基础。名牌战略是以产品质量为核心，进而提高企业市场占有率的经营战略，而品牌战略则是以企业信誉和服务质量为核心，增强企业综合竞争实力的发展战略。品牌战略集中体现在企业的专业技术、专用标识、市场业绩、管理模式和经营信誉等方面，这就要求我们必须通过实施品牌发展战略，把面向用户以诚取信的经营理念，寓于有效的经营方略和严格的科学管理之中，致力于创一流工程，不断提高企业信誉，增强市场经营能力，进而促进企业的全面发展。

3）品牌战略的地位与作用

早在 1992 年，邓小平同志就曾讲过："我们应该有自己的拳头产品，创造出自己的世界名牌，否则就要受人欺负。"目前，品牌已经是一个企业、一个城市乃至一个国家和民族科学技术、文化层次、管理水平乃至整体素质的综合体现。品牌就是市场，品牌就是效益，品牌就是竞争力，正被更多的企业所关注和重视，品牌竞争的时代已经到来。实施品牌战略，关键在于打造品牌，提升品牌，经营品牌和延伸品牌。作为施工企业来说，谁要想在激烈的市场竞争中取得先机，掌握主动权，获得更大成效，就必须进一步增强企业的品牌意识，把品牌当做与产品、技术、市场同样重要的战略资源和影响生产力的一个重要因素，当做企业的财富来看待，使其转化为宝贵的无形资产，并成为企业资本增值的重要基础之一，坚定不移地走品牌发展战略之路。只有致力于创精品工程，树信誉丰碑，拓开市场之门，才能使品牌战略发挥出更大的效能。因此，实施品牌战略，是企业在市场竞争中立于不败之地谋求更好更快发展的根本。

（2）充分认识品牌战略的必要性

当前，随着建筑市场的进一步对外开放，市场竞争的格局、手段与过去相比都发生了很大的变化。在这种新情况下，企业取胜的主要手段已不再单纯以产品本身来竞争，还包括品牌的竞争。可以说，未来国内外市场竞争的主要形式将是品牌的竞争，品牌战略的优劣将成为企业在市场竞争中出奇制胜的法宝。

1）品牌战略是世界知名企业取得成功的宝贵经验

许多世界知名企业往往都是把品牌发展看成是企业开拓国内外市场的优先战略。可口可乐、百事可乐、麦当劳等等无一不是先从抓品牌战略开始的，即创立属于自己的名牌产品，并把它作为一种开拓市场的手段，最终占领市场。而且，由于名牌的综合带动作用十分巨大，外向度也相当高，所以往往是一个产品的牌子创立后，逐渐形成一个系列并带动相关配套产业的发展。可以说品牌是企业进入市场、占领市场的有效武器。特别是国际市场竞争已日趋激烈的今天，企业有没有自己的品牌，企业有没有建立自己的品牌战略，已显得更为重要。

2）品牌战略是施工企业面临各种挑战的迫切需要

近年来，随着全国资质就位工作的深入和全国工程建设行业社会信用体系的建立，在资质、质量、安全、诚信和人力资源等方面，都对施工企业提出了更高、更严的要求。一旦出现质量、安全事故，或拖欠工资等有失诚信的问题，企业将被公示和严厉处罚，甚至被清退出当地市场。同时，WTO给予中国建筑业的过渡期已过去，全面开放的时期已经来临，这就表明我们除了与国内企业竞争外，还要与外来的"狼"一起争夺建筑业务。而与外企相比，我们许多施工企业在人力、财力、科技力、法则力和文化理念力等综合资源能力方面，还有很大的差距。因此，在种种挑战面前，我们只有抓紧实施品牌战略，才能尽快练好内功，增强实力，缩短差距，使企业在日趋激烈的竞争环境中获得生存与发展的空间。

3）品牌战略是施工企业增强竞争能力的有效手段

施工企业实施品牌发展战略，坚持走"品牌兴企"之路，就是要使自己在社会上有较强的技术开发能力，创更多的精品工程，特别是在科学管理上遥遥领先于一般施工企业。近年来，我们通过外拓业务，内抓管理，虽然在经营业绩上已经有了长足发展。但是，与一些国内知名企业相比，还存在着明显的差距。因此，集团将今年确立为"品牌形象提升年"，就是要通过集团品牌形象的提升，全面提高企业竞争能力。

（3）全面提升企业品牌形象

施工企业品牌的塑造，关键是在企业综合素质上下工夫，做到诚信为本，智慧为魂，理念为纲。企业品牌建设的基础是科学的品牌战略。品牌战略的目标应该是形成品牌资产，提升品牌价值和扩大市场份额，增强核心竞争力。要想让公众认识企业，企业就必须在品牌识别、品牌定位、品牌个性、传播策略上下工夫，而这些正是施工企业所缺乏的。

1）塑造过硬的项目品牌

项目形象指的是建筑施工现场安全文明工地建设和施工现场标准化管理。施工企业管理水平和素质，必然会通过施工现场来体现，竞争环境中的投资者也必然要通过施工现场的管理水平来认识企业。所以说，工程施工项目管理成为施工企业塑造形象展示水平的"窗口"。工程项目管理的本质特征是将生产要素在施工企业现场进行"优化配置、动态管理"。推行工程项目管理，企业的工作重心转到工程项目上，内在的动力和机制使项目品牌真正成为施工企业品牌的主体。

确定项目品牌规划是实施品牌战略的前提。企业首先要根据自身的经营特色，策划能够代表企业形象的品牌语言和品牌形象，明确本企业品牌的内涵、重点和关键。其次要结合企业实际制定品牌战略实施规划，确定切实可行的阶段性和长期性推进目标、推进计划、推进措施、监督与衡量标准，进行有效统领和监控。为此，企业必须将实施品牌战略的思想注入企业发展战略之中，并制定中长期规划，同时据其确定各时段应达到的目标，对目标宜量化成指标，以便考核。例如，企业必须确定每年创国家级、省（部）级以及地区级各类奖项优质工程数量，顾客满意度等等，并将这些量化的指标自上而下层层分解。

2）增强诚信服务和以人为本的企业品牌意识

市场经济不仅是法治经济，同时也是诚信经济，作为施工企业，必须恪守诚信经营理念，把诚信作为企业的核心竞争力，承诺的一定兑现，绝不食言。施工企业要与业主建立战略合作伙伴关系，注重发挥人格魅力，尽其所能帮助业主解决困难，为业主分忧，凭高尚的人格赢得业主的信赖，进而赢得市场美誉度。把诚信体现在对业主全过程的服务上，只要是已施工的工程，就要对工程质量负责到底，即使竣工后也要做到随叫随到，解除业主后顾之忧。坚持以人为本、注重文化建设、培育企业精神、塑造企业社会公众形象，是实施品牌经营的关键，也是企业灵魂之所在。企业要注重改造内部人文环境，建立吸引人才、使用人才、开发人才以及与知识经济相适应的人力资源开发管理机制，培养高素质的企业家人才、经营管理人才、专业技术人才和技工人才，对人才要引得进、用得好、留得住。要加强职工的职业道德建设，增强安全质量意识，提高职工的劳动积极性和创新性，建立一支理想崇高、精神顽强、技能高超、纪律严明的职工队伍，为塑造品牌企业打好基础。要根据企业优势营造具有自身特色的企业文化，通过塑造良好企业形象，增强群体合力，提高社会美誉度、知名度，促进企业生产力的提高，促进企业与社会的双向沟通，促进企业品牌的扩散和延续。

3）推行企业品牌公共策划

公共关系战略是施工企业树立品牌在公众心目中的形象，强化品牌于消费者之间利益关系，提高品牌知名度，而采取的一系列公关活动。它既能起到外扬企业文化，又能起到内凝企业职工的作用，是使企业品牌绽放异彩的有效途径。施工企业要在竞争激烈的环境中脱颖而出，除了在产品质量、技术、管理等方面技高一筹，成功的公关策划，也能起到四两拨千斤的作用。如施工企业可开展诸如"业主投诉日活动"、"建筑工程精品展示会"、"高新技术成果推介会"以及在企业出现质量、安生事故后应对危机而采取的运筹公关活动，以转危机为良机。品牌公关策划必须找准切入点和关节点，选准时机，伺机而动，发挥公共公关一石多鸟的作用。同时公关策划活动要处理好与政府、媒体等方面的关系，公关策划重在创新，博取精彩，出人意料，给人惊奇，借势造势。在宣传时，企业需要综合考虑软硬兼施的宣传手法。硬宣传即广告，软宣传即新闻公关宣传。硬广告企业都在用，而软宣传的方法却并不是所有企业都在行。新闻的创造最好要符合社会发展趋势，并有助于良好社会风气的培养与形成，为社会的进步做出力所能及的贡献。创造新闻必须认清社会发展的趋势，当然更重要的是，创造新闻还必须注意结合一定社会发展阶段的焦点，比如关心弱势群体、民工工资、环保节能等社会的焦点问题。施工企业要充分利用各种渠道和形式传播这些正面信息，以扩大品牌能够切实影响到的群体，提高品牌的知名度和社会美誉。

（4）施工企业品牌策划

品牌由文字、标记、符号、图案和色彩等要素组成，可帮助消费者识别销售者的产品和服务，使之与竞争对手的产品和服务去分开。品牌可分为品牌名称和品牌标志两部分。商标只是品牌的一部分。品牌是市场概念，商标属于法律概念。品牌的特征包括：

1）品牌是对消费者的吸引力；

2）品牌是企业资产；

3）品牌资产是企业经营绩效的反映。

施工企业品牌的载体是建筑产品。建筑市场竞争中很重要的内容是工期、质量、社会信誉、建设业绩的竞争。工期是施工进度计划设定的，但质量、社会信誉、建设业绩是过去干出来的。这就要求企业做每一个工程都应做好，若能做出精品工程，就会将企业的形象提升一个台阶，在评标时也相应地增加了筹码，给各种工程项目以更多的附加值。

纵观发达国家市场发展的历史，建筑市场竞争走过的是一条从"产品竞争"到"成本竞争"，再到"品牌竞争"的发展轨迹，品牌竞争无疑将处于越来越重要的地位。以中国建筑工程总公司为例，1982 年，该公司开始进入阿尔及利亚市场，20 多年来，发展成为阿尔及利亚著名的国际工程承包商。2003 年 5 月 21 日当地时间 19 点 45 分，一场 6.7 级的大地震袭击了阿尔及利亚，中建总公司第八工程局承建的号称"总统民心工程"的 20000 套住宅项目离震中不足 30 公里，该项目合同总额将近一亿美元。但中建总公司所有承建的工程都经受了严酷的考验，一座房子都没有倒下，质量可靠成了中建总公司的代名词。震后，当地人纷纷抢购中建总公司承建的房子，新的订单也不断传来。"中国建筑"被誉为"中国建筑一震不垮的丰碑"。

实际上，早在 1996 年，中建总公司即正式在全系统导入 CI 战略，外塑形象，内练素质，改变视觉形象。不但提升了企业和员工形象，而且创造出"过程精品、标价分离、CI 形象"三位一体的项目管理新模式。2005 年，中建总公司通过加大施工现场 CI 规范标准的执行和检查力度、加大 CI 工作培训力度、积极完善中建总公司视觉形象识别系统等手段，逐步深化企业 CI 战略。2005 年，中建总公司 CI 工作获得全国工程建设企业管理现代化成果一等奖。制定了《视觉识别－施工现场分册》、《视觉识别－办公环境分册》、《企业形象行为分册》、《企业形象理念分册》。开展 CI 达标创优活动，实行了评审员制度。实施步骤为先工程现场、后办公环境；先国内后国外的原则。

企业形象策划一是一个企业为了塑造企业形象，而根据企业总体发展战略，通过建立企业形象识别系统，以凸显企业的个性和精神，在消费者和其他公众中树立良好的企业形象的一种战略性活动。一般而言，企业形象内涵构成包括：

1）物质表现形式－办公设施、设备、产品质量（核心）、环境、标志、装饰、资金实力；

2）社会表现形式－职工队伍、人才技术力量、经济效益、工作效率、作风、公众关系；

3）精神表现形式－企业理念、价值观念、道德水准、口号精神等。

（5）施工企业发展定位

施工企业品牌策划的目的，归根结底，是要建立富有竞争力的清晰的企业形象。施工企业在品牌建立过程中不可忽略定位的作用。所谓定位，诚如定位之父之一的杰克·特劳特所说，"就是令你的企业和产品与众不同，形成核心竞争力；对受众而言，即鲜明地建立品牌。"

按照艾尔·里斯与杰克·特劳特的理论，我们目前已成为一个传播过多的社会，而消费者只能接受有限的信息，消费者抵御这种"信息爆炸"的最有力武器就是最小努力法则——痛恨复杂，喜欢简单。现有产品在顾客心目中都有一定的位置，例如，人们认为可口可乐是世界上最大饮料生产商，格兰仕是中国最大的微波炉生产商，北京同仁医院是中国最著名的眼科医院等，这些产品和服务的提供者在与消费者长期的交易中所拥有的地位，是其他人很难取代的。也就是说，消费者对品牌的印象不会轻易改变。定位的基本原则不是去创造某种新奇的或与众不同的东西，而是去操纵人们心中原本的想法，去打开联想之结，目的是要在顾客心目中，占据有利的地位。唯其如此，方能在市场上赢得有利的竞争地位。而我国施工企业业务同构化现象严重，同业的不同企业之间的竞争差异优势不明显，市场竞争过于激烈，总体上经济效益不高，与施工企业自身的经营范围宽泛、定位不准不高有很大关系。除降低建造成本竞标之外，施工企业普遍缺乏更为有效的市场竞争手段。

一般说来，企业在市场竞争中的失策表现为两大类：一是在市场逐渐成熟后，如果企业不能及时构思新的定位，从而使其陷入困境。例如，在盾构等已成为国内隧道开掘普遍采用的技术手段之时，再有一个施工企业去宣传自己是第一个引进外国盾构技术，就会时过境迁不再有市场号召力。二是随着企业不断扩张和进行多元化角逐，而使消费者对产品的印象愈来愈模糊。我们常常很难确定某个施工企业是擅长公路工程项目还是水利工程项目或住宅建设项目，样样能做导致样样不能卓越，全能选手很可能在每一个赛事中落败单项冠军。然而，这也正是"定位"理论的用武之地。

施工企业通过一定的策略和方法，让自己的品牌给人们留下深刻的印象。这些方法有：

第一种方法：强化自己已有的定位

既然现有的产品和服务在消费者心目中都有一定的位置，如果这种定位对企业有利的话，就要反复向人们宣传这种定位，强化本企业的产品在消费者心目中的形象，也就是自己的特色，而这种强化必须是实事求是的。如，在我国的施工企业中，中交集团可以反复强调自己的"公路品质"，中国中铁和中国铁建则可以宣传自己的"高铁形象"。

第二种方法：比附定位

使定位对象与竞争对象（已占有牢固位置）发生关联，并确立与竞争对象的定位相反的或可比的定位概念。如处于第二位的施工企业，在广告中反复宣传：我们是第二，所以我们更加努力啊。这样，既强化了自己与第一的关系，又表明了自己处于弱者的位置，更易激发士气、引来同情。

第三种方法：单一位置策略

处于领导地位者，要以另外的新品牌来压制竞争者。因为每一个品牌都在其潜在顾客心目中安置了独自所占据的一个特定处所。这是作为市场领导者所要采取的策略。既然自己是老大，"卧榻之侧，岂容他人酣睡"，因此，在各种场合宣传自己第一的形象自然就在情理之中。

第四种方法：寻找空隙策略

寻求消费者心目中的空隙，然后加以填补。其中有价格（高低），进度（快慢），质量（高低），施工经验（多寡）等各种空隙。

第五种方法：类别品牌定位

当一个强大的品牌名称成了产品类别名称的代表或代替物时，必须给公司一个真正成功的新产品以一个新的名称，而不能采用"搭便车"的做法，沿袭公司原有产品的名称。这像"跷跷板"原理，当一种上来时，另一种就下去。因为一个名称不能代表两个迥然不同的产品。

第六种方法：再定位

也就是重新定位，意即打破事物（例如产品）在消费者心目中所保持的原有位置与结构，使事物按照新的观念在消费者心目中重新排位，调理关系，以创造一个有利于自己的新的秩序。这意味着必须先把旧的观念或产品搬出消费者的记忆，才能把另一个新的定位装进去。某施工企业在最初是以宣传自己公路工程品质优良作为定位，而在产品延伸进入多元化施工领域之后，很快就突出了"EPC建造模式的探路企业"、"凝固历史的卓越建造"等新的定位。

### 1.2.4 我国建筑施工企业的国际化战略

企业国际化战略是企业产品与服务在本土之外的发展战略，是企业在国际化经营过程中的发展规划，是跨国公司为了把公司的成长纳入有序轨道，不断增强企业的竞争实力和环境适应性而制定的一系列决策的总称。企业的国际化战略将在很大程度上影响企业国际化进程，决定企业国际化的未来发展态势。

我国正处在工业化与城镇化的中后期，大量基础设施建设与住房消费需求带动着经济快速增长，我国建筑施工企业发展取得了显著成就。但是，国内建筑施工企业数量众多，市场竞争形势日趋激烈，利润空间也变得越来越小。面对目前国内的经济形势，制定和采取适合的国际化应对与发展战略，通过国际化竞争有效提升企业竞争实力和盈利能力，谋求企业的进一步发展。

（1）我国建筑施工企业国际化现状

近年来，我国建筑施工企业在海外援建、承包房屋建筑与基础设施建设工程，在国际市场上取得了较好的成效，具有一定的优势，但也存在着影响企业国际化进程的劣势。

1）优势

①我国劳动力资源丰富，成本低廉；

②工程门类齐全，涉及面广，技术全面，生产能力相对较强；

③技术水平较高，尤其是大型桥梁设计和施工、港口疏浚工程等方面已经达到或接近国际先进水平；

④国外项目运作和筹措资金的能力增强，帮助国外政府设计项目方案、筹措资金从而使很多缺乏资金的项目得以实施；

⑤国内建筑材料和机械设备生产能力、质量有很大的提高，已达到或接近国际水平，能满足国外工程施工的需要；

⑥随着我国经济实力增长，对国外工程项目投资的能力增强。

2）劣势

①某些专业领域技术水平较低，信息化程度不高，专利技术较少，创新能力欠缺；

②融资能力差，市场开拓能力不够强；

③缺少国际通行的项目管理经验，对国际通行的总承包模式不够熟悉，缺少复合型人才，综合管理能力不足；

④企业结构不合理，在发展思路上较为注重资金，规模等，却在品牌，领导力，创新等方面表现不足。

（2）我国建筑施工企业国际化战略内容

我国建筑施工企业需要通过市场定位、业务领域选择、营运模式、组织结构和资源整合的适应性战略选择，建立起企业国际竞争优势，以竞争优势为核心构建企业国际化战略。

1）市场定位阶段化

目前我国建筑施工企业的国外市场主要集中在亚洲、非洲、中东等，在欧美市场份额很少。我国建筑施工企业国外竞争能力比较弱，应以打造实力、企业成长为目标，集中优势合理构建适应自身发展特点的国际化战略。首先以本土化市场为基地，优先发展与本国政治、经济、地理、文化等方面相近的市场，努力提高国际化建筑施工综合服务能力，形成一定的国际竞争实力后实行跨国经营。

2）产业结构多元化

建筑行业产品在每个国家在项目经营、组织管理存在较大地域性差异。我国建筑施工企业可以首先选择主营业务领域开拓市场的战略，积累了一定国外工程建设经验以后，再以主营业务为核心，逐步向上下游产业链延伸发展。我国建筑施工企业的国外拓展一般都从国家外援项目开始，走出去后逐步建立起自己的竞争优势，以核心业务为主的多元化产业结构。以公路建设为主营业务的企业为例，可以在公路施工总承包的基础上，重点发展路桥建设、市政工程等专业化施工领域，然后选择地开拓房地产、建材等投资型业务领域。

3）营运模式一体化

根据一些国际顶级建筑企业进入国际市场成功营运的实践经验，提升一体化综合服务能力，增强企业综合竞争实力，提高产品附加值，是建筑施工企业国际化发展主流方向。形成一定综合实力的建筑施工企业可以将经营理念和投资理念紧密结合，集投资、融资、设计、咨询、施工、采购等业务于一体，建立起一体化综合服务，使各业务板块间产生强大的协同及互补效应，提升企业整体竞争实力和盈利能力。

4）建立适宜的组织架构

适宜的企业组织机构和运行模式是提高公司战略适应能力的重要保障。我国建筑施工企业多为直线职能式结构，组织层级较多，信息沟通渠道不畅，企业内部不能有效整合。因此，应建立高效的组织制度系统，提高组织运行效率和应对市场的反应速度；进行合理的授权分权，把决策和管理前移，大幅提高远离本部的国外各区域机构的运作效率，使其更快捷有效地融入国际市场。

5）资源协同整合

建筑业具有相当强的当地化特征，当地资源的协同整合、项目运作本土化是建筑施工企业适应国际化战略的重要策略。建筑施工企业需要在目标市场建立既熟悉当地文化、了解当地客户需求、同时又具备较强资源协调能力的业务机构，在项目运作中实行经营方式、管理团队、采购方式的本土化，协同各方共同分担风险，实现优势互补，才能很好地发挥企业既有竞争优势，顺利地进入和适应国际市场。

（3）企业国际化战略措施

我国建筑施工企业要真正具备与世界一流企业竞争的实力，必须采取切合实际的国际化战略措施，提高企业的综合竞争力，才能在竞争中把握主动权，占有更多的市场份额。

1）技术创新

建筑施工企业应成为技术创新的主体，建立技术创新的动力机制，注重对新技术的开发和应用，加大对科技的投入，加强与科研院所、高等院校的合作研究。

2）人才创新

培养一批具有专业素质的复合型人才，提高国外项目管理能力。企业国际化道路的进程中最大的障碍就是国际化经营中的人才的匮乏。因此，应重视对复合型人才的培养，建立多种方式的人才培养机制。

3）管理创新

管理模式要转变，主要是资金、材料、劳务这三个方面要集中，实施项目分层次管理、资金集中化管理，加强法人对项目的监控力度，提升我国大型建筑施工企业工程总承包的管理能力。

4）横向联合

充分发挥资金，技术，劳动力等方面的优势，增强建筑施工企业抗风险的能力，提高国际竞争力。

5）项目管理信息化

充分利用网络，加快项目管理信息化进程，构建信息化网络平台，创建专业数据库。将原来相对比较独立的，分散的项目管理资源，科学有效地整合在一个平台上，缩短管理链条，实现总部与项目部数据资源共享和企业资源的更充分的利用。

6）不断完善有关配套政策

①加强对承包工程行业的支持力度。政府主管部门应结合国家经济、外交的需要，加大对中资企业项目的支持力度，特别是特大型、大型项目培育的前期费用。同时，还应加强税收、金融、保险等相关各部门的协调配合，适时调整和出台具有可操作性的配套政策，为企业开拓国际市场提供实实在在的支持。

②完善金融服务体系。积极推动国际承包工程企业与金融机构的合作，简化程序，扩展项目融资渠道，增强企业发展的动力。积极探索适合中国企业并和国际市场接轨的融资渠道和担保方式，建立我国企业海外投资风险评估体系，进一步完善信用担保制度，积极推动国际承包工程企业与国内外金融机构的合作，满足企业开拓国际市场的资金和信贷需求。

③鼓励差异化发展，形成合理分工体系。通过政府主管部门、行业组织引导和协调，推动企业间的合作，鼓励企业优化资源配置，提高竞争力，向专业化、差异化发展。

（4）我国建筑施工企业国际化战略成功的经验

近年来，随我国建筑施工企业实施国际化战略，对现有资产结构和市场布局作了有针对性的调整，在着力抓好传统的现汇项目的同时，积极开拓新市场、新领域，并在非洲、亚洲、东欧等地区开发、实施了不同类型和资金来源的项目，取得了较大的成绩，取得了实施国际化战略成功的宝贵经验。

1）打造知名品牌，提高品牌附加值

当今国际知名企业已由过去的产品经营、资本经营发展到品牌经营。中国走出去企业只有积极进取、锐意创新，创造出自己的知名品牌，才能在全球化的市场竞争中把握先机、赢得主动权。

2）培养国际化专业队伍

企业走出去需要一支懂得国际规范、法律、法规、国际化经营及管理的专业队伍。只有针对其不同特点和优势，分类进行管理、培养、使用，才能提高人力资源使用效率，最大限度地提高项目经济的效益。

3）联合经营，实现双赢甚至多赢

在国际工程承包领域采用联合经营模式，不但可以实现优势互补，而且可以使企业实现规模化经营与专业管理。联合企业通过优势互补，既能有效地突破技术贸易壁垒，又能迅速获取所需要的专业技术，共同构筑一致对外的技术优势地位。

4）加强风险防范意识

由于当地的地理、法律、政治以及经济、文化等环境均会对项目产生很大影响，资源缺乏、沟通困难、汇率变化以及人员生疏等，这些均对项目的实施带来风险。因此，在承揽项目时要强化规避风险意识，应充分考虑有可能发生的各种风险，建立起有效的风险防范机制，化解与项目相关的各类风险，特别是突发事件中的潜在风险。

5）加强属地化建设

随着走出去企业不断向高端项目和规模化经营的发展，以及中资企业运营成本的不断增加，要求我们要实施属地化经营策略，融入当地社会，利用当地承包商、供应商和人力资源等优势，降低成本，增加收益。雇佣熟悉当地法律、法规、技术规范和施工工艺的雇员，还可以回馈当地社会，解决所在国的就业压力。

6）探索、尝试新的营运模式，实现企业的可持续发展

随着国际工程项目向大型化、复杂化和专业化方向发展，一些传统的承包模式已经更多地被一些可以整合开发、计划、设计和建造等一揽子活动的 EPC、BOT 等模式所取代。利用所在国的资源优势，探索和尝试新的营运模式，拓展与主营业务相关的延伸产业，以获取更多的盈利空间，利用我国相关配套政策，参与全球经济一体化条件下的国际市场竞争。

7）我国建筑施工企业国际化战略成功的案例

①现汇项目：在非洲市场开发上，我国建筑施工企业不局限于基础设施建设领域，尝试以多种手段寻找新的领域，追求新的利润增长点，先后获得市政项目、道路和桥梁项目。

②设计施工总承包（EPC）项目：我国建筑施工企业以 EPC 方式承建了印尼马都拉大桥项目。2005 年，以中国与安哥拉政府间签订"工程换石油"框架协议为契机，我国建筑施工企业承建了多个道路改扩建项目。

③BOT 项目：BOT 项目模式是融资项目近十多年来的一个发展方向。2000 年以来，我国建筑施工企业对 BOT 项目进行了广泛的研究和跟踪，并积极推动东南亚等多个 BOT 项目。

④PPP 项目：2004 年，我国建筑施工企业于以 PPP 方式承建了罗马尼亚布勒伊拉大桥项目。

⑤积极探索、开拓生产型项目：我国建筑施工企业在刚果（布）与当地公司承立了刚果新水泥公司，共同投资，建成了年产 20 万吨的水泥厂。该项目投入生产运营以来，创造了良好的效益。

我国建筑施工企业在国际市场上的发展经验和历程，告诉我们只有不断更新经营理念，切实找到适合企业自身的发展模式，才能提升核心竞争力，实现可持续发展。

# 1.3　公路工程工法管理

## 1.3.1　我国工法产生的背景和开展情况

我国的工法制度起源于推广鲁布革工程管理经验的"试行工法制度"，追溯工法的历

史，不能不回顾鲁布革工程管理。鲁布革水电站位于我国云南省罗平县境内，距昆明市320km，是红水河流域南盘江支流黄泥河最下游的一个梯级电站，装机容量是 $4 \times 15$ 万kW，工程总投资是 8.9 亿元。整个工程包括首部枢纽、引水系统和地下发电厂房三大部分。引水系统工程是电站的三大子系统工程之一，是我国第一个利用世界银行贷款实行国际招标的大型工程项目。按照世界银行规定，对于利用世界银行贷款的工程要实行国际竞争性招标。引水系统工程包括一条内径 8m、长 9.4km 的输水隧洞及其附属工程，标底价1.496 亿元人民币，工程施工期限为 1597 天，其中隧洞开挖为 28.5 个月。1983 年 1 月 8日开标，参加投标的中外 8 家承包人投标报价如下：

(1) 日本大成公司 8460 万元。

(2) 日本前田公司 8800 万元。

(3) 意、美合资英波吉洛公司 9280 万元。

(4) 中国贵华、西德霍兹曼联营公司 12000 万元。

(5) 中国闽昆、挪威 FHS 联营公司 13220 万元。

(6) 南斯拉夫能源工程公司 13220 万元。

(7) 法国 SBTP17940 万元。

(8) 西德霍克蒂夫公司，所投标书系技术转让，不符合投标文件要求，作为废标。

经过激烈的竞争，日本大成公司以 8460 万元最低价中标，低于标底价 1.496 亿元的43%的。1984 年 7 月 14 日签订承包合同，工程由大成建设公司承包，我国水电 14 局提供劳务。1984 年 11 月开工，1988 年 12 月工程竣工。施工中以精干的组织、科学的管理、适用的技术，达到了工程质量好、用工用料省、工程造价低的显著效果，创造了隧洞施工的国际一流水平，成为我国第一个国际性承包工程的"窗口"，引起了社会各界的关注与思考，形成了强大的"鲁布革冲击"。党中央、国务院和有关主管部门的领导同志对总结推广鲁布革工程管理经验极为关注。

在施工中，大成公司除了先进的组织和科学的管理外，还采用了许多大成公司特有的工法，如输水隧道采用《圆形全断面一次开挖工法》，采用钻爆法合理布孔，毫秒雷管、光面爆破、清渣、支护等一系列适用技术，圆形全断面一次掘进，有效减少超挖量，特别是改变了传统的"先开挖成马蹄形断面，待成洞后又将两个边角用混凝土填上"的做法，节约工程费 1230 万元。混凝土拌制采用《分次投料搅拌工法》，二次投料裹砂混凝土黏稠性好，喷射混凝土的回弹率显著减少，混凝土性能大大改善。在相同强度等级下可比传统方法搅拌的混凝土每立方米平均少用水泥 70kg。节约获得经济效益达 850 万元。仅此两项技术就节约了工程造价 2080 万元。由此可见，推广应用先进的适用工法，可取得巨大的经济效益和社会效益。显示了推广应用先进的工法的巨大的效率和作用，同时鲁布革工程经验在我国也名声大振、影响深远。

1987 年，国家计委、体改委等五个部门联合发出通知（计施［1987］2002 号文件），要求全国施工企业认真学习鲁布革工程，学习其先进的管理和工法经验。由此揭开了我国施工企业建立和推行工法制度的序幕。

1989 年建设部印发了"关于在推广鲁布革工程管理经验试点企业试行工法制度的有关事项通知"，同年 11 月建设部又印发了"施工企业实行工法制度的试行管理办法"，从此，我国开始在施工企业建立和推行工法制度。1996 年修改为"建筑施工企业工法管理办法",1999 年建设部委托中国建设业协会承办工法管理工作,2005 年再次修改为《工程建设工法管理办法》(建质 [2005] 145 号),将国家级工法分为房屋建筑工程、土木工程、工业安装等三大部分,有效期为 6 年。2007 年,为进一步推动企业工法工作的开展,建设部在新制定《施工总承包企业特级资质标准》(建市 [2007] 72 号)中规定:施工总承包特级资质企业必须具有国家级工法 3 项以上。2007 年,建设部施《工总承包企业特级资质有关问题的通知》(建市函 [2009] 178 号)又做了"资质申报单位应为工法的第一、第二完成单位,第三及以下完成单位不予认可"的新规定。

从 1997~2010 年 14 年期间,共评审国家级工法 1681 项,国家级工法分年度统计如表 1.3.1-1。

国家级工法分年度统计表 　　　　　　　　　表 1.3.1-1

| 序号 | 发布年份 | 国家级工法(项) | 其　中 | | |
| --- | --- | --- | --- | --- | --- |
| | | | 一级工法(项) | 二级工法(项) | 升级版(项) |
| 1 | 1997~1998 | 62 | 62 | — | — |
| 2 | 1999~2000 | 62 | 62 | — | — |
| 3 | 2001~2002 | 83 | 83 | — | — |
| 4 | 2003~2004 | 120 | 120 | — | — |
| 5 | 2005~2006 | 368 | 135 | 213 | 20 |
| 6 | 2007~2008 | 417 | 108 | 252 | 57 |
| 7 | 2009~2010 | 589 | 132 | 364 | 93 |
| 合计 | | 1681 | 702 | 829 | 170 |

为促进公路工程新技术、新工艺、新材料、新设备的推广应用,提高公路施工水平和工程质量,完善公路工程标准规范体系,原交通部于 2007 年 5 月 16 日印发《关于委托开展公路工程工法管理工作的通知》(交公路　发 [2007] 240 号),委托中国公路建设行业协会开展公路工程工法管理工作。

2008 年 5 月 12 日,中国公路建设行业协会发布《公路工程工法管理办法(试行)》(中路建协字 [2008] 053 号)。

2010 年,中国公路建设行业协会对《公路工程工法管理办法》进行修订(2010 年修订版),并从 2010 年 5 月 1 日起执行。公路工程工法分为路基、路面、桥涵、隧道、交通工程和养护等六类,有效期为 5 年。

从 2008 年~2011 年,先后组织了 4 次公路工程工法的评审,共评审和发布了 580 项公路工程工法,分年度统计如表 1.3.1-2。

公路工程级工法分年度统计表 　　　　　　　　表 1.3.1-2

| 序号 | 发布年份 | 公路工程工法(项) | 其　中 | | | | | |
| --- | --- | --- | --- | --- | --- | --- | --- | --- |
| | | | 路基 | 路面 | 桥涵 | 隧道 | 交通工程 | 养护 |
| 1 | 2008 | 104 | 17 | 27 | 57 | 3 | | |
| 2 | 2009 | 152 | 27 | 27 | 77 | 18 | 3 | |
| 3 | 2010 | 174 | 24 | 18 | 109 | 19 | 2 | 2 |
| 4 | 2011 | 150 | 19 | 21 | 74 | 20 | 7 | 9 |
| 合计 | | 580 | 87 | 93 | 317 | 60 | 12 | 11 |

### 1.3.2 工法的基本内容和作用

（1）工法的定义

工法的一般定义为：工法是以工程为对象，工艺为核心，运用系统工程的原理，把先进技术和科学管理结合起来，经过工程实践形成的综合配套的施工方法。

公路工程工法定义为：公路工程工法是以公路工程为对象，施工工艺为核心，运用系统工程原理，把先进技术和科学管理结合起来，经过一定的工程实践形成的综合配套的工程建设与养护施工方法。强调"工程建设与养护"施工方法，体现了公路工程建养并重的行业特点。

（2）公路工程工法的主要内容

公路工程工法的主要内容包括：前言、工法特点、适用范围、工艺原理、施工工艺流程及操作要点、材料与设备、质量控制、安全措施、环保措施、资源节约、效益分析和工程实例共 12 项。

（3）工法的主要特征

1）工法的主要服务对象是工程建设。它来自工程实践，并从中总结出确有经济效益和社会效益的施工规律性，又回到施工实践中去应用，为工程建设服务。这就是工法的针对性和实践性所在。

2）工法既不是单纯的施工技术，也不是单项技术，而是技术和管理相结合综合配套的施工技术。如：编制工法不仅有工艺原理、工艺流程，而且有配套的机具、质量标准、劳动组织和技术经济指标等，工法综合地反映了技术和管理的结合，内容上接近于"施工成套技术"。

3）工法是用系统工程原理和方法总结出来的施工经验，具有较强的系统性、科学性和实用性。系统有大有小，工法也有大小之分。如针对一个工程项目或单位工程的，可能是大系统；针对分部或分项工程的，可能是子系统，但都必须是一个整体。因此，概括地说：工法就是用系统工程原理总结起来的综合配套的施工方法。

4）工法的核心是工艺，而不是材料、设备，也不是组织管理。采用什么样的机械设备，如何去组织施工，以及保证质量、安全措施等，都是为了保证工艺这个核心的顺利实施。

5）工法是企业标准的重要组成部分，是施工经验总结，是企业的宝贵的技术财富，并为工程管理服务。工法应对保证工程质量、提高施工效率、降低施工成本有重大的作用。

（4）工法的作用

1）有利于企业的技术积累。通过编写工法，可以对企业的管理和技术经验进行系统的整理和总结，形成本企业的管理和技术财富，有助于提高企业的技术素质和施工管理能力，有助于提高工程管理和技术人员的技术水平和撰写科技文章的能力。

2）有利于加强企业的技术管理，促进科技成果迅速转化为生产力。工法体系形成后，施工企业可以用工法覆盖技术工作的一个侧面，推进技术管理标准化。工法的编制、应用与科技推广紧密结合，有利于企业采用新技术。

3）工法是企业技术标准的一部分，具有新颖性、适用性和可宣传性的特点，对内可作为组织施工和普及技术教育的工具性文件，对外有利于工程项目的投标竞争与企业的开拓经营。

4）企业的工法体系形成后，可以大大简化施工组织的编制和施工方案的准备工作，也有利于企业的经营竞争。

5）据建设部《施工总承包企业特级资质标准》（建市〔2007〕72号），以后申报施工总承包特级资质的企业将必须具有3项以上国家级工法。

**1.3.3 公路工程工法管理办法**

《公路工程工法管理办法（试行）》2010年版，从2010年5月1日起执行。其主要内容为：

1）公路工程工法是以公路工程为对象，施工工艺为核心，运用系统工程原理，把先进技术和科学管理结合起来，经过一定的工程实践形成的综合配套的工程建设与养护施工方法。强调了"工程建设与养护"施工方法。

2）公路工程工法分为路基、路面、桥涵、隧道、交通工程和养护六类。每年评审一次，有效期为五年。工法期满需升级或重新申报，同等条件下完成单位有优先升级权。

3）公路工程工法申报的条件主要有：必须具有先进性、科学性和实用性，必须能够保证工程质量和施工安全，提高施工效率，降低工程成本，节约资源，保护环境；关键性技术总体水平达到公路工程建设与养护行业领先水平，并要求必须是由申报企业自行研制开发或联合研制开发；工法中采用的新技术、新工艺、新材料和新设备在执行公路工程行业标准规范的基础上有所创新；申报的公路工程工法，原则须经过两个（含）以上公路工程项目应用实践，得到建设或管理单位的认可，确认工程质量和安全可靠，具有较高的经济、环保、节能和社会效益；申报的公路工程工法必须是已被申报企业或其主管部门评定为企业级工法。

4）工法主要由具有公路工程施工资质的企业直接申报，必要时可由建设或管理单位组织申报；两个以上单位共同完成的工法，可以联合申报，联合申报单位不超过三个，同时要明确申报单位排名；两个以上单位同期申报的同类工法，可以同时参加评审，评审通过后，由评审委员合并申报单位，申报单位仍然不超过三个，并根据工程完成时间、专利号时间和科技创新水平等来重新确定申报单位排名，征求各申报单位同意后再对外公布。

5）公路工程工法编写内容要齐全完整，主要内容包括：前言、工法特点、适用范围、工艺原理、施工工艺流程及操作要点、材料与设备、质量控制、安全措施、环保措施、资源节约、效益分析和应用实例共12个章节。

6）工法编写过程中涉及技术保密的内容，在编写时可予以回避或者注明专利号。

7）工法编写内容层次要分明，数据要可靠，用词用句应准确、规范，所附图表要清晰，其深度应能满足指导项目施工与管理的需要。

8）公路工程工法申报主要材料（见1.3.4公路工程工法编制指南）

上述材料中，关键技术鉴定应经省级科技或交通运输主管部门、中央直属企业出具；工程应用证明由建设单位出具；经济效益证明由施工企业或上级主管部门出具。

9）公路工程工法由中国公路建设行业协会"公路工程工法评审委员会"评审，评审委员会审核意见，要在交通运输部和中国公路建设行业协会网站公示，公示时间为10个工作日。公示无异议后，将工法完成单位和个人予以公布，并报交通运输部备案，对获得公路工程工法的单位和主要完成人颁发证书。

10）公路工程工法成果有效期为五年，完成单位应注意技术跟踪，加大技术创新力度，及时对原编工法进行修订，有效期届满时，及时申报升级，其他单位类似工法有实质性创新的，也可重新申报，以保持工法技术的先进性和实用性。

11）公路工程建设标准主管部门认为必要时，可将有关工法纳入公路工程技术标准，工法完成单位优先作为主编单位。

12）中国公路建设行业协会不定期组织批准的公路工程工法技术交流活动，促进企业加大科技创新的力度，不断提高公路工程水平和质量。并建立公路工程工法数据库，每年编辑出版批准的公路工程工法。

13）已批准的公路工程工法如发现存在剽窃、作假等重大问题，经查实后，撤销其公路工程工法称号并进行通报，三年内不再受理申报。

### 1.3.4 公路工程工法编制指南

为指导工法编写单位编写公路工程工法，规范工法编写的内容和申报材料，根据《公路工程工法管理办法》，制定了《公路工程工法编制指南》。

（1）编写内容

公路工程工法编写内容要齐全完整，主要内容包括：前言、工法特点、适用范围、工艺原理、施工工艺流程及操作要点、材料与设备、质量控制、安全措施、环保措施、资源节约、效益分析和应用实例共 12 项。

1）前言：简述工法概况，形成的原因和形成过程。其形成过程要求说明研究开发单位、关键技术的成熟性与可靠性、鉴定结果、工法应用及有关获奖情况。

2）工法特点：说明工法在使用功能或施工方法上的特点，与传统的施工方法比较，在工期、质量、安全、造价等技术经济效能等方面的先进性和新颖性。

3）适用范围：针对不同的设计要求、不同的工期、质量、节能、环保、造价等要求，以及不同的施工环境条件等，适宜采用该工法的工程对象或工程部位，某些工法还应规定最佳的技术经济条件。

4）工艺原理：阐述工法工艺核心部分（关键技术）应用的基本原理，并着重说明关键技术的理论基础。

5）施工工艺流程及操作要点：

①工艺流程和操作要点是工法的重要内容。应该按照工艺发生的顺序或者事物发展的客观规律来编制工艺流程，并在操作要点中分别加以描述。对于使用文字不容易表达清楚的内容，要附以必要的图表；

②工艺流程要重点讲清基本工艺过程，并讲清工序间的衔接和相互之间的关系以及关键所在。工艺流程最好采用流程图来描述。对于构件、材料或机具使用上的差异而引起的流程变化，应当说明清楚。

6）材料与设备：以表格形式说明工法所使用的主要材料名称、规格、主要技术指标；以及主要施工机具、仪器、仪表等的名称、型号、性能、能耗及数量。对新型材料、新设备还应提供相应的检验检测方法。

7）质量控制：说明工法必须遵守执行的国家、地方（行业）标准、规范名称和检测方法，并指出工法在现行标准、规范中未规定的质量要求，以及达到工程质量目标所采取的技术措施和管理方法。

8）安全措施：说明工法形成过程中，根据国家、地方（行业）有关安全的法规，所采取的安全措施和安全预警事项。

9）环保措施：指出工法形成过程中，遵照执行的国家和地方（行业）有关环境保护法规中所要求的环保指标，以及必要的环保监测、环保措施和在文明施工中应注意的事项。

10）资源节约：工法形成过程中，贯彻国家节能工程的有关要求，研发推广能源替代和材料再生等新技术。

11）效益分析：从工程实际效果（消耗的物料、工时、造价等）以及文明施工中，综合分析应用本工法所产生的经济、环保、节能和社会效益（可与国内外类似施工方法的主要技术指标进行分析对比）。

12）应用实例：说明应用工法的工程项目名称、地点、结构形式、开竣工日期、实物工作量、应用效果及存在的问题等，并能证明该工法的先进性和实用性。一项成熟的工法，一般应有两个（含）以上工程实例（已成为成熟的先进工法，因特殊情况未能及时推广的可适当放宽）。

对工法中的专利技术或诀窍技术属保密的，编写时可说明其代号和作简要描述。编写的工法，层次要分明，数据要可靠，用词用句应准确、规范，附图要清晰。其深度应满足指导项目施工与管理的需要。

（2）工法文本要求

1）工法题目层次要求：依次为工法名称，工法编号，工法完成单位名称，工法主要完成人。

2）工法立题名称应与工法内容贴切，反映出工法特色，必要时冠以限制词。

3）文本格式要求采用国家工程建设标准的格式进行编排：

①工法内容层次按章、节、条、款、项五个层次依次排列。"章"是工法的主要单元，"章"的题目是工法所含12部分的题目；"条"是工法的基本单元。编号示例说明如下：

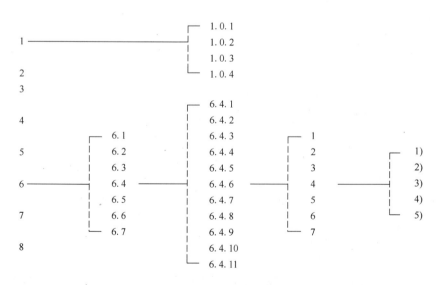

②工法中的表格、插图应有名称，图、表的使用要与工法文字描述相互对应，图、

表的编号以条的编号为基础。如一个条文中有多个图或表时，可以在条号后加图、表的顺序号，例如图 1.1.1-1，图 1.1.1-2……插图要符合制图标准。

③工法中的公式编号与图、表的编号方法一致，以条为基础，公式要居中。

工法内容中的计量单位要采用国家标准计量单位，统一用符号表示。

④文稿统一使用 A4 纸打印，稿面整洁，图字清晰。

（3）工法申报资料及装订要求

公路工程工法申报主要资料见包括：

1）《公路工程工法申报表》（原件一式四份）；

2）工法文本（编写具体内容材料，原件一式四份）；

3）批准为企业级工法的证明材料（复印件一式四份）；

4）关键技术鉴定证明材料（复印件一式四份）；

5）工法应用情况证明材料 2 项（原件一份，复印件三份）；

6）经济效益证明材料（原件一份，复印件三份）；

7）科技查新报告（复印件一式四份）；

8）关键技术获专利证书、科技成果的奖励证明等其他证明材料（复印件一式四份）。

9）影像光盘（重点是反映工法工艺操作程序的录像片，或反映应用工法施工程序中关键点的工程照片不少于 10 张）、电子版申报材料（一式四份）。

《公路工程工法申报表》原件一式四份单独装订。其他材料一式四份装订成册（录像资料可刻成光盘）。

（4）公路工程工法编号说明

1）公路工程工法编号编制参照交通部的标准规范编号规则。

2）公路工程工法的代码为 GGG，是由公（路）工（程）工（法）三个字的汉语拼音的第一字母组成。

3）公路工程工法划分为路基、路面、桥涵、隧道、交通工程五类，类别代号分别为 A、B、C、D、E 。

4）公路工程工法编号组成见下图：

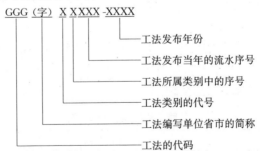

5）公路工程工法编号的应用示例：

安通建设有限公司 2008 年度编写的"高原多年冻土区路基施工工法"，工法编号为 GGG（京）A2003-2008。

GGG——公（路）工（程）工（法）三个字的汉语拼音的第一字母；

（京）——主要编写单位所在省市，若主要编写单位为中央直属企业，括号内的字则

为中企;

A2——该工法属于路基工程中第二节路基施工的一项工法;

003——工法发布当年的流水序号,由发布单位进行编排;

2008——2008 年度工法。

(5) 工法的编写注意事项

工法编写不同于技术论文和技术总结,它的内容更加广泛,与施工生产结合更紧密,对生产和经营的指导和实用性更强,同时,它的编写也有比较特殊的要求,必须严格按照规定进行。

1) 工法的成立是以成功的工程实践为基础的,而且被一定的工程实践证明是技术先进和效益显著、经济适用的。必须实事求是。对于未经工程应用的研究开发的科技成果,不能称之为工法。

2) 每项工法都是一个系统,系统有大有小,针对工程项目、单位工程的是大系统,针对分部、分项工程的是子系统,工法成立与否不在于项目多大,而在于其技术的先进和实用,在于其实际效益。

3) 工法的编写不同于工程施工总结,施工总结往往先交代工程情况,然后讲施工方法和经验,再介绍施工体会,大多是工程的写实。而工法是对施工规律性的剖析与总结,是同类工程先进技术与科学管理的升华与凝练。要把工艺特点(或原理)放在前面,在最后引用一些典型的工程实例加以说明。这样做并不是简单的顺序问题,它是与工法的成熟性和推广应用作用紧密相连的。

(6) 工法的选题

工法的选题可分为以下三类:

1) 通过总结工程实践经验,形成有实用价值、带有规律性的新的先进施工工艺技术,其工艺技术水平应达到国内领先或国际先进水平(国家级工法);或达到公路工程建设行业内领先水平,工法中采用的新技术、新工艺、新材料和新设备在执行公路工程行业标准规范的基础上要有所创新(公路行业工法)。

2) 通过应用新技术、新工艺、新材料、新设备而形成的新的施工方法。

3) 对类似现有的国家级或行业工法有所创新、有所发展而形成的新的施工方法。

### 1.3.5 公路工程工法范例

从 2008 年~2011 年,先后组织了 4 次公路工程工法的评审,共评审和发布了 580 项公路工程工法。现摘录 2008 年~2011 年有代表性的公路工程工法,作为工法范例,参见表 1.3.5,具体内容见附录 1~附录 20。

公路工程工法范例 20 例 表 1.3.5

| 序号 | 公路工法编号 | 公路工法名称 | 工法主要完成单位 |
|---|---|---|---|
| 1 | GGG(京)A2003-2008 | 高原多年冻土区路基施工工法 | 安通建设有限公司 |
| 2 | GGG(冀)A2006-2008 | 浅海水域公路工程施工工法 | 沧州路桥工程公司 |
| 3 | GGG(中企)A2012-2009 | 深层软土地基预应力 PHC 管桩静压处理施工工法 | 安通建设有限公司 |
| 4 | GGG(京)B1019-2008 | 重载交通沥青路面基层贫混凝土施工工法 | 北京市公路桥梁建设集团有限公司 |

| 序号 | 公路工法编号 | 公路工法名称 | 工法主要完成单位 |
|---|---|---|---|
| 5 | GGG（黑）B2032-2009 | 高寒地区钢纤维混凝土路面面层施工工法 | 龙建路桥股份有限公司 |
| 6 | GGG（中企）B4043-2009 | 钢桥面 ERS 铺装施工工法 | 中交第三公路工程局有限公司 |
| 7 | GGG（湘）B2029-2010 | 三辊轴机组连续配筋水泥混凝土路面裸化施工工法 | 湖南路桥建设集团公司 |
| 8 | GGG（粤）B4037-2011 | 热拌环氧沥青混凝土钢桥面铺装施工工法 | 广东省长大公路工程有限公司 |
| 9 | GGG（贵）C3046-2008 | 遥控飞艇施放大跨径悬索桥先导索施工工法 | 贵州省桥梁工程总公司 |
| 10 | GGG（中企）C1064-2009 | 大直径深长钻孔桩旋挖钻机施工工法 | 中铁大桥局股份有限公司 |
| 11 | GGG（中企）C3083-2009 | 大跨度悬索桥先导索火箭抛送施工工法 | 中国路桥工程有限责任公司 |
| 12 | GGG（中企）C3113-2010 | 大跨度变截面连续箱梁组合式支架大节段现浇施工工法 | 中交第二公路工程局有限公司 |
| 13 | GGG（川）C3129-2010 | 悬索桥边跨无索区钢箱梁安装施工工法 | 四川公路桥梁建设集团有限公司 |
| 14 | GGG（中企）C3094-2011 | 斜拉桥组合梁段悬拼吊机安装施工工法 | 中交第一公路工程局有限公司 |
| 15 | GGG（中企）D1132-2009 | 浅埋偏压地段双连拱公路隧道施工工法 | 中铁十二局集团有限公司 |
| 16 | GGG（中企）D1138-2009 | 公路隧道超大直径深竖井施工工法 | 中交隧道工程局有限公司 |
| 17 | GGG（中企）D1139-2009 | 四车道大跨度公路隧道施工工法 | 中铁二十一局集团有限公司 |
| 18 | GGG（中企）D1162-2010 | 海底隧道断层破碎带综合施工工法 | 中铁隧道集团有限公司 |
| 19 | GGG（渝）D6170-2010 | 公路隧道前置式洞口工法 | 招商局重庆交通科研设计院有限公司 |
| 20 | GGG（中企）D6132-2011 | 超大直径盾构穿越浅覆土水下隧道施工工法 | 中铁十四局集团有限公司 |

## 1.4　公路交通优质工程奖

公路交通优质工程奖是经国务院同意，交通运输部批复保留的公路建设行业最高质量奖。原交通部于 2006 年批复颁布了《公路交通优质工程奖评选办法》（交公路发〔2006〕178 号），替代原《交通部公路工程优秀勘察奖、优秀设计奖和优质工程奖评审办法》（交公路发〔1997〕501 号）。2012 年 5 月 21 日，交通运输部公路局批准对《公路交通优质工程奖评选办法》（交公路发〔2006〕178 号）的修订，2012 年 5 月 28 日由中国公路建设行业协会正式发布实施（中路建协〔2012〕51 号）。

#### 1.4.1 《公路交通优质工程奖评选办法》修订主要内容

《办法》由原来的 7 章 27 条调整为 7 章 23 条，修订的主要内容有：

（1）调整了评选周期。将每年组织一次评选调整为每年组织申报，每两年组织一次评选。

（2）调整了参评项目申报时限。对参评项目范围进行了明确规定，同时结合工程项目建设实际，将参评项目自竣工验收后至申报时间由 2 年调整为 5 年，利于更多的优秀项目进行申报。

（3）调整了申报单位范围。原办法规定参评工程可以是独立建设项目或合同段，也即是由项目建设管理单位或施工单位直接提出申请。修订后的《办法》取消了合同段申报，规定由项目建设管理单位提出申请或组织参建单位提出申请，也即是除建设管理单位可以直接申请外，也可由建设管理单位委托竣工验收合同段工程质量鉴定得分前 5 名的施工单位或总监理单位提出申请。

（4）调整了参评工程技术标准。取消了互通立交桥项目的申报；明确了独立隧道项目需达到 3000m 以上；降低了高速、一级公路公路改、扩建项目标准，由原规定 120km 以上调整为 80km 以上，同时明确了二级公路改扩建工程为 120km 以上。

（5）明确了表彰人员的范围。表彰的主要参建单位包括项目竣工验收合同段工程质量鉴定得分前 5 名的施工单位以及总监理单位；主要人员包括主要参建施工单位的项目经理和总工。

#### 1.4.2 《公路交通优质工程奖评选办法》主要内容

2012 年 5 月 28 日起执行的《公路交通优质工程奖评选办法》有如下的主要内容。

（1）公路交通优质工程奖（以下简称"优质工程奖"）是全国公路交通行业最高质量奖，设一、二、三等奖。境内的公路工程新建、改建、扩建工程项目的评选适用于本办法。

（2）优质工程奖原则上两年评选一次，评选工作坚持科学、公正、公平、公开的原则。由中国公路建设行业协会在交通运输部指导下负责优质工程奖评选工作。

（3）参评工程必须是列入国家或地方公路建设计划，按规定通过了竣工验收，自竣工验收至申报时限不超过 5 年。

（4）参评工程由项目建设管理单位提出申请或组织参建单位提出申请。

（5）优质工程奖按下列标准评选：

1）符合国家有关法律、法规、技术标准和规范的要求；

2）项目竣工验收工程质量和建设项目综合评定等级均为优良，且项目竣工验收复测各单项指标合格率达到 90% 以上；

3）无生产安全事故并未出现一般以上质量事故；

4）资金管理规范，竣工决算未超概算（包括修正概算），无工程款拖欠；

5）工程实际工期与初步设计批复比较不超过半年；

6）推广使用新技术、新工艺、新材料、新设备，或有技术创新，能够形成公路工程工法或可供标准规范制定修订参考的工艺或技术要求；

7）管理理念先进，管理方法科学，管理成果显著；符合安全、环保、节能、美观、和谐的要求。

（6）参评工程规模和技术等级应满足如下条件之一：

1）桥长≥3000m 或跨径≥300m 的独立特大桥；

2）特长独立隧道工程；

3）50km 以上高速公路、一级公路（含交通工程设施）；

4）80km 以上高速、一级公路改、扩建工程；120km 以上二级公路改、扩建工程；

5）符合条件的项目和工程只允许申报一次；

6）参评工程需经项目所在地省级交通运输主管部门审核并提出推荐意见。

（7）参评工程申报材料包括：

1）《公路交通优质工程奖申报表》（见附表）一式两份；

2）公路工程竣工验收鉴定书、竣工验收质量鉴定报告、竣工验收建设项目综合评定表、竣工验收工程质量评分表、建设项目质量检验评定表等复印件；

3）项目简介（含项目平、纵面示意图或桥型图），反映主体工程的照片、附有解说词的光盘（时间不超过 10 分钟）；

4）项目创新报告，对项目建设在理念、模式、手段、质量和技术等方面的创新内容和创新成果进行总结；

5）项目执行报告，建设管理情况总结（包括质量、安全、采用的新技术、新工艺、新材料、新设备、环境保护、节能、科研成果、专利等）；

6）质量监督机构对项目质量评价，工程使用单位对工程使用情况的报告（包括年度和最高峰当天交通流量实测数据、工程质量抽验数据等）；

7）主要参加建设的单位及承担的主要任务和作出的主要贡献；

8）获其他奖项证明材料等复印件。

（8）优质工程奖设立评审委员会，负责审定优质工程奖评审结果。评审委员会下设若干专业评审组，负责对申报材料的审查和现场核验。

（9）评现场核验内容及要求如下：

1）听取汇报。听取建设管理单位、施工单位对项目管理和工程质量的介绍及评价意见，听取设计、监理、工程使用、质量监督等单位对工程质量的评价意见；

2）观看项目建设录像。主要介绍工程概况、工程质量控制措施与方案、主要建设过程、重要工程和隐蔽部位的施工质量控制措施、节能和环保措施以及创新、创优情况等；

3）查阅工程资料。主要审查项目初步设计文件、勘设相关资料、项目平纵面图、科研成果、竣工验收工程质量鉴定意见和验收意见等；

4）实地查验工程质量。原则上对整个工程进行实地查验，重点查验主要路段（特殊路基、桥梁和隧道）工程外观和质量水平。正常的养护除外，申报单位不得对有质量问题的部位作修整，如发现，专家组将拒绝核验，并取消该项目继续参加评选资格；

5）向评审委员会提交书面核验意见。

（10）对获得优质工程奖的项目，在交通运输部网站、中国交通报等行业媒体上公布表彰。举办颁奖仪式，向荣获优质工程奖的建设管理单位、主要参建单位颁发奖牌和获奖证书，向获奖单位的主要人员颁发荣誉证书。主要参建单位是指承担建设任务的主要施工单位和总监单位。主要人员是指建设管理单位主要负责人、主要施工单位的项目经理或总工以及项目总监或副总监。

# 2 公路工程建设项目管理

## 2.1 工程建设项目管理模式

### 2.1.1 施工任务委托的模式

（1）施工平行发包

1）平行发包的含义

平行发包，又称为分别发包，是指发包方根据建设项目的特点、项目进展情况和控制目标的要求等因素，将建设项目按照一定原则分解，将设计任务分别委托给不同的设计单位，将施工任务分别发包给不同的施工单位，各个设计单位和施工单位分别与发包方签订设计合同和施工合同，合同结构图如图 2.1.1-1 所示。

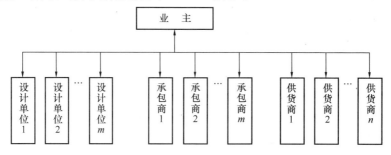

图 2.1.1-1 平行承发包模式的合同结构图

2）施工平行发包

在施工平行发包模式中，业主将不同的施工任务分别委托给不同的施工单位，各个施工单位分别与业主签订合同，各个施工单位之间的关系是平行关系。

施工平行发包的一般工作程序为设计—招标投标—施工—验收，即一般情况下，在通过招标选择承包人时该部分工程的施工图已经完成，每个合同都可以实行总价合同。

对施工任务的平行发包，发包方可以根据建设项目结构进行分解发包，也可以根据建设项目施工的不同专业系统进行分解发包。

某地铁工程施工中，业主将 14 座车站的土建工程分别发包给 14 个土建施工单位，14 座车站的机电安装工程分别发包给 14 个机电安装单位，就是典型的施工平行发包模式。

施工平行发包的特点如下：

①费用控制

●每一部分工程的发包，都以施工图设计为基础，投标人进行投标报价较有依据；

●对业主来说，要等最后一份合同签订后才知道整个工程的总投资，对投资的早期控制不利。

②进度控制

●某一部分施工图完成后，即可开始这部分工程的招标，开工日期提前，可以边设计边施工，缩短建设周期；

- 由于要进行多次招标，业主用于招标的时间较多。

③质量控制

- 符合质量控制上的"他人控制"原则，不同分包单位之间能够形成一定的控制和制约机制，对业主的质量控制有利；
- 合同交互界面比较多，应非常重视各合同之间界面的定义和管理，否则对质量控制不利。

④合同管理

- 业主要负责所有合同的招标、合同谈判、签约，招标及合同管理工作量大；
- 业主要负责对多个合同的跟踪管理，工作量较大。

⑤组织与协调

业主要负责对所有承包商的管理及组织协调，承担类似于施工总承包管理的角色，工作量大。

（2）施工总承包

1）施工总承包的含义

施工总承包，是指发包人将全部施工任务发包给一个施工单位或由多个施工单位组成的施工联合体或施工合作体，施工总承包单位主要依靠自己的力量完成施工任务。当然，经发包人同意，施工总承包单位可以根据需要将施工任务的一部分分包给其他符合资质的分包人。

施工总承包的合同结构图如图 2.1.1-2 所示。

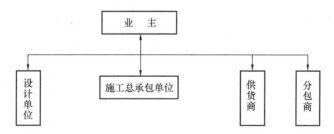

图 2.1.1-2　施工总承包模式的合同结构

与平行发包相似，施工总承包的一般工作程序为设计—招标投标—施工—验收。为减少和避免风险，一般在通过招标选择承包人时所有的施工图都已经完成。不确定性因素减少了，有利于实行总价合同。

2）施工总承包的特点

①费用控制

- 一般以施工图设计为投标报价的基础，投标人的投标报价较有依据；
- 在开工前就有较明确的合同价，有利于业主对总投资的早期控制；
- 若在施工过程中发生设计变更，则可能发生索赔。

②进度控制

一般要等施工图设计全部结束后，才能进行施工总承包的招标，开工日期较迟，建设周期势必较长。这是施工总承包模式的最大缺点，限制了其在建设周期紧迫的建设项目上的应用。

③质量控制

建设项目质量的好坏很大程度上取决于施工总承包单位的选择，取决于施工总承包单位的管理水平和技术水平。业主对施工总承包单位的依赖较大。

④合同管理

业主只需要进行一次招标，与一家承包商签约，招标及合同管理工作量大大减小，对业主有利。

在很多工程实践中，采用的并不是真正的施工总承包，而用所谓的"费率招标"，实质上是开口合同，对业主方的合同管理和投资控制不利。

⑤组织与协调

业主只负责对施工总承包单位的管理及组织协调，工作量大大减少。

（3）施工总承包管理

1）施工总承包管理的含义

施工总承包管理模式的英文名称是"Managing Contractor"，简称 MC，意为"管理型承包"，它不同于施工总承包模式。采用该模式时，业主与某个具有丰富施工管理经验的单位或联合体或者合作体签订施工总承包管理协议，负责整个建设项目的施工组织与管理。一般情况下，施工总承包管理单位不参与具体工程的施工，而具体工程施工需要再进行分包的招标与发包，把具体施工任务分包给分包商来完成。但有时也存在另一种情况，即施工总承包管理单位也想承担部分工程的施工，这时它也可以参加这一部分工程的投标，通过竞争取得任务。

2）施工总承包管理与施工总承包模式的比较

①工作开展程序不同

施工总承包管理模式与施工总承包模式不同，施工总承包模式的工作程序是：先进行建设项目的设计，待设计结束后再进行施工总承包招投标，然后再进行施工，如图 2.1.1-3（b）所示。从图中可以看出，许多大型建设项目如果要等到施工图全部出齐再进行工程招标，显然是很困难的。

而如果采用施工总承包管理模式，施工总承包管理单位的招标可以不依赖完整的施工图，换句话说，施工总承包管理单位的招标可以提前到建设项目尚处设计阶段进行。另外，工程实体由施工总承包管理单位化整为零，分别进行分包的发包，即每完成一部分施工图就招标一部分，从而使该部分工程的施工提前到整个建设项目设计阶段尚未完全结束之前进行，如图 2.1.1-3（a）所示。

②合同关系不同

施工总承包管理模式的合同关系有两种可能，即发包人与分包单位直接签

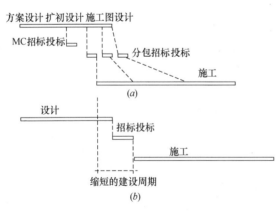

图 2.1.1-3　施工总承包与施工总承包管理模式下项目开展顺序的比较

（a）施工总承包管理模式下的项目开展顺序；
（b）施工总承包模式下的项目开展程序

订合同或者由施工总承包管理单位与分包签订合同，其合同结构图分别如图 2.1.1-4 和图 2.1.1-5 所示。

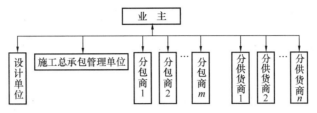

图 2.1.1-4    施工总承包管理模式下的合同结构 1

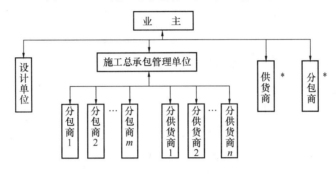

图 2.1.1-5    施工总承包管理模式下的合同结构 2

注：* 为业主自行采购和分包的部分。

③对分包单位的选择和认可

发包人通常通过招标选择分包单位。一般情况下，分包合同由发包人与分包单位直接签订，但每一个分包人的选择和每一个分包合同的签订都要经过施工总承包管理单位的认可，因为施工总承包管理单位要承担施工总体管理和目标控制的任务和责任。如果施工总承包管理单位认为发包人选定的某个分包人确实没有能力完成分包任务，而发包人执意不肯更换分包人，施工总承包管理单位也可以拒绝认可该分包合同，并且不承担该分包人所负责工程的管理责任。

④对分包单位的付款

对各个分包单位的各种款项可以通过施工总承包管理单位支付，也可以由发包单位直接支付。如果由发包单位直接支付，需要经过施工总承包管理单位的认可。

⑤对分包单位的管理和服务

施工总承包管理单位既要负责对现场施工的总体管理和协调，也要负责向分包人提供相应的服务。当然，对于施工总承包管理单位提供的某些设施和条件，如搭设的脚手架、临时用房等，如果分包人需要使用，应该支付一定的费用。

⑥施工总承包管理的合同价格

施工总承包管理合同中一般只确定施工总承包管理费（通常是按建安工程造价的一定百分比计取），而不需要确定建安工程造价，这也是施工总承包管理模式的招标可以不依赖于设计图纸出齐的原因之一。

分包合同价，由于是在该部分施工图出齐后再进行分包的招标，因此应该采用实价（即单价或总价合同）。由此可以看出，施工总承包管理模式与施工总承包模式相比具有以下优点：

● 合同总价不是一次确定，某一部分施工图设计完成以后，再进行该部分施工招标，确定该部分合同价，因此整个建设项目的合同总额的确定较有依据；

● 所有分包合同和分供货合同的发包，都通过招标获得有竞争力的投标报价，对业主方节约投资有利；

● 施工总承包管理单位只收取总包管理费，不赚总包与分包之间的差价。

在国内，普遍对施工总承包管理模式存在误解，认为施工总承包管理单位仅仅做管理与协调工作，而对建设项目目标控制不承担责任，实际上，每一个分包合同都要经过施工总承包管理单位的确认，施工总承包管理单位有责任对分包人的质量、进度进行控制，并负责审核和控制分包合同的费用支付，负责协调各个分包的关系，负责各个分包合同的管理。因此，在组织结构和人员配备上，施工总承包管理单位仍然要有费用控制、进度控制、质量控制、合同管理、信息管理、组织与协调的组织和人员。

3）施工总承包管理模式的特点

①费用控制

● 某部分施工图完成后，由业主单独或与施工总承包管理单位共同进行该部分工程的招标，分包合同的投标报价较有依据；

● 在进行施工总承包管理单位的招标时，只确定施工总承包管理费，没有合同总造价，是业主承担的风险之一；

● 多数情况下，由业主方与分包人直接签约，加大了业主方的风险。

②进度控制

施工总承包管理的招标不依赖于施工图设计，可以提前。分包合同的招标也得到提前，从而提前开工，可缩短建设周期。

③质量控制

● 对分包人的质量控制由施工总承包管理单位进行；

● 对分包人来说，符合质量控制上的"他人控制"原则，对质量控制有利；

● 各分包合同交界面的定义由施工总承包管理单位负责，减轻了业主方的工作量。

④合同管理

一般情况下，所有分包合同的招标投标、合同谈判、签约工作由业主负责，业主方的招标及合同管理工作量大。

对分包人工程款支付又可分为总包管理单位支付和业主直接支付，前者对加大总包管理单位对分包人管理的力度更有利。

⑤组织与协调

由施工总承包管理单位负责对所有分包人的管理及组织协调，大大减轻了业主的工作。这是施工总承包管理模式的基本出发点。

与分包人的合同一般由业主签订，一定程度上削弱了施工总承包管理单位对分包人管理的力度。

**2.1.2　建设项目总承包**

业主方把建设项目的设计任务和施工任务进行综合委托的模式可称为建设项目总承包或工程总承包。

《中华人民共和国建筑法》第 24 条明确规定，"建筑工程的发包单位可以将建筑工程的勘察、设计、施工、设备采购一并发包给一个工程总承包单位，也可以将建筑工程勘察、设计、施工、设备采购的一项或者多项发包给一个工程总承包单位；但是，不得将应当由一个承包单位完成的建筑工程肢解成若干部分发包给几个承包单位"。

（1）建设项目总承包的产生

传统的工程建设实施模式中，设计与施工往往是分离的，即业主通过签订设计合同，委托专门的设计单位进行工程设计，委托施工单位进行施工，设计和施工是由不同的组织来实施的。

设计和施工的分离是专业化分工的结果，是生产力发展以及社会进步到一定阶段的必然产物。由于建筑形式不断创新、建设高度不断刷新，工业建设项目中的工艺越来越复杂，技术越来越先进，客观上要求工程设计专业化、设备制造专业化、施工专业化。

专业化为建设规模更大、技术更复杂、更先进的建设项目提供了可能。但同时，设计与施工的分离也导致了许多问题，主要有以下几个方面：

①设计工作是影响建设项目经济性的决定因素，但是设计单位有时会忽视设计的经济性，而且我国目前的设计费取费是根据投资额的百分比来计算的，投资越高反而对设计单位越有利；

②设计单位较少了解施工，有时也较少考虑可施工性，就会影响施工的有效进行；

③在设计时还不能确定将由谁施工，因而不能结合施工单位的特点和能力进行设计，但在确定了施工单位以后，又可能会引起设计修改；

④施工单位"按图施工"，基本上处于被动地位，在一定程度上影响了其积极性的发挥；

⑤若施工图完成以后再进行施工任务的发包，项目建设周期长；

⑥建设单位项目目标的控制有困难，主要是不利于投资控制和进度控制；

⑦建设单位的组织、协调工作量大；

⑧主体工程与配套工程施工也往往分离，导致主体工程结束后至项目动用的间隔时间长。

建设项目总承包模式起源于欧洲，是为了解决设计与施工分离的弊端而产生的一种模式。实行建设项目总承包模式，可以在很大程度上解决上述问题。建设项目总承包的基本出发点是借鉴工业生产组织的经验，实现建设生产过程的组织集成化，以克服由于设计与施工的分离致使投资增加，以及克服由于设计和施工的不协调而影响建设进度等弊端。

在建设项目总承包模式中，项目总承包单位的工作范围除了全部的工程施工任务以外，还包括设计任务和物资（包括设备）采购任务。在以房屋建筑为主的民用建设项目中又称为设计和施工总承包（D＋B，即 Design-Build），而在以大型装置或工艺过程为主要核心技术的工业建设领域，如大型石化、冶金、制药、能源等建设项目，工艺设备的设计、制造、采购与安装成为建设项目实施中的最重要、最关键的核心，而工艺设备的设计、制造、采购与安装又与整个工艺的设计紧密相关，因此，在这些类型的建设项目中，建设项目总承包模式又称为设计、采购、施工总承包（EPC，即 Engineering，Procurement，Construction）。尽管 D＋B 模式和 EPC 模式都叫做建设项目总承包（或工程总承包），但是，EPC 总承包模式与 D＋B 总承包模式在操作方法上还是有很大的不同。在国际咨询工程师联合会（FIDIC）新出版的合同中，对 EPC 总承包模式和 D+B 总承包模式分别推荐了不同的合同条件，分别为"FIDIC 设计采购施工（EPC）／交钥匙工程合同条件（银皮书）"和"FIDIC 工程设备和设计——建造（D+B）合同条件（新黄皮书）"。

（2）建设项目总承包的范围

实行建设项目总承包的几个关键问题需要明确：一是由谁承担设计和施工总承包任务；二是何时开始总承包以及承包的范围是什么；三是如何进行总承包的招标、投标和评标等。

首先，建设项目总承包单位可以从方案设计阶段就开始总承包，也可以从初步设计阶段、技术设计阶段或者施工图设计阶段开始总承包。但是，当施工图设计完成以后再进行总承包，就变成施工总承包模式了，如图 2.1.2-1 所示。

图 2.1.2-1　项目总承包单位的介入时间

（3）建设项目总承包的组织

国外承担建设项目总承包的组织机构一般有两种形式，一种是永久组织，即永久性的经济实体；一种是临时性的组织，即针对一个具体的建设项目，由若干个设计单位和施工单位组成的临时性组织，如图 2.1.2-2 所示。

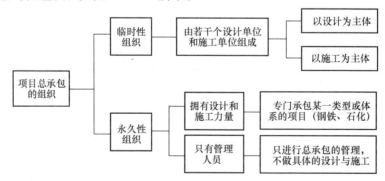

图 2.1.2-2　项目总承包的组织形式

永久组织又分两类，一类是拥有设计和施工力量，可以专门承包某一类型或某一体系的建设项目，如针对化工、冶金、能源等建设项目而进行包括设计、设备供应、施工安装等全套服务或承包的项目总承包公司，在工业建设项目中比较多见；另一类是只有管理人员，只进行建设项目总承包管理。

临时组织又可以分为以设计为主体和以施工为主体两种形式，国外主要是以施工为主体，因为施工企业承担风险的能力和控制项目的能力比设计单位强。

在实际操作中，往往具有以下两种可能的模式：一是由施工单位承接建设项目总承包的任务，而设计单位受施工单位的委托承担其中的设计任务，即设计作为分包；二是由设计单位承接建设项目总承包的任务，而施工单位作为分包承担其中的施工任务。

（4）建设项目总承包单位内部关系的处理

针对临时性组织情况，在建设项目总承包内部关系的处理上，国外一般做法是在设计阶段由设计单位负责，在投标和施工阶段由施工单位负责，而整个建设项目的经济风险由施工单位承担，设计单位只对其设计成果负责。

如果项目不中标，业主会给予投标者以经济补偿，其分配原则一般是设计单位得到70%～80%，而施工单位则得到 20%～30%。

如果项目中标，设计单位除了可以得到设计费以外，还可以参与项目利润的分配，一般可以得到利润的 15% 左右。

（5）建设项目总承包的招标、投标与评标

在施工总承包模式中，业主对工程的检查和验收都以图纸和合同为依据。但在设计和施工总承包模式中，承包方既要进行设计，又要进行施工，如果要通过招标选择项目总承包单位，根据什么招标、评标呢？这是实行设计和施工总承包模式的一个关键问题。

施工总承包的招标通常是以图纸和分部分项工程说明以及工程量清单为依据，这种招标称为构造招标。设计和施工总承包模式在招标时可能还没有一张图纸，这时的招标必须要有功能描述书以及有关的要求和条件说明，这种招标叫做功能招标。功能描述书以及有关的要求和条件说明是否清楚、明确和具体，是招标能否成功和建设项目顺利实施的关键。

业主可以自行编制或委托项目管理咨询公司编制建设项目功能描述书以及有关的要求和条件说明，投标人据此进行投标，编制设计建议书和设计文件，并根据其设计进行工程报价。

关于项目总承包招标的评标工作，一般是分两个阶段进行，首先是对设计进行审查，审查设计是否满足业主的功能要求；其次再对投标价进行审查。如果设计审查通不过，就没有资格进入下一阶段的审查，就是说，价格再低也不可能中标。一般情况下，业主将在符合要求的设计方案中选择投标价格最低的投标单位作为中标单位。

在实行设计和施工总承包模式条件下，业主一般要聘请专业化的项目管理咨询公司协助其进行管理，协助编制建设大纲和功能描述书，协助招标、评标、签订合同以及施工阶段的管理。

（6）建设项目总承包（D+B）模式的特点

实行设计和施工总承包模式具有许多优点，对于业主来说，可以加快进度，有利于控制投资，有利于合同管理，有利于组织与协调。

1）有利于投资控制，能够降低工程造价

由于投标者把设计和施工作为一个整体来考虑，既要满足业主的功能要求，设计方案要有竞争性，又要保证投标价低，因此要从设计方案着手降低工程造价，不仅仅是让利的问题，而是从根源上去挖掘潜力，因此有利于降低工程造价。国外的经验证明，实行建设项目总承包（D+B）模式，平均可以降低造价 10% 左右。另外，设计和施工总承包模式常实行总价合同（常常是可变总价合同），在签订建设项目总承包合同时就将合同总价明确下来，可以及时明确投资目标，使业主尽早安排资金计划，并使项目总承包单位不超过计划投资，有利于投资控制。

2）有利于进度控制，并缩短工期

由于在方案设计阶段就可以根据建筑施工企业的施工经验、所拥有的施工机械、熟练工人和技术人员等情况考虑结构形式和施工方法，与采用常规发包模式相比，可以使建设项目提前竣工。

3）有利于合同管理

业主只需要签订一个建设项目总承包合同，不需要管理很多合同，因而合同管理工作量比较少。

4）有利于组织与协调

在所有的实施单位中，业主只需要与一个项目总承包单位进行联系与协调，从而大大简化了协调工作，也减少了协调费用。

5）对于质量控制，因具体情况而有差异，关键是看功能描述书的质量

一般情况下，在建设项目总承包模式中，由于实行功能招标方法，不同于一般的构造招标，其招标、评标和项目管理工作都不同于传统模式，因此，业主一般都要委托社会上有经验的项目管理公司协助其起草功能描述书，帮助其招标、评标等。有了强有力的支持，建设项目的质量也是可以得到控制的。

总之，对业主而言，实行建设项目总承包，有利于建设项目的系统管理和综合控制，可大大减轻业主的管理负担，有利于充分利用项目总承包企业的管理资源，最大限度地降低建设项目风险，也符合国际惯例和国际承包市场的运行规则。

对建筑施工企业而言，其优点是：建筑施工企业一开始就参与设计阶段工作，能将其在建筑材料、施工方法、结构形式、价格和市场等方面的丰富知识和经验充分地融于设计中，从而对建设项目的经济性产生积极的影响。另外，采用这种模式还可以促进建筑施工企业自身的生产发展，促进建筑工业化，提高劳动生产率。

对设计单位的优点在于，从一开始就与建筑施工企业合作，参加项目总承包的施工企业往往拥有自己的设计力量，能够迅速地编制相应的施工图设计文件，从而使设计单位减少工作量。另外，作为建筑施工企业的伙伴，在建设项目结束后可以参与利润的分配。

（7）EPC（设计、采购和施工总承包）

EPC（设计、采购和施工总承包）是建设项目总承包的一种方式。设计采购施工总承包是指工程总承包企业按照合同约定，承担建设项目的设计、采购、施工、试运行服务等工作，并对承包工程的质量、安全、工期、造价全面负责。EPC总承包已在我国石油和石化等工业建设项目中得到成功的应用。

EPC总承包的基本内容是：进行初步设计（视需要）、详细设计，负责设备材料采购、施工安装和开车指导等。另外，还可以包括许多后续服务。如某建设项目EPC总承包招标文件中规定，EPC总承包的工作范围包括但不限于设计、制造、采购、运输及储存、建设、安装、调试试验及检查、竣工、试运行、消缺、考核验收、技术和售后服务、人员培训等，同时也包括提供所有必要的材料、备品备件、专用工具、消耗品以及相关的技术资料等。

EPC总承包可以针对一个建设项目的全部功能系统进行总承包，也可以针对其中某个功能系统进行总承包。如，可以针对一个发电厂进行EPC总承包的招标，也可以针对

一个现有的火力发电厂的脱硫工艺和装置进行 EPC 总承包的招标。

EPC 总承包又可分为多种类型：

①EPC（max s/c）是 EPC 总承包商最大限度地采用分包的形式来完成建设项目的施工任务，即采用分包的形式将施工任务分包给各个分包商。

②EPC（self-perform construction）是 EPC 总承包商主要靠自己的力量承担工程的设计、采购和施工任务，而只将少量工作由分包商完成。

③EPCm（Engineer、Procurement、Construction management）是指 EPC 总承包商负责建设项目的设计和采购，并负责工程施工的管理。施工承包单位与业主签订施工承包合同，但接受 EPC 总承包商的管理。EPC 总承包商对工程的造价、进度和质量全面负责。

另外，EPC 总承包还有一些其他的发展和变化，主要是承包和服务内容的变化，如设计、采购和施工咨询服务等。

EPC 总承包单位一般通过公开招投标选择，实行总价承包。大型建设项目的 EPC 总承包商通常都是国际大型工程公司，其特点有：

①拥有人力、物力资源和丰富的工程经验，为工程提供全过程服务，能够高质量、高效率、低成本地完成项目的建设，最大限度地满足业主的需求；

②建设项目总承包和项目管理的功能齐全，组织管理机构科学、精干、高效；

③以六大控制（质量、进度、费用、材料、文件、风险）为主要内容，采用国际先进的模式和手段对建设项目实行科学的管理；

④专业化、集约化和规模化，跨行业、跨国经营，产权结构多元化，营销策略全球化，技术装备现代化，项目管理科学化，低层作业本地化；

⑤有较强的融资能力，或以金融机构为后盾；

⑥拥有专利技术，或与专利商有密切的合作关系，能反映当代世界先进技术水平。

### 2.1.3 CM 模式

CM（Construction Management）模式是在北美建筑市场非常流行的工程发包模式。

传统的承发包模式最大的局限在于设计与施工的相互分离，施工单位介入工程项目的时间太迟，使建设周期延长，投资增加。针对传统承发包模式的弱点，通过多年的实践总结和理论研究，在建筑市场中出现了 CM 承发包模式。1968 年，CM 模式在理论上的创始人 Charles B. Thomsen 在研究关于如何加快设计与施工的速度以及如何改进控制方法时，通过对美国国内许多大建筑公司的调查，在综合各方面的经验和体会的基础上，提出了一份题为《Fast Track（快速路径法）》的研究报告。这份报告详细研究了设计与施工如何用创新的发包模式进行充分搭接。

（1）定义及特征

CM 是英文 Construction Management 的缩写，由于目前还没有确切的中文翻译，因此这里直接称为"CM 模式"。CM 模式是由业主委托 CM 单位，以一个承包商的身份，采取"快速路径法"的生产组织方式，来进行施工管理，直接指挥施工活动，在一定程度上影响设计活动的承发包模式。CM 单位与业主的合同通常采用"成本＋酬金（Cost Plus Fee）"计价方式。

CM 模式的特征体现在以下几个方面。

1) 采用"快速路径法"的生产组织方式

CM 的基本指导思想是缩短建设周期，其生产组织方式是采用"快速路径法"，即设计一部分，招标一部分，施工一部分，实现有条件的"边设计、边施工"。

2) 新型的管理角色

由于管理工作的相对复杂化，要求业主委托一家单位来担任这一新的管理角色。该单位的基本属性是承包商，但它既区别于施工总承包，也不同于项目总承包，而是一种新型的建设管理模式。

3) 有利于设计优化

CM 班子的早期介入，改变了传统承发包模式设计与施工相互脱离的弊病，使设计人员在设计阶段可以获得有关施工成本、施工工艺、施工方法等方面的建议，在一定程度上有利于设计优化。

4) 减少设计变更

由于设计与施工的早期结合，设计在施工上的可行性在设计尚未完全结束时已逐步明朗，因此使设计变更在很大程度上减少。

5) 有利于合同价格的确定

施工招标由一次性工作被分解成若干次进行，施工合同价也由传统的一次确定改变成分若干次确定。有一部分施工图完成即进行该部分招标、确定该部分合同价，因此从该方面来说合同价的确定较有依据。

6) "成本＋利润"的取费方式

由于 CM 单位与业主签约时设计尚未结束，因此 CM 合同价通常既不采用单价合同，也不采用总价合同，而采用"成本＋利润"方式，即 CM 单位向业主收取其工作成本，再加上一定的利润。CM 单位不赚总包与分包之间的差价，它与分包商的合同价对业主是公开的。

(2) CM 模式的合同结构

CM 模式可分为 CM/Non—Agency（CM/非代理型）模式和 CM/Agency（CM/代理型）模式。

1) CM/Non—Agency 模式的合同结构

CM/Non—Agency 模式的合同结构如图 2.1.3-1 所示。

CM/Non—Agency 合同结构的特征主要包括以下几点：

①业主与 CM 单位签订 CM 合同，而与大部分分包商/供货商之间无直接的合同关系（除业主自行采购和自行分包之外），因而对业主来说，合同关系简单，对各分包商和供货商的组织协调工作量较小。

②CM 单位与各分包商签订分包合同，与供货商签订供货合同。对 CM 单位来说，与分包商/供货商签约，一方面增加了 CM 单位对分包商/供货商的管理强度，另一方面也增加了 CM 单位的工作量，同时加大了 CM 单位的管理责任风险。

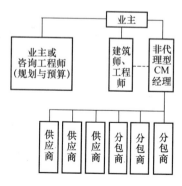

图 2.1.3-1　CM/Non—Agency
合同结构

③CM 单位介入项目时间较早，CM 合同不需要等施工图出之后才签。

④CM 合同形式一般采用"成本＋利润"方式。CM 单位与分包商每签一份合同，才确定该分包合同价，而不是事先把总造价包死，因此与施工总承包模式有很大的区别。

⑤CM 单位对各分包商的资格预审、招标、议标以及签约，都必须经过业主的确认才有效（在特殊情况下，若业主有要求，CM 与分包商的合同价款也可以由业主直接支付）。另外，业主还可向 CM 单位指定与其签约的分包商或供货商。

⑥CM 单位与设计单位之间没有合同关系。但是 CM 单位在采用 Fast-Track 方法加速建设周期时，必须与设计单位紧密协调。由于 CM 单位的早期介入，可以从施工方法和施工成本的角度向设计者提供合理化建议。但是，如 CM 单位与设计单位之间产生矛盾，仍需要由业主进行协调。

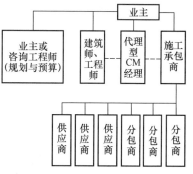

图 2.1.3-2　CM/Agency 合同结构

2）CM/Agency 的合同结构

CM/Agency 的合同结构如图 2.1.3-2 所示。代理型 CM 模式与非代理型 CM 模式的区别见表 2.1.3。

代理型 CM 模式与非代理型 CM 模式的区别　　表 2.1.3

| | 代理型 CM 管理模式 | 非代理型 CM 管理模式 |
|---|---|---|
| 与业主的关系 | CM 单位是咨询单位，签订的是咨询服务合同，负责项目咨询和代理，合同管理及组织协调的工作量也较小 | CM 单位担任施工总承包人的角色，与各分包商或供货商之间有直接合同关系 |
| 承担风险 | 业主直接与各分包商和供货商签订合同，对各承包商的协调管理和合同管理工作转由业主自己承担，CM 单位风险性较小 | CM 需承担各施工单位和供应商的协调管理和合同管理工作，对分包商的控制强度也较强，增加了 CM 单位的风险 |
| 工作职责 | 在设计阶段就介入项目，并可以向设计单位提供合理化建议，协助业主主持招标工作，在项目施工阶段管理和协调各分包商 | 与各分包商之间有合同关系，可向其发指令，它们之间是管理协调关系，风险型 CM 管理模式下的 CM 单位的工作量要远远大于代理型 CM 模式下的 CM 单位 |
| 对最大工程费用 GMP 的风险承担 | CM 单位只提供实质性管理的咨询服务，它不是项目的实施方，不参与项目的施工，也不承担保证最大工程费用（GMP）的风险。因此 CM 单位与业主之间签订的是委托合同，以固定酬金加管理费为基础（总收益约为总投资的 1%~3%） | 发包人要求 CM 经理提出保证 GMP，以保证发包人的投资控制。如果最后结算超过 GMP，则由 CM 公司赔偿；如果低于 GMP，则归发包人所有，但 CM 获得约定比例的奖励（总收益约为总投资的 4%~7%） |
| 合同签订 | 在设计阶段介入项目，由业主与承包商签订总承包合同 | 介入时间更早，CM 单位与分包商每签一份合同才确定该分包合同价，而非一次把总造价包死 |

### 2.1.4　项目融资模式

（1）BOT

1）BOT 的实施及典型结构

BOT 有时也称为"特许经营权"（Concession）方式，它是指某一财团或若干投资人作为项目的发起人，从一个国家的中央或地方政府获得某项基础设施的特许建造经营权，然后由此类发起人联合其他各方组建股份制的项目公司，负责整个项目的融资、设计、建造和运营。在整个特许期内，项目公司通过项目的运营获得利润。有时地方政府考虑到运营收费（如过桥费）不能太高，可能给项目公司一些优惠条件（如将一片土地给项目公司开发经营），以便项目公司降低其运营收费标准。项目公司以运营和经营所得利润偿还债务以及向股东分红。在特许期届满时，整个项目由项目公司无偿或以极低的名义价格移交给东道国地方政府。BOT 方式中的各参与方包括地方政府、各类金融机构、运营公司、保险公司等，他们都为项目的成功实施承担各自的职责。BOT 方式的典型结构框架如图2.1.4-1 所示。

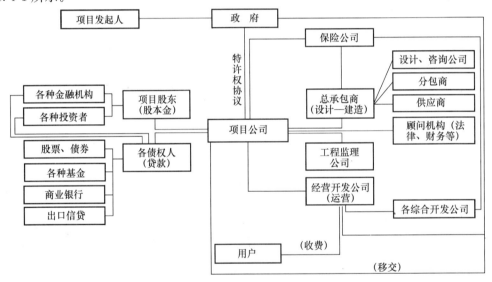

图 2.1.4-1　BOT 组织结构图

2）BOT 的融资特点

BOT 是一种有限追索权的项目融资（Limited-recourse Project Financing）方式，贷款人只承担有限的责任和义务，债权人只能对项目发起人（项目公司）在一个规定的范围、时间和金额上实现追索，即只能以项目自身的资产和运行时的现金流作为偿还贷款的来源，而不能追索到项目以外或相关担保以外的资产，如项目发起人所在的母公司的资产。

3）BOT 的各类引申方式

目前在世界上许多国家都在研究和采用 BOT 方式，我国的建设项目投资渠道愈加多元化，利用 BOT 建设的项目也逐渐增多。项目发起人既有外资企业、民营企业，也有国有企业，甚至地方政府也参与投资，日益显现出这种融资及项目管理方式的优越性。各国在 BOT 方式实践的基础上，又发展了多种引申的方式，如：

- BOOT（Build—Own—Operate—Transfer）建造—拥有—运营—移交
- BOO（Build—Own—Operate）建造—拥有—运营
- BLT（Build—Lease—Transfer）建造—租赁—移交
- BT（Build—Transfer）建造—移交
- BTO（Build—Transfer—Operate）建造—移交—运营
- DOT（Develop—Operate—Transfer）开发—运营—移交
- ROT（Rehabilitate—Operate—Transfer）改建—运营—移交
- ROO（Rehabilitate—Own—Operate）改建—拥有—运营
- TOT（Transfer—Operate—Transfer）移交—运营—移交

4）BOT方式的优缺点

①BOT方式的优点

- 能够减少政府直接投资的财务负担，避免了政府的债务风险；
- 使急需建设而政府又无力投资的基础设施项目提前建成发挥作用，有利于满足社会和公众的需要，加速生产力的发展；
- BOT项目由外国的公司承担时，能够带来先进的技术和管理经验等，有利于本国承包商的成长。

②BOT方式的缺点

- 采用BOT承建的项目规模大，投资额高，建设和经营期限长，涉及各方的风险因素繁多复杂，在建造和经营的全过程中，各方均应做好风险防范和管理；
- 涉及的参与方较多，合同关系十分复杂，需要很高的项目管理水平；
- 项目收益的不确定性较大，政府在立项前需要做好充分的前期可行性研究及准备工作；
- BOT项目的收入一般为当地货币，须兑换成外汇汇入投资人所在国账户，对外汇储备较少的国家，如果项目公司的成员大多来自国外，项目建成后会有大量外汇流出；
- 有时项目公司运营服务收费太高，可能会引起产品或服务的最终用户的不满，甚至诱发社会问题。

5）BOT方式的风险

①东道国中央或地方政府通常承担的风险，主要包括：

- 国家政治风险：政府应对强制收购、法律变更进行必要的补偿；
- 国家商业风险：如通货膨胀，税率变化；
- 运行期间建设平行项目的风险及项目需求用量不足的风险：如车流量、用电量等；
- 不可抗力风险等。

②项目公司通常承担的风险，主要包括：

- 施工和竣工风险；
- 运营风险：含运营和维护；
- 供应风险：运行期间的原材料供应，供应服务的质量和价格；
- 货币和利率风险等。

③其他参与方各自承担的风险。

（2）PFI/PPP

1) PFI/PPP 的含义

PFI/PPP 指利用私人或私营企业资金、人员、技术和管理优势，向社会提供长期优质的公共产品和服务。

PFI/PPP 不同于私有化，公共部门作为服务的主要购买者，或作为项目实施的法定控相比，PFI 中私营部门还要负责融资和经营。

2) PFI/PPP 的实施和典型操作程序

在英国，PFI/PPP 项目大多采用 DBFO 的方式，政府不再是公共设施的长期所有者，而主要是使用者。通常，政府提出拟建公共设施和拟获得服务的明确标准，由私营部门负责项目的融资、建造和运营。

根据英国的实践，PFI 大体上可以分为三类：

①私营部门经济上自立的项目（Free—Standing Projects）

公共部门从规划的角度确定对项目的要求，并向私营部门授予特许经营权。私营部门完全依赖向使用者的收费回收投资、赚取利润，项目最终是否移交政府取决于是采用 BOT 还是 BOO 方式。

②合资经营（Joint Ventures）

公共部门和私营部门共同出资、分担成本，其中公共部门的出资方式可以包括提供特许贷款（Concessionary loans）、参股、固定资产入股等，或上述方式的结合。私方伙伴通过竞争方式产生，对项目拥有主导控制权。双方的风险分担机制应提前明确，并遵守风险与收益对等原则。项目的成本回收和利润创造仍然依赖向使用者的收费来实现。

③向公共部门出售服务（Services Sold to the Public Sector）

由私营部门融资、建成项目并提供服务，费用补偿（包括成本和利润）依靠向公共部门的收费。此处公共部门指政府和/或使用单位（如学校、监狱等），按一定比例交纳费用。

公共部门可以直接购买或租用私营部门提供的产品和服务，也可以联营，或授予特许经营权使私营部门通过特许期的现金收入收回投资。可见，PFI/PPP 在实施过程中，融资、运营的风险主要由私营部门承担，这能够极大地激发私营部门发挥建造运营管理的优势和积极性，鼓励其提高效率、改进管理、应用先进技术，有利于保证资金价值的增长和提供优质服务。同时，英国 PFI/PPP 项目的实践经验也表明：风险在公私部门之间的分担必须合理，不可一味地向私方转移过多风险。

英国财政部针对 PFI/PPP 项目编制了公共部门操作程序指南，如图 2.1.4-2 所示。

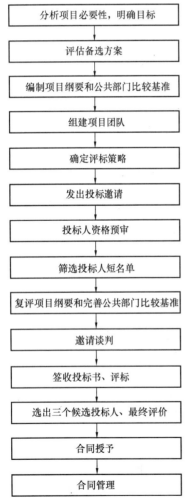

图 2.1.4-2　PFI/PPP 的
典型操作程序

3）PFI/PPP 的应用领域

- 教育领域：如学校建设、学生宿舍、学校修缮等；
- 能源领域：如热电站、核电站、水电站、风力电站等；
- 医疗卫生领域：如新建医院、医疗卫生设施；
- 公检法领域：如监狱、法院、警察局等；
- 国防工程领域：如营房、军事院校、坦克运输车等；
- 其他领域：如水工程（海水淡化、水净化等）、消防站、政府办公楼等。

### 2.1.5　工程管理委托的模式

（1）业主方项目管理方式

在国际上，业主方的项目管理方式主要有三种可能：

①业主方自行项目管理；

②业主方委托项目管理咨询公司承担全部业主方项目管理的任务，即业主方委托项目管理；

③业主方委托项目管理咨询公司与业主方人员共同进行管理，即业主方与项目管理咨询单位合作进行项目管理。

1）业主方自行项目管理

所谓业主方自行项目管理，即业主自行组建项目管理班子，自己编制设计任务要求，直接组织设计、施工，采购材料和设备，完成项目管理的所有工作，包括项目实施全过程中的投资控制、进度控制、质量控制、安全管理、合同管理、信息管理以及组织与协调工作。

为了完成各项项目管理工作，业主必须组建与建设项目的管理相适应的部门和机构，拥有专业齐全的项目管理人员，建立规范的管理制度和管理工作流程，进行明确的工作任务分工和管理职能分工，采用科学的项目管理方法。

业主方组建的项目管理班子与外部单位的关系如图 2.1.5-1 所示。

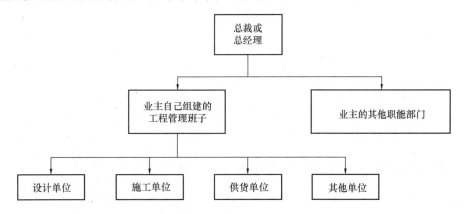

图 2.1.5-1　业主方自行项目管理的组织结构示意图

业主方自行项目管理的特点主要有以下几个方面：

①业主对工程建设和管理具有较强的主动权和控制权。

②业主方的项目管理班子人数多，规模大，特别是对于某些大型建设项目，由于建设项目的规模大、技术复杂、工期长等因素，业主方自行项目管理往往需要配备大量的项目管理人员，如某地铁工程建设，建设指挥部的管理人员最多时超过千人。这么多人参与项

目管理，不仅业主方自身的人力资源管理有困难，如果项目建设完成后人员解散，则人员的安置也会有许多困难和矛盾。

③许多建设项目中，业主管理班子的人员多数属于临时招聘，其能力、经验和水平在短时间内很难体现出来，而如果中途发现问题再更换人员则会对建设项目造成影响。即使所有的人员都非常有能力胜任管理工作，但众多人员之间的合作仍需要一个磨合过程。

④在建设项目的实施期往往需要大量项目管理人员，而项目建成后又解散，因此往往只有一次教训，不利于积累经验，不利于形成专业管理队伍。

对于有些业主，由于已经形成了完善的专业化项目管理机构，具有丰富的项目管理经验，自己完全有能力进行项目管理，则不必委托其他单位进行项目管理。

对于有些建设项目，尽管业主没有同类建设项目的建设经验，但社会上也缺乏对同类建设项目具有丰富经验的项目管理咨询单位，也可以采取业主自行管理方式。但业主应该组建比较强的管理队伍，并聘请有关技术和管理等专家作为顾问，参与并协助项目管理，在共同的参与中使业主人员得到培养、锻炼和提高。如大亚湾核电站和岭澳核电站的建设，业主都实行了自行项目管理模式，项目取得了很大成功。

在国内的工程实践中，多数建设单位都采取自行项目管理模式。即使根据有关规定和要求，在施工阶段委托工程监理单位进行现场监督管理，但在设计阶段、招标阶段、施工阶段、安装调试和保修阶段的主要项目管理任务都是由建设单位自己组织完成。

过去我国对大型建设项目广泛采用工程建设指挥部形式来组织和管理，是自行项目管理的典型模式。而目前推行的建设项目法人负责制中，多数建设项目法人也采取自行组建项目管理班子进行项目管理的方式。

2）业主方委托项目管理

①业主方委托项目管理的含义

所谓业主方委托项目管理，即业主将建设项目管理的所有任务全部委托给项目管理咨询公司承担，其组织结构如图 2.1.5-2 所示。

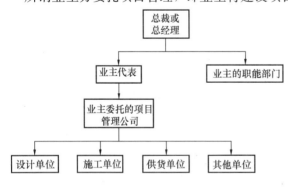

图 2.1.5-2　业主委托项目管理的组织结构示意图

需要说明的是，在委托项目管理模式中，业主并不是甩手不管，什么都不做，业主仍然要有相应的项目管理部门和人员。这种模式与自行项目管理模式的不同点主要是，业主将项目管理的任务全部委托给了项目管理咨询公司，由项目管理咨询公司负责组建项目管理班子对建设项目的投资控制、进度控制、质量控制、合同管理、信息管理、组织与协调等全面管理。业主不参与具体的项目管理工作，主要进行决策和确认，提供各种条件。业主的部门可以相应简单化，人员也可以大幅度精简。

②项目管理单位的任务分工

a. 在建设项目决策阶段，负责或者组织开展以下工作：

● 建设项目的机会研究；

- 可行性研究；
- 建设项目评估；
- 为建设项目的决策、立项而需要的其他工作。

b. 在建设项目设计阶段，负责以下主要工作：

- 编制项目建设实施方案；
- 协助业主完成向政府部门相关报批工作；
- 协助业主确定项目定义；
- 编制设计任务要求；
- 协助业主确定技术定义及设计基础；
- 进行资源（技术、人力、资金、材料）评价；
- 进行风险分析并制定管理策略；
- 协助业主选择专利技术；
- 审查专利商提供的工艺包设计文件；
- 组织委托项目总体设计、装置基础设计、项目初步设计和施工图设计；
- 审查设备、材料供货厂商名单；
- 提出项目设计应统一遵循的标准、规范和规定；
- 提供项目融资方案，协助业主完成融资工作；
- 制定分包策略，编制招标文件；
- 对投标商进行资格预审；
- 完成招标投标和评标工作；
- 协助业主与工程承包公司进行合同谈判与签约。

c. 在建设项目施工阶段，负责以下主要工作：

- 编制并发布工程施工应统一遵循的标准、规范和规定；
- 对承包商进行全面管理；
- 配合业主进行生产准备；
- 参加试车，组织装置性能考核、验收；
- 向业主移交项目全部文件资料。

d. 建设项目收尾阶段：

- 协助业主处理遗留问题，为项目的完成提供相关服务。

③业主的任务分工

在建设项目决策和实施阶段，关于建设项目的技术、经济、管理和组织的规划、协调和控制等的具体工作主要由项目管理咨询单位完成，业主的主要任务是提出有关要求，进行有关的决策、审核、确认和检查等，具体有以下几个方面：

- 提出项目概念和构思，目的和要求；
- 负责项目定义和项目实施方案等的决策；
- 负责项目报批；
- 负责征地拆迁；
- 负责审核有关计划、标准、规定等；
- 检查各个参与单位的工作；

- 负责实施过程中的有关决策；
- 签订有关合同；
- 根据有关合同和项目管理机构的审核意见、支付各种款项。

需要说明的是，在委托项目管理模式中，项目管理咨询单位提供项目管理服务，其工作性质是咨询服务（实质性的管理咨询），不是承包。根据国际惯例，项目管理咨询单位为业主的利益开展工作，但并不是业主的代理。

国际上，特别是工业发达国家，社会分工比较明确和细致，采用委托项目管理模式的情况比较普遍，历史也比较长，并已经形成了比较规范和成熟的操作模式。但是，并没有法规规定必须采取委托项目管理模式。在市场经济条件下，也并不是所有的工程都采用委托项目管理模式，采用什么模式完全由业主自行决定。

在国内的工程实践中，以前采用这种模式的情况比较少见，最近十多年以来，许多建设项目倾向于按照国际惯例进行管理，越来越多的建设项目在尝试采用委托项目管理模式。

根据建设项目的规模和特点，业主可以委托一个单位对工程进行管理，也可以委托多个单位进行管理。多个单位可以组成一个联合体或者合作体进行管理，也可以按照建设项目的结构分解，每个单位分别负责不同子项目的管理。

对项目管理任务的委托也可以分阶段进行，比如在设计阶段可以专门委托一个项目管理咨询公司帮助业主进行设计阶段管理，在施工阶段另委托一个项目管理咨询公司负责施工阶段管理。

3）业主方和工程咨询单位合作进行项目管理

业主方与项目管理咨询单位合作进行项目管理，可以有以下几种可能的合作形式。

第一种可能是，在业主方自行项目管理（图 2.1.5-3）中，"业主自己组建的项目管理班子"变为由业主和项目管理咨询单位联合组建，形成一个项目管理机构。项目管理咨询单位根据业主的要求和项目管理的需要派出相应的人员，双方的人员在一个统一的项目经理（国际上往往由项目管理咨询单位委派）领导下开展工作，分别承担不同的项目管理任务。双方人员在一起共同工作，但组织结构图的形式不变，如图 2.1.5-3 所示。

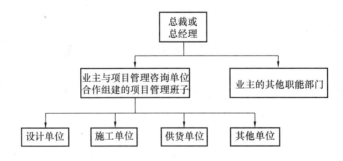

图 2.1.5-3  业主与项目管理咨询单位
合作项目管理的组织结构示意图

第二种可能是，由业主自己组建项目管理班子，全面负责整个建设项目的组织实施，统筹安排或者完成项目管理的各项任务，其中，可能将几种或几个专门的项目管理任务单独委托项目管理咨询单位完成。比如，将工程施工任务委托或者进口设备采购的招标和评标工作委托给具备资格和能力的招标代理公司完成，将工程造价控制委托造价咨询公司负责等。我国目前的工程监理制度，业主将施工阶段的现场质量控制、进度控制、协调等任务委托给了工程监理单位，实质上也是一种通过合作进行项目管理的形式。

第三种可能是，由业主自己组建项目管理班子，而由项目管理咨询单位作为顾问。这又可能分为两种情况，分别如图 2.1.5-4 和图 2.1.5-5 所示。

在图 2.1.5-4 中，项目管理咨询单位组建一个项目管理顾问机构为业主的项目管理班子整体提供咨询，由业主的项目管理班子负责对外进行各种协调和管理，发布各种指令。

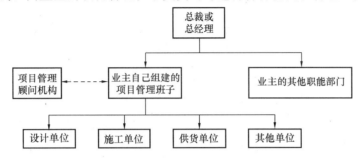

图 2.1.5-4　业主方和工程咨询单位合作
进行项目管理的组织结构示意图 1

在图 2.1.5-5 中，项目管理咨询单位根据业主要求和建设项目需要，组建多个项目管理顾问小组，分别为业主的不同的项目管理部门提供专项咨询服务。

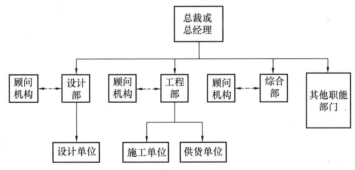

图 2.1.5-5　业主方和工程咨询单位合作
进行项目管理的组织结构示意图 2

（2）代建制

代建制是指政府或政府授权单位通过招标等方式，选择社会专业化项目管理单位（代建单位），负责政府投资项目的投资管理和建设实施工作，项目建成后交付使用单位的制度。实行代建制的目的是实行建设项目管理专业化，即由专门从事建设项目管理的专业化公司代表业主进行管理，从而提高投资效益，实现由政府作为投资项目的直接生产者和提供者转变为促进者、合作者、管理者和监督者。

投资人、代建单位和项目实施单位（设计、施工、供货单位）之间的合同模式，在各地的实际操作中有两种方式。

方式一，由投资人与代建单位以及具体的项目实施单位分别签订合同。这种情况下，代建单位的地位、作用、权力都会在投资人与实施单位的合同中明确。代建单位与实施单位只有管理关系，没有合同关系，代建单位按照项目总投资的百分比或者固定的金额收取代建费。在这种方式中，投资人不可避免地要进行合同管理以及一定的项目控制工作，与代建单位的工作界面划分容易产生交叉，从而容易产生许多矛盾，也容易失去代建的意义。

方式二，投资人和代建单位签订委托代理合同，代建单位再与其他实施单位（设计、施工、供货）签订合同。这种情况下，代建单位与实施单位既有管理关系又有合同关系，比较有利于项目的管理。

在有些工业发达国家，建设项目的投资者（Investor）往往会委托一个开发商（Developer）对建设项目实施的全过程进行全面管理。投资者和开发商是两个不同的概念，但对项目的其他实施单位，如设计单位、施工承包单位、供货单位以及项目管理单位来说，投资者和开发商都是业主。开发商接受投资者的委托，代表投资者进行项目的开发建设。一般的开发商并不参与投资，只代表投资者进行项目的开发建设，只有少数高级开发商可能会参与项目的部分投资，成为投资人兼开发商。在项目的开发建设过程中，开发商要负责项目的审批，负责征地拆迁，提供有关实施条件，组织设计、组织招标采购、组织施工，对外签订有关合同并履行合同，控制项目的目标，项目完成后交给投资人或用户。显然，开发商是投资人的代理，二者的法律关系应该是一种代理关系。

在代理关系中，代理人在代理权限内，以被代理人的名义实施民事法律行为。被代理人应对代理人的代理行为承担民事责任。

代理可以分为委托代理、法定代理和指定代理。委托代理是基于被代理人的委托授权所发生的代理。委托代理人取得代理权，通常要以委托合同和委托授权行为两个法律行为同时有效存在为前提。

根据国际惯例，咨询顾问一般不承担项目实施的责任，通常不进行决策，所以，将代建单位的工作性质确定为咨询顾问似乎不妥。

承包单位从地位上说是建筑产品的生产和供应者，是卖方，而投资人是建筑产品的买方，代建单位代表投资人组织和管理，属于业主一方，不应该属于承包方。项目总承包是一种工程发包模式，即使某个项目实行了代建制，也可以采取项目总承包的发包模式。

（3）采购方式的发展趋势

1）采购手段的变化

随着信息技术的不断发展，利用网络平台进行采购招标的各项工作已经成为现实并将越来越得到更加广泛的应用。目前，利用互联网发布招标信息和公告已经非常普遍，而在网上进行资格审查、购买招标文件、递交投标文件等也已经逐渐为人们所接受，由于其具有成本低、速度快、保密性好等特点，将成为采购的一个重要的发展方向。

2）工程建设管理和工程任务委托模式的变化

近年来，建筑业发生了深刻的变化，对现代工程建设管理的模式和工程项目的任务委托和实施模式也产生了深远的影响。

近年来建筑业发生的变化主要体现在：

① 大中型项目投资和经营的私有化进程的发展；

② 业主方更多地希望设计和施工紧密结合，倾向设计＋施工（Design＋Build，或称Design＋Construction，即中国所称的项目总承包）的方式发包；希望建筑业提供形成建

筑产品的全过程的服务，包括项目前期的策划和开发，以及设计、施工，以至物业管理（Facility Management）的服务；

③ 建筑业在项目融资和经营方面参与程度的加剧；

④ 建筑市场的全球化进程和建筑市场竞争的加剧；

⑤ 从机械制造业、汽车工业引进、改变建筑产品生产组织的模式；

⑥ 在设计、施工、建筑材料和建筑设备的技术领域中不断出现创新；

⑦ 建筑公司（即中国所称的建筑施工、安装企业）功能的变化；

⑧ 设计事务所（设计公司），建筑公司和咨询公司内部管理的变化；

⑨ 信息技术的迅速发展对建筑业的影响。

国际建筑业的以上变化对工程项目建设的委托和实施产生了深刻的影响。前面介绍过许多不同类型的承发包模式，如平行承发包、施工总承包、施工总承包管理、项目总承包、项目总承包管理和 CM 模式等。这些模式都局限于项目设计任务的委托和建筑施工、安装任务的发包。对于业主而言，这都属于对建筑产品订货生产的购买活动，它比工业产品购买的组织复杂得多。不熟悉建设项目开发和实施业务的业主几乎无法对付。业主方希望简化建筑产品购买的组织，而又不损害其利益，并希望建筑业能提供范围更宽的服务，由此产生了多种新颖的发包模式，如：

① D＋D＋B（Develop＋Design＋Build），即受委托方负责项目前期决策阶段的策划、设计和施工；

② D＋B＋FM（Design＋Build＋Facility Management），即受委托方负责项目的设计、施工和物业管理；

③ F＋P＋D＋B＋FM（Finance＋Procurement＋Design＋Build＋Facility Management），即受委托方负责项目的融资、采购、设计、施工和物业管理。

## 2.2 公路工程建设项目合同风险管理

现今公路工程建筑市场的竞争激烈，施工单位的不断增加，地域性的开放，都使得公路建筑市场产生僧多粥少的局面。施工承包单位在继续争取国内市场份额的同时，许多大中型公司已陆续开展公路工程的海外（国际）承包。相对于在国内承包工程而言，国际工程承包更是一项充满风险的事业，工程承包人遇到的风险种类除了涵盖国内工程的合同风险，还有诸如政治、经济、汇率等国际承包工程特有的风险。有人称国际工程市场为"风险库"并不过分。

对每一个承包商来说，投标和经营管理的成败，也可以说是生死存亡之争。但国际工程市场对各国承包商仍然有着极大的吸引力，因为在国际工程承包中，风险和利润是并存的，没有脱离风险的纯利润，也不可能有无利润的纯风险。关键在于承包商能不能在投标和经营的过程中，善于识别、管理和控制风险。而一个公路工程建设项目的风险来源于多方面，如设计风险、施工风险、环境风险、经济风险、财务风险、自然风险、政策风险、合同风险、市场风险等。建设工程合同风险，是建设工程项目风险管理的重要内容之一，大多数风险可以归结为合同风险，可以将建设工程项目合同风险定义为合同从签订到履行过程中所面临的各种风险，其中既有客观原因带来的风险（系统风险），也有人为因素造成的风险（非系统性风险）。

本书（本章节）是从工程承包人（包含施工承包人、DB 承包人、EPC 承包人）的角度出发，主要以公路工程国际承包（部分案例背景也可能为国内工程，但本质是一样，因为国内工程的合同风险几乎被国际工程合同风险所涵盖）为切入点，阐述合同风险、合同风险防范和索赔等相关内容。

### 2.2.1　公路工程建设项目的合同风险

（1）公路工程建设项目的合同风险的成因

按照现代契约理论中完全契约和不完全契约的概念，公路工程合同属于典型的不完全契约（合同），这可以从以下几个方面来理解：

1）公路工程项目系统的复杂性。建设项目系统构成要素很多，包含许多子项目，各个子项目之间又存在结合面，结合面的管理是复杂微妙的，由于人的有限理性，难以用明确清晰的合同语言将参建各方的权利义务界定清楚，或即使可以，在谈判过程中所耗费的时间和费用也难以承受，承发包双方在签订合同时往往宁愿暂时忽视这些问题。这是公路工程合同不完全的原因之一。

2）公路工程项目周期长，外部环境变化大，存在的不确定性因素多。一则人的理性有限，对外部环境的不确定性无法完全预期，因而不可能预见所有未来可能发生的事件，更不可能在合同中制订好应对上述事件的具体条款；二则即使人们能够预见未来所有可能发生的事件，但是要预先了解和制定针对这些事件可能的措施，所花费的成本也是相当高的。从这一点来看，公路工程合同的不完全性是不可避免的。

3）公路工程合同履约的度量及判断具有一定程度模糊性。这种履约判断的模糊性主要表现在工程质量的检查和验收上，对某些隐蔽工程（如桩基工程等）质量的检验由于缺乏相应的科学检测手段，常常采用专家判断法，这带有较大的主观性。而在合同双方发生争议时，当诉诸第三方监理工程师、法院或仲裁庭时，第三方也难以证实或观察一切，无法强制执行，抑或即使第三方能够证实或观察，这种履约判断花费的费用和时间也是合同双方难以承受的。

正因为公路工程合同天生的不完全性的特点，它本身的存在就是一种客观风险，无论是合同签订前、合同签订过程、履行实施中，都存在风险，对于承包人而言，充分了解公路工程合同风险是进行风险控制和管理的前提。

另一方面是因为工程承包人自身的主观原因，尤其体现在国内工程做得比较多，由于国内制度不完善监督不足等原因使承包人惯常采用一些不合规范和合同要求的做法，而且习惯于事后控制，这种惯性思维和做法主要体现在：

1）承包方主动或被动放弃自己的权利。

对于一些邀请招标的工程，承包方摄于发包方对中标单位的决定权，放弃自己的权利；心理上不敢与发包单位进行平等的协商，对许多隐藏着风险甚至重大风险的中标条件、不合理要求和不利客观环境因素，自愿或不自愿地予以接受。更有一些承包方，为了争取中标机会，在响应招标文件实质条件之外，又进一步放弃自己的权利，提出超出公平范畴的更为优惠的要约条件，以至带来更大的风险。对于公开招标的工程，承包人虽然在招标期间提出答疑，但发包单位的不太明确的回复或不变更，但承包人有时可能为了维系自身公司经营所需，或为了开拓市场等原因，也必须无奈接受并参加投标，这样隐含的因素同样造成以后极大的合同风险。

2) 承包方对合同风险控制工作不够重视,放任风险的发生和存在。

承包方对合同风险控制工作不够重视主要体现在以下几方面:

① 没有组织专业、高效的投标班子和谈判班子。对招标文件没有进行深入研究和全面分析,对现场勘察、审查图纸、复核工程量,分析合同条款等重要的基础工作,做得不深不细,因而在投标文件中埋下巨大隐患,最终转化为合同风险和经营风险。

② 意识上懒散。项目管理人员和施工人员由于缺少风险意识、缺少责任心或者缺乏经验,从而对程序问题和时效问题不够重视,不重视或者不擅长甚至不敢去进行索赔工作,不去分析风险如何控制,而是一厢情愿地、毫无根据地期望中标后遇到开明的发包方,在合同谈判和实际履约过程中,给予巨大让步,甚至于期望在履约过程中修改合同,以挽回在投标过程中的被动。这些做法这无疑把企业自身置于难以预测的险境。

③ 合同管理及风险控制体系不健全。建设工程项目的合同管理和风险控制环节多、参与的人员广,需要建立一个全面、完善、严谨的控制体系,方能对合同风险实施有效的控制。建设工程项目的有关单位普遍缺少相应的控制体系或是控制体系有漏洞,造成了合同风险的出现。

(2) 公路工程建设项目的合同风险类别

风险管理的重要步骤是识别风险,由此才能更好地控制和管理风险,表 2.2.1 是在综合了相关文献的基础上综合给出了国际公路工程承包合同中常见的风险列表,其中风险描述一栏中仅简单列举了一些情况,不代表全部。

**国际工程承包合同风险列表** 表 2.2.1

| 风险类型 | | 风 险 描 述 |
| --- | --- | --- |
| 系统性风险 | 政治风险 | 政局的稳定性;政府对项目干预情况;是否会拒付债务;战争和发生骚乱等 |
| | 经济风险 | 宏观的经济环境;汇率风险;利率和税率风险;外汇管制风险;通货膨胀风险等 |
| | 社会环境风险 | 宗教信仰;当地社会风俗习惯;语言差异;社会治安状况等 |
| | 自然环境风险 | 恶劣的气象气候条件;复杂的地质条件;地震、海啸等不可抗力等 |
| 非系统性风险 | 投标风险 | 投标文件的编写是否合理;招标投标程序是否规范;投标的策略是否正确等 |
| | 合同条款风险 | 谈判者的素质,谈判的策略(避实就虚、拖延与休会声东击西)等 |
| | 项目前期规划风险 | 合同签订之前是否进行仔细调研;所做的项目管理规划是否合理 |
| | 合同管理风险 | 商务人员的合同管理能力;合同制度、组织结构是否合理 |
| | 合同分包风险 | 分包人的资质,分包合同条款不明,分包合同管理不善等 |
| | 索赔风险 | 项目进行过程中,由于实际施工情况与合同规定不一致导致合同另一方的索赔,索赔对于业主和承包商来说都是双向的 |
| 其他风险 | 项目完工风险 | 如何尽快通过业主及工程师对工程的验收 |
| | 保函收回风险 | 尽快收回工程保函的风险 |
| | 合同遗留问题 | 包括工程完成后合同双方仍然存在争议的一些问题 |

1) 系统性风险

系统性合同风险是指贯穿于合同的整个生命周期过程中,对合同的签订、履行与完成过程的合同管理工作产生影响的风险,通常是指由企业外部,不为企业所控制的因素所造成的风险，一般包括政治风险、经济风险、社会环境风险、自然环境风险等。

① 政治风险

政治风险主要是指国际工程承包项目所在国所处的宏观环境的稳定性，项目建设和运营所受到的法律法规的约束和政策性调控影响，以及有关项目的审核批准过程中存在的各种不确定性问题。如工程所在国的治安情况是否稳定，周边交界国家市场有无民族冲突，或工程所在国有无政治动乱、民族冲突，是否有可能会发生人员安全等问题。

任何行业的企业在经营过程中都离不开安定的局面和良好的政治秩序，对于公路工程国际承包企业而言，政局不稳更是一项重大的风险因素。特别是在发展中国家，每届政府都有自己的一套主张，这往往会给承包商的合同履行工作造成巨大混乱。政局不稳主要表现在政权的更迭、政府内派系斗争，军事政变或战争、工人罢工和暴乱等。另外政府关于工程相关政策的变动，往往会给承包商带来很大的影响。这种政策变化主要包括行业发展战略及政策变化基建压缩、土地政策等宏观政策的变化、有关建设施工的条例和规范的变化、建设法规各建设审批程序的变化等。政策变动频繁或变化无常，会令企业无所适从。在一些法制观念不强或法规不健全的国家，政府常常以令代法，而且政府的指令又常常不是出于客观需要。公路工程国际承包通常投资较大，工期较长，因此，如果项目所在国家的政策经常变动，工程承包企业无法进行合理的预测，也就无法规避由于政策变化导致的风险。

国际工程项目的建设、经营周期往往比较长，投资比较大，在项目结束收到项目款之前，任何政治的不确定性都会给承包商带来巨大的损失。我国公路工程承包商所涉足的国际工程承包市场大多数是在亚非等发展中国家，很多国家甚至经常发生军事政变和武装冲突，因此在进行工程承包之前一定要对当地的政治风险进行仔细评估，从而决定是否进入该市场。

国际工程承包是一种跨国经济行为，涉及国别风险的何题，因此政治风险的考虑是首要的，而且在投标阶段就应该重点调查研究。另外，由于各国之间的法制差别普遍存在，法律规章、法律意识、执法方式等的不同使得法律风险经常发生，影响巨大，因此必须给予足够的重视，一方面要重视法律因素，另一方面要关注法律的差异，避免法律风险可能带来的损失。

② 经济风险

项目所在国的经济环境将直接对项目的收益产生影响，因此如何降低甚至完全规避经济风险，将对承包商最后的收益产生直接的影响。经济风险具体又可以分为汇率风险、利率风险、通货膨胀风险等。

a. 汇率风险。在国际工程承包合同中，合同款的支付除了用美元、欧元等硬通币外，还会约定用一定比例的当地货币进行支付，这样一方面可以方便承包商在项目所在国进行材料的采购和工人工资的支付，但是另一方面也为承包商带来了很大的汇率风险。由于我国承包商进入的多是亚非等发展中国家，这些国家的经济发展情况往往很不稳定，容易受到国际宏观经济形式的影响，从而使本国货币的汇率也会发生很大的波动。承包商如果对工程所在国经济情况的预期出现较大的偏差就会带来巨大的经济损失。

【案例 2.2.1-1】 东南亚某住宅工程汇率风险引发的损失

2007 年国内某承包商在东南亚某国家承揽到 3000 万美元的住宅工程，在承包合同中规定合同款的支付用美元和当地币，其比例为 60％ 和 40％，结果从 2007 年底开始由于国际金融危机的影响，该国的货币对美元的汇率贬值严重，最高达到 25％，从而使该承包商遭受到了重大的经济损失。

b. 通货膨胀的风险。发展中国家的经济发展不稳定，如果政府的宏观调控不及时的话很容易出现通货膨胀的现象。通货膨胀往往会带来货币的贬值和物价的大幅上涨，对承包商的最直接的影响就是材料和人工费的大幅上涨，因此会造成承包商将大量的自有资金投入工程来弥补由此造成的资金缺口，如果承包商的流动资金不足就会产生资金链的断裂，进而影响工程的工期。

**【案例 2. 2. 1-2】** 印度大博电厂合同的经济风险

20 世纪 90 年代初，亚洲各国兴起了利用项目融资方式，基于印度国内电力市场供需情况，印度政府批准了一系列利用外资的重大能源项目。大博电厂正是在这样的背景下开始运作的。大博电厂（Dabhol Power Company）由美国安然（Enron）公司投资近 30 亿美元建成，是印度国内当时最大的 BOT 项目，1995 年开工建设，预计 1998 年完工，电厂建成后运营 20 年。

大博电厂项目由安然公司安排筹划，由全球著名的工程承包商柏克德（Bechtel）承建，并由通用电气公司（GE）提供设备，当时这几乎是世界上最强的组合。电厂所在地，是拥有印度最大的城市孟买的马哈拉斯特拉邦，是印度经济最发达的地区，其国内地位相当于我国的上海。投资者、承包商以及项目所在地的经济实力均是最强的。

与常见的项目融资的做法一样，安然公司为大博电厂设立了独立的项目公司。该项目公司与马邦电力局（国营）签订了售电协议，安排了比较完善的融资、担保、工程承包等合同。在项目最为关键的政府特许售电协议中，规定大博电厂建成后所发的电由马邦电力局购买，并规定了最低的购电量以保证电厂的正常运行。该售电协议除了常规的电费收支财务安排和保证外，还包括马邦政府对其提供的担保，并由印度政府对马邦政府提供的担保进行反担保。

售电协议规定，电价全部以美元结算，这样一来所有的汇率风险都转移到了马邦电力局和印度政府身上。协议中的电价计算公式遵循这样一个基本原则，即成本加分红电价，指的是在一定条件下，电价将按照发电成本进行调整，并确保投资者的利润回报。这一定价原则使项目公司所面临的市场风险减至最小。

然而，正当项目大张旗鼓地开始建设时，亚洲金融危机爆发了。危机很快波及印度，卢比对美元迅速贬值 40％ 以上。危机给印度经济带来了很大的冲击，该项目的进程也不可避免地受到了影响。直到 1999 年，一期工程才得以投入运营，而二期工程到 2001 年才完成。工程的延期大大增加了大博电厂的建设费用，因建设风险而导致的成本上升使大博电厂的上网电价大幅度提高。

事先签订的购电协议、金融危机造成的卢比贬值使马邦电力局不得不用接近两倍于其他来源的电价来购买大博电厂发出的电力。当 2000 年世界能源价格上涨时，这一差价上升到近 4 倍。到 2000 年 11 月，马邦电力局已濒临破产，因而不得不开始拒付大博电厂的电费。根据协议，先是马邦政府继而印度联邦政府临时拨付了部分款项，兑现了所提供的担保与反担保。然而它们却无法承担继续兑现其承诺所需的巨额资金，因而不得不拒绝继续拨款。于是，此项目最终以失败而告终。

**解析:** 作为承包人的安然公司在合同谈判和签订时争取到了许多对己有利的条款,一是全部用美元结算,二是电价采用成本加利润的方式,三是政府提供担保。看似这些条款对安然公司非常有利,但是风险分配的不合理性也是本项目最后失败的原因之一,当系统性的风险爆发时,在本案例中是金融危机,由金融危机引起的经济风险,继而出现通货膨胀、货币的贬值和物价的大幅上涨,虽然安然公司看似没有承担经济风险,但最后经济风险转变为安然公司的政治风险,即马邦政府和印度政府不再兑现之前的担保,因此,项目以失败告终。

③ 社会环境风险

项目所在国的社会环境的稳定对于项目的顺利进行也会产生举足轻重的影响。社会文化风险包括当地的社会治安情况,当地的工资收入水平,当地人的社会文化素质以及对待外国人的态度,当地人的文化习俗与习惯,当地对于环境保护的要求高低等。这些因素都会对项目的成本、工期等造成影响。

**【案例 2.2.1-3】** 国外某公路工程社会环境风险引发的资金紧张

某承包公司在国外承包一公路工程,在与业主签订完工程总承包合同后,进行材料采购的时候遇到障碍。原因是因为很大一部分当地的供货商对外国人不信任,再加上项目人员不能有效地与供货商沟通,导致在与其谈判材料供货合同时供货商要求承包人同时必须提供当地银行保函,否则必须100%付款。由于承包商无法提供相应保函,不得已采用了100%的付款模式,使得项目资金上一直处于非常紧张的状态。这种情况的出现很大一部分原因是由于项目的调研规划工作没有做好,不了解工程所在国社会文化和习惯。

④ 自然环境风险

自然环境风险包括地震、海啸等不可预测的自然灾害,也包括恶劣的天气和气候条件等等,例如一年中过长的雨季,温度较高不适合进行室外的施工工作,同时还要选用在当地自然环境下具有实用性和可靠性的设备,这些也都会对工程的成本、工期等产生影响。

2) 非系统性风险

非系统性风险是指在合同生命周期过程中的某个阶段对企业的合同管理工作产生影响的风险,这种风险往往是企业经过努力可以降低或者规避的风险,例如合同条款的风险、业主信誉的风险等。

① 投标风险

投标风险主要包括三个方面的内容:

a. 对工程所在国的情况及项目本身的情况了解不够,特别是对于新进入国家的市场,如果对该国的情况了解不充分就贸然进入的话往往会带来很大的风险,最终即使顺利完成工程也可能出现工程没有利润甚至亏损的情况。

b. 对于业主及竞争对手的情况不了解所造成的风险。"知己知彼,百战不殆",在投标之前一定要对业主的资信情况、业主评标的标准以及标书的内容等充分了解,另外对于竞争对手的实力,其投标的策略,以往的投标习惯等也要做一些调查,这样才能做到有的放矢地去编制标书,制定投标策略。

c. 承包商自身的风险。包括投标策略的风险,标书编制的风险以及报价的风险等。承包商投标的目的就是为了中标,但是如何才能在保证中标的情况下使工程获得最大的利润是承包商所要考虑的问题,这需要有经验的投标报价人员综合各个方面信息给出一个最合理的报价。

② 合同谈判风险

国际工程合同谈判是不同的利益主体之间，围绕国际工程合同的内容和实施方法所进行的谈判活动。它涉及国与国之间的经济技术合作，既是一项国际交往活动，又是一项社会经济活动。因此，国际工程合同谈判既要注重政策性、技术性，又要讲究艺术性。在合同谈判之前要做好充分的对准，选择优秀的有经验的合同谈判人员，必要时可以把工程、合同、法律等方面的专家充实到合同谈判的队伍中，然后明确合同谈判的目标，在谈判过程中要合理地运用各种谈判策略，最后争取把对我方最有利的条件加入合同条款之中。

如果在合同谈判和签署阶段，没有组织专业、高效的谈判班子。对关键问题，没能发现和有效处置相关的重大问题，例如计价方式、职责权限、质量要求、工程节点控制、工作程序、工作标准、奖罚额度、索赔因素等，没有认真的讨论并用准确的文字固定下来，没有对发包方的义务和责任加以明确，将导致施工合同中存在重大风险因素。

③ 合同条款风险

合同条款的风险包括合同中语言的表达是否准确，是否存在模棱两可、含糊不清的情况；合同条款是否公平、合理地规定了合同双方的权利和义务，是否有过多的对承包商不利的合同条款（Unequal Term），如要求或变相要求承包方进行垫资施工，又如提前工期奖励很小、而延误工期则处以高额罚金等；合同条款是否出现遗漏的情况，如故意隐瞒对承包方编制投标文件有重大影响的细节问题，资金、地质情况、项目所在地自然环境状况的故意不明确等，使承包方产生误解，从而使业主方逃避自己的责任。

**【案例 2.2.1-4】** 某材料供应合同歧义条款的风险分析

在总承包商与材料供应商签订的供应合同中，付款条款对付款期的定义是"货到全付款"。而该供应合同关于材料供应到货的规定是分批进行的。在整个合同执行过程中，材料供应方认为，关于付款期的解释应为"货到，全付款"，即只要第一批货到，购买方就应对整个供应合同的材料进行"全付款"；而材料购买方则认为，关于付款期的解释应为"货到全，付款"，即所有的材料全部到工地后，再付款。双方争执不下，各不让步。

**解析：** 这是一起典型的合同条款歧义性的问题，按我国相关法律解释，应按对合同起草方不利的解释为优先原则。如果双方共同起草该合同文件，则可按该国此行业供应合同一般的付款惯例来执行，如果无固定惯例，则应本着公平原则，例如，本付款期定义还可以解释为"每批货到之后，该批货的货款应全部支付"，如此解释，对双方都比较公平合理。实践中，更多的是双方本着公平原则，友好协商达成共识。

**【案例 2.2.1-5】** 国外某建筑工程合同部分歧义条款风险分析

国内某建筑公司 A 为继续开拓东南亚市场，在东南亚某国承揽到一个建筑工程项目，该工程是由该国开发商开发的集商业、办公、住宅为一体的综合建筑，该工程地处市中心闹市区，是当地地理位置、配套设施、建造标准最好的建筑之一。该工程施工区域占地面积约 $15000m^2$，建筑面积约为 $71080m^2$，工程合同总造价 4338 万美元。

该项目由欧洲某管理公司监理，A 公司作为总承包商负责土石方、主体结构及装饰工程的施工，其余部分如机电安装工程、门窗工程等由业主直接指定分包。该工程计划工期 633 天。

由于该项目投标期间正处于全球金融危机蔓延的时期，该国的经济状况也比较低迷，很多承包商对于进入该国市场持观望态度，由于竞争对手比较少，因此 A 公司得以以较合理的价格中得该项目。在双方签订的总包合同中，虽然采用了 FIDIC 合同条款，但是在合同的专用条款中，还是有很多争议的问题。

总承包合同协议书中第 5 条对于合同类型的规定为："The accepted contract price is to be a bill summary/adjustable price of used \$43,380,000（inclusive of VAT）for the works as prescribed within these contract documents."中文意思是：中标合同金额应是为这些合同文件中规定的工程而支付的一个汇总/可调整价格，4338 万美元，包括增值税。承包商由于投标时间仓促，没有对合同条款仔细推敲，把合同当做单价合同来处理，但是在结算工程款的时候总包给出的答复却是合同是总价合同，由此给承包商带来很大的不确定性。

合同专用条款中对于材料涨价的规定为："Changes to the contract price shall only occur through a net price increase of respective material（cement，sand，steel，stone）of 10% or above. The contractor will only be reimbursed on a registered price of increase of 10% of the material price has occurred and the Contractor produces actual tax invoices for materials purchased proving such price increase actually on month to month basis."中文意思是：合同价格只有在各种材料（水泥，砂子，钢，石头）的净价增长到达 10% 或以上时才能发生调整。只有在登记了的材料价格增长达到 10% 的时候，且承包商拿出采购的材料的税的发票来证明价格在月与月之间的实际增长情况，承包商才能得到补偿。虽然合同规定了材料涨价超过 10% 可以进行索赔，但是在合同索赔的多少发生争议，承包商认为业主应该补偿材料的所有涨价部分，而业主则坚持只补偿材料涨价超过 10% 的部分，其余的部分由承包商自己承担。

**解析：**此案例中的关于合同类型的条款风险来自于投标人自身原因，没有仔细研读。关于材料涨价的定义，因为是在招标文件中业主制订的合同条款，在存在歧义时，如果合同中没有类似"歧义条款以业主解释为准"之类的额外条款，那么，业主应补偿材料的所有涨价部分。

④ 项目前期规划风险

项目前期规划的好坏将直接影响到项目能否顺利进行，例如在进行项目前期规划的过程中如果对工程所在地的情况以及施工现场的情况考察不够充分，就有可能对业主制定的合同中一些有风险的条款不能有效识别，最后导致项目在进行中遇到很多意想不到的困难，最终将会给承包商带来很大的经济损失。

**【案例 2.2.1-6】** 某电站 EPC 合同前期风险

某电站项目承发包选择的是 EPC 合同形式，且采用的是 FIDIC EPC 交钥匙工程合同条件。在循环水泵房沉井施工过程中发现在沉井下方出现大量的卵石层，造成施工潜水泵和挖泥刀具频繁损坏，增加项目成本 1600 万人民币，工期拖延 1.5 个月。通过对相关地勘钻孔资料的核实，发现业主提供的钻孔数据与实际地质情况不符，而承包商补钻的探孔也正好打在卵石空隙中，造成了设计单位选择了错误的施工方案，在总承包模式的合同条件下，这种风险由总承包商承担。

**解析：**FIDIC EPC 交钥匙工程合同条件 4.10 现场数据所规定，承包商应负责核实和解释所有此类资料。除合同明确规定的情况以外，业主对这些资料的准确性、充分性和完整性不承担责任。因此，在《施工合同条件》、《生产设备和设计—施工合同条件》下承担中均由业主承担的"一个有经验的承包商不可预见且无法合理防范的自然力的作用"的风险，在 EPC 总承包模式中也由承包商承担。这就意味着，在 EPC 合同条件下，承包商要单方面承担发生最频繁的"外部自然力的作用"这一风险。

⑤ 分包合同风险

公路工程承包人是工程施工的具体实施者，是工程承包合同的执行者。承包人通过投标接受业主的委托，签订工程承包合同。承包人要完成承包合同的责任，这需要方方面面的专业力量和庞大的资源供应体系支持。很多承包人都不可能、也不必具备所有专业工程的施工能力、材料和设备的生产和供应能力，特别是如今国内和国际工程承包市场越来越多的项目总承包合同，例如 DB、EPC 合同。在这种背景下，承包人需要将许多专业工作和资源供应工作委托出去，这时，承包人就成为采购方，一般来说，承包人主要有分包合同、货物采购合同、运输合同、加工合同、租赁合同、劳务供应合同、保险合同等合同关系，在这众多的合同关系当中，分包合同的管理尤为重要，而且分包合同隐含的风险也是最多的。

施工企业往往对总包合同的签订较为重视，而对分包合同的形式、条款及订立审查程序等存有较大的随意性，时常出现选择分包人不当，分包合同中的工期、质量、安全、验收结算、违约责任等其中一项或几项缺漏或用词模糊不清，造成分包合同难以顺利履行，必然影响总包合同的正常履行。特别应当指出，有的分包合同中约定的变更调整、结算条款等非常不严谨，没有将总包合同中的有关变更调整及结算条件、时间、标准、方法等相联系，忽视了应当在分包中化解、分解总包合同的相应风险，极易造成总包单位以下几种严重情况：一种是支付分包人的款项远远大于从业主结算的相应的款项，出现总包单位重大亏损；二是当出现业主有意拖延工程验收、结算或虽结算但迟迟不支付工程款风险时，总包单位却要支付分包款项，其额外承担的巨大资金压力及风险可想而知，即无端背上总结算款未到位前却要支付巨额的分包工程款债务的沉重包袱。上述情况，都将使工程总承包人承担巨大的分包合同风险。三是如遇到分包商违约，不能按质、按量、按时完成分包工程，致使整个工程进度受到影响或工程发生经济损失，甚至重新选择分包人，对己对彼都是极大的损失。

⑥ 合同管理风险

合同管理有广义和狭义之分，广义的合同管理贯穿招标投标、合同谈判、项目施工、工程保修等整个过程，狭义的合同管理是指在合同履行过程中对合同的管理，这里我们采用狭义的定义，指承包商在工程进行过程中履行合同的风险。合同管理是保证工程按时顺利完成的必不可少的手段。不善于进行合—同管理的承包商往往最后不会取得很好的经济效益。但是合同管理作为项目管理的一个重要的组成部分，是一个烦琐的过程，涉及合同管理的人员、组织机构、乃至公司的制度，任何一个方面出现问题，都将给合同管理工作带来很大的风险，最终将使企业受到严重的损失。

⑦ 索赔风险

索赔是当事人在合同实施过程中根据法律、合同规定，对于并非由于自身过错造成的损失向对方提出补偿要求，它是承包方转移风险的主要途径。但在工作中许多承包方对索赔工作不够重视，表现为不敢索赔和不知道该如何索赔。不敢索赔，认为会得罪发包方，破坏合作关系，不利于履行合同；不知如何索赔，是对合同及相关条款缺乏深刻理解，不能以此为基础进行工作，相关证据没有全面、及时收集及有效处置，不及时主张权利，项目上相关人员工作素质的低下，致使索赔工作无从下手，无法达到规避风险、保护自身权益的效果。这些都会使索赔工作变得异常艰难。

一方面，索赔对于承包商来说是一种正当的权利，对于非自身原因引起的损失，向业主提出索赔的要求，减少或者避免自身的损失；但是另一方面，索赔又是双向的，承包商如果没有按照合同规定进行施工，或者最后工程质量或者工期没有达到合同的要求，则承包商还要承担被业主索赔的风险。因此，对于承包商来说，如果是自己的合法权益就要据理力争，同时要按照合同规定做好自身的施工工作，不给业主留下索赔的机会。

⑧ 其他风险

a. 工程完工风险。国际工程往往规模较大，工期时间比较长，而且项目的外部环境比国内的工程也要复杂得多，因此工程是否能够按照合同规定的质量如期完工，是否能够保证工程的成本不超出预算，这些都是承包商所要面对的风险。工程未能如期完工将导致不能够及时拿到应得的工程款，资金的回收遇到困难，影响企业资金的流动性。更重要的是如果是承包商的原因造成项目不能及时完工的话，将对承包商的声誉产生不好的影响，不利于承包商在该国的继续发展。

b. 履约保函收回风险。在国际工程承包项目的实施过程中，作为合同履行的保证，业主一般都要求承包商通过担保人提交无条件的银行保函。无条件保函将导致承包商承担的风险加大，并且工程成本也会随之增加，因此在合同履行完毕之后，承包商要尽快与工程师协商拿到工程师开具的履约证书，从而释放履约保函，避免保函损失的风险。

c. 合同遗留问题。包括工程完成后合同双方仍然存在争议的一些问题。

### 2.2.2 公路工程建设项目合同风险的防范

（1）系统性合同风险的防范

对于公路工程建设项目合同中的系统性风险，即主要是政治风险、经济风险、社会环境风险、自然环境风险，主要可从资料收集和现场调研对工程所在国的环境进行分析。

从 2005 年开始，中国出口信用保险公司每年都会发布《国家风险分析报告》对与我国进行贸易的主要国家进行风险分析，包括这些国家的基本情况、内政、社会安全、地缘政治、外交关系、经济状况、投资环境和双边贸易等内容。此外，该报告还将所涉及的国家和地区风险进行等级划分，共分为 9 类，分别用数字 1～9 来表示，其风险水平随数字增大依次增高。目前，此报告所涉及的国家从 2005 版最初的 60 个国家到 2009 版的 191个国家，覆盖了几乎所有与我国有贸易往来的国家。因此，这些资料可以作为我国承包商在国际工程承包过程中对工程所在国的系统性风险中的政治风险、经济风险、社会环境风险进行分析的工具。

对于自然环境风险，大多数的风险防范措施是进行工程保险。工程保险按保障范围分类可主要划分为：

1）建筑工程一切险（Contractor's All Risks）。主要以建筑工程为标的的一种险，它既对在施工期间工程本身、施工机具或工地设备所受到的损失给予赔偿，也对因施工对第三者（The Third Party）造成的财产或人员伤亡承担赔偿责任。

2）安装工程一切险（Erection All Risks）。它主要是以机械和设备为标的的一种险，它承保机械和设备在安装过程中因自然灾害和意外事故所造成的损失，包括物质损失、费用损失以及第三者损害的赔偿责任。

3）人身保险（Personal Insurance）。它是以人的生命或身体为标的的一种保险，当被保险人意外导致死亡、残疾或丧失劳动能力等损害，保险人应按约定对其进行经济赔偿。

4）职业责任保险（Professional Liability Insurance）。它是承保各种专业技术人员，如设计人、（监理）工程师、承包人因工作上的疏忽或过失造成他们的当事人或他人的人身伤害或财产损失的经济赔偿责任的一种保险。这种保险在国外较为普遍，在我国应用相对来说较少。

例如建筑工程一切险一般对地震、海啸、雷电、飓风、台风、龙卷风。风暴、暴雨、洪水、水灾、冻灾、冰雹、地崩、山崩、雪崩、火山爆发、地面下陷下沉及其他人力不可抗拒的破坏力强大的自然灾害都承保。

利用工程保险进行风险转移，风险管理人员必须考虑：保险的安排方式，即承包商控制保险计划或业主控制保险计划；投保方式，是总体保险或单险种保险；保险内容和保险范围；保险合同的主要条款、免赔额、赔偿上限和保险费等。

（2）非系统性合同风险的防范

非系统性风险主要可以通过承包人自身的主观努力进行防范和应对，本小节对前一小节中提出的前5类风险分别进行详细阐述，索赔风险管理与防范内容是非常广泛的，本章2.2.4节将另辟一节详细阐述。

1）投标风险的防范

① 成立专门的投标班子。

这个专门的机构应包含各方人员，如项目管理人员、施工管理人员、工程技术人员以及法律顾问等在内的专业团队。

② 投标前要对合作对象，也即业主进行仔细的审核和深入的了解。

业主的资金信用度、经营作风、履行能力和是否具备签订合同的相应条件。了解内容主要应该包括工程建设四证（即立项、规划、土地、建设许可手续）是否完备，是否有设计施工图，应拆迁的是否已经拆迁到位，"三通一平"工作是否已做好，项目周边是否存在矛盾和纠纷，房产开发商的开发条件和资质是否具备等。如有可能，进一步从侧面调查了解业主项目工程资金的到位情况，后续资金来源能否保证以及业主方是独资企业，还是合资、合作企业，是否有债务，曾经发包过的工程及履约情况等。

③ 对招标文件进行深入研究和全面分析。

招标文件是未来合同文件的组成内容之一，特别对其中的商务条款要仔细研究，全面分析。一般应做到：逐条地确认合同责任，参透业主意图和要求，细心分析投标人须知，详细勘察施工现场工地，仔细研究审查图纸，认真复核工程量，分析合同条款，鉴别将要签订的合同类型是单价、总价或 EPC 合同等。如果管理人员发现任何不严谨、措辞不当或有歧义的情况，立即向发包方发函要求澄清，并且将澄清的结果记录、存档，从而减少由于主观或客观原因造成的合同风险。比如在 EPC 项目招标文件中，有些项目定义不准确，发包方在招标文件中给出一些基础数据和要求可能不准确，有遗漏现象或者相互之间不一致，这些都是承包商的潜在风险。

在深入分析招标文件和合同文件的基础上，认真确定各个子项的单价和各项技术措施费用，制定相应的投标策略，以减少投标报价以及合同签订后的风险。比如合同文本是否有开工预付款、材料设备预付款，额度是多少等问题，如果没有，则承包商要考虑贷款利息或融资费用，将之增加到投标报价当中。再比如一般海外工程里的设备材料到场并检验合格后，部分业主在当月支付设备材料款的50％～60％。但同时承包商可能在设备接收时要支付设备材料款的90％，中间的差额承包商需自行垫付，由此在投标阶段仔细研究文件和环境调查后，也需将贷款利息和融资成本增加到投标报价中。

在投标阶段经过充分的考虑后，觉得拟投标工程的合同风险过大，有可能得不偿失，那么工程承包人应果断地放弃竞投该工程，这也是风险管理的常用风险防范和应对方法之一——风险回避对策，通过回避项目风险因素，而回避可能产生的潜在损失或不确定性。

例如在涉外工程中，因为对外汇市场的不了解，以及工程所在国的外汇汇率是实时变动，且变动幅度较大，外汇市场的不确定性很大，结算货币又全部都采用当地货币等。这些隐存的合同风险，为避免承担由此带来的经济风险，可能放弃该项目的投标，当然，从另一方面看，承包人从而也可能失去从汇率变化中获益的可能。

**【案例 2.2.2】** 某固定总价合同投标风险引发的问题

上海某著名建设集团公司（简称上海公司）通过招标投标承建了湖南长沙一家韩资企业厂房工程，双方签订了固定总价合同，工程总价6000余万元。在履行合同过程中，由于工程量错算、漏算、材料涨价等因素，导致工程实际成本大大超过预算，公司因此要求追加工程价款，增加支付1000余万元，而业主则以合同是"固定总价"为由不同意增加价款，上海公司遂停工要求谈判，双方形成价款争议。

双方争议的主要问题有：

（1）价差争议，即因钢材大幅涨价导致的争议。该工程投标截止日为2003年6月，在此之后，全国大部分城市主要建材大幅度涨价，工程所在地长沙的钢材上涨幅度达30％～50％，本案工程用钢量为7000多吨，因钢材大幅涨价造成的损失高达400多万元。承包人上海公司认为此种涨价是投标人投标时所无法预见的，发包商应当按实补偿。而业主湖南公司认为合同为"固定总价"，材料涨价是承包人应当承担的商业风险，不同意以此为由调整价款。

（2）量差争议，即工程量计算错误导致的量差。上海公司在施工中发现工程量漏算、错算比较多，涉及工程造价近300万元。上海公司认为业主湖南公司在招标时只给了投标人7天的编标时间，在这7天时间内投标人除了要研究招标文件和招标图纸，还要踏勘施工现场、询标、参加答疑会、编制全套投标文件，客观上无法精确计算工程量，因此要求业主湖南公司予以补偿。而湖南公司坚持认为本工程为"固定总价"，所有工程量计算疏漏均应由承包人自己承担后果，不同意补偿价款。

（3）工程承包范围的争议。招标人湖南公司招标时既提供了由某设计院设计的施工图（蓝图），又同时提供了其委托韩方设计的白图。招标文件规定投标文件的编制依据是"设计图纸"，但未具体明确是哪一种"设计图纸"，在投标截止日前，亦未有文件予以澄清。上海公司在报价时依据的是施工蓝图，而非韩方设计的白图。在实际施工过程中，业主湖南公司要求上海公司以韩方设计的白图为依据进行施工，导致工程量差异，涉及工程价款100多万元。上海公司认为凡是超出电子工程设计院设计的施工蓝图范围的工程量，均不属于施工承包范围，不在包干造价范围内，业主应按增加工程量追加合同价款。湖南公司则认为该白图为投标时提供，不同意作为增加工程量追加工程价款。

**解析：** 此案例本质上是工程承包人在投标阶段为了低价中标，没有详细进行招标文件的细致研究和投标文件的认真准备：一是没有仔细核算工程量，主观上存在投机想法，之后以 7 天编标时间为由提出索赔，没有合同依据；二是没有仔细分析合同条款有关经济风险承担程度的问题，当然，此案例中也存在系统性的风险，即钢材异常上涨的经济风险。承包人依据过去的材料价格上涨规律决定风险自留本身这种方法是正确的，但遇到异常上涨的材料价格风险，能否将之归为业主的风险这一点其实是需要承包人在合同谈判和签订时需要确认的；三是没有针对招标文件不清楚和有歧义的地方进行合适的风险应对，蓝图和白图都为招标文件的组成部分，不管是业主是否有故意不澄清的可能性，但承包商也没有提出质疑，或者提出质疑后业主也未给回复的情况下，比较好的方法可以采用多方案报价的策略，即按招标文件白图进行报价，再用致函以说明因为依据蓝图或白图说明不清的原因，如果施工时采用蓝图，则可降低多少费用（此处假设依据白图报价更高，蓝图报价更低）。通过这种方式降低投标时的风险以致减轻整个合同风险。

2）合同谈判及签订阶段的风险防范

在合同谈判及签订阶段，配备好专业的谈判班子是基础，第一是应用一定的谈判策略和技巧，第二对将要签订的合同进行最终复查和审阅并反复与业主磋商其中至关重要的条款，并采取相应的对策，以最终签订有利的工程承包合同。

① 适度掌握谈判策略和技巧

在合同实质性谈判阶段，应选择有合同谈判能力和有经验的人参与合同谈判，谈判人员要相互配合、协同作战、明确分工，"谁是主角，谁当配角，谁唱红脸，谁唱白脸"都要预先制订方案。通过谈判，使合同能体现双方责、权、利关系平衡，尽量避免业主单方面苛刻条件。该提出的问题要及时提出来，极力维护企业的权益，同时还要提出对业主的约束条件。虽然合同法赋予合同双方平等的法律地位和权利，但实践中，绝对的平等是不存在的，特别是施工合同，在签订合同前，施工承包方往往占下风。因此，需要通过沟通、谈判争取自己的权利，对业主提出的合同文本，应对每个条款都作具体商讨，切不可把自己放在被动的地位。另外，合同谈判人员在谈判策略上，应善于在合同中限制风险和转换风险，对可以免除责任的条款应研究透彻，做到心中有数，切忌盲目接受业主的某种免责条款，这样才能使风险由双方合理分配，这才是平等的合同条款。

② 细心复核审阅合同文本

大中型建设工程合同一般都由业主负责起草，业主为了防止施工企业在合同履行中提出索赔，常特意聘请有经验的工程技术人员和专家起草合同，一般质量都比较高，其中既隐含许多不利于承包人的风险责任条款，也含有业主的反索赔条款。因此要尽可能地了解各方面的可靠信息，坚持原则，运用策略，依据政策法规，尽可能修改完善不合理的条款，从而有效规避风险。

根据发包人提出的要求，逐条、逐句、逐字（包括文本的标点符号、数据）进行分析研究。在审核时要多长个"心眼"，多考虑一些问题，多提出一些防范风险的建议和修改意见，仔细分析琢磨条款的内在涵义。除了对双方职责、工期、质量、计量与付款这些通常考虑的方面之外，在以下几个方面应特别注意和谈判争取己方利益：

a. 支付货币。一般来说，承包商要自行承担国际公路建设项目汇率风险。注意应尽量选择硬通货，避免选择波动较大的当地币。有很多数情况业主偏好采用组合货币支付工程款，在这种情况下，要通过谈判尽量争取当地币支付比例最小化。目前在海外经营的大多数发展中国家市场都不太稳定，比如说在非洲地区、中亚地区靠输出油/气来维持国家运营的油气资源国。如果油/气价波动，对这些国家的财政收入影响是非常大的，势必会对当地货币造成很大的影响。基于这样的判断，可采取如下风险处置方法：根据招标文件中规定的货币币种，参照招标国家最近几年 CPI 年度增长指数以及当地币汇兑情况，仔细研究当地币或外币支付条件，适宜地提出当地币支付比例，如只接受 10%～20% 的当地币，尽量减少汇兑损失；或者增加"业主按当时汇率支付等额美圆的当地币合同"条款。

b. 法律适用条款和适用的工程技术规范。法律适用条款通常规定适用工程所在国的法律，如果发包方提出使用他国条款，则应据理力争，尽量争取使用项目所在国的法律，同时争取更多地适用国际惯例。工程技术规范也如此，而且如果有可能的话，可以建议业主采纳承包人所在国的工程技术规范。有些发展中国家的公路工程技术规范不如我国的全面和详细，向业主充分说明之后，有些国家的业主也会同意采取我国的工程技术规范，这样就更有利于承包人工作的开展。

c. 争议解决条款。海外工程一般比国内工程更容易产生争议。争议最终解决办法有法律诉讼和仲裁（当地仲裁和第三国仲裁）。争议的解决办法对解决结果的影响非常大，若选择当地仲裁，99% 的外国公司会败诉，因为法院首先考虑的是本国企业、本国人的利益。即使我国和苏丹是友好国家，当地法院仲裁还偏袒当地企业，更不必说其他国家了。如果采用国际仲裁的话，对外国承包商来说是比较公平的。不要因为是小合同，就忽视仲裁条款。如果合同文件中原来不是如此规定的，在谈判的时候一定要争取选择第三国仲裁条款，避免在项目所在国或业主所在国仲裁。

d. 调价公式。调价公式需考虑通货膨胀因素。一般而言，在半年之内，可以认为价格不会出现大的波动，但国际公路工程一般需要 2～3 年甚至更长的建设期，应考虑到价格的波动。承包商应预测两三年内各种设备材料价格涨跌的情况，分析合同条款里是否有调价条款及公式，调价公式中的系数是否合理。如无调价条款，不管是单价合同还是总价合同或是 EPC 合同，在谈判中都应争取增加类似"将材料上涨风险由业主承担"或"材料上涨到何种程度之后业主应给予补偿"的条款减轻合同风险。

3）合同条款风险防范

合同主要条款方面需要注意的风险主要有工程范围、合同价款、付款条件、罚款、税收条款、业主责任条款、法律适用条款和争议解决条款等。签订合同之后，就需要对合同各条款进行全面的分析，并组织所以项目管理人员进行合同交底。

① 工程范围。工程范围技术性比较强，必须首先审核招标文件是否规定了明确的工程范围，注意承包商的责任范围与业主的责任范围之间的明确界限划分。有的业主将一个完整的项目分段招标，此时应该特别注意本公司的工程范围与其他承包商的工程范围之间的界限划分和接口。

② 合同价款。关于合同价款，重点应审核以下两个方面：（a）合同价款的构成和计价货币，此时应注意汇率风险和利率风险以及承包商和业主对汇率风险和利率风险的分担办法；（b）合同价款的调整办法，有的项目签完合同后并不一定能够马上开工，原因是

业主筹措项目资金尚需时间以及许多项目建设期长达几年，这时就有必要规定一个调价条款。

③ 付款条件。要注意付款条件中是否有预付款，预付款扣还办法、进度付款比例、保留金比例、保留金最高限额、退回保留金的时间和方法、延期付款的利息支付、中期支付证书有无最低金额限制、业主付款的时间限制等，都是影响承包商占用流动资金及财务费用的因素。通常预付款应该不低于10%，国际惯例，预付款一般是合同额的10%～15%，也有20%的。里程碑付款（即按工程进度支付的工程款）的分期划分及支付时间应该保证工程按进度用款，以免承包商垫资过多，否则既增加风险又增加利息负担。要防止业主将里程碑付款过度押后延付的倾向。还要注意，合同的生效或者开工令的生效，必须以承包商收到业主的全部预付款为前提，否则承包商承担的风险极大。

④ 罚款。关于罚款，应重点审核以下三个方面：一是罚款的计算方法是否合理；二是费率的设置是否过高，是否重复计算；三是罚款是否规定了累计最高限额。

⑤ 税收条款。对税收条款的审核应明确划分承包商承担工程所在国的哪些税收，业主承担工程所在国哪些税收。如有免税项目，则应明确免税项目的细节，并明确规定万一这些免税项目最终无法免税，承包商是否有权从业主那里得到等额的补偿。

⑥ 业主责任条款。在审核业主责任条款时应注意：（a）业主最大的责任是向承包商按时、足额付款，合同条款中是否有对业主拖延付款规定罚息，并且对业主拖延付款造成的后果是否有违约责任；（b）注意业主按期完成其本身工程范围内工程的责任。

⑦ 技术规范。如果是EPC承包合同或DB承包合同，要注意合同规定的技术规范参照或采用英国规范、美国规范还是其他国际技术规范，承包商应熟悉此技术规范，看有无特殊施工技术要求和有无特殊材料设备技术要求，这十分重要。如果未来进行设计分包的话，请不熟悉合同中规定的技术规范的公司来做设计，对承包商而言将存在很大的风险。所以需要关注技术规范条款，并请熟悉该标准的外国公司来做设计分包，或者当顾问。

4）合同管理风险防范

① 设立专门合同管理人员，对合同履行进行跟踪管理。在施工现场，项目组中必须设专职的合同工程师，以积极合作的精神，协助各个方面完成相关合同。合同工程师的主要工作职责为：事先熟悉和分析合同，掌握合同履行的风险重点，以便履行时重点进行管理；发现合同履行中的漏洞、失误，及时提出警告并向主管人员反馈；制作合同履行中产生的信函、会谈纪要、指令等书面资料；及时地向各层次的管理人员提供合同实施情况的报告，并对合同的实施提出意见、建议；在合同履行过程中，做好与承包人、设计方，材料供应方的协调与沟通，保证合同的顺利履行；积极配合监理工程师的工作，督催监理工程师充分履行监理义务。

② 建立合同管理的工作制度和程序。要制定完善合同的管理制度，提高管理能力。包括质量、安全、技术及对人、物等的管理。要制定一整套完整详细的规章制度和行业标准，并在内部加大监督和执行力度，对每一项工作包括质量安全都要责任到人、管理到位、措施有力、手续完备。项目经理要善于分析项目中哪些地方、哪些人员、哪些时间段最容易发生质量安全及其他可能发生的风险因素，做到及时研究，提前防范。对于一些经常性工作应订立工作程序，使工作有章可循，合同管理人员也不必进行经常性的解释和指

导。具体的有：图纸批准程序，工程变更程序，分包商的索赔程序，分包商的账单审查程序，材料、设备、隐蔽工程、已完工程的检查验收程序，工程进度付款账单的审查批准程序，工程问题的请示报告程序等。合同管理中还要加强项目成本的分析、调整和核算，以防止或避免不必要的经济亏损。

③ 合同风险控制要充分运用合同所赋予的权力。利用合同控制手段对各方面进行严格管理，最大限度地利用合同赋予的权力，如指令权、审批权、检查权等来控制工期、成本和质量；在对工程实施进行跟踪诊断时，要利用合同分析原因，处理好工程实施中的差异问题，并落实责任；在对工程实施进行调整时，要充分利用合同将对方的要求降到最小。

④ 合同履行出现问题时及时进行沟通。如果合同履行发生困难、受到挫折或有意外情况发生而使合同履行受到影响，首先要对合同的签订和前期履行情况做一个书面总结，使之能客观反映出当时整个过程中发生的主要事实，并及时与对方进行沟通，书面通报目前的合同履行情况、面临的困难以及需要解决的问题，请对方及时回应，并报告其准备采取的应急措施和己方立场。如果对方不予理睬，应及时用特快专递或挂号信的方式，将书面商请函邮寄给对方，申明自己对于合同履行所持的态度和解决方案，讲明利害关系。如果是己方风险，更应通过沟通和协商来解决问题。

5）分包合同风险防范

承包人在履行合同的过程中，当承包人当发现本身施工力量不足，难以按期完工，或某些施工内容本身缺乏施工设备，或施工技术不过硬，或施工经验不足等问题，面临着施工工期、施工成本或施工质量风险时，承包人一般将其分包，期望将风险转移。这也是工程项目中非保险风险转移方法之一。但同时也可能带来选择分包商不当、分包商违约、分包合同内容的不严谨，使承包人面临分包风险，为了防范分包合同带来的合同风险，需要做好以下几项工作：

① 审核分包商资质

根据客户档案或资格预审程序，对分包商和供货商的资信、履约能力、承担风险的能力等进行认真了解，如有可能还可以到分包商和供货商的银行和用户单位进行了解，尽量减少由于分包商选择不利而可能给承包商带来的风险。

② 做好合同策划

根据拟分包工程项目的特点和要求，决定采用何种采购方式，通过招标还是谈判或是直接采购，合同形式采用单价合同还是总价合同，合同条件是采用某个合同文件范本还是自行拟定，拟定合同的重要条款和事项，并对这些重要条款和事项的可选方案进行分析，从中选出最适合、最安全的合同条款，从而确保能够签订一个尽可能完备有效且执行力强的合同。

工程总承包人需要明白的是如果招标文件和合同文件中有歧义或错漏的地方，在合同实施过程中可能面临的风险是在法律上将会采纳不利于合同文件起草人的解释，因此，不能一味地加重分包人的负担而减轻自身责任的条款，风险是相对的，对分包人的风险越大，可能引发对自己的不可预见的风险可能性也越大。比如作为发包方的时候，工程总承包人以为签订固定总价合同是可以将全部风险转嫁给分包人，可伴随而来的是实施当中果真风险发生且分包人无力承担时，分包人可能会退出工程，对工程总承包人和分包人来说是两败俱伤的。因此，在选择合同形式上，不能盲目追求风险的免责、规避，企图签订一个显失公平或自己毫无风险的合同。

合同协议书和合同条件是合同文件中最重要的部分。现在国内外都有一些分包工程合同协议书和合同文件的标准文本。在实践中，工程承包人可以按照需要自己（或委托咨询公司）起草合同协议书（包括合同条款），也可以选择标准的合同条件，并按照自己的需要通过特殊条款或专用条款进行适当的删减、修改、限定或补充。在合同条件的选择上最好选用双方都熟悉的标准的合同条件，这样能较好地执行。如果工程总承包人在国外进行总承包再分包给当地供货商或分包商时，选用合同条件时应更多地考虑分包商熟悉的合同条件，这样有利于分包商进行具体实施，而不能仅从自身的角度考虑这个问题。合同条件还应该与双方的管理水平相配套。大家从主观上都希望使用严密的、完备的合同条件，但如果双方的管理水平很低，而使用十分完备、周密，同时规定又十分严格的合同条件，则这种合同条件没有可执行性。

为了与分包之间减少纠纷及不为降低自身在总包合同中有关分包工程部分的合同风险，在签订分包合同时，应将工程质量、安全、工期、工程款结算及支付的时间和方法等重要条款及制约条款都纳入到分包合同内，并且应清楚明确。特别要注意的是如有可能，可以将分包合同中的有关工程量变更及单价调整，不可抗力事件的损失承担，工期，竣工验收条件、方法、标准，支付的条件、标准，质保金比例，违约责任等内容与总包合同的相应条款一致，这样可以在分包合同中化解和转移工程总承包人在总包合同的相应风险。例如在分包合同的工程进度款支付条款可如此措辞："工程进度款按业主支付给本工程总包方（或甲方）进度款的比例支付给分包方（或乙方）"。甚至还可以约定分包合同的结算必须在总包合同结算之后进行，降低资金支付风险。此外，在合同条款的拟定中，应要求分包商提供履约保函，有力化解分包合同中分包人的违约风险。

③ 加强分包合同管理

在企业内部制定实施分包商的管理办法，规范分包授权管理体制，认真履行对分包工程的监督管理的法定及合同约定的职责、义务，完善签证程序及规定，确定专人负责签证、专人收集保管资料，及时、全面地收集相关证据材料，为一旦发生纠纷做好基础性的应对工作，保证分包工程按约履行，获得预期的效益。

### 2.2.3　公路工程建设项目 DB 承包模式及其相关问题

（1）DB 模式的运作程序与特点

公路工程设计—施工总承包（Design—Build）是指在工程可行性研究报告或初步设计批复之后，根据工程的不同性质和复杂程度，将工程的设计以及施工一起委托给具有相应资质的设计、施工承包商或联合体。工程总承包商按照合同约定，承担工程项目设计和施工，按照合同约定对工程项目的质量、工期、造价等向业主负责。工程总承包商可依法将所承包工程中的部分工作发包给具有相应资质的分包企业，分包企业按照分包合同的约定对总承包商负责。DB 模式的基本出发点是借鉴工业生产组织的经验，实现建设生产过程的组织集成化，以克服由于设计与施工的分离致使投资增加，以及克服由于设计和施工的不协调而影响建设进度等弊病。

1）DB 模式的动作程序

设计—施工总承包的主要内容包括：项目启动，任命项目经理，组建项目部，编制项目计划；实施设计管理、采购管理、施工管理、试运行管理；进行项目范围管理、进度管理、费用管理、质量管理、安全、职业健康和环境保护管理、人力资源管理、风险管理、沟通与信息管理、材料管理、资金管理、合同管理、现场管理、项目收尾等。

DB 项目的基本程序应体现工程项目生命周期发展的规律，其基本程序如下：

① 项目启动：在工程总承包合同条件下，任命项目经理，组建项目部。

② 项目初始阶段：进行项目策划，编制项目计划，召开开工会议；发表项目协调程序，发表设计基础数据；编制设计计划、采购计划、施工计划、试运行计划、质量计划、财务计划，确定项目控制基准等。

③ 设计阶段：编制初步设计文件，进行初步设计审查，编制施工图设计文件。

④ 采购阶段：采买、催交、检验、运输；与施工办理交接手续。

⑤ 施工阶段：检查、督促施工开工前的准备工作，现场施工，竣工试验，移交工程资料，办理管理权移交，进行竣工结算。

⑥ 试运行阶段：对试运行进行指导与服务。

⑦ 合同收尾：取得合同目标考核合格证书，办理决算手续，清理各种债权债务；缺陷通知期限满后取得履约证书。

⑧ 项目管理收尾：办理项目资料归档，进行项目总结，对项目部人员进行考核评价，解散项目部。

2）DB 模式的风险特征

在 DB 模式下，业主把工程的设计、采购、施工和服务工作全部委托给工程总承包商负责组织实施，业主只负责整体的、原则的、标准性、目标的管理和控制。而承包商需要比传统的施工承包模式承担更大范围的风险责任。为了取得最终价格的更大确定性，承包商往往被要求承担诸如出现不良或未预计到的场地条件等风险。如果承包商要承担此类风险，在签署合同前，业主必须给予承包商充足的时间和机会，使其能得到和研究所有相关资料。业主还需了解，要求承包商承担过多风险，将会增加建设成本，甚至可能超出项目的概算或预算。

① 业主将工程的设计、采购、施工和验收等全部工作委托给总承包人，项目的工程支付费用可能要高于其他传统的承包模式。业主只是整体的、有目标性的来管理和控制，大大减轻了工作负担。而且，采用 DB 承包模式，总承包商进行一体化的管理，可避免设计与施工脱节，设计变更等方面的索赔也会大大减少，从而保证合同的顺利完成，节约成本。其次，DB 承包模式将设计和建设相结合，总承包商可以利用其综合管理的经验，降低成本，为业主和承包商自身创造更多利润。

② 业主和总承包商之间一般签订总价合同。由于 DB 项目大多规模庞大，而在合同的履行过程中业主一般不接受价格调整。因此，为了规避各种风险，承包商在报价时，项目的总合同价格可能会更高。

③ 业主把管理风险转移给了总承包商。传统承包模式中，对于风险分担而言，业主与承包商大多选择风险对等的合同形式。但是对于 DB 总承包项目而言，由于业主与总承包商之间签订的是总价合同，所以就把风险转移给了总承包商。比如，在 DB 总承包合同中，设计也是承包商需要承担的工作内容之一。对于设计原因带来的风险，并没有设置索赔权。如果由于设计原因导致费用增加或工期延误的话，这些损失只能由承包商自己承

担。另一方面，对于业主提供的数据的准确性，充分性和完整性，业主自身并不承担风险。因此，承包商还要承担不可预见因素和价格浮动等市场因素的风险。此外，在承包国际工程时，承包商大多还需要面临政治风险、市场风险等。

④ 业主或委托人对工程进行总体监督。在 DB 总承包工程中，业主往往会选择一位或几位业主代表到工程现场进行全面管理。如；在 FIDIC 条款中，对于 DB 项目的监管模式规定：由业主委派的业主代表可以行使业主的全部权利，如果业主要临时替换业主代表，业主需要在 14 天内向承包商完成告知义务，无论承包商同意与否都可以进行更换。这一规定与其他承包方式的规定是有所不同的。另外，由于整个项目都是由总承包商进行全面管理，因此，业主对项目的管理介入不深，总体宽松，只需要对总承包商进行有限的监督、控制和提醒即可。

⑤ 采用 DB 项目，可以使工期缩短。在 DB 工程总承包项目中，总承包商负责整个项目的设计、采购、施工，因此大大提高了整个建设过程各个环节之间的协调管理。设计和采购，设计和施工、施工和采购之间的交叉深度也明显增强。例如，在进行施工图设计的过程中，施工专家可以对图纸提出意见。在进行工程实施的过程中，设计人员可以针对施工内容对图纸进行微小的改动。这样一来，施工人员和设计人员形成了"边设计，边施工"的关系，利于项目的组织与协调，并缩短了总的建设周期。

⑥ DB 模式的交易成本较低。采用 DB 模式，由于只有一个合同，招标、合同谈判的成本较低。在签订合同前的搜集交易对象的成本、协商和决策成本便较少，在签订合同之后的由于工程变更、索赔原因使工程费用增加的机会将减少。

3) 公路工程 DB 项目的一般实施程序

① 设计管理

设计过程管理工作流程分为 6 步：

a. 确定设计要求；

b. 对需要完成的设计工作进行计划；

c. 进行设计并提交图纸文件；

d. 检查审核设计文件的正确性；

e. 完成最终的设计提交文件；

f. 评估已完成的实际工作。

设计阶段的目标控制工作包括成本、进度和质量目标：

a. 设计阶段成本控制

以合同文件为基准，开展限额设计，对各项工作进行 WBS 分解。

b. 设计阶段进度控制

● 编制项目设计计划：设计工作开始前，设计管理部编制项目设计计划，设计计划包括文件清单和进度计划；

● 编制项目设计进度报告：设计进行过程中，设计管理部按月编制设计进度报告，使项目部熟悉设计工作的进展状况；

● 提交项目设计文件：设计成果经过设计顾问公司评审及优化后，按合同规定及时向业主或业主代表提交，征得其建议。

c. 设计阶段质量控制

● 建立项目设计协调程序：设计管理部负责建立项目设计协调程序，负责与总承包商、业主、项目部各部门之间的联系和沟通，制定通讯录和汇报制度；

● 编制统一的设计规定：在开展设计工作前期，项目的设计负责人需要编制工程设计的统一规定，以专业工作组为基础开展工程设计，整个项目的设计方案都依据此规定展开；

● 设计导入：设计项目的导入，包括项目工地的地质和水文资料，工程调查数据，业主的要求，技术标准，工程设计的统一规定，等等。这些资料需要在开展设计工作前进行多次检查，以保证其准确性，可行性和时效性；

● 设计审查：设计完成后，项目设计经理组织设计审查的有关专家和技术人员，针对设计满足业主的要求程度、应遵守的深度、设计文件是否齐全、是否符合设计规范等方面进行评审；

● 设计文件的管理：主要包括文件的编码和归档两部分。

② 现场管理

a. 现场沟通管理

现场沟通主要是通过召开会议来实现。主要会议有：项目开工会、项目进展汇报会议、项目协调会。在施工现场，承包商和业主要进行频繁的信息交流，二者信息沟通的手段包括：传真、电子邮件以及当面的文件传递。而承包商和业主之间现场沟通的文件内容包括：合同类信息、技术类信息、设计批准、现场指示及指令等文件。承包商向业主提交的报告有：项目进展报告、申请施工开工报告、申请交工报告、合同项目验收报告以及变更报告。其中涉及合同类、技术类、设计批准、指令性文件及物资运送等文件，采取现场提交并有接收记录；为保证电子邮件类文件的可靠传递，现场将每周向业主提交每周的文件传递信息确认单，保证双方均收到相关文件。

b. 计划管理

项目计划管理采用三级计划管理体系，即总计划、月计划及专项计划。所有计划均采用 Primavera 项目管理软件编制。当实际进度与计划发生差异时，可以采取分析原因制定措施的事后控制；为了缩短工艺时间，可以采取缩短关键路线，实行平行流水立体交叉作业的技术措施；为了缩短工期或弥补进度拖延，可以采取增加作业队，增加工作人员，增加工作班次的组织措施。

c. 安全管理

安全管理的方针是安全第一，预防为主；维护健康，保护环境。目标是杜绝重大死亡和火灾，杜绝重大设备和交通事故，年事故频率≤6%。具体措施有以下几个方面：

● 建立安全工作组织措施。在现场经理的直接领导指挥下，建立由现场经理领导下的项目总工、HSE 部、安全员三级安全组织，分别负责施工管理部、作业班组和作业人员的施工安全教育。

● 建立安全标识系统。对可能存在安全隐患的设施及地方要设置标识；对禁用设备，应进行修理或更换设备或其相关部分，早日解决潜在隐患。

● 应急管理。在施工开始前建立一个全面的应急计划，以用于火灾、水灾、台风、意外事故、有毒物资的泄漏、意外操作失败引起的环境污染等方面。该计划应与所有管理人员进行沟通，并向所有现场人员进行 HSE 教育培训和消防、疏散培训。

● 保安控制。建立现场保安制度，对施工区域、办公区及生活区实行 24 小时值勤看护。保安主要工作有：不定时地对施工现场进行巡逻，特别是在夜间；负责对现场和仓库进行 24 小时进出安全控制；装有设备、工具、材料的卡车和其他车辆应在门口停下接受检查和核实。

● 个人保护设备。要做好个人保护设备的发放；强制要求所有与施工有关的人员戴安全帽、安全鞋和其他作业防护用具；所有的个人保护设备应定期维护保养并保持其完好状况；穿破的或损坏的个人保护设备应进行回收以进行修理或处理。

d. 质量管理

质量管理实行专职质量检验人员、专业工程师的双重检验，另外，每个路段的工程完成后，要进行阶段性工程的质量检验，防止重大质量问题的出现。在进行质量检验的过程中，要实行日工作计划质量监控方式。并且要做到严格日工作计划的编排、报批、过程验收；严格现场签证制度，做好中间验收工作。

e. 分包商管理

总承包商对当地分包商实施全周期管理，以"引进－管理－指南－服务"为宗旨展开。对分包商选择的原则是：

● 分包商的技术水平、施工能力、财务状况及信誉度；

● 类似工程的实施经验；

● 业主的相关意见。

在以上原则的基础上，总承包上需要时刻与业主工程师保持联系，明确分包商的设备状况、人员的选择和调整以及施工进度的安排。

为保证项目的顺利开展，承包商需要指导分包商按照《分包合同》和《施工规范》严格履行，确保双方都在法律合同规定的内容下行使自己的权利和义务。与此同时，总承包商还需要不断地加强分包商人员管理技能、管理规范、良好的作风、良好的外部形象的指导培训。

（2）DB 模式风险分析

1）DB 模式风险产生的原因

①DB 合同条款的变化

与传统承包模式相比，DB 总承包模式下合同风险分担发生了很大变化。DB 总承包商除了要承担合同明示的风险以外，还要承担一些隐藏在合同条款中的潜在风险。这为承包商的风险管理带来了很大的挑战。

传统承包模式下，业主风险主要包括政治风险、经济风险、社会风险、法律风险等。承包商需要承担的风险主要包括成本上涨、不可预见因素等风险。不可抗力风险事件发生时，业主和承包商都要承担相应的风险。而在 DB 总承包模式下，设计风险，外部自然风险，由于物价上涨或汇率变动引起的经济风险，由于业主提供的现场数据不准确而造成项目实施过程所产生的风险，以及其他不可预见的风险等全由总承包商来承担，即除政治和不可抗力因素引起的风险外，其他的风险都由总承包商来承担。可见，在 DB 总承包模式下，总承包商的风险范围大大增加了。

②工作范围的风险

a. 项目工作范围扩大

对于 DB 总承包项目而言，总承包商需要的工作范围非常广泛，从勘察、设计、采购到施工等全周期的任务都包括在内。有一些 DB 项目，承包商可能还需要进行项目规划阶段和项目完工后的运营、维护阶段的工作。在这样一个大范围的工作中，总承包商不可能对所有项目都擅长，只可能擅长一个或几个专业，其他不擅长的专业需要找其他分包商来完成。而恰恰是这些分包出去的工程，往往会直接影响到项目的顺利实施，对项目的完成带来了风险。

b. 项目实施难度的增加

在 DB 总承包项目的履行过程中，作为项目本身所具有的复杂性和环境变化的各种不确定性，这些都会导致项目管理难度的增加。为此，DB 项目承包商需要采用一体化、集成化和信息化的现代管理手段进行管理。

2）国际工程 DB 项目一般的风险因素（表 2.2.3）

**国际工程 DB 项目一般的风险因素**    表 2.2.3

| 序号 | 风险类别 | 风险因素 | 对应可能结果 |
|---|---|---|---|
| 1 | 自然风险 | 不可抗力<br>气候环境<br>地质条件 | 影响进度、财产损失<br>影响进度、成本增加<br>影响进度、成本增加 |
| 2 | 经济风险 | 外汇管制<br>汇率波动<br>通货膨胀<br>衡平所有权<br>价格上涨<br>经济恶化<br>债务繁重 | 收付款跨国流动困难<br>增加财务成本<br>成本增加<br>影响项目顺利实施<br>成本增加<br>影响进度、成本<br>影响项目正常进行 |
| 3 | 政治风险 | 战争和内乱<br>政治局势变化<br>法律、政策稳定性 | 影响项目的正常进行 |
| 4 | 社会风险 | 社会秩序与治安<br>民族与宗教信仰<br>公众素质与习俗 | 影响项目安全目标<br>影响工作效率<br>影响工作效率 |
| 5 | 技术风险 | 技术壁垒<br>设计变更<br>性能指标 | 影响进度<br>影响进度、增加成本<br>影响质量、进度和成本 |
| 6 | 管理风险 | 总包协调管理<br>分包管理<br>施工管理<br>目标管理 | 影响进度、成本和质量<br>影响进度<br>影响进度、成本和质量<br>影响进度、成本和质量 |
| 7 | 合同风险 | 固定总价<br>保护主义条款<br>支付苛刻 | 不可预见费用增加<br>影响工作效率<br>增加支付成本 |
| 8 | 道德风险 | 业主支付拖延<br>承包商管理人员违法<br>分包商违约 | 增加支付成本<br>影响进度、成本和质量<br>影响进度、成本和质量 |

① 自然风险

自然风险是指因自然力的不规则变化导致的危害物质生产或生命安全的风险。如地震、洪水、火山、海啸、风灾、雹灾、冻灾、旱灾等各种自然现象。对于一般的承包模式，往往将自然风险界定为：一个有经验的承包商无法预见的、风险是否发生无法规避的、当事人无法克服的自然力作用。但在 DB 模式中，对于"不可抗力"这一重要的风险难以明确的定义，这导致了在 DB 项目中，总承包商需要承担较多的由于不可抗力带来的风险。此外，DB 项目的持续时间长、涉及的范围广，而且在项目实施过程中的制造商、供应商来自各地。因此，遇到各种自然灾害的项目的可能性较其他项目而言较大。承包商主要承担的自然风险包括：

a. 不可抗力。不可抗力是指"不能预见、不能避免和不能克服的客观情况"。

b. 气候环境。主要是针对工程所在地的独特的气候条件。

c. 地质条件。主要是针对工程所在地独特的水文地质条件。

② 经济风险

经济风险是指因经济前景的不确定性。相比于其他模式的承包合同，在 DB 合同的规定中删除了因为汇率波动或物价上涨调整合同价款的规定，这就意味着在一般情况下，承包商不得不承担在在一般合同模式中业主承担的"经济风险"。如国际工程 DB 项目中，承包商承担的经济风险主要有：

a. 外汇管制。如果一个国家的外汇管制比较严，那么资金的流动就要付出较多的成本，并且耗费额外的时间成本。

b. 汇率波动。由于合同规定，货币多以工程当地货币或者美元，如果汇率发生变化，承包商就不得不承担国际市场汇率波动的风险。

c. 通货膨胀。DB 项目一般都是总价合同，在合同履行过程中通货膨胀势必给承包商带来额外的通胀风险，使项目的成本大大提高。

d. 衡平所有权。在国际工程中，承包商对于 DB 项目必须了解和熟悉该国"衡平法"原则所保护的所有权的对象等有关规定。例如，有些国家规定外国公司必须与当地公司联合才能参加投标，或者是外国公司的投标价格必须比当地公司的投标价低若干百分点才能将该工程授予外国公司。

e. 原材料价格上涨。

f. 经济形势恶化。

g. 债务繁重。

③ 社会风险

社会风险主要有：

a. 社会秩序和治安。良好的社会治安是项目顺利实施的保证。

b. 民族和宗教信仰。如果不了解项目所在地的民族和宗教信仰，项目实施过程中往往会因此出现问题，导致工作效率的低下。

c. 公众文化素质与社会习俗。只有总承包商的管理人员深入了解项目所在地的社会风俗，才可能更有效地管理项目，保证项目的正常进行。

④ 技术风险

技术风险是由一些技术条件、技术规范、技术文档的错误，选定新技术不稳定、所选的设备缺陷，以及技术的不确定性而带来的风险。DB 项目一般都是在技术含量高的项目，所以总承包商首先会面临着技术挑战。如果承包商的技术实力弱，比如对地质条件勘察的欠缺和周围自然环境了解的不足，以及不熟悉公认的设计规范，这些因素都将增加业主的不信任感，这些也都会加大项目实施的难度。技术风险主要有：

a. 设计变更。对于 DB 合同而言，其合同条款中常明确规定合同总价。因此，如果发生了由于承包商原因造成的设计变更，这类损失业主是不会予以补偿，要由承包商自己承担。

b. 性能指标。从业主的角度来看，性能指标是最重要的一项评价指标，该类指标也是合同谈判中争论的焦点。对于承包商生产能力方面的各项性能指标主要有工程质量、能源消耗和环保等方面。

⑤ 管理风险

如果 DB 项目的管理人员缺乏该类项目的管理经验，或者其管理能力水平不够，并且在管理的过程中没有形成有效的监督，这都可能导致管理风险。管理风险主要表现为管理局面混乱、合同纠纷多、工程事故发生率高等。如果管理存在较大的风险，那么该项目往往无法顺利地进行，其工期、质量、进度、投资风方面都会受到很大的影响。

对于 DB 项目而言，业主只与总承包商之间存在合同关系，只负责对总承包商进行监督管理。然而总承包商需要与很多分包商签订合同，并对他们进行管理，这大大增加了项目运作的难度。所有合同中，包括了前期的咨询合同，勘察合同，设计合同，采购合同，施工合同等，总承包商需要对每个分包商认真管理，才能保证项目的顺利实施。除了对以上合同的管理，总承包商还要注重工作之间的接口管理，需要有合理的工作搭接，这就增加了管理难度。管理风险主要有以下几个方面。

a. DB 总承包协调管理。主要指部门间的接口管理，如设计接口、施工接口、运输交货及入库接口等方面，由于管理不到位或者交接不清引起的争议、出现误会，会影响到工期、费用和质量的控制。

b. 分包管理风险。DB 总承包商必然会选择一定数量的分包商，同时还有业主指定分包商的情况。所以业主能否合理管理分包商以及作好与专业分包商之间的协调，这也影响着项目的顺利进行。分包管理风险包括：选择的分包商不符合要求；分包协议不明确；在投标和实施过程中，对分包商协调、组织工作不到位；分包商与专业分包冲突等，都会影响项目的整体实力。

c. 施工管理风险。DB 项目的总工期通常为两三年，施工条件中的各种不确定因素随处可见，这些不确定性因素往往为项目带来各种不利条件。在施工管理过程中，施工管理的风险因素主要包括人为因素、材料因素、机械设备因素、施工方法因素等方面。

d. 目标管理风险。工程目标风险主要包括工期风险、质量管理风险、安全风险和环境保护风险。

工期风险是指由于承包商对新环境、新规范、新工艺不适应，或者是施工组织不完善，或者是遭遇自然灾害，或者是业主的问题等各种主客观原因造成的不能按时竣工交付。

质量管理风险是指 DB 项目招标投标阶段，业主只有一个初步的设计，有的时候甚至只有概念性设计或性能方面的指标，因此在这个阶段无法确定工程的目标，例如质量标准、成本控制标准、进度计划等。业主或其代理机构在发出项目意向书后，往往会要求总承包商先根据项目情况确定合同的类型、价格和合同期限等重要内容，然后要求总承包商提交的项目建议书。在评标的过程中，质量是评标的主要指标之一，因为不同承包商在工程质量的标准、保障措施、施工工艺等方面是不同的。有一些工程承办商为了提高中标的几率，选择了先进的施工工艺和施工方案，以及先进的设备和材料，但这些做法也可能造成质量隐患项目，为项目带来巨大的潜在的质量风险。

安全风险包括由个人操作不当，或者设备使用不当、交通运输意外事故、现场管理不当给个人或者项目造成的风险。

环保风险是指工程项目对周围的自然环境和社会环境所造成的负面影响。包括对生态造成的破坏，施工垃圾堆周边环境带来的污染，施工过程中对周围居民造成的噪声污染，这些行为都会引起当地的环保部门的介入。如果周围居民的不满，往往要支付的赔偿，这将使项目面临停工的严重风险。

⑥ 合同风险

在一般的合同中，业主承担的风险主要包括政治风险（战争、暴乱、叛变等）、经济风险（通货膨胀、物价上涨、汇率调整等）、法律风险、社会风险等。然而在 DB 项目中，业主所承担的风险范围大大减小，而承包商承担的风险大大增加。合同风险主要包括：

a. 总价合同风险。面对市场变化导致人工、材料、机械价格的变动性以及设计图纸和施工详尽程度等不确定性，即使投标人有一定的综合实力，也不可能预测到所有不确定性因素，承包商在面对总价合同的风险，加大了不可预见费用。

b. 保护主义条款过多。

c. 支付苛刻。

⑦ 道德风险

道德风险包括业主方面、承包商方面以及分包商方面。

a. 业主违约推迟付款的行为。在 DB 项目中，为了维护自身的利益，业主往往会采取各种手段，达到推迟支付已完工程工程款的目的。此外，业主还会扣留最后一笔工程质量保证金，这种业主方道德风险在其他工程项目中也会经常碰到。

b. 承包商的不诚实行为。承包商在参与项目的过程中，为了最大限度得争取自身利益，往往会采取一些不诚实或者违法行为，这种行为通常会影响工程的工期、进度、成本、质量，最终承包商不得不支付额外附加费用甚至承担违约责任。

c. 分包商的违约。一些分包商故意低价竞标，然后利用一切可能的手段寻求涨价因素，有的时候还会以项目的质量、工期为理由，向总承包商索赔。如果总承包商经验不丰富，处理不当，分包商将降低工程质量，使得总承包商面临业主的反索赔等风险。

（3）DB 项目风险管理程序

在 DB 项目的实施策划中，总承包商要采取适当的方法预测项目过程中的风险因素，并对其进行有效的评价，进而制定出相应的风险控制措施，并对措施的实施效果进行实时跟踪与检查。在经历了一个完整的风险管理过程后，要及时进行总结归纳，形成管理数据库，以便为后续的风险管理提供宝贵经验。风险管理程序如图 2.2.3-1 所示。

1）DB 项目风险识别

风险识别的依据包括四个方面。

① 该项目的假设和约束条件：项目建议书、可行性研究报告、设计和其他文件。这

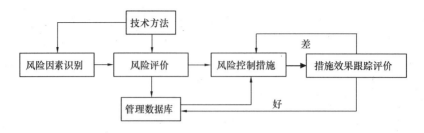

图 2.2.3-1　DB 项目风险管理程序

些都是项目实施前期需要完成的文件，是进行风险识别的重要依据。如果这些假设和前提对于实施期间可能发生的事情没有进行仔细的预见，它会造成损失，因此该项目的前提和假设是有风险的。

② 项目实施规划：项目目标、项目范围、项目目标、项目进度计划、项目成本计划、项目采购计划、项目资源需求计划。

③ 项目常见的风险类型：政治风险、社会风险、经济风险、法律风险、自然灾害风险、技术风险、管理风险、道德风险。

④ 历史资料：历史数据可以从个人经验的项目总结中提取，也可以通过公共信息渠道获得，或者他人经历的项目的历史数据等。在项目建设过程中，要注重总结过去已完成的工作，并对验收数据进行记录，对工程质量和安全事故处理的文件和档案、工程变更和施工索赔报告进行整理，这些材料对项目的风险识别是有帮助的。

2）DB 项目风险控制

风险控制措施通常有四大类：风险回避、风险转移、风险缓解和风险自留。风险应对措施通常通过系统分析方法和历史经验借鉴来制定，但由于建设项目的一次性特征，这是一项极具挑战性的工作。一般来说，项目风险管理小组在风险分析之后，参考对风险因素的评价结果不同，采取不同的对策。风险应对策略的选择流程可以用图 2.2.3-2 来表示。

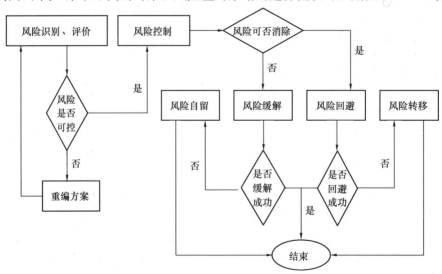

图 2.2.3-2　风险应对策略的选择流程

**【案例 2.2.3】**　某国际公路工程 DB 项目的主要风险控制措施

1）地质风险的主要防范措施：

① 在合同谈判时，通过对技术条款的补充、修正、增加、删除来回避可能发生的风险；

② 在投标报价中考虑了 3% 的风险费；

③ 向保险公司投保。

2）气候环境

项目所在地的气候环境是无法改变的，只能通过采取有效的措施，对气候环境所产生的风险进行化解。该项目通过合理的施工组织设计，将对天气要求高的工序在理想天气的工作日中完成，降低气候原因对施工的影响。雨季的风险虽然对整体工程影响严重，但是只要规划得当，合理利用各个时段，综合安排施工，就能最大程度地避免雨季带来的不利影响。对于气候异常的不可抗力的损失则难以估计，不可避免，但是却可通过提前做好应急预案加以防范，从而使风险产生的影响降到最低。

3）汇率风险

汇率的风险对于本工程的影响较大，采取的主要防范措施是：

① 项目自签约日 12 个月未生效，需重新商谈合同价格，以规避汇率引起的风险；

② 在报价中已经按合同金额（2.87 亿美元）的 5% 考虑了汇率风险，将汇率风险适当进行了转移。5% 的考虑依据是：按合同付款条件，合同生效时业主需支付 25% 预付款，材料及设备到场业主需支付 80% 材料设备款。按承包商的收款计划，项目启动 12 个月内可收到 52% 合同金额，24 个月内可收到 83% 合同金额，36 个月内可收到 96% 合同金额，预计人民币以年升值 5% 计算，汇率损失总额约为 1428 万美元，合同金额 2.87 亿美元的 5% 为 1435 万美元，由此估算可防范相应风险。

③ 在工程实施中搜集汇率方面引起经济损失的证据，结合其他的索赔款项，提前做好索赔的准备。

4）物价上涨

从市场搜集到的价格信息等可以判断，国内物资采购将上涨。对于此类高风险因素可采取风险规避的措施。主要防范措施：

按项目计划，项目启动 12 月内采购完成总额的 85%，18 个月内完成全部采购，按物价年平均上涨 10% 计算，采购物价上涨损失总额约为 705 万美元。地方材料拟采用招标批量购买，降低采购成本及物价上涨风险，全部采购按计划在项目执行期 27 个月内完成，按物价年平均上涨 10% 计算，物价上涨风险为 733 万美元，物价上涨总风险额为 1438 万美元。如物价年平均上涨为 8%，则物价上涨风险总额为 1151 万美元。合同额中考虑了 1353 万美元的物价上涨风险，总体衡量风险在可控范围。此外，对于已经发生、没能防范的价格上涨，要做好费用增加的证据搜集，为以后索赔做准备。

5）财税风险

结于财税风险，有些是不可回避的损失，要提前做好应对准备。拟在项目执行过程中在当地设立办事处，开设办事处账户，不涉及公司税。

6）法律政策

除严格遵守劳动法、密切与当地居民关系、尊重当地风俗习惯、依法保护保护生态环境、尽量采用当地分包实施工程外，项目执行过程中拟聘请当地律师作为法律顾问，进行法律咨询及处理法律纠纷。

7) 技术风险

针对专项工艺施工能力不足、经验不足的风险，可以采取风险转移的策略，将专项工程的施工采取专业分包的方式进行风险转移。针对技术变更的风险，可以采取风险回避的策略，将图纸最大程度的深化，尽量减少设计变更，以避免由于图纸变更造成不必要的损失，如果技术变更不可避免，尽量采取对自己有利的技术变更。

8) 进度风险

对工期风险的控制策略是风险缓解。在制定项目进度计划基准时，要提前设计、提前采购，结合当地的天气条件，将施工周期作为项目进度计划基准。实施过程中，强化项目管理。由于这项风险的严重性，具体责任落实到项目经理。主要防范措施：

① 部分施工项目拟分包给当地有经验的承包商，发挥其熟悉当地情况，沟通容易的特点加快施工进度，同时转移部分风险；

② 特大桥在项目启动前即开始选址及水文资料的收集工作，充分利用枯水期，加大投入，保证按进度完工。

9) 人力资源管理风险

针对人力资源管理方面的问题，加大员工本地化比例，除管理人员、主要技术工人外，普通工人、后勤服务人员拟雇佣当地人员。雇佣当地员工注意遵守当地法律法规，依照劳动法向工人提供工资、社保及其他福利待遇，依税法缴纳个人所得税。

10) 合同变更

对于此种情况，项目部自身要做好准备，以应对各种合同、工程的变更，减少变更对工期造成的影响，同时搜集各种证据，最大程度地向业主进行索赔。

11) 支付风险

对于支付风险，首先要做好业主的公关工作，与他们搞好关系，以便能够及时的获得工程进度款。如果一旦发生此类事件，观察是否有获得欠款的可能，如长时间都无可能便要考虑是否撤离并提出索赔。

在项目执行过程中，应及时向业主申请收款，如业主拒付或有意延迟付款，将依据合同在积极同业主交涉的同时，放慢或暂停采购及施工的进度，减少损失，同时准备资料进行费用及工期的相关索赔。

12) 履约风险

应对履约风险的最好策略是风险化解。主要防范措施：

① 整个工程内容分为六个施工段，每段完工后均单独办理接收证书，单独提交缺陷责任保函，同时相应降低项目的履约保函额度，降低部分工程内容受阻对项目整体履约的风险；

② 按合同规定及进度计划时间规定要求业主提供场地，如业主原因造成场地移交延误则相应提出工期索赔。

### 2.2.4　国际工程合同索赔

(1) 国际工程索赔概述

索赔是工程承包合同履行中，当事人一方因对方不履行或不完全履行既定的义务，或者由于对方的行为使权利人受到损失时，要求对方补偿损失的权利。索赔是工程承包中经常发生并随处可见的正常现象。由于施工现场条件、气候条件的变化，施工进度的变化，以及合同条款、规范、标准文件和施工图纸的变更、差异、延误等因素的影响，使得工程承包中不可避免地出现索赔，进而导致项目的投资发生变化。工程索赔管理是工程项目合同管理的重要组成部分，是合同各方维护其合法权益的重要管理行为。尤其是承包商不可缺少的维护其利益的最基本管理行为。索赔的控制是建设工程施工阶段费用管理的重要手段。工程索赔涉及工程项目的各个方面的经验和知识，是工程项目管理水平的综合体现。

在工程承包实践中，索赔实质上是承包商和业主间在分担风险方面重新分配责任的过程。在合同实施的过程中，当发生政治、经济和施工风险等意外困难时，工程成本大幅度增加，可能大大超过投标时的计划成本。因而应重新划分合同责任，由承包商和业主分别承担各自承担的风险费用，对新增的工程成本进行重新分配。

根据国外资料统计，施工索赔在数量上和金额上都在稳步增长。美国有人统计了由政府管理的 22 项工程，发生索赔的次数达 427 次，平均每项工程索赔约 20 次，索赔的金额约占总合同额的 6% 左右，索赔成功率为 93%。

1）工程索赔发生的一般原因

工程项目由于本身的特点，使其在实施过程中，受到多种因素的干扰，如水文地质条件、政策法规变化、人为干扰等。这些干扰因素导致制定的计划与实际差别较大，增加了工程的风险。因此，在工程承包活动中，随时可能发生各种难以预料的索赔情况。工程索赔发生的原因主要有：无法合理预见的地下水、地质断层；发现化石、古迹；发生不可抗力；未能按时向承包人提供施工所需图纸或提供了不正确的数据；指示承包人进行了合同规定之外的勘探、试验、剥露等；工程变更；合同论述含糊不清；战争、叛乱、暴乱；业主没有及时向承包人支付已完成工程的款项，提出中止合同；法律法规的变化、货币及汇率的变化等。

2）工程索赔的分类

工程索赔大致可以分为以下几种：

① 按索赔的目的可以分为经济索赔和工期索赔两类。

a. 工期索赔。由于非承包人责任的原因而导致施工进程延误，要求批准延长合同工期的索赔，称之为工期索赔。工期索赔形式上是对权利的要求，以避免在原定合同竣工日不能完工时，被业主追究拖期违约责任。一旦获得批准合同工期延长后，承包人不仅免除了承担拖期违约赔偿费的严重风险，而且可能提前工期得到奖励。

b. 费用索赔。当施工的客观条件改变导致承包人增加开支，要求对超出计划成本的附加开支给予补偿，以挽回不应由他承担的经济损失。

② 按索赔发生的原因可分为业主违约索赔、工程变更索赔、工程师指令引起的索赔、暂停工程索赔、业主风险索赔、不利自然条件和客观障碍引起的索赔、合同缺陷索赔、其他原因引起的索赔。

③ 按索赔的合同依据可分为合同中明示的索赔和合同中默示的索赔。

a. 合同中明示的索赔。提出的索赔要求，在该工程项目的文件中有文字依据，可以据此提出索赔要求，并取得经济补偿。

b. 合同中默示的索赔。索赔要求，虽然在工程项目的合同条件中没有专门的文字叙述，但可以根据该合同条件的某些条款的含义，推论出承包人有权得到相应的经济补偿。

④ 按索赔有关当事人可分为承包人同业主之间的索赔、总承包人和分包人之间的索赔、承包人同供货商之间的索赔。

a. 承包人同业主之间的索赔。这是工程索赔中最普遍的索赔形式。如承包人向业主提出的工期索赔和经济索赔；业主向承包人提出经济赔偿的要求，即"反索赔"。

b. 总承包人和分包人之间的索赔。总承包人和分包人，按照他们之间所签订的分包合同向对方提出索赔的权利，获得额外开支的经济补偿。分包人向总承包人提出的索赔要求，经过总承包商审核后，属于业主方面责任范围内的事项，均由总承包人汇总整理后向业主提出；属于总承包人责任的事项，则由总承包人同分包人协商解决。

c. 承包人同供货商之间的索赔。承包人和供货商之间一方违反供货合同的规定，使对方受到经济损失时，受损失方提出的索赔。

⑤ 按索赔的处理方式可分为单项索赔和总索赔。

a. 单项索赔。是针对某一干扰事件提出的，干扰事件发生时或发生后在合同规定的索赔有效期内提供索赔意向书和索赔报告。单项索赔通常处理及时，实际损失易于计算。

b. 总索赔。又叫一揽子索赔或综合索赔。一般在工程竣工前，承包人将工程过程中未解决的单项索赔集中起来，提出一篇总索赔报告。合同双方在工程交付前后进行最终谈判，以一揽子方案解决索赔问题。

⑥ 另外，还可以按索赔的业务范围、按索赔的对象等进行分类。

3）工程索赔的依据

工程索赔的依据非常多，一般有：招标文件和投标书、合同及附件、往来信函、会议记录、施工现场纪录、工程财务记录、现场气象记录、工程图纸、工程进度计划、工程照片和工程声像资料、市场信息资料、政策法令文件等。

**【案例 2.2.4-1】**　鲁布革引水系统工程索赔案例

鲁布革引水系统工程的业主为中国水电部鲁布革工程局，承包商为日本大成建设株式会社，监理单位为澳大利亚雪山公司。在工程过程中由于不利的自然条件造成排水设施的增加，引起承包商向业主进行费用索赔。

1）合同相关内容分析

工程量表中有如下相关分项：

3.07/1 项："提供和安装规定的最小排水能力"，作为总价项目，报价：42245547 日元和 32832.18 元人民币；

3.07/3 项："提供和安装额外排水能力"，作为总价项目，报价：10926404 日元和 4619.97 元人民币。

同时技术规范中有：

S3.07（2）（C）规定："由于开挖中的地下水量是未知的，如果规定的最小排水能力不足以排除水流，则工程师将指令安装至少与规定排水能力相等的额外排水能力。提供和安装额外排水能力的付款将在工程量表 3.07/3 项中按总价进行支付"。

S3.07（3）（C）中规定："根据工程师指令安装的额外排水能力将按照实际容量支付"。

显然上述技术规范中的规定之间存在矛盾。合同规定的正常排水能力分别布置在：平洞及 AB 段：1.5t/min；C 段：1.5t/min；D 段：1.5t/min；渐变段及斜井：3.0t/min；

合计 7.5t/min。按 S3.07 (2) (C) 规定，额外排水能力至少等于规定排水能力，即可以大于 7.5t/min。

2) 事态描述

从 1986 年 5 月至 1986 年 8 月底，大雨连绵。由于引水隧道经过断层和许多溶洞，地下水量大增，造成停工和设备淹没。经业主同意，承包商紧急从日本调来排水设施，使工程中排水设施总量增加到 30.5t/min（其中 4t/min 用于其他地方，已单独支付）。承包商于 1986 年 6 月 12 日就增加排水设施提出索赔意向，10 月 15 日正式提出索赔要求：被淹没设备损失 1716877 日元和 2414.70 人民币；增加排水设施 58377384 日元和 12892.67 人民币；两项合计共索赔 60094261 日元和 15307.37 人民币。

3) 责任分析

① 机械设备由于淹没而受到损失，这属于承包商自己的责任，不予补偿。

② 额外排水设施的增加情况属实。由于遇到不可预见的气候条件，并且应业主的要求增加了设备供应。

4) 理由分析

虽然对额外排水设施责任分析是清楚的，但双方就赔偿问题产生分歧。由于工作量表 3.07/3 项与规范 S3.07 (2) (C)、S3.07 (3) (C) 之间存在矛盾，按不同的规定则有不同的解决方法：

① 按规范 S3.07 (2) (C)，额外排水能力在工作量表 3.07/3 总价项目中支付，而且规定"至少与规定排水能力相等的额外排水能力"，则额外排水能力可以大于规定排水能力，且不应另外支付。

② 但按照规范 S3.07 (3) (C)，额外排水能力要按实际容量支付，即应予以全部补偿。

③ 由于合同存在矛盾，如果要照顾合同双方利益，导致不矛盾的解释，则认为工程量表 3.07/1 已包括正常排水能力，3.07/3 报价中已包括与正常的排水能力相等的额外排水能力，而超过的部分再按 S3.07 (3) (C) 规定，按实际容量给承包商以赔偿。这样每一条款都能得到较为合理的解释。最后双方经过深入的讨论，一致同意采用上述第三种解决方法。

5) 影响分析

承包商提出，报价所依据的排水能力仅为平洞 1.5t/min，渐变段及斜井 3t/min。其他两个工作面可以利用坡度自然排水。所以合同工程量表 3.07/1 和 3.07/3 中包括的排水能力为 9.0t/min，即 $(1.5+3) \times 2$t/min。承包商这样提出的目的，不仅可以增加属于赔偿范围的排水能力，而且提高了单位排水能力的合同单价。但工程师认为，承包商应按合同规定对每一个工作面布置排水设施，并以此报价。所以合同规定的排水能力为 15t/min（正常排水能力 7.5t/min，以及与它相同的额外排水能力）。则属于索赔范围的，即适用规范 S3.07(3)(C) 的排水能力为：$30.5-4-15=11.5$t/min。

6) 索赔值计算

承包商在报价单中有两个值：3.07/1 作为正常排水能力，报价较高；而 3.07/3 作为额外排水能力，报价很低。工程师认为，增加的是额外排水能力，故应按 3.07/3 报价计算。承包商对 3.07/3 报价低的原因做出了解释（可能由于额外排水能力是作为备用的，并非一定需要，故报价中不必全额考虑），并建议采用两项(3.07/1 和 3.07/3)报价之和的平均值计算。这个建议最终被各方接受。则合同规定的单位排水能力单价为：日元：(42245547＋10926404)/15＝3544793 日元/(t/min)；人民币：（32832.18＋4619.97)/15＝2496.81 元/(t/min)；则赔偿值为：日元：3544793×11.5＝40765165 日元；人民币：2496.81×11.5＝28713.31 元。最后双方就此达成一致。

（2）索赔成功的关键与技巧

1）索赔成功的关键

工程索赔是一门涉及面广，融技术、经济、法律为一体的边缘学科，它不仅是一门科学，又是一门艺术，要想获得好的索赔成果，必须要有强有力的、稳定的索赔班子，正确的索赔战略和机动灵活的索赔技巧，这也是取得索赔成功的关键。

① 组建强有力的、稳定的索赔班子

索赔是一项复杂细致而艰巨的工作，组建一个知识全面，有丰富索赔经验，稳定的索赔小组从事索赔工作是索赔成功的首要条件，索赔小组应由项目经理，合同法律专家，估算师，会计师，施工工程师组成，有专职人员搜查和整理，由各职能部门和科室提供的有关信息资料，索赔人员要有良好的素质，要懂得索赔的战略和策略，工作要勤奋、务实、不好大喜功，头脑清晰，思路敏捷，有逻辑，善推理，懂得搞好各方的公共关系。索赔小组的人员一定要稳定，不仅各负其责，而且每个成员要积极配合，齐心协力，对内部讨论的战略和对策要保守秘密。

目前我国许多工程承包公司未将工程索赔的组织管理工作放到应有的重要地位上。工程索赔管理工作多由合同管理人员代替，无专职负责索赔的管理人员，使索赔工作处于人人都管，但谁也不认真去管的状况。往往是到索赔谈判阶段才临时拼凑人马仓促上阵。常常是工程快结束时才临时组成所谓的索赔小组，试图一揽子解决全部索赔问题。这样的组织管理方式远远不能使索赔达到预期的目标。选择一种合适的工程索赔组织管理模式就显得非常重要。

工程索赔组织管理有两个主要特点，一是对于某个索赔事件均属于一次性管理方式，索赔事件千差万别，不可预见性很大；二是需要的人员范围广，一个索赔小组可能需要合同、进度计划、成本、技术、物资、法律等各方面的人员组成，而现有有经验的高水平索赔管理人才相对繁多的索赔事件显得极为短缺。

索赔管理的专职索赔人员应具有如下素质：

a. 思维敏捷，索赔意识强，善于抓住索赔的机会；

b. 熟悉合同，有相当的索赔理论知识和索赔实践经验；

c. 具备一定的工程背景；

d. 具备一定的工程管理理论知识和计算机知识；

e. 具备较强的语言能力，包括文字能力和外语水平；

f. 善于与人打交道，有较强的协调能力；

g. 掌握一定的谈判技巧；

h. 有事业心，肯于深入工程实际。

当然这样的综合性高级管理人才很难得到，作为工程项目经理应注意培养自己的索赔专家。对一个工程项目来说，索赔是一件自始至终（往往延续到工程竣工之后）都不可中断的工作。索赔管理小组的人员要精干而稳定，不能经常调动，以便系统地进行该项工作并积累经验。

②确定正确的索赔战略和策略

索赔战略和策略是承包商经营战略和策略的一部分，应当体现承包商目前利益和长远利益，全局利益和局部利益的统一，应由公司经理亲自把握和制定，索赔小组应提供决策的依据和建议。

索赔的战略和策略研究，对不同的情况，包含着不同的内容，有不同的重点，一般应包含如下几个方面：

a. 确定索赔目标。承包商的索赔目标是指承包商对索赔的基本要求，可对要达到的目标进行分解，按难易程度进行排队，并大致分析它们实现的可能性，从而确定最低、最高目标。分析实现目标的风险，如能否抓住索赔机会，保证在索赔有效期内提出索赔，能否按期完成合同规定的工程量，执行业主加速施工指令，能否保证工程质量，按期交付工程，工程中出现失误后的处理办法等。总之要注意对风险的防范，否则，就会影响索赔目标的实现。

b. 对被索赔方的分析。分析对方的兴趣和利益所在，要让索赔在友好和谐的气氛中进行，处理好单项索赔和一揽子索赔的关系，对于理由充分而重要的单项索赔应力争尽早解决，对于业主坚持拖后解决的索赔，要按业主意见认真积累有关资料，为一揽子解决准备充分的材料。要根据对方的利益所在，对双方感兴趣的地方，承包商就在不过多损害自己的利益的情况下作适当让步，打破问题的僵局。在责任分析和法律分析方面要适当，在对方愿意接受索赔的情况下，就不要得理不让人，否则反而达不到索赔目的。

c. 承包商的经营战略分析。承包商的经营战略直接制约着索赔的策略和计划，在分析业主情况和工程所在地的情况以后，承包商应考虑有无可能与业主继续进行新的合作，是否在当地继续扩展业务，承包商与业主之间的关系对当地开展业务有何影响等。这些问题决定着承包商的整个索赔要求和解决的方法。

d. 相关关系分析。利用监理工程师、设计单位、业主的上级主管部门对业主施加影响，往往比同业主直接谈判有效，承包商要同这些单位搞好关系，展开"公关"、取得他们的同情和支持，并与业主沟通，这就要求承包商对这些单位的关键人物进行分析，同他们搞好关系，利用他们同业主的微妙关系从中斡旋、调停，能使索赔达到十分理想的效果。

e. 谈判过程分析。索赔一般都在谈判桌上最终解决，索赔谈判是双方面对面的较量，是索赔能否取得成功的关键。一切索赔的计划和策略都是在谈判桌上体现和接受检验，因此，在谈判之前要做好充分准备，对谈判的可能过程要做好分析。如怎样保持谈判的友好和谐气氛，估价对方在谈判过程中会提什么问题，采取什么行动，我方应采取什么措施争取有利的时机等等。因为索赔谈判是承包商要求业主承认自己的索赔，承包商处于很不利的地位，如果谈判一开始就气氛紧张，情绪对立，有可能导致业主拒绝谈判，使谈判旷日持久，这是最不利索赔问题解决的，谈判应从业主关心的议题入手，从业主感兴趣的问题开谈、使谈判气氛保持友好和谐是很重要的。谈判过程中要讲事实，重证据，既要据理力争，坚持原则，又要适当让步，机动灵活，所谓索赔的"艺术"，往往在谈判桌上能得到充分的体现，所以，选择和组织好精明强干、有丰富索赔知识和经验的谈判班子就显得极为重要。

2) 索赔的技巧

索赔的技巧是为索赔的战略和策略目标服务的，因此，在确定了索赔的战略和策略目标之后，索赔技巧就显得格外重要，它是索赔策略的具体体现。索赔技巧应因人、因客观环境条件而异，现提出以下各项供参考。

① 要及时发现索赔机会

一个有经验的承包商，在投标报价时就应考虑将来可能要发生索赔的问题，要仔细研究招标文件中合同条款和规范。仔细查勘施工现场，探索可能索赔的机会，在报价时要考虑索赔的需要。在进行单价分析时，应列入生产效率，把工程成本与投入资源的效率结合起来。这样，在施工过程中论证索赔原因时，可引用效率降低来论证索赔的根据。

在索赔谈判中，如果没有生产效率降低的资料，则很难说服监理工程师和业主，索赔无取胜可能。反而可能被认为，生产效率的降低是承包商施工组织不好，达到投标时的效率，应采取措施提高效率，赶上工期。

要论证效率降低，承包商应做好施工记录，记录好每天使用的设备工时、材料和人工数量、完成的工程及施工中遇到的问题。

② 商签好合同协议

在商签合同过程中，承包商应对明显把重大风险转嫁给承包商的合同条件提出修改的要求，对达成修改的协议应以"谈判纪要"的形式写出，作为合同文件的有效组成部分。特别要对业主开脱责任的条款特别注意，如合同中不列索赔条款；拖期付款无时限，无利息，没有调价公式，业主认为对某部分工程不够满意，即有权决定扣减工程款；业主对不可预见的工程施工条件不承担责任等。如果这些问题在签订合同协议时不谈判清楚，承包商就很难有索赔机会。

③ 对口头变更指令要得到确认

监理工程师常常乐于用口头指令变更，如果承包商不对监理工程师的口头指令予以书面确认，就进行变更工程的施工，此后，有的监理工程师矢口否认，拒绝承包商的索赔要求，使承包商有苦难言。

④ 及时发出"索赔通知书"

一般合同规定，索赔事件发生后的一定时间内，承包商必须进出"索赔通知书"，过期无效。

⑤ 索赔事件论证要充足

承包合同通常规定，承包商在发出"索赔通知书"后，每隔一定时间（例如 FIDIC 规定为 28 天），应报送一次证据资料，在索赔事件结束后的一定时间内（例如 FIDIC 规定为 28 天）报送总结性的索赔计算及索赔论证，提交索赔报告。索赔报告一定要令人信服，经得起推敲。

⑥ 索赔计价方法和款额要适当

索赔计算时采用"附加成本法"容易被对方接受，因为这种方法只计算索赔事件引起的计划外的附加开支，计价项目具体，使经济索赔能较快得到解决。另外索赔计价不能过高，要价过高容易让对方发生反感，使索赔报告束之高阁，长期得不到解决。另外还有可能让业主准备周密的反索赔计价，以高额的反索赔对付高额的索赔，使索赔工作更加复杂化。

⑦ 力争单项索赔，避免一揽子索赔

单项索赔事件简单，容易解决，而且能及时得到支付。一揽子索赔，问题复杂，金额大，不易解决，往往到工程结束后还得不到付款。

⑧ 坚持采用"清理账目法"

承包商往往只注意接受业主按对某项索赔的当月结算索赔款，而忽略了该项索赔款的余额部分。没有以文字的形式保留自己今后获得余额部分的权利，等于同意并承认了业主对该项索赔的付款，以后对余额再无权追索。因为在索赔支付过程中，承包商和监理工程师对确定新单价和工程量方面经常存在不同意见。按合同规定，工程师有决定单价的权力，如果承包商认为工程师的决定不尽合理，而坚持自己的要求时，可同意接受工程师决定的"临时单价"，或"临时价格"付款，先拿到一部分索赔款，对其余不足部分，则书面通知工程师和业主，作为索赔款的余额，保留自己的索赔权利，否则，将失去了将来要求付款的权利。

⑨ 力争友好解决；防止对立情绪

索赔争端是难免的，如果遇到争端不能理智协商讨论问题，使一些本来可以解决的问题悬而未决。承包商尤其要头脑冷静，防止对立情绪，力争友好解决索赔争端。

【案例 2.2.4-2】 友好协商与仲裁如何抉择

非洲某水电工程中，工程施工期不到 3 年，原合同价 2500 万美元。由于种种原因，在合同实施中承包商提出许多索赔，索赔总额达 2000 万美元。监理工程师做出处理决定，认为总计补偿 1200 万美元比较合理。业主愿意接受监理工程师的决定，但承包商不肯接受，要求补偿 1800 万美元。由于双方达不成协议，承包商向国际商会提出仲裁要求。双方各聘请一名仲裁员，由他们指定首席仲裁员。本案仲裁前后经历近 3 年时间，相当于整个建设期，仅仲裁费花去近 500 万美元。最终裁决为：业主给予承包商 1200 万美元的补偿，即维持工程师的决定。经过国际仲裁，双方都受到很大损失。如果双方各作让步，通过协商，友好解决争执，则不仅花费少，而且麻烦少，信誉好。

⑩ 注意同监理工程师搞好关系

监理工程师是处理解决索赔问题的公正的第三方，注意同工程师搞好关系，争取工程师的公正裁决，竭力避免仲裁或诉讼。

(3) 工程常见的工程索赔问题及处理

1) 承包人向业主的索赔

① 现场条件变化引起的索赔

现场条件变化是指施工中遇到的实际自然条件比招标文件中所描述的更为困难和恶劣，是一个有经验的承包人无法预测的不利的自然条件与人为障碍，导致承包人为完成合同要花费计划外的额外开支，这些额外开支应该得到业主方面的补偿。

a. 第一类不利的现场条件

这一类的不利现场条件，是指招标文件描述现场条件失误。即在招标文件中对施工现场存在的不利条件虽然已经提出，但严重失实，或其位置差异极大，或其严重程度差异极大。如现场挖出的岩石或砾石，其位置高程与招标文件中所述的高程差别甚大；招标文件钻孔资料注明系坚硬岩石的某一位置或高程上，出现的却是松软材料；实际的破碎岩石或其地下障碍物，其实际数量大大超过招标文件中给出的数量；设计指定的取土场或采石场开采出来的土石料，不能满足强度或其他技术指标要求；实际遇到的地下水在位置、水量、水质等方面与招标文件中的数据相差悬殊；地表高程与设计图纸不符，导致大量的挖填方量；需要压实的土壤的含水量数值与合同资料中给出的数值差别过大，增加了碾压工作的难度或工作量等。

一般来说，在招标文件中规定，由业主提供有关该项工程的勘察所取得的水文及地表以下的资料。但在合同中往往写明承包人在提交投标书之前，已对现场和周围环境及与之有关的可用资料进行了考察和检查，包括地表以下条件及水文和气候条件。承包人应对他自己对上述资料的解释负责。若在工程施工过程中，承包人如果遇到了现场气候条件以外的外界障碍或条件，这些障碍或条件是一个有经验的承包人也无法预见到的，则承包人可就此向监理工程师提供有关通知，并将一份副本呈交业主。收到此类通知后，如果监理工程师认为这类障碍或条件是一个有经验的承包人无法合理预见到的，在与业主和承包人适当协商以后，应给予承包人延长工期和费用补偿的权利。因此，对于第一类现场条件的变化，关键是正确认定这类变化是否属于"一个有经验的承包人无法合理预见到的"。

**【案例 2.2.4-3】**　某公路工程不利的地质条件索赔

在某公路项目中，业主提供了地质勘察报告，证明地下土质很好。承包商作施工方案，用挖方的余土作通往临时道路基础的填方。由于基础开挖施工时正值雨季，开挖后土方潮湿，且易碎，不符合道路填筑要求。承包商不得不将余土外运，另外取土作为道路填方材料。对此承包商提出索赔要求。工程师否定了该索赔要求，理由是填方的取土作为承包商的施工方案，它因受到气候条件的影响而改变，不能提出索赔要求。在本案例中即使没有下雨，而因业主提供的地质报告有误，地下土质过差不能用于填方，承包商也不能因为另外取土而提出索赔要求。因为合同规定承包商对业主提供的水文地质资料的理解负责。而地下土质可用于填方，这是承包商对地质报告的理解，应由他自己负责。

**【案例 2.2.4-4】**　某桥梁工程不利的地质条件索赔

在某桥梁工程中，承包商按业主提供的地质勘察报告作了施工方案，并投标报价。开标后业主向承包商发出了中标函。由于该承包商以前曾在本地区进行过桥梁工程的施工，按照以前的经验，他觉得业主提供的地质报告不准确，实际地质条件可能复杂得多。所以在中标后做详细的施工组织设计时，他修改了挖掘方案，为此增加了不少设备和材料费用。结果现场开挖完全证实了承包商的判断，承包商向业主提出了两种方案费用差别的索赔。但为业主否决，业主的理由是：按合同规定，施工方案是承包商应负的责任，他应保证施工方案的可用性、安全、稳定和效率。承包商变换施工方案是从他自己的责任角度出发的，不能给予赔偿。实质上，承包商的这种预见性为业主节约了大量的工期和费用。如果承包商不采取变更措施，施工中出现新的与招标文件不一样的地质条件，此时再变换方案，业主要承担工期延误及与它相关的费用赔偿、原方案费用和新方案的费用，低效率损失等。理由是地质条件是一个有经验的承包商无法预见的。但由于承包商行为不当，使自己处于一个非常不利的地位。如果要取得本索赔的成功，承包商在变更施工方案前到现场挖一下，做一个简单的勘察，拿出地质条件复杂的证据，向业主提交报告，并建议作为不可预见的地质情况变更施工方案。则业主必须慎重地考虑这个问题，并做出答复。无论业主同意或不同意变更方案，承包商的索赔地位都十分有利。

b. 第二类不利的现场条件

是指在招标文件中根本没有提到，而且按一般施工实践完全是出乎意料地出现的不利现场条件。这种意外的不利条件，是有经验的承包人难以预见的情况。如在施工过程中，承包人遇到了地下构筑物或文物，如地下电缆、管道和各种装置等，在图纸上并未说明；遇到了高度腐蚀性的地下水或有毒气体，给承包人的施工人员和设备造成意外的损失；在隧洞开挖过程中遇到强大的地下水流等。这种索赔以人员和设备的窝工和闲置引起的费用索赔居多。为避免损失的扩大，监理工程师应要求承包人详细编制其工作计划，以便在必须停止一部分工作时，仍有其他工作可做。

上述两种不同类型的现场不利条件，不论是招标文件中描述失实的，或是招标文件中根本来未提及的，都是一般工程实施中承包人难以预料的，给承包人的施工带来严重困难，从而引起工程费用大量增加或工期延长。从合同责任上讲，不是承包人的责任，因而应给予相应的经济补偿和工期延长。在与业主和承包人适当协商以后，应给予承包人延长工期和费用补偿的权利，但不包括利润。

② 工程变更引起的索赔

工程变更索赔是指业主和工程师指令承包人完成某项工作，而承包人认为该项工作已超出原合同的工作范围，或超出他投标时估计的施工条件，因而要求补偿其新增开支。

超出原合同规定范围的新增工程，称为"额外工程"。这部分工程是承包商在投标报价时没有考虑的工作。它在招标文件的"工程量表"中及其"施工技术规范"中都没有列入，因而承包人在采购施工设备和制定工程进度计划时都没有考虑。因此，对这种额外工程，承包人虽然应遵照业主和工程师的指令予以完成，但他理应得到报酬，包括得到经济补偿及工期延长。

另一种情况称为"附加工程"。所谓"附加工程"，是指那些该合同项目所必不可少的工程，如果缺少了这些工程，合同项目便不能发挥合同预期的作用。或者说，附加工程就是合同工程项目必需的工程，也是承包人在接到工程师的工程变更指令后必须完成的工作，无论这些工作是否列入该工程项目合同文件中。

如何确定一项新增工程是属于"附加工程"或是"额外工程"，这是索赔中经常遇到的问题。在工程项目的合同管理和索赔工作中，应该严格区分"附加工程"和"额外工程"这两种工作范围不同的工作。

a. 包括在招标文件中的"工程范围"所列的工作内，并在工程量表、技术规范及图纸中所标明的工程，均属于"附加工程"。

b. 工程师指示进行的"工程变更"，如属于根本性的变更，则属于"额外工程"。

c. 发生的工程变更的工程量或款额，超过了一定的界限时，即超出了"附加工程"的范围，属于"额外工程"。

d. 如果属于"附加工程"，则计算工程款时，应按照投标文件工程量清单中所列的单价进行计算，或参照近似工作的单价计算。如果确定是属于"额外工程"，则应重新议定单价，按新单价支付工程款。

**【案例 2.2.4-5】** 工程变更索赔

在某国际工程中，按合同规定的总工期计划，应于××年×月×日开始现场搅拌混凝土。因承包商的混凝土拌和设备迟迟运不上工地，承包商决定使用商品混凝土，但为业主否决。而在承包合同中未明确规定使用何种混凝土。承包商不得已，只有继续组织设备进场，由此导致施工现场停工、工期拖延和费用增加。对此承包商提出工期和费用索赔。

而业主以如下两点理由否定承包商的索赔要求：

①已批准的施工进度计划中确定承包商用现场搅拌混凝土，承包商应遵守。

②拌和设备运不上工地是承包商的失误，他无权要求赔偿。

最终将争执提交调解人。调解人认为：因为合同中未明确规定一定要用工地现场搅拌的混凝土（施工方案不是合同文件），则商品混凝土只要符合合同规定的质量标准也可以使用，不必经业主批准。因为按照惯例，实施工程的方法由承包商负责。他在不影响或为了更好地保证合同总目标的前提下，可以选择更为经济合理的施工方案。业主不得随便干预。在这前提下，业主拒绝承包商使用商品混凝土，是一个变更指令，对此可以进行工期和费用索赔。但该项索赔必须在合同规定的索赔有效期内提出。当然承包商不能因为用商品混凝土要求业主补偿任何费用。最终承包商获得了工期和费用补偿。

③ 工程延期的索赔

由于业主的责任或由于客观原因影响等非承包人的责任使工期延期，承包人会提出要求延长工期的要求，有时还会提出由此造成的费用增加的补偿要求。工程延期的原因通常有：

a. 合同文件的内容出错或互相矛盾；

b. 监理工程师在合理的时间内未曾发出承包人要求的图纸和指示；

c. 有关放线的资料不准；

d. 不利的自然条件；

e. 在现场发现化石、钱币、有价值的物品或文物；

f. 额外的样本与试验；

g. 业主和监理工程师命令暂停工程；

h. 业主未能按时提供现场；

i. 业主违约；

j. 业主风险。

以上提出的工期索赔中，凡属于客观原因造成的延期，属于业主也无法预见到的情况，如特殊反常天气等，承包人可得到延长工期，但得不到费用补偿。凡纯属业主方面的原因造成拖期，不仅应给承包人延长工期，还应给予费用补偿。

要注意的是工期和费用索赔并不一定同时成立。例如由于特殊恶劣气候等原因承包人可以要求延长工期，但不能要求补偿费用；也有些延误时间并不影响关键路线的施工，承包人可能得不到工期延长；有时两种索赔可能同时发生，即可以要求延长工期，又可以获得对其损失的补偿。

在工程实施过程中，工程的拖期很少是由一种原因引起的，往往是由两种甚至三种原因同时发生而形成的，这就是所谓的"共同的延误"。

共同延误下，工期索赔的处理方法可依据下述原则：

a. 判别造成拖期的哪一种原因是最先发生的，即确定"初始延误"者，它首先应对工程拖期负责；在初始延误发生作用期间，其他并发的延误者不承担拖期责任；

b. 如果初始延误者是业主，则在业主造成的有效延误期内，承包人既可得到工期延长，又可得到费用补偿；

c. 如果初始延误者是客观因素，则在客观因素发生影响的有效期内，承包人可以得到工期延长，但得不到费用补偿。

④ 加速施工索赔

一项工程遇到某种原因如工程变更而必须延长工期。但业主认为宁可增加工程成本，也必须按计划工期建成投产以尽早发挥工程生产能力。这时可能会要求承包人加班赶工来完成工程。

由于采取加速措施，承包人要增加相当大的资源投入，使原定的工程成本增加，形成了附加成本开支。如采购或租赁原施工组织设计中没有考虑的新的施工机械和有关设备；增加施工的工人数量，或采取加班施工；增加材料供应量和生活物资供应量；采用奖励制度，提高劳动生产率；工地管理费增加等。

如何确定加速施工所发生的附加费用，双方可能差距很大。因为影响附加费用款额的因素很多，如：投入的资源量、提前的完工天数、加班津贴、施工新单价等。解决这一问题建议采用"奖金"的办法。即规定当某一部分工程或分部工程每提前完工一天，发给承包人奖金若干。这种支付方式的优点是：不仅促使承包人早日建成工程，早日投入运行，而且计价方式简单，避免了计算加速施工、延长工期、调整单价等许多容易扯皮的烦琐计算。

⑤ 业主不正当地终止工程而引起的索赔

由于业主不正当地终止工程，承包人有权要求补偿损失，其数额是承包人在被终止工程中的人工、材料、机械设备的全部支出，以及各项管理费用、保险费、贷款利息、保函费用的支出（减去已结算的工程款），并有权要求赔偿其盈利损失。

⑥ 物价上涨引起的索赔

由于物价上涨，使人工费和材料费不断增长，引起了工程成本的增加。如何处理物价上涨引起的合同价调整问题，常用的办法有以下三种：

a. 对固定总价合同不予调整。

b. 按价差调整合同价。在工程结算时，对人工费及材料费的价差，即现行价格与基础价格的差值，由业主向承包人补偿。

c. 用调价公式调整合同价。在每月结算工程进度款时，利用合同文件中的调价公式，计算人工、材料等的调整数。

⑦ 法律、货币及汇率变化引起的索赔

a. 法律改变引起的索赔。如果在基准日期以后，由于法规、法令、政令或其他法律或规章发生了变更，导致了承包人成本增加。对承包人由此增加的开支，业主应予补偿。

b. 货币及汇率变化引起的索赔。如果在基准日期以后，对支付合同价格的一种或几种货币实行货币限制或货币汇兑限制，则业主应补偿承包商因此而受到的损失。

⑧ 拖延支付工程款的索赔

如果业主在规定的应付款时间内未能按工程师的任何证书向承包人支付应支付的款额，承包人可在提前通知业主的情况下，暂停工作或减缓工作速度，并有权获得任何误期的补偿和其他额外费用的补偿（如利息）。

⑨ 业主的风险

业主的风险是指战争、敌对行动、入侵、外敌行动；工程所在地的叛乱、恐怖主义、革命、暴动、军事政变或篡夺政权，或内战；承包人人员及承包人和分包人的其他雇员以外的人员在工程所在地的暴乱、骚动或混乱；工程所在地的战争军火、爆炸物资、电离辐射或放射性引起的污染，但可能由承包人使用此类军火、炸药、辐射或放射性引起的除外；由音速或超音速飞行的飞机或飞行装置所产生的压力波；除合同规定以外业主使用或占有的永久工程的任何部分；由业主人员或业主对其负责的其他人员所做的工程任何部分的设计；不可预见的或不能合理预期一个有经验的承包人已采取适宜预防措施的任何自然力的作用。

2）业主对承包人的索赔

由于承包人不履行或不完全履行约定的义务，或者由于承包人的行为使业主受到损失时，业主可向承包人索赔。

① 由于工期延误，业主对承包人的索赔

在工程项目的施工过程中，由于多方面的原因，往往使工程竣工日期较原定竣工日期推后，影响到业主对该工程的利用计划，给业主带来经济损失。按照工程承包的惯例，业主有权向承包人索赔，即要求他承担"误期损害赔偿费"。承包人承担这项赔偿费的前提是这一工期延误的责任属于承包人方面。

工程合同中规定的误期损害赔偿费，通常都是由业主在招标文件中确定的。业主在确定这一赔偿金的费率时，一般要考虑以下诸项因素：

a. 业主的盈利损失；

b. 继续使用原设施或租用其他设施的维修费用；

c. 由于工程拖期而引起的贷款利息增加；

d. 工程拖期带来的附加监理费；

e. 原计划收入款额的落空部分；

f. 由于本工程项目拖期竣工不能使用，租用其他设施时的租赁费。

业主应该注意赔偿金费率的合理性，不应把它定得明显偏高，超出合理的数额。而且，在工程承包实施中，一般都对误期赔偿费的累计扣款总额有所限制，如不得超过该工程项目合同价的 $5\% \sim 10\%$。

② 由于工程缺陷，业主对承包人的索赔

当承包人的施工质量不符合合同的要求，或使用的设备和材料不符合合同规定。或在缺陷责任期未满以前未完成应该负责修补的工程时，业主有权向承包人追究责任，要求补偿所受的经济损失。工程缺陷包括的主要内容有：

a. 承包人建成的某一部分工程，由于工艺水平差而出现倾斜、开裂等破损现象；

b. 承包人使用的材料或设备不符合合同条款中指定的规格或质量标准，从而危及建筑物的牢固性；

c. 承包人负责设计的部分永久工程，虽然经过了工程师的审核同意，但建成后发现了失误，影响工程的牢固性；

d. 承包人没有完成按照合同文件规定的应进行的隐含的工作等。

这些缺陷修补工作，承包人应在工程师和业主规定的时期内做完，并经检查合格。在缺陷责任期届满之际，工程师在全面检查验收时发现的任何缺陷，一般应在 14 天以内要求承包人修好，才能向业主移交工程，从而完成缺陷责任期的责任。缺陷处理的费用，应该由承包人自己承担。如果承包人在规定的期限内未完成缺陷修补工作，业主有权雇佣他人来完成工作，发生的成本和利润由承包人负担。

③ 其他原因，业主对承包人的索赔

a. 应由承包人所申办的工程保险，如工程一切险、人身事故保险、第三方责任险等，如果承包人未能按照合同条款指定的项目投保，并保证保险有效。业主可以投保并保证保险有效，业主所支付的必要的保险费可在应付给承包人的款项中扣回。

b. 承包人未能提供已向指定分包人付款的合理证明时，业主可以直接按照监理工程师的证明书，将承包人未付给指定分包人的所有款项（扣除保留金）付给这个分包商，并从应付给承包人的款项中如数扣除。

c. 当承包人严重违约，不能（或无力）完成工程项目合同的职责时，业主有权终止其合同关系，由业主自己或雇佣另一个承包人来完成工程，业主这时还可以使用原承包人的设备、临时工程或材料，然后再清理合同付款。

d. 超额利润的索赔。

业主对承包人的索赔工作不像承包人的索赔工作那么复杂。在处理业主对承包人的索赔款方面，亦没有那么困难。业主对承包人的索赔措施，基本上都已列入工程项目的合同条款中去了，如投标保函、履约保函、预付款保函、保留金、误期损害赔偿费、第三方责任险、缺陷责任等。在合同实施的过程中，许多业主对承包人的索赔措施顺理成章地已一一体现了。

另外，业主对承包人的索赔，不需要提交什么报告之类的索赔文件，只需通知承包人即可。有的业主对承包人的索赔决定，如承包人保险失效、误期损害赔偿费扣除等，根本不需要事先通知承包人，就可以直接扣款。

业主对承包人的索赔款额，由业主自己根据有关法律和合同条款确定，且直接从承包商的工程进度款中扣除。如工程进度款数额不够，便可以从承包人提供的任何担保或保函中扣除。如果还不够抵偿业主的索赔款额，业主还有权扣押、没收承包人在工地上的任何财产，如施工机械等。

（4）工程索赔定量分析

1）可索赔的费用

可索赔的费用包括直接费用（包括人工费、材料费、施工机械费等）、间接费用（包括上级管理费、现场管理费等）、保险费，有时还有利润索赔。

2）索赔费用的计算方法

索赔的计算方法一般有实际费用法、总费用法和修正的总费用法。

3）工期索赔计算模型

工期索赔是与费用索赔并列的又一大类型索赔问题。工期索赔的计算主要有网格分析法和比例分析法两种。

① 网络分析法模型

网络分析法通过分析索赔事件发生前后的网络计划，对比两种工期计算结果得出工期索赔值。它是一种科学合理的分析方法，适用于各种索赔事件的工期索赔计算。网络分析法的基本思路是：

a. 假设工程一直按原网络计划确定的顺序和工期进行。现发生一个或一些非承包人原因造成的干扰事件，使网络中的某个或某些活动受到干扰而延长了持续时间。将这些活动受干扰后的持续时间代入网络中，重新进行网络分析，得到一个新的工期。

b. 比较分析，确定工期索赔值。

对于整个工程而言，新工期与原工期之差为干扰事件对总工期的影响，即为工期索赔值。

就一项受到干扰的工作来说，如果是在关键线路上，则该工作的持续时间延长即为总工期的延长值；如果是在非关键线路上，受干扰后仍在非关键线路上，则这个受到干扰的工作对工期无影响，故不能提出工期索赔；虽然不在关键线路上，但受到干扰后该工作持续时间延长，且期延长值超过了总时差，该事件变成了关键工作，此时有工期索赔问题。

运用网络计划技术进行工期索赔分析，计算工作量大，故一般采用计算机辅助完成。目前计算机软件已很成熟，如 P3（Primavera Project Planner）、MS－Project、TL（Time Line）等。

② 比例分析法模型

网络分析模型用于工期索赔的前提条件是必须使用网络分析技术进行工程进度计划的编制与控制。在实际工程中网络技术的应用往往受到很多非技术因素的影响，致使我国许多工程承包公司还没有应用网络技术。而干扰事件常常仅影响某些单项工程、单位工程或分部分项工程的工期，要分析它们对总工期的影响，可以采用更为简单的比例分析法进行估算。

a. 合同价比例分析法

工程延期时：

$$总工期索赔值＝\frac{受干扰部分工程的合同值}{原整个工程合同总价}×该部分工程受干扰工期拖延量$$

工程变更时：

$$总工期索赔值＝\frac{变更增加的合同值}{原整个工程合同总价}×原合同总工期$$

比例分析方法有如下特点：

● 计算简单、方便，不需作复杂的网络分析，在意义上人们也容易接受，所以用得也比较多。

● 常常不符合实际情况，不太合理，不太科学。因为从网络分析可以看到，关键线路活动的任何延长，即为总工期的延长；而非关键线路活动延长常常对总工期没有影响。所以不能统一以合同价格比例折算。按单项工程平均值计算同样有这个问题。

● 这种分析方法对有些情况不适用，例如业主变更工程施工次序，业主指令采取加速措施，业主指令删减工程量或部分工程等，如果仍用这种方法，会得到错误的结果。这在实际工作中应予以注意。

● 对工程变更，特别是工程量增加所引起的工期索赔，采用比例计算法存在一个很大的缺陷。由于干扰事件是在工程过程中发生的，承包商没有一个合理的计划期，而合同工期和价格是在合同签订前确定的，承包商有一个做标期。所以它们是不可比的。工程变更指令会造成施工现场的停工、返工，计划要重新修改，承包商要增加或重新安排劳动力、材料和设备，会引起施工现场的混乱和低效率。这样工程变更的实际影响比按比例法计算的结果要大得多。在这种情况下，工期索赔常常是由施工现场的实际记录决定的。

【案例 2.2.4-6】　工程延期比例分析法索赔

某工程，原合同规定两个阶段施工，工期为：土建工程21个月，安装工程12个月。现以一定量的劳动力需要量作为相对单位，则合同所规定的土建工程量可折算为310个相对单位，安装工程量折算为70个相对单位。合同规定，在工程量增减10%的范围内，作为承包商的工期风险，不能要求工期补偿。在工程施工过程中，土建和安装工程的工程量都有较大幅度的增加，同时又有许多附加工程，使土建工程量增加到430个相对单位，安装工程量增加到117个相对单位。对此，承包商提出工期索赔。考虑到工程量增加10%作为承包商的风险，则土建工程量应为：$310 \times 1.1 = 341$相对单位，安装工程量应为：$70 \times 1.1 = 77$相对单位。由于工程量增加造成工期延长为：土建工程工期延长 $= 21 \times (430/341 - 1) = 5.5$月。安装工程工期延长 $= 12 \times (117/77 - 1) = 6.2$月。则总工期索赔 $= 5.5 + 6.2 = 11.7$月。这里将原计划工作量增加10%作为计算基数，一方面考虑到合同规定的风险，另一方面由于工作量的增加，工作效率会有提高。这不是对工程变更引起工期延长的精细的分析，而是基于合同总工期计划上的匡算，比较粗，也有很多不合理的地方。如果仅某个分项工程工程量增加，则可按工程量增加的比例扩大网络上相关活动的持续时间，重新进行网络分析。

b. 按单项工程工期拖延的平均值计算

设有 $m$ 项单项工程同时受到某干扰事件的影响，对各项工程造成的影响为：单项工程 $A_1$ 推迟 $d_1$ 天，单项工程 $A_2$ 推迟 $d_2$ 天，……单项工程 $A_m$ 推迟 $d_m$ 天。

各单项工程总延长天数（$D$）为：$D = \sum_{i=1}^{m} d_i$

单项工程平均延长天数 $\overline{D} = \dfrac{D}{m}$

考虑到对各单项工程影响的不均匀性，对总工期的影响可考虑增加一个调整量 $\Delta d$（$\Delta d > 0$）。

$$\Delta d = \frac{\sum_{i=1}^{m} |d_i - \overline{D}|}{m}$$

总工期索赔值为：

$$T = \overline{D} + \Delta d$$

**【案例 2.2.4-7】** 单项工程工期拖延的平均值索赔工期示例

某工程有 A、B、C、D、E 五个单项工程。合同规定由业主提供水泥。在实际施工中，业主没能按合同规定的日期供应水泥，造成工程停工待料。根据现场工程资料和合同双方的通信等证明，由于业主水泥提供不及时对工程施工造成如下影响：A 单项工程500m³ 混凝土基础推迟21天；B 单项工程850m³ 混凝土基础推迟7天；C 单项工程225m³ 混凝土基础推迟10天；D 单项工程480m³ 混凝土基础推迟10天；E 单项工程120m³ 混凝土基础推迟27天。承包商在一揽子索赔中，对业主材料供应不及时造成工期延长提出索赔如下：总延长天数 $= 21 + 7 + 10 + 10 + 27 = 75$ 天，平均延长天数 $= 75/5 = 15$ 天，工期索赔值 $= 15 + 5 = 20$ 天，此处附加5天为考虑它们的不均匀性对总工期的影响。

**【案例 2.2.4-8】** 某桥梁工程综合索赔案例

某桥梁工程，按照 FIDIC 合同模式进行招标和施工管理。中标合同价为 1832.95 万元，工期 18 个月。

合同实施状况在业主下达开工令以后，承包商按期开始施工。但在施工过程中，首先遇到如下问题：

1）工程地基条件比业主提供的地质勘探报告差；

2）施工条件受交通的干扰甚大；

3）设计多次修改，监理工程师下达工程变更指令，导致工程量增加和工期拖延。

为此，承包商先后提出 6 次工期索赔，累计要求延期 395 天；此外，还提出了相关的费用索赔，申明将报送详细索赔款额计算书。

对于承包商的索赔要求，业主和监理工程师的答复是：

1）根据合同条件和实际调查结果，同意工期适当的延长，批准累计延期 128 天；

2）业主不承担合同价以外的任何附加开支。

承包商对业主的上述答复极不满意，并提出了书面申辩，指出累计工期延长 128 天是不合理的，不符合实际的施工条件和合同条款。承包商的 6 次工期索赔报告，包括了实际存在的并符合合同的诸多理由，要求监理工程师和业主对工期延长天数再次予以核查批准。从施工的第二年开始，根据业主的反复要求，承包商采取了加速施工措施，以便项目早日建成。这些加速施工的措施，监理工程师是同意的，如由一班作业改为两班作业，节假日加班施工，增加了一些施工设备等。就此，承包商向业主提出加速施工的费用赔偿要求。

承包商的索赔要求监理工程师和业主对承包商的反驳函件进行了多次研究，在工程快结束时做出答复：

1）最终批准工期延长为 176 天；

2）如果发生计划外附加开支，同意支付直接费和管理费，待索赔报告正式送出后核定。这最终批准的工期延长的天数就是工程建成时实际发生的拖期天数。工期原定为 18 个月（547 个日历天数），而实际竣工工期为 723 天，即实际延期 176 天。业主在这里承认了工程拖期的合理性，免除了承包商承担误期损害赔偿费的责任，虽然不再多给承包商更多的延期天数，承包商也感到满意。同时业主允诺支付由此而产生的附加费用（直接费和管理费）补偿，说明业主已基本认可承包商的索赔要求。

在工程即将竣工时，承包商送来了索赔报告书，其索赔费用的组成如下：

① 加速施工期间的生产效率降低损失费 659191 元。

② 加速并延长施工期的管理费 121350 元。

③ 人工费调价增支 23485 元。

④ 材料费调价增支 59850 元。

⑤ 设备租赁费 65780 元。

⑥ 分包费增支 187550 元。

⑦ 增加投资贷款利息 152380 元。

⑧ 履约保函延期增支 52830 元以上共计（1322416 元）。

⑨ 利润（8.5%）112405 元。

索赔款总计 1434821 元。

对于上述索赔额，承包商在索赔报告书中进行了逐项地分析计算，主要内容如下：

1）劳动生产率降低引起的附加开支。承包商根据自己的施工记录，证明在业主正式通知采取加速措施以前，他的工人的劳动生产率可以达到投标文件所列的生产效率。但当采取加速措施以后，由于进行两班作业，夜班工作效率下降；由于改变了某些部位的施工顺序，工效亦降低。在开始加速施工以后，直到建成工程项目，承包商的施工记录总共用技工20237个工日，普工38623个工日。但根据投标书中的工日定额，完成同样的工作所需技工为10820个工日，普工21760个工日。这样，多用的工日系由于加速施工形成的生产率降低，增加了承包商的开支，即技工和普工分别增加用工9417工日和16863工日，技工和普工每工日平均工资分别为31.5元和21.5，增支工资分别为296636和362555元，共计659191元。

2）延期施工管理费增支。根据投标书及中标协议书，在中标合同价1832.95万元中包含施工现场管理费及总部管理费1270134元。按原定工期18个月（547个日历天数）计，每日平均管理费为2322元。在原定工期547天的前提下，业主批准承包商采取加速措施，并准予延长工期176天，以完成全部工程。在延长施工的176天内，承包商应得管理费款额为$2322 \times 176 = 408672$元。但是，在工期延长期间，承包商实施业主的工程变更指令，所完成的工程款中已包含了管理费287322元（则可以按比例反算工程变更增加工程费为414万人民币，相当于正常4个月工作量）。为了避免管理费的重复计算，承包商应得的管理费为$408672 - 287322 = 121350$元。

3）人工费调价增支。根据人工费增长的统计，在后半年施工期间工人工资增长3.2%，按规定进行人工费调整，故应调增人工费。本工程实际施工期为2年，其中包括原定工期18个月（547天），以及批准工期延长176天。在2年的施工过程中，第一年系按合同正常施工，第二年系加速施工期。在加速施工的1年里，按规定在其后半年进行人工费调整（增加3.2%），故应对加速施工期（1年）的人工费的50%进行调增，即：技工$(20237 \times 31.5)/2 \times 3.2\% = 10199$元，普工$(38623 \times 21.5)/2 \times 3.2\% = 13286$元，共调增23485元。

4）材料费调价增支。根据材料价格上调的幅度，对施工期第二年内采购的三材（钢材、木材、水泥）及其他建筑材料进行调价，上调5.5%。由统计计算结果，第二年度内使用的材料总价为1088182元，故应调增材料费：$1088182 \times 5.5\% = 59850$元。

5）机械租赁费65780元，系按租赁单据上款额列入。

6）分包商装修工作增支。根据装修分包商的索赔报告，其人工费、材料费、管理费以及合同规定的利润索赔总计为187550元。分包商的索赔费如数列入总承包商的索赔款总额以内，在业主核准并付款后悉数付给分包商。

7）增加投资贷款利息。由于采取加速施工措施，并延期施工工期，承包商不得不增加其资金投入。这批增加的投资，无论是承包商从银行贷款，或是由其总部拨款，都应从业主方面取得利息款的补偿，其利率按当时的银行贷款利率计算，计息期为一年，即：总贷款额$1792700$元$\times 8.5\% = 152380$元。

8）履约保函延期开支。根据银行担保协议书规定的利率及延期天数计算，为52830元。

9）利润。按加速施工期及延期施工期内，承包商的直接费、间接费等项附加开支的总值，乘以合同中原定的利润率（8.5%）计算，即$1322416$元$\times 8.5\% = 112405$元。

以上 9 项，总计索赔款额为 1434821 元，相当于原合同价的 7.8%，这就是由于加速施工及工期延长所增加的建设费用。由于在计算过程中承包商与监理工程师几经讨论，所以顺利地通过了监理工程师的核准，又由于监理工程师事先与业主充分协商，因而使承包商比较顺利地从业主方面取得了拨款。

本案例包括工期拖延和加速施工索赔，在索赔的提出和处理上有一定的代表性。虽然该索赔经过工程师和业主的讨论，顺利通过核准，并取得了拨款。但在处理该项索赔要求（即反驳该索赔报告时）尚有如下问题值得注意：

1）承包商是按照一揽子方法提出的索赔报告，而且没有细分各干扰事件的分析和计算。工程师反索赔应要求承包商将各干扰事件的工期索赔、工期拖延引起的各项费用索赔、加速施工所产生的各项费用索赔分开来分析和计算，否则容易出现计算错误。在本案例中业主基本上赔偿了承包商的全部实际损失，而且许多计算明显不合理。

2）在施工第一年承包商共提出 6 次工期索赔共 395 天，而业主仅批准了 128 天。这在工期索赔中常见的现象：承包商提交了几份工期索赔报告，其累计量远大于实际拖延，这里面可能有如下原因：

① 承包商扩大了索赔值计算，多估冒算。

② 各干扰事件的工期影响之间有较大的重叠。例如本案例中地质条件复杂、交通受到干扰、设计修改之间可能有重叠的影响。

③ 干扰事件的持续时间和实际总工期拖延之间常常不一致。例如实际工程中常常有如下情况：交通中断影响 8 小时，但并不一定现场完全停工 8 小时；由于设计修改或图纸拖延造成现场停工，但由于承包商重新安排劳动力和设备使当月完成工程量并未减少；业主拖延工程款 2 个月，承包商有权停工，但实际上承包商未采取停工措施等。在这里要综合分析，注重现场的实际效果。

对承包商提出的 6 次工期索赔，工程师应作详细分析，分解出：

① 业主责任造成的。例如地质条件变化、设计修改、图纸拖延等，则工期和费用都应补偿。

② 其他原因造成的。例如恶劣的气候条件，工期可以顺延，但费用不予补偿。

③ 承包商责任的以及应由承包商承担的风险。如正常的阴雨天气、承包商施工组织失误、拖延开工等。对承包商提出的交通干扰所引起的工期索赔，要分析：如果在投标后由于交通法规变化，或当地新的交通管理规章颁布，则属于一个有经验的承包商不能预见的情况，应归入业主责任；如果当地交通状况一直如此，规章没有变化，则应属于承包商环境调查的责任。通常情况下，上述几类在工程中都会存在，不会仅仅是业主责任。这种分析在本案例中对工期相关费用索赔的反驳，对确定加速所赶回工期数量（按本案例的索赔报告无法确定）以及加速费用计算极为重要。由于这个关键问题未说明，所以在本案例中对费用索赔的计算很难达到科学和合理。

3）劳动生产率降低的计算。业主赔偿了承包商在施工现场的所有实际人工费损失。这只有在承包商没有任何责任，以及没发生合同规定的任何承包商风险状况下才成立。如果存在气候原因和承包商应承担的风险原因造成工期拖延，则相应的人工工日应在总额中扣除。而且：

① 工程师应分析承包商报价中劳动效率（即合同文件用工量）的科学性。承包商在

投标书中可能有投标策略。如果投标文件用工量较少（即在保持总人工费不变的情况下，减少用工量，提高劳动力单价），则按这种方法计算会造成业主损失。对此可以对比定额，或本项目参加投标的其他承包商的标书所用的劳动效率。

② 合同文件用工应包括工程变更（约 414 万人民币工程量）中已经在工程价款中支付给承包商的人工费，应该扣除这部分的人工费。

③ 实际用工中应扣除业主点工计酬，承包商责任和风险造成的窝工损失（如阴雨天气）。

④ 从总体上看，第二年加速施工，实际用工比合同用工增加了近一倍。承包商报出的数量太大。这个数值是本索赔报告中最大的一项，应作重点分析。

4）工期拖延相关的施工管理费计算对拖延 176 天的管理费，这种计算使用了 Hudson 公式，不太合理，应按报价分摊到每天的管理费，打个适当的折扣。这要作报价分析。如果开办费独立立项，则这个折扣可大一点。但又应考虑到由于加速施工增加了劳动力和设备的投入，在一定程度上又会加大施工管理费的开支。

5）人工费和材料费涨价的调整：

① 由于本工程合同允许调整，则这个调整最好放在工程款结算中调整较为适宜。如果工程合同不允许价格调整，即固定价格合同，则由于工期拖延和物价上涨的费用索赔在工期拖延相关费用索赔中提出较好。

② 如果建筑材料价格上涨 5.5% 是基准期到第二年年底的上涨幅度，或年上涨幅度（对固定价格合同），则由于在工程中材料是被均衡使用的，所以按公式只能算一半，即：$1088182 \times 5.5\% \times 0.5 = 29925$ 元。

6）贷款利息的计算这种计算利息的公式是假设在第二年初就投入了全部资金的情况，显然不太符合实际。利息的计算一般是以承包商工程的负现金流量作为计算依据。如果按照承包商在本案例中提出的公式计算，通常也只能算一半。

7）利润的计算：

① 由于图纸拖延、交通干扰等造成的拖延所引起的费用索赔一般是不能计算利润的。

② 人工费和材料费的调价也不能计算利润。一般情况下本案是不能索赔利润的。

## 2.3 公路工程建设项目管理的信息化

### 2.3.1 概述

国有资产监督管理委员会分别于 2007 年、2008 年和 2009 年颁发了《关于加强中央企业信息化工作指导意见》、《中央企业信息化水平评价暂行办法》、《关于进一步推进中央企业信息化工作的意见》的相关文件；交通运输部 2011 年 4 月颁发了《公路交通信息化十二五规划》；住房和城乡建设部分别于 2011 年 5 月和 2011 年 12 月颁发了《2011～2015 年建筑业信息化发展纲要》、《建筑施工企业信息化评价标准》JGJ/T 272—2012。为企业的信息化指明了发展方向并明确了工作的具体要求。

（1）公路交通信息化"十二五"规划的相关内容

公路交通信息化"十二五"规划共有五个部分：第一部分是"十一五"公路水路交通信息化发展回顾；第二部分是"十二五"交通运输信息化发展需求；第三部分是指导思想、基本原则和发展目标；第四部分是建设重点；第五部分是保障措施。

公路交通信息化"十二五"规划中与公路工程建设项目管理的信息化相关内容有：

1) 指导思想、基本原则和发展目标

① 指导思想

高举中国特色社会主义伟大旗帜，以邓小平理论和"三个代表"重要思想为指导，深入贯彻落实科学发展观，按照转变发展方式、加快发展现代交通运输业的总体要求，大力推进交通运输各领域信息化建设，推动信息技术与交通运输管理和服务全面融合。以全行业综合性和区域性重大信息化工程为带动，积极推动互联互通、信息共享和业务协同，深化交通运输电子政务和电子商务应用，切实提升信息化的发展质量和综合效益，促进现代交通运输业发展。

② 基本原则

共享资源，业务协同。基于信息化环境优化业务流程，利用信息技术促进业务流程再造，支撑业务发展，提高行业信息资源共享、业务协同能力和服务水平，充分发挥信息化建设的综合效益。以构建和完善交通信息资源体系为核心，着力加强全行业信息化发展的统筹协调力度，下大力气扭转原有信息化建设条块分割、各自为战的局面，形成行业发展合力，实现建设整体效果。

③ 发展目标

推进行业重大应用工程建设，全面提升行业业务协同、科学决策和信息服务能力，对促进服务型政府建设的作用更加显著。面向行业管理，设定了如下目标：

a. 交通运输核心业务信息化应用的广度和深度达到较高水平，核心业务信息化覆盖率达到85％以上，并在交通运输行政执法、市场诚信体系建设、安全监管与应急处置等领域实现跨区域、跨行业的综合性应用。

b. 基本建成部省两级公路水路建设和运输市场信用信息服务系统，形成政府监管、企业自律、社会监督的信用管理和服务体系。

2) 建设重点

公路交通信息化"十二五"规划的建设重点之一是实施交通运输行业信息化重大工程。其中包括公路水路建设与运输市场信用信息服务系统建设工程。主要有如下相关内容：

深化完善部省两级公路水路交通建设市场信用信息管理系统。推广普及公路水运建设工程项目管理、工程标准规范管理系统，建设公路水运工程招投标管理等系统，构建涵盖勘察设计、施工、监理、试验检测等从业单位和人员的信用监管、征集、发布和奖罚机制，实现公路水路建设市场责任主体基本信息、信用信息、工程建设项目信息的公开、共享，规范公路水路建设市场秩序，提高工程质量。

3) 保障措施

为保障规划目标的实现和各项任务的落实，需要采取有效的保障措施，扎实推进信息化发展。

① 加强规划统筹和执行力度

各级交通运输主管部门应依据公路交通信息化"十二五"规划，组织编制本地区、本部门交通运输信息化发展规划。在组织推进信息化建设工作中，要按照规划确定的发展思路和重点建设内容，制定周密的实施方案，扎实推进规划落实工作。应依据《国家电子政务工程建设项目管理暂行办法》（2007 年 8 月 13 日发改委 55 号令），开展信息化项目建设管理工作。加强对本地区、本部门规划实施的动态评估、滚动调整和和监督检查工作，探索建立交通信息化发展水平统计监测制度和绩效评估机制，将信息化绩效考核纳入部门年度工作考核体系。

② 有序组织推进行业信息化重大工程

由交通运输部统一组织开展行业重大信息化工程顶层设计，按照"统一规划、统一标准、统筹协调、分级建设、分步实施、分类指导、加强管理"的原则建设实施。明确部和地方在推进行业重大工程的事权关系，形成分工合理、权责明确的协调推进机制。

强化项目管理，制订重大工程建设与运行管理的相关办法，注重对重大工程技术规范和要求的总结，提炼形成行业有关标准规范，定期组织各种形式的交流培训活动，开展阶段性考核评比工作。

③ 多渠道加大信息化资金投入

信息化建设和运行维护已成为各级交通运输管理部门的常态化工作任务，应从燃油税返还中设立专项资金，并积极争取各级政府财政性资金、科技专项资金等用于支持交通运输信息化建设，并向财政部门申请日常运行维护资金。交通运输部将对信息化重大工程、示范试点及推广工程给予资金补助，对西部地区给予倾斜，各地应保障配套资金的落实。各级交通运输管理部门应正确处理政府推动与市场配置资源两者之间的关系，合理制定差异化的资金政策，积极引入市场机制，吸纳社会力量参与交通运输信息化发展，推进信息服务领域产业化进程。

④ 注重新技术在行业应用的研究

应紧密跟踪现代新兴信息技术发展趋势，围绕感知识别、网络传输、智能处理和数据挖掘等关键环节，开展在交通运输领域的应用攻关。在信息化重大工程和示范试点工程实施中，加强对物联网、云计算、海量存储、高速传输、我国第二代卫星导航、遥感遥测等新技术的一体化应用研究，力争在拓展应用领域、创新应用模式、提升应用水平等方面取得重要突破，并加快成果转化和推广，提升行业信息化技术水平。

⑤ 改善行业信息化政策法规环境

各级交通运输主管部门要结合实际，抓紧制定交通信息化建设管理办法、信息化技术管理办法，完善技术管控体系建设。建立交通信息资源采集、更新、共享制度，明确数据来源、质量标准以及信息交换的责任和义务。探索建立公益性信息资源开发与服务的长效机制。研究制定交通运输信息服务产业化发展政策，推动形成市场导向、规模经营、专业分工、效益显著的产业发展格局，增强交通运输信息化的可持续发展能力。

⑥ 积极组织开展项目后评价工作

组织制定《交通运输信息化建设项目后评价管理办法》和《交通运输信息化建设项目后评价报告编制办法》，强化项目建设全过程管理，为规划的实施、修订和完善提供基础。各级交通运输主管部门要加快研究设立信息化后评价专项资金，完善相关管理机制，确保信息化建设项目后评价工作公正、客观、有效的开展。

⑦ 加大信息化人才交流培训力度

及时总结和大力推广信息化工程建设的先进经验，积极组织各种形式的培训交流活动。各地区要加强对行业管理人员和基层业务人员的信息化知识、应用技能的宣传和培训，提高其应用能力。要以培训和引进相结合，提高信息化管理与技术人员队伍素质，为信息化可持续发展奠定基础，并加强信息化人才跨地区、跨部门交流力度，通过多岗位锻炼、丰富阅历、提高能力。

（2）公路工程施工总承包企业特级资质对信息化的要求

中华人民共和国建设部于 2007 年 3 月 13 日颁发了《施工总承包企业特级资质标准》。该标准对原《建筑业企业资质等级标准》（建建［2001］82 号）中施工总承包特级资质标准进行了修订。新增了第三点科技进步水平的要求，对企业信息化做了明确要求，具体内容如下：

1）企业具有省部级（或相当于省部级水平）及以上的企业技术中心。

2）企业近三年科技活动经费支出平均达到营业额的 0.5％以上。

3）企业具有国家级工法 3 项以上；近五年具有与工程建设相关的，能够推动企业技术进步的专利 3 项以上，累计有效专利 8 项以上，其中至少有一项发明专利。

4）企业近十年获得过国家级科技进步奖项或主编过工程建设国家或行业标准。

5）企业已建立内部局域网或管理信息平台，实现了内部办公、信息发布、数据交换的网络化；已建立并开通了企业外部网站；使用了综合项目管理信息系统和人事管理系统、工程设计相关软件，实现了档案管理和设计文档管理。

（3）住房和城乡建设部颁发的 2011～2015 年建筑业信息化发展纲要

1）指导思想

深入贯彻落实科学发展观，坚持"自主创新、重点跨越、支撑发展、引领未来"的方针，高度重视信息化对建筑业发展的推动作用，通过统筹规划、政策导向，进一步加强建筑企业信息化建设，不断提高信息技术应用水平，促进建筑业技术进步和管理水平提升。

2）发展目标

发展目标分为总体目标和具体目标。总体目标是："十二五"期间，基本实现建筑企业信息系统的普及应用，加快建筑信息模型（BIM）、基于网络的协同工作等新技术在工程中的应用，推动信息化标准建设，促进具有自主知识产权软件的产业化，形成一批信息技术应用达到国际先进水平的建筑企业。具体目标如下：

① 企业信息化建设

工程总承包类：进一步优化业务流程，整合信息资源，完善提升设计集成、项目管理、企业运营管理等应用系统，构建基于网络的协同工作平台，提高集成化、智能化与自动化程度，推进设计施工一体化。

勘察设计类：完善提升企业管理系统，强化勘察设计信息资源整合，逐步建立信息资源的开发、管理及利用体系。推动基于 BIM 技术的协同设计系统建设与应用，提高工程勘察问题分析能力，提升检测监测分析水平，提高设计集成化与智能化程度。

施工类：优化企业和项目管理流程，提升企业和项目管理信息系统的集成应用水平，建设协同工作平台，研究实施企业资源计划（ERP）系统，支撑企业的集约化管理和持续发展。

以上各类企业应加强信息基础设施建设，提高企业信息系统安全水平，初步建立知识管理、决策支持等企业层面的信息系统，实现与企业和项目管理等信息系统的集成，提升企业决策水平和集中管控能力。

② 专项信息技术应用

加快推广 BIM、协同设计、移动通信、无线射频、虚拟现实、4D 项目管理等技术在勘察设计、施工和工程项目管理中的应用，改进传统的生产与管理模式，提升企业的生产效率和管理水平。

③ 信息化标准

完善建筑业行业与企业信息化标准体系和相关的信息化标准，推动信息资源整合，提高信息综合利用水平。

3）发展重点之一是建筑企业信息系统

① 工程总承包类企业

围绕企业应用的两个层面，重点建设一个平台、八大应用系统。

两个层面指核心业务层和企业管理层；一个平台指信息基础设施平台；八大应用系统指核心业务层的设计集成、项目管理、项目文档管理、材料与采购管理、运营管理等系统，以及企业管理层的综合管理、辅助决策、知识管理与智能企业门户等系统。

a. 信息基础设施平台

加强信息基础设施和信息系统安全体系建设。重点强化数据中心和服务体系建设，打造安全可靠、资源共享的信息基础设施，支撑信息系统高效高质量运行。遵循国家信息安全等级保护要求，对重要应用系统实现分级保护，提升信息安全防护能力。

建立和完善信息标准体系，支撑信息系统开发和应用。重点建设信息基础设施、信息安全、信息编码、信息资源（如数据模型、模板等）以及信息系统应用等方面的标准。

b. 应用系统（即八大应用系统）

● 设计与施工集成系统

重点研究与应用智能化、可视化、模型设计、协同等技术，在提升各设计专业软件和普及应用新型智能二维和三维设计系统的基础上，逐步建立方案/工艺设计集成系统和专有技术与方案设计数据库，集成主要方案/工艺设计软件，创建方案/工艺设计协同工作平台；逐步建立工程设计集成系统和工程数据库，集成主要工程设计软件，创建工程设计协同工作平台；同时，逐步实现方案/工艺设计、工程设计、项目管理、施工管理、企业级管理等系统的集成。

● 工程项目管理系统

以项目组合管理和项目群管理理论为基础，完善提升项目管理系统构架、管理工作流和信息流，整合项目资源，建立集成项目管理系统，提升项目管理整体执行力。规范与整合项目资源分解结构（WBS、CBS、OBS、RBS 等）和编码体系；深化估算、投标报价和费用控制等系统，逐步建立适应国际工程估算、报价与费用控制的体系；完善商务与合同管理、风险管理及工程财务管理等系统，提升项目法律、融资、商务、资金、费用与成本管理水平和风险管控能力；深化应用计划进度控制系统，逐步建立施工管理和开车管理系统。同时，逐步实现与其他核心业务系统及企业级管理系统的集成。

● 项目文档管理系统

整合与提升项目文档管理系统。优化文档管理流程，建立管理标准，完善文件编码体系；强化以工作流和状态为核心的过程管理和沟通管理，开发推广文档计划、跟踪、检测等控制功能，实现文档产生、批准、发布、升版、作废的生命周期管理，并逐步实现该系统与其他核心业务系统及企业级管理系统的集成。

● 材料与采购管理系统

完善材料与采购管理系统。建立企业级材料标准库和编码库，实现材料表、请购、询价、评标、采购、催交、检验、运输、接运、仓库管理、材料预测、配料、材料发放及结算等全过程一体化的材料和采购管理；逐步建立以信誉认证、交易和电子支付等为核心的采购电子商务系统，优化材料供销过程；实现材料库与工厂安装模拟可视化系统的集成；逐步实现该系统与设计、项目管理、施工管理等系统的集成。

● 企业运营管理系统

应用工作流、内容管理、电子印章、数字签名等技术，优化工作流程，有效组织和利用信息资源，增强运营管理的体系化和流程化，提高远程办公和协同工作能力；逐步实现与其他核心业务系统及企业级管理系统的集成。

● 综合管理系统

以现代项目管理理论为基础，以经营管理、预算管理、成本管理、项目管理体系和核心业务系统为支撑，建立企业级综合管理系统，为决策层和职能管理层提供综合管理平台。整合企业项目与组织分解结构，建立项目核算和管控体系，加强经营、综合和执行计划的管理，实现预算、调度、成本核算和绩效考核的一体化，以及企业层面的统筹、协同、分级管控和资源优化配置。

● 辅助决策系统

逐步建立企业数据仓库，并利用商业智能（BI）和数据挖掘等技术，依据决策理论，逐步建立辅助决策系统。

● 知识管理系统与智能企业门户

收集、整理、组织和整合描述设计对象和专业技术的信息资源，研究知识管理机制与体系及知识管理系统建立的工具、方法、过程，建立知识管理的体系和系统。基于企业核心业务系统、综合管理系统、知识管理系统和企业数据仓库，整合企业内外网络信息资源，逐步建立智能企业门户，方便知识的利用，形成企业信息资源中心与个人信息资源中心。

② 勘察设计类企业

a. 信息基础设施平台

按需提升局域网、广域网和通信系统的性能。网络的主干带宽与客户端带宽能满足应用需求；条件具备时采用万兆网络平台，满足国际合作、异地协同工作及多媒体应用等需求。

加强网络新技术的应用，如虚拟专用网技术、3G 无线通信技术等，重视工程项目专网的建设。

适时更新和配备计算机设备，提高存储与备份系统的容量和性能，建立异地容灾备份系统，满足不断发展的企业应用需求。

配备有效的网络管理工具，实现对企业局域网与广域网、服务器、数据库系统及应用系统的有效监控和管理。

根据信息安全建设规划和应用需求，逐步建立较为完整的集防入侵、防病毒、传输加密、认证和访问控制于一体、具有较完备安全制度的信息安全体系。

b. 应用系统

推进 BIM 技术、基于网络的协同工作技术应用，提升和完善企业综合管理平台，实现企业信息管理与工程项目信息管理的集成，促进企业设计水平和管理水平的提高。

研究发展基于 BIM 技术的集成设计系统，逐步实现建筑、结构、水暖电等专业的信息共享及协同。

企业运营管理。完善财务管理、人力资源管理、办公自动化、档案管理等系统，并实现上述系统的集成；建设企业门户网站和客户关系管理系统；探索研究电子商务在工程建设过程中的应用。实现企业管理信息系统的提升。

生产经营管理。完善包含经营管理、合同管理、项目管理、技术管理、质量管理等功能的生产经营管理系统，与企业运营管理等系统有效集成，实现生产经营活动全过程的监控与管理。

c. 数据中心

逐步建立勘察设计信息资源的开发、管理及利用体系，探索发展信息资源产业机制，实现信息资源科学采集、广泛共享、快速流动、深度开发、有序配置、有效利用。

建立企业资源数据库，包括勘察设计标准、规范和标准图数据库，建筑材料、部品、工艺和设备数据库，岩土工程、区域水文地质、地下工程和相关检测监测数据库，建筑方案和典型设计数据库，以及工程项目信息与文档数据库等。

建设企业数字图书馆系统，实现设计图档、文档、图书、期刊、技术资料、有关政策法规和标准规范的数字化管理。

探索研究勘察设计知识的采集模式和表达方式，构建勘察设计知识库，积累并科学利用勘察设计知识资源，辅助设计创新能力的提升。

进一步研究制定企业资源数据库和知识库相关标准，重点研究制定资料信息数据、三维模型数据、电子工程图档信息等标准，为行业数据共享创造条件。

针对不同类型、不同规模勘察设计企业的特点，探索建立企业数据中心，并研究相应的管理模式和运行机制，为企业提供信息保障。

③施工类企业

a. 特级资质施工总承包企业

研究实施企业资源计划系统（ERP），结合企业需求实现企业现有管理信息系统的集成，或者基于企业资源计划的理念建立新的管理信息系统，支撑企业向集约化管理和协同管理发展。

依据现代企业管理制度的需求，梳理、优化企业管理和主营业务流程，整合资源，适应信息化处理需求。

● 信息基础设施平台

建设与软件应用需求相匹配、覆盖下属企业的专用网络，并实现项目现场与企业网络的连接。完善安全措施，保障应用系统的高效、安全、稳定运行。

参考国家及行业标准，借鉴其他企业标准，制定本企业的信息化标准，重点建设基础信息编码及施工项目信息化管理等标准。

● 应用系统

项目综合管理系统。进一步推进项目综合管理系统的普及应用，全面提升施工项目管理水平。

企业管理信息系统。重点实现人力资源、财务资金、物资设备、工程项目等管理的集成，消除信息孤岛，在此基础上，逐步建立企业资源计划系统。

企业知识管理系统。研究相关知识的采集和管理方法，建立知识管理机制，实现知识管理系统化，为企业提供便利的知识资源再利用平台。

企业商业智能和决策支持系统。在完善企业管理信息系统的基础上，探索建立企业数据仓库，逐步发展企业商业智能和决策支持系统。

企业间的协同工作平台。围绕施工项目，建立企业间的协同工作平台，实现企业与项目其他参与方的有序信息沟通和数据共享。

b. 一级施工企业

● 信息基础设施平台

建设与软件应用需求相匹配的企业网络系统，实现与下属企业及项目现场的网络连接。完善安全措施，保障应用系统的高效、安全、稳定运行。

● 应用系统

企业办公自动化系统。普及应用企业办公自动化系统，提高企业办公效率。

项目综合管理系统。普及应用项目综合管理系统，提升施工项目管理水平。

企业管理信息系统。重点建设并集成人力资源、财务资金、物资材料等三大系统，实现企业管理与主营业务的信息化。

企业间的协同工作平台。围绕施工项目，逐步建立企业间的协同工作平台，实现企业与项目其他参与方的有序信息沟通和数据共享。

c. 二级及专业分包施工企业

● 信息基础设施平台

建设与软件应用需求相匹配的企业网络系统，实现与项目现场的网络连接。完善安全措施，保障应用系统的高效、安全、稳定运行。

● 应用系统

企业办公自动化系统。建设企业办公自动化系统，提高企业办公效率

企业管理信息系统。重点建设并集成财务资金及物资材料等系统，逐步实现企业管理与主营业务的信息化。

4）发展重点之二是专项信息技术应用

① 设计阶段

a. 积极推进协同设计技术的普及应用，通过协同设计技术改变工程设计的沟通方式，减少"错、漏、碰、缺"等错误的发生，提高设计产品质量。

b. 探索研究基于 BIM 技术的三维设计技术，提高参数化、可视化和性能化设计能力，并为设计施工一体化提供技术支撑。

c. 积极探索项目全生命期管理（PLM）技术的研究和应用，实现工程全生命期信息的有效管理和共享。

d. 研究高性能计算技术在各类超高、超长、大跨等复杂工程设计中的应用，解决大型复杂结构高精度分析、优化和控制等问题，促进工程结构设计水平和设计质量的提高。

e. 推进仿真模拟和虚拟现实技术的应用，方便客户参与设计过程，提高设计质量。

f. 探索研究勘察设计成果电子交付与存档技术，逐步实现从传统文档管理到电子文档管理的转变。

② 施工阶段

a. 在施工阶段开展 BIM 技术的研究与应用，推进 BIM 技术从设计阶段向施工阶段的应用延伸，降低信息传递过程中的衰减。

b. 继续推广应用工程施工组织设计、施工过程变形监测、施工深化设计、大体积混凝土计算机测温等计算机应用系统。

c. 推广应用虚拟现实和仿真模拟技术，辅助大型复杂工程施工过程管理和控制，实现事前控制和动态管理。

d. 在工程项目现场管理中应用移动通讯和射频技术，通过与工程项目管理信息系统结合，实现工程现场远程监控和管理。

e. 研究基于 BIM 技术的 4D 项目管理信息系统在大型复杂工程施工过程中的应用，实现对建筑工程有效的可视化管理。

f. 研究工程测量与定位信息技术在大型复杂超高建筑工程以及隧道、深基坑施工中的应用，实现对工程施工进度、质量、安全的有效控制。

g. 研究工程结构健康监测技术在建筑及构筑物建造和使用过程中的应用。

5）发展重点之三是信息化标准

进一步完善建筑业行业与企业信息化标准体系，重点完善建筑工程设计、施工、验收全过程的信息化标准体系，推动信息资源的整合，提高信息综合利用水平。

进一步完善相关的信息化标准，重点完善建筑行业信息编码标准、数据交换标准、电子工程图档标准、电子文档交付标准等。

建立覆盖信息化应用水平、技术水平、普及程度以及应用成效等方面的建筑企业信息化绩效评价标准。

6）建筑业信息化的保障措施

① 加强各级住房和城乡建设主管部门的引导作用

a. 加强建筑业信息化软科学研究，为建筑业信息化发展提供理论支撑。

b. 组织制定建筑企业信息化水平评价标准，推动企业开展信息化水平评价，促进企业信息化水平的提高。

c. 鼓励企业进行信息化标准建设，支持企业信息化标准上升为行业标准。

d. 积极推动企业信息系统安全等级保护工作和信息化保障体系的建设，提高企业信息安全水平。

e. 组织开展建筑业信息化示范工程，发挥示范企业与工程的示范带动作用，引导并推动本地区以及建筑行业整体信息化水平的提升。

f. 培育产业化示范基地，扶持自主产权软件企业，带动建筑业应用软件的产业化发展。

② 发挥行业协会的服务作用

a. 组织编制行业信息化标准，规范信息资源，促进信息共享与集成。

b. 组织行业信息化经验和技术交流，开展企业信息化水平评价活动，促进企业信息化建设。

c. 开展行业信息化培训，推动信息技术的普及应用。

d. 开展行业应用软件的评价和推荐活动，保障企业信息化的投资效益。

③ 加强企业信息化保障体系建设

a. 加强企业信息化管理组织建设，设立专职的信息化管理部门，推进企业信息化主管（CIO）制度。

b. 加强企业信息化人才建设，建立和完善多渠道、多层次的信息化人才培养和考核制度，制定吸引与稳定信息化人才的措施。

c. 加大企业信息化资金投入，每年应编制独立的信息化预算，保障信息化建设资金需要。

d. 重视企业信息化标准建设工作，重点进行业务流程与信息的标准化。

e. 建立企业信息安全保障体系，确保企业信息安全。

（4）推进公路工程建设项目管理信息化的意义

网络化、信息化是当今世界发展的大趋势，是生产工具、生产方式的一次大变革。顺应变革、转型发展是企业发展战略的实际需要和必然选择。坚持"以工业化带动信息化，以信息化促进工业化"原则，为实现做强做大的目标，根据企业总体战略制定信息化战略并按照战略逐步实施，提高企业核心竞争力。

具体到公路施工企业来说，信息化是公路施工企业走向规范化管理、科学发展、资本运作、充分发挥人力资源的现代化企业的必由之路。作为特级企业或一级企业尤其要尽快实施企业信息化。

第一，通过信息化，可以实现公路施工企业管理现代化。公路施工企业的分散性、非标准新、工人的流动性，给规范的现代化管理带来了困难。而通过信息化，可以克服时空距离，可以把材料、设备、人员的状态和布局实时反映在网络和视频上，从而实现精细化管理。

第二，通过信息化，可以走科技强企的道路。公路施工企业不是高科技企业，却是高新技术应用企业。根据历史经验表明，有了信息化手段后，就可以做大做强企业，让企业强大的技术力量为每个项目部服务，从而有力地推动工程质量的提高和工程建设中的科技含量。

第三，通过信息化，可以有效地支持企业（公司）规模扩张，做大做强。在目前环境下，公路施工企业进入了飞速发展期，信息技术能够搭建一个共享的信息平台。通过这个平台，一方面解决企业与项目之间信息不对称的问题，使企业（公司）能及时获得各项目部的全面信息；另一方面信息传递的速度几乎是零时间的，各个层面能在同一时间获得信息，并且能基于这一平台迅速进行决策，决策结果能通过信息平台迅速同步反馈给相关人员，可以避免传统大企业存在的决策机制僵化和反馈速度慢的通病。

### 2.3.2 公路工程建设项目管理信息系统

（1）公路工程项目信息管理

1）公路工程项目信息管理的基本任务

作为项目的管理者，承担着项目信息管理的任务，负责收集项目实施情况的信息，做各种信息处理工作，并向上级、向外界提供各种信息。信息管理的主要任务包括：

① 组织项目基本情况信息的收集并系统化，编制项目手册。项目管理的任务之一是，

按照项目的任务，按照项目的实施要求，设计项目实施和项目管理中的信息和信息流，确定它们的基本要求和特征，并保证在实施过程中信息顺利流通。

② 项目报告及各种资料的规定，例如资料的格式、内容、数据结构要求。

③ 按照项目实施、项目组织、项目管理工作过程建立项目管理信息系统流程，在实际工作中保证这个系统正常运行，并控制信息流。

④ 文件档案管理工作。

有效的项目管理需要更多地依靠信息系统的结构和维护。信息管理影响组织和整个项目管理系统的运行效率，是人们沟通的桥梁，管理者应对它有足够的重视。

2）工程信息管理工作的原则

对于大型项目，工程项目产生的信息数量巨大，种类繁多。为便于信息的搜集、处理、储存、传递和利用，在进行建设工程信息管理实践中逐步形成了以下基本原则。

① 标准化原则

要求在项目的实施过程中对有关信息的分类进行统一，对信息流程进行规范，所产生的控制报表则力求做到格式化和标准化，通过建立健全的信息管理制度，从组织上保证信息产生过程的效率。

② 有效性原则

有关人员所提供的信息应针对不同层次管理者的要求进行适当加工，针对不同管理层提供不同要求和浓缩程度的信息。例如对于项目的高层管理者而言，提供的决策信息应力求精练、直观，尽量采用形象的图表来表达，以满足其战略决策的信息需要。这一原则是为了保证信息产品对于决策支持的有效性。

③ 定量化原则

建设工程产生的信息不应是项目实施过程中产生数据的简单记录，应该是信息处理人员的比较与分析。采用定量工具对有关数据进行分析和比较是十分必要的。

④ 时效性原则

考虑工程项目决策过程的时效性，建设工程的成果也应具有相应的时效性。建设工程的信息都有一定的生产周期，如月报表、季度报表、年度报表等，这都是为了保证信息产品能够及时服务与决策。

⑤ 高效处理原则

通过采用高性能的信息处理工具（建设工程信息管理系统），尽量缩短信息在处理过程中的延迟，项目管理者的主要精力应放在对处理结果的分析和控制措施的制定上。

⑥ 可预见原则

建设工程产生的信息作为项目实施的历史数据，可以用于预测未来的情况，项目管理者应通过采用先进的方法和工具为决策者制定未来目标和行动规划提供必要的信息。例如通过对以往投资执行情况的分析，对未来可能发生的投资进行预测，作为采取事先控制措施的依据，这在工程项目管理中也是十分重要的。

3）信息分类编码的方法与编码原则

在信息分类的基础上，可以对项目信息进行编码。信息编码是：将事物或概念（编码对象）赋予一定规律性的、易于计算机和人识别与处理的符号。它具有标识、分类、排序等基本功能。项目信息编码是项目信息分类体系的体现，对项目信息进行编码的基本原则包括：

① 唯一性原则。虽然一个编码对象可有多个名称，也可按不同方式进行描述，但是，在一个分类编码标准中，每个编码对象仅有一个代码，每一个代码唯一表示一个编码对象。

② 合理性原则。项目信息编码结构应与项目信息分类体系相适应。

③ 可扩充性原则。项目信息编码必须留有适当的后备容量，以便适应不断扩充的需要。

④ 简单性原则。项目信息编码结果应尽量简单，长度尽量短，以提高信息处理的效率。

⑤ 适用性原则。项目信息编码应能反映项目信息对象的特点，便于记忆和使用。

⑥ 规范性原则。在同一个项目的信息编码标准中，代码的类型、结构以及编写格式都必须统一。

施工项目管理信息化的意义在于有助于大大减轻人们重复的计算以及资料的整理，减少了施工中数据的冗余，提高了管理者对项目的管理能力，实现了施工中各种资源的动态管理，可根据项目的具体要求便捷地检索出所需的资源，节约了管理成本，有效地控制进度、质量和费用，进而达到项目利润的最大化。

（2）公路施工企业信息化管理系统

公路施工企业信息化管理系统的建立是作为公路施工企业总承包特级资质的基本条件。按照总承包特级资质要求，企业已建立内部局域网或管理信息平台，实现了内部办公、信息发布、数据交换的网络化；已建立并开通了企业外部网站；使用了综合项目管理信息系统和人事管理系统、工程设计相关软件，实现了档案管理和设计文档管理。根据这一要求，以××省路桥建设集团有限公司（简称路桥集团）的信息化管理系统为例，介绍公路施工企业信息化管理系统的功能和构建。

1）企业内部局域网或管理信息平台

① 硬件设施

硬件设施主要包括企业计算机中心机房及系统服务器硬件设施。

a. 企业计算机中心机房硬件建设

公司拥有独立的中心机房，机房按照《电子信息系统机房设计规范》GB 50174—2008 B级标准进行建设。配置了相应的防火、恒温控制、USP机房安全保障措施。

机房气体防火：采用机房专用的七氟丙烷气体灭火系统，采用无管网设计。配备了相应的烟感、温感探头并配备或在报警控制器，当出现火灾时，声光报警器自动报警，机房值班人员能够及时进行处理。

恒温控制：机房配置1台美的节能一体式机房空调，采用一体式机身结构设计，具备新风节能、大风量、高显热、高效过滤、网络控制等功能，满足机房的高负荷长时间连续运转的散热要求。

机房UPS不间断电源：配备2台山特UPS设备并附加电池柜，可支持两路供电全部断电时，所有机房设备正常运转8h以上。

b. 机房内网络设备及归置

机房配备了防火墙、核心交换机的网络设备，有单独安装的信息系统及网站服务器。

机房中配备图腾原装机柜对服务器、交换机、路由器、防火墙等设备进行归置。

c. 机房内设备（含应用软件）管理

机房内各种设备有明确的设备配置表，通过设备管理卡片形式保存。并保存有公司的各种应用软件系统在服务器上的分布表。

d. 机房的管理人员

机房有专职人员5人。其中主任1人、网络信息管理员1人、网络系统管理员1人、网络管理员1人、网络维护员1人，并均具备相应的岗位职责规定。

② 网络环境

a. 企业内部局域网建设

企业已建立由防火墙、核心交换机组成的内部局域网络，并有网络拓扑图资料。

企业内部局域网具有明确的网络管理措施，公司有相应的管理制度，为此公司专门下发红头文件《××路桥建设集团有限公司网络使用管理办法》。

b 企业与分支机构之间网络连接情况

企业与分支机构能通过 Internet 网络互相传输数据和信息，并采用虚拟专用网络（Virtual Private Network，简称 VPN）技术，机房布置了深信服 VPN2050-S-SJ，项目部布置了 P5100，移动 VPN 用户采用 USBKEY 设备，保证数据的私有和安全性。

③安全保障

企业网络安全保障措施主要有：

企业安装有深信服防火墙（M5400）和网络管理系统（M3400）对格式网络进行管理，其中 M34000-SG-M 上网优化网关控制网络行为，M5400-SG-NAC 控制网络安全。

安装应用系统的服务器与安装数据库系统的服务器相互独立。

企业系统服务器安装了卡巴斯基企业防病毒系统。

企业对考评细则所涉及的信息系统进行数据备份。公司通过自动备份系统对包括姓名综合管理系统、财务管理系统、OA 办公系统、档案管理系统、人力资源系统进行数据备份，且有独立的数据备份服务器。专职管理员定时对各系统数据库备份到移动硬盘。企业的综合项目管理系统、人力资源系统、财务系统均有用户操作手册。

2）企业的外部网站

企业对外门户网站的建设。企业建立了自己的 WEB 门户网站，且具有后台管理功能。企业门户网站具有7个一级栏目，25个二级栏目包含企业介绍、企业动态新闻、企业业绩等内容，如图 2.3.2-1。通过企业门户网站、加强了与政府机关、建设单位、兄弟单位的交流与合作，提升了企业形象，增强了宣传效果，扩大了公司影响力。

3）企业综合项目管理信息系统

① 综合能力

a. 企业协同办公平台

建立一个全方位的企业级信息平台。信息平台通过协同门户实现了从项目→企业（法人）的审批流程、数据汇总、信息传递、数据精确到项目级，体现了企业（法人）对企业内各个项目的管理、控制、监督以及决策，项目综合管理系统实现了集成化的项目职能管理，包括：招标投标管理、合同管理、进度管理成本管理、资金管理、进度管理、质量管理、安全管理、竣工管理、物资管理、设备管理、风险管理等，各功能数据紧密集成，互

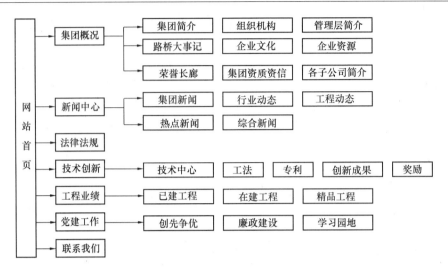

图 2.3.2-1 ××路桥建设集团有限公司外部网站架构图

为参照、约束，可对项目进行综合管理。信息平台整合办公自动化、项目综合管理、人力资源管理、档案管理应用系统，实现一个统一的、完整的信息化管理系统、权限管理体系，体现了企业管理体系的完整性与集成性。

通过人力资源系统组织架构管理功能，建立企业组织架构，包括总部各部门、分支机构、项目及岗位，将员工分配到相应岗位，员工即可通过企业业务平台完成各项工作。项目与总部、总部各部门之间利用系统协同完成申请、审核、审批等业务。

b. 项目综合管理功能

项目综合管理具有对各项目进行"招标投标管理"、"进度管理"、"合同管理"、"成本管理"功能。

项目综合管理具有对各项目进行"物资管理"、"设备管理"、"安全管理"、"质量管理"、"风险管理"（此项功能在合同管理系统中）、"竣工管理"功能。

企业项目综合管理系统实现投标成本、目标成本，实际成本，通过工程量清单联系在一起，通过三算对比，有效控制项目成本。企业项目综合管理系统实现各功能或模块的审批提示功能。

c. 企业项目综合管理系统的数据集成或应用集成

企业项目综合管理系统可以直接查询、调用人力资源系统功能和数据，实现集成，人力资源系统直接为员工分配项目综合管理系统岗位。

项目竣工管理自项目开工起即使用该功能模块，直至项目竣工，归档至知识仓库管理系统中的档案管理系统模块。在项目竣工时直接归档到档案系统。

② 招标投标管理

a. 招标投标管理功能

通过同望 WECOST 公路工程造价管理系统、OFFICE 办公软件等软件制作电子标书。

基础信息管理系统与项目综合管理系统结合对分包商、分供方进行管理，对投标、招标、业主合同、分包合同、分供合同进行评审。

b. 应用效果

通过系统及时下达项目投标计划，协调各下属单位投标，避免了投标过程中的内部无谓的竞争。

能及时跟踪了解各单位投标情况，提高了信息的及时性，避免传统报表报送方式导致的信息滞后问题。

③ 进度管理

本功能模块与同望 Easy plan 标准软件结合，编制工程进度计划，绘制工程进度横道图、单代号（双代号）网络计划图等功能。通过项目基础信息自动获取项目相关合同开、竣工时间信息，并制定相应的项目总控进度计划，结合项目动态实施计划维护，形成以总控计划为基准的动态数据对比，从而动态反映项目分部、分项工程进度管理迟滞、提前情况，为项目进度管控提供数据依据，形成项目进度管理的风险发现、风险预警和风险处置机制。

④ 成本管理

a. 成本管理功能

● 三算对比分析模块

本模块可以对项目成本运行情况进行监控管理，同时具有对项目投标成本、目标成本和实际成本进行实时监控、对比分析功能，具有对超数量、超单价、超金额的成本项分别进行预警，并生成成本分析统计报表的功能。

● 成本项模块管理模块

本模块按照工程量清单对项目成本项按照专业和分项进行分解，实现三算对比。

b. 应用效果

统一了各单位成本预算与统计核算口径。直接费、其他直接费统一以主合同清单作为成本预算和统计核算对象，建立了间接费、期间费等费用对象对财务科目的对应关系。

实现了成本与合同、物资、设备、进度等业务管理模块的业务集成，降低了成本归集业务工作量，提高了成本统计效率。

及时生成各类成本分析表，及时发现执行过程中存在的问题，进而改进预算编制与过程管理水平。

⑤ 合同管理

a. 合同管理功能

● 合同管理模块

本模块具有录入和查询分包合同、分供合同基本内容功能，能够对合同基本内容、审批流程进行管理，审批并保存分包、分供合同电子文件，以及业主合同要点电子文件。其中分供合同功能兼具物资使用计划功能。

● 合同变更管理

本模块具备录入分包合同、分供合同的合同变更信息，并进行查询等管理功能，能够在项目执行过程中对合同变更进行记录和管理。

● 合同结算管理

本模块具有合同结算功能，可以录入合同信息，并进行合同结算审核，同时具有合同结算资金支付功能及审核流程，能够对合同的结算支付进行记录和流程审批，具有查询检索合同台账的功能。

b. 应用效果

● 严格执行合同评审制度

合同评审制度的落实是降低合同风险、控制合同成本的有效手段，通过能让合同评审制度执行过程透明，并对评审情况进行监督。公司参与合同评审能帮助项目对合同条款、合同单价进行把关。

● 提高了合同信息的透明度加强了监督

在项目实施过程中，有时候因为合同的不透明导致有些合同单价明显偏高，从而对加大项目成本，项目合同台账登记后，公司可以通过授权让各项目人员都能了解其他项目的合同情况，从而通过信息透明来加强监督。

⑥ 物资管理

a. 物资管理功能

● 物资计划

本模块具有制定物资采购计划功能，物资使用计划直接转化为物资合同，在合同管理模块中体现，能够实现项目物资采购计划、物资使用计划（物资合同）的规范化、流程化管理。

● 物资出入库

本模块具有物资进场记录管理功能以及审核流程，进场即视为入库，即具有入库管理功能，以及物资出库管理功能，能够实现项目物资入库、出库的规范化、流程化管理，同时对物资入库、出库、库存进行管理，并能够生成物资统计台账，对项目的物资采购数量、采购单价，以及物资消耗情况进行分析和监控。

● 物资编码

本模块能够对物资的分类、编码进行统一管理，系统中所有物资都使用统一编码的物资编码。

b. 应用效果

可以有效地监控采购计划的执行、采购价格的对比以及供应商交货履约情况，从而帮助采购部门选择最佳的供应商和订货策略，提供采购工作质量和工作效率，降低采购成本。

加速物资的周转，加强物资的监控是库存管理的重点。

加强了物资基础管理工作，物资收、发、存财务准确、严密。

建立了集团统一的材料编号。

及时监控项目材料消耗情况。

⑦ 质量管理

a. 质量知识库管理

本功能模块包含文档属性建立、维护，文档上传、权限管理、多维查询的转向知识库，为企业用户提供了比较编辑的库文件定位和知识信息共享。

b. 质量创优计划管理

本功能模块是公司质量部门结合项目实际与项目共同制定的质量创优工作总体规划。项目质量管理工作围绕这一总体规划展开。

c. 质量检查、整改管理

本功能模块通过发送质量检查整改单，发起整改单位提请接受整改单位对工程质量问题进行整改并对发起整改单位回馈整改信息，形成整改工作过程记录及过程监督机制。

⑧ 安全管理

a. 安全知识库管理

本功能模块包括安全管理相关法律法规、知识题库、图片示例、安全技术方案等知识文档管理。安全知识库管理是集文档属性建立、维护，文档上传、多维查询的专项知识库，为企业用户提供了比较便利的库文件定位和知识信息共享。

b. 安全隐患管理

● 最大危险因素识别

本功能模块具备项目分施工阶段进行自身重大危险因素识别工作管理。

● 安全培训管理

本功能模块通过安全教育培训报表月度填报业务，阶段性反映项目安全教育培训工作数据信息，总部有效把握项目安全教育培训工作开展情况，开展效果。

● 安全文明施工考核

本功能模块分别从环境保护、施工用电、生活卫生、消防保卫、机械安全、现场料具、现场安全等方面对工程项目安全文明施工各项专业指标进行阶段性考核并形成考核工作数据记录。

● 安全检查、整改管理

本功能模块具备项目安全隐患检查，发起并进行隐患整改工作管理，追踪并督导项目安全隐患整改进度并形成长期的安全隐患整改工作记录，实现安全检查情况及处理结果的动态管理。

⑨ 竣工管理

本系统每个工程项目按专业进行分类，可以通过分项查询到在建工程竣工情况，竣工后的项目可以通过系统查询单位工程竣工验收记录。项目可以按照项目名称或按照专业进行检索。项目竣工管理模块自项目开工起即使用，直至项目竣工，归档至知识仓库管理系统中的档案管理系统模块，实现工程资料的全过程管理。在建项目的竣工资料管理达到分部、分项目录级。

⑩ 风险管理

项目综合管理系统中，在进行合同履约（报量或计量，付款）相关业务操作时，超过成本、合同预制阀值，系统直接报警，且禁止业务进行。成本模块对项目成本进行综合预警。风险预警管理系统对分包、分供合同进行综合预警。

⑪ 设备管理

设备管理，具有设备的统一编码、设备台账、分类管理功能，具有设备的检定、维修、维护保养管理功能。

4）企业人事管理系统

人力资源管理系统，具有企业组织机构管理、人事信息管理、合同管理、薪资社保管理、培训管理、员工考核管理、招聘管理功能。

人力资源管理系统中招聘管理包括：员工招聘、入职、异动、离职管理功能。

企业组织机构管理包括企业组织机构的岗位设置，建立了企业各计算机应用系统的用户管理联动机制。

5）档案管理

档案管理基本功能。本系统建立了档案目录分类、实现了档案目录录入、档案目录检索与查询功能。本系统还可以实现文件、档案一体化。

6）财务管理

① 财务管理功能

本功能模块具备公司在"凭证管理"模块进行日常的财务处理，包括：填制凭证、审核凭证、记账、查询凭证等。

② 固定资产管理功能

本功能模块通过固定资产模块完成原始卡片录入、新增资产卡片录入、资产变动、资产评估、资产减值、计提折旧、资产减少、账表查询等功能。

③ 财务统计分析功能

本功能模块利用中建总公司网络报表管理系统，可以生成公司各单位合并财务报表，顺序各单位报表数据的实时查询，多层次体现母公司和子公司报表数据。

④ 应用效果

在符合集团财务信息化、标准化规范的要去基础上，满足了自身管理的需要，为财务业务一体化奠定了基础。

系统支持"一套账"管理模式，支持多级组织柔性设计，满足了我局的财务集中核算要求。

系统实现了垂直监管、有效控制的目标。能够快速、全面、准确地掌握所属各级单位的财务状况、经营成果、现金流量等信息，能实时进行财务对比分析，为快速科学决策奠定了基础。

7）办公自动化管理

① 办公管理

公文管理主要包括公文流转管理、收文管理、发文管理等功能。公文流转是利用公文处理流程，可在办公大厅系统上完成公文拟稿、审核、会签、制作、用印、分发等公文处理工作，缩短公文处理时间。

a. 信息发布管理

信息发布管理主要包括企业新闻和公告。企业新闻主要用于发布公司近期或当期发生的有关活动、信息、消息等；公告主要用于发布需要周知的特定事项。

b. 收文管理

完成上级单位发文的接收并转发给高管团队或具体业务单位进行处理及归档工作。

c. 发文管理

可完成公文拟稿、审核、会签、制作、用印、分发等工作。

d. 邮件管理

公司每位个人或单位用户提供一个单独电子邮箱，通过集团网站可登录到邮件服务器。公司电子邮件系统为公司开展正常业务所配备，是公司全员信息化的重要工具。

② 电子商务管理

通过网上银行进行资金支付。

③ 知识管理

知识管理系统建立。知识仓库是公司的电子文件类知识中心仓库，内容涵盖公司企业标准技术数据库、质量数据库、安全数据库、合同数据库、档案数据库等，各类知识库内容分别有不同的责任部门负责更新与维护，公司各业务系统专业人员授权使用。

技术数据库包括与技术相关的工艺流程、技术方案、制作规范等内容

质量数据库包括质量相关的施工技术规范、规程，集团质量管理规章制度等内容。

安全数据库包括危险源、法律法规及安全培训、特种作业及机械操作、应急预案等内容。

8) 企业信息化管理系统的开发和保障

① 企业信息化管理系统的开发基础

集团信息化从成立以来，经过多年的建设和发展，已经具备了一定基础。2003年集团建立了自己的网站，利用互联网这一新兴媒体对外宣传企业形象。2004年集团建立了与上级主管部门地方国资委对接的公文传输系统和视频会议系统；实现了与上级单位的信息化对接。2005年，集团引进了OA系统，大大提高了工作效率。2006年以来，集团在子公司推进信息化建设试点，实现项目管理信息化和财务集中控管。在路桥一公司和二公司逐步推行新中大 P soft 项目管理系统，路桥一公司还使用财务集中管控。

2007年，集团公司和各子公司之间，已基本建立了公司局域网，通过网络应用，广大业务人员在一定程度上掌握了计算机及网络的一般应用。公司信息化的发展已经从信息的单用户使用阶段、信息的局域网共享使用阶段，发展到信息的广域网共享使用阶段。信息资源作为企业的重要资源之一，其重要性受到各级管理者的重视，在信息化建设中，积累了企业信息化建设的经验，经过尝试总结出信息化发展的良好的途径：结合企业管理实际，采用平台假设快速定制开发，可以从根源上有效降低信息化实施风险。这些工作为企业信息化建设奠定了良好的发展基础。

② 企业信息化管理系统的总体架构

a. 组织架构

建立以企业一把手为组长的信息化领导小组，组长为第一责任人；可以设副组长一人，由集团分管经营的副经理担任；成员为下设的信息化项目组和各个项目部实施办公室的负责人。

信息化领导小组负责批准信息化产品选型结果；信息化咨询伙伴、服务提供商等合作方；批准相关基础设施改造或建设方案；听取信息化规划落实和信息化项目进展情况；决策信息化建设重大事项；批准信息化建设费用；批准组建项目；一般按季召开例会。

信息化项目组组长为第一责任人，由业务部门分管领导担任；跨部门业务由信息化领导小组指定分管领导担任，设副组长1～2人，由业务部室负责人、信息中心主任担任。下设项目实施办公室，由业务部室技术骨干、信息中心人员、各个项目部实施办公室主任。信息化项目组负责项目组信息化产品内部调查、市场考察等选型工作，提出选型建议并报信息化领导小组批准；组织对产品和实施商的评价，组织项目招标和评标；拟定信息化管理规章制度和信息标准，并报上级领导部门批准。监控信息化规划落实和信息化项目进展，协调项目之间的进度、资源，一般每月召开信息化专题会议。

各个项目部设信息化实施办公室，主任1名由项目经理担任，成员为项目部各专业部门负责人及业务骨干、信息化部门人员。项目部设信息化实施办公室负责在项目选型阶段配合组织内部调查，提出业务需求；在项目实施阶段。组织协调各种资源，细化需求，组织使用人员培训和上线运行。项目验收阶段，参与项目验收和评估。

b. 开发架构

● 网络架构

根据不同企业管控力度的不同，集团与子公司之间建立总部监控下的单元独立分部运行模式，集团与集团项目部之间采用总部统一集中、协同管理的数据大集中模式。

逐步建立和提升广域网性能。根据公司发展需要，逐步添置和更新远程通信设备，集团与各个项目部之间采用VPN技术进行网络连接，形成内部专用广域网。提高本部与分布、施工现场、合作伙伴的远程通信能力，以满足国际合作、异地办公、异地协同设计及多媒体应用的需求。

在满足数据业务的前提下，逐步兼顾视频业务，提高网络宽带利用率，降低建设成本。逐步建立和提升网管系统，配置适量的网络管理工具，实现对本部局域网与广域网、服务器系统、数据库系统的监控和管理，实现对桌面的远程管理和软件分发。

各子公司要建立自己的门户网站，逐步应用网银等电子商务，整合内外网络信息资源，实现企业完整的信息化建设。

构建集团公司和子公司两级机房，集团公司机房作为本级系统正常运转的网络中心和服务器中心，将来随着统一集中式信息系统的建立和项目集中管控的管理需求，向数据中心方向发展，各子公司分别建立机房，支持公司内部的各类应用系统的正常运转，三级及以下单位机房仅承担本级网络通讯的职能。

由于集团公司子系统较多，采用主流大型数据库（Oracle，SQL server）加应用前台。

● 数据架构

建立分类、定义、名称、编码"四统一"的信息化标准，并加盖与之相适应的现象管理系统。

● 技术架构

集团的管理信息化建设主要运用基于B/S的N层架构、企业应用集成EAI、SOA等技术实现。这也是目前WEB开发及系统集成领域比较前沿的技术体系。在开发平台上，主要采用net、J2EE体系。系统开发主要采用基于B/S的N层架构体系，应用集成采用EAI技术，随着SOA技术的进一步成熟和应用面的扩大，在应用系统开发与集成中逐步采用SOA架构。基于B/S的N层架构见图2.3.2-2。

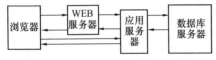

图 2.3.2-2    ××路桥建设集团
基于 B/S 的 N 层架构图

在网络环境下，大多数应用都是基于B/S的N层架构，该技术架构如图2.3.2-2所示。

N层结构其实是对传统Client/Server结构的扩展，它以构建模块化应用程序为基础。对一个应用程序进行分割以后，可将代码划分为不同的逻辑组件，这些逻辑组件分为三种逻辑层：用户服务、业务服务和数据服务。它们共同组成一个应用程序。我们把这种设计模型称为"服务模型"。

三种服务的属性如下：

用户服务：提供信息和功能、浏览定位，保证用户界面一致性和完整性。

业务服务：共享的业务政策，从数据中生成业务信息，保证业务一致性。

数据服务：数据的定义、永久数据的存储和检索，保证数据的一致性。

使用服务模型，可以把应用程序的需求分解为明确定义的服务，并进一步创建可重用的构件来实现它们。构件遵守公开的接口标准，所以是通用的、可共享的和可灵活部署的。

这种基于构件的多层结构的优点可概括为四个方面。一是可重用，多应用程序可共享和重用封装在构件中的功能。二是灵活，从桌面计算环境到功能更强的网络服务器，随处都可以分配工作，这有利于协调性能和网络宽带。三是可管理，将大型复杂的工程细分为简单、安全的构件工程。四是易维护，将业务逻辑部署在中央服务器上，而不是分散在用户桌面上，这有助于处理各种变化，并缩短解决方案的往返时间。

- 操作架构

见图 2.3.2-3。

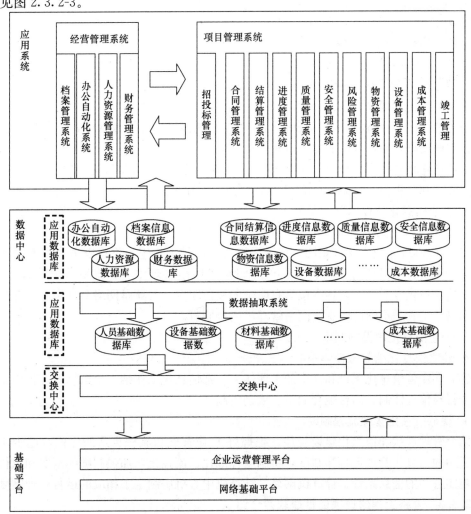

图 2.3.2-3　××路桥建设集团操作架构图

● 经营管理信息系统

本系统主要包括信息流程的跟踪与监控，面向外部的电子公文交换、文档共享、收发文管理、档案管理、财务管理、人力资源管理、固定资产管理、项目统筹管理、科研技术管理、标准规范管理、质量管理、采购管理、营销管理、客户关系管理、决策支持管理等功能模块。

广泛收集经营决策方面的信息，建立资源库（客户资源库、市场信息库、合同数据库等），有条件时建立知识库，实现市场信息综合分析与管理，实现客户资源管理，强化营销运行机制管理，实现营销计划和营销合同有效管理，强化营销策略研究，市场信息和历史信息的综合分析，逐步实现辅助决策。建立企业管理资源数据库。

● 项目管理系统

确定项目管理系统的总体框架；逐步完善项目数据库、项目管理工作流程和系统的信息流程；规范代码与编码体系；建立和完善各种定额库及 WBS 库。

③ 企业信息化实施计划

a. 第一阶段为准备及招标阶段。

b. 第二阶段为达标实施阶段。

c. 第三阶段为项目验收阶段。

d. 第四阶段为应用提高阶段。

e. 第五阶段为优化完善阶段。

④ 企业信息化建设的资金保障

公司自 2001 年组建以来，信息化预算作为专项预算予以资金保障，每年均有独立的信息化建设预算计划，且都能保证落实。

仅信息化软件费用一项，2008 年至 2010 年就累计投入 522.23 万元，其中 2008 年为 185 万元，2009 年为 274.53 万元，2010 年为 62.7 万元。

⑤ 企业信息化建设的制度保障

a. 组织机构及岗位职责

集团在 2008 年成立了以集团一把手为组长的领导工作组，下设财务资产管理组、人力档案 OA 组、项目综合管理组。2008 年设立了网络管理中心，隶属集团综合办公室，共有 5 名信息化专职人员，各岗位具有明确的岗位职责。具体是网络管理中心主任岗位职责、网络系统管理员岗位职责和网络管理员岗位职责。

b. 企业信息化建设的制度

● 建立信息化绩效考核体系

建立和完善信息化项目和人员的考评体系，把信息化工作纳入全员绩效考核体系，建立健全督导检查体制，出台配套的员工激励机制。

● 规范信息化管理流程制度

结合管理现状和信息化建设规律，把握好 E 化管理和流程再造的比例，逐步建立完备、适用的信息化管理流程和制度，将制度标准化、流程化，加强制度的落实和执行。

集团公司的信息系统、计算机网络、计算机中心机房制定了相应的运行管理制度。

### 2.3.3  公路工程建设项目管理软件介绍

（1）项目管理软件应提供的基本功能

工程项目管理软件的功能很强，一般都能满足公路工程项目管理基本内容的需要。工程项目管理软件可以编制进度计划、资源计划、资金计划和执行跟踪管理，作为多项目还可以进行多个工程施工项目施工组织设计编制和执行的跟踪的管理，甚至在此基础之上构建工程项目管理信息系统。工程项目管理软件应提供以下功能：

1）进度计划管理

对于公路工程施工来说，时间是最重要的要素之一。基于网络计划技术的进度计划管理功能是工程项目管理中开发最早、应用最普遍、技术上最成熟的功能，它也是目前绝大多数工程项目管理信息系统的核心部分。

具备该类功能的软件至少应能做到：定义工作（作业、活动、施工过程，微软也称为task 任务），并将这些工作用一系列的逻辑关系连接起来；计算关键路径；时间进度分析；实际的计划执行状况；输出报告，包括横道图（甘特图）和网络图等。

2）费用管理

费用（或成本）管理系统要确定项目的价格。最简单的费用管理是用于增强时间计划性能的费用跟踪功能，这类功能往往与时间进度计划功能集成在一起，但难以完成复杂的费用管理工作。高水平的费用管理功能应能够胜任工程施工项目寿命周期内的所有费用单元的分解、分析和管理的工作，包括从工程施工项目开始阶段的预算、报价及其分析、管理，到中期结算与分析、管理，再到最后的决算和项目完成后的费用分析，这类软件有些是独立使用的系统，有些是与合同事务管理功能集成在一起的。

费用管理应提供的功能包括：投标报价、预算管理、费用控制、绩效检测和差异分析。

3）资源管理

工程项目管理软件中涉及的资源有狭义和广义之分。狭义资源一般是指在项目实施过程中实际投入的资源，如人力资源、施工机械、材料和设备等，是工程的直接费；广义资源除了包括狭义资源外，还包括其他诸如工程量、影响因素等有助于提高项目管理效率的因素；所有这些资源又可以根据使用过程中的特点划分为消耗性资源（如材料、工程量等）和非消耗性资源（如人力）。资源管理功能应包括：拥有完善的资源库，能自动调配所有可行的资源，能通过与其他功能的配合提供资源需求，能对资源需求和供给的差异进行分析，能自动或协助用户通过不同途径解决资源冲突问题和资源平衡问题。

4）交流管理

交流是任何工程项目组织的核心，也是工程项目管理的核心。多项目对多个项目施工管理时，交流尤其重要。事实上，工程项目管理就是从项目有关各方之间的交流开始的。大型工程施工项目的各个参与方，经常分布在跨地域的多个地点上，大多采用矩阵化的组织结构形式，这种情况对交流管理提出了很高的要求；信息技术，特别是近些年的 Internet 技术的发展为这些要求的实现提供了可能。目前流行的大部分工程项目管理软件都集成了交流管理的功能，所提供的功能包括进度报告发布、需求文档编制、项目管理、项目组成员间及其与外界的通信与交流、公告板和消息触发式的管理交流机制等。

5）过程管理（项目实施的动态跟踪）

工程施工项目是由"过程"组成的，工程施工项目管理的工作就是要将这些过程集成在一起，以保证项目目标的实现。过程管理功能应是每个项目管理软件所必备的功能，它可以对工程施工项目管理过程中的工程施工项目的启动、计划编制、工程施工项目的施工、工程施工项目的控制和工程施工项目的收尾等过程提供帮助。

过程管理的工具能够帮助工程施工项目的管理方法和管理过程实现电子化和知识化。工程施工项目负责人可以为其所管理的施工项目确定适当的过程，工程施工项目管理团队在项目执行的过程中也可以随时对其应完成任务进行深入了解。

6）多功能集成的工程项目管理软件套件

目前流行的工程项目管理软件大部分是系列化的项目管理软件，通常称为项目管理软件套件（Project Management Software Suite）。套件指的是将管理工程施工项目的所需的信息集成在一起进行管理的一种工具。一个套件通常可以拆分为一些功能模块或独立软件，这些模块或独立软件大部分可以单独使用，但这些模块或独立软件组合在一起使用，可以最大限度地发挥它们的效率。这些模块或独立软件都是由同一家软件公司开发，彼此间有统一的接口，可以互相调用数据，并且功能上相互补充。

（2）常用的工程项目管理软件

自 1982 年第一种基于 PC 的项目管理软件出现至今，项目管理软件已经历了 30 来年的发展历程。据统计，目前国内外正在使用的项目管理软件已有 2000 多种，下面主要介绍几种国内外较为流行的综合进度计划管理的项目管理软件。

1）Primavera Project Planner（P3）

在国内外为数众多的大型项目管理软件当中，美国 Primavera 公司开发的 Primavera Project Planner（P3）普及程度和占有率是最高的。

Primavera 公司在项目级的 P3 以后，又推出的项目管理套件 Primavera Enterprise，该套件的核心 Primavera Project Planner for Enterprise，又称 P3e（多项目级），与原 P3 相比，有了很大的变化。集成有 P3e 的套装软件 Primavera Enterprise，除了核心部分外，还包括 Primavision（辅助决策信息定制与采集，可以根据管理人员、项目管理人员、项目经理和专业人员自定义的视角为其提供项目的综合信息）、Primavera Progress Reporter（基于网络，采集进度/工时数据的工具软件）、Primavera Portfolio Analyst（多项目调度/分析工具软件）。该套装软件较之前推出的项目管理软件所涵盖的管理内容更广泛、功能更强大，充分体现了当今项目管理软件的发展趋势。下面简要介绍一下这两个软件的情况。

① Primavera Project Planner 早期版本（以下简称 P3）

P3 是用于项目进度计划、动态控制、资源管理和费用控制的综合进度计划管理软件，也是目前国内大型项目中应用最多的进度计划管理软件。

P3 的特点：拥有较为完善的管理复杂、大型建设工程项目的手段，拥有完善的编码体系，包括 WBS（工作分解结构）编码、作业代码编码、作业分类码编码、资源编码和费用科目编码等，这些编码以及这些编码所带来的分析、管理手段给项目管理人员的管理以充分的回旋余地，项目管理人员可以从多个角度对工程进行有效管理。

P3 具体的功能包括同时管理多个工程，通过各种视图、表格和其他分析、展示工具，帮助项目管理人员有效控制大型、复杂项目。

可以通过开放数据库互联（Open Data Base Connectivity 简写 ODBC）与其他系统结合进行相关数据的采集、数据存储和风险分析。

P3 提供了上百种标准的报告，同时还内置报告生成器，可以生成各种自定义的图形和表格报告。但其在大型工程层次划分上的不足和相对薄弱的工程汇总功能将其应用限制在了一个比较小的范围内（特别是对于大型建设工程项目）。

某些代码长度上的限制妨碍了该软件与项目其他系统的直接对接，后台的 Btrieve 数据库的性能也明显影响到软件的响应速度和与项目信息管理系统集的便利性，给用户的使用带来了一些不方便。这些问题在其后期的 P3e 中得到了一定程度的解决。

② Primavera Project Planner for Enterprise（以下简称 P3e）

首次在项目管理软件中增加了多项目项目结构（以下称 EPS）。利用 EPS 使得多项目或项目组织可以按多重属性对项目进行层次化的组织，使得多项目可基于 EPS 层次化结构的任何一层次和任何一点进行项目执行情况的财务分析。目前 P3e 的升级版国内改称为 P6。

提供了完善的编码结构体系。除了提供多项目项目结构、工作分解结构、组织分解结构、资源分解结构、费用分解结构、作业分类码和报表结构等，所有的结构体系均提供了直观的树形视图。

提供了丰富的图表。P3e 提供了 100 多种标准的报表格式和便利的报表管理方式，同时还提供了报表生成的向导功能，以帮助项目管理人员随时定制自己需要的报表。

支持基于 EPS、WBS 的"自上而下"预算分摊。P3e 支持按项目权重、里程碑权重、作业步骤及其权重进行绩效衡量，这些设置连同多样化的"赢得值"技术，使得"进度价值"的计算方法拟人化而又符合客观实际。

提供了专业的、结合进度的资源分析和管理工具，可以通过资源分解结构对多项目的全部资源进行管理。资源还可以按角色、技能、种类划分，为资源协调与替代提供方便，使资源得到充分的利用。

在 P3e 中除跟踪劳动力和非劳动力资源费用外，还可跟踪作业的其他费用，并将实际费用、数量与预算进行对比，可通过图形、表格及报表加以反映。

内置了风险管理功能。对项目的不确定因素的管理分析，是多项目风险控制的基础。P3e 的风险管理功能，提供了风险识别、分类、指定影响分析的优先级等功能。用户也可以自行创建风险管理计划，估计或指定发生概率，并指定组织中特定的人对特定风险管理负责。

内置了临界值的管理与问题追踪功能。通过预先设置的费用、进度和赢得值的临界值以及相应处理措施，当实施中出现超临界状态时自动通知相关责任人，并可利用问题追踪功能对"问题"进行追踪。

支持大型关系数据库 Oracle、SQL Server，以及 SDK 扩充功能，为多项目和建设工程项目管理信息系统的构建提供了极大的便利。与原 P3 相比，拥有更为直观的操作界面和更为全面的在线帮助，但是软件价格较高。

P3e（或 P6）在公路工程多项目管理中的应用主要有两个方面：一个是作为业主方的各个合同标段的多项目信息管理；另一个是作为企业级（公司方）企业内部的多项目信息管理。

公路工程多项目信息管理与公路工程单项目信息管理的系统构建方面最主要的区别有两个方面：一是多项目信息管理要建立多项目的 OBS（多项目组织分解结构）；二是要建立多项目的项目结构（EPS）。由于多项目之间存在着一定关系，因此造成信息化系统构建的复杂度和难度大为增加。以下通过简化的事例，对软件的应用作简单的介绍。

③ P3e（或 P6）在公路施工企业（公司）内部的多项目信息管理中的应用简介

a. 工程概况：××路桥公司在广西、广东、四川、江西 4 省有多个项目。公司的吴经理负责广西和四川两省的项目管理，公司的赵经理负责广东和江西两省的项目管理。各个合同段项目逐级授权管理。

b. 多项目的 OBS 的建立（多项目组织分解结构图），如图 2.3.3-1 所示。

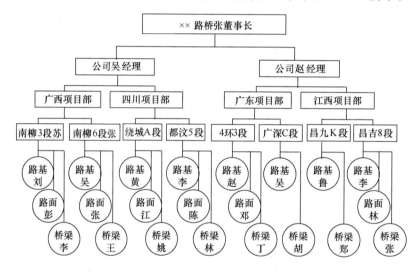

图 2.3.3-1　××路桥公司组织结构图

将图 2.3.3-1 通过 P3/e（或 P6）输入，如图 2.3.3-2 所示。

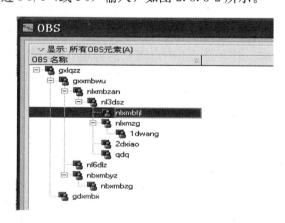

图 2.3.3-2　××路桥公司组织结构的信息化表示图

创建用户并分配权限。在用户管理中添加"吴经理"、"赵经理"两个用户，如表 2.3.3-1 所示的用户信息。

定义用户信息表 表 2.3.3-1

| 用户名 | 姓 名 | 全局安全配置 | 项目存取 | | 许 可 |
| --- | --- | --- | --- | --- | --- |
| | | | 责任人 | 安全配置 | |
| ZDSZ | 张董事长 | 公司企业级全局权限 | 总公司 | 项目查看权限 | PM 并发用户 |
| | | | 总工室 | 项目经理权限 | |
| WJL | 吴经理 | 广西四川两省全局权限 | 二处公司 | 项目经理权限 | PM 并发用户 |
| | | | 总工室 | 项目查看权限 | |
| | | | 项目部 | 项目查看权限 | |
| ZJL | 赵经理 | 广东江西两省全局权限 | 三处公司 | 项目经理权限 | PM 并发用户 |
| | | | 总工室 | 项目查看权限 | |
| | | | 项目部 | 项目查看权限 | |

c. 建立多项目的项目结构（EPS），如图 2.3.3-3 所示。

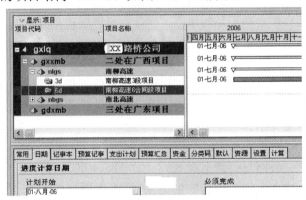

图 2.3.3-3 ××路桥公司多项目结构图（EPS）

d. 在具体项目中建立项目的 WBS 结构，输入具体工作（作业、工序），如图 2.3.3-4 所示。

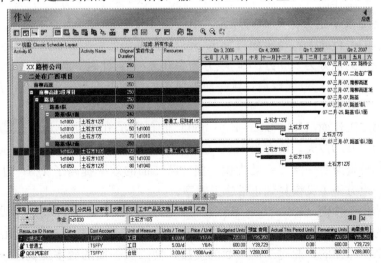

图 2.3.3-4 ××路桥公司南柳 3 段项目作业和资源分配图

④ P3e（或 P6）在业主方各合同标段的多项目信息管理的应用简介

与企业（公司）内部的多项目管理信息化相同的原理，在业主方的各个合同标段的多项目管理信息化中，业主方处于系统的最高级，各个承包人的合同标段作为系统的多项目构成。业主方在 OBS（多项目组织分解结构）中只有查看权和审批权，没有输入权和修改权。

2）Microsoft Project

由 Microsoft 公司推出的作为 Office 组成部分的 Microsoft Project（2003 版或 2007 版）是到目前为止在全世界范围内应用最为广泛的、以进度计划为核心的单项目管理软件。Microsoft Project 可以帮助项目管理人员编制进度计划，资源管理，生成费用预算，也可以绘制商务图表，形成图文并茂的报告。

借助 Microsoft Project 和其他辅助工具，可以满足一般要求不很高的项目管理的需求，例如单项目工程管理，Microsoft Project 基本能满足给你的要求；但如果项目比较复杂，或对项目管理的要求很高，那么该软件可能很难让人满意，这主要是该软件在处理复杂项目的管理方面还存在一些不足的地方。例如，资源层次划分上的不足，费用管理方面的功能太弱等。但就其市场定位和低廉的价格来说，Microsoft Project 是一款不错的项目管理软件。

公路工程的单项目信息管理是公路工程建设项目管理信息系统的基础组成部分，也是公路工程建设项目管理信息化的初级阶段。以一个公路工程单项目管理为例对公路工程单项目信息管理做一简要介绍。

① 工程概况

某省平原微丘区一公路与桥梁工程 K3+100～K9+850，共计 6.750km，在 K6+175 处有座大桥，管涵 4 座（采用先填后挖的方法），土方数量挖方为 100 万方，填方为 100 万方。计划开工日期为 2013 年 6 月 1 日。现计划分为 2 个土方队，每队分为 2 个工作面，每个队每个工作面的情况如下：

第一队第一工作面（以下简称面，K6+250～K8+345）土方挖方 20 万方，填方 20 万方；正常施工效率挖方为 1000 方/天，填方为 1000 方/天。当土方数量完成 60％时，进行 2 座管涵的平行施工，每座涵洞为 50 天；因修涵洞的影响，在这 50 天内一队一面土方施工效率降低到挖方为 200 方/天，填方为 200 方/天，此时一队一面富余的资源被调到一队二面施工；过了这 50 天以后一队一面被调走的资源又回到一队一面，其土方施工又恢复到正常施工效率。

第一队第二工作面（K8+345～K9+850）土方挖方 40 万方，填方 40 万方；正常施工效率挖方为 1500 方/天，填方为 1500 方/天。在一队一面修建涵洞的这 50 天内由于来自一队一面部分资源对一队二面的支援，使一队二面的效率提高了 1/3；过了这 50 天以后一队二面的土方施工又恢复到正常施工效率。

第二队第一工作面（K3+100～K5+600）土方挖方 30 万方，填方 30 万方；正常施工效率挖方为 1000 方/天，填方为 1000 方/天。在二队二面顺序修建两座涵洞的这 100 天内由于来自二队二面的资源对二队一面的支援，使二队一面的效率提高了 40％；过了这 100 天以后二队一面的土方施工又恢复到正常施工效率。

第二队第二工作面（K5+600～K6+100）土方挖方 10 万方，填方 10 万方；正常施工效率挖方为 625 方/天，填方为 625 方/天。当土方数量完成 50%，进行 2 座管涵顺序施工，每座涵洞为 50 天；因修涵洞的影响，在这 100 天内二队二面土方施工效率降低到挖方为 100 方/天，填方为 100 方/天，此时二队二面富余的资源被调到二队一面；过了这 100 天以后二队二面被调走的资源又回到二队二面，其土方施工又恢复到正常施工效率。

K6+175 处有座 30m×4 的下底大桥，下部采用流水施工。1 号和 2 号墩基础围堰各 15 天，墩基础 20 天，台基础 25 天，墩身 30 天，台身 34 天，盖梁 18 天，台帽 16 天，预制准备 35 天，梁预制共 120 天，安装空心梁 22 天，桥面铺装 20 天，护栏 15 天，调治构造物 60 天。由桥梁施工队负责施工。下底大桥施工准备 20 天。

第一队路面施工进度，底基层 50m/天、基层 100m/天，面层 80m/天。第二队路面施工为底基层 60m/天、基层 50m/天，面层 100m/天。基层与面层至少保养 7 天，每一个工作面最小长度为 600m。

② 单项目公路工程的项目结构分析

根据工程事例的背景资料，采用 WBS 方法进行项目结构分析，绘制项目结构图，如图 2.3.3-5 所示。

③ 构建单项目信息管理系统

a. 工程项目的总体信息，如施工单位名称、编制者、工程开工日期等。

b. 构建工程信息表，如表 2.3.3-2 所示。

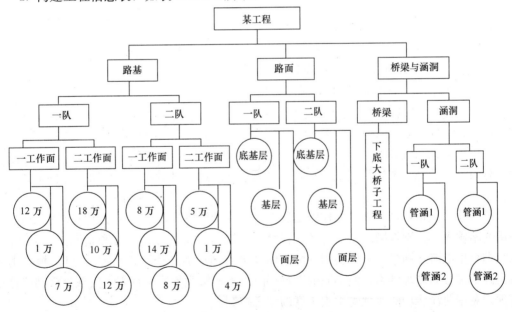

图 2.3.3-5　WBS 工作分解结构图（项目结构图）

**工作关系时间表**　　　　　　　　　　　　　　　　　　　表 2.3.3-2

| 代号 | 工作名称 | 持续时间 | 紧前工作 |
|---|---|---|---|
| 1 | 土方 k6+250-k8+345/12 万 | 120 | — |
| 2 | 土方 k6+250-k8+345/1 万 | 50 | 1 |
| 3 | 土方 k6+250-k8+345/7 万 | 70 | 2，13，14 |
| 4 | 土方 k8+345-k9+850/18 万 | 120 | — |

续表

| 代号 | 工作名称 | 持续时间 | 紧前工作 |
|---|---|---|---|
| 5 | 土方 k8+345-k9+850/10 万 | 50 | 4 |
| 6 | 土方 k8+345-k9+850/12 万 | 80 | 5 |
| 7 | 土方 k3+100-k5+600/8 万 | 80 | — |
| 8 | 土方 k3+100-k5+600/14 万 | 100 | 7 |
| 9 | 土方 k3+100-k5+600/8 万 | 80 | 8 |
| 10 | 土方 k5+600-k6+100/5 万 | 80 | — |
| 11 | 土方 k5+600-k6+100/1 万 | 100 | 10 |
| 12 | 土方 k5+600-k6+100/4 万 | 64 | 11, 16 |
| 13 | 管涵一队一面 1 号 | 50 | 1 |
| 14 | 管涵一队一面 2 号 | 50 | 1 |
| 15 | 管涵二队二面 1 号 | 50 | 10 |
| 16 | 管涵二队二面 2 号 | 50 | 15 |
| 17 | 路面底基层一队 | 72 | 3, 6 |
| 18 | 路面基层一队 | 36 | 17FF+6.0 |
| 19 | 路面面层一队 | 45 | 18SS+13.0 |
| 20 | 路面底基层二队 | 50 | 9, 12 |
| 21 | 路面面层二队 | 60 | 20SS+10.0 |
| 22 | 路面面层二队 | 30 | 21FF+13.0 |
| 23 | 下底大桥 k6+175 | 由子工程而得 | — |

c. 资源库的建立和各工作的资源分配。

d. 各种查询条件的构建和查询输出。

3）国内某些智能项目管理集成系统

国内某些软件公司（如同望 Easy plan 等）编制了项目管理集成系统，这些系统由智能项目管理动态系统控制、建设项目投资控制系统、机具设备管理、合同管理与动态控制、材料管理系统、图纸管理系统和安全管理系统组成，可对建设工程项目进行全方位的管理。

这些软件包括：灵活方便的作图功能，可以在计算机屏幕上直接制作网络图，还可以采用文本输入方式制作网络图，包括双代号输入法、紧前关系输入法和紧后关系输入法。瞬间即可生成流水网络。方便实用的网络图分级管理功能（子网络功能），可以根据工程的实际情况分为多级网络，使不同的管理层对应不同级别的网络计划，实现分级网络计划管理。利用前锋线功能实现对工程进度的动态控制。

资源费用优化控制：可以将资源按人工、材料、施工机械分开管理，可按不同属性进行分布，还可以根据定额分别计算人工、材料、施工机械费用及总费用；资源可按不同种类管理，可做出各种资源的分布曲线及报表；对资源及数据可进行优化计算；根据不同分布曲线可分别做出用工计划、机具安排计划、材料供应计划及费用投资计划等。

综合控制功能：提供了合同及图纸等工程信息的管理，并内置了针对这些信息的自动报警体系。支持双代号网络图。

# 3 公路工程建设相关法规及标准规范性文件

## 3.1 《招标投标法实施条例》

### 3.1.1 背景及简介

《中华人民共和国招标投标法》于2000年施行后，对促进公平竞争，节约公共采购资金，保证采购质量等方面发挥了重要作用。但不可否认，随着招标投标法的深入实施，一些诸如规避招标、虚假招标等钻法律空子的行为，亦严重影响了招标投标法的正常实施。为维护招标投标市场秩序，时隔12年后，国务院公布了《中华人民共和国招标投标法实施条例》，并自2012年2月1日起施行。

纵观整部条例，是对《中华人民共和国招标投标法》的细化、补充，呈现出诸多亮点。

（1）明确了招标投标活动的指导、协调、监督等主体。《条例》第四条规定，国务院发展改革部门指导和协调全国招标投标工作，对国家重大建设项目的工程招标投标活动实施监督检查。国务院工业和信息化、住房城乡建设、交通运输、铁道、水利、商务等部门，按照规定的职责分工对有关招标投标活动实施监督。财政部门依法对实行招标投标的政府采购工程建设项目的预算执行情况和政府采购政策执行情况实施监督。监察机关依法对与招标投标活动有关的监察对象实施监察。主体明确将使各部门各司其职，各尽其能，避免了权责不清、重复管理。同时，也使《招标投标法》和《政府采购法》的适用范围得到明确。

（2）阐明了招标人或其委托代理机构发售招标文件的收费构成。《条例》第十六条规定，招标人发售资格预审文件、招标文件收取的费用应当限于补偿印刷、邮寄的成本支出，不得以营利为目的。审计实践表明，招标人或其委托代理机构在招标过程中肆意高价发售标书、图纸屡见不鲜，其中建筑工程约为1200元/套，公路工程则高达4000元/套，远远超出印刷、邮寄成本，而这些收入全部被招标代理公司收入囊中。《条例》这一规定，将为这些违规行为的定性提供依据，同时降低投标单位的投标成本，增加潜在投标人参与投标的积极性。

（3）规定了投标保证金必须从投标单位基本账户转出。《条例》第二十六条规定，依法必须进行招标的项目的境内投标单位，以现金或者支票形式提交的投标保证金应当从其基本账户转出。一般情况下，围标时帮助围标的投标单位一般不会承担投标保证金的资金占用成本，往往是由牵头围标单位缴纳全部投标保证金。《条例》这一规定会增加围标单位的违法成本，必将在一定程度上遏制围标行为。同时，《条例》也为审计部门核查围标违法行为的提供了新手段：查看投标单位基本账户，跟踪投标保证金的来龙去脉。

（4）明确了《招标投标法》中未明确的各类违规情形。《条例》第三十二条明确了招标人以不合理的条件限制、排斥潜在投标人或者投标人的七种情形；第三十九条明确了投标人相互串通投标的五种情形；第四十条明确了视同投标人相互串通投标的六种情形；第四十一条明确了招标人与投标人串通投标六种情形；第四十二条明确了投标人以其他方式弄虚作假的五种情形。围标、串标行为历来是招标投标中的典型问题，其违背了通过公平竞争确定合理价格这一招标投标制度设计的初衷，扰乱了建筑市场秩序，损害了招标人的利益、国家利益。一直以来，审计部门发现的技术标雷同、投标报价呈阶梯分布等疑似围标、串标问题只能移交有关部门进一步核查、处理。而《条例》中第四十条明确了围标、串标情形："……（四）不同投标人的投标文件异常一致或者投标报价呈规律性差异；……（六）不同投标人的投标保证金从同一单位或者个人的账户转出。"这无疑为审计人员发现疑点、核查取证指明了方向，并为围标、串标违法行为的定性提供了重要依据。

《条例》的适时出台，正是针对当前招标投标领域中存在的规避招标、"明招暗定"的虚假招标、个别领导干预招标、围标串标等突出问题。《条例》在总结实践经验基础上，细化完善有关规定，保障了公开公平公正，它必将促使招标投标更加规范，促进我国建筑市场科学发展。

### 3.1.2 《条例》重要条款解读

（1）明确不得非法限定投标人的所有制形式，为社会资本介入提供保障。在实际操作中，工程建设领域，尤其在关系公共利益和公共安全的基础产业和基础设施领域，招标人在设定资格条件时，一般强调投标人是大型央企或国有企业，或者将国资背景作为加分项，使得民间资本在介入时困难重重。虽 2005 年和 2010 年国务院分别出台《关于鼓励支持和引导个体私营等非公有制经济发展的若干意见》和《关于鼓励和引导民间投资健康发展的若干意见》，鼓励和支持民间资本介入的政策，明确要规范设置投资准入门槛，创造公平竞争、平等准入的市场环境。市场准入标准和优惠扶持政策要公开透明，对各类投资主体同等对待，不得单对民间资本设置附加条件。但因没有出台配套的强制措施，执行效果并不理想。

《实施条例》第三十二条第二款第（六）项则明确："依法必须进行招标的项目非法限定潜在投标人或者投标人的所有制形式或者组织形式"属于以不合理条件限制、排斥潜在投标人或投标人，这将从制度层面保障社会资本的介入。

（2）综合考虑项目实际情况，规定更为灵活的操作程序。《实施条例》第三十条规定，"对技术复杂或者无法精确拟定技术规格的项目，招标人可以分两阶段进行招标。"既引资又引智，确保招标质量。实施条例第九条规定的可不进行招标的情形之一"已通过招标方式选定的特许经营项目投资人依法能够自行建设、生产或提供的"。此即考虑到特许经营项目的实际情况，如果我们一次招标选择的投资人既有施工总承包资质，又有运营资质及经验，如果再强行要求其进行"二次招标"实无必要，且不利于整个项目的运作，因为相比较二次招标选定的分包商，一次招标选定的具备相应资质的投资人更能从项目的全寿命期成本的角度去综合考量项目，确保项目的造价可控、质量有保证。

（3）明确各不同条款的适用情形，可操作性强。实施条例以列举法和兜底法列明何种情形可不进行招标、何种情形属于以不合理的条件限制、排斥潜在投标人或投标人、何种情形属于串标等，明确违反相应条款行为的惩罚措施，为权利人提供相应的救济措施。

### 3.1.3 《条例》法律责任规定

**第六十三条** 招标人有下列限制或者排斥潜在投标人行为之一的，由有关行政监督部门依照招标投标法第五十一条的规定处罚：

（一）依法应当公开招标的项目不按照规定在指定媒介发布资格预审公告或者招标公告；

（二）在不同媒介发布的同一招标项目的资格预审公告或者招标公告的内容不一致，影响潜在投标人申请资格预审或者投标。

依法必须进行招标的项目的招标人不按照规定发布资格预审公告或者招标公告，构成规避招标的，依照招标投标法第四十九条的规定处罚。

**第六十四条** 招标人有下列情形之一的，由有关行政监督部门责令改正，可以处 10 万元以下的罚款：

（一）依法应当公开招标而采用邀请招标；

（二）招标文件、资格预审文件的发售、澄清、修改的时限，或者确定的提交资格预审申请文件、投标文件的时限不符合招标投标法和本条例规定；

（三）接受未通过资格预审的单位或者个人参加投标；

（四）接受应当拒收的投标文件。

招标人有前款第一项、第三项、第四项所列行为之一的，对单位直接负责的主管人员和其他直接责任人员依法给予处分。

**第六十五条** 招标代理机构在所代理的招标项目中投标、代理投标或者向该项目投标人提供咨询的，接受委托编制标底的中介机构参加受托编制标底项目的投标或者为该项目的投标人编制投标文件、提供咨询的，依照招标投标法第五十条的规定追究法律责任。

**第六十六条** 招标人超过本条例规定的比例收取投标保证金、履约保证金或者不按照规定退还投标保证金及银行同期存款利息的，由有关行政监督部门责令改正，可以处 5 万元以下的罚款；给他人造成损失的，依法承担赔偿责任。

**第六十七条** 投标人相互串通投标或者与招标人串通投标的，投标人向招标人或者评标委员会成员行贿谋取中标的，中标无效；构成犯罪的，依法追究刑事责任；尚不构成犯罪的，依照招标投标法第五十三条的规定处罚。投标人未中标的，对单位的罚款金额按照招标项目合同金额依照招标投标法规定的比例计算。

投标人有下列行为之一的，属于招标投标法第五十三条规定的情节严重行为，由有关行政监督部门取消其 1 年至 2 年内参加依法必须进行招标的项目的投标资格：

（一）以行贿谋取中标；

（二）3 年内 2 次以上串通投标；

（三）串通投标行为损害招标人、其他投标人或者国家、集体、公民的合法利益，造成直接经济损失 30 万元以上；

（四）其他串通投标情节严重的行为。

投标人自本条第二款规定的处罚执行期限届满之日起 3 年内又有该款所列违法行为之一的，或者串通投标、以行贿谋取中标情节特别严重的，由工商行政管理机关吊销营业执照。

法律、行政法规对串通投标报价行为的处罚另有规定的，从其规定。

**第六十八条** 投标人以他人名义投标或者以其他方式弄虚作假骗取中标的，中标无效；构成犯罪的，依法追究刑事责任；尚不构成犯罪的，依照招标投标法第五十四条的规定处罚。依法必须进行招标的项目的投标人未中标的，对单位的罚款金额按照招标项目合同金额依照招标投标法规定的比例计算。

投标人有下列行为之一的，属于招标投标法第五十四条规定的情节严重行为，由有关行政监督部门取消其1年至3年内参加依法必须进行招标的项目的投标资格：

（一）伪造、变造资格、资质证书或者其他许可证件骗取中标；

（二）3年内2次以上使用他人名义投标；

（三）弄虚作假骗取中标给招标人造成直接经济损失30万元以上；

（四）其他弄虚作假骗取中标情节严重的行为。

投标人自本条第二款规定的处罚执行期限届满之日起3年内又有该款所列违法行为之一的，或者弄虚作假骗取中标情节特别严重的，由工商行政管理机关吊销营业执照。

**第六十九条**　出让或者出租资格、资质证书供他人投标的，依照法律、行政法规的规定给予行政处罚；构成犯罪的，依法追究刑事责任。

**第七十条**　依法必须进行招标的项目的招标人不按照规定组建评标委员会，或者确定、更换评标委员会成员违反招标投标法和本条例规定的，由有关行政监督部门责令改正，可以处10万元以下的罚款，对单位直接负责的主管人员和其他直接责任人员依法给予处分；违法确定或者更换的评标委员会成员作出的评审结论无效，依法重新进行评审。

国家工作人员以任何方式非法干涉选取评标委员会成员的，依照本条例第八十一条的规定追究法律责任。

**第七十一条**　评标委员会成员有下列行为之一的，由有关行政监督部门责令改正；情节严重的，禁止其在一定期限内参加依法必须进行招标的项目的评标；情节特别严重的，取消其担任评标委员会成员的资格：

（一）应当回避而不回避；

（二）擅离职守；

（三）不按照招标文件规定的评标标准和方法评标；

（四）私下接触投标人；

（五）向招标人征询确定中标人的意向或者接受任何单位或者个人明示或者暗示提出的倾向或者排斥特定投标人的要求；

（六）对依法应当否决的投标不提出否决意见；

（七）暗示或者诱导投标人作出澄清、说明或者接受投标人主动提出的澄清、说明；

（八）其他不客观、不公正履行职务的行为。

**第七十二条**　评标委员会成员收受投标人的财物或者其他好处的，没收收受的财物，处3000元以上5万元以下的罚款，取消担任评标委员会成员的资格，不得再参加依法必须进行招标的项目的评标；构成犯罪的，依法追究刑事责任。

**第七十三条**　依法必须进行招标的项目的招标人有下列情形之一的，由有关行政监督部门责令改正，可以处中标项目金额10‰以下的罚款；给他人造成损失的，依法承担赔偿责任；对单位直接负责的主管人员和其他直接责任人员依法给予处分：

（一）无正当理由不发出中标通知书；

（二）不按照规定确定中标人；

（三）中标通知书发出后无正当理由改变中标结果；

（四）无正当理由不与中标人订立合同；

（五）在订立合同时向中标人提出附加条件。

**第七十四条** 中标人无正当理由不与招标人订立合同，在签订合同时向招标人提出附加条件，或者不按照招标文件要求提交履约保证金的，取消其中标资格，投标保证金不予退还。对依法必须进行招标的项目的中标人，由有关行政监督部门责令改正，可以处中标项目金额10‰以下的罚款。

**第七十五条** 招标人和中标人不按照招标文件和中标人的投标文件订立合同，合同的主要条款与招标文件、中标人的投标文件的内容不一致，或者招标人、中标人订立背离合同实质性内容的协议的，由有关行政监督部门责令改正，可以处中标项目金额5‰以上10‰以下的罚款。

**第七十六条** 中标人将中标项目转让给他人的，将中标项目肢解后分别转让给他人的，违反招标投标法和本条例规定将中标项目的部分主体、关键性工作分包给他人的，或者分包人再次分包的，转让、分包无效，处转让、分包项目金额5‰以上10‰以下的罚款；有违法所得的，并处没收违法所得；可以责令停业整顿；情节严重的，由工商行政管理机关吊销营业执照。

**第七十七条** 投标人或者其他利害关系人捏造事实、伪造材料或者以非法手段取得证明材料进行投诉，给他人造成损失的，依法承担赔偿责任。

招标人不按照规定对异议作出答复，继续进行招标投标活动的，由有关行政监督部门责令改正，拒不改正或者不能改正并影响中标结果的，依照本条例第八十二条的规定处理。

**第七十八条** 取得招标职业资格的专业人员违反国家有关规定办理招标业务的，责令改正，给予警告；情节严重的，暂停一定期限内从事招标业务；情节特别严重的，取消招标职业资格。

**第七十九条** 国家建立招标投标信用制度。有关行政监督部门应当依法公告对招标人、招标代理机构、投标人、评标委员会成员等当事人违法行为的行政处理决定。

**第八十条** 项目审批、核准部门不依法审批、核准项目招标范围、招标方式、招标组织形式的，对单位直接负责的主管人员和其他直接责任人员依法给予处分。

有关行政监督部门不依法履行职责，对违反招标投标法和本条例规定的行为不依法查处，或者不按照规定处理投诉、不依法公告对招标投标当事人违法行为的行政处理决定的，对直接负责的主管人员和其他直接责任人员依法给予处分。

项目审批、核准部门和有关行政监督部门的工作人员徇私舞弊、滥用职权、玩忽职守，构成犯罪的，依法追究刑事责任。

**第八十一条** 国家工作人员利用职务便利，以直接或者间接、明示或者暗示等任何方式非法干涉招标投标活动，有下列情形之一的，依法给予记过或者记大过处分；情节严重的，依法给予降级或者撤职处分；情节特别严重的，依法给予开除处分；构成犯罪的，依法追究刑事责任：

（一）要求对依法必须进行招标的项目不招标，或者要求对依法应当公开招标的项目不公开招标；

（二）要求评标委员会成员或者招标人以其指定的投标人作为中标候选人或者中标人，

或者以其他方式非法干涉评标活动，影响中标结果；

（三）以其他方式非法干涉招标投标活动。

**第八十二条** 依法必须进行招标的项目的招标投标活动违反招标投标法和本条例的规定，对中标结果造成实质性影响，且不能采取补救措施予以纠正的，招标、投标、中标无效，应当依法重新招标或者评标。

### 3.1.4 对《条例》内容的探讨与建议

虽实施条例在诸多方面有重大突破，但仍存在个别地方值得商榷或需要进一步明确：

（1）对于实施条例第九条第（二）款"采购人依法能够自行建设、生产或提供的"，可不进行招标，本处规定反映的是目前招标项目中的"重质量，轻效率，轻服务"，如果仅因为采购人依法能够自行建设、生产或提供，就可以不招标，则可能导致工程超支、工期超期等，或者服务效率低下，不利于整个社会资源的优化配置。也即我们不仅需要考虑能不能做的问题，更要考虑采购人能不能做好的问题。对于是否需要招标，建议成立专门的评估委员会，或者聘请专业的咨询机构对项目以及采购人的相关能力（含监管能力）等进行评估，以评估是否需要进行招标，而不是简单地将招不招标的决定权交给采购人。

（2）对于实施条例第二十三条"招标人编制的资格预审文件、招标文件的内容违反法律、行政法规的强制性规定，违反公开、公平、公正和诚实信用原则，影响资格预审结果或者潜在投标人投标的，依法必须进行招标的项目的招标人应当在修改资格预审文件或者招标文件后重新招标。"本处并没有明确评定机构、评判机制，以及由谁来启动该等评定，以判断其内容是否违反法律、行政法规的强制性规定；而对于是否符合公开、公平、公正和诚实信用原则的判断标准更加模糊，导致自由裁量权过大，如果不予以明确，则会导致本条款形同虚设，对招标人起不到约束作用。

（3）实施条例第二十六条规定"招标人在招标文件中要求投标人提交投标保证金的，投标保证金不得超过招标项目估算价的 2%。"建议为保证投标行为的严肃性，可考虑要求投标人在根据招标公告或资格预审公告递交报名资料或资格预审申请文件之时即应提交投标保证金，以督促投标人继续参加后续投标；关于该等担保措施的形式，是否可以考虑接受保函形式的担保，而不仅仅是保证金。

（4）第三十二条第二款第（三）项规定"招标人有下列行为之一的，属于以不合理条件限制、排斥潜在投标人或者投标人：依法必须进行招标的项目以特定行政区域或者特定行业的业绩、奖项作为加分条件或者中标条件；"对于项目比较复杂、技术要求较高的领域，尤其是关系到公共利益和公共安全的领域，如果不强调施工方或服务提供方拥有相应的业绩等，则可能导致项目建设出现问题，或者导致项目运营不稳定。建议应允许招标人将特定行业的业绩、奖项作为加分项，以选择出更有经验的投标人，确保项目质量。

（5）第五十五条规定"国有资金占控股或者主导地位的依法必须进行招标的项目，招标人应当确定排名第一的中标候选人为中标人。排名第一的中标候选人放弃中标、因不可抗力不能履行合同、不按照招标文件要求提交履约保证金，或者被查实存在影响中标结果的违法行为等情形，不符合中标条件的，招标人可以按照评标委员会提出的中标候选人名单排序依次确定其他中标候选人为中标人，也可以重新招标。"从保障招标质量的角度，明确只有能够最大限度地满足招标文件中规定的各项综合评价标准，评委评标综合得分第一名才有资格被选中，如果第一名因故未被选定为中标人的，则给予招标人一个选择权，即可以重新招标，以确保能选到综合能力最优的中标人。但本处针对的对象是对国有资金占控股或者主导地位的依法必须招标的项目，对于其他依法必须进行招标的项目是否也可以适用重新招标的程序，还是必须按顺序与第二名及第三名依次进行谈判，建议予以明确。

我们相信实施条例施行后，会进一步规范招标投标行为，利于整个竞争市场的良性发展，但具体的执行效果，还有待进一步考量，政府部门需加大监管力度，督促各相关市场主体严格遵守相关规定，只有这样，才能使实施条例真正落到实处。

## 3.2 《公路工程建设项目用地指标》

### 3.2.1 背景及简介

根据建设部、国土资源部《关于印发＜2006年工程项目建设用地指标制修订项目计划＞的通知》（建标函［2006］207号）的要求，由交通运输部负责修订的《公路工程项目建设用地指标》，经有关部门会审，现批准为全国统一的公路工程项目建设用地指标，自2011年12月1日起施行。

根据国务院、建设部、国土资源部的要求，由交通运输部负责对原《公路建设项目用地指标》（建标［1999］278号）进行修订形成的《公路工程项目建设用地指标》，由住房和城乡建设部、国土资源部、交通运输部联合发布。原《公路建设项目用地指标》同时废止。公路建设用地指标实施的监督管理，由国土资源部负责；具体解释工作由交通运输部负责。

用地指标共分九章和三个附录，内容包括：总则、节约集约用地的基本规定、公路工程项目建设用地总体指标、路基工程用地指标、桥梁工程用地指标、隧道工程用地指标、交叉工程用地指标、沿线设施用地指标和用地指标的调整等九章；以及各级公路设计速度与路基宽度、土地利用现状分类、术语和符号三个附录。

### 3.2.2 主要内容解读

新的用地指标总体比原指标降低，服务设施用地指标提高；指标适应性更强，覆盖面更大，使用更简明。新指标按全部标准路基宽度编制，增加了分离式路基、平面交叉、更多形式枢纽互通式立交用地指标，及绕城公路、城市出入口公路、互通式立交间距变化较大公路等条件下的调整系数，服务设施用地指标按交通量和大型车比例编列，明确了公路辅道、支线、连接线等用地的计算规定；新指标对节约集约用地的措施规定更加具体，对公路建设的各个阶段及其主要环节均提出了节约集约用地的具体要求；新指标要求公路建设从项目立项研究伊始就要更加重视占用土地问题，在项目建设的必要性、规模和标准的论证上，都要将公路用地作为重要影响因素加以考虑。

进一步加强公路建设用地指标管理，规范公路建设项目用地申报审查工作，提高审查工作效率，缩短审查报批周期。《公路建设项目用地指标》是全国统一的用地标准，既是编制和审批可行性研究报告、确定项目建设用地规模的基本依据，又是编审初步设计文件、核定和审批公路、铁路建设项目用地面积的基本尺度，应严格执行。省级土地管理部门要认真掌握公路、铁路等各项建设用地指标，并在建设项目用地审查中能够准确运用建设用地指标，核定建设项目用地规模。同时，省级土地管理部门要指导和帮助省以下各级土地管理部门熟悉和了解建设用地指标的内容及适用条件，以规范对建设用地项目呈报说明书和供地方案的拟定和审查工作。

各级交通主管部门要加强对公路建设项目用地指标实施的监督管理，督促、指导建设单位严格按照规定的用地指标规划、设计安排用地。各建设单位和勘察设计单位，在进行项目可行性研究和编制初步设计文件时，要按照用地指标规定科学设计、合理布置、集约用地。对一般的公路建设项目，用地规模要控制在指标规定的范围之内。对确需超出用地指标增加用地面积的，建设单位须附具体说明。交通部、铁道部将把建设项目用地指标在上报项目中的应用情况作为审批初步设计文件的内容和条件。

针对报送国务院审批的公路建设用地项目数量多，面积大，时间要求紧等特点，建设单位在报送建设用地申请材料时，必须按设计建设用地状况据实填报《公路建设项目用地审查表》，并在报送省级土地管理部门的同时，抄送交通部。

省级土地管理部门在审查公路项目用地时，重点依据用地指标对《审查表》的各项内容进行严格审查，并将经审核合格的《审查表》与市、县土地管理部门编制的供地方案进行对照。如果《审查表》与供地方案填写不一致，建设项目用地规模不符合用地指标要求，省级土地管理部门应在审查时对照公路平面总体设计图认真核查，并要求建设单位重新填报《审查表》，或由市、县调整供地方案。如果《审查表》与供地方案内容一致，建设项目用地规模符合用地指标，省级土地管理部门在上报的审查意见中对审查情况作出专项说明后，只需上报供地方案，《审查表》及有关图件等资料由省级土地管理部门存档备查。

对经省级土地管理部门审查合格的建设项目用地报批资料，国土资源部只依照上报的供地方案对用地规模进行核定，不再重复对建设项目用地的具体情况和地方审核过程进行审查。对建设项目用地上报审批工作中的问题，国土资源部将通过对各地建设用地指标执行情况和审查情况进行抽查解决。

各级土地、交通行政主管部门要大力宣传建设用地指标在建设用地管理和工程设计中的作用，加强对指标应用的指导和监督管理，从源头上保障公路建设用地指标应用的落实。

省级土地管理部门要依法行政，规范审查程序，明确审查要件，减轻建设单位负担。各级交通行政主管部门要进一步采取措施，加大对建设用地指标实施管理的监管力度。今后，凡违背建设用地有关规范，批准初步设计超指标用地或者瞒报虚报项目用地数量等原因造成退件等问题的，要追究建设单位和设计单位的责任。

## 3.3 《公路建设市场管理办法》

### 3.3.1 背景及简介

为加强公路建设市场管理，规范公路建设市场秩序，保证公路工程质量，促进公路建设市场健康发展，根据《中华人民共和国公路法》、《中华人民共和国招标投标法》、《建设工程质量管理条例》，《公路建设市场管理办法》由 2004 年 12 月 21 日交通部发布，根据 2011 年 11 月 30 日交通运输部《关于修改〈公路建设市场管理办法〉的决定》修正。本办法适用于各级交通运输主管部门对公路建设市场的监督管理活动。

### 3.3.2 主要内容

**第三条** 公路建设市场遵循公平、公正、公开、诚信的原则。

**第四条** 国家建立和完善统一、开放、竞争、有序的公路建设市场，禁止任何形式的地区封锁。

**第六条** 公路建设市场管理实行统一管理、分级负责。

**第七条** 国务院交通运输主管部门负责全国公路建设市场的监督管理工作，主要职责是：

（一）贯彻执行国家有关法律、法规，制定全国公路建设市场管理的规章制度；

（二）组织制定和监督执行公路建设的技术标准、规范和规程；

（三）依法实施公路建设市场准入管理、市场动态管理，并依法对全国公路建设市场进行监督检查；

（四）建立公路建设行业评标专家库，加强评标专家管理；

（五）发布全国公路建设市场信息；

（六）指导和监督省级地方人民政府交通运输主管部门的公路建设市场管理工作；

（七）依法受理举报和投诉，依法查处公路建设市场违法行为；

（八）法律、行政法规规定的其他职责。

**第八条** 省级人民政府交通运输主管部门负责本行政区域内公路建设市场的监督管理工作，主要职责是：

（一）贯彻执行国家有关法律、法规、规章和公路建设技术标准、规范和规程，结合本行政区域内的实际情况，制定具体的管理制度；

（二）依法实施公路建设市场准入管理，对本行政区域内公路建设市场实施动态管理和监督检查；

（三）建立本地区公路建设招标评标专家库，加强评标专家管理；

（四）发布本行政区域公路建设市场信息，并按规定向国务院交通运输主管部门报送本行政区域公路建设市场的信息；

（五）指导和监督下级交通运输主管部门的公路建设市场管理工作；

（六）依法受理举报和投诉，依法查处本行政区域内公路建设市场违法行为；

（七）法律、法规、规章规定的其他职责。

**第九条** 省级以下地方人民政府交通运输主管部门负责本行政区域内公路建设市场的监督管理工作，主要职责是：

（一）贯彻执行国家有关法律、法规、规章和公路建设技术标准、规范和规程；

（二）配合省级地方人民政府交通运输主管部门进行公路建设市场准入管理和动态管理；

（三）对本行政区域内公路建设市场进行监督检查；

（四）依法受理举报和投诉，依法查处本行政区域内公路建设市场违法行为；

（五）法律、法规、规章规定的其他职责。

**第十条** 凡符合法律、法规规定的市场准入条件的从业单位和从业人员均可进入公路建设市场，任何单位和个人不得对公路建设市场实行地方保护，不得对符合市场准入条件的从业单位和从业人员实行歧视待遇。

**第十一条** 公路建设项目依法实行项目法人负责制。项目法人可自行管理公路建设项目，也可委托具备法人资格的项目建设管理单位进行项目管理。

项目法人或者其委托的项目建设管理单位的组织机构、主要负责人的技术和管理能力应当满足拟建项目的管理需要，符合国务院交通运输主管部门有关规定的要求。

**第十二条** 收费公路建设项目法人和项目建设管理单位进入公路建设市场实行备案制度。

收费公路建设项目可行性研究报告批准或依法核准后，项目投资主体应当成立或者明确项目法人。项目法人应当按照项目管理的隶属关系将其或者其委托的项目建设管理单位的有关情况报交通运输主管部门备案。

对不符合规定要求的项目法人或者项目建设管理单位，交通运输主管部门应当提出整改要求。

**第十三条** 公路工程勘察、设计、施工、监理、试验检测等从业单位应当按照法律、法规的规定，取得有关管理部门颁发的相应资质后，方可进入公路建设市场。

**第十四条** 法律、法规对公路建设从业人员的执业资格作出规定的，从业人员应当依法取得相应的执业资格后，方可进入公路建设市场。

**第十五条** 公路建设从业单位和从业人员在公路建设市场中必须严格遵守国家有关法律、法规和规章，严格执行公路建设行业的强制性标准、各类技术规范及规程的要求。

**第十六条** 公路建设项目法人必须严格执行国家规定的基本建设程序，不得违反或者擅自简化基本建设程序。

**第十七条** 公路建设项目法人负责组织有关专家或者委托有相应工程咨询或者设计资质的单位，对施工图设计文件进行审查。施工图设计文件审查的主要内容包括：

（一）是否采纳工程可行性研究报告、初步设计批复意见；

（二）是否符合公路工程强制性标准、有关技术规范和规程要求；

（三）施工图设计文件是否齐全，是否达到规定的技术深度要求；

（四）工程结构设计是否符合安全和稳定性要求。

**第十八条** 公路建设项目法人应当按照项目管理隶属关系将施工图设计文件报交通运输主管部门审批。施工图设计文件未经审批的，不得使用。

**第十九条** 申请施工图设计文件审批应当向相关的交通运输主管部门提交以下材料：

（一）施工图设计的全套文件；

（二）专家或者委托的审查单位对施工图设计文件的审查意见；

（三）项目法人认为需要提交的其他说明材料。

**第二十条** 交通运输主管部门应当自收到完整齐备的申请材料之日起20日内审查完毕。经审查合格的，批准使用，并将许可决定及时通知申请人。审查不合格的，不予批准使用，应当书面通知申请人并说明理由。

**第二十一条** 公路建设项目法人应当按照公开、公平、公正的原则，依法组织公路建设项目的招标投标工作。不得规避招标，不得对潜在投标人和投标人实行歧视政策，不得实行地方保护和暗箱操作。

**第二十二条** 公路工程的勘察、设计、施工、监理单位和设备、材料供应单位应当依法投标，不得弄虚作假，不得串通投标，不得以行贿等不合法手段谋取中标。

**第二十三条** 公路建设项目法人与中标人应当根据招标文件和投标文件签订合同，不得附加不合理、不公正条款，不得签订虚假合同。

国家投资的公路建设项目，项目法人与施工、监理单位应当按照国务院交通运输主管部门的规定，签订廉政合同。

**第二十四条** 公路建设项目依法实行施工许可制度。国家和国务院交通运输主管部门确定的重点公路建设项目的施工许可由国务院交通运输主管部门实施，其他公路建设项目的施工许可按照项目管理权限由县级以上地方人民政府交通运输主管部门实施。

**第二十五条** 项目施工应当具备以下条件：

（一）项目已列入公路建设年度计划；

（二）施工图设计文件已经完成并经审批同意；

（三）建设资金已经落实，并经交通运输主管部门审计；

（四）征地手续已办理，拆迁基本完成；

（五）施工、监理单位已依法确定；

（六）已办理质量监督手续，已落实保证质量和安全的措施。

**第二十六条** 项目法人在申请施工许可时应当向相关的交通运输主管部门提交以下材料：

（一）施工图设计文件批复；

（二）交通运输主管部门对建设资金落实情况的审计意见；

（三）国土资源部门关于征地的批复或者控制性用地的批复；

（四）建设项目各合同段的施工单位和监理单位名单、合同价情况；

（五）应当报备的资格预审报告、招标文件和评标报告；

（六）已办理的质量监督手续材料；

（七）保证工程质量和安全措施的材料。

**第二十七条** 交通运输主管部门应当自收到完整齐备的申请材料之日起 20 日内作出行政许可决定。予以许可的，应当将许可决定及时通知申请人；不予许可的，应当书面通知申请人并说明理由。

**第二十八条** 公路建设从业单位应当按照合同约定全面履行义务：

（一）项目法人应当按照合同约定履行相应的职责，为项目实施创造良好的条件；

（二）勘察、设计单位应当按照合同约定，按期提供勘察设计资料和设计文件。工程实施过程中，应当按照合同约定派驻设计代表，提供设计后续服务；

（三）施工单位应当按照合同约定组织施工，管理和技术人员及施工设备应当及时到位，以满足工程需要。要均衡组织生产，加强现场管理，确保工程质量和进度，做到文明施工和安全生产；

（四）监理单位应当按照合同约定配备人员和设备，建立相应的现场监理机构，健全监理管理制度，保持监理人员稳定，确保对工程的有效监理；

（五）设备和材料供应单位应当按照合同约定，确保供货质量和时间，做好售后服务工作；

（六）试验检测单位应当按照试验规程和合同约定进行取样、试验和检测，提供真实、完整的试验检测资料。

**第二十九条** 公路工程实行政府监督、法人管理、社会监理、企业自检的质量保证体系。交通运输主管部门及其所属的质量监督机构对工程质量负监督责任，项目法人对工程质量负管理责任，勘察设计单位对勘察设计质量负责，施工单位对施工质量负责，监理单位对工程质量负现场管理责任，试验检测单位对试验检测结果负责，其他从业单位和从业人员按照有关规定对其产品或者服务质量负相应责任。

**第三十条**　各级交通运输主管部门及其所属的质量监督机构对工程建设项目进行监督检查时，公路建设从业单位和从业人员应当积极配合，不得拒绝和阻挠。

**第三十一条**　公路建设从业单位和从业人员应当严格执行国家有关安全生产的法律、法规、国家标准及行业标准，建立健全安全生产的各项规章制度，明确安全责任，落实安全措施，履行安全管理的职责。

**第三十二条**　发生工程质量、安全事故后，从业单位应当按照有关规定及时报有关主管部门，不得拖延和隐瞒。

**第三十三条**　公路建设项目法人应当合理确定建设工期，严格按照合同工期组织项目建设。项目法人不得随意要求更改合同工期。如遇特殊情况，确需缩短合同工期的，经合同双方协商一致，可以缩短合同工期，但应当采取措施，确保工程质量，并按照合同规定给予经济补偿。

**第三十四条**　公路建设项目法人应当按照国家有关规定管理和使用公路建设资金，做到专款专用，专户储存；按照工程进度，及时支付工程款；按照规定的期限及时退还保证金、办理工程结算。不得拖欠工程款和征地拆迁款，不得挤占挪用建设资金。

施工单位应当加强工程款管理，做到专款专用，不得拖欠分包人的工程款和农民工工资；项目法人对工程款使用情况进行监督检查时，施工单位应当积极配合，不得阻挠和拒绝。

**第三十五条**　公路建设从业单位和从业人员应当严格执行国家和地方有关环境保护和土地管理的规定，采取有效措施保护环境和节约用地。

**第三十六条**　公路建设项目法人、监理单位和施工单位对勘察设计中存在的问题应当及时提出设计变更的意见，并依法履行审批手续。设计变更应当符合国家制定的技术标准和设计规范要求。

任何单位和个人不得借设计变更虚报工程量或者提高单价。

重大工程变更设计应当按有关规定报原初步设计审批部门批准。

**第三十七条**　勘察、设计单位经项目法人批准，可以将工程设计中跨专业或者有特殊要求的勘察、设计工作委托给有相应资质条件的单位，但不得转包或者二次分包。

监理工作不得分包或者转包。

**第三十八条**　施工单位可以将非关键性工程或者适合专业化队伍施工的工程分包给具有相应资格条件的单位，并对分包工程负连带责任。允许分包的工程范围应当在招标文件中规定。分包工程不得再次分包，严禁转包。

任何单位和个人不得违反规定指定分包、指定采购或者分割工程。

项目法人应当加强对施工单位工程分包的管理，所有分包合同须经监理审查，并报项目法人备案。

**第三十九条**　施工单位可以直接招用农民工或者将劳务作业发包给具有劳务分包资质的劳务分包人。施工单位招用农民工的，应当依法签订劳动合同，并将劳动合同报项目监理工程师和项目法人备案。

施工单位和劳务分包人应当按照合同按时支付劳务工资，落实各项劳动保护措施，确保农民工安全。

劳务分包人应当接受施工单位的管理，按照技术规范要求进行劳务作业。劳务分包人不得将其分包的劳务作业再次分包。

**第四十条** 项目法人和监理单位应当加强对施工单位使用农民工的管理，对不签订劳动合同、非法使用农民工的，或者拖延和克扣农民工工资的，要予以纠正。拒不纠正的，项目法人要及时将有关情况报交通运输主管部门调查处理。

**第四十一条** 项目法人应当按照交通部《公路工程竣（交）工验收办法》的规定及时组织项目的交工验收，并报请交通运输主管部门进行竣工验收。

**第四十二条** 各级交通运输主管部门应当加强对公路建设从业单位和从业人员的市场行为的动态管理。应当建立举报投诉制度，查处违法行为，对有关责任单位和责任人依法进行处理。

**第四十三条** 国务院交通运输主管部门和省级地方人民政府交通运输主管部门应当建立公路建设市场的信用管理体系，对进入公路建设市场的从业单位和主要从业人员在招标投标活动、签订合同和履行合同中的信用情况进行记录并向社会公布。

**第四十四条** 公路工程勘察、设计、施工、监理等从业单位应当按照项目管理的隶属关系，向交通运输主管部门提供本单位的基本情况、承接任务情况和其他动态信息，并对所提供信息的真实性、准确性和完整性负责。项目法人应当将其他从业单位在建设项目中的履约情况，按照项目管理的隶属关系报交通运输主管部门，由交通运输主管部门核实后记入从业单位信用记录中。

**第四十五条** 从业单位和主要从业人员的信用记录应当作为公路建设项目招标资格审查和评标工作的重要依据。

**第四十六条** 对公路建设从业单位和从业人员违反本办法规定进行的处罚，国家有关法律、法规和交通运输部规章已有规定的，适用其规定；没有规定的，由交通运输主管部门根据各自的职责按照本办法规定进行处罚。

**第四十七条** 项目法人违反本办法规定，实行地方保护的或者对公路建设从业单位和从业人员实行歧视待遇的，由交通运输主管部门责令改正。

**第四十八条** 从业单位违反本办法规定，在申请公路建设从业许可时，隐瞒有关情况或者提供虚假材料的，行政机关不予受理或者不予行政许可，并给予警告；行政许可申请人在 1 年内不得再次申请该行政许可。

被许可人以欺骗、贿赂等不正当手段取得从业许可的，行政机关应当依照法律、法规给予行政处罚；申请人在 3 年内不得再次申请该行政许可；构成犯罪的，依法追究刑事责任。

**第四十九条** 投标人相互串通投标或者与招标人串通投标的，投标人以向招标人或者评标委员会成员行贿的手段谋取中标的，中标无效，处中标项目金额 5‰以上 10‰以下的罚款，对单位直接负责的主管人员和其他直接责任人员处单位罚款数额 5%以上 10%以下的罚款；有违法所得的，并处没收违法所得；情节严重的，取消其 1 年至 2 年内参加依法必须进行招标的项目的投标资格并予以公告；构成犯罪的，依法追究刑事责任。给他人造成损失的，依法承担赔偿责任。

第五十条　投标人以他人名义投标或者以其他方式弄虚作假，骗取中标的，中标无效，给招标人造成损失的，依法承担赔偿责任；构成犯罪的，依法追究刑事责任。

依法必须进行招标的项目的投标人有前款所列行为尚未构成犯罪的，处中标项目金额5‰以上10‰以下的罚款，对单位直接负责的主管人员和其他直接责任人员处单位罚款数额5%以上10%以下的罚款；有违法所得的，并处没收违法所得；情节严重的，取消其1年至3年内参加依法必须进行招标的项目的投标资格并予以公告。

第五十一条　项目法人违反本办法规定，拖欠工程款和征地拆迁款的，由交通运输主管部门责令改正，并由有关部门依法对有关责任人员给予行政处分。

第五十二条　除因不可抗力不能履行合同的，中标人不按照与招标人订立的合同履行施工质量、施工工期等义务，造成重大或者特大质量和安全事故，或者造成工期延误的，取消其2年至5年内参加依法必须进行招标的项目的投标资格并予以公告。

第五十三条　施工单位有以下违法违规行为的，由交通运输主管部门责令改正，并由有关部门依法对有关责任人员给予行政处分。

（一）违反本办法规定，拖欠分包人工程款和农民工工资的；

（二）违反本办法规定，造成生态环境破坏和乱占土地的；

（三）违反本办法规定，在变更设计中弄虚作假的；

（四）违反本办法规定，不按规定签订劳动合同的。

第五十四条　违反本办法规定，承包单位将承包的工程转包或者违法分包的，责令改正，没收违法所得，对勘察、设计单位处合同约定的勘察费、设计费25%以上50%以下的罚款；对施工单位处工程合同价款5‰以上10‰以下的罚款；可以责令停业整顿，降低资质等级；情节严重的，吊销资质证书。

工程监理单位转让工程监理业务的，责令改正，没收违法所得，处合同约定的监理酬金25%以上50%以下的罚款；可以责令停业整顿，降低资质等级；情节严重的，吊销资质证书。

第五十五条　公路建设从业单位违反本办法规定，在向交通运输主管部门填报有关市场信息时弄虚作假的，由交通运输主管部门责令改正。

第五十六条　各级交通运输主管部门和其所属的质量监督机构的工作人员违反本办法规定，在建设市场管理中徇私舞弊、滥用职权或者玩忽职守的，按照国家有关规定处理。构成犯罪的，由司法部门依法追究刑事责任。

## 3.4　《公路工程施工分包管理办法》

### 3.4.1　背景及简介

为规范公路工程施工分包活动，引导公路工程施工分包市场健康、有序地发展，2011年11月22日，交通运输部发布了《公路工程施工分包管理办法》。加强市场监管，规范分包活动，是工程建设领域专项治理的重点工作。《办法》的出台是市场经济体制下行业健康发展的需要，是规范公路建设市场分包行为的需要，是完善公路建设市场法律法规体系的需要。

工程分包的产生是计划经济向市场经济过渡的产物，是社会分工专业化的必然结果，在国外工程管理中也普遍存在。规范引导施工单位进行合理、合法的分包、既有利于施工企业的发展壮大和结构调整，也有利于规范建设市场，提高工程质量，降低建设成本。我国《招标投标法》、《建设工程质量管理条例》、《公路建设市场管理办法》、《公路建设监督管理办法》等法律、法规和部门规章相继对工程分包进行了相应规定，但由于种种原因，公路工程中的违法分包现象仍然屡禁不止。

目前，我国公路工程施工分包主要存在以下四种情况：一是正常的工程分包，即合法分包，主要体现为经业主同意后依法进行专业分包或劳务作业分包；二是业主违法指定分包；三是施工单位违法分包，即施工单位未经业主同意私自分包，特别是以劳务合作、劳务作业分包、设备租赁等形式分包给不具备相应施工资质的施工单位或"包工头"；四是分包单位非法再分包或转包。做好工程分包行为管理有助于规范建设市场秩序，提高工程质量和安全管理水平，根治违法转包分包等工程建设领域突出问题，有效预防腐败。

目前，全国虽已有部分省（市）制定了分包管理办法，但作为地方规范性文件，由于缺乏上位法的支持而受到种种限制。如《公路建设市场管理办法》中关于分包工程量不得超过总工程量 30%的规定已不能适应当前公路建设管理发展的需要，从而影响到了主管部门对公路工程施工分包活动的管理，大部分专业分包以劳务合作之名存在，游离于监管之外。这也是导致地方办法出台后实施效果不理想的一大原因。

就目前实际情况来看，公路工程施工需要分包，特别是部分专业性较强的专业工程无论是从质量、安全上考虑，还是从进度、费用上考虑都更适合由专业分包人完成。为了统一指导全国各地的分包管理行为，解决有关规章制度与公路行业分包管理活动之间的矛盾，制定全国公路工程施工分包管理办法十分必要。

《办法》起草的主要思路是"清晰界定分包概念，依法放宽分包准入，差别化管理分包行为，培育规范分包市场"。

《办法》的基本原则：一是严格遵循上位法，充分体现行业特点。办法既要符合现行法律法规的规定，同时结合公路工程专业分包特点和实际做法，做到上位法与行业特点的有机结合。二是疏堵结合，以疏为主，规范引导。督促承包人在公正、公开的基础上，合法、合理、规范分包，禁止违法分包和转包，积极有效地引导公路工程施工分包市场健康、有序地发展。三是尊重现状，注重实效。针对公路工程施工分包现状，实事求是，不回避问题，广泛征求意见，积极探索有效的解决措施，内容力求完整、全面，措施力求得当、有效，确保《办法》的科学性、前瞻性、适用性和可操作性。

### 3.4.2 主要内容解读

鼓励专业化分包，强化第一承包人责任。目前，我国法律法规中并没有明确的施工分包定义，因此交通运输部对于施工分包如何定义进行了慎重考虑并广泛征求了意见。最终将分包定义为专业工程分包，劳务合作不属于分包。其目的在于鼓励施工的专业化分包，增加《办法》的可操作性。同时，为有效防止"以劳务合作之名行专业分包之实"这一现象愈演愈烈，《办法》对劳务合作作出规定并加以有效引导，明确劳务合作不属于分包，由承包人负全责。同时，劳务合作不计入分包人业绩。

关于转包的界定，《招标投标法》等法律虽有"不得转包"的相关规定，但并未明确界定"转包"的概念，仅《建设工程质量管理条例》（简称《条例》）第七十八条对"转包"进行了规定。"结合《条例》规定和工程建设实际，我们认为界定转包的关键在于承包人是否对该工程设立了项目管理机构并派驻相应人员实施有效管理。只要承包人承包的工程不属于发包人规定不得分包的工程，且承包人对该工程设立了项目管理机构并派驻相应人员实施有效管理，其发包行为应当视为履行了合同约定的责任和义务，根据《条例》规定不属于转包。"

因此，《办法》作出了"禁止将承包的公路工程进行转包"的规定，同时明确定性了转包的关键在于承包人未对分包项目实施有效管理。既不与上位法相违背，又符合公路建设实际和发展方向。

调研中，几乎所有的被调研对象均建议对《公路建设市场管理办法》中"分包的工程不得超过总工程量的30％"的规定进行调整。为此，交通运输部通过了《关于修改〈公路建设市场管理办法〉的决定》，取消了"分包的工程不得超过总工程量的30％"的规定，为《办法》实施解除了障碍。

此外，《办法》秉承"权责对等"，不能错位越位的原则，确定承包人和发包人职责和权利。《办法》明确规定分包工程由承包人向发包人直接负责，强化第一承包人责任，防止出现推诿扯皮现象。同时，规定承包人和分包人互相开展信用评价，并授权发包人对信用评价结果进行核定以加强制约和监管。

《办法》加强了分包管理的要求。为了加强分包管理，防止工程分包"一放就乱"的现象出现，《办法》要求各省级交通运输主管部门负责制定本行政区域公路工程施工分包管理的实施细则、分包专项类别以及相应的资格条件、统一的分包合同格式和劳务合作合同格式等。《办法》授权发包人可以根据实际情况在招标文件中明确不得分包的专项工程。同时，明确规定必须有计划地分包，即承包人必须在投标时即明确拟分包的专项工程及规模，未在投标文件中列入分包计划的一律不得分包，以此防止承包人任意进行分包。

检验制度的效力，关键在于制度的执行，如何在制度执行上不打折扣，更好地发挥制度的作用是关键。为此，各级交通运输主管部门要把落实《办法》作为一项重要工作来抓，作为根治工程建设中违法分包问题的治本之策来落实。各级交通运输主管部门要对分包管理工作中好的经验和做法不断总结，完善和细化有关规定。交通运输部将进一步总结各地实施经验，加强对分包活动的统一管理。

### 3.4.3 《办法》行为管理的规定

**第十六条**  禁止将承包的公路工程进行转包。

承包人未在施工现场设立项目管理机构和派驻相应人员对分包工程的施工活动实施有效管理，并且有下列情形之一的，属于转包：

（一）承包人将承包的全部工程发包给他人的；

（二）承包人将承包的全部工程肢解后以分包的名义分别发包给他人的；

（三）法律、法规规定的其他转包行为。

**第十七条**  禁止违法分包公路工程。

有下列情形之一的，属于违法分包：

（一）承包人未在施工现场设立项目管理机构和派驻相应人员对分包工程的施工活动实施有效管理的；

（二）承包人将工程分包给不具备相应资格的企业或者个人的；

（三）分包人以他人名义承揽分包工程的；

（四）承包人将合同文件中明确不得分包的专项工程进行分包的；

（五）承包人未与分包人依法签订分包合同或者分包合同未遵循承包合同的各项原则，不满足承包合同中相应要求的；

（六）分包合同未报发包人备案的；

（七）分包人将分包工程再进行分包的；

（八）法律、法规规定的其他违法分包行为。

**第十八条** 按照信用评价的有关规定，承包人和分包人应当互相开展信用评价，并向发包人提交信用评价结果。

发包人应当对承包人和分包人提交的信用评价结果进行核定，并且报送相关交通运输主管部门。

交通运输主管部门应当将发包人报送的承包人和分包人的信用评价结果纳入信用评价体系，对其进行信用管理。

**第十九条** 发包人应当在招标文件中明确统一采购的主要材料及构、配件等的采购主体及方式。承包人授权分包人进行相关采购时，必须经发包人书面同意。

**第二十条** 为确保分包合同的履行，承包人可以要求分包人提供履约担保。分包人提供担保后，如要求承包人同时提供分包工程付款担保的，承包人也应当予以提供。

**第二十一条** 承包人与分包人应当依法纳税。承包人因为税收抵扣向发包人申请出具相关手续的，发包人应当予以办理。

**第二十二条** 分包人有权与承包人共同享有分包工程业绩。分包人业绩证明由承包人与发包人共同出具。

分包人以分包业绩证明承接工程的，发包人应当予以认可。分包人以分包业绩证明申报资质的，相关交通运输主管部门应当予以认可。

劳务合作不属于施工分包。劳务合作企业以分包人名义申请业绩证明的，承包人与发包人不得出具。

## 3.5　《企业安全生产费用提取和使用管理办法》

### 3.5.1　背景及简介

为了建立企业安全生产投入长效机制，加强安全生产费用管理，保障企业安全生产资金投入，维护企业、职工以及社会公共利益，根据《中华人民共和国安全生产法》等有关法律法规和国务院有关决定，财政部、国家安全生产监督管理总局联合制定了《企业安全生产费用提取和使用管理办法》，自 2012 年 2 月 16 日开始施行。

2004 年以来，财政部会同国家发展改革委、安全监管总局等部门，为落实《国务院关于加强安全生产工作的决定》（国发〔2004〕2 号），先后制定并实施了《煤炭生产安全费用提取和使用管理办法》（财建〔2004〕119 号）、《关于调整煤炭生产安全费用提取标准、加强煤炭生产安全费用使用管理与监督的通知》（财建〔2005〕168 号）、《烟花爆竹生产企业安全费用提取与使用管理办法》（财建〔2006〕180 号）和《高危行业企业安全生产费用财务管理暂行办法》（财企〔2006〕478 号）。这些办法（以下简称原办法）的制定和实施，对于高危行业企业提升安全生产能力发挥了重要作用。

但是，随着形势的变化，安全生产费用制度在提取标准、适用范围、使用方向、配套政策等方面需要调整和完善，企业对此呼声较大。国务院高度重视加强安全生产工作，

《国务院关于进一步加强企业安全生产工作的通知》（国发〔2010〕23 号）明确要求"进一步完善高危行业企业安全生产费用财务管理制度，研究提高安全生产费用提取下限标准，适当扩大适用范围"。为了建立了安全生产投入的长效机制，在总结经验、广泛调研、征求意见基础上，对原办法进行了整合、修改、补充和完善，形成了统一的《办法》，以满足企业安全生产新形势的需求，进一步加强企业安全生产保障能力。《办法》自发布之日起实施，原办法及相关文件中涉及安全生产费的规定同时废止。

根据国务院要求和安全生产管理需要，与原办法相比，《办法》的主要变化有：一是扩大了政策的适用范围，将需要重点加强安全生产工作的冶金、机械制造和武器装备研制三类行业纳入了适用范围，同时拓展了原非煤矿山、危险品生产、交通运输行业的适用领域，如非煤矿山行业中增加了煤层气开采等。二是提高了安全生产费用的提取标准，具体情况在《办法》中已做了详细规定。三是扩大并细化了安全生产费用的使用范围，不再局限于安全生产设施，增加了一些安全预防性的投入和预防职业危害、减少事故损失等方面的支出。

《办法》适用于在中华人民共和国境内直接从事煤炭生产、非煤矿山开采、建设工程施工、危险品生产与储存、交通运输、烟花爆竹生产、冶金、机械制造、武器装备研制生产与试验（含民用航空及核燃料）的企业，以及其他经济组织。

混业经营企业，如能按业务类别分别核算的，以各类业务营业收入为计提依据，按各自标准分别提取安全费用；如不能分别核算的，以全部业务收入为计提依据，按主营业务计提标准提取安全费用。

企业应当加强安全费用管理，编制年度安全费用提取和使用计划，纳入企业财务预算。企业提取的安全费用应当按照统一的会计制度规定单独核算，按照《办法》规定的范围安排使用，不得挤占、挪用。年度结余资金结转下年度使用，当年计提安全费用不足的，超出部分按正常成本费用渠道列支。

企业提取的安全费用属于企业自提自用资金，其他单位和部门不得采取收取、代管等形式对其进行集中管理和使用。为了确保安全生产费用于安全生产，按照税收规定，安全生产费在使用时税前扣除，提取时不扣除。企业要认真贯彻落实，足额提取，按规定专项用于安全生产。

从以下几个方面开展工作，督促《办法》的贯彻落实：一是做好宣传工作。加强对重点行业、重点领域的宣传力度，通过报刊、网络等渠道扩大宣传范围、增强宣传效果，将政策落到实处。二是加大督促检查力度。各级安全监管部门要将安全生产费用提取和使用作为安全监察执法的重要内容，督促企业贯彻实施。三是做好解释说明。及时解决政策执行中可能出现的问题，更好地服务企业，保证政策执行和落实到位，充分发挥安全生产费用政策在引导企业加大安全生产投入、提交企业安全生产水平等方面的作用。

### 3.5.2 主要内容

（1）企业安全费用的提取标准规定。具体标准如下：

1）煤炭生产企业依据开采的原煤产量按月提取。煤（岩）与瓦斯（二氧化碳）突出矿井、高瓦斯矿井吨煤 30 元；其他井工矿吨煤 15 元；露天矿吨煤 5 元。

2）非煤矿山开采企业依据开采的原矿产量按月提取。金属露天矿山每吨 5 元，地下矿山每吨 10 元；核工业矿山，每吨 25 元；非金属露天矿山每吨 2 元，地下矿山每吨 4

元；小型露天采石场，即年采剥总量 50 万吨以下，且最大开采高度不超过 50 米，产品用于建筑、铺路的山坡型露天采石场，每吨 1 元；尾矿库按入库尾矿量计算，三等及三等以上尾矿库每吨 1 元，四等及五等尾矿库每吨 1.5 元。

本办法下发之日以前已经实施闭库的尾矿库，按照已堆存尾砂的有效库容大小提取，库容 100 万立方米以下的，每年提取 5 万元；超过 100 万立方米的，每增加 100 万立方米增加 3 万元，但每年提取额最高不超过 30 万元。

原矿产量不含金属、非金属矿山尾矿库和废石场中用于综合利用的尾砂和低品位矿石。

地质勘探单位安全费用按地质勘查项目或者工程总费用的 2% 提取。

3）建设工程施工企业以建筑安装工程造价为计提依据。矿山工程 2.5%；房屋建筑工程、水利水电工程、电力工程、铁路工程、城市轨道交通工程 2.0%；市政公用工程、冶炼工程、机电安装工程、化工石油工程、港口与航道工程、公路工程、通信工程 1.5%。

建设工程施工企业提取的安全费用列入工程造价，在竞标时，不得删减，列入标外管理。国家对基本建设投资概算另有规定的，从其规定。总包单位应当将安全费用按比例直接支付分包单位并监督使用，分包单位不再重复提取。

4）危险品生产与储存企业以上年度实际营业收入为计提依据，采取超额累退方式按照以下标准平均逐月提取。营业收入不超过 1000 万元的，按 4% 提取；超过 1000 万元至 1 亿元的部分，按 2% 提取；超过 1 亿元至 10 亿元的部分，按 0.5% 提取；超过 10 亿元的部分，按 0.2% 提取。

5）交通运输企业以上年度实际营业收入为计提依据，按照以下标准平均逐月提取。普通货运业务按 1% 提取；客运业务、管道运输、危险品等特殊货运业务按 1.5% 提取。

6）机械制造企业以上年度实际营业收入为计提依据，采取超额累退方式按照以下标准平均逐月提取。营业收入不超过 1000 万元的，按 2% 提取；超过 1000 万元至 1 亿元的部分，按 1% 提取；超过 1 亿元至 10 亿元的部分，按 0.2% 提取；超过 10 亿元至 50 亿元的部分，按 0.1% 提取；超过 50 亿元的部分，按 0.05% 提取。

7）烟花爆竹生产企业以上年度实际营业收入为计提依据，采取超额累退方式按照以下标准平均逐月提取。营业收入不超过 200 万元的，按 3.5% 提取；超过 200 万元至 500 万元的部分，按 3% 提取；超过 500 万元至 1000 万元的部分，按 2.5% 提取；超过 1000 万元的部分，按 2% 提取。

企业在上述标准的基础上，根据安全生产实际需要，可适当提高安全费用提取标准。

本办法公布前，各省级政府已制定下发企业安全费用提取使用办法的，其提取标准如果低于本办法规定的标准，应当按照本办法进行调整；如果高于本办法规定的标准，按照原标准执行。

（2）建筑施工企业安全费用的使用范围规定

建设工程施工企业安全费用应当按照以下范围使用：

1）完善、改造和维护安全防护设施设备支出（不含"三同时"要求初期投入的安全设施），包括施工现场临时用电系统、洞口、临边、机械设备、高处作业防护、交叉作业防护、防火、防爆、防尘、防毒、防雷、防台风、防地质灾害、地下工程有害气体监测、通风、临时安全防护等设施设备支出；

2）配备、维护、保养应急救援器材、设备支出和应急演练支出；

3）开展重大危险源和事故隐患评估、监控和整改支出；

4）安全生产检查、评价（不包括新建、改建、扩建项目安全评价）、咨询和标准化建设支出；

5）配备和更新现场作业人员安全防护用品支出；

6）安全生产宣传、教育、培训支出；

7）安全生产适用的新技术、新标准、新工艺、新装备的推广应用支出；

8）安全设施及特种设备检测检验支出；

9）其他与安全生产直接相关的支出。

（3）企业安全生产费用监督管理规定

**第三十一条**　企业应当建立健全内部安全费用管理制度，明确安全费用提取和使用的程序、职责及权限，按规定提取和使用安全费用。

**第三十二条**　企业应当加强安全费用管理，编制年度安全费用提取和使用计划，纳入企业财务预算。企业年度安全费用使用计划和上一年安全费用的提取、使用情况按照管理权限报同级财政部门、安全生产监督管理部门、煤矿安全监察机构和行业主管部门备案。

**第三十三条**　企业安全费用的会计处理，应当符合国家统一的会计制度的规定。

**第三十四条**　企业提取的安全费用属于企业自提自用资金，其他单位和部门不得采取收取、代管等形式对其进行集中管理和使用，国家法律、法规另有规定的除外。

**第三十五条**　各级财政部门、安全生产监督管理部门、煤矿安全监察机构和有关行业主管部门依法对企业安全费用提取、使用和管理进行监督检查。

**第三十六条**　企业未按本办法提取和使用安全费用的，安全生产监督管理部门、煤矿安全监察机构和行业主管部门会同财政部门责令其限期改正，并依照相关法律法规进行处理、处罚。

建设工程施工总承包单位未向分包单位支付必要的安全费用以及承包单位挪用安全费用的，由建设、交通运输、铁路、水利、安全生产监督管理、煤矿安全监察等主管部门依照相关法规、规章进行处理、处罚。

## 3.6　《交通运输企业安全生产标准化考评管理办法》

### 3.6.1　背景及简介

根据《关于进一步加强企业安全生产工作的通知》（国发〔2010〕23号）、《关于坚持科学发展安全发展促进安全生产形势持续稳定好转的意见》（国发〔2011〕40号）精神和《关于深入开展企业安全生产标准化建设的指导意见》（安委〔2011〕4号）的部署，2012年4月23日，交通运输部起草了《交通运输企业安全生产标准化考评管理办法》和《交通运输企业安全生产标准化达标考评指标》。本办法适用于全国交通运输企业安全生产标准化考评及其管理活动。

### 3.6.2　主要内容

**第三条**　交通运输企业安全生产标准化达标等级分为一级、二级、三级，其中城市轨道交通企业安全生产达标标准等级分为一级、二级。

评为一级达标企业的考评分数不低于 900 分（满分 1000 分，下同）且完全满足所有达标企业必备条件，评为二级达标企业的考评分数不低于 700 分且完全满足二、三级达标企业必备条件，评为三级达标企业的考评分数不低于 600 分且完全满足三级达标企业必备条件。

**第四条** 交通运输部主管全国交通运输企业安全生产标准化工作并负责一级达标企业的考评工作。

省级交通运输主管部门负责本管辖范围内交通运输企业安全生产标准化工作和二、三级达标企业的考评工作。

长江航务管理局、珠江航务管理局分别负责长江干线、西江干线跨省航运企业安全生产标准化工作和二、三级达标企业的考评工作。以上部门和单位统称为主管机关。

**第五条** 交通运输企业安全生产标准化考评包括初次考评、换证考评和附加考评等三种形式。

**第六条** 交通运输企业安全生产标准化考评工作应坚持客观、公正、公开、透明的原则，由主管机关按照本办法组织实施。

**第七条** 主管机关应向社会公告交通运输企业安全生产标准化考评结果。

**第八条** 主管机关或其认定的考评机构负责对交通运输企业实施考评。

**第九条** 考评机构应具备以下条件：

（一）交通运输事业单位或经批准注册的交通运输系统社团组织；

（二）具备固定办公地点和必要的设备；

（三）具有一定数量从事相关领域考评工作需要的管理人员及考评员；

（四）建有相应的管理制度。

**第十条** 考评机构应经主管机关认可，接受主管机关的监督管理，并按照主管机关赋予的权限开展工作，建立企业考评档案。

**第十一条** 考评员应具有交通运输相关学历和工作经历，并经专业培训、考试合格取得资格。

**第十二条** 主管机关负责考评员适任条件的审核、考试发证、注册登记等管理工作，并建立档案。

考评机构应建立考评员日常管理档案，并按年度向主管机关备案。

**第十三条** 申请考评的企业应向主管机关提交申请。

**第十四条** 考评活动采用资料核对、人员询问、现场考评等方法进行，人员询问、现场查验可以按一定比例进行抽查。

**第十五条** 申请初次考评的企业应具备以下条件：

（一）具有企业法人资格（含分公司），并直接从事交通运输生产经营建设行为的实体；

（二）具有与其经营管理相适应的安全生产管理机构和人员，并建有相应的安全生产管理制度；

（三）已进行安全生产标准化建设自评。

**第十六条** 初次考评应提交申请报告，并附以下材料：

（一）企业法人营业执照、经营许可证等；

（二）企业基本情况和安全生产组织架构；

（三）企业安全生产基本情况；

（四）企业安全生产标准化建设自评报告。

**第十七条** 主管机关收到初次考评申请及所附材料后，应审查以下内容：

（一）是否属于本管辖范围；

（二）是否满足申请条件；

（三）申请材料是否齐全。

申请材料不符合要求的，应告知企业补充、修改或重新提交申请。

**第十八条** 对满足申请要求的企业，主管机关应结合企业的申请确定考评机构。考评机构应按照主管机关的要求和本办法的规定对企业安全生产情况进行考评。

**第十九条** 企业通过考评的，由考评机构报主管机关审核同意后，向该企业签发安全生产标准化达标证书。未通过考评的或经主管机关审核不合格的，企业应采取纠正措施并可在3个月后重新申请考评。

**第二十条** 企业安全生产标准化达标证书有效期为3年。

**第二十一条** 已取得相关机构颁发的安全生产管理体系证书（证明）的企业，连续3年未发生重特大事故的，经主管机关对必备条件审核后，可颁发二级或三级安全生产达标证书。

**第二十二条** 企业申请高一级别安全生产标准化达标考评，考评及发证的内容、范围和方法按照初次考评的有关规定执行。

**第二十三条** 新组建企业应于正式运营6个月内提出初次考评申请。

**第二十四条** 换证考评申请应在企业安全生产标准化达标证书有效期届满之日前3个月内提出。

**第二十五条** 换证考评申请应附送以下材料：

（一）企业法人营业执照、经营许可证等；

（二）安全生产标准化达标证书；

（三）企业基本情况和安全生产组织架构；

（四）企业安全生产管理情况。

**第二十六条** 换证考评及发证的内容、范围和方法参照初次考评的有关规定执行。

**第二十七条** 换证考评和发证应在现有企业安全生产标准化达标证书有效期届满前完成。

**第二十八条** 换证考评未通过的，企业应在原证书期满后3个月内提出重新考评申请。

**第二十九条** 企业安全生产标准化达标证书遗失的，可以向原考评发证机构申请补发。

企业法人代表、名称、地址等变更的，应在变更后1个月内，向相应的主管机关提供有关材料，申请对企业安全生产标准化达标证书的变更。

**第三十条** 主管机关向企业、考评机构、考评人员发放证书不得收取任何费用。

**第三十一条** 有下列情况之一的，主管机关或其指定的考评机构应对持有企业安全生产标准化达标证书的企业实施附加考评：

（一）企业发生重大及以上安全责任事故；

（二）企业一年内连续发生二次及以上较大安全责任事故；

（三）企业被举报并经核实其安全生产管理存在重大安全问题；

（四）企业发生其他可能影响其安全生产管理的重大事件或主管机关认为确实必要的。

上述事故等级按照《生产安全事故报告和调查处理条例》（国务院第 493 号令）确定。

**第三十二条**　附加考评应针对引发附加考评的原因进行。在考评中发现有严重问题的，可扩大考评范围，直至实施全面考评。

**第三十三条**　通过附加考评并经主管机关审核合格的，维持企业安全生产标准化达标证书的有效性。

未通过附加考评或经主管机关审定认为其安全生产管理存在重大问题的，主管机关应责令其整改，整改合格的，企业应在 3 个月内再次申请初次考评。

**第三十四条**　对企业所实施的安全生产标准化达标考评，不解除企业遵守国际、国内有关安全法规的责任。

**第三十五条**　在接受考评过程中，企业应：

（一）提供所需的工作便利，以确保考评员充分有效地实施考评；

（二）如实提供相关资料和证据；

（三）与考评员合作，以保证考评工作顺利完成。

**第三十六条**　考评员应保守秘密并谨慎处理所接触的有关文件、特许的信息资料等。企业可以向主管机关或考评机构举报、投诉考评员的不正当行为。

**第三十七条**　主管机关应对考评机构和考评员进行监督管理。考评机构或考评员如有违法违纪行为的，主管机关应做出处理直至取消其考评资格。

**第三十八条**　主管机关相关管理人员和考评员应严格遵守本办法和有关廉政规定，不得借考评工作谋取任何私利。

# 3.7　公路桥梁和隧道工程安全风险评估制度

### 3.7.1　《公路桥梁和隧道工程设计安全风险评估指南（试行）》

公路桥梁和隧道工程建设过程中发生各类风险事故的情况较多，且造成的损失较大。开展公路桥梁和隧道工程设计安全风险评估，有利于决策科学化，减少工程安全事故和社会不良影响，有利于提高政府、项目法人（业主）、设计单位和施工单位的风险管理意识和风险管理能力，从而达到控制风险、减少损失的目的，适应公路桥梁和隧道工程的可持续发展，提高工程建设和运营安全性。

《公路桥梁和隧道工程设计安全风险评估指南》的编制目的是为指导公路桥梁和隧道工程设计安全风险评估工作，提高工程建设和运营安全性。《公路桥梁和隧道工程设计安全风险评估指南》适用于公路工程初步设计及施工图设计阶段桥梁和隧道工程安全风险评估。

工程安全风险评估，应按照以下步骤进行：确定工程风险源，估测风险源风险发生概率和风险损失，确定风险源风险等级，采取相应的风险控制措施。

公路桥梁和隧道工程设计安全风险等级分为 I 级（低度风险）、II 级（中度风险）、III 级（高度风险）、IV 级（极高风险）。I 级风险水平可以接受，当前应对措施有效，不必采取额外技术、管理方面的预防措施；Ⅱ级风险水平有条件接受，工程有进一步实施预防措施以提升安全性的必要；Ⅲ级风险水平有条件接受，必须实施削减风险的应对措施，并需要准备应急计划；Ⅳ级风险水平不可接受，必须采取有效应对措施将风险等级降低到Ⅲ级及以下水平；如果Ⅳ级应对措施的代价超出项目法人（业主）的承受能力，则更换方案或放弃项目执行。

公路桥梁和隧道工程设计安全风险评估工作，除符合本指南要求外，尚应符合国家、行业和地方相关法律法规及标准规范的规定。

### 3.7.2　《公路桥梁和隧道工程施工安全风险评估指南（试行）》

为加强公路桥梁和隧道工程施工安全管理，优化施工组织方案，提高施工现场安全预控有效性，经研究，交通运输部决定在施工阶段实行公路桥梁和隧道工程安全风险评估制度。施工阶段公路桥梁和隧道工程安全风险评估制度及《公路桥梁和隧道工程施工安全风险评估指南（试行）》，自2011年8月1日起施行。

公路桥梁和隧道工程施工环境条件复杂，施工组织实施困难，作业安全风险居高不下，一直以来是行业安全监管的重点环节。在施工阶段建立安全风险评估制度符合国际通行做法。在工程实施前，开展定性或定量的施工安全风险估测，能够增强安全风险意识，改进施工措施，规范预案预警预控管理，有效降低施工风险，严防重特大事故发生。这项工作也是公路桥梁和隧道工程设计风险评估结果在施工阶段的落实和深化。

列入国家和地方基本建设计划的新建、改建、扩建以及拆除、加固等高等级公路桥梁和隧道工程项目，在施工阶段，应按本通知要求，进行施工安全风险评估。其他公路工程项目，可参照执行。

（1）评估范围

公路桥梁和隧道工程施工安全风险评估范围，可由各地根据工程建设条件、技术复杂程度和施工管理模式，以及当地工程建设经验，并参考以下标准确定。

1）桥梁工程：

①多跨或跨径大于40m的石拱桥，跨径大于或等于150m的钢筋混凝土拱桥，跨径大于或等于350m的钢箱拱桥，钢桁架、钢管混凝土拱桥；

②跨径大于或等于140m的梁式桥，跨径大于400m的斜拉桥，跨径大于1000m的悬索桥；

③墩高或净空大于100m的桥梁工程；

④采用新材料、新结构、新工艺、新技术的特大桥、大桥工程；

⑤特殊桥型或特殊结构桥梁的拆除或加固工程；

⑥施工环境复杂、施工工艺复杂的其他桥梁工程。

2）隧道工程：

①穿越高地应力区、岩溶发育区、区域地质构造、煤系地层、采空区等工程地质或水文地质条件复杂的隧道，黄土地区、水下或海底隧道工程；

②浅埋、偏压、大跨度、变化断面等结构受力复杂的隧道工程；

③长度3000m及以上的隧道工程，Ⅵ、Ⅴ级围岩连续长度超过50m或合计长度占隧道全长的30%及以上的隧道工程；

④连拱隧道和小净距隧道工程；

⑤采用新技术、新材料、新设备、新工艺的隧道工程；

⑥隧道改扩建工程；

⑦施工环境复杂、施工工艺复杂的其他隧道工程。

（2）评估方法

1）公路桥梁和隧道工程施工安全风险评估分为总体风险评估和专项风险评估。

①总体风险评估。桥梁或隧道工程开工前，根据桥梁或隧道工程的地质环境条件、建设规模、结构特点等孕险环境与致险因子，估测桥梁或隧道工程施工期间的整体安全风险大小，确定其静态条件下的安全风险等级。

②专项风险评估。当桥梁或隧道工程总体风险评估等级达到Ⅲ级（高度风险）及以上时，将其中高风险的施工作业活动（或施工区段）作为评估对象，根据其作业风险特点以及类似工程事故情况，进行风险源普查，并针对其中的重大风险源进行量化估测，提出相应的风险控制措施。

2）评估方法应根据被评估项目的工程特点，选择相应的定性或定量的风险评估方法。具体评估方法的选择，参照《公路桥梁和隧道工程施工安全风险评估指南（试行）》。

（3）评估步骤

公路桥梁和隧道工程施工安全风险评估工作包括制定评估计划、选择评估方法、开展风险分析、进行风险估测、确定风险等级、提出措施建议、编制评估报告等方面。评估步骤一般为：

1）开展总体风险评估。根据设计阶段风险评估结果（若有），以及类似结构工程安全事故情况，用定性与定量相结合的方法初步分析本项目孕险环境与致险因子，估测施工中发生重大事故的可能性，确定项目总体风险等级。

2）确定专项风险评估范围。总体风险评估等级达到Ⅲ级（高度风险）及以上桥梁或隧道工程，应进行专项风险评估。其他风险等级的桥梁或隧道工程可视情况开展专项风险评估。

3）开展专项风险评估。通过对施工作业活动（施工区段）中的风险源普查，在分析物的不安全状态、人的不安全行为的基础上，确定重大风险源和一般风险源。宜采用指标体系法等定量评估方法，对重大风险源发生事故的概率及损失进行分析，评估其发生重大事故的可能性与严重程度，对照相关风险等级标准，确定专项风险等级。

4）确定风险控制措施。根据风险接受准则的相关规定，对专项风险等级在Ⅲ级（高度风险）及以上的施工作业活动（施工区段），应明确重大风险源的监测、控制、预警措施以及应急预案。其他风险等级的桥梁、隧道工程可根据工程实际情况，按照成本效益原则确定相应的风险控制措施。

（4）评估组织与评估报告

1）公路桥梁和隧道工程施工安全风险评估工作原则上由项目施工单位具体负责。当被评估项目含多个合同段时，总体风险评估应由建设单位牵头组织，专项风险评估工作仍由合同施工单位具体实施。

当施工单位的施工经验或能力不足时，可委托行业内安全评估机构承担相关风险评估工作。

2）评估工作负责人应当具有 5 年以上的工程管理经验，并有参与类似工程施工的经历。

3) 风险评估工作应形成评估报告。评估报告应反映风险评估过程的主要工作。报告内容应包括评估依据、工程概况、评估方法、评估步骤、评估内容、评估结论及对策建议等。评估结论应当明确风险等级、可能发生事故的关键部位、区域或节点、事故可能性等级、规避或者降低风险的建议措施等内容。

(5) 实施要求

1) 施工单位应根据风险评估结论，完善施工组织设计和危险性较大工程专项施工方案，制定相应的专项应急预案，对项目施工过程实施预警预控。专项风险等级在Ⅲ级（高度风险）及以上的施工作业活动（施工区段）的风险控制，还应符合下列规定：

①重大风险源的监控与防治措施、应急预案经施工企业技术负责人和项目总监理工程师审批后，由建设单位组织论证或复评估。

②施工单位应建立重大风险源的监测及验收、日常巡查、定期报告等工作制度，并组织实施。

③施工项目经理或技术负责人在工程施工前应对施工人员进行安全技术教育与交底；施工现场应设立相应的危险告知牌。

④适时组织对典型重大风险源的应急救援演练。

⑤当专项风险等级为Ⅳ级（极高风险）且无法降低时，必须提高现场防护标准，落实应急处置措施，视情况开展第三方施工监测；未采取有效措施的，不得施工。

2) 监理单位在审查工程施工组织设计文件、危险性较大工程专项施工方案、应急预案时，应同时审查施工安全风险评估报告；无风险评估报告，不得签发开工令。

工程开工后，监理单位应督查施工单位安全风险控制措施的落实情况，并予以记录。对施工中存在的重大隐患应及时指出并督促整改，对施工单位拒不整改的，应及时向建设单位及公路工程安全生产监督管理部门报告。

3) 风险评估报告经监理单位审核后应向建设单位报备。建设单位应对极高风险（Ⅳ级）的施工作业，组织专家或安全评估机构进行论证或复评估，提出降低风险的措施建议；当风险无法降低时，应及时调整设计、施工方案，并向公路工程安全生产监督管理部门备案。

4) 各级交通运输主管部门在履行施工安全监督检查职责时，应将施工安全风险评估实施情况纳入检查范围。对极高风险（Ⅳ级）的施工作业应切实加强重点督查。

5) 公路桥梁和隧道工程施工安全风险评估应遵循动态管理的原则，当工程设计方案、施工方案、工程地质、水文地质、施工队伍等发生重大变化时，应重新进行风险评估。

6) 施工安全风险评估工作费用应在项目安全生产费用中列支。

# 3.8 《高速公路施工标准化活动实施方案》

## 3.8.1 背景及简介

为加强高速公路建设管理，进一步提升工程质量、安全水平和行业文明施工形象，交通部决定从 2011 年起，在高速公路建设中开展施工标准化活动，制定《高速公路施工标准化活动实施方案》。以科学发展观为指导，围绕加快转变公路发展方式、发展现代交通运输业的总体要求，大力推行现代工程管理，促进高速公路建设施工标准化、规范化、精细化，全面提高公路建设管理水平。

高速公路施工标准化活动的总体目标是通过开展高速公路施工标准化活动，建立科学系统的施工标准化体系，将标准化要求贯穿工程施工各个环节，促进规章制度更加完善，现场管理更加规范，人员技能更加精湛，材料加工、施工工艺更加精细，试验检测更加可靠，从业单位和从业人员标准化意识明显增强，工程质量、安全水平进一步提高，实现从业人员一流、管理水平一流、材料制备一流、施工工艺一流、作业环境一流、建设成果一流。

高速公路施工标准化活动的具体目标是新开工高速公路项目 100％开展施工标准化活动，各项目驻地建设、施工工艺和现场管理 100％达到标准化要求，工程实体关键指标全部达到规范要求。

### 3.8.2 方案具体细则

（1）主要内容

开展施工标准化活动的主要内容包括工地标准化、施工标准化和管理标准化，专业涵盖路基、路面、桥涵、隧道、绿化及防护工程，有条件的也可在交通安全与机电工程实施。

1）工地标准化

工地标准化主要包括驻地和施工现场的标准化。按照标准化要求建设施工、监理驻地和试验室及施工便道，改善生产生活环境，提高施工管理效率。按照标准化要求建设各类拌和站、预制加工场地和材料存放场地，实现混合料（混凝土）集中拌制，钢筋、碎石集中加工，构件集中预制，充分发挥集约化施工的优势，规范施工现场管理，保证工程质量。按照标准化要求规范施工现场安全防护设施、安全标识及其他各类临时设施设置，消除隐患，文明施工。

2）施工标准化

按照规范要求，结合各省（区、市）实际情况，细化路基、路面、桥涵、隧道、绿化及防护、交通安全与机电等各项工程的施工标准化要求，优化施工工艺，严格工艺管理，提高施工效率和实体工程质量。规范质量检验与控制，强化各类验证试验和标准试验，做到检测项目完整齐全、检测频率符合要求、检测数据真实可靠。加强对隐蔽工程、关键工序的过程控制和验收，确保工程各项指标抽检合格率达到规范要求。

3）管理标准化

严格执行公路建设法律法规和强制性标准，在工程管理中查找薄弱环节，健全管理制度，优化管理流程，把技术标准、管理标准、作业标准落实到施工全过程，实现工程进度合理均衡，节能环保措施到位，档案资料收集齐全、整理规范。加强从业人员管理和培训，统一从业人员持证和着装。

（2）活动安排

1）活动范围：2011 年及以后新开工的高速公路项目。在建工程参照标准化活动要求执行。

2）参加单位：各级交通运输主管部门及所属质量监督机构、高速公路建设管理单位及各参建单位。

3）时间与安排：活动时间为 2011 年至 2013 年。2011 年 5 月 31 日前为启动阶段，

2011 年 6 月 1 日至 2013 年上半年为全面推行阶段，2013 年下半年为总结评比阶段。

4）各阶段主要任务：

①启动阶段：各省级交通运输主管部门按照本活动方案，参照《福建省高速公路施工标准化管理指南》，制定本地区活动方案、施工标准化技术指南和考核办法，2011 年 5 月 31 日前报部备案，并组织开展培训和动员。

②全面推行阶段：各省级交通运输主管部门自 2011 年 6 月 1 日起，在本地区所有高速公路建设项目中推行施工标准化，至 2013 年 6 月底，各专项工程及管理工作应全部达到标准化要求。其间，要针对标准化活动各项工作开展检查和考核，及时总结经验，完善措施要求，形成科学系统的施工标准化管理制度，并将考核结果记入公路建设市场信用体系。部将组织开展专项检查，适时召开现场经验交流会，推进此项工作制度化、常态化。

③总结评比阶段：为总结经验，表彰先进，部将于 2013 年下半年开展高速公路施工标准化活动评比和表彰工作，有关办法另行制定。

（3）有关要求

1）提高认识，加强组织领导。各省级交通运输主管部门要充分认识开展施工标准化活动的重要意义，加强组织领导和督促检查，要成立由主管厅领导任组长的施工标准化活动领导小组，以及有质量监督、建设、施工、监理等单位参与的施工标准化工作机构，明确工作目标，细化任务分工，确保施工标准化活动取得实效。活动期间，每半年将标准化活动实施情况报部。

2）完善机制，落实各项要求。高速公路各参建单位要按照部和省级交通运输主管部门的统一部署，建立施工标准化工作责任制，落实施工标准化各项要求。

建设单位要制定项目施工标准化具体落实方案，督促施工、监理、设计等单位抓好落实，配合省级交通运输主管部门开展达标考核工作；要采用有利于标准化施工的大标段招标方式，将施工标准化要求纳入招标文件，评标办法与合同条款要将施工标准化要求作为评标与计量的要件。

施工单位要具体落实施工标准化活动要求，鼓励结合本单位施工能力和技术优势，积极采用有利于标准化施工的组织方式和工艺流程，加强工地建设、工艺控制、人员管理和内业资料管理，强化对施工一线操作人员的培训，改善职工生产生活条件。

设计单位要结合工程实际，推荐有利于标准化施工和组织管理的设计方案，推广成熟有效的技术科研成果，不断提高标准化活动的深度和广度。

监理单位要对照施工标准化实施方案和合同要求，督促施工单位落实各项工作，对施工单位驻地建设、施工组织、工艺方案、施工质量等加强监理，确保施工标准化活动有序推进。

3）以人为本，关心职工生活。各地要按照标准化要求，落实以人为本的建设理念，大力改善一线施工人员的生产生活条件，强化文明施工意识，创建整洁、卫生的生产生活环境。施工人员应统一着装，持证上岗，形成以工地为家、爱岗敬业的工地文化。要加强公路建设法规和规范的培训，尤其是加强对一线施工人员的培训，做到应知应会。

4）鼓励创新，提高活动成效。各地要结合标准化活动，不断改进管理方法，鼓励管理创新和技术创新，实现科学管理。要鼓励企业研制适合标准化施工的机具装备，研究总结新型施工工法，积极应用新技术、新工艺，推进技术革新，努力实现施工标准化活动与施工机械化、精细化有机结合，提高公路建设水平。

5）加强宣传，营造良好氛围。各地要充分发挥舆论宣传推动作用，加强交流、互动，通过组织培训、技术竞赛、召开现场交流会等方式，形成比学赶超、争先创优的活动氛围，推动标准化活动深入开展。部将定期印发《高速公路施工标准化活动工作简报》，加强信息沟通和经验交流。

开展施工标准化活动是大力推行现代工程管理的有效举措和重要载体，各地交通运输主管部门要高度重视，认真组织，扎实开展好此项活动，务求取得实效，促进公路建设又好又快发展。

# 4 项目管理案例

## 4.1 某公路大型桥梁坍塌事故案例分析

### 4.1.1 工程背景及事故经过

×××6年12月20日上午9时20分,××省公路线上一座钢筋混凝土大型桥梁,建设过程中在进行箱型底板混凝土浇筑时,桥梁支架突然坍塌,致使在桥面上施工的人员坠入74m深的沟底,造成32人死亡、14人重伤。

该工程位于××省××市境内,是省道的改建工程,全长78km,其中一期工程52km,二期工程26km,于×××2年12月批准立项。×××3年5月,一期工程正式开工。后因资金困难,经省外经贸委批准,改由该市公路建设开发公司、日本某有限公司和某工程有限公司三家成立公路发展有限公司,负责投资建设。公司的法人代表由日本某有限公司负责人担任,总经理由该市公路建设开发公司副经理担任,工程总投资3.5亿元人民币。×××5年3月,公路发展有限公司与甲工程有限公司签订了工期1年的二期工程承包合同。到×××6年5月,因甲工程有限公司无资质证书,不具备组织施工能力,终止了承包合同,施工队伍也清理出场。在这种情况下,该市代市长建议,该工程由乙公路工程公司(资质暂定为二级)总承包,计划到×××7年1月31日建成通车,投入使用。该市公路局成立二期遗留工程施工指挥部。经公路发展有限公司同意于8月1日再次开工。

工程质量由省公路工程质量监督站(隶属于省交通厅)委托该市公路工程质量监督站进行全面质量监督。×××5年初,公路发展有限公司与市公路工程质量监督站正式签订委托监督合同。

该大桥是该公路二期工程3座桥中最大的一座桥,桥长163m,宽12m,跨度100m,为单跨箱型混凝土拱桥,属大型桥梁,山谷底至桥拱顶垂直高度74m。×××6年4月甲工程有限公司退出施工现场时,一方桥台工程已按预制吊装方案建好,另一方桥台工程尚未完成。乙公路工程公司承接施工任务后以工期紧、预制吊装构件场地小、吊装施工复杂、难度大,过去又未承接过这样大的工程为理由,向公路发展有限公司提出改预制吊装施工方案为支模现浇施工方案。公路发展有限公司委托市公路局设计室变更设计,该设计室提交了混凝土箱型拱桥的上部结构由原预制吊装设计改为现浇施工设计的全套图纸(未征求原设计单位的意见)。大桥现浇施工的支架及钢丝绳吊架的设计制作由某公路局车船修配厂承担,8月乙公路工程公司向该车船修配厂厂长介绍了现浇用钢支架形式的方案,以及施工支架立柱位置、地面标高、施工荷载等数据,提供了桥型图,作为该厂设计、制作支架立柱的依据。9月施工负责人等到厂里催货时,建议厂方对支架结构进行修改,该厂按其建议作了修改。10月,公路发展有限公司组织召开有设计、施工、质监、监理等有关单位人员参加的大型施工图纸交底会审会,对施工单位提出了具体的施工和技术要求。但施工单位未按设计施工,而是根据草图浇筑了钢管立柱临时支架的基础。11月12

日，进行了钢管临时立柱的现场安装，并对支架横梁安装在现场进行修改补强作业。12月18日，钢管柱支承及贝雷架平台、模板支架、模板及拱箱底板、肋板钢筋均架设和绑扎完毕。12月19日上午9时，施工单位从桥的两端同时向桥中间对桥面拱箱底板（厚度12cm）进行浇筑作业。10时30分，一个方向的混凝土输送泵发生故障，为求两端进度一致，现场指挥临时决定调集部分人员由另一个桥台方向传递混凝土到对方。下午4时，一方桥台的混凝土泵故障排除后，恢复原作业办法，此时该方向进度比另一方向慢近2m，施工非对称均衡，当晚10时，两端各浇筑了桥长的1/4，开始从中间向两端浇筑。在浇筑约12cm后因拱面斜度大，又改为从两端向中间浇筑。11时左右，靠一方桥1/4处模板及钢筋发生翘起，上凸3～5cm，现场施工负责人指挥暂停两边浇筑，组织20多个民工上去踩，结果另一边翘起，又用四块预制板往下压，后又在模板上钻孔用钢筋将凸起模板与贝雷架连接，并用三个手动葫芦拉紧。同时，组织24名民工到模板下（拱顶处）上调模板支撑螺栓，到20日凌晨2点才恢复浇筑施工。9时20分，当拱桥浇筑混凝土尚差2～3m就要合龙时，支架及桥面突然坍塌，正在桥面作业的90多人随桥面坍塌坠入74m深的沟底，造成这起特大事故。

### 4.1.2 事故原因分析

1. 施工支架结构形式不合理，没有对施工支架进行整体结构设计，没有对支架整体结构的受力及其稳定性进行科学计算分析，施工支架设计强度低，稳定性不够，不能承受大桥施工时的荷载，致使支架失稳倒塌。

2. 我国桥梁施工使用贝雷梁跨度按常规一般不超过30m，而该桥超常规使用主跨跨度为58.02m的单层贝雷梁作主梁而未经设计计算，也没有采取有效的技术措施，以致在浇筑桥拱箱底板合拢前，测出贝雷架中心点挠度值为55.4cm，为允许挠度值的7倍多，超过钢材的屈服极限，从而导致支架整体结构破坏，支架失稳而倒塌。

3. 施工单位在施工过程中违反交通部《公路桥涵施工技术规范》（JTG/T F—2011）相关规定，施工中随意性大，支架安装完成后，未按《公路工程施工安全技术规程》（JTJ 076—1995）规定的要求进行荷载预压试验，也未进行验收就投入使用。

4. 交通部《公路桥涵施工技术规范》第16.2.1-6条规定"浇筑大跨径拱圈混凝土时，为减轻拱架负荷，采用分环分段法浇筑时，浇筑顺序及养护时间应根据拱架荷载设计和下环负荷条件通过计算确定，并应符合设计要求。"但施工单位在浇筑混凝土施工加载过程中不均衡、不对称，造成支架受力不平衡。

5. 施工中出现异常情况处理措施不正确。在浇筑过程中，曾多次出现模板和钢筋翘起等事故征兆，但没有认真分析原因，采取了用人踩、用预制板压、用手动葫芦强行拉等不正确的措施，加剧了支架的不稳定性。由于撤离人员不及时，造成了重大人员伤亡。

6. 从技术角度分析其设计有缺陷，该现浇支架采用门式脚手架，且纵横连接较弱。门式脚手架不允许承受水平力，而拱圈对支架会产生水平力（尤其是在受力不均衡下更易产生侧向水平力），使支点发生弯曲倾斜，再冲击处于临界状态下的支架，造成支架垮塌的后果。

7. 未真正履行好施工监理的职责。在没有得到施工支架图纸、计算书和施工组织设计以及根本无法确保施工质量和安全的情况下，没有下令停止施工，却签认了拱圈模板和钢筋混凝土的施工。尤其在拱底板混凝土浇筑的关键时间，曾中途一段时间内无旁站监理，以至对施工过程中的违章冒险作业的行为未能发现和制止，出现危险征兆未能及时督促施工单位采取有效措施。

### 4.1.3　事故结论及教训

事故造成 32 人死亡、14 人重伤，为特大事故。

遵纪守法是建设工程各方的首要任务。这起事故中存在建设单位违法组织工程招投标和发包、无资质单位违法承揽工程并冒险施工、监理单位不认真履行监理职责等诸多问题。建设单位应严格遵照《建筑法》的相关规定，将建设工程发包给具有相应资质的施工单位。设计、施工、监理单位应严格按照资质等级和范围。承揽施工、监理工程项目，杜绝超资质范围承揽工程项目，严禁非法转包。

这是一起由于擅自变更施工方案、超资质范围设计、施工而引起的生产安全责任事故。这起事故的发生，暴露了该项目的建设、施工、监理单位等相关责任主体不认真履行相关的安全责任和义务，没有按照国家法律法规和工程建设的质量安全标准、规范、规程等进行建设施工。

总结这起施工，应该吸取以下几个方面的经验教训：

1. 乙公路工程公司管理混乱，无视安全，蛮干乱干。该公司×××5 年 11 月 10 日在前一年的某大桥施工中，因违反操作规程而导致贝雷架失稳倒塌，造成 5 人死亡、6 人受伤的重大伤亡事故。但对这起事故未能严肃认真处理，从中吸取教训，致使一年后又发生了这次大桥特大事故。大桥在施工管理方面主要存在三个问题：

（1）承担大桥施工任务的乙公路工程公司没有制定一个切合实际的施工方案，只有施工组织设计说明，且内容不全、规定不细，仅是施工程序的设想和计划。施工中，没有管理人员、作业人员的分工；没有支架搭设、桥面浇筑方案的具体方法、步骤、规定；没有安全防范技术措施，对临时招来的农民工，未进行任何岗前培训。

（2）在浇筑混凝土过程中，曾多次多处出现模板、钢筋严重翘起、变形的事故征兆，施工技术人员因怕出事逃离现场，而现场主管人员不采取有效措施，而是强行施工，还让几十名工人踩压翘起的模板，违反常规，乱干、蛮干，置施工人员的生命安全于不顾。

（3）施工现场没有安全员，安全生产责任制不落实，电工、电焊工、机械工无证上岗，作业人员不懂安全操作规程，事故发生后，桥梁分公司经理说："我们经理和副经理之间安全责任没有明确。"

2. 由不具备资质条件的单位设计和施工，该公路的建设单位先是市交通委员会成立的公路改建指挥部，后为中外合作的"公路发展有限公司"，除一期工程有少量工程采取不规范的招标承包外，绝大部分工程包括工程勘察设计、施工、监理，都未按规定进行招标投标。公路发展有限公司明知甲工程有限公司无施工资质仍将工程交其施工，致使工程质量差，工期一拖再拖。解除施工合同后，在选择新的施工队伍时仍不进行招标投标，直接把工程施工任务交给暂定二级资质的乙公路工程公司。

在工程设计中，公路改建指挥部委托丙级设计资质、未在该省注册的江西××公路局勘察设计室进行勘察设计，而后公路发展有限公司委托丙级资质的该市公路局设计室变更设计，也未经原设计单位同意。

3. 公路局车船修配厂违反工商管理规定，超出经营范围承接支架设计制作任务。在设计制作中，只根据局部的要求和计算数据，支架几何尺寸和强度均达不到要求。在安装中出现支架钢管立柱切口位置与工字梁尺寸不符时，该厂仍指导对钢管立柱切割及重新焊接。由于非专业人员焊接，焊接错位，质量严重受到影响。

4. 江西××公路局勘察设计室（设计资质丙级）于×××3年11月承担该大型桥梁的设计，属于越级设计。该市公路局设计室（设计资质为丙级）×××6年两次承担大型桥梁优化设计和变更设计任务，属越级设计，且变更设计未征得原设计单位同意。

5. 监理工作不到位。监理单位与业主签订的合同规定，要审查施工单位编制的详细施工组织设计方案（包括施工技术方案和施工进度计划），在桥梁图纸会审交底会的会议纪要中也提出要对施工单位的施工支架及贝雷架搭接整体方案及图纸，支架拱架及各构件计算结果，以及浇筑方案、拱架变形控制、落架方法等进行监督核查。但在施工中，施工单位既没有提交施工设计图纸资料，也没有提交施工支架方案，监理也未采取有效措施。

经调查，该公司的监理实际上是先由属地质部门的××工程勘察设计院承接，因其没有监理资质，无法与甲方签订合同，才找××监理公司与其签订了合作监理的协议书。

监理单位没有组织一支适应工作需要的现场监理队伍，监理人员部分是高校教师，缺乏施工现场经验，还有部分是外聘退休工程技术人员，年纪较大，不适应现场监理要求，没有监理证书。现场监理人员也没有按监理规范对施工工序和进度进行把关和控制。

6. 政府质量监督不到位。省公路工程质监站委托市公路工程质监站进行全面质量监督。市质监站虽对监督时间、内容、方式、监督人员等做了安排，但未按计划进行，11月20日到事故发生的一个月里，监督人员不到现场，也不了解施工现场工程进度情况。

### 4.1.4 事故预防对策

1. 施工方案变更后必须重新编制施工组织设计，现浇支架（或拱架）设计按规定必须有详尽的施工设计图纸、设计说明书、计算书、安全措施和施工注意事项等，特别是对大型施工支架必须进行科学的设计和计算，确保其符合施工中必需的强度、刚度和稳定性的要求。

2. 严格执行计算复核、审查制度，经复核合格、审查批准后才能进行安装施工。

3. 施工前应进行技术交底，施工过程中严格执行技术规范，并加强施工过程安全检查，发现事故苗头和隐患，应立即研究和及时采取合理有效措施进行处理。

4. 对进入建设市场的监理单位要根据住房和城乡建设部、交通部关于建设市场管理的有关规定和办法，严格审核、监督管理，把好资质关，为工程建设打下良好的基础。

5. 工程施工安全事故的发生，往往伴随着质量问题，尤其在桥梁支架（拱架）施工中。所以在同类工程施工中注意着重从以下几个方面做好质量控制：

(1) 无论采用何种形式拱架，均应进行施工图设计，按《公路桥涵钢结构及木结构设计规范》（JTJ 025—86）、《钢结构设计规范》（GB 50017—2003）验算其强度、刚度和稳定性，拱架的计算荷载应包括：

1) 拱圈自重乘1.2系数；

2) 拱架和模板自重；

3) 施工人员、机具重，按2.5kPa计算；

4) 振捣混凝土产生的荷载，按2.0kPa计算。

(2) 应根据拱架的构造确定适当的方法进行拱架拼装，拱架所用材料的质量和规格必须符合有关规范的要求。采用常备式钢构件拼装的拱架时，应遵循所采用的设备的相关要求。为保证拱架的稳定应设置足够的斜撑、剪力撑和缆风绳。

（3）拱式拱架和落地式拱架应稳定、坚固，应能抵抗在施工过程中有可能发生的偶然冲撞和振动。拱架立柱必须安装在有足够承载力的地基上，扣件式钢管立柱底端应设垫板来分布和传递压力，并保证浇筑混凝土后不发生超过允许的沉降量。船只或汽车通行孔的两边支架应加设护桩，夜间应用灯光标明行驶方向。施工中易受漂流物冲撞的河中支架应设坚固的防护设备。

（4）拱架安装完毕后，应对其平面位置、顶部标高、节点连接及纵、横向稳定性进行全面检查，符合要求后，方可进行下一工序。对拱架宜进行预压，以检验拱架的安全性，并消除拱架的非弹性变形。

（5）拱架地基处理应根据梁的断面尺寸及支架的形式对地基的要求而决定，支架的跨径大，对地基的要求就高，地基的处理形式就得加强，反之就可相对减弱。地基处理形式有：地基换填压实、混凝土条形基础、桩基础加混凝土横梁等。地基处理时要做好地基的排水，防止雨水或混凝土浇筑和养生过程中滴水对地基的影响。整体浇筑时应采取措施，防止梁体不均匀下沉产生裂缝，若地基下沉可能造成梁体混凝土产生裂缝时，应分段浇筑。

（6）浇筑大跨径拱圈混凝土时，宜采用分环（层）分段法浇筑，也可沿纵向分成若干条幅，中间条幅先行浇筑合龙，达到设计要求后，再按横向对称、分次浇筑合龙其他条幅。

应通过计算做出拱圈分段浇筑程序，原则是纵断面对称于拱顶、横断面对称于桥轴线进行浇筑，并使拱架变形保持均匀，变形值尽可能最小。

浇筑拱圈混凝土时，应严格按照浇筑程序进行，准确控制两端的浇筑速度，避免产生较大的偏差。各分段内的混凝土应一次连续浇筑完毕，因故中断时，应浇筑成垂直于拱轴线的施工缝；如已浇筑成斜面，应凿成垂直于拱轴线的平面或台阶式结合面。

在浇筑过程中，应随时观测拱架的变形。如变形量超过了计算值，应及时查找原因，并通过加固支架、调整加载顺序等措施解决。

6. 监理单位要建立健全并严格落实各项目监理工作制度，加强对工程项目施工过程中各个环节的监理，尤其是要加强施工现场的监理工作，督促、检查施工单位制订和落实安全技术专项措施，严格按国家或行业技术规范要求施工。对在监理过程中发现的问题，要认真督促施工单位予以落实。要加强项目人员配备工作，使监理人员的配备能满足工程的实际需要。要加强人员的培训教育，不得安排无监理资质的人员进行监理活动。要切实履行监理的法定职责，真正做到对业主负责，对工程质量和安全生产负责。

7. 必须全面执行和落实安全生产责任制度，坚持"管生产必须管安全"、"管施工必须管操作"原则。对项目各级负责人、各职能部门以及各类施工人员在管理和施工过程中，应当承担的责任作出明确的规定，形成"安全重担大家挑，人人头上有指标"，一级抓一级，下一级向上一级负责的全员管理格局。

必须认真组织学习有关安全生产的法律、法规、标准和规定，并重点加强对安全技术知识和相关作业操作规程的学习，增强作业人员的安全意识和自我防护能力；加强施工过程安全检查，发现事故苗头和隐患，应立即研究和及时采取合理有效措施进行处理，强化施工现场管理，防止事故发生。

# 4.2 大伙房输水工程特长隧道施工

大伙房输水工程由一、二期工程组成。一期工程是将桓仁水库发电尾水，经长 85.32km、开挖洞径 8.03m 的特长隧洞自流引水至苏子河汇入大伙房水库。二期工程是经长 29.1km、洞径 6.0m 的有压输水隧洞和下游 260 多千米的输水管线向辽宁省中、南部地区 7 城市输送生活及工业用水。

## 4.2.1 工程概况

主洞长 85.32km，开挖洞径 8.03m，是目前世界上的最长隧洞。进口与出口高差 35.85m。隧洞采用 TBM 和钻爆法联合施工方案。进水口端前 24.58km 为钻爆法施工标段。出水口端后 60.84km，主要采用 3 台 TBM 施工，每台 TBM 的掘进长度控制在 20km 左右。主体工程于 2003 年 9 月开工，2009 年 4 月 12 日全线贯通，2009 年 9 月建成通水。工程总投资概算批准为 52.18 亿元。

## 4.2.2 工程地质特征

### 1. 地形地貌

穿越 50 余座山峰，隧洞埋深为 52～600m，穿越河谷 50 余条，大部分河谷高程为 260～350m，年平均降雨量达 950mm 左右。

### 2. 地层岩性

围岩主要为混合岩、花岗岩、凝灰岩等，中硬岩，饱和抗压强度一般为 19～60MPa，其中石英砂岩为 85～115 MPa。

### 3. 地质构造

有 29 条大小不同的断层穿越主洞线，断裂构造较为发育，断层多呈压性、压扭性，且多与洞线大角度斜交。

主要工程地质问题：

（1）围岩稳定性问题（图 4.2.2-1）

主要是断层以及破碎带。29 条断层对洞室围岩稳定有很大影响。

（2）涌水突泥问题（图 4.2.2-2）

河谷段总长约 10km，大部分为季节性河流，其中六河为最大的常年性河流，多年平均径流量为 1.89 亿 $m^3$。

（3）石英砂岩的掘进效率及岩爆问题（图 4.2.2-3）

## 4.2.3 TBM（隧洞掘进机）施工

### 1. TBM 施工及组织管理

对引进 TBM 的消化吸收再创新，建立了符合我国国情的 TBM 施工管理模式。科学合理地运用了 TBM 施工组织管理技术，创造了 TBM 掘进最高月进尺 1111m、最高日进尺 63.5m、平均月掘进作业利用率 40.2% 的记录。其中，TBM1 标段（图 4.2.3-1）平均月进尺 566.8m，最高月进尺达 932.4m；TBM2 标段（图 4.2.3-2）平均月进尺 522m，最高月进尺达 750m；TBM3 标段（图 4.2.3-3）平均月进尺 575m，最高月进尺达 1111m，取得了良好的工程效果。

### 2. TBM 洞内组装及中间转场检修

采用了 TBM 洞内组装技术及中间转场检修技术，取得了宝贵经验，节约了工程投资，保证了工程的安全、质量和工期，为类似工程 TBM 施工提供了依据和借鉴。

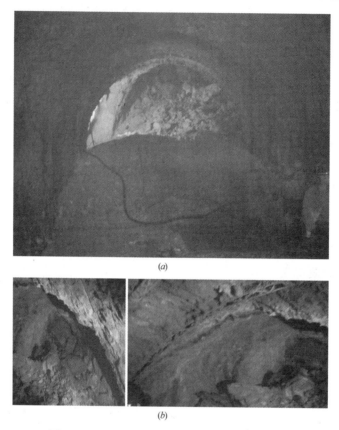

(a)

(b)

图 4.2.2-1　隧洞内遭遇长距离不良地质情况图

(a)　　　　　　　　　　(b)

(c)　　　　　　　　　　(d)

图 4.2.2-2　六河施工段发生突水突砂"改河入洞"

图 4.2.2-3 石英砂岩掘进及岩爆问题图

图 4.2.3-1 TBM1：罗宾斯 MB264-310

图 4.2.3-2 TBM2：维尔特 TB803E

图 4.2.3-3   TBM3：罗宾斯 MB264-310

3. 连续皮带机出碴技术

与敞开式 TBM 配套，在国内首次采用了大功率、长距离、可延伸、可控启动的连续皮带机出碴技术，成功实现了 10 公里以上连续皮带机的大容量高速度出碴。

4. 10km 以上长距离通风

选用进口大风量优质高效的轴流式隧洞风机，型号为 152-109-1470，功率 150kW。选用进口大直径（$\phi$2.2m）的通风软管，节距 300m，摩擦阻力系数 0.0024，每节漏风率 0.13m³/s。TBM 独头掘进施工单管单机通风距离超过 10km，采用单机单管压入式通风方案，与多机分段接力压入式方案相比，可节省费用一半以上。

5. 贯通控制测量

隧洞越长地球曲率变化对贯通影响越大。应用先进的 GPS 测量技术，建立了 GPS 施工测量控制网，使工程施工处于科学合理的测量精度控制中。开挖结束后，隧洞贯通误差均达到了规定限差，最好贯通偏差（横向 22mm、纵向 28mm、高程 11mm），贯通误差分别仅为允许误差的 0.01%，0.11% 和 0.11%。

6. 衬砌台车与 TBM 联合作业

针对本隧洞二次衬砌施工表现出集中、量大、工期紧、质量要求高、混凝土运输不中断等特点，研究采取了不同的先进的衬砌施工方法、工艺和材料，包括我国第一次实现的全环内通式衬砌模板台车、仰拱台车与 TBM 联合作业模式。

（1）仰拱台车进度

仰拱模板台车在仰拱混凝土终凝后（混凝土养生等强时间一般为 6h）即可脱模。每组仰拱混凝土数量约 32m³，因此，每组仰拱混凝土灌注时间考虑运输影响基本可以控制在 8h 之内，模板台车脱模定位时间一般为 5h，所以每组衬砌时间大约为 19h，每月按 28d 的纯利用时间计算，每月可衬砌 28×24÷19=35.3 个循环，即每月可衬砌仰拱 35×16=560m/月。

（2）全环台车进度

衬砌每组混凝土大约 92m³。混凝土灌注时间一般在 15h 之内，模板脱模定位在 4h 之内，根据试验及施工经验，混凝土在 16h 后即可脱模，一组混凝土衬砌时间为 35h，每月按可利用时间 28d，每月可完成 28×24÷35=19.2 个循环，可以完成衬砌 19×16=304m/月，实际衬砌进度平均为 301m/月。

### 4.2.4　TBM 突破不良地质地段

不良地质是指 TBM 正常掘进受到影响的工程地质条件，主要有：

① 挤压-大变形（Squeezing-Convergence）；

② 膨胀-松弛变形（Swelling-Slacking）；

③ 断层及破碎带（Fault Zone）；

④ 块状-节理发育（Blocky-Jointing）；

⑤ 特别坚硬（Extremely Hard）；

⑥ 地下水-压力（Water Pressure）；

⑦ 岩爆（Rock Bursting）。

如若工程地质条件良好，则：

① D&B 施工速度：最高 300m/月，平均 100～200m/月；

② TBM 施工速度：最高 1111m/月，平均 500～800m/月。

一旦遇到不良地质条件，则：

① D&B 施工速度：最高 100m/月，平均 30～80m/月；

② TBM 施工速度，则取决于不良地质探测、地层加固处理、支护施工，设备更换及维修等的能力和时间。TBM 的掘进效率会受到极大的挑战。

1. 不良地质的预测预报

在整个施工过程，采用了以地质法为基础、以 TSP-203、HSP 声波反射法、可控源音频大地电磁法（或称 CSAMT 法）、瞬变电磁法（或称 TEM 法）、BEAM 法地质预报系统等为主要手段，并在必要时配合使用其他钻探方法的综合地质预报技术，对 TBM 快速通过不良地质地段及安全施工提供了技术保障。

针对 TBM 施工速度快的特点，在 HSP 声波反射法基础上，以 TBM 刀盘切割岩石所产生的声波作为激发信号，研制了与之相配套的硬件和软件，在 TBM 施工中首次实现了不停机条件下的快速地质超前预报，在工程施工中得到验证，取得了预期效果。

2. 围岩大变形控制

（1）开挖后及时支护，充分利用围岩的自承能力。

（2）采用钻、锚、注一体的（自钻式）注浆锚杆为宜。

（3）可缩性支护，当开挖引起的围岩扩容（剪胀或遇水膨胀），允许围岩适度变形，降低作用于结构上的支护压力。

（4）适当扩挖。

3. 突破断层及其破碎带

（1）增加锚杆数量和长度，喷混凝土及时封闭围岩和超前支护；

（2）仰拱及时跟进，形成封闭结构；

（3）对破碎区及坍塌区、渗水区，必要时注浆加固围岩；

（4）坍塌区用铁板封堵，混凝土封闭或及时快速灌注；

（5）变形过大则立即用型钢加固，必要时在拱脚处打锁脚锚杆；

（6）调整掘进参数，降低撑靴对岩面的承压力，减少扰动，尽量减少坍塌量；千万不要将 TBM 缩回来。

（7）超前导坑施工，结合矿山法突破断层及破碎带。

4. 涌（渗）水控制

采用钻爆法施工，即使涌（渗）水达到 $2.5\sim3.5m^3/min$ 的数量，也很容易得到处理。但采用 TBM 法，开挖面只要有大于 $0.5m^3/min$ 的渗水量，就会产生比较大的问题。

当出现较大规模的涌（渗）水时，解决此问题的最有效方式，就是用最少的钻孔，对刀盘前方做全环封闭栓塞式的超前预灌浆处理。开敞式 TBM 的顶、侧护盾只有 $3\sim4.5m$ 长，如工程需要，可加长主梁，配备 $1\sim2$ 台液压凿岩钻机，就能满足预灌浆孔的钻孔要求。

5. 岩爆控制

（1）主要措施是开挖后立即向掌子面及附近洞壁喷洒高压水或利用钻孔向岩体深部注水；

（2）应力解除，具体方法有（大口径）超前钻孔和纵向切槽等；

（3）及时施作锚、喷、网、钢架支护。

### 4.2.5 衬砌结构防水技术

在以减少和防止地下水流失为目标，对隧洞防水提出了高标准，"以堵为主、限量排放"，甚至零排放。结合工程材料的实际条件，对防水工艺以保证质量和降低成本为目标进行优化，从新型 HW 防排水板、自防水混凝土技术、混凝土预埋式接缝防水体系三大方面下工夫，提出了相适应的施工技术要求。

1. 二次衬砌混凝土自防水技术

防水混凝土是从材料和施工两方面采取措施提高混凝土本身的密实性，抑制和减少混凝土内部空隙生成，改变空隙的特征，堵塞渗水的通路，从而使之不依赖其他附加防水措施，仅靠提高混凝土本身密实性来达到防水的目的。

2. 隧洞预埋式接缝防水体系

衬砌接缝采用预埋式接缝防水系统可以使环向缝防水系统的有效性得到保证，该系统是在混凝土施工时预先埋入缝中，待衬砌结构施工完毕后，根据缝的变形和漏水情况，采用注入特种灌浆料的方法进行堵水，达到彻底止水的目的。

### 4.2.6 钻爆法施工相关问题

本隧洞的钻爆法开挖，包括了 TBM 洞内组装和中间转场检修的扩大洞室，TBM 过渡段、通过段和始发洞等，主洞开挖长度达到 $40.956km$，支洞达到 $15.411km$。在工程中，通过对特长隧道开挖方法，支护系统特点，通风出渣、防排水、施工机械组织及安全风险管理等关键技术进行了深入研究与创新，在施工过程中广泛采用了国内外先进的钻爆法快速掘进新技术，克服了制约特长隧洞快速掘进的主要不利因素，配合 TBM 施工，做到了无安全责任事故，无死亡事故。

### 4.2.7 小结

工程实践表明，本工程在复杂山区复合地层条件下采用开敞式 TBM 为主、钻爆法为辅的联合施工方法；选择连续皮带机出渣；采用锚喷复合衬砌代替管片衬砌等重大技术措施是科学合理的，产生了明显的环境、经济和社会效益，对我国 TBM 的技术引进和消化吸收再创新具有重要的借鉴和推动作用。

# 4.3　渝遂高速公路合同管理

### 4.3.1　工程概况

渝遂高速公路（以下简称渝遂路）暨国道 319 线重庆至遂宁高速公路（重庆段）系第二条成渝高速通道，见图 4.3.1。设计为双向四车道山岭区高速公路，设计时速为 80km/h，起于重庆市主城区沙坪坝区高滩岩，经璧山县、铜梁县至潼南县双江镇与四川成南高速公路相接，全长 111.8km，经此路到成都比成渝高速公路缩短行程 45km。总投资 47.4 亿元，由中国铁建、重庆高发司与重庆市政府以 BOT 方式合作投资建设。整个项目建设实施过程涉及施工主合同 70 份约 31 亿元，材料设备采购主合同 21 份约 2.76 亿元，设计、监理、零星施工、临时工程、征地拆迁、设备材料采购、咨询等 360 份约 9.1 亿元。可以看出合同涉及面广、数量多、金额大，合同管理工作难度大。为了实现既定的总体建设目标，作为建设单位的重庆铁发遂渝高速公路有限公司在项目建设管理中对合同管理、质量控制、投资控制等方面进行了开创性的、大胆的探索和创新，借鉴了全国各地特别是福建、重庆、河南等地的先进的高速公路管理经验，总结出一套适合自己的管理模式和方法。

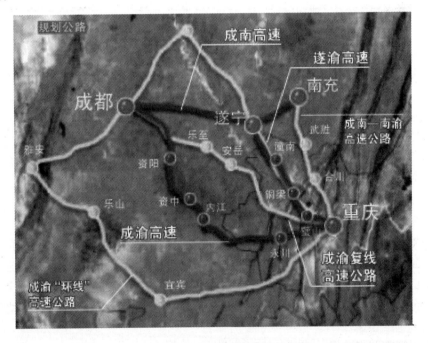

图 4.3.1　工程概况

渝遂高速公路自 2003 年前期工作完成，2004 年 1 月正式开工。到 2007 年 12 月底全线通车投入运营，不论工期控制、质量控制、安全控制和成本控制均取得斐然成绩。

### 4.3.2　合同管理的地位和作用

建设工程合同是承包人进行工程建设、发包人支付价款的合同，是建设项目管理的主要内容，它是我国建筑业发展和科学管理的重要环节，是工程承发包双方实现市场交易的重要方式和依据，是提高工程建设社会效益和经济效益的法律保障和重要工具。合同的地位和作用主要体现在以下三点：

（1）合同是建设项目管理的核心；

（2）合同是承发包双方履行义务、享有权利的法律基础；

（3）合同是处理项目实施过程中争议和纠纷的法律基础。

合同管理指的是贯穿着合同的洽谈、草拟、招标（立项）、签订、下达、交底、学习、责任分解、履约跟踪、计量支付、变更、结算、索赔、解除、终止全过程的管理和控制。合同管理是一个系统工程，需要各子系统、分系统共同配合。合同管理比其他管理更需要各职能部门的分工、配合，更需要信息沟通和处理。对市场来说，企业合同管理是实现企业对市场的承诺，体现企业的诚信，提升企业的品牌和形象。规范的合同管理毫无疑问地将使接触企业的人感受到合同管理中体现出的企业管理的规范、守信，较高的法律意识和员工素质，提高合同相关人对合同履行的合理预期，提高合同的履约率，维护市场秩序。对企业来说，合同管理一方面使企业的生产经营与市场接轨，满足市场的需要，提高企业适应市场和参与市场竞争的能力；另一方面是防范企业经营风险，维护企业在履约过程中的合法权益，提高管理水平和运行效率，从而提高企业经济效益。

由此可见，企业合同管理是市场经济条件下企业管理的一项核心内容，企业管理的方方面面都应围绕着这个核心而开展。

### 4.3.3  合同管理中普遍存在的主要问题

1. 合同双方法律意识滞后，合同观念淡薄

工程承包合同制在我国施行近20年，此前国内的工程项目均在计划经济体制的基建程序下运行，受长期实行计划经济的影响，人们的法制意识与合同意识比较淡薄，从业人员的合同法律意识相对滞后，其主要表现在以下几点：（1）对合同与合同法律关系缺乏认识；（2）部分合同缺失公正；（3）合同文字不严谨，合同条款不完整；（4）"阴阳合同"充斥市场，严重扰乱了建筑市场秩序；（5）违反法律法规签订无效合同；（6）合同索赔工作难以实现；（7）应变更合同的没有变更；（8）建设工程合同履约程度低，违约现象严重；（9）承包人利用其他承包商名义签订合同或超越本企业资质等级签订合同。

2. 忽视合同的严肃性，违背等价有偿的原则

自觉执行合同条款，全面履行合同义务，是合同当事人一切行为的最高准则。签订合同的甲、乙双方，经济法律地位是平等的，没有主从关系。从目前实施的建设施工合同文本看，施工合同中绝大多数条款是由发包方制定的，其中大多强调了承包方的义务，对业主的制约条款偏少，特别是对业主违约、赔偿等方面的约定不具体，也缺少行之有效的处罚办法。

3. 合同管理制度滞后，管理机构不健全

一些建设项目不重视合同管理体系的建设，缺乏一套严谨的合同管理制度，对合同管理未能体现规范化、法制化和科学化的要求。合同归口管理、分级管理和授权管理机制不健全，管理程序不明确，或有制度不执行，该履行的手续不履行，缺少必要的审查和评估步骤，缺乏对合同管理的有效监督和控制。建设单位没有建设工程施工合同管理的力量，遇有建设工程，便委托给监理公司，而目前监理公司的机构设置不规范，合同管理力量薄弱，往往很难胜任建设单位的委托；施工单位，特别是中、小型施工单位，重视公关和预算管理，轻视施工合同管理，甚至没有专门机构从事施工合同管理工作。

4. 合同管理人员的专业知识和技能缺乏

合同管理是一项专业性很强的工作，建设合同涉及内容多，专业面广，合同管理人员需要有一定的专业技术知识、法律知识和造价管理知识。很多建设项目管理机构没有专业技术人员管理合同，或合同管理人员缺少培训，将合同管理简单地视为一种事务性工作。

5. 合同签订阶段的问题

（1）合同主体不当。合同当事人主体合格，是合同得以有效成立的前提条件之一，而合格的主体，首要条件应当是具有相应的民事权利能力和民事行为能力的合同当事人。这里要防止两种倾向：一是虽然具有上述两种能力，但不是合同当事人；二是虽然是合同当事人，但却不具有上述两种能力。

（2）合同文字不严谨。不严谨就是不准确。容易发生歧义和误解。导致合同难以履行或引起争议。依法订立的有效的合同，应当体现双方的真实意思。而这种体现需要靠准确明晰的合同文字作载体。可以说，合同讲究咬文嚼字。

（3）合同条款挂一漏万。就是说不全面、不完整，有缺陷、有漏洞。常见漏掉的往往是违约责任。有些合同只讲好话，不讲丑话；只讲正面的，不讲反面的，不懂得签合同应当"先小人后君子"，一旦发生违约，在合同中看不到违约如何处理的条款，或者条款没有操作性，往往容易引起纠纷。

（4）只有从合同而没主合同。主合同是指能够独立存在的合同，如建筑工程总承包合同等。从合同是指以主合同的存在为前提才能成立的合同，如保证合同、抵押合同等。没有主合同的从合同是没有根据的合同，是"无源之水"，是不存在的。

（5）违反法律法规签订无效合同。《合同法》第52条规定，违反法律、行政法规的强制性规定签订的合同属于无效合同，而无效合同是不受法律保护的。目前不少建筑企业所签订的合同，有些是以合法形式掩盖非法目的的，实质也是无效合同。

6. 合同履约阶段的问题

（1）应变更合同的没有及时变更。在履约过程中合同变更是正常的事情，问题在于不少负责履约的管理人员缺乏这种及时变更的意识，结果引起纠纷、导致了损失。合同变更的目的是通过对原合同的修改，保障合同更好履行和一定目的的实现。拿建筑施工合同来说，不管是业主还是承包方，都应该以合同为基础，据实承担。

（2）应当形成的书函（会议纪要）没形成。有的发包方、承包方在履约过程中没有及时地形成必要的书函或形成会议纪要，影响到正常的合同索赔、变更，也有的导致严重损失。

（3）应签证确认的没有办理签证确认。履约过程中的签证是一种正常行为，但有些管理人员（如监理或承包人）对此并不重视，等正常的索赔、变更得不到业主认可时才意识到。

（4）应当追究的却过了诉讼时效。如建筑行业，拖欠工程款的情况严重，有业主拖欠承包方的，有承包方拖欠（劳务）分包方的，有的由于不及时诉诸法律，当起诉时才发现已超过了两年的诉讼时效，无法挽回损失。超过了诉讼时效等于放弃债权主张，等于权利人放弃了胜诉权。

（5）不重视证据（资料）的法律效力。并不是所有书面证据都具有法律效力的。有效的证据，应当是原件的、与事实有关的、有盖章和（或）签名的、有明确内容的、未超过期限的。不具备法律效力的书面证据只是废纸一张。

### 4.3.4 渝遂高速公路的合同管理工作

1. 监理合同管理工作

在渝遂路监理合同管理中，为充分发挥了监理在项目施工管理中的作用，以合同为共同基础，业主着重做好了以下几个方面工作：

（1）正确处理业主与监理之间的关系

业主与监理之间是委托与被委托的合同关系，监理是在监理合同中业主授权的责权范围内，客观公正地对施工合同进行管理，实现业主"三控制"目标。为避免业主和监理在工程施工管理中角色冲突，现场指挥系统混乱，作为业主，建设单位与监理在项目管理分工上明确分工，特别是现场业主代表与监理关系明确以监理为主，业主代表配合协调，业主的决策和意见通过监理单位执行，支持监理担当为业主唯一的现场施工管理者，同时保证监理责权统一，对监理质量否决权、签认权、签发权等予以充分授权。

（2）明确监理责与权，按照责权统一原则向监理充分授权

渝遂路监理是通过公开招标方式确定的，在编写招标文件及合同文件时，建设单位就很重视对监理责任和权利的明确规定，监理工作任务主要归纳为"三控制，两管理，一协调"，即投资控制、质量控制、进度控制，合同管理、信息管理和组织协调。

为保证监理能充分履行好其职责，就要对其授权，渝遂路监理合同中对监理在技术上的核定权、质量确认权与否定权、进度、工期的确认权与否定权、工程计量支付的签认权、变更审核、索赔签字权等都有明确，充分授权。如此，既发挥了监理在项目管理中的作用，又成功地从"管"监理转变为"用"监理，大大减轻了业主的项目管理工作上的担子，监理费花得也是"物有所值"。

（3）支持和信任监理工作

为增强监理工作积极性，在充分授权的基础上，业主积极支持监理工作。只要不超出监理职权范围，都充分予以支持、信任，由监理在合同授权范围内自主解决问题。对施工单位及外部环境帮助监理树立威信。在质量控制、进度控制上以监理为主，在投资控制上尊重监理单位对合理的工程变更、价格调整的初审意见，对监理提出的问题和困难及时解决。

（4）严格监理合同履约监督

一方面，业主大力支持监理开展工作，另一方面对监理进行有效约束也是必要的，这个约束就是监理合同。与合同相对应，业主有针对性地编写了《监理单位违约处罚实施细则》、《监理单位资金监管办法》、《监理劳动竞赛评比办法》等文件，对渝遂路监理合同履约过程进行监督和管理主要体现在以下几个方面：

1）重点抓监理人员素质和队伍建设

监理工作靠的是监理人员，是一种智力服务，监理人员的素质决定着监理工作的结果。在招标文件及合同文件中对监理人员资质认证、文化程度、工作经验和人员数量、人员变更等均做了详细规定，在监理合同履行过程中，业主对监理工作进行不定期抽查，每半年组织一次履约检查，并进行劳动竞赛评比，奖优罚劣，其中就把对人员的检查列为重中之重。

2）重点对主要的监理工作设备检查

工欲善其事必先利于器。在监理合同中明确了由监理单位提供的设备数量、型号等，对一些主要的设备如试验检测设备、交通工具、主要办公设备，业主根据合同列出清单，避免监理单位为节约成本以次充好，对设备运行状况进行不定期抽查，每半年进行一次定期检查，列为劳动竞赛评比项目，以保证其运转正常。

3）兑现违约责任

首先在合同签订时，业主对违约责任专门编制了明确、具体的实施细则，对监理人员、设备、工程质量管理、工程进度管理、内业资料管理、审核签认等方面的违约情况"量刑"，辅以合理、可操作的经济处罚措施。虽然说罚不是目的，但不罚也是绝对不行的，在履行过程中，对一般性违约责任，业主采取了先预警，充分沟通，限期整改，进行复查，根据结果再合情、合理"定刑"的方式，罚的明白，罚的让人服气，同时也罚得理直气壮。

（5）渝遂路监理合同管理工作的不足之处

首先，监理服务费过低对于合同的履行是个制约因素。由于渝遂路监理招标采用的是低价中标方式，中标价较低，监理单位也是要效益的，没有钱就留不住监理人才，带来的问题就是监理人员流动大，管理难。其次，有罚无奖，导致监理工作缺乏积极性。从理上来讲，既然违约了，理所当然该罚，然而从情上来说却很不见得容易。不管是业主、监理和施工方，既是合同关系，也有朋友关系，一个项目要共处三、四年时间，谁能无情？往往是业主执行一些处罚措施时"于心不忍"。当然，没有规矩不成方圆，像将军带兵一样。做到奖罚分明，有奖有罚，同时严明纪律，就使士兵有积极性，有战斗力。

2. 勘察设计合同管理

由于建设方是后期从重庆市交通委员会接手渝遂路建设任务的，渝遂路勘察设计阶段已由市交委、高速发展有限公司组织实施完成，没能参与设计阶段的控制，客观上带来了对设计工作的控制和管理存在一些脱节的问题。下面结合渝遂路设计工作和设计合同管理存在的一些问题进行总结和探讨。

（1）在设计阶段控制工程造价

设计阶段是处理技术和经济关系的关键阶段，设计是否经济合理，是控制工程造价的先决条件。国外一些专家研究指出，虽然设计费占工程总造价不到2%，但在决策正确的情况下，它对工程造价的影响程度达75%以上。渝遂路设计中存在一些突出的问题，如软基处理设计不到位，隧道支护参数保守，涵洞中心及断面不合理，服务（停车）区没有统筹设计等，此类问题既影响工程质量、实施进度，又给设计变更、造价控制带来难题，应引以为戒。

（2）设计合同管理存在的问题

对设计阶段的控制也就是设计合同管理的主要任务。渝遂路设计单位由交委组织招标确定，全部设计费包括前期论证、工可、初勘、初设、详勘、施工图设计、概预算编制、后期服务、变更设计等共8750万元，占建设总投资的1.9%。勘察任务主要由重庆川东南地质工程勘察院等四家公司负责；设计任务由中交第二公路勘察设计研究院等五家设计院负责。这就导致如下问题：勘察单位与设计分离，设计结果出现问题时，双方互相推诿；另外，建设方与设计方工作脱节，对设计质量没能及时评定，对设计漏洞没能及时修正；其次，设计与施工脱节，施工过程中设计后期服务不到位；对设计监理管理不到位，没有发挥好设计监理作用：设计合同对设计方问责条款不完善，设计缺陷责任约定不明确，可操作性不强。这些问题有的是客观因素导致的，有的却是在过程中没有做到或者做得不够好，个人以为可以为鉴。

3. 甲供材料设备采购合同管理

渝遂路甲供材料主要有基质沥青、改性沥青、硅芯管、伸缩缝、护栏、路面上面层玄武岩碎石，甲供设备主要有柴油发电机、隧道灯具、UPS电源、计重收费设备，招标共分17个合同段，合同金额2.76亿元。采购合同内容较单一，履行过程比较简单，合同管理的重点在招标和合同订立阶段。为保证招标的预期效果，对国际招标项目，如基质沥青采购，以及专业性较强的，如柴油发电机、UPS电源采购，建设单位均委托招标代理机构进行招标，其余招标由建设单位自行组织。同时，建设单位对市场行情进行大量的考察、研究，货比三家，掌握大量的市场信息和发展动态，对指导采购招标工作起到明显作用。

4. 征地拆迁合同管理

征地拆迁合同与其他合同比较有它的特殊之处，主要是政策性强，补偿标准不一等。渝遂路征地工作由建设单位拆迁办总体负责，各区县政府设置指挥部具体负责。征地拆迁补偿费用标准主要是由征拆办、区县指挥部及被征拆主体在依照有关政策以谈判的方式确定，形成合同或公司红头文件批文。对于征地拆迁合同管理，建设单位着重做好了以下几个方面：一是加强第三方审计工作，保证征拆资金安全；二是加强监督检查，保证资金及时到达被偿付者手里；三是做好征地文件、资料的整理、完善和保存；四是建立所征拆的土地、构附着物台账和费用台账，做到一草一木皆有记录；五是有理、有利、有节地处理好群众纠纷问题，促进和谐发展。以上措施有力保证了征地拆迁费用得到有效控制，也保证了征地拆迁工作顺利进展，为渝遂路建设提前通车争取了宝贵时间。

**4.3.5  加强合同管理的一些建议**

1. 规范化招标工作，把好招标关

工程招标是合同管理的前期阶段，也就是订立合同的过程，决定着合同的质量问题，是工程项目管理的基础，事关全局。建设单位严格执行《招标投标法》，规范地、创新地组织招标。首先，招标工作做到严于律己，严于律人。对招标工作人员素质高标准要求，制定了规范、透明的招标程序。其次，招标工过程中重点抓好以下几点：

（1）严把资审关。有言道"合同是道围墙，只对君子有用"，说的就是不要忽视对方的信用，应重视对投标人的信用程度、财备状况的考察。加强对承包商的资质管理，通过严把建筑承包商资质管理关，从总体上控制建筑施工队伍的规模，解决目前建筑市场上供求失衡与过度竞争问题。同时，各级建设行政主管部门要加强对承包商参与市场行为的监督管理，对承包商的违法行为要严肃处理，维护正常的建设市场环境，确保建筑市场的规范、健康发展。

（2）严把招标文件的编制关。招标文件是合同文件的有效组成部分，高质量的招标文件是决定合同有效履行的先决条件。

（3）创新评标方法。评标方法至关重要，关系到评标的公正性和准确性。相对固定的方法难于适用于不同的项目，无论"综合评标法"、"最低评标价法"，或是"双信封评标法"等，都有其一定的局限性，掌握评标标准十分棘手，尤难于多指标的量化，其中包含着一定的人为因素。如何对招标项目"量身定做"评标办法，是一个既重要又能体现水平的问题。

2. 提高合同管理人员的素质

提高合同管理人员素质是企业合同管理的首要任务，企业领导可依照合同管理人员应具有的素质条件，选择本企业优秀人才担任合同管理人员；组织合同管理人员在职学习；建立岗位责任制，明确合同管理人员的责、权、利，建立竞争机制，对有贡献的企业领域合同管理人员给予奖励。

3. 建立和完善的合同管理机制

建设单位应高度重视合同管理工作，合同管理工作由总经理亲自部署，分管领导具体抓，合同部负责合同管理的总体事务和监督职责，工程部或经办部门负责合同管理的具体事务和执行职责，财务部主要负责把关有关经济责任条款，分工明确，互相协作，互相监督，运行起来效率高，且出错率小。合同的招标、立项、签订、支付、履行、交工验收、竣工验收、结算等每个环节都制定管理办法和标准表式。

4. 加大合同管理力度，严格遵守合同履行原则

(1) 实际履行原则

即指合同的标的是什么，义务人就应给付什么，既不能用其他标的来代替，也不能用金钱来代偿。义务人在违反合同的情况下，即使支付了违约金或赔偿金，也不能免除其合同责任，只要对方需要并坚持。还必须按合同规定的标的继续履行。

(2) 适当履行原则。

即指合同当事人切实、准确地按合同约定的各项条款去履行。

(3) 协作履行原则。

即指双方当事人应本着团结、协作、互相帮助的精神，去共同完成合同规定的权利义务，履行各自应尽的责任。

(4) 诚实信用的原则。

即指当事人在履行合同中，应遵守诚实信用的原则，根据合同的性质、目的及交易习惯正确履行合同规定的义务。

5. 抓好合同质量

合同的质量关乎合同的履行能否达到预期目的，不留纠纷隐患。渝遂路合同首先从合同质量开始做起，着重于以下几点：

(1) 合同的"谁和谁"、"干什么"、"怎么干"、"出了问题怎么办"等功能模块完备。

(2) 结构清晰，思路畅通，具有清晰、合理的标题体系。

(3) 合同主体的民事权利和民事行为能力、资格齐备。

(4) 合同内容条款严密，且可操作性强。

(5) 合同条款设置有针对性、前瞻性，实用性强。

(6) 违约责任条款的设计明确、全面、对等。

(7) 合同语言表达简洁、精确，具有很强的专业性及可读性。

具体做法是：首先，严格执行严谨的合同立项程序，合同部及经办部门负责草拟合同后按立项程序，经财务部，由分管领导、财务总监、总经理审批，合同部根据审核反馈回的意见修改合同。其次，合同部为各种类型的合同"量身定做"了范本，推行使用。市场

上流行的不少合同范本都有全面、准确、严谨的特点，很值得学习借鉴。合同部结合建设单位自己的特点，对各类型合同定制了范本，诸如：工程施工合同范本，室内装修工程合同范本，材料采购合同范本，设备采购合同范本等。各类合同具体又分总价包干合同和综合单价合同，很好地避免了由于合同管理人员法律水平和语文水平有限而产生的漏洞。另外，建设单位聘请律师事务所提供长期法律顾问服务，对疑难合同、重要合同、及合同范本等进行把关。这样有效地避免了问题合同。

6. 监督合同履行

合同的及时有效履行是实现合同目的唯一途径。经办部门具体执行合同，合同部对履行过程进行监督，掌握履行情况，一旦发现制约因素，随时向各职能部门、领导层反馈，积极排除阻碍，防止违约的发生。一旦发生违约情形，在法律顾问指导下，根据合同及时采用协商、仲裁或诉讼等方式，维护合法权益。

7. 充分发挥法律顾问作用

项目自开工之初就要与法律咨询单位签订了长期咨询服务合同，为建设单位合同管理保驾护航，对合同的订立、履行各个环节中出现的变更、解除、纠纷等情况及时从法律角度进行辨析，妥善进行处理。据统计，法律顾问共到渝遂公路项目处理大小纠纷 50 多起，审查修改合同文本 30 多份，并对建设单位合同范本一一进行审查。法律顾问从法律专业角度替建设单位把好了法律关，杜绝和避免了一些可能发生的合同纠纷，规避了合同风险。

8. 严格管理合同支付和结算

合同支付和结算是合同履行的主要环节和内容，这一环节至关重要，这既是对合同签订的审查。也是对合同履行的监督，更是直接关乎直接经济利益的重要环节，不可不察。建设单位专门对合同支付和结算制定了管理办法、审核程序和标准表式，全部签认的单据必须采用标准表式，按管理办法和审核程序进行审核签认。

9. 重视合同后评估

合同后评估工作主要是总结合同执行情况，对合同管理好的经验加以总结推广，对过时、不符合现行法律法规，以及不严谨、容易被对方索赔的条款要加以改正。影响工程造价的不确定因素可分为可预见和不可预见因素，可预见不确定因素应作为普遍性问题，不可预见不确定因素作为可追溯事件加以标识，通过合同后评估加以鉴别，并在以后工程合同中加以明示或制定相应的预防措施。

# 4.4  南京某过江隧道盾构施工风险分析

## 4.4.1  工程概况

1. 地理位置及交通建筑设计

过江通道工程起于浦珠路与定向河交叉点附近，沿定向河东岸向南布置，与规划丰子河路相交后路线左偏，在明挖段需用弯道进行平纵线形转换，将车流分别引入北隧道和南线隧道双层盾构。路线向北避开定向河口的主江深槽后，北线隧道和南线隧道分离布置。北线隧道继续左偏穿过潜洲后右偏避开夹江秦淮河口附近的深槽，从秦淮河口上游上岸，隧道出口位于扬子江大道上，全长 7.014km。南线隧道右偏穿过潜洲、江心洲后右偏在定准门大街与扬子江大道交叉点附近上岸，隧道出口位于定准门大街上与龙园西路路口，路线全长 7.363km。具体位置如图 4.4.1-1 所示。从区域交通来看,纬三路过江通道工程位于长江大桥与纬七路南京长江隧道之间,距离南京大桥约 5.0km,连接南京主城区与浦口区浦珠路顶山转盘西侧,向东跨越规划丰子河路、北岸滨江大道,北线(N 线)穿越长江主航道、潜洲及夹江水道后与扬子江大道相接,区域交通见图 4.4.1-2。

图 4.4.1-1　工程具体布置图

北线工程主要由浦口接线道路、收费广场、浦口明挖段、北线工作井、北线隧道盾构段、扬子江大道明挖段、管理中心以及服务区组成。根据过江交通量及主流向分布情况,按城市快速路修建,采用双管双层八车道 X 形盾构方案修建,南北线隧道分离布置的方案,盾构直径为 14.96m,上、下层均为两车道,对向布置,上层均为江北至江南方向,下层均为江南至江北方向。盾构段北线隧道在江南与扬子江大道衔接,长 3688m;南线隧道在江南与定淮门大街衔接,长 3995m。浦口明挖段长 565m,实现北线隧道与南线隧道上下层车道的转换;江南扬子江大道明挖段长 740m,定淮门大街明挖段长 730m,分别实现北线隧道、南线隧道与扬子江大道、定淮门大街的顺接。为减少通风对海德卫城及周边建筑的影响,南线隧道在江心洲上设通风塔。具体工程区域布置及路段见图 4.4.1-2。

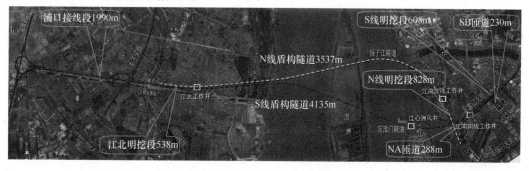

图 4.4.1-2　工程区域布置及路段图

## 2. 工程区地形地貌

线路穿越场区为长江河谷漫滩地貌,地形开阔平坦,相对高差很小,地面标高一般为 +6.0~+10.0m。穿越地区主要为农田、长江堤岸及水道、城市道路和建筑物,两岸居民住宅密集,沿线建(构)筑物种类多,包含铁路、长江岸堤、大厦等。工程所在位置河道顺直,呈南西—北东向展布,江面由潜洲、江心洲分为三个航道,主航道宽约 1.0km,其余两个航道分别宽约 0.7km、0.25km。通道穿越处潜洲宽约 0.5km,江心洲宽约 0.3km。

## 3. 地质构造

线路经过地区,在大地构造上属于扬子准地台下扬子台褶皱带南京坳陷。进一步划分为六合—全椒凹陷、老山凸起、江浦凹陷、宁芜断陷四个基本构造单元,经印支、燕山、喜山多期构造变动,形成现今的基本构造格局。场区及附近主要构造为褶皱及断裂,线路穿越的大构造有:浦镇向斜、冶江—江浦断层(江浦—六合断层)(F3)。

4. 沿线地层特性

区内地层从新到老大致可分为 10 个大层 24 个亚层,线路穿越地质分布主要为黏土、粉质黏土、粉砂层、部分卵石层及少量砂岩层。

5. 水文地质条件

经实地调查,该场区地下水水位埋深 0.0~1.5m,随地形起伏而有变化,受季节影响明显,年变化幅度为 0.1~1.0m。

场区上部地层主要为黏性土、淤泥质土及粉土,其渗透性差,含水量贫乏。直接或间接受大气降水补给,并受附近鱼塘、江河的水位影响。其下的粉细砂、卵砾石层,厚度大(40~60m),渗透性好,与长江江水联系密切,含水丰富,为承压水。底层基岩为白垩系红层,由于岩性较软,塑性强,裂隙闭合,大部分被泥质填充,故其富水性不大,地下水赋存条件较差。岩层涌水量和透水性主要由其裂隙发育程度控制,存在明显的不均匀性。设计资料显示,地表水、地下水对混凝土结构及混凝土结构中的钢筋具微腐蚀性。

### 4.4.2 工程风险分析方法

1. 工程风险分析程序

风险分析是风险管理的一个重要组成部分,其目的是为了帮助业主、设计、施工建造单位充分了解工程所面临的风险,从而用经济有效的方法来制定相应的对策,也可以帮助我们在不同的设计方案中,选择出一个最适应、风险较小的方案。风险管理是一个系统,是一门针对未来事件产生与预期相反的结果的可能性进行研究的学科。目的在于识别工程活动中所面临的所有风险并对风险进行量化,以便就如何管理风险作出理智的决策。一般来说,风险分析通常分为以下三个主要步骤:

(1) 风险辨识

在充分收集、分析工程背景、设计资料、气象资料、地质资料、工程可行性研究报告等资料的基础上,按时序、工程段落、工程种类划分评价层次单元和研究专题,分析工程各阶段所有的潜在风险因素,归类整理的进行筛选,重点考虑那些对目标参数影响较大的风险因素。

(2) 风险分析与估计

对风险因素发生概率和后果进行分析和估计,可通过定性方法或定量的方法进行评估,并给出风险的概率分布。

(3) 风险评价与决策

对目标参数的风险结果参照一定标准进行评判。参照可接受风险程度判定风险的危害性并分级,进而提出控制措施和对策。

2. 工程风险分级

理想的风险分级应该根据风险的基本定义 $R=pc$ 进行。显然只要能够定量地算得风险值 $R$,风险的分级便有了毫无争论的基础了。但因上述理由,实际工作中运用的是半定量的分析法,甚至是完全的定性方法。因此也需要有一个适合的风险分级方法。

目前广为采用的方法是美国国防部 1993 年的"系统安全计划要求":M:1 STD-882C。使用该方法分级风险是非常容易的。一般可分成 3 个步骤实现:①对工程的风险损失评分；②对工程的风险概率评分；③根据损失评分值与概率分值，把风险放入风险评估矩阵进行分级。我国交通部门针对风险分析和管理提出了相应的分级评定标准，综合来看，目前普遍采用表 4.4.2-1 和表 4.4.2-2 所示的风险分级方法进行分类，其中表 4.4.2-1 给出了风险分析中应用得最多的危险严重度定性分类，表 4.4.2-2 给出了发生概率的定性分类。

**风险发生可能性等级标准**　　　　　　　　　表 4. 4. 2-1

| 等　级 | 一级 | 二级 | 三级 | 四级 | 五级 |
|---|---|---|---|---|---|
| 事故描述 | 几乎不可能 | 很少发生 | 偶尔发生 | 可能发生 | 频繁 |
| 区间概率 | <0.0003 | 0.0003~0.003 | 0.003~0.03 | 0.03~0.3 | >0.3 |

注：1. 当概率值难以取得时，可通过事故统计分析，用年发生频率代替。

2. 风险发生概率等级应优先采用定量判断标准确定，当无法进行定量计算时，可采用定性判断标准确定。

**风险事故损失等级标准**　　　　　　　　　　表 4. 4. 2-2

| 等　级 | 一级 | 二级 | 三级 | 四级 | 五级 |
|---|---|---|---|---|---|
| 描述 | 可忽略 | 需考虑 | 严重 | 非常严重 | 灾难性 |

危险概率水平反映了在项目的给定周期内，危险将要发生的可能性。在一个项目的初期，或对于一个缺乏足够的定量信息的项目，要确定一个定量的值是十分困难的。但是这里并不排除定量地确定危险的数值概率。事实上，如果项目有足够的数据，数值概率的水平一般要好于仅仅根据定性分析而得的值。具体操作可参见传统的概率与统计参考书籍。当然还有许多方法可以进行定量的概率分析。

风险事故损失等级的确定，包含了许多二级指标内容。目前，工程风险考虑的损失量主要从人员伤亡、经济损失、第三方经济损失、工期延迟、环境影响几个方面来定义风险事故产生的损失量。当然不同的区域、国家、地区，不同的建设项目，不同的建设条件，不同的建设技术都有可能导致不同的事故等级损失确定标准。

表 4.4.2-3 进行风险水平的评级。这是一种相当简便的风险评估矩阵，在风险分析中也是用得较多的一种。以前施工风险等级的划分为五级，现在根据新出的《公路隧道工程施工安全风险评估指南》将其划分为四级。

**风　险　评　估　矩　阵**　　　　　　　　　表 4. 4. 2-3

| 施工风险等级 | | 事　故　损　失 | | | | |
|---|---|---|---|---|---|---|
| | | 可忽略 | 需考虑 | 严重 | 非常严重 | 灾难性 |
| 发生概率 | 频繁 | 三级 | 三级 | 四级 | 四级 | 四级 |
| | 可能发生 | 二级 | 三级 | 三级 | 四级 | 四级 |
| | 偶尔发生 | 二级 | 二级 | 三级 | 三级 | 四级 |
| | 很少发生 | 一级 | 二级 | 二级 | 三级 | 三级 |
| | 几乎不可能 | 一级 | 一级 | 二级 | 二级 | 三级 |

注：一级可采用绿色表示，二级用黄色表示，三级用橙色表示，四级用红色表示。

不同的风险需采用不同的风险管理和控制措施，结合风险评估矩阵，建议不同等级风险的接受准则和相应的控制对策。

风 险 接 受 准 则          表 4.4.2-4

| 等级 | 接受准则 | 处 理 措 施 |
|------|----------|------------|
| 一级 | 可忽略 | 此类风险较小，不需要采取风险处理措施和监测 |
| 二级 | 可接受 | 此类风险次之，一般不需要采取风险处理措施，但需予以监测 |
| 三级 | 不期望 | 此类风险较大，必须采取风险处理措施降低风险并加强监测，并满足降低风险的成本不高于风险发生后的损失 |
| 四级 | 不可接受 | 此类风险最大，必须高度重视并规避，否则要不惜代价将风险至少降低到不期望的程度 |

为了使风险评估结果更直观，可采用不同的颜色标识表示不同的风险等级。

风险等级标准颜色标识          表 4.4.2-5

| 风险等级 | 一级 | 二级 | 三级 | 四级 |
|----------|------|------|------|------|
| 颜色 | 绿色 | 黄色 | 橙色 | 红色 |

说明：风险指标是表示损失分布曲线位置形状的物理量。

### 3. 风险决策

经过风险评估，得到风险的分级后，进入了风险决策阶段，这时要对风险进一步按处理优先的级别排序，要决定风险可接受的准则，要对风险进行控制等一系列的决策活动。风险决策应从理解工程系统中最脆弱的联结点出发，按下列选择原则进化优化决策：

（1）最优选择应是完全避免或消除风险的潜在因素；

（2）第二位的选择应是早早控制住风险，不让它发生；

（3）第三位的选择是降低或减轻事故发生后的灾害。

### 4. 风险控制

工程风险控制是风险决策的重要内容，其中包括 3 个方面内容：风险的弱化、风险的应急备案和风险的控制。

（1）风险的弱化

弱化风险就是采取措施，以使未来可以降低风险的影响。花钱用于降低内忧外患风险要比在事故损失开支费中花掉好得多。对于那些损失严重且发生概率大的每一项风险，都应该采取这样的措施。可通过降低风险的概率或者减小危险的损害程度来弱化风险。

具体的风险弱化方式可以有：降低不确定性、减少后果的损害、避开风险和转移风险等多种途径。虽然定量的风险评估总能给出不确定性的临界值，经验表明不确定性的临界值，常常因风险弱化措施有效性本身的更大确定性而显得意义不大。实践中一般可根据利润与成本比来决定方案的取舍。因为对于方案的选择，通常可以清楚地发现哪些是属于物有所值的，哪些是无效的。

风险转移是风险控制中常用的一种手段。风险转移是通过某种形式（如通过合同），把风险转移至另一方的方法。在运输部门中对于输送过程中的物品损坏风险的做法就是一个典型的风险转移例子。他们通过合约条款规定了这些风险要由托运者来承担。

为降低风险的发生，人们常常进行各种减灾性的投资。火灾的发生频率和灾害损失常可通过安装喷淋装置、使用好的防火材料、加强有关人员的训练等方式来减低。但这类减灾投资必须经受成本效益分析的检验。然而，不管人们多么的小心翼翼，事故仍然可能发生，这就引出了制定应急措施的必要性。

（2）应急措施

所有被认为重要的风险，都应在它还未发生之前，早早准备好应对措施。在风险评估之后，我们已经知道工程中哪些部位易于出问题。对于这样每一个已被辨识的风险都须制定具体的计划措施，其内容应包括从抢救人员伤亡、减少物资损失直至恢复运营的详细而可行的行动措施。有些措施在设计阶段就应做好准备，例如隧道中发生事故时使用的应急通道，重要地下工程平战两用的防护设施、预设件等。当事故发生时，事前有一个良好的应急措施备案是非常重要的。这时，训练有素的人员和切实可行的程序可以作出奇迹般的贡献。

（3）风险控制

跟踪已识别风险的影响，并管理这些风险直至工程结束，每一个风险的责任人应该接受工程负责人监测他的风险，采用适当的行动去阻止危险事件的发生。如果已经发生了，那就采取复原措施。

为控制风险，必须要有度量风险的指标。任何工程有三样东西总是可以度量的：即，计划进度、成本和用户的满意程度。注意，后者与工程是否符合原定的指标不是一回事。

如果一个工程满足所有这三个方面的要求，就有理由说这是一个成功的工程。

### 4.4.3 过江通道施工工程风险分析

根据本工程位置、工程所处区域、工程地质、水文地质特点，工程施工方案，对工程进行风险分析，主要有以下几个大的方面：

（1）地层、地形及地质风险分析；

（2）明挖槽段施工风险；

（3）盾构段施工风险。

针对这三个大的方面，进行具体的风险因子分析，并进行风险评价，以下选取部分典型的风险进行分析和评价：

1. 地层、地形及地质风险

（1）工程地质勘察准确度和可靠度风险

工程地质勘察成果包含的不确定因素来源于四个方面：土体分布的空间变异性、试验方法带来的误差、计算公式的局限性和土体特性参数的统计误差。

对于盾构法隧道工程，由于规划线路勘察报告中涉及可能误判的土层较多，尤其在隧道穿越标高范围内土层的划分显得相当凌乱，难以理解土层的空间分布规律。目前，主要考虑勘察风险包括：地层参数误判，不良地质误判和地层界限误判。

（2）小断层的超前预报不足风险

由于隧道为地下工程，在隧道的勘察设计过程中，所采用的勘察仪器、勘察方法以及遂址区的地理环境等因素对隧道经过的大断层基本上准确，但对小的断层却往往遗漏。小的断层在施工过程中时有涌水、垮塌出现，往往会发生安全事故，造成不必要的经济损失和耽误工期。

（3）不良地质条件（极软围岩及软土）对工程影响的风险

1）场地内软土对工程施工的风险

场地内有两层软土发育，即1、2层淤泥质粉质黏土。这两层软土具高含水量、大孔隙比、高压缩性、低强度的工程性质，为不良工程地质层。江通道北线的浦口明挖段、扬子江大道明挖段、北岸工作井、南岸工作井段存在此类地层，施工中容易造成不利影响，其主要危害如下：

① 软土对明挖段施工时易造成边坡失稳，发生塌陷，对周围建筑产生影响。

② 对于隧道施工时，该层软土可对基坑开挖及坑壁稳定性有不利影响，易造成边坡失稳，发生剪切破坏。

③ 在施工过程中，盾构机作业将不可避免产生振动，软土受到外力扰动后强度降低，易产生开挖失稳，地面沉降及塌陷等后果。

2）液化土层对工程施工的风险

拟建通道场地 20m 以浅的 1 层粉细砂、3 层粉砂、5 层细砂、7-1 层粉细砂、7-2 层粉土具液化性，为液化土层。液化指数 0.2～15.3，通过接线道路、隧道场地综合判定过江通道场地液化等级为中等液化。NDK2＋990～NDK6＋800 段存在液化土层不良地质，可液化土层在振动条件下易于失稳，对隧道施工易造成不利影响，施工风险主要如下：

① 流砂在沉井工程施工中能造成大量的土体流动，致使地表塌陷，给施工带来很大困难。

② 在隧道盾构段，砂土液化对盾构掘进的影响很大，存在引起盾构上方地面大幅度沉陷，可能引起隧道轴线变形的工程事故，引发施工安全事故及影响工程质量等风险。

3）极软围岩对工程施工的风险

场地内⑦层为白垩系泥岩，局部为泥质粉砂岩，该层 N 线分布在 NK4＋650 之前及 NK6＋900 之后。泥质及泥质粉砂岩强度低，为极软岩，遇水易膨胀崩解。NK4＋350～NK4＋650 隧道盾构段存在此地质层，施工中稍有不慎就可能引起大变形甚至坍塌，围岩稳定性差，应及时采取支护措施。

4）软岩对工程施工的风险

场地内⑧1 层为强风化粉砂岩，风化裂隙发育，岩芯大多呈碎块儿状，为软质岩。该层 N 线主要分布在 NK4＋650～NK6＋900。NK4＋650～NK5＋520 隧道盾构段处于该地层中，围岩稳定性差，容易引起突泥突水。

5）硬质岩对工程施工的风险

场地内⑧2 层为中等风化砂岩体，岩质硬，不利于应力释放，受构造影响易破碎。⑧2a 层为中风化粉砂岩中的破碎带，岩芯呈碎块儿状，是粉砂岩体中相对的软弱层。NK4＋650～NK5＋520 隧道盾构段处于该地层中。破碎带可形成地下水活动通道，富水性、透水性受其延展程度及规模控制有较大的差别，施工时在承压水作用下易形成涌水。

综上所述，主要风险因素及产生的风险事故如表 4.4.3-1、表 4.4.3-2 所示。

**不良地质条件（极软围岩及软土）对工程影响的风险** 表 4.4.3-1

| 序 号 | 风 险 因 素 | 风 险 事 故 |
| --- | --- | --- |
| 1 | 软土 | 地面沉降及塌陷 |
| 2 | 中渗透性软质土层 | 流砂、管涌导致塌陷 |
| 3 | 软黏土、液化土层 | 液化、地表塌陷 |
| 4 | 高水压 | 涌水、盾构上浮 |
| 5 | 极软围岩 | 大变形甚至坍塌 |
| 6 | 软岩 | 突泥突水 |

不良地质风险评价表 表 4.4.3-2

| 序号 | 风险 | 发生概率 | 损失后果 | 风险等级 |
|---|---|---|---|---|
| 1 | 中渗透性软质土流砂、管涌 | 2 | 3 | 二级 |
| 2 | 软黏土循环荷载引起的不均匀沉降 | 3 | 4 | 三级 |
| 3 | （高）承压水 | 2 | 4 | 三级 |
| 4 | 盾构穿越圆砾、卵石、基岩等地层 | 2 | 4 | 三级 |
| 5 | 极软围岩 | 2 | 4 | 三级 |
| 6 | 软岩 | 2 | 4 | 三级 |
| 7 | 地下障碍物 | 3 | 2 | 二级 |

2. 明挖槽段施工风险

本工程施工中，明挖槽段具有形式多样、埋深不一、地质变化快等特点。中、北线工作井围护结构采用地下连续墙；在里程 SDK2＋990－NDK3＋025 采用拉森Ⅳ型钢板桩围护施工；SDK3＋025～SDK3＋275 采用 SMW 工法桩围护结构；SDK3＋275～SDK3＋355 采用钻孔灌注桩围护结构施工；SDK3＋355～SDK3＋500 采用地下连续墙围护结构；NDK7＋112.4～NDK7＋365 采用地下连续墙围护结构；NDK7＋365～NDK7＋745 采用钻孔灌注桩围护结构；NDK7＋745～NDK7＋920 处采用 SMW 工法桩围护结构施工。具体各段围护结构见表 4.4.3-3。

明挖槽段、暗埋段围护结构一览表 表 4.4.3-3

| 桩 号 | 围护结构类型 | 开挖深度（m） | 桩长（m） | 开挖宽度（m） |
|---|---|---|---|---|
| SDK2＋990－NDK3＋025 | 拉森Ⅳ型钢板 | 5.5 | 12 | |
| SDK3＋025～SDK3＋275 | SMW 工法桩 | 5.4～12.2 | 15/20 | |
| SDK3＋275～SDK3＋355 | 钻孔灌注桩 | 10.9～14.0 | 22～26 | |
| SDK3＋355～SDK3＋500 | 地下连续墙 | 14.0～23.0 | 28～46 | |
| NDK7＋112.4～NDK7＋365 | 地下连续墙 | 14.5～23.7 | 24～40 | 11～28 |
| NDK7＋365～NDK7＋745 | 钻孔灌注桩 | 7.6～14.0 | 14～21 | 10～28 |
| NDK7＋745～NDK7＋920 | SMW 工法桩 | 2.1～7.6 | 10.28/11.66 | 10.6 |

针对明挖段进行风险评估主要包括以下几个方面的内容：

（1）基坑开挖风险评估

本过江隧道施工风险评估段，沿线地质条件差，基坑开挖范围内以④2 层粉质黏土为主。该土层具有中等压缩性、强度较低、工程性质差的特点，在基坑开挖过程中易发生塌方、流砂等不良地质现象，对基坑开挖不利。基坑开挖④2、④3、⑤1 层等软黏性土时，土体将会有一定的回弹，土体回弹会对基坑支护结构、周围邻近建筑物等产生不利影响；另外上述黏性土具有明显触变及流变特性，在动力作用下土体结构极易破坏，使土体强度降低，变形增加，因此在开挖过程中应防止对土体的过大扰动。

除地质条件、结构形式以外还有很多影响基坑开挖稳定性的风险因子，例如降水、施工管理、地下水等。以往深基坑工程开挖中出现过许多重大工程事故，有的支护桩被挤压严重位移，处理这些桩花费巨大的人力物力，并延误了工期；有的使周围建筑物沉降开裂，影响居民的正常生活；有的使周围道路塌陷，地下管线断裂，影响正常的供水、供电、供气，造成严重的经济损失和社会危害。

1）风险辨识

基坑工程开挖事故可分为两类：一类是设计、施工、管理及其他原因引起的支护体系的自身破坏；另一类是支护体系的自身破坏，从而导致相邻建（构）筑物破坏或基坑土方开挖引起支护体系变形过大以及降低地下水位造成基坑四周地面产生过大沉降和水平位移，导致影响相邻建（构）筑物的正常使用，甚至破坏。长江隧道深基坑开挖中可能会出现的风险事故如图 4.4.3-1 所示。

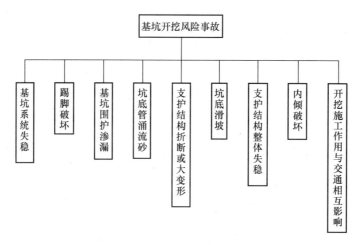

图 4.4.3-1 基坑开挖风险事故

2）风险评价

① 基坑开挖施工风险评价（表 4.4.3-4）

基坑开挖施工风险评价 表 4.4.3-4

| 序号 | 风险事故 | 发生概率 | 损失后果 | 风险等级 |
|---|---|---|---|---|
| 1 | 基坑围护渗漏 | C | 2 | 三级 |
| 2 | 坑底隆起破坏 | C | 3 | 三级 |
| 3 | 坑底管涌、流砂 | D | 4 | 三级 |
| 4 | 踢脚破坏 | C | 3 | 三级 |
| 5 | 基坑系统失稳 | B | 3 | 三级 |
| 6 | 围护结构折断或大变形 | C | 3 | 二级 |
| 7 | 坑内滑坡 | B | 3 | 三级 |
| 8 | 内倾破坏 | B | 3 | 二级 |
| 9 | 支护结构整体失稳 | B | 3 | 二级 |

② 地下连续墙风险评估（表 4.4.3-5）

地下连续墙施工风险评价　　　　　　表 4.4.3-5

| 序　号 | 风险事故 | 发生概率 | 损失后果 | 风险等级 |
|---|---|---|---|---|
| 1 | 槽壁坍塌 | C | 3 | 三级 |
| 2 | 钢筋笼难以放入槽孔内或上浮 | B | 3 | 二级 |
| 3 | 遇地下障碍物 | B | 3 | 二级 |
| 4 | 锁口管平或倾斜 | C | 3 | 三级 |
| 5 | 墙体夹泥 | B | 4 | 三级 |
| 6 | 混凝土浇筑中出现断层、混凝土离析 | C | 3 | 三级 |
| 7 | 锁口管拔不出 | B | 3 | 二级 |
| 8 | 槽段接头处渗漏水 | C | 3 | 二级 |
| 9 | 钢筋笼体下放时间过长 | B | 2 | 二级 |
| 10 | 钢筋笼体变位 | B | 3 | 二级 |
| 11 | 卡管 | C | 2 | 二级 |
| 12 | 浇筑导管拔不出 | B | 3 | 二级 |
| 13 | 地下墙的垂直度及线形不符合要求 | C | 2 | 二级 |
| 14 | 导墙变形或坍塌 | B | 3 | 二级 |
| 15 | 漏浆 | B | 2 | 二级 |
| 16 | 槽段的精度不符合要求 | B | 3 | 二级 |
| 17 | 预埋件位置不正确 | C | 3 | 三级 |
| 18 | 与相邻围护结构接头错位 | B | 3 | 三级 |
| 19 | 与相邻维护结构接头漏水 | B | 3 | 三级 |

③ SMW 工法风险评估（表 4.4.3-6）

SMW 工法施工风险评价　　　　　　表 4.4.3-6

| 序号 | 风险事故 | 发生概率 | 损失后果 | 风险等级 |
|---|---|---|---|---|
| 1 | 桩体偏斜、弯曲 | C | 3 | 三级 |
| 2 | 桩体夹泥、夹砂、断桩 | C | 3 | 三级 |
| 3 | 搅拌机失稳倾覆 | B | 4 | 三级 |
| 4 | 桩体咬合不好，出现漏桩开叉 | C | 3 | 三级 |
| 5 | 桩体水泥土强度达不到设计要求 | C | 3 | 三级 |
| 6 | 施工冷缝 | B | 3 | 二级 |
| 7 | 渗漏水 | C | 3 | 三级 |
| 8 | 搅拌钻杆折断 | B | 3 | 二级 |
| 9 | 存在地下障碍物 | B | 3 | 二级 |
| 10 | 桩孔位置有偏差 | B | 3 | 二级 |
| 11 | 导轨及定位卡位置偏差 | C | 2 | 二级 |
| 12 | H 型钢掉落 | B | 2 | 二级 |
| 13 | H 型钢出现扭曲和弯曲 | C | 2 | 二级 |
| 14 | H 型钢插放达不到设计标高 | C | 2 | 二级 |
| 15 | H 型钢插入倾斜 | C | 2 | 二级 |
| 16 | H 型钢起拔破坏 | C | 2 | 二级 |

④ 支撑体系风险评估（表 4.4.3-7）

**基坑支撑体系施工风险评价**　　　　　　　　　　表 4.4.3-7

| 序号 | 风险事故 | 发生概率 | 损失后果 | 风险等级 |
|---|---|---|---|---|
| 1 | 支撑断裂 | B | 4 | 三级 |
| 2 | 支撑失稳 | B | 4 | 三级 |
| 3 | 施加预应力不符合要求 | B | 3 | 二级 |
| 4 | 围檩或支撑体系位置安装错误 | A | 2 | 一级 |
| 5 | 围檩被压坏、扭曲 | B | 3 | 二级 |
| 6 | 支撑被撞歪 | C | 2 | 二级 |
| 7 | 立柱破坏 | B | 2 | 二级 |
| 8 | 立柱与支撑连接处破坏 | B | 2 | 二级 |
| 9 | 其他附属构件破坏 | C | 2 | 二级 |

⑤ 基坑降水、加固风险分析与评估（表 4.4.3-8）

**基坑降水风险评价**　　　　　　　　　　表 4.4.3-8

| 序号 | 风险事故 | 发生概率 | 损失后果 | 风险等级 |
|---|---|---|---|---|
| 1 | 周围建（构）筑物倾斜、开裂 | B | 3 | 二级 |
| 2 | 附近地下管道的开裂和错位 | B | 3 | 二级 |
| 3 | 附近路面沉陷、开裂 | C | 2 | 二级 |
| 4 | 挡土结构失稳及管涌、流砂 | C | 4 | 四级 |
| 5 | 疏不干 | B | 4 | 三级 |
| 6 | 抽水管口无水 | B | 3 | 二级 |
| 7 | 水位降不下去 | B | 4 | 三级 |
| 8 | 基坑纵向边坡失稳滑坡 | B | 4 | 三级 |
| 9 | 踢脚破坏 | C | 2 | 二级 |
| 10 | 坑底隆起 | B | 3 | 二级 |
| 11 | 坑底管涌 | B | 4 | 三级 |

**3. 盾构机改造（适应性和可靠性）风险分析**

（1）刀盘对不同地层的适应性和耐磨性风险（表 4.4.3-9）

**刀盘对不同地层的适应性和耐磨性风险评价**　　　　　　　　　　表 4.4.3-9

| 序号 | 风险事故 | 发生概率 | 损失等级 | 风险等级 |
|---|---|---|---|---|
| 1 | 刀盘开口率不当 | 二级 | 二级 | 二级 |
| 2 | 刀盘的耐磨设计不良 | 二级 | 四级 | 四级 |
| 3 | 刀具类型布置不当 | 二级 | 三级 | 三级 |
| 4 | 刀具的磨损检测系统失灵 | 三级 | 三级 | 三级 |
| 5 | 更换刀具事故 | 二级 | 四级 | 四级 |

（2）推进系统可靠性风险（表 4.4.3-10）

推进系统可靠性风险评价 表 4.4.3-10

| 序号 | 风险事故 | 发生概率 | 损失等级 | 风险等级 |
|---|---|---|---|---|
| 1 | 推进缸支座松动 | 二级 | 二级 | 二级 |
| 2 | 推进缸故障 | 二级 | 三级 | 二级 |
| 3 | 液压泵站故障 | 二级 | 三级 | 三级 |

（3）泥水平衡舱可靠性风险（表 4.4.3-11）

泥水平衡舱可靠性的风险评价 表 4.4.3-11

| 序号 | 风险事故 | 发生概率 | 损失等级 | 风险等级 |
|---|---|---|---|---|
| 1 | 切口水压设置不当 | 二级 | 三级 | 三级 |
| 2 | 泥水质量降低 | 二级 | 三级 | 三级 |
| 3 | 工作面前方地层突变 | 四级 | 三级 | 三级 |

（4）盾尾密封装置可靠性风险（表 4.4.3-12）

盾尾密封装置可靠性风险评价 表 4.4.3-12

| 序号 | 风险事故 | 发生概率 | 损失等级 | 风险等级 |
|---|---|---|---|---|
| 1 | 密封钢丝刷钢板刷配置不合理 | 二级 | 三级 | 三级 |
| 2 | 未及时压注油脂、聚氨酯 | 二级 | 三级 | 二级 |
| 3 | 同步注浆材料对密封钢丝刷钢板刷腐蚀、损坏 | 三级 | 三级 | 三级 |

（5）盾构同步压浆系统可靠性风险（表 4.4.3-13）

同步压浆系统可靠性风险评价 表 4.4.3-13

| 序号 | 风险事故 | 发生概率 | 损失等级 | 风险等级 |
|---|---|---|---|---|
| 1 | 注浆材料配比设置不当 | 二级 | 二级 | 二级 |
| 2 | 注浆压力不当 | 二级 | 三级 | 三级 |
| 3 | 注浆量不当 | 二级 | 三级 | 三级 |
| 4 | 液压注浆泵故障 | 三级 | 三级 | 三级 |
| 5 | 注浆管堵塞 | 三级 | 三级 | 三级 |

4. 盾构隧道施工风险分析

（1）盾构进出工作井施工风险

1）风险辨识

盾构进出工作井阶段的风险主要包括：盾构机械的吊装和拼装、盾构出发、盾构到达和临时工程和设备四部分风险事故（图 4.4.3-2～图 4.4.3-5）。

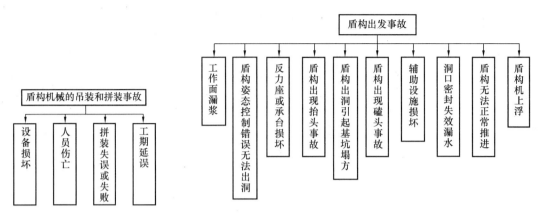

图 4.4.3-2 盾构机械的
安装和吊装风险

图 4.4.3-3 盾构出发风险

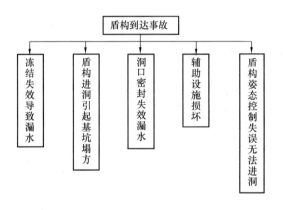

图 4.4.3-4 盾构到达风险

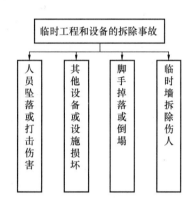

图 4.4.3-5 临时工程和设备拆除风险

2) 风险评价

根据以上对盾构进出工作井阶段施工中可能存在的各种风险事故进行综合汇总分析，并采用风险接受准则对其等级进行评定，得出如下结论：盾构出发、盾构到达事故阶段，由于超大直径对工作井壁大面积开挖，很难保证开挖面绝对稳定，再加上工作井深度很大以及不良地质的作用，导致这一阶段风险很高，为五级，希望相关单位予以高度重视，具体结论见表 4.4.3-14。

盾构进出工作井施工风险评价　　　　　　　　　　表 4.4.3-14

| 序号 | 风险事故 | 发生概率 | 损失等级 | 风险等级 |
|---|---|---|---|---|
| 1 | 盾构机械的吊装和拼装事故 | 三级 | 三级 | 三级 |
| 2 | 盾构出发事故 | 四级 | 三级 | 五级 |
| 3 | 盾构到达事故 | 四级 | 三级 | 五级 |
| 4 | 临时工程和设备的拆除事故 | 三级 | 二级 | 二级 |

（2）盾构穿越江中段风险

1）风险辨识

江底隧道覆土厚度浅，N线隧道局部覆土厚度只有0.6D，盾构穿越江中段风险主要包括：

① 主航道有沉船、孤石、哑炮（弹）不明障碍物；

② 浅覆土、高水压、粉砂层产生开挖面冒顶事故；

③ 盾尾注浆冒浆密封失效引起涌水涌砂事故；

④ 隧道整体上浮；

⑤ 高水压管片接缝的渗漏水事故。

2）风险评价

根据以上对盾构穿越江中段施工中可能存在的各种风险事故进行综合汇总分析，并采用风险接受准则对其等级进行评定，得出如下结论：盾构穿越江中段阶段，由于超大直径很难保证开挖面绝对稳定，再加上不良地质的作用，导致这一阶段风险很高，为五级，希望相关单位予以高度重视，具体结论见表4.4.3-15。

盾构穿越江中段施工风险评价　　　　　　　表 4.4.3-15

| 序号 | 风险事故 | 发生概率 | 损失等级 | 风险等级 |
|---|---|---|---|---|
| 1 | 主航道有沉船，孤石，哑炮（弹）不明障碍物 | 四级 | 二级 | 二级 |
| 2 | 浅覆土，高水压，粉砂层产生开挖面冒顶事故 | 二级 | 五级 | 五级 |
| 3 | 隧道整体上浮 | 四级 | 三级 | 四级 |
| 4 | 盾尾注浆冒浆密封失效引起涌水涌砂事故 | 二级 | 三级 | 三级 |
| 5 | 高水压管片接缝的渗漏水事故 | 二级 | 二级 | 二级 |

（3）超大盾构工作面失稳风险

1）风险辨识

超大盾构工作面失稳风险主要包括：

泥水压力过小，引起的开挖面坍塌失稳；

泥水压力过大，引起开挖面隆起失稳。

2）风险评价

根据以上对盾构工作面失稳可能存在的各种风险事故进行综合汇总分析，并采用风险接受准则对其等级进行评定，具体结论见表4.4.3-16。

盾构工作面失稳施工风险评价　　　　　　　表 4.4.3-16

| 序号 | 风险事故 | 发生概率 | 损失等级 | 风险等级 |
|---|---|---|---|---|
| 1 | 泥水压力过小，引起的开挖面坍塌失稳 | 三级 | 四级 | 四级 |
| 2 | 泥水压力过大，引起开挖面隆起失稳 | 三级 | 四级 | 四级 |

（4）管片密封事故风险

1）风险辨识

管片密封事故风险主要包括：管片密封失效。

2）风险评价

根据以上对盾构管片密封事故可能存在的各种风险事故进行综合汇总分析，并采用风险接受准则对其等级进行评定，具体结论见表4.4.3-17。

**盾构管片密封事故施工风险评价**　　　　　　　　表 4.4.3-17

| 序号 | 风险事故 | 发生概率 | 损失等级 | 风险等级 |
|---|---|---|---|---|
| 1 | 管片密封事故 | 二级 | 二级 | 二级 |

（5）施工中地层移动风险

1）风险辨识

施工中地层移动风险主要包括：盾构到达前的变位、盾构到达时的地层变位、盾构通过时的地层变位、盾尾通过后瞬间的地层变位及地层后期固结变位。

2）风险评价

根据以上对盾构施工中地层移动可能存在的各种风险事故进行综合汇总分析，并采用风险接受准则对其等级进行评定，具体结论见表 4.4.3-18。

**盾构施工中地层移动事故施工风险评价**　　　　　　　　表 4.4.3-18

| 序号 | 风险事故 | 发生概率 | 损失等级 | 风险等级 |
|---|---|---|---|---|
| 1 | 盾构到达前的变位 | 四级 | 二级 | 二级 |
| 2 | 盾构到达时的地层变位 | 四级 | 二级 | 二级 |
| 3 | 盾构通过时的地层变位 | 四级 | 三级 | 二级 |
| 4 | 盾尾通过后瞬间的地层变位 | 四级 | 三级 | 三级 |
| 5 | 地层后期固结变位 | 四级 | 二级 | 二级 |

（6）盾尾冻结法施工风险

1）风险辨识

本过江通道盾构盾尾密封钢丝刷钢板刷更换工作考虑采用冻结法方案，即用水平孔冷冻法冻结住盾尾周围土体，防止水进入钢丝刷，从而保证钢丝刷的更换工作安全可靠。目前未见有实际应用成功的报道。

盾尾冻结法施工风险主要包括：①造成盾构机变位；②造成管片环开裂；③冻土监测仪器损坏造成冻结效果降低；④解冻阶段施工风险。

2）风险评价

根据以上对盾尾冻结法施工风险可能存在的各种风险事故进行综合汇总分析，并采用风险接受准则对其等级进行评定，具体结论见表 4.4.3-19。

**盾尾冻结法施工风险评价**　　　　　　　　表 4.4.3-19

| 序号 | 风险事故 | 发生概率 | 损失等级 | 风险等级 |
|---|---|---|---|---|
| 1 | 造成盾构机变位 | 二级 | 三级 | 三级 |
| 2 | 造成管片环开裂 | 二级 | 三级 | 三级 |
| 3 | 冻结仪器故障 | 二级 | 三级 | 三级 |
| 4 | 解冻阶段施工风险 | 二级 | 三级 | 二级 |

### 4.4.4　过江通道施工工程风险对策

根据风险评估的要求，进行定量化的风险评估、研究过程后，还应对风险进行技术分析并提出安全措施及对策建议，最后是进行施工期的风险管理。根据上述风险研究阶段得到的评估结果，提出摆脱、消除、减弱、转移或接受风险的策略和相应的技术与管理措施建议。在此，仅以基坑开挖风险对策和超大断面盾构工作面失稳风险对策为例。

1. 基坑开挖施工风险分析对策与应急措施

（1）基坑开挖风险控制措施

1）必须严格根据设计图纸施工，不得随意修改设计或破坏支护结构。

2）制定基坑开挖及支撑方案，并进行技术交底和安全交底。

3）合理安排施工工序，施工时挖土不要太快，及时施作支撑，要严格按照"先撑后挖"的原则，尽可能减少基坑无支撑暴露时间，分段开挖不宜太长。

4）严格按照施工组织要求进行放坡，恶劣天气提前预报并采取相关措施。

5）定期对设备维护和保养，做好设备验收和检查工作，加强相关人员的技术培训。

6）加强对支护的质量验收，定期对支护进行检查，钢支撑拆除前办理拆除手续（结构达到设计强度后方可拆除）。

7）加强对基坑的沉降、位移等现象的监测，做好施工中的防水、排水、降水措施；基坑内的明排水设施完备并配备足够的排水泵；基坑边设挡水墙；设专人清理、疏通集水井并监护水泵运行。

8）加强施工管理，严禁在坑外滑动区内超重搭设办公室、仓库、材料库、维修间甚至民工宿舍等工棚。基坑浇筑混凝土时，混凝土搅拌车与泵车不要离支护结构太近。防止支撑体系受到外力撞击，支撑上堆重物。

9）分层开挖，每层深度不大于1m，开挖过程中禁止挖掘机等碰撞支撑系统。

10）每天开挖前要领取土方开挖任务单，无单不得开挖。

（2）风险应急措施及注意事项

1）应急措施

① 支撑系统受轻微碰撞后，对支撑结构进行排查补强。

② 发生土方坍塌时，人工挖掘被掩埋伤员及时脱离危险区。

③ 发生支撑系统坍塌时，组织人员尽快解除重物压迫，减少伤员挤压综合症的发生，并将其转移至安全地方。

④ 在没有人员受伤的情况下，应根据实际情况研究补救加固措施。

2）注意事项

① 降水不到位不得开挖。

② 施工过程中加强对支撑系统的检查。

③ 钢支撑安装过程要进行安全旁站。

2. 超大断面盾构工作面失稳风险分析对策与应急措施

（1）风险控制措施

1）控制掘进中盾构的姿态和泥水压力，尽可能减小对地层的扰动；正确地计算选择合理的舱压，舱压应采用静止水土压力的1.2倍左右。

2）掘进与注浆同步，及时填充环形间隙；控制掘进速度和泥渣排土量及新鲜泥浆补给量。

3）利用探查装置，调查土体坍塌情况，在查明原因后应及时调整有关参数，确保开挖面稳定。

4）地表沉降与信息反馈。地表沉降是反映盾构正面稳定的一个方面，跟踪测量因盾构掘进而引起的地表沉降情况。一般每天需对盾构前 10～20m、盾构后 30～50m 轴线区域内的各沉降点进行监测。开挖面不稳定而产生的地表沉降往往发生在盾构切口前方，这时应检查泥水质量及切口水压。

5）开挖面水压信号检查。在检查开挖面水压时，应注意检查开挖面水压信号传感器，有时会因管路堵塞而影响正常采集数据。

6）外电停电后，应急发电机拖动空压机工作，保持气垫仓压力平衡。

（2）风险应急措施

1）根据开挖面压力的变化情况调整舱压，保持压力平衡。

2）停止掘进，关闭泥浆环路。

3）观察开挖面所在位置的地面情况，对可能塌陷部位进行防护，如可能塌陷部位有人居住，人员必须撤离。

4）当开挖面失稳很严重时，应及时召开专家论证并拟定处理方案，按专家方案进行处理。

## 4.5 桥梁工程饰面清水混凝土施工技术创新

### 4.5.1 企业技术创新体系

技术创新，是指企业应用创新的知识和新技术、新工艺，采用新的生产方式和经营管理模式，提高产品质量，开发生产新的产品，提供新的服务，占据市场并实现市场价值。技术创新是企业的生命力，一个可持续发展的企业，必然是坚持技术创新不动摇的企业，也必然有较为完善的技术创新体系，在组织建设、制度建设、科技经费的保障、激励机制、创新环境及产学研合作等方面都有明确的规定。下面以广东省长大公路工程有限公司（简称"广东长大公司"）为例，介绍企业的技术创新体系，供同行借鉴。

组织结构方面：企业合理的管控模式，能有效保证创新工作的开展。广东长大公司的企业技术创新体系的核心是公司技术中心，形成以技术中心为主导力量、依靠技术和专家委员会智力支持、发动全体员工积极参与的技术创新组织体系，体系由职责明确、分工合理的决策层、管理层、执行层三个层次组成。

制度方面：制度是各项工作得于持续、规范、有序进行的重要保证。广东长大公司对技术创新工作的组织形式、计划、课题、经费、成果、考核与奖励等方面的管理一共制定了 18 项的制度，构建了较为完整的技术创新管理的制度体系，从制度上保障公司的技术创新工作能正常、持续地进行。

经费方面：广东长大公司开展技术创新工作的经费主要由企业自筹投入，还通过争取优惠政策降低科研成本、争取政府与工程业主的科研资金、通过与社会各界广泛合作减少科研投入等方式筹集资源、经费。在使用上，严格按照批准的课题方案科学安排、合理配置、专款专用、分项核算，保证创新工作按计划进行。

激励机制方面：创新工作是智力型的工作，与人的积极性和创造性的发挥有直接的关联，健全的激励机制，能更好地调动、发挥员工的创造力。广东长大公司采取物质与精神激励相结合的方式，鼓励广大员工积极参与技术创新。在物质方式上，建立了分配向优秀人才和关键岗位倾斜的薪酬体系，每年对在"群众性经济技术创新"活动中评为优秀成果的项目进行奖励，对于获得政府或行业科技奖励的研发项目的参与人员按获奖等级给予奖励；在精神方式上，对创新工作突出的员工，优先安排参加重大生产项目，优先安排参加学术活动、培训或进修、外出技术交流或考察，优先考虑评先、提拔。

创新环境方面：良好的创新环境可以有效地促进技术创新。广东长大公司从管理制度、激励机制、企业文化、硬件设施、团队建设上营造良好的创新氛围和环境，不但有专业团队的前瞻性、关键性技术研发，还有广大员工参加的"群众性经济技术创新"的岗位创新，良好的创新环境保持了技术创新工作的活力。

产学研合作方面：有效利用社会资源，能提高技术创新工作的成效。广东长大公司以"精诚合作、优势互补、互惠互利、共同发展"为产学研合作目标，先后与31家高等院校、科研机构、企业开展了合作，建立了以企业为主，高等院校和科研机构广泛参与、利益共享、风险共担的产学研联合机制，充分利用合作各方的资源优势，共同推进技术进步。

### 4.5.2 课题立项

**1. 立项背景**

近几年，随着国家投资重点向基础设施建设的转移，城市建设量大幅度增长。在施工过程中，现场能用眼睛确认的混凝土的外观质量受到格外的重视，要求混凝土达到免抹灰、免装饰、光洁如镜、高质清水的效果。清水混凝土又称装饰混凝土，因其极具装饰效果而得名，它属于一次浇筑成型，不做任何外装饰，直接采用现浇混凝土的自然表面效果作为饰面，因此不同于普通混凝土，表面平整光滑，色泽均匀，棱角分明，无碰损和污染，只是在表面涂一层或两层透明的保护剂，显得十分天然、庄重。清水混凝土是名副其实的绿色混凝土，不剔凿修补、不抹灰，减少了大量建筑垃圾，有利于保护环境。

随着社会的发展，人们对建筑物的外观质量要求越来越高，环保政策也越来越严苛，如果能够通过科研和工程实践解决清水混凝土技术上存在的难题，把这项技术在桥梁上部结构推广使用，无疑将产生巨大的经济和社会效益。广东省长大公路工程有限公司承接的广州珠岛一桥、二沙二桥工程，地处广州市环境优美的二沙岛，对大桥混凝土外观质量要求很高。为了提高桥梁上部结构混凝土外观施工质量，公司以广州珠岛一桥、二沙二桥工程项目为依托开展对清水混凝土进行系统研究，予以掌握高性能饰面清水混凝土及其施工技术，形成有自主知识产权或独占性的核心技术。

**2. 立项申报**

课题申报流程如图4.5.2所示，详细过程和内容如下：

（1）项目策划：施工企业应在项目策划过程中，结合项目的重点及难点、使用的新材料、新工艺、新技术、新设备及行业主管部门引导的研究课题中的子课题开展技术创新活动，确保施工进度、安全、质量。

（2）课题申请立项：成立专项课题组，明确项目负责人及主要研究人员，合理分工；充分收集目前在国内外的研究情况，制定主要研究内容

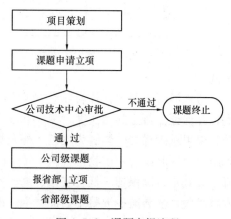

图4.5.2 课题申报流程

及技术路线；结合项目进度计划制定课题的进度计划及费用预算计划。本课题立项情况如下：成立项目课题研究组，收集清水混凝土技术目前在国内外的研究情况及发展情况，针对国内目前多重视施工，对清水混凝土自身质量影响因素了解不足，初步拟定课题研究内容为高性能清水饰面混凝土聚羧酸高效减水剂、配合比优化设计、专用脱模剂及成套施工技术，初步拟定采用低水胶比、高密实配合比设计的高性能混凝土技术路线。该课题技术主要应用于桥梁上部结构，因此在上部结构开工前完成清水混凝土技术及其施工工艺研究，找出各原材料对混凝土质量的影响规律，设计合理配合比满足质量要求，开发满足需求的外加剂及模板工艺，设计、总结合理的施工成套技术、工艺。

（3）公司技术中心审批：对每个课题立项进行审批，审批不通过的终止执行；审批通过的由公司技术中心组织课题研究，形成公司级课题。本课题为自主创新，课题组以《高性能饰面清水混凝土及其施工技术的研究》为题提出立项申请，经公司技术中心专家组评审，与公司签订科技项目合同。合同约定课题主要研究内容、考核指标、进度计划及提交成果、知识产权归属、研究费用预算、研究主要负责成员及分工等内容，拟定科技项目任务书（合同）。

（4）报省部级主管部门立项：公司技术中心对具有较大经济和社会效益的公司级课题向省交通厅或交通部申请课题立项，并在依托项目开展科研活动中，积极利用社会资源和力量，特别是科研能力强的高等院校、科研院所和其他企业，展开合作攻关。本研究课题获批为广东省交通厅 2008 年度科技计划项目。

### 4.5.3 课题实施

课题实施流程如图 4.5.3-1 所示，详细过程和内容如下：

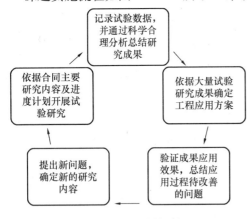

图 4.5.3-1    课题实施流程

1. 依据合同，结合项目进度，制定详细研究计划

研究国内外研究资料，清水混凝土自身质量影响因素很多，通过对原材料进行试验分析研究后，发现适应的外加剂、合理的配合比设计、适当的模板处理工艺对混凝土质量影响较大，故决定在这三方面展开进一步研究，分别通过正交水平设计及单因素法找到关键因素。

2. 及时归档试验数据、总结试验规律，通过试验现象初步拟定适合试验成功的新工艺

清水混凝土要求其拌合物色泽均匀，具有良好的和易性，且混凝土结构物表面无气泡，并保证混凝土的密实度、强度和耐久性。课题组最终采用了分子量为 3 万～5 万，主链为聚甲基丙烯酸，侧链为聚乙二醇及聚丙二醇的聚羧酸减水剂，复配消泡、引气、缓凝等组分，同时配合"矿物掺合料-细骨料-粗骨料"三级骨架密实配合比设计，满足清水混凝土高减水、高保塑、低含气量、高密实堆积的要求。开发了具有消泡、保湿养护作用的木纤维膜，显著减少混凝土表面气泡，改善混凝土的表观质量（色差、裂缝、光洁度、平整度），减少混凝土表面的水分散失，防止混凝土产生收缩裂缝；形成了清水混凝土的制

备、施工与质量控制成套工艺。

3. 确定试验块试验方案，并进一步完善研究成果，确保工程应用效果

通过进行 1.4m×1.4m×1.0m 立方体、50mm×90mm×90mm 马蹄形试验块等多尺寸试验块试验（清水混凝土试验块外观图如图 4.5.3-2 所示），探索在有弧度、存在拼接缝钢筋密集情况下，

图 4.5.3-2　试验室马蹄形试验块外观效果图

混凝土浇筑工艺及保证外观质量的经验，试验块混凝土表面光滑、色泽均匀一致、无气泡麻面，强度均达到设计要求，达到清水饰面，一次成型，无装饰要求。

4. 技术性指标分析

技术性指标与国内常规技术相比见表 4.5.3，本课题研究成果适用于清水混凝土的聚羧酸减水剂减水率高、新拌混凝土工作性好，配合密实堆积原理的配合比设计，混凝土密实度高，耐久性能好，具备技术优势，满足工程质量要求。

技术性指标分析比较　　　　　　　　　　　　　　　表 4.5.3

| 技术指标 | 减水率 | 保塑性能 | 压汞孔隙率 | 28d 碳化深度 | 300 次快速冻融后耐久性系数 | 保护层厚度 |
|---|---|---|---|---|---|---|
| 本技术 | 26.4% | 2h 混凝土基本无损失 | 10.5% | 0 | 0.93 | 与普通混凝土相同 |
| 国内外 | >20% | — | 13%左右 | <5mm | 0.6~0.8 | 比普通混凝土增加 1~1.5cm |

5. 工程应用

广州珠岛区域交通应急整治工程包括珠岛一桥和二沙二桥，采用拱桥方案。开始施工前，课题组就清水混凝土施工进行技术交底，从施工准备到混凝土结构物成品保护详细列明施工工艺流程（图 4.5.3-3）及其操作要求、要点，并现场观察，不断完善施工工艺。结果表明工程应用情况良好，结构外观质量满足清水混凝土要求（图 4.5.3-4）。

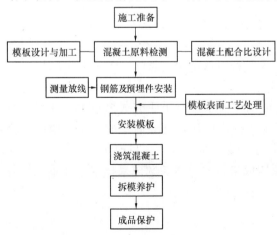

图 4.5.3-3　清水混凝土施工工艺流程图

图 4.5.3-4　清水混凝土工程应用效果图

6. 提出新问题，确定新的研究内容

通过工程实例，验证技术成果，并就发现的新问题提出新的试验方案，不断进行技术创新，补充完善技术成果、施工工艺，为进一步推广应用技术成果累积经验。

7. 研究报告的编制及研究成果的申报

为保护企业知识产权，促进行业清水混凝土技术发展与应用，课题组对关键技术进行总结，形成工作总结和研究报告。课题组申请申报发明专利3项；发表中文核心期刊5篇；形成桥梁工程饰面清水混凝土施工工法并向省部级管理部门申报。

### 4.5.4  课题验收

2009年7月，课题研究依托项目珠岛工程竣工通车，清水混凝土应用效果受到业主一致好评。

课题组及时对研究过程及成果进行总结，制定、提供了包括研究报告、工作报告、调研报告、试验报告、测试报告、查新报告、成果清单、使用报告、用户报告、经济性分析、社会效益等材料，广东省交通厅于2010年3月30日采用科技项目验收三种形式（结题、鉴定、评审）中的鉴定方式对本项目进行验收，课题通过验收，成果总体达到国际先进水平。

其关键技术和创新点有以下四个方面：

（1）采用缓凝、引气、消泡等组分与聚羧酸减水剂的复配技术，开发出适宜于高性能饰面清水混凝土的新型外加剂；

（2）提出了高密实饰面清水混凝土配合比设计方法，制备了高密实、高工作性能、高耐久性的饰面清水混凝土，成功应用于工程实践，效果显著；

（3）开发出木纤维膜饰面清水混凝土模板处理技术，具有较强的消泡、保湿养护作用，施工操作简便，成本低；

（4）编制了桥梁工程高性能饰面清水混凝土施工工法，可操作性强。

### 4.5.5  课题成果

课题研究形成了高性能饰面清水混凝土的成套技术，已成功应用于桥梁工程，具有显著经济、社会效益。课题通过广东省科技成果鉴定后，向科技主管部门办理了成果登记，截止至今，该课题获得了如下成果和奖励：

（1）获广东省科技进步三等奖一项，中国公路协会科技奖励三等奖一项；

（2）获授权发明专利一项；

（3）《桥梁工程饰面清水混凝土施工工法》被评审认定为交通部、广东省级工法。

### 4.5.6  成果推广应用

室内外试验和珠岛桥工程的使用效果都证明了清水混凝土研究成果技术原理科学合理、技术手段先进可行。本课题的研究成果得于推广应用，已经通车的广东云梧高速公路、广东广深沿江高速东江南大桥项目中应用了该课题成果技术，目前在建的乐昌至广州高速公路项目T12标和T23标也在运用本课题成果技术，本课题成果技术在注重减排降耗、环境保护和建设节约型社会的今天将会得到不断推广应用。

# 4.6 大跨径钢桥面铺装施工技术创新

## 4.6.1 课题立项

1. 立项背景

随着我国公路建设的发展，已有数十座大跨径钢桥建成投入使用，在交通运输中发挥着巨大作用，还有多座大跨径钢桥即将建设。我国的公路钢桥在桥梁结构方面已达国际先进水平，但钢桥面铺装层早期破坏一直没有得到很好解决，影响了大跨径桥梁的交通功能发挥，已成为我国公路建设中亟须解决的技术难题。

大跨径钢桥面铺装是一个世界性的技术难题，由于我国特殊的交通、气候等条件也导致钢桥面铺装问题尤其突出，钢桥面铺装早期损坏和维修严重影响了大跨径桥梁的交通功能。我国工程技术科研人员在过去的近20年的时间里不断开展课题攻关，努力解决钢桥面铺装技术难题，在铺装结构设计、材料开发应用、施工技术、维修养护等方面取得了显著成果，有效提高了钢桥面铺装性能和使用寿命。但我国钢桥面铺装技术应用时间较短，多数工程还需要经过更长时间的检验，目前应用的部分技术仍不成熟，需要进一步总结已有的工程经验，针对具体工程开展相关的研究课题，以期更好的解决这些工程难题，为道路桥梁建设提供技术支持，推动我国钢桥面铺装技术的进步。尤其近年钢桥面铺装新技术、新材料、新方案出现的较多，有必要对国内外钢桥面铺装技术的发展以及存在的问题和难点进行系统的调研，分析比较不同方案的特点和适用性，根据调研分析提出针对钢桥面铺装建议及尚对需解决的技术问题开展相关课题研究。

我国钢桥面铺装技术是在不断借鉴国外已有经验基础上发展的，但由于桥面铺装对气候条件、交通荷载特点、桥面板结构刚度等环境因素非常敏感，因而国外成功的经验，不一定适合我国的综合环境因素。因此有必要在借鉴国外经验基础上，重点研究探索适合我国具体环境特点的钢桥面铺装方案。在大跨径钢桥面铺装研究过程中，对国内外钢桥面铺装发展及动态进行了详细的调研分析，总结我国钢桥面铺装成功的经验和失败原因，以便为大跨径钢桥面铺装的研究及方案设计提供更全面的决策支持数据信息，进一步推进我国钢桥面铺装技术发展。

2. 立项申报

(1) 课题前期科研及工作基础

成立专项课题组，明确项目负责人及主要研究人员，充分收集目前在国内外的研究情况。

(2) 拟定要解决的关键技术问题

通过对钢桥面铺装研究的系统调研分析，根据目前我国钢桥面铺装的发展状况和存在的问题，课题拟解决以下关键技术问题：

1) 钢桥面铺装结构计算模型和受力变形状态及特点分析，为钢桥面铺装结构和材料设计提出技术要求和技术指标。

2) 钢桥面铺装结构优化设计，提高铺装层结构模量，发挥钢板与铺装层复合结构功能，改善铺装结构受力状态，延长钢桥面铺装使用寿命。

3) 钢桥面铺装层材料研究设计，重点提高铺装材料的抗弯拉疲劳耐久性、高温稳定性，以及铺装层间粘结、抗剪性能。

4）掌握环氧沥青混凝土设计和应用技术，降低环氧沥青混凝土工程造价，提高环氧沥青混凝土性能。

5）解决环氧沥青混凝土施工技术难题，提高并保证环氧沥青混凝土施工质量，系统掌握环氧沥青混凝土施工工艺和质量控制技术。

（3）拟定主要研究内容

本课题研究目标是结合实体依托工程进行大跨径桥梁桥面铺装的系统研究，总结大跨径桥梁桥面铺装的技术指标要求，研究设计性能可靠的桥面铺装结构和材料，研究科学合理的施工工艺，确定有效的桥面铺装检测评价指标、手段，并系统研究新材料在桥面铺装上的应用，为大跨径桥梁桥面铺装设计、施工、维修、检测积累可靠的技术支持。项目依托湛江海湾大桥、虎门大桥等大跨径钢桥面铺装实体工程，根据研究目标拟开展以下研究工作：

1）钢桥面铺装国内调研；

2）钢桥面铺装结构检测与计算模型分析；

3）钢桥面铺装结构力学分析，铺装层组合优化设计；

4）钢桥面铺装材料试验评价；

5）钢桥面铺装施工技术研究和实践；

6）钢桥面铺装使用性能观测。

（4）拟定技术路线

课题研究拟采取以下技术路线：

1）首先开展充分翔实的国内外钢桥面铺装研究调研，总结已有经验教训，为课题研究提供技术支持和文献资料参考，根据调研分析优化课题研究的内容、计划和研究方案。

2）通过数值模拟分析与实桥检测相结合验证钢桥面铺装结构计算模型和计算方法，并计算分析钢桥面铺装结构的受力变形特点和技术指标要求，为铺装结构和材料设计提供依据。

3）依据钢桥面铺装结构分析结构、材料试验评价和工程经验，优化设计钢桥面铺装层结构形式和组成。

4）根据桥面铺装结构设计指导原则，开展桥面铺装层混合料和粘结层材料设计研究，优选结构组合性能、抗弯拉疲劳性及路用性能等方面均优良的钢桥面铺装材料，并掌握典型铺装材料的性能特点。

5）结合试验和依托工程实践，探索和掌握环氧沥青钢桥面铺装施工技术工艺和质量控制管理体系，解决环氧沥青铺装关键技术问题和难点，保证钢桥面环氧沥青铺装施工质量。

6）跟踪观测课题依托工程钢桥面铺装使用性能表现，分析存在的问题和不足，总结经验教训，并不断完善相关钢桥面铺装技术。

（5）拟定课题进度计划及经费预算

结合依托项目进度计划制定课题的进度计划及费用预算计划。

（6）申报

课题组以《大跨径钢桥桥面铺装关键技术研究》为题提出立项申请，经广东省长大公路工程有限公司专家组评审，与公司签订科技项目合同。

### 4.6.2 课题的实施

**1. 调查分析国内外钢桥面铺装状况**

课题组开展了国内外典型钢桥面铺装应用状况和技术发展情况的调研工作，国外重点调查了德国、荷兰、瑞典、美国、日本等钢桥面铺装技术应用较广泛的国家，国内重点调查了我国典型钢桥面铺装使用状况，如：广东肇庆马房大桥、青马大桥、虎门大桥、江阴长江大桥等。分析总结国内外钢桥面铺装成功的经验和尚存的问题，以及钢桥面铺装发展及动态进行了详细的调研分析，为钢桥面铺装课题的研究及方案设计提供更全面的决策支持数据信息。

通过调查国内外大跨径钢桥面的使用效果表明：

（1）环氧沥青混凝土钢桥面铺装方案一般没有出现严重的早期病害，但通车后 1～2 年内部分桥面铺装出现局部鼓包开裂等病害，环氧沥青混凝土钢桥面铺装方案还需要进一步时间的验证在我国应用的长期性能表现。

（2）双层 SMA 热碾压型沥青混凝土、浇筑式沥青混凝土钢桥面铺装均出现较严重的车辙、开裂、推移等早期病害，使用寿命约为 3～5 年。而目前双层 SMA 沥青混凝土、浇筑式沥青混凝土桥面铺装所采用的沥青材料基本达到了非常高的等级，其施工温度也基本达接近了极限温度，如何进一步改善和提高这两种铺装材料性能也是研究人员面临的技术难题。

（3）浇筑式沥青混凝土加铺碾压式沥青混凝土磨耗层铺装方案，部分工程桥面铺装出现推移和车辙病害，整体上还需要时间验证。

**2. 钢桥面铺装结构试验与分析**

课题于 2004 年 5 月对汕头礐石大桥钢桥面铺装进行现场试验检测。通过对汕头礐石大桥桥面铺装受力状态的静载、动载检测试验，检测分析了桥面铺装在试验条件下的变形状态、特点，分析了桥面铺装结构的黏弹性，并分析了加载车速、车辆荷载、桥面坡度、行驶方向等因素对桥面铺装受力变形的影响，对桥面板在轮载作用下的振动状态进行了初步的检测分析。

对桥面铺装结构试验检测与有限元数值模拟试验检测模型的比较分析，表明桥面铺装的实际检测受力状态及变形规律与有限元数值模拟计算基本一致，也进一步说明试验检测数据及计算模型的可靠性，同时根据检测结果可以对有限元数值模拟模型参数进行校核，指导对桥面铺装结构的数值模拟深入系统分析。

根据桥面铺装检测数据及数值模拟分析，基本可以得出以下结论：

（1）分析数据表明沥青混凝土桥面铺装在静载或重复荷载作用下表现出显著的黏弹性；

（2）检测分析表明，桥面铺装结构在轮载作用下的变形状态，受到轮载水平、车速、初始应变水平、桥面坡度、桥面温度等因素影响；

（3）改性沥青 SMA 桥面铺装应变检测与数值模拟分析比较分析表明，基本可以按照铺装材料的均质弹性假设进行静力计算，模拟行驶车辆轮载作用下桥面铺装的瞬间动态受力状态，可以满足工程设计需要。

**3. 钢桥面铺装材料试验研究**

钢桥面铺装层材料主要包括浇筑式沥青混凝土、改性沥青 SMA、环氧沥青混凝土，粘结层材料主要包括聚合物改性乳化沥青、溶剂型胶粘剂、环氧沥青。根据钢桥面铺装性能要求，在桥面铺装材料研究中重点对铺装材料的疲劳性能、高温稳定性进行试验研究，在结合其他路用性能试验的基础上评价铺装材料和确定桥面铺装方案。铺装层混合料试验中粘结料的种类为：改性沥青 SMA 改性剂主要包括 SBS 聚合物改性剂、美国莱斯顿（Rosphalt）浓缩聚合物改性剂；环氧沥青包括美国 ChemCo 公司环氧沥青和日本近代化成株式会社 TAF 环氧沥青；浇筑沥青混合料采用 TLA 湖沥青。对粘结层材料主要评价不同温度下的粘结强度和抗剪强度，重点评价环氧沥青粘结层材料性能。桥面铺装材料的施工特点和技术要求也是钢桥面铺装研究的重点内容，首先对典型钢桥面铺装混合料进行室内施工模拟试验研究，确定主要技术控制指标，最后结合施工现场情况和试验路铺筑制定湛江海湾大桥钢桥面铺装施工程序和控制指标。

4. 工程应用

为了解决钢桥桥面铺装技术难题，近年来许多国家采用环氧沥青桥面铺装，收到了良好的效果，环氧沥青是将环氧树脂加入沥青中，经过与固化剂发生硬化反应，形成不可逆的固化物，使沥青性质由热塑性转化成热固性，从而赋予沥青以优良的物理、力学性能。

作为一种很好的钢桥面的铺装材料，环氧沥青具有优越的性能，与其他沥青铺装材料相比在施工要求上存在较大差异。同时，环氧沥青还由于价格昂贵，是普通沥青的 10 倍，对于施工技术管理的要求更高。环氧沥青混凝土材料在工程应用中对施工技术管理的高要求，本课题依托湛江海湾大桥及虎门大桥钢桥面铺装工程介绍施工技术应用：

（1）温度控制

环氧沥青材料性能受温度变化影响较大，故整个施工过程要严格控制施工温度（图 4.6.2-1）。

（2）时间控制

施工中混合料出仓装车到施工现场摊铺的时间必须控制在 55min 之内，否则当废料处理。

（3）集料配合比控制

混合料对集料质量要求极高，并要水洗干净、烘干和装袋；混合料必须疲劳性能良好。

5. 施工环境控制

雨期不能施工，而且工人在混合料铺装过程中严禁饮水，整个施工过程中也严格控制任何水分进入到混合料中（压路机防水措施见图 4.6.2-2）。在炎热的夏季需防止人体汗水滴落到混合料铺装层上，造成铺装层出现鼓包（鼓包处理见图 4.6.2-3）。原因是水遇高温蒸发，在铺装层中产生气泡而形成。

图 4.6.2-1    碾压过程中温度测量

图 4.6.2-2    压路机防水处理及规范碾压

从生料进厂到摊铺完毕，全过程围绕着人、机、材料、环境等要素，需对关键设备进行改造并认真优化施工技术管理流程（自制洒布车作业见图4.6.2-4）。

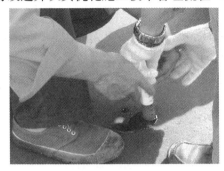 

图4.6.2-3　认真处理鼓包　　　　　图4.6.2-4　自制洒布车喷洒环氧沥青

6. 精细化施工要求

施工过程中任何水和油污污染都会对成型后的铺装层造成损害，措施不当，施工机械也会对铺装层造成破坏。故整个施工过程中的任何细节都要做到精细化的要求（图4.6.2-5、图4.6.2-6）。

图4.6.2-5　精心清理摊铺机　　　　图4.6.2-6　铺装层防污染破坏措施

### 4.6.3　课题验收

2006年湛江海湾大桥铺建成通车，桥面环氧沥青铺装应用效果受到业主一致好评。

课题组及时对研究过程及成果进行总结，制定、提供了包括研究报告、工作报告、调研报告、试验报告、测试报告、查新报告、成果清单、使用报告、用户报告、经济性分析、社会效益等材料，课题于2010年9月11日通过了广东省交通厅组织的鉴定验收，成果总体达到国际先进水平。

课题取得主要创新成果如下：

（1）对钢桥面铺装采用子模型三阶段法分析了桥面铺装的受力特点及变形规律，并通过实桥桥面铺装进行静、动载试验分析，对有限元数值模拟计算模型进行校核。

（2）联合日本近代化成株式会社开发设计了同时具有高劲度模量和抗疲劳开裂环氧沥青混凝土（其配比为：环氧树脂的主剂和固化剂按照56∶44混合后所形成的混合物再与沥青按照50∶50的比例混合），并改进提高了日本TAF环氧沥青钢桥面铺装施工技术。

（3）开展了集料对环氧沥青混合料性能影响和适应性研究，并将辉绿岩、闪长岩等集料应用在钢桥面铺装环氧沥青铺装实体工程，达到了钢桥面铺装技术指标要求，降低了环氧沥青钢桥面铺装造价。

### 4.6.4　课题成果

课题研究形成了大跨径钢桥面铺装的成套施工技术，已成功应用于工程，具有显著经济、社会效益。课题通过广东省科技成果鉴定后，进行了成果登记，截至今日，该课题共获如下成果：

（1）获得广东省科技进步三等奖一项，中国公路协会科技奖励二等奖一项；

（2）获授权发明专利十项；

（3）形成用于新建桥梁的《大跨径钢桥面环氧沥青宽幅摊铺施工工法》，用旧桥维修的《钢桥面日本环氧沥青混凝土铺装施工工法》及《热拌环氧沥青混凝土钢桥面铺装施工工法》等两部省级工法及一部公路工程工法。

### 4.6.5　成果推广应用

近几年来，长大公司先后在深圳后海大桥、珠江黄埔大桥、上海长江隧桥、上海闵浦大桥、湖北黄石鄂东长江公路大桥、广州东沙大桥、江西赣江公路大桥、广州虎门大桥、马房大桥等钢桥面铺装项目推广该课题成果，并在实际应用中对该成果进行不断完善。

## 4.7　缅甸钦敦江大桥项目管理

缅甸钦敦江大桥项目是中国路桥（集团）总公司和山东物产进出口公司组成的联营体，于 1994 年 6 月参加缅甸政府组织的国际招标，1994 年 12 月中标，同缅方签署合同。根据合同，中国路桥（集团）总公司负责上部结构设计、施工设计、上部结构施工监理和技术服务、安装设备供货；山东物产进出口公司负责钢梁制造和供货、高强度螺栓、支座和伸缩缝供货；缅方负责上部结构施工。

缅甸钦敦江大桥是跨越缅甸钦敦江、通往印度边境铁路干线上的一座公铁两用特大桥梁，位于缅甸城市曼得勒西部 140km。主桥结构为（80＋3×112＋3×112＋3×112＋3×112＋80）m，4 联 14 跨、栓焊、下承式连续钢桁梁桥，全长 1504m。实用钢材 8928t，高强度螺栓 347t。该桥钢梁于 1997 年 8 月开始架设，1999 年 9 月完成正式通车。

### 4.7.1　项目运作方式

由于国外工程项目管理模式与国内管理模式不相同，因此企业不能照搬国内的管理模式，应结合自身的特点，借鉴国内和国际的经验，采用适合国外工程项目的管理模式。根据合同规定的内容，该项目运作采用了以下模式：

（1）将上部结构设计总分包给有相应资质和经验的国内铁路设计单位。总包单位组织前期项目部，聘请专家组成专门小组对设计过程进行全面控制。

（2）将钢梁制造分包给有专业资质和经验的国内钢梁制造专业厂家。总包单位组织由设计代表、钢结构制造专家组成的钢梁制造监理组，负责总包单位、设计单位和制造厂家的协调，按照相关标准对钢梁制造过程全面监控。

（3）将高强度螺栓分包给有专业资质和经验的国内高强度螺栓制造专业厂家。

（4）总包单位组建项目部负责上部结构的施工。

（5）缅方负责钢梁安装分包和其他上部结构指定分包。

根据合同规定，制造钢梁的所有材料、钢梁安装用高强度螺栓、支座、伸缩缝、主要安装设备由中方负责。

### 4.7.2 项目的风险管理

由于项目的实施在国外，当地的地理、法律、政治以及经济、文化等环境均会对项目产生很大影响，资源缺乏、沟通困难、汇率变化多变以及人员生疏等，这些均对工程项目的管理带来极大挑战及风险，国外工程项目存在的风险主要有国际环境风险、承包企业自身风险、工程风险。

项目前期阶段，即在进入任何市场前，以及在项目营运中，该项目的承包单位派遣了专门小组赴当地，从政治、法律、财政、市场环境、人文环境等各个方面进行调研和仔细考察，收集所在国的政治、经济、外交、社会等信息，了解当地形势，对项目的可行性和可能发生的风险及时分析和评估。

项目实施阶段，对文化差异、施工习惯、当地习俗等可能导致的风险，采取了应对措施，对风险进行有效管理，合理地规避了风险。

### 4.7.3 项目材料和设备采购管理

1. 材料采购管理

项目在实施过程中，项目所在国以外材料的采购，如钢梁制造用的钢材占项目工程成本支出的很大比重，是项目成本控制的一个关键问题。项目采购主要从以下几个方面进行管理：

（1）熟悉施工技术规范。由于各国经济、法律及标准的不同，规范要求往往大相径庭，因此，项目采购及技术人员必须熟悉规范要求。本项目合同中钢梁所用的钢材采用的日本标准，满足标准的其他材料来源较少，这就确定了钢材的采购范围。投标时，该项目联营体一方由于对标书的钢梁材料技术标准没有吃透，采用俄罗斯钢材报价，而实际采用的钢材比投标价格高得多，造成亏损。

（2）制定详细的材料计划。项目部同设计单位和钢梁制造厂家一道，根据施工图纸、工期、材料类型、来源、项目资金状况并结合其他可变因素，制定详细的材料计划，包括品种、规格、数量和交货时间等。

（3）把握价格，控制成本。在钢材采购中选几家供应商，进行价格、质量及渠道比较，择优筛选，尽量通过生产厂家直接采购，减少中间环节。

（4）积极跟踪，及时交货。在签订合同后积极跟踪供应商的生产进度，船期安排，保证其按时发货。

（5）安全付款，减小风险。在付款方式的选择上尽量选择有利于我方的付款条件，降低风险。

2. 设备采购管理

本项目上部结构采用主要安装设备采购管理体现在以下几个方面：

（1）由于安装设备供货是主要设备供货，对业主的设备情况不了解，根据项目上部结构施工的需要，制定一份详细的设备配置清单交业主确认。在同业主签订的工程承包合同前确定设备供货清单，并报价。

（2）选用的设备尽量选用同型号、同生产厂家，为今后的配件储备、修理及使用管理提供方便。

（3）从国内订购设备时，根据有些设备的特殊要求，通过合同要求生产厂家在国内按约定进行改造。

（4）采购时采取询价，货比三家方式，通过这种形式会大大降低采购成本。

（5）采购的设备，特别是关键设备，一定要选择高可靠性、维修方便和配件供应有保障的品牌。

（6）同供应商合同谈判中，把设备的售后服务作为一个重点。设备付款采用分期，先付订金，到港后再付款，再留一部分质保金。

（7）要求供应商提供工期内设备正常使用所需要的易损件、常用件建议清单。

（8）要求供应商必须开其增值税发票，以便出口时办理退税。

（9）设备物资采购合同签订后，确定船运代理，完成货物集港及发运工作。

### 4.7.4　项目前期准备

1. 技术准备

为了满足现场施工的需要，在赴缅前，在国内做了以下安装辅助设计：

（1）实施性安装布骤图。

（2）钢梁安装方法。

（3）施工组织设计。

（4）安装临时结构：除吊索架和托架设计外，如膺架、预拼场布置、各种脚手架、墩顶布置、起顶设施、施工用人员走道及安全设施。

（5）主桁杆件预拼及螺栓标注图。

（6）钢梁安装工艺。

2. 项目人员组织

由于承建单位第一次在国外承担钢梁施工，缺少相关技术和管理人才。项目部采取了面向社会，广泛招聘钢梁施工人才等措施，组建了一支由钢结构专家和具有丰富钢梁施工经验的施工技术人员组成的施工队伍。

### 4.7.5　项目现场管理

1. 建立与该项目相适应的组织管理机构

（1）挑选合格的项目经理，建立施工项目经理责任制，明确项目经理的责、权、利，确保项目取得最佳的经济效益。

（2）组建与该项目相适应的项目经理部。项目部的组织机构见图4.7.5。

2. 项目的进度控制

项目的进度控制是项目管理的一项重要的内容，尤其在国外按照合同规定工期完成工程尤为重要。为了确保工期目标的实现，项目部采取了一系列工期保障措施：

（1）根据合同规定的工期，确定项目开工和竣工日期；根据工程内容，对各项分项工程进行工期分析，确定主要工程进度目标；制定项目的详细进度计划。

（2）强化施工组织，保证工程顺利实施。在工程实施过程中，每天下午组织缅方钢梁架设分包商安排第二天的工作内容，弥补了缅方施工组织能力不足。

（3）在施工进度计划实施过程中，及时进行施工进度控制总结。

（4）每项工序、工艺和分项工程都有相应的施工方案、施工工艺和技术措施，为工程的顺利实施提供技术支撑。

由于项目强化进度控制措施，项目按期完成了合同规定的工程内容。正桥钢梁主体结

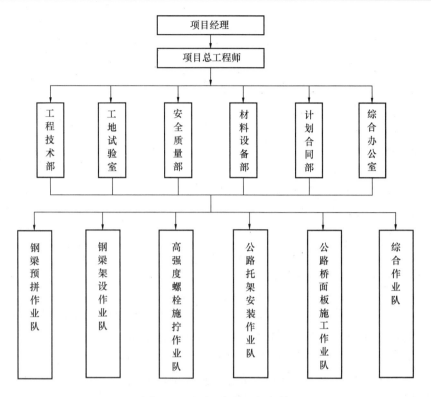

图 4.7.5　项目部的组织机构

构架设工作从 1997 年 8 月 4 日开始至 1999 年 1 月 4 日结束，历时 17 个月，完成 56m 平衡梁架设、拆除和 14 孔钢梁的架设，钢梁调整就位和支座安装工作从 1999 年 1 月 5 日开始至 1999 年 3 月 25 日结束，1999 年 9 月全桥正式通车。

3. 项目的质量控制

由于国外质量标准同国内不尽相同，因此具体内容有所不同。该项目的质量管理内容有：

(1) 确定项目质量目标。该项目的质量目标为：满足同缅方业主签署合同中的质量标准，满足设计文件和我国铁路桥涵施工规范的要求。

(2) 建立项目质量管理机构，明确质量管理职责。

(3) 建立项目质量保证体系。项目的质量保证体系为：1) 预拼质量保证体系；2) 主桥钢梁架设质量保证体系；3) 吊索张拉质量保证体系；4) 高强度螺栓施工质量保证体系；5) 公路桥面板施工质量保证体系；6) 支座安装质量保证体系。

(4) 制定有效的质量保障措施。根据标书中的技术标准和合同文件，确定各个工艺的质量标准，采取相应的质量保障措施。

例如高强度螺栓施工质量标准为：同缅方签署的合同附件技术规范、我国铁道部铁路桥涵设计规范、我国铁道部铁路桥涵施工规范。质量保证措施为：杆件拼装前，必须对喷铝面进行检查，不合格的必须进行修补；对喷铝面修补方法必须按照有关规范做抗滑移系数试验，合格后才能采用；高强度螺栓检查不合格的，不能使用；施拧必须按照工艺规定的步骤进行初拧和终拧；必须进行高强度施拧质量检查，填写质检记录，施拧不合格的必须给予纠正。

(5) 加强施工过程中的质量控制。

1) 对施工人员进行培训，合格后才能上岗。

2) 工艺控制。各工序要求严格按照工艺要求施工。

3) 工序程序控制，制定各工序施工程序。如预拼程序、实施性安装步骤图、吊索架张拉程序、高强度螺栓施工程序、纵横移步骤、支座安装步骤等。

4) 在施工过程中，坚持质量检查制度，对完成的每道工序进行检查，填写检查记录。

5) 材料的控制。施工用的材料、支座、伸缩缝、油漆等材料进行严格检查，不合格的不准使用，有质量问题的必须进行处理。

6) 施工机械和设备的控制。要求正确使用机械设备，并对其进行维修保养，使机械设备处于良好的状态。要求对架桥设备、400t 千斤顶、电动扳手等都要进行维修保养。

7) 在施工过程中，如出现质量问题，由技术负责人会同有关人员查找原因，制定纠正措施，对质量问题进行控制和处理。

8) 质量检查和质量检查记录。项目制定了主要工序和项目的质量检查内容、检查记录和检查证，各主要工序和项目完成后，必须根据检查证的内容进行检查，由有关的工程师填写检查证，并由有关人员签证后，才能进行下一道工序。

9) 项目经理组定期召开生产质量会议，检查施工质量情况，并提出改进措施。例如每孔钢梁完成架设后，对钢梁架设、高强度螺栓施拧情况进行总结。

4. 项目的成本控制

该项目的成本控制主要抓了以下环节：

(1) 施工准备阶段的成本控制：

1) 标书编制中的成本控制；

2) 总承包合同的谈判。

根据招标投标文件中的承诺，对招标投标文件中不明确、不具体的内容，本着平等协商的原则，通过谈判争取得到合理的合同条款。

(2) 施工实施阶段的成本控制：

1) 优化施工组织设计；

2) 加强工程材料成本管理；

3) 加强机械设备成本的控制；

4) 加强项目内部核算和成本月度检查、分析；

5) 加强变更索赔管理。

在项目的安装设备供货合同中，规格为 500t 的千斤顶只有两台，报价为 500 美元，而钢梁架设实际需要 36 台，其中 32 台为特制千斤顶，还差 34 台，厂家报价 4000 美元。项目部利用设备数量变更，本桥千斤顶实际起顶高度限制，需要特制千斤顶的理由向业主提出变更申请和谈判，最后获得业主批准，扭亏为盈。

5. 安全控制

该项目在实施过程中，由于安全控制措施得当，项目中方未死伤一人。主要采取的措施是：

(1) 建立安全管理机构，实行安全责任制。

（2）制定主要工序和工艺专项技术方案、安全操作规程。

（3）强化施工安全设施。

（4）分析、识别危险源。

（5）分析每项危险源的后果严重性和发生的可能性。

（6）制定消除或控制危险源的对策。

从工程控制、管理措施和个体防护三个方面加以考虑。

以上是项目实施管理的一些经验和体会。国外项目是高风险、高回报的施工领域，企业提高国外项目管理水平已成为走出去企业的重要任务。

# 附录 公路工程典型工法

附录1

# 高原多年冻土区路基施工工法

GGG（京）A2003—2008

柴金存　张玉峰　夏孝畲　张满儒　祁　鹏

（安通建设有限公司　四川武通路桥工程局）

## 1 前言

在我国，多年冻土分布面积约占全国面积的22.4%。而青藏高原多年冻土带又是全球分布最大、海拔最高的多年冻土地区。青藏公路自格尔木至拉萨全长约1150km，其中760km路段由北向南穿越青藏高原腹地多年冻土地区。由于多年冻土有融沉性、冻胀性、冰（水）害等工程特性，而气候升温和工程活动引起的多年冻土退化导致的工程病害一直伴随着青藏公路整治改建的全过程。长期的工程实践表明，多年冻土区公路修筑的关键在路基工程。

## 2 工法特点

2.1 全部机械化施工，全线分区段平行作业，区段内流水作业，提高工程进度。

2.2 利用此工法施工，通过对关键技术的控制，可控制工程质量。

2.3 通过试验检测和观测，实现控制质量目的。

## 3 适用范围

本工法适用于大片连续多年冻土区和岛状多年冻土区的路基工程的施工。

## 4 工艺原理

### 4.1 多年冻土的力学特性

#### 4.1.1 未冻土转化为冻土时产生体积膨胀

在冻土的形成过程中，当温度降低到土体的冻结温度以下时，水分向正在冻结的土体中迁移并发生相态变化逐渐缓慢直至消失。在这个过程中，土体中的液态水凝固并以冰的形式填充到土颗粒间隙中，当土体中水相态变化的体积膨胀足以引起土颗粒之间的相对位移时就引起了土体的冻胀。

#### 4.1.2 冻土相对于未冻土体的物理力学性质发生改变

冻土的强度和变形特性与未冻土体的最大差别在于冻土中冰的存在，冻土的力学特性一定程度上取决于冻土中冰的力学特性。通过以往研究经验和室内模型试验，冻土的抗压强度和抗剪强度相对于未冻土体有较大的提高。

### 4.2　冻土路基施工原理

#### 4.2.1　保护多年冻土

所谓保护多年冻土施工方案，就是要有效地采取综合保温措施并使路堤填高大于最小临界高度，使成型后的路基基底人为上限控制在一定深度内，保护路基下多年冻土不融化，以确保路基稳定。

#### 4.2.2　破坏永冻土

所谓破坏多年冻土方案，就是在路基建成后允许路基下地基中的多年冻土全部或部分融化。在岛状永冻土的外边缘，永冻土层厚度很薄，且公路路基与岛状多年冻土外边缘交界处多为零填、低填（填高≤1.5m）、浅挖等地段，因此采用破坏永冻土的方案非常适合。

## 5　施工工艺流程及操作要点

### 5.1　施工工艺流程（图1）

### 5.2　施工流程

高原多年冻土地区路基施工作业应按标准化、程序化进行，路基填筑过程分为三个阶段、五个区段、八个流程。

三个阶段：准备阶段、施工阶段、竣工阶段。

五个区段：填土区、晾晒区、平整区、碾压区、检验区。

八个流程：施工准备→基底处理→分层填土、晾晒→摊铺平整→碾压夯实→检查签证→路拱整修→整坡护坡。

### 5.3　关键技术及操作要点

保护多年冻土施工方案；破坏永冻土方案；深挖路堑的施工方案。

#### 5.3.1　保护多年冻土施工方案

连续多年冻土具有区域大、冻土厚度厚等特点，路基施工时以保护好多年冻土层为原则。具体内容如下：

（1）施工季节的选择：安排在融化季节进行施工，施工中采取快速分修的施工方法，全线分区段平行作业，区段内流水作业，这样既保证了工程进度，又避免了因冻层暴露太久、冻土上限下降而引起的路基沉陷破坏。

（2）路基底面上和整个公路用地范围内从路基中心算起50～100m范围内保持植被不破坏，其作用是隔热、保护冻土和减弱地表水的下渗。

（3）路基第一层填方作业时，采用端部卸土的方法进行填筑（滚填），汽车、拖拉机等带轮子的设备在前面尚未铺设足够的填料以及支持它以前，禁止在坡道上进出。

（4）路基填土只能保证深度方向达到保持冻土的要求，如果

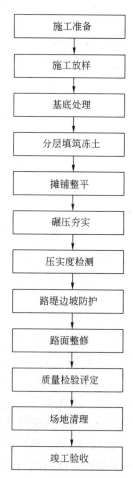

施工准备

施工放样

基底处理

分层填筑冻土

摊铺整平

碾压夯实

压实度检测

路堤边坡防护

路面整修

质量检验评定

场地清理

竣工验收

图1　多年冻土地区路基
填筑施工流程图

在路基附近一定范围内生态环境遭到破坏（如沿线路基坡脚取土等）和路侧积水，路基侧防水护道对路中多年冻土上限变化有着十分明显的影响。因此，路基通过植被稀少地段地表有临时积水、冻结层上水发育及高含冰量冻土的路段时，路基两侧设置护道，护道的宽度一般为2～3m，较长期积水路段宽度不宜小于5m。护坡道高度一般为0.8～1.5m，积水路段应高出最高积水位0.5m。护道应设置向外4‰的横坡。

（5）高原冻土区路堤填筑采用集中取土。斜坡地表路堤，取土坑设在上坡一侧。取土坑深度均不得超过当地多年冻土上限以上土层厚度的80%，坑底有坡度，积水有出口，水能及时排出，同时取土坑的外露面用草皮铺填。

（6）填料尽量选用保温隔水性能均较好的细粒土，采用黏性土或透水性不良土填筑路堤时，要控制好土的湿度，碾压时含水率不超过最佳含水率的±2%。不得用冻土块或草皮层及沼泽地含草根的湿土填筑路基。通过热融湖（塘）路堤，水下部分必须用渗水良好的土填筑，并高出最高水位0.5m。

（7）高原冻土路基的排水应尽量远离路基坡脚，并力求排水畅通，不得在路基边坡附近形成积水洼地，更不能在边坡积水，以免引起路基永冻土的融化，影响路基稳定。为此，施工中采用的排水沟多为宽浅形式，以减少对冻土的热干扰；施工的临时性排水与永久性排水相结合，使排水系统始终保持畅通；对于路基坡脚无法与排水沟连通时，施工时用路基填料将积水坑回填，把积水挤至路基坡脚5m以外。

5.3.2 破坏多年冻土的施工方案

具体方法如下：

（1）彻底铲除地表的草皮，停置一段时间，使基底以下冻土层自然融化至一定深度或全部融化。

（2）根据基底季节融化层和多年冻土的性质情况，换填足够厚度的渗水性土。

（3）加强路基排水，保持基底干燥，防止路基积雪。

（4）对半填半挖路段的填土高度小于0.5m的路堤视为路堑，分别按含水率多少进行基底换填，并设过渡带。

5.3.3 施工细则

虽然多年冻土地区公路路基施工工艺与其他路基施工工艺大致相同，但工艺流程中的具体细节则必须与多年冻土路基施工相适应。因此，在施工细则方面多年冻土路基施工具有自身的特点，具体体现在：

（1）施工准备阶段。除正常进行各项技术准备和施工准备外，还应着重、详细地调查沿线的多年冻土分布、类型、性质及特征、多年冻土的上下限、冰层上限、地面水、地下水及有无冰锥、冰丘、厚层地下冰、冻土沼泽等不良地质路基地段情况，并根据不同地段的地质情况，制定相应的施工方案。

（2）基底处理。必须与相应路段的施工方案相适应，对于路堤填高大于最小临界高度的路基，采取保护冻土施工方案，严禁破坏基底植被。对于路基填高小于最小临界高度或浅挖段的路基，根据基底季节融化层和冻土的性质，开挖至一定深度并将底部压实（需要时可预融一段时间），以备换填。施工过程中发现地质条件与设计不符时，应及时与设计单位沟通，制定合理的设计和施工方案。

（3）路基填筑。路基施工前应做试验段，以确定土的松铺系数，路基填筑采取挂线法施工，以控制路基宽度、厚度、路拱等。对于多年冻土地段的第一层路基填筑必须采用端部卸土的方法（滚填）填筑，汽车、拖拉机等带轮子的设备在前面尚未铺设足够的填料以及支持它以前，禁止在坡道上进出。第一层路堤的填筑厚度应适当加厚（一般为 0.5～0.8m），使路基在运土车辆行驶时不软弹。其他各层填筑按纵向法施工。

（4）摊铺整平。用推土机将土石方摊铺开并大致整平，细粒土用平地机进行精平，粗粒土、巨粒土用人工配合推土机进行精平。

（5）碾压夯实。路基土方整平后，测定土的含水率，当土的含水率达到最佳含水率＋2％时，方可进行碾压，否则应进行晾晒或洒水。碾压时，先用 20t 的振动式压路机静压 2 遍，再从弱振到强振碾压 6～8 遍，使路基碾压密实。

（6）检查签证。路基碾压完毕后，应对路基碾压密实度进行自检，自检不合格应进行补压。路基局部的软弹、翻浆应进行处理，自检合格后方可向监理工程师报检。经监理工程师检查签证后，方可进行下一层路基填筑。

（7）路拱整修。路基施工过程中应形成路拱，路拱坡度一般为 2％，雨季为 3％～4％。路基达到设计标高后，应使路拱达到设计要求。

（8）整坡护坡。路基填筑成型后，应对路基边坡进行整形（高填方路段应随填随整），边坡整形采用挖掘机和人工配合的方式进行，整形时应严格控制路基边坡的坡度和顺直度。

（9）填料。普通路段路基基底填料应选用保温隔水性能好的细粒土，上部（厚度不小于 60cm）需用粗粒土。对于换填路段的换填料应选用砂性土和砾石土等渗水性良好的土。对于路旁有积水的路段，路基底部应选用石方进行填筑。采用黏性土或透水性不良的土壤填筑路堤时，要控制土的湿度，碾压时含水率不超过最佳含水率＋2％，不得用冻土块或草皮层及沼泽地含草根的湿土填筑。

5.3.4 冻土路基施工注意事项

（1）针对不同的冻土条件，确定相应的施工季节和施工工艺。施工季节应尽量避开降雨集中、热融作用最活跃的七八月份，宜安排在夏末或秋初，并做好防护，防止地表水流入或渗入基底和边坡，路基地面防护范围应符合设计要求。

（2）路基填筑。由于寒季地基全部封冻，取土、填筑压实将十分困难，且气候十分恶劣，人难以适应，因此只有在暖季进行突出施工。但如果遇到频频降水（雨、雪），填土的湿度较大，压实难以保证。

根据青藏公路路基施工经验，在路基成形后经过 1 年以上行车碾压，让富余水分散失，路基才能达到坚实稳定。对于按保护冻土原则设计的路基，应尽量减少对多年冻土的扰动和破坏，以利于热平衡状态的恢复，尽量减少大气降水的浸润、渗入及冻结层以上水的危害。

（3）路堑开挖。在青藏公路的设计中，路堑长度占冻土区全长的 5％。在冻土地区应尽量减少路堑长度，宜尽快开挖成形，不能断断续续施工，并及时做好其附属工程。在施工中少刷或不刷边坡，跨年作业有利于路堑稳定，最好在秋末开挖成形，来年暖季回填。

（4）路基排水。排水沟设置应与路基坡脚有一定距离，尽量减少排水沟对路基基底冻土的热作用，尽量加快地表水在排水沟的过水速度，减少排水沟积水时间。在路基施工过程中，也要注意临时排水设施的修建。

（5）环境保护。路基工程中的取土、弃土、填方、挖方等必然要对多年冻土地区植被、地表水、层上水造成一定影响。为此，要严禁推土机大面积推土填筑路基，任意开辟施工便道，随意就近弃土，随意铲除草皮等做法，要优化路基工程设计、做好施工组织设计、合理安排各道工序的衔接，对冻土环境要进行实时监测。

## 6 设备与劳动力组织

### 6.1 施工机具（表1）

一个作业区段施工机具　　　　　　　　表1

| 序　号 | 机械名称 | 机械型号 | 数量（台） |
|---|---|---|---|
| 1 | 挖掘机 | 小松、PC220-6 | 3 |
| 2 | 压路机 | 洛阳、LT220 | 2 |
| 3 | 推土机 | 山东、TY240B | 1 |
| 4 | 平地机 | 天津、160PY-B | 1 |
| 5 | 自卸车 | 东风、12T | 12 |
| 6 | 自卸车 | 尼桑、15T | 8 |

### 6.2 劳动力组织（表2）

劳动力组织　　　　　　　　表2

| 序　号 | 工　种 | 数　量（人） | 备　注 |
|---|---|---|---|
| 1 | 施工队长 | 3 | 队长1名，副队长2名 |
| 2 | 技术负责人 | 1 | |
| 3 | 测量员 | 3 | |
| 4 | 特种机械操作手 | 14 | 各操作手均为双班 |
| 5 | 自卸车驾驶员 | 20 | |
| 6 | 其他人员 | 8 | |

## 7 质量控制

7.1 所选填料经试验室确认合格后方可使用。检测填料的物理性质和指标，主要是确定冻土的土质、温度和总含水率、土颗粒密度、天然容重、未冻水含量等指标，以确定冻土的工程分类和有关性质。

7.2 当填料料源发生变化后，必须经试验室重新进行选定合格后方可使用。

7.3 严格控制填料压实度，使压实度控制在规范规定范围内。针对青藏公路工程的具体情况，应采用快捷、简单、高效的检测手段和方法，以满足机械化快速施工的要求，检测仪器还应适应低温环境。压实系数 $K$ 作为路基压实控制的一个参数，在施工现场常常会与强度指标相矛盾，如当填料的含水率较高时，尽管通过增加碾压遍数可得到较大的压实系数，但荷载板试验指标却很小。轻型动力触探作为一种原位测试手段，不仅可以确定基床土表层的承载力，而且还能确定某一深度处土的强度，具有反映指标合理、数据直

观可靠、易于操作掌握、检测速度快等优点。建议冻土路基的压实标准以地基系数 K30
或轻型动力触探 N10 控制为主，填土压实度 K 和相对密度作为辅助控制标准。压实过程
中，还要注意控制填料的未冻水含水率和总含水率，填料中的未冻水—冰处于一种动平衡
状态，当冻土中未冻水含量减少，则冻土的强度增加，压缩性降低，变形量减少。应尽量
使路基填料的含水率接近最佳含水率。

7.4　注意接缝的施工质量，使接缝处平整、顺直。

7.5　碾压后，应按规定的检查频率检查压实度和压实厚度。

7.6　记录好压实度位置及代表的层数。

## 8　安全措施

8.1　逐级建立安全组织机构，设立专职安全员。

8.2　安全教育经常化、制度化，并建立安全设施，提高安全系数。

8.3　按施工组织设计和工艺流程科学施工。

8.4　抓好现场安全管理，坚持文明施工，保障人员、机械和器材的安全。

## 9　环保措施

9.1　为减少公路工程施工作业产生灰尘，应在施工区域随时采用抑尘措施，不出现
明显的降尘、扬沙。

9.2　施工废水、生活污水不得直接排入农田、耕地、灌溉渠和水库，严禁排入饮用
水源。

9.3　尽量保护高原绿色植被。因修建临时工程破坏了现有的绿色植被，应负责在拆
除临时工程时予以恢复。

9.4　对施工人员加强保护自然资源及野生动植物的教育，在雇用合同中规定严禁偷
猎和随意砍伐树木。

## 10　资源节约

高寒、缺氧、低气压对人机效率具有严重的影响。据有关资料，在海拔 4001～5000m
之间气候对人机的影响见表3。

**高原气候影响系数** 表3

| 海拔高度（m） | 高原气候影响系数（%） | |
| --- | --- | --- |
| | 工天系数 | 机械台班系数 |
| 4001～5000 | 32～39 | 60～70 |

针对高原冻土"高寒、缺氧"等特点，按以下原则进行设备选型配套以节约资源。

10.1　最大限度采用机械化原则。

10.2　经济、效能原则：不追求单台设备最先进，力求设备间匹配合理。

10.3　施工机械要与施工方法配套，动力选型以电动为主。

10.4　单机选型上要考虑质量可靠高效、经济合理、维修方便，组合配套时要考虑各
设备间生产能力的匹配。

10.5 既要考虑高原机械工效降低，设备配备的富余系数又不宜过大，关键设备备用系数一般采用 1.44。

## 11 综合效益分析

利用此工法施工可使多年冻土地区路基施工更加规范化、标准化，机械组织合理，实现分段平行作业，分段内流水作业，提高了工作效率、保证了施工质量，其效益非常突出。

## 12 应用实例

青藏公路格尔木至拉萨段整治改建工程第四合同段、第八合同段，技术标准二级。根据观测资料显示：该地区年平均气温 $-3.6 \sim -5.2℃$，极端气温分别为 23.7℃ 和 $-37.6℃$。年平均降雨量 220.9mm，年平均蒸发量 1469.8mm，相对湿度平均为 44.8%，最大风速 23.0m/s，主导风向西风，平均雷暴日数年最多 22d，最冷月平均气温 $-16.7℃$。自然条件极其恶劣：空气稀薄，含氧量低，不足海平面的 60%；具有独特的冰缘干寒气候特征；紫外线辐射强烈。其中低气压、低氧分压是其显著特点之一。施工单位进场后，调集了一批长期在川藏线施工，有着丰富高原冻土施工经验的技术人员，成立了专家小组，依托技术优势，狠抓技术管理和技术革新，对高原冻土路基施工进行了科研，编写了《高原多年冻土区路基施工工艺》。新工艺通过关键技术的创新，有效地控制了工程质量，同时降低了成本，受到了业主的好评。从工程竣工后 4 年的使用情况来看，青藏公路格尔木至拉萨段整治改建施工工程是成功的，路基在使用过程中没有出现沉降和其他病害，编写的施工工艺合理可行，为今后冻土区公路施工提供了很好的借鉴。

青海 G315 线德令哈至大柴旦二级公路 E1 标段，路基累计长度 19km。武通路桥工程局再次使用此工法进行施工。该工艺以破坏永冻土为关键点，施工单位进行全部机械化施工，全线分区段平行作业，区段内流水作业，提高了工程进度，并通过试验监测和检测，实现了工程质量的有效控制。实践证明，利用此施工工艺使多年冻土地区路基的施工规范化、标准化，合理地组织了机械，在保证施工质量的前提下，提高了工作效率，其经济效益非常突出。

# 浅海水域公路工程施工工法

GGG（冀）A2006—2008

郑　捷　蓝　青　李友林　林贵朋　赵红军

（沧州路桥工程公司）

## 1　前言

### 1.1　建设疏港公路网的意义

黄骅港即将形成1.5亿吨的年吞吐能力，居全国沿海港口前列。随着黄骅港的建设和交通体系完善，其腹地将延伸到晋中南、鲁北、豫北等地区，成为河北省实施"东出西联"战略、加快区域经济发展的"桥头堡"和前沿阵地。南、北、中、东、西5条近百公里疏港公路形成了方便快捷的交通网络，对黄骅港有着极其重要的意义。

### 1.2　工程结构设计概况

浅海水域公路工程主要由迎浪堤、背浪堤、路基、路面、防浪墙和路基防护工程组成（图1）。

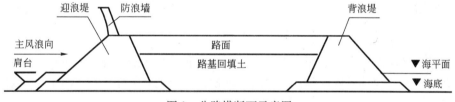

图 1　公路横断面示意图

#### 1.2.1　迎浪堤

路基防护工程一般与迎浪堤合为一体设计、修建，主要由堤心、迎浪坡面、隐坡和防浪墙四部分组成。

（1）堤心。其结构自上而下为：50cm 砂垫层，$400g/m^2$ 土工布，50cm 碎石垫层，10～100kg 块石，上顶为 30cm 二片石，堤高 4.67m。

（2）迎浪坡面。用砂袋砌成顶宽100cm、高50cm、两腰坡比1∶1的梯形坡脚；坡面底层为厚60cm、50～100kg 块石，面层为A、B型钢筋混凝土预制栅栏板（A型 $1.66m^3/$块、B型 $2.25m^3/$块），坡比1∶2；肩台高1.62m，顶宽3m，设两级肩台（上高0.6m，下高1.02m），坡比1∶2。

（3）隐坡。坡脚同迎浪坡面之内坡脚，但设有二级肩台，每级高50cm，宽100cm，坡比1∶1；坡面自上而下为：二片石坡比1∶1、面坡1∶1.25，$400g/m^2$ 土工布，混合倒滤层（水位以上宜用分层倒滤层，其碎石层厚宜为15～20cm，粗砂或中砂层厚宜为10～15cm。当采用混合倒滤层时，其厚度不宜小于40cm；水位以下可采用级配较好的混合倒滤层，其厚度不宜小于60cm）底坡1∶1.25、面坡1∶1.5。

（4）防浪墙。于堤心上顶二片石之上，浇筑 10cmC15 混凝土垫层，上为高 3.0m 的浆砌石防浪墙。

1.2.2　背浪堤

背浪堤主要由堤心、隐坡和坡面三部分组成。

（1）堤心、隐坡同迎浪堤。

（2）坡面。内坡脚同迎浪堤；外坡脚由 50～100kg 块石抛填，底宽 200cm，顶宽 200cm，高 62cm；坡面底铺 400g/$m^2$ 土工布，上铺 10cm 碎石垫层，加铺 6cmC25 混凝土护面，混凝土浇筑以"模袋"为佳。

1.2.3　路基

（1）迎浪堤和背浪堤在顶宽 36.6m 的范围内，于海面切割出一片相对稳定的水域，将堤内淤泥清除干净后，即可填筑路基。其填料或土、或矿渣、或水稳性较好的建筑垃圾，但必须粒径均匀，分层填筑，以免不均匀沉降。

（2）路基顶面 80cm 范围内压实度＞90％，改良土下层 90cm 范围内压实度＞93％，上层 60cm 范围内压实度大于 95％。

1.2.4　路面

路面结构上面层为：入海段 10cm 水泥混凝土锁块路面，非入海段 10cm 沥青混凝土路面，设双向 2％的横坡，路拱顶设计高程 3.94；路面基层均为 40cm 石灰稳定土＋20cm 水泥稳定碎石；迎浪堤一侧路面边缘与防浪墙基础衔接，背浪堤一侧设宽 10cm 的路缘石，之外为宽 2.0m 的路肩。

## 2　工法特点

### 2.1　与陆地公路工程的区别

在海洋气候浅海水域深淤泥条件下，抛石建堤和路基防护工程同时进行；堤内围堰清淤，防潮汐侵扰，容易质量控制；堰内路基填筑，减少工后沉降，利于海上作业安全和海洋环境保护。

### 2.2　建设难度

该工法论述的是公路挺进大海，路基自始至终是在海水中建成。

### 2.3　建设目的

该工法用于修建高等级公路（国家一级公路标准），以运输为第一目的。

## 3　适用范围

本工法适用于浅海水域深淤泥地质条件下建设高等级公路。

## 4　工艺原理

### 4.1　试验研究

该课题借鉴海挡经验，完善公路路基防护工程理论，通过"试验路段"研究，总结出在海洋气候、浅海水域、深淤泥条件下抛石建堤、堤内围堰、堰内清淤、填筑路基的施工工艺、技术要点、质量标准和安全环保措施，填补我国现行公路施工技术规范之空白。

### 4.2　工艺原理

（1）建立 RTK—GPS 海洋气候浅海水域施工测量与监测系统。

（2）在潮汐、风浪、淤泥恶劣环境下抛石建堤和路基防护工程一体化，统筹兼顾，同时构筑。

（3）路基、路面与防护工程工艺原理。

①施工时先修建迎浪堤、背浪堤，而后于堤内围堰，抢低潮排水清淤；对于低潮位海水仍未退去的水域，则抢高潮清淤船清淤；②迎浪堤和背浪堤在顶宽 36.6m 的范围内，于海面切割出一片相对稳定的水域，将堤内淤泥清除干净后，即可填筑路基；③路基工程完成后，即可铺筑路面；路面工程完成后，交通设施及其他工程即可施工。

## 5　施工工艺流程及操作要点

浅海水域深淤泥地质条件下修建公路总工艺流程见图 2。

### 5.1　堤底砂垫层抛填

#### 5.1.1　概况

砂垫层抛填厚度为 500mm，砂垫层抛填总量为 $6524m^3$。本工程抛填用砂全部经外海由船舶运输到现场进行抛填。

#### 5.1.2　施工工艺流程

堤底砂垫层抛填施工工艺流程见图 3。

#### 5.1.3　施工工艺

（1）原泥面水深测量。施工前采用测量船由 GPS 与数字化自动回声测深系统相结合进行原泥面水深测量，水深测量成果整理通过 HaiDa 水上成图软件将实测数据进行处理，绘制平面图。

（2）定位船定位。根据施工范围和船型，计算出 GPS 在施工坐标系下定位位置。拖轮将定位方驳送入施工区域，并给定位方驳下八字形锚。定位方驳垂直于堤轴线方向驻位，根据设立的砂垫层边线及里程标志方驳绞缆初步驻位，GPS 校核后准确驻位。

（3）抛袋装砂。为防止抛填后的砂垫层受水流作用冲刷，抛填砂垫层前抛填出一定宽度的袋装砂坝，即在砂垫层抛填位置的两侧沿堤纵向用砂袋抛出一条高度等于砂垫层厚度的砂袋坝，起到挡砂作用。

趁低潮时间，人工对抛填的袋装砂重新进行砌筑，以保证砂袋的位置、厚度满足挡砂要求。

抛袋装砂的定位及测量方法与抛填砂垫层一样，根据标志桩初定位、GPS 校核，利用水砣测量高程。

（4）装砂船驻位。砂垫层抛填乘潮施工，乘高潮时间选择小型方驳运输、定位，采用方驳＋反铲挖掘机的工艺施工。自航定位方驳下两个八字形后锚，再将两个前锚拴于提前设置的定位浮鼓上，定位方驳根据设立的标志初步驻位、再由 GPS 准确定位。自航装砂驳由施工区域缓慢靠近定位方驳一侧，通过两根缆绳牢固拴于定位方驳系缆桩上。同时，两台 GPS 流动站于船艏、船艉分别测定装砂船的施工坐标，对其进行准确定位。

（5）抛填砂垫。乘高潮时间进行砂垫层的抛填，正式抛填以前先进行试抛，找到抛填砂石的漂移方向和距离，以确定抛砂的位置。

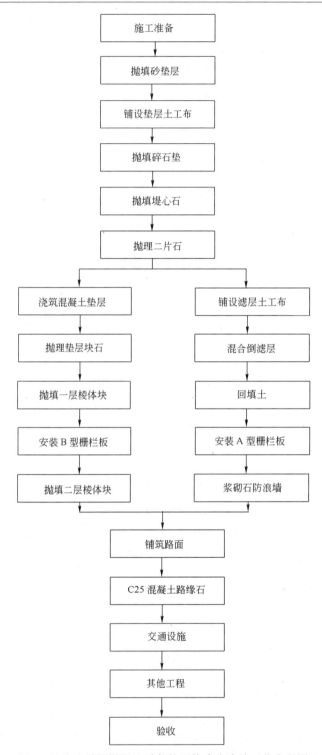

图 2　浅海水域深淤泥地质条件下修建公路总工艺流程图

装砂方驳上的反铲挖掘机按顺序抛填砂垫层，不得漏抛或多抛，抛填时随时利用水砣测定砂垫层高程。

低潮时间砂垫层顶面可漏出水面，由人工对砂垫层不平整部位进行整平。整平好的砂垫层马上进行土工布的铺设。

### 5.1.4　抛填砂垫层质量控制

（1）严把垫层砂的进场关。垫层砂的质量是否合格由砂的产源调查入手，不合格的砂源坚决不予采用。

（2）垫层砂的暴露段长度控制在 50m 之内，抛填完成后马上进行下一道工序的施工。

（3）抛填过程中，及时进行测量验收检查，以便对超高或不足区域进行及时处理。砂垫层一般不需整平，经水流的作用砂垫层自动平整。如砂垫层不够平整，则乘低潮时间人工水下整平。

（4）现场监测控制制度化，利用 GPS、测深仪等测量手段，对抛填的砂垫层进行全面、精确的监控。

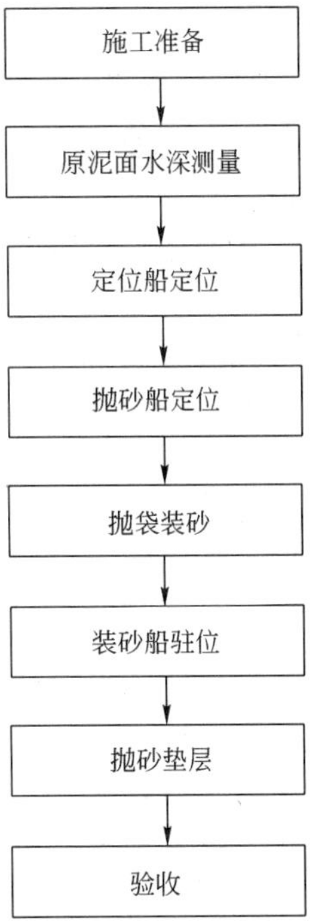

### 5.1.5　抛填砂垫层质量验收

**1）验收方法**

（1）砂垫层抛填后采用测量船由 GPS 与数字化自动回声测深系统相结合进行砂垫层高程测量，测量成果整理通过 HaiDa 水上成图软件将实测数据进行处理，绘制平面图、断面图和三维形象图。通过计算机将实测面叠加到设计断面，即可实时显示出实际抛填断面形状与设计断面的差异，并可直接计算出需补抛的数量和部位，便于补抛。多次测量同一断面使用不同颜色叠加，可反映出该断面形成的过程和实际抛填情况，并可打印记录，保存数据备查。

（2）完成的砂垫层抛填区域，及时请监理工程师验收。

**2）工程质量验收标准**

（1）砂料材质要求

①砂粒应是未风化、坚硬、密实、耐风化且透水性强的；

②堆填稳定后湿重度应达到 18kN/m³；

③内摩擦角≥32°；

④粒径小于 0.1mm 的颗粒含量不大于 5％；

⑤有机混合物含量不大于 5％；

⑥易溶性盐类和中溶性盐类含量不大于 8％。

（2）砂垫层的顶面宽度不小于设计顶面宽度

**3）砂垫层和基础换砂允许偏差、检验数量和方法（表 1）**

施工准备 → 原泥面水深测量 → 定位船定位 → 抛砂船定位 → 抛袋装砂 → 装砂船驻位 → 抛砂垫层 → 验收

图 3　堤底砂垫层抛填施工工艺流程图

**砂垫层和基础换砂允许偏差、检验数量和方法**　　　　表 1

| 序号 | 项目 | | 允许偏差（mm） | 检验单元和数量 | 单元测点 | 检验方法 |
|---|---|---|---|---|---|---|
| 1 | 顶面高程 | 头 | ±300 | 每个断面（5～10m 一个断面，且不少于 3 个断面），每处（20m² 一处） | 2～4m1 个点且不少于 3 个点 | 用测深水砣检查 |
| | | 防波堤 | +500 −300 | | | |
| | 上砂垫层 | | +30 −20 | 每处（20m² 一处） | 1 | 用水准仪检查 |
| 2 | 陆上砂垫层厚度 | | ±H/10 | 每处（100m² 一处） | 1 | 挖坑用钢尺量 |

　　注：1. H 为砂垫层厚度；

　　　　2. 排水砂垫层只检查厚度。

## 5.2　铺设土工布

### 5.2.1　概况

本工法铺设的土工布分为三部分：第一部分为砂垫层顶部，第二部分为堤心石内侧斜坡段二片石坡面，第三部分为填土斜坡面。土工布采用涤纶机织加筋土工布和无纺土工布，其单位面积质量均为 $400\text{g}/\text{m}^2$，抗拉强度大于 $6\text{kN}/\text{m}$。

### 5.2.2　施工工艺流程

铺设土工布施工工艺流程见图 4。

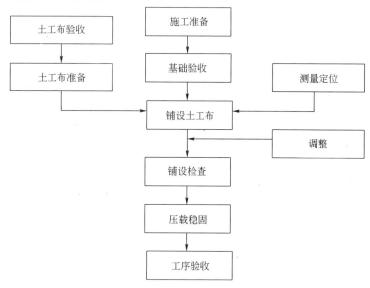

图 4　铺设土工布施工工艺流程图

### 5.2.3　施工方法

土工布铺设乘低潮时间进行，每一施工段砂垫层抛填、二片石垫层抛填、回填抛填完成后立即采用"管绳布轴法"进行土工布铺设。

（1）土工布加工。土工布在施工作业前 30 日通知厂家生产施工用土工布。土工布加工成铺设块，宽度及长度随施工区域不同通过计算确定，计算方法为该段基础断面长度加富裕长度 1.5m。

（2）土工布准备。进场检验合格的土工布，首先运至堆放场地。按照施工顺序，将土工布铺展开来，用加工好的 $\phi60\text{mm}$ 钢管卷成滚状，卷滚前在钢管两端三分之一位置拴好两根 $\phi20\text{mm}$ 丙仑绳并随土工布一起卷到卷滚中。卷好的卷滚用丙仑绳捆绑结实，按照铺设顺序由运输船运至施工地点，准备铺设。

（3）施工准备。乘高潮时间，由平板驳压载土工布用的袋装碎石运输到土工布铺设位置，下锚定位后将袋装碎石抛填在指定的位置，以方便低潮时间土工布铺设时进行压载。另外装载土工布的平板运输驳在砂垫层以外一侧驻位，以便低潮时间将土工布倒至砂垫层顶面进行铺设。

（4）水下测量定位。建立土工布的 GPS 自定义系统铺设定位网格。布设 5m×2m 的测量控制网格，建立铺设土工布所用的 GPS 定位平面控制系统，将铺设土工布的设计参数（坐标）输入 GPS 和计算机系统。铺设土工布施工中，计算机显示器监控施工，计算机显示器上所确定的网格代表土工布确切位置。

（5）铺设土工布。土工布铺设底面可露出水面，故土工布乘低潮时人工进行铺设。人工将土工布抬放至指定铺设的砂垫层或二片石或回填顶面，由GPS定位至设计的铺布位置起点。每块土工布的铺设位置必须根据前一块已铺的实际边线位置修正后确定。确保相邻土工布间的实际搭接宽度在整块布范围内任一位置均不小于1.0m。打开土工布卷滚，由碎石袋压住土工布的边线位置，然后再滚动卷滚，每前进2m，由碎石袋压牢；两块土工布搭接部位也要压牢。若出现较大偏差，及时调整布卷位置。土工布卷滚滚动时，要修正铺设边线位置，以保证要求的搭接宽度及其他规范要求。

5.2.4 铺设土工布质量控制

若有搭接宽度不够、铺偏、打折和卷起等现象，必须返工重铺。

5.2.5 土工布质量检查与验收标准

（1）土工布进场时，逐批检查出厂合格证或试验报告，并逐批进行外观质量检查；其主要物理性能指标应按设计要求进行抽查复检，抽查数量每批不少于一次。

（2）土工布在施工过程中要进行如下检查：土工布铺设轴线、边线检查；相邻两块土工布的搭接长度检查；土工布两端的压稳锚固情况检查。

（3）土工布的品种、规格和技术性能须符合设计要求，可通过检查出厂合格证和抽样试验报告进行验收。

（4）土工布拼幅缝接接头的抗拉强度须符合设计要求，可通过检查接头强度抽样试验报告进行验收。

（5）土工布铺设时不允许发生折叠和破损现象。

（6）土工织物垫层施工允许偏差、检验数量和方法见表2。

土工织物垫层施工允许偏差、检验数量和方法　　　　表2

| 序　号 | 项　　　目 | | 允许偏差（mm） | 检验单元 | 单元测点 | 检验方法 |
|---|---|---|---|---|---|---|
| 1 | 搭接长度 | 水下 | $\pm L/5$；$L$ | 每块土工织物 | 每20m一个点 | 用钢尺量 |
| | | 陆上 | $\pm 100$ | | | |
| 2 | 轴线偏移 | 水下 | 1500 | | 2 | 用钢尺量两端 |
| | | 陆上 | 500 | | | |

### 5.3 碎石垫层抛填

5.3.1 概况

碎石垫层抛填厚度为500mm，碎石垫层抛填总量为5222m³。本工程抛填用碎石全部经外海由船舶运输到现场乘高潮时间进行抛填。

5.3.2 施工工艺流程

碎石垫层抛填施工工艺流程见图5。

5.3.3 抛填碎石垫层主要施工方法

（1）施工准备。抛填碎石垫层前，需根据施工船舶船型及施工区域，对欲抛填区域，计算出抛填网格及抛填区域对应的施工坐标，确定施工定位船舶驻位方式。

（2）水深测量。施工前采用测量船由GPS与数字化自动回声测深系统相结合进行水深测量，计算出抛填量及需抛填的位置和数量。

（3）定位船定位。根据施工范围和船型，布设定位网格，自航定位方驳进入施工区域，下八字形后锚；再将两根前缆系于提前设置好的定位浮鼓上，定位方驳垂直于堤轴线方向，根据设立的边线及里程标志桩初定位，再由 GPS 校核准确驻位。

（4）抛填碎石船驻位。自航装碎石的平板驳由施工区域缓慢靠近定位方驳一侧，通过两根缆绳牢固拴于定位方驳系缆桩上。同时，两台 GPS 流动站于船艏、船艉分别测定装石船的施工坐标，对装石船进行准确定位。

（5）抛填碎石垫层。碎石垫层乘高潮时间进行，装石方驳上的反铲挖掘机按顺序抛填碎石垫层，不得漏抛或多抛，抛填时随时利用水砣测定碎石垫层高程。再乘低潮时间，由人工随时将垫层不平整部位整平。

5.3.4　抛填碎石垫层质量控制

（1）严把垫层碎石进场关。垫层碎石质量是否合格由石料的产源调查入手，不合格的料源坚决不予采用。

（2）垫层碎石的抛填分段长度控制在 50m，抛填完成后迅速进行下一道工序的施工，减小水流冲刷，确保碎石垫层的抛填质量。

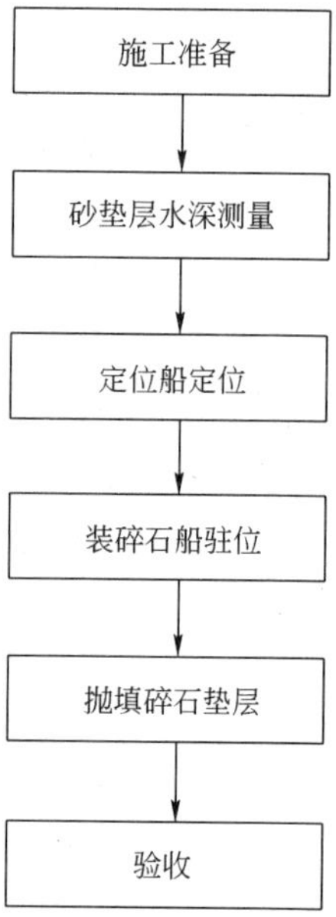

（3）抛填过程中，及时进行测量验收检查，以便对超高或不足区域进行及时处理。

（4）现场监测控制化，利用 GPS、测深仪等测量手段，对抛填的碎石垫层进行全面、精确的监控。

5.3.5　抛填碎石垫层质量验收

1）验收方法

抛填完成后采用测量船由 GPS 与自动回声测深系统结合进行高程测量，利用它算出需补抛的数量和部位。

2）工程质量验收标准

（1）碎石垫层的最小厚度不小于设计要求的 70%。检验方法为检查断面测量图并观察检查。

（2）抛石断面平均轮廓线不低于设计断面，断面坡度应符合设计要求，检验方法为检查断面测量记录。

（3）本段工序完成后，下一工序进行前应对其实断面进行检验，每 5m 为一检测断面，每 2m 设一检测点。

5.4　堤心石抛填

5.4.1　概况

堤心石重 10～100kg，由远海 1000t 以上方驳运输至施工地点附近水深满足吃水要求位置，再倒至小型平板驳上，乘高潮时间，小型平板驳进行堤心石粗抛，再乘低潮时间由挖掘机进行理坡。抛填堤心石时应该按照护岸施工"及时成型，同步推进"，即"堤心石暴露段防护及时，护岸全断面跟进"的原则组织施工。

5.4.2　堤心石抛填施工工艺流程图

施工准备

↓

砂垫层水深测量

↓

定位船定位

↓

装碎石船驻位

↓

抛填碎石垫层

↓

验收

图 5　碎石垫层抛填施工工艺流程图

堤心石抛填施工工艺流程见图 6。

5.4.3　抛填堤心石主要施工方法

（1）施工准备。抛填堤心石前，需根据施工区域，对欲抛填区域，计算出抛填网格及抛填区域对应的施工坐标，并设立边线及里程标志，以便于方驳驻位。

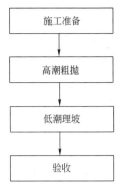

图 6　堤心石抛填施工工艺流程图

（2）水深测量。施工前采用测量船由 GPS 与数字化自动回声测深系统相结合进行水深测量，计算出抛填量及需抛填的位置和数量。

（3）堤心石抛理。乘高潮时间，采用小型平板驳＋反铲式挖掘机的工艺进行施工。根据计算的抛填量抛填至堤心位置；再乘低潮时间，挖掘机登至已抛堤心石顶面进行理坡。对于缺石部位再乘高潮时间方驳补抛。

5.4.4　施工质量控制

（1）堤心石石料规格和质量符合设计要求和规范规定。石料进场前要进行检验，不合格者严禁进场。

①采用新鲜无严重风化、无裂缝且不成片状的岩石；

②堤心石在水中浸透后的强度不小于 30MPa。

③软化系数应大于 0.75。

④岩石的吸水率（按空隙体积比例计）不大于 0.8。

⑤岩石的重度应大于 24kN/m³。

⑥块石的几何尺寸：最大边长度与最小边长度之比不大于 1.5～2.0。

⑦块石的尺度及重量应符合设计要求。

（2）堤心石抛填过程控制

①抛填完成后迅速进行下道工序施工，防止被波浪海流等淘刷，确保台风期及突风时抛石堤的安全。

②堤心石抛填过程要及时进行测量验收检查，超高部位由挖掘机抛填至低注处，不足低凹处及时补抛。

5.4.5　抛填堤心石质量验收

（1）抛填堤心石质量验收方法

①低潮时间采用全站仪和水准仪做出断面轮廓线板拉线方式测量。

②完成设计断面的抛石段要及时请监理工程师验收，填报隐蔽工程验收单。

（2）抛填堤心石质量验收标准

抛石断面平均轮廓线不低于设计断面，断面坡度应符合设计要求。检验方法为检查断面测量记录。

堤心石完成后，在进行下一工序之前应对其实际断面进行检验，每 5m 为一检测断面，每 2m 设一检测点。

堤心石、棱体块石的实际断面线与设计断面线间的允许高差为 ±40cm。

（3）抛石、理坡、安放高程允许偏差、检验数量和方法见表 3。

抛石、理坡、安放高程允许偏差、检验数量和方法 表3

| 序 号 | 项 目 | | 允许偏差（mm） | 检验单元和数量 | 单元测点 | 检验方法 |
|---|---|---|---|---|---|---|
| 1 | 抛石<br>（块石重，kg） | 10～100 | ±400 | 每一断面<br>（5～10m<br>一个断面） | 1～2m一个点 | 拉线尺量或<br>用测深水砣<br>检查 |
| | | 100～200 | ±500 | | | |
| | | 200～300 | ±600 | | | |
| | | 300～500 | ±700 | | | |
| | | 500～700 | ±800 | | | |
| | | 700～1000 | ±900 | | | |
| 2 | 理坡<br>（块石重，kg） | 10～100 | ±200 | 每一断面<br>（5～10m<br>一个断面） | 1～2m一个点 | 拉线尺量或<br>用测深水砣<br>检查 |
| | | 100～200 | ±300 | | | |
| 3 | 安放<br>（块石重，kg） | 200～300 | ±400 | | | |
| | | 300～500 | ±500 | | | |
| | | 500～700 | ±600 | | | |
| | | 700～1000 | ±700 | | | |

注：栅栏板、四脚空心块理坡允许偏差：水上±100mm；水下±150mm。

5.4.6 抛石堤身预留沉降量及施工监测

根据地质资料进行堤身沉降计算分析，并结合施工期位移沉降观测（在堤轴线和护底块石处设沉降盘，定期对沉降盘进行观测）。通过沉降盘沉降观测资料，确定抛石堤顶预留沉降量。经监理工程师批准后作为堤顶控制高程依据。

5.5 垫层块石抛理

5.5.1 概述

本工法垫层块石规格为50～100kg，采用高潮抛石、低潮挖掘机粗理、再下轨道细理的方法。

5.5.2 垫层块石抛理工艺流程

垫层块石抛理工艺流程见图7。

5.5.3 垫层块石抛理主要施工工艺

垫层块石石料乘高潮时间由小型平板驳抛填至指定位置，低潮时间由挖掘机进行初步理坡，再设立理坡轨道，人工细理。

5.5.4 垫层块石抛理质量控制

（1）垫层块石的材质要求：

①采用新鲜无严重风化、无裂缝且不成片状的岩石；

②石料在水中浸透后的强度：浸水饱和抗压强度不小于30MPa；

③软化系数应大于0.75；

④岩石的吸水率（按空隙体积比例计）不大于0.8；

⑤岩石的重度应大于24kN/m³。

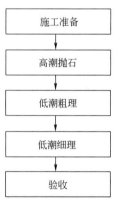

图7 垫层块石抛理
工艺流程图

⑥块石的几何尺寸：最大边长度与最小边长度之比不大于 1.5～2.0；

⑦块石的尺度及质量应符合设计要求。选用垫层块石质量等级符合设计要求。

（2）垫层石抛理后，立即进行测量检查，发现超高部位，立即清理，不足低凹处及时补抛。

（3）垫层块石的实测断面线与相同断面的堤心石实测断面线比较，得出的垫层石实际断面线与设计断面线间的允许高差为±10cm，不能满足时局部补足。实际坡度不应陡于设计坡度。

（4）现场监测控制制度化，利用全站仪、经纬仪和水准仪等常规测量控制手段，对抛石工程做全面、精确的监控。

（5）利用水砣与水准仪测量验收。

（6）垫层块石抛理后应及时安放护面栅栏板加以保护。

### 5.6 棱体块石抛填

#### 5.6.1 概述

堤心石外侧抛理 200～250kg 棱体块石。

#### 5.6.2 棱体块石施工工艺流程

棱体块石施工工艺流程见图 8。

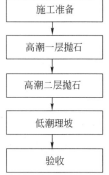

图 8 棱体块石施工
工艺流程

施工准备 → 高潮一层抛石 → 高潮二层抛石 → 低潮理坡 → 验收

#### 5.6.3 棱体块石施工方法

棱体块石抛石分两层进行，首先抛填护面栅栏板地脚以下部位，待下层栅栏板安装完成后，再乘高潮时间由小型平板驳抛填剩余部分，最后乘低潮时间由挖掘机理坡。

#### 5.6.4 棱体块石施工质量控制

（1）棱体块石的材质要求：块石在水中浸透后的强度不小于 30MPa；且不成片状，无严重风化和裂纹。

（2）棱体块石的实测断面线与相同断面的下层石实测线比较，得出的棱体石最小厚度不小于设计厚度的 70%，不能满足时局部补足。

（3）完成设计断面的规格石抛放，及时请监理工程师验收，填报隐蔽工程验收单。

#### 5.6.5 棱体块石施工质量检验标准（表 4）

**抛石棱体允许偏差、检验数量和方法**　　　　表 4

| 序 号 | 项 目 | | 允许偏差（mm） | 检验单元和数量 | 单元测点 | 检验方法 |
|---|---|---|---|---|---|---|
| 1 | 棱体顶部边线 | | ±100 | 每一断面（5～10m 一个断面） | 1 或 2 个 | 用经纬仪和钢尺量 |
| 2 | 棱体顶部高程 | | +200 −0 | | 2m1 个点且不少于 3 点 | 用水准仪检查 |
| 3 | 坡面轮廓线 | 水上 | ±200 | | | 用水准仪检查 |
| | | 水下 | ±300 | | | 用测深水砣检查 |

### 5.7 栅栏板安装

#### 5.7.1 概况

栅栏板上层为 A 型，下层为 B 型。

**5.7.2 栅栏板安装工艺流程图**

栅栏板安装工艺流程见图9。

**5.7.3 栅栏板安装施工方法**

栅栏板在堤身后方回填土回填形成陆上施工条件后，采用平板车运至安装地点后履带吊陆上安装，下层栅栏板安装乘低潮时间进行。现场测量人员事先测放栅栏板安装基线，吊机将栅栏板吊起，利用吊机吊臂的长度倾角转角将栅栏板吊至安装位置，栅栏板安放位置达到设计要求后，即可进行下一栅栏板安装。

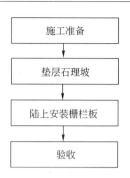

图9 栅栏板安装
工艺流程图

**5.7.4 栅栏板安装质量标准**

四脚空心块、栅栏板安放允许偏差、检验数量和方法见表5。

四脚空心块、栅栏板安放允许偏差、检验数量和方法表          表5

| 序号 | 项目 | 允许偏差（mm） | 检验单元和数量 | 单元测点 | 检验方法 |
|---|---|---|---|---|---|
| 1 | 相邻块体高差 | 150 | 每块构件（四脚空心块抽查10%，栅栏板逐件检查） | 2 | 用钢尺量任意二边，各取大值 |
| 2 | 相邻块最大缝宽 | ≤100 | | 2 | |

## 5.8 二片石、混合倒滤层施工

**5.8.1 概述**

300mm的二片石、混合倒滤层主要设置堤心石内侧。

**5.8.2 二片石、混合倒滤层施工方法**

二片石或混合倒滤层料用自卸汽车运至施工现场，由现场指挥人员指定抛填地点，乘低潮时间用反铲式挖掘机依照坡度尺进行理坡，再由人工找平。

**5.8.3 测量与验收**

（1）垫层抛理后，立即进行测量检查，发现超高部位，立即清理，不足低凹处及时补抛。

（2）垫层块的实测断面线与相同断面的堤心石实测断面线比较，得出的垫层实际断面线与设计断面线间的允许高差为±20cm，不能满足时局部补足。实际坡度不应陡于设计坡度。

（3）现场监测控制制度化，利用全站仪、经纬仪和水准仪等常规测量控制手段，对抛石工程做全面、精确的监控。

（4）完成设计断面的石料抛放，及时请监理工程师验收，填报隐蔽工程验收单。

（5）二片石抛理后应及时抛填混合倒滤层，混合倒滤层抛理后应及时回填土。

（6）土工织物滤层施工的允许偏差、检验数量和方法见表6。

土工织物滤层施工的允许偏差、检验数量和方法          表6

| 序号 | 项目 | | | 允许偏差(mm) | 检验单元及数量 | 单元测点 | 检验方法 |
|---|---|---|---|---|---|---|---|
| 1 | 平整度 | 抛石面 | 水下 | 200 | 每个断面（每10m一个断面） | 每2m1个点 | 检查基层理坡或整平测量记录 |
| | | | 水上 | 100 | | | |
| | | 砂、砂砾石面 | 水下 | 150 | | | |
| | | | 水上 | 100 | | | |

续表

| 序号 | 项 | 目 | 允许偏差(mm) | 检验单元及数量 | 单元测点 | 检验方法 |
|------|------|------|------|------|------|------|
| 2 | 搭接长度 | 水上施工 | $\pm L/10$ | 每块织物（抽查 30%） | 3 | 用尺量上、中、下 3 处 |
| | | 水下施工 | $\pm L/5$ | | | |

注：$L$ 为设计搭接长度，单位 mm。

### 5.9 浆砌石防浪墙施工

#### 5.9.1 概况

本工法防浪墙结构为浆砌石结构，块石饱和抗压强度不低于 50MPa，填充及勾缝砂浆强度等级为 M20，防浪墙每 15m 设置一道结构缝，中间填充 2cm 油侵木丝板。防浪墙施工分为上下两层施工。

#### 5.9.2 浆砌石防浪墙施工方法

（1）砌筑所用砂浆在混凝土拌和站拌和，混凝土罐车运至施工现场，块石采用自卸汽车自块石存放场运至施工现场，人工砌筑。

（2）砌筑每一层块石时，在垫层上坐浆砌筑。所有块石应坐于新铺砂浆之上，砂浆凝固前所有缝均应满浆。砌体应分层砌筑，每层块石近乎水平，上下两层块石应骑缝，内外块石应交错搭接，层之间不能相互搭砌，砌石层厚不小于 250mm，各层的块石应安放稳固，块石之间砂浆应饱满，黏结牢固，不得直接贴靠或脱空。砌筑时，底浆应铺满，竖缝砂浆应先在已砌石块侧面铺放一部分，然后于石块放好后填满捣实。直缝应与下层的临近直缝错开，砌缝宽度不大于 4cm。

（3）砌筑用砂浆坍落度控制在 50～70mm，拌和物应具有良好的和易性，随拌随用，应在 3h 内使用完毕。若发生离析、泌水等现象应进行现场人工二次拌和。

（4）块石在使用前必须浇水湿润，表面如有泥土、水分，应清除干净。砌筑前，应进行选石及块石修凿，块石的尖锐边角应凿去。临水面块石应大致方正，上、下面大致平整，须经粗打，正面平整度 20mm。

（5）块石砌筑时，按一丁一顺排列，先砌角隅及面石，然后铺筑帮衬石，最后砌腹石。

（6）浆砌石胸墙在砂浆凝固前将外露缝勾好，若不能及时勾缝，则应在砂浆终凝前将灰缝隙刮深，深度≮20mm，为以后勾缝做好准备。挡墙外露面采用 1∶2 砂浆勾凸缝，砂浆采用中细砂，勾缝砂浆应嵌入砌缝≥20mm，勾缝完成砂浆初凝后，将砌体表面洗刷干净。

（7）砌体表面覆盖麻袋潮湿养护 7～14d，不得干湿交替，养护期间避免砌体受碰撞或震动。

#### 5.9.3 浆砌石防浪墙检查与验收标准

挡土、防浪（汛）墙砌石允许偏差、检验数量和方法见表 7。

**挡土、防浪（汛）墙砌石的允许偏差、检验数量和方法** 表 7

| 序号 | 项　　目 | | 允许偏差（mm） | | 检验单元和数量 | 单元测点 | 检验方法 |
| --- | --- | --- | --- | --- | --- | --- | --- |
| | | | 浆砌块石 | 浆砌料石 | | | |
| 1 | 前沿线对施工准线偏移 | | 30 | 30 | 每段<br>（逐件检查） | 2 | 用经纬仪和钢尺量两端 |
| 2 | 外形尺寸 | | ±50 | ±40 | | 8 | 用钢尺量两端 |
| 3 | 顶面高程 | | ±40 | ±20 | | 3 | 用水准仪检查两端和中部 |
| 4 | 正面竖<br>向倾斜 | 前倾 | 0 | 0 | | 1 | 吊线用钢尺量 |
| | | 后倾 | $H/100$ | $H/100$ | | | |
| 5 | 正面平整度 | | 40 | 20 | | 2 | 用 2m 靠尺和楔形塞<br>尺量竖向和水平向 |
| 6 | 正面相邻块石错牙 | | — | 10 | | 1 | 用钢尺量，取大值 |

注：$H$ 为墙全高，单位 mm。

### 5.10 路基施工

#### 5.10.1 工程概况

黄骅港疏港公路网共百余公里，其中浅海水域约 40km。路基宽 36.6m，路基填料主要为土，最大填深 8m，于槽下 150cm 范围内，加剂量 5%～12% 的生石灰处置"过湿土"、盐渍土并改善路基 CBR 性能。

#### 5.10.2 工艺流程

浅海水域作业段路基施工工艺流程见图 10。

#### 5.10.3 海底清淤

1）组合冲吸式水下清淤机工作原理

（1）机械组成。组合冲吸式水下清淤机由浮箱（拼装式船）、泥浆泵、清水泵、配电箱、提升装置、吸头（有密封式和敞开式两种）、输泥管、压力管等部件组成。

（2）机械的工作原理。借助压力水泵水力的作用来进行破土，用泥浆泵吸泥管道排送，卸泥。

（3）水下取土装置的组成与工作原理。采用密封式吸头时，则将泥浆泵的吸入口和压力水泵的出口分别用管道（长度视挖深而定）连接到一个铁罩壳上。工作时，罩壳沉入水底与土层紧贴（压力水泵工作时与土层形成间隙），形成与周围水相隔的区域，启动压力水泵，高压水柱切割水下淤泥土体，使之形成泥浆，启动泥浆泵，通过管道吸送到弃土区。采用敞开式吸头时，则将泥浆泵的吸口和压力水泵的出口分别用管道连接到底部为矩形、上部为圆

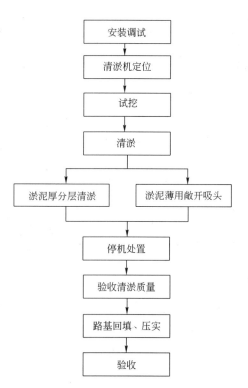

图 10　浅海水域作业段路基施工工艺流程图

形的吸头上，其矩形底部周边装有喷水嘴。工作时压力水将周围土体冲成泥浆，通过泥浆泵的吸入、提升、加压管道输送实现清淤。由于泥浆泵的流量大于清水泵，故工作时泥浆不会向四周扩散。

泥浆泵吸口安装位置在水面以下 50cm 左右，通过管道（橡胶管或部分铁管）将泥浆泵吸口及压力水泵出口引至水下深处（最深可达 15m）。为适应水下开挖深度变化，减少吸泥管加接所占用的工作时间，可将泥浆泵安装在设于船边的轨道上，随着开挖深度的加深前移泥浆泵，确保吸头正常工作。若工程水深超过 15m，可于吸头上部串接一台潜水泥浆泵，其扬程可达 18m，泵下吸管仍可达 15m。这样可将水深 30m 左右的水下泥浆送到水面。再于船上或水面上用普通泥浆泵将泥浆接力输送到指定地点。

2）清淤工艺原理与技术要点

（1）安装调试。

（2）按 RTK-GPS 指令校对清淤机坐标，将清淤机驶入预定作业区并定位。

（3）试挖与检查清淤效果，以确定正式清挖时的孔距、排距及挖深。

（4）正式清挖

①呈扇形状变换作业点。一次清挖深度一般为 2.5～3m，淤泥较厚时可分数层清挖。使用封闭式吸头，每次变换作业点必须提起吸头。

②前收后放移动作业面。完成一次扇形状布点清挖后，整个船体须前移，船体前移靠锚绳或缆绳的前收后放实现。

（5）清挖淤泥层较薄时应选用敞开式吸头。

（6）暂时停机。当需要暂时停机时，应先提起吸头，停止高压泵，待泥浆泵出口泥浆浓度接近清水时再停泥浆泵。据经验一般清淤深度 1.0m 左右时，黏性土形成的中径为 2.0～3.0m，坡比约为 1：1；砂性土形成的中径 4.0～5.0m，泥坑坡比约为 1：2 左右；孔距与排距为中径的 0.8 倍。每层清挖深度砂土 2.5～3.0m，黏性土 1.0～2.0m。

3）划分工段，逐段施工检验

一般将整个工程分成若干段，每段 25～50m 左右不等，施工时经过自检、专检、抽检合格后方可转入下一作业区。

4）按梅花状布点施工

为防止欠挖，吸泥罩（吸泥头）应呈梅花状布置造孔清挖。检查是否呈梅花状可用测杆插入水下探测。

5）水口检查法自检

为减少潜水员下水检查次数，可采取水上检查法进行自检。一是派员观察出泥泵出口的泥浆浓度，若由黑变黄，则说明淤泥清除干净。二是用带斗标杆浸入水下插入淤泥中测试淤泥的深度。带斗标杆由一根长约 3m 附带三角小斗（小斗间距 5～10cm）的钢管制成。当测杆插入淤泥中，小斗被淤泥充填，提起测杆，便知水下淤泥层厚度。对施工要求特别高的工程，最后用敞开式吸头吸扫一遍。

5.10.4　路基回填

（1）土场取土前要进行清表，把表层土、腐质土和含杂质的土清除，确保路基回填土的质量。装土采用挖掘机，根据运距的远近，挖掘机配备相应的自卸汽车数量，以充分发挥各种机械的效能，确保工程进度。

（2）路基填料每 5000m³ 或土质有变化时取样进行检验。正式填筑前，先做 100m（全幅路基）的试验段，以验证最佳碾压组合方式、工序、松铺厚度和含水量等，试验结果报经监理工程师批准后作为施工控制的依据，然后再正式填筑。路基碾压采用 DD110、DD130 振动压路机和 18～21t 三轮压路机，组合碾压。

（3）路基填筑时按路面平行线分层填筑。不同土质分层填筑，每层填筑压实厚度为 10～20cm，每种填料需铺总厚度不大于 50cm，填筑宽度要路基每侧超出设计宽度 50cm，以保证路堤边缘的压实度。整平时采用推土机粗平，平地机细平，按试验段确定的压实厚度和遍数，一般厚度不大于 40cm。同时，填至路床顶层，最后一层的最小压实厚度不小于 8cm，注意处理好接头和保证路基填筑。

（4）在填筑时，要求上、下路床（0～80cm）范围内最大粒径不大于 10cm；路堤（80cm 以下）范围内最大粒径不大于 15cm。

（5）土石路堤必须分层填筑，逐层压实，不得采用倾填法施工。

（6）水中路基填筑可采用"倾填法"施工。

（7）施工期间保证排水畅通。

（8）结构物台背回填，按图纸和监理工程师要求进行。两侧对称回填压实，压路机达不到的地方，采用小型机具夯实。

（9）液限大于 50、塑性指数大于 26 的土，以及含水率超过规定的土，不得直接作为路堤填料。

（10）路基强度、压实度及填料规格要求见表 8。

路基强度、压实度及填料规格　　　　　　　　　　　　　　　表 8

| 项目分类 | | 路面底面以下深度（cm） | 材料 | | 压实度（%） | |
|---|---|---|---|---|---|---|
| | | | 填料最大粒径（cm） | 填料最小强度（CBR）（%） | 重型压实度（%） | 固体体积率（%） |
| 填方路基 | 上路床 | 0～30 | 10 | 8 | ≥96 | ≥87 |
| | 下路床 | 30～80 | 10 | 5 | ≥96 | ≥87 |
| | 上路堤 | 80～150 | 15 | 4 | ≥94 | ≥85 |
| | 下路堤 | 150 以下 | 15 | 3 | ≥93 | ≥83 |
| 零填及路堑路床 | | 0～30 | 10 | 8 | ≥96 | ≥87 |

5.10.5　路基工程施工关键技术

（1）掌握潮汐规律，科学选用陆地作业工法或水中作业工法，合理利用资源。

（2）海底清淤是路基回填成败之关键，结合"海底地形图"、水深及流向和淤泥深度确定作业工法，譬如"两栖设备清淤法"、"驳船清淤法"和"爆破清淤法"。

（3）水中路基一般采用"竖向填筑法（倾填法）"；陆地段则采用"分层压实法（碾压法）"。

（4）路基同防护工程一样，均要进行工后沉降观测，以利科学确定路面结构施工时段。

5.10.6 非海水域作业段工法

参照《公路路基施工技术规范》（JTG F10—2006）和《公路工程质量检验评定标准》（JTG F80/1— 2004）执行。

5.11 路面及其他工程

遵照"标书"制定"施工技术规范"，遵照"质量标准"制定"作业指导书"和详尽的"工序过程控制质量标准与保障措施"；"标书"没有明确的工程项目，应遵照现行"施工技术规范"、"质量标准"施工；必要时借鉴港口工程成熟经验和现行"规范"、"标准"修订"作业指导书"。

# 6 所用材料与设备

## 6.1 原材料采购

（1）工程沿线无砂石料厂，石料由蓟县或山东青州、蓬莱等地采购，砂子由正定采购。砂石料到场方式全部为水上运输到场。

（2）钢材、水泥等其他原材料可由沧州采购，运输条件较为便利。

## 6.2 原材料运输

本工程所在地区总体上讲运输条件比较理想，具体情况如下：

（1）沿海公路北至天津，南到山东，是沿海地区与外省市联系的主要通道。

（2）205国道：二级公路，为贯通我国南北的大动脉。

（3）省道黄骅市至辛集的二级公路，为河北与山东联系的主要出口之一。

（4）省道保沧公路：是连接沧州与保定的交通大动脉。

（5）黄骅港口的建设使得海路运输方便、快捷。

## 6.3 机械设备

6.3.1 路基（陆地部分）、路面施工可采用常用机械设备。

6.3.2 受潮汐影响的滩涂部分，路基工程应配备长臂挖掘机和水陆两栖挖掘机（见图11和图12）；组合冲吸式水下清淤机；机械斗式挖泥船和水力吸扬式挖泥船；DBP清淤设备。

图11 长臂挖掘机

图12 两栖挖掘机

6.3.3 其他主要施工机械设备见表9。

主要施工船机使用计划表　　　　表9

| 机 械 名 称 | 规 格 型 号 | 额定功率容积、吨位 | 数　　量 | 新旧程度（％） |
|---|---|---|---|---|
| 方驳 | | 1600 | 2 | 80 |
| 方驳 | | 1000 | 3 | 70 |
| 方驳 | | 200 | 5 | 80 |
| 方驳＋吊机 | | 600方驳＋65吊机 | 1 | 80 |
| 登陆艇 | | | 1 | 70 |
| 挖掘机 | | 1.6 | 5 | 70 |
| 挖掘机 | | 1.2 | 3 | 70 |
| 交通船 | | | 2 | 70 |
| 测量船 | | | 1 | 70 |
| 自卸汽车 | | | 15 | 70 |
| 平板车 | | | 5 | 80 |
| 混凝土罐车 | | | 3 | 80 |
| 履带吊 | | 40 | 1 | 80 |

## 7　质量控制

主要质量控制标准、检验方法、频次已在工序施工过程中阐述，下面仅强调海底清淤质量控制要点。

### 7.1　质量检验方式

潜水检验或用带斗测杆测量检验。

### 7.2　随机抽查与频次

据随机原则抽查，其范围（面积之和）不低于该作业区（工段）清挖总面积的1％。每个测区测点为4～6个，其中一测点为圆心，其余3～5点均匀分布于该圆心、试挖推断之圆周上。每作业区测区数，由每测区面积与要求测量面积求得。每个作业区测点数，由每作业区测区个数与每个测区测点数求得。

### 7.3　质量标准

控制对每个作业区（工段）测点合格率须达到90％，否则返工。

## 8　安全措施

本工程安全目标：确保无死亡和重伤事故、无重大机械设备事故、无等级火警事故。

### 8.1　安全组织保证

8.1.1　设立安全小组及安全控智网络。配备专职、兼职安全员，组长须具备国家A类或B类安全员资格，专职安全员须具备C类资格。

8.1.2　严格执行国家的有关安全方针、政策和法规。

8.1.3　对参加施工的全体人员进行"安全第一、预防为主。安全生产、人人有责"安全活动教育。据具体情况，制定安全守则，健全安全生产岗位制，杜绝发生重大人身伤亡事故，预防发生一般事故。

### 8.2 安全技术措施

8.2.1 在施工期内，按照国家、省、市颁布的有关安全法规、规程和安全生产条例、规章，建立以项目经理为首的安全领导小组，制定并实施一系列安全措施，贯彻落实"安全生产，预防为主"的方针，确保工程现场施工安全。安全目标：杜绝一、二类人身伤亡、机械设备及工程质量事故。避免三类事故和社会治安事故，维护工地正常生产，生活秩序；防止四类一般性小事故，确保施工按计划完成。

8.2.2 开工前组织有关人员认真学习安全防护规程，遵照管生产必须管安全的原则，项目经理是安全生产的第一负责人，设置专职安全员，负责安全生产责任制的制订和贯彻落实，经常到工作面进行检查，发现问题，及时处理，做到定时、定人、定措施整改，杜绝不安全因素。

8.2.3 树立"安全第一"的思想，提高职工的安全意识和自我保护意识，定期举行安全会议，检查安全责任制和安全措施的落实情况，各作业班组在交接前后，均进行安全作业情况的检查和总结。在主要进场道路口设置醒目的安全告示牌。

8.2.4 按国家劳动保护法的规定，加强劳保用品的管理，现场作业人员一律配发相应的劳动保护用品，如安全帽、安全带、防尘面具等。

8.2.5 加强夜间生产、生活安全措施，场内道路、作业面布置足够的照明灯具。

8.2.6 施工期间按时收听、收看天气预报。

8.2.7 加强操作工人的安全技术教育和培训，新工人入场上岗前先进行"三级"安全教育。建立安全档案，做好安全技术交底工作，对特殊工种如各种机械、电气设备、车辆、船舶等机械操作应杜绝无证作业。定机定人，严格按安全操作规程作业。

8.2.8 加强场区施工用电和电机设备安全管理，低压电器线路按标准离地 5m 以上临空架设，严禁乱拉乱接，对施工作业面临时线梅进行挂高离地 2m 以上布置。对电机设备和用电机具进行切实有效的安全接地和接零保护，做好日常保护保养和定期检修工作，防止漏电触电事故发生。

8.2.9 施工现场配置颜色统一并有警示标记的配电箱，并进行编号，做到门锁齐全，严禁乱拉乱合。

8.2.10 加强安全防火知识教育，严禁使用电炉，合理布置消防设施，对职工进行基本的防火器材使用示范训练，做到人人都会使用简单的消防器材，真正做到群防群治，把火灾事故消灭在萌芽状态。

8.2.11 对防火重点场所、仓库挂置醒目的禁火牌，执行动火许可证制度，严禁无证动火，加强防火器材的配置和定期检查，确保万无一失。

8.2.12 禁止职工酒后上班，严禁酒后作业。

8.2.13 设立月度安全奖励制度，开展"百日无安全事故"活动，争取本工程项目无安全事故。

8.2.14 建立职工安全档案，严格执行安全生产"六大纪律"和安全生产"十个不准"，严禁违章指挥和违章作业，对违章者据违章情节给予处罚和追究责任，并计入安全档案。

8.2.15 加强流动人口的暂住证的管理工作。由于公路工程工期长，合作单位多，地点分散，职工调动频繁，为防止社会闲杂人员混入，预防偷盗事件的发生，加强保卫科与当地公安机关和乡镇村密切合作，认真做好本埠人员的管理工作，确保工程施工顺利进行。

8.3　安全预案

8.3.1　针对工程性质制定"浅海水域作业安全预案"和"防台风抢险预案"。

8.3.2　组织安全预案演习。

## 9　施工环境保护措施

一项工程，应该把环境保护作为专题设计，并纳入设计文件，成为其重要组成部分；完整的《施工组织设计》中应该有相当的篇幅详细叙述每一道工序所采取的环境保护措施。鉴于篇幅所限，仅将我公司《浅海水域浆砌石防浪墙工程施工环境保护措施》之"一般规定"做简要介绍，以供借鉴。

9.1　结合工程特点，制定"环保措施"，争做"环保先进单位"。

9.2　制定严格的作业制度，规范施工人员作业行为，做到科学管理、文明施工，避免有害物质或不良行为对环境造成污染或破坏。

9.3　在施工区和生活区配备专职环卫人员；施工道路安排专人管理、维护，及时清理散落在地面上的土、石。

9.4　施工产生的粉尘，除作业人员配备必要的防尘保护用品外，采取防尘措施，防止灰尘飞扬，使粉尘公害降至最低程度。

9.5　不得在施工区水域清洗受污染的物资及机械设备。

9.6　为确保空气质量，防止废气污染，施工区严禁焚烧垃圾，严禁采用烧煤设施。

9.7　工地建设，按文明工地标准进行，按规定标准建设食堂、厕所。工地现场和生活区设置足够的临时卫生设施，及时清理垃圾，生产和生活垃圾统一运弃，保证施工区的环境卫生。

9.8　严明纪律，以礼待人。爱护当地花卉草木，搞好与兄弟单位的协作关系，和当地群众和睦相处。

9.9　在施工区域内，树立醒目标语牌，加大环保文明施工的宣传力度。各施工队实际管理区域责任制，挂牌施工，文明施工，定期整治现场环境，保持现场的各类机械设备、材料摆放整齐有序，严禁乱堆、乱丢，不用的器材要及时回收，已完工的项目要做到工完场清。

9.10　在全部工程完成后，征得监理单位同意，拆除一切临时性工程场地、临时道路、临时建筑，清除废渣，将工地四周环境清理整洁，确保工完场清。

9.11　对易引起粉尘的细料、散料进行遮盖，运输时用帆布、雨布等覆盖材料进行遮盖，并控制车辆行驶速度一般不大于 25km/h，防止粉尘飞扬。

9.12　按指定地点弃渣，有序堆放整平，并合理利用。严禁随意堆放弃渣。

9.13　汽车、设备排放的气体经常检测，排放的气体必须符合《大气污染物综合排放标准》（GB 25297—1996）中二级排放标准时，才能投入使用。否则必须检修或停用，确保工区空气质量。

9.14　确保噪声在《建筑施工场界限值》（GB 12523—90）以内。

9.15　确保施工工期废水排放达到《污水综合排放标准》（GB 8978—1996）的要求。

9.16　污水处理系统：

所有可能危及周围环境卫生的施工区周围设置明渠、暗管等设施，严禁污水漫流。在各区域排污系统的末端，根据污水性质设置不同处理系统，一般设置沉淀池、油水分离池、过滤、澄清并达到有关规定后再排放。或采取有效技术措施后重复利用或再生利用。

9.17　粉尘防护系统。拌和站等粉尘污染较重部位，利用"湿法处置粉尘设施"，合理选配运输设备，从根本上控制粉尘污染。混凝土拌和站拌料场，采用彩板封闭结构遮挡控制材料粉尘随风飘散。

## 10　效益分析

10.1　在浅海水域深淤泥地质条件下修建公路 1km 约投资 4000～5000 万元，比修桥 1km 可节约 1000～2000 万元。

10.2　在海洋气候浅海水域深淤泥地质条件下公路比桥梁养护费用少。

## 11　应用实例

为构筑黄骅港与内地"东出西联"大通道，配套建设南、中、北、东、西五条疏港路，约 100km（其中浅海水域约 40km）。该工程由沧州路桥工程公司中标承建，其中南疏港公路已经竣工通车，为港区建设和黄骅港"东出西联"发挥着重要作用。该工法经实践检验、专家鉴定是非常成功的。

## 12　问题与思考

工程所在地黄骅港区，为土质海岸，素无砂石，应开展"水稳性较好的建筑垃圾再生利用"和"固化剂改良盐渍土、过湿土"应用研究，以充分利用当地资源，降低公路建设成本。

# 深层软土地基预应力 PHC 管桩静压处理施工工法

GGG（中企）A2012—2009

郝　猛　张生成　韩建龙　折　欣　张锦松

（安通建设有限公司　北京市海龙公路工程公司）

## 1　前言

为适应我国经济发展迅速的良好势头，路网纵横密集，尤其是长江三角洲地区新建、扩建的路桥工程日趋增多。为了能够满足目前工期短、任务重、成本低、质量高及安全文明工施工程度要求的工程发展趋势，编制了本施工工法。由安通建设有限公司承建的上海市 A15 公路新建工程 1 合同段工程，由于工期紧，放弃了设计要求超载预压的软基处理施工方法，选用了一种施工快捷、施工质量可靠、单位承载力高、造价便宜的建筑新技术——先张法高强预应力混凝土 PHC 管桩技术，经过在工程中的使用，静压预应力混凝土管桩优点多，质量绝对可靠、工期短、综合造价便宜及施工文明等，创造了一定的社会效益和经济效益，在未来的工程项目建设中，该技术必将得到了迅猛发展及广泛应用。

## 2　工法特点

本工法施工时无噪声，适合市政工程及其他对噪声有限制的地点周围施工，本工法采用静力压桩，以使附近单位和居民的正常工作、生活环境不受噪声的干扰，非常适合在环境保护日益增强的现代社会。

对软土地基深层地质持力层起伏变化的地质条件适应性强，沉桩质量可靠、性能稳定，沉桩后桩长和桩身质量可直接监测，运输吊装方便，场地整洁、施工文明程度高。

施工时无震动，且静压施工引起的土体隆起和水平挤动比锤击桩小一些，能够保证原地质土体不受扰动而破坏土体结构。

单桩承载力高。预应力管桩桩身混凝土强度高达 80MPa，并可打入密实的砂层及强风化岩层，桩尖进入强风化岩层后，经过强烈的挤压，桩尖附近的强风化岩层已不是原始状态，桩端承载力可比原状态提高 80%～100%，所以管桩承载力设计值要比同样直径的沉管灌注桩或钻孔灌注桩高，很好地保证工程质量。

施工速度快，工效高，工期短。很好地体现了"时间就是金钱，工期就是效益"的理念，预应力管桩的施工速度快，一台静压桩机每台班至少打入 7～8 根桩。管桩工期短主要表现在以下三个方面：

施工前期准备时间短。尤其是 PHC 桩，由于采用压蒸养护，从生产到使用的最短时间只需要 3～4d；施工速度快，2～3min 可压入长为 10m 的一根预应力 PHC 管桩；检测时间短，以 A15 公路工程为例，两个星期便测试检查完毕。

施工文明，现场整洁，管桩工地机械化施工程度高。现场整洁不会发生钻孔灌注桩工地泥浆满地横流的脏污情况，也不会出现挖孔桩工地到处抽水和堆土的忙乱现象。

成桩质量可靠。管桩是工厂化生产，加上耐压性较好，只要按施工要求认真操作，成桩质量是各种桩基中最可靠的。特别是静压桩，承载率保证率更高。一般来说，桩基施工成桩方式与人为因素关系越密切，桩基的质量可靠度越低。预应力管桩基础与人为因素的关系在诸多桩基中是最不密切的，所以其质量可靠度就越高。

静压桩造价便宜，据资料分析，$\phi$350mm 的静压预制管桩，每米造价比 $\phi$480mm 沉管灌注桩贵一倍，但单桩承载力比 $\phi$480 沉管灌注桩高 60%～70%，承台混凝土量只有 $\phi$480 沉管灌注桩的 1/3 左右，所以两者的综合造价差不多，但沉管灌注桩带有夹泥、吊脚、缩颈、断桩等质量隐患，而静压桩成桩质量和单桩承载力比较有保证。

## 3  适用范围

适用于以中密—密实砂层、硬塑—坚硬的黏性土层以及全风化，强风化岩石做桩端持力层，一般软土地区均可适用，尤其是市政工程及居民集中的公路工程。

## 4  工艺原理

4.1  预应力混凝土 PHC 管桩静压法沉桩工艺原理，根据以压桩力应不小于单桩竖向极限承载力标准值的 1.2 倍为原则选定静压桩机，在桩机就位后，调整桩机使底盘水平，保证桩架处于垂直状态。

4.2  采用的全液压静力压桩是通过静压力将桩压入土中的一种沉桩工艺，其全部动作均由液压驱动具有"自行移动"的全部功能，能独立完成"吊桩—喂桩—压桩"的全过程。

4.3  桩在静贯入过程中，桩尖直接使土体产生冲剪破坏，孔隙水受到冲剪挤压作用形成水压，产生了超孔隙水压力，扰动了土体结构，使桩周一定范围内土体强度降低，发生了土动软化，从而桩可势如破竹地被压入土中。由于超孔隙水压力不能迅速消失，土的强度不能立即恢复，使得桩在贯入时的侧摩阻力很小，沉桩时所施加的静压力主要用来克服端阻力，因此，一般来说土体强度恢复后的单桩竖向极限承载力要大得多。

4.4  桩机移位时，行走机构采用提携式步履，把船体当作铺设的轨道，通过纵、横向油缸的伸缩，实现压桩机的纵横向行走。压桩时，利用压桩机自重量和配重作反力，由桩机配备的吊机将管桩吊入压桩机的抱箍内，对准桩位，压桩油缸伸程把桩压入地层中，然后通过焊接将上下两节管桩连接实现接长，压桩完毕后，压桩油缸回程，重复上述动作，可实现连续压桩操作，直至用送桩器把桩送入预定高程。因此，静力压桩具有无振动、无噪声、无污染、综合造价低、施工速度快、施工场地文明干净等优点。全液压静力压桩机由于其本身的先进技术装备为优质施工创造了条件，压桩时桩位偏差都较易控制，并且每根桩的承载力均能从压桩机上的压力表反映出来，因而可对所压的桩进行评估，及时处理不能满足设计要求的桩，确保施工质量。

## 5  施工工艺流程及操作要点

5.1  预应力 PHC 管桩静压沉桩施工工艺流程

施工前准备→测量放线定位桩→桩机就位→喂桩至桩机前→安装桩尖→吊桩插桩→对

桩位→调整桩及桩架的垂直度→压桩→复核垂直度继续施压→接桩→再压桩→测量贯入度→送桩→终止压桩。

### 5.2　操作要点

#### 5.2.1　施工准备

施工前根据地质资料和设计文件，了解现场的地质、水文、土层图纸情况，应进行探桩及清障，确保施工范围内无地下管线及其他障碍物，为确保沉桩质量，在施工场地局部低洼处以及场地表层软弱、松散处，必须铺设 60cm 厚的道碴，如若压桩区有暗、明浜以及土质松散情况，不能正常满足压桩的要求，必须注意清除软弱地基土，并回填道碴，以确保压桩正常施工。再根据设计文件和施工组织计划的要求，确定合理可行的施工顺序。

#### 5.2.2　测量定位放线

根据施工设计图纸、设计院技术交底及勘查院提供的坐标控制点和水准点，进行桩位放样，采用全站仪施放轴线和桩位，定位木桩用小方木并钉上一小铁钉做标识，样桩用短钢筋，并涂上红油漆，且样桩用白石灰撒"十"字线做标志。测量定位、放线、复核工作由专人负责，对测量仪器定期检查，做好测量定位放线的原始资料。形成的定位、放线测量成果资料用书面形式报监理复核检查，确认后方可开始施工。

#### 5.2.3　静压桩机就位

在对施工场地内的表层土质试压后，确保承载力满足静压机械施工及移动过程中不至于出现沉陷，对局部软土层可采用事先换填处理或采用整块钢板铺垫作业。

桩机进场后，检查各部件及仪表是否灵敏有效，确保设备运转安全、正常后，按照打桩顺序，移动调整桩机对位、调平、调直。

#### 5.2.4　管桩的运输、起吊和堆放及验收

1）PHC 管桩的运输

运输过程中支，点应满足两支点法的位置，且两支点附近应固实基垫以掩木防止滚动。运输时采用长挂汽车，管桩的悬臂不超过 1.5m，应该绑固、分层叠放并错位布置，不宜超过 5 层，应免受振动、冲撞。

2）PHC 管桩的起吊

PHC 管桩由于长细比大、自重大，在起吊过程中过大的动荷载易使管桩产生断裂。正确的起吊方式为两支点法或两头匀吊法，必须做到平稳，轻起轻放，严禁抛掷、碰撞、滚落，禁止采用拖吊的方法，避免产生较大的动荷载，导致管桩桩身损坏或断裂。

3）PHC 管桩的堆放

管桩堆放场地必须平整、坚实，要有排水措施，不得产生不均匀沉陷。管桩堆放层数不应超过 5 层。不同规格、长度的桩，应分别堆放。管桩底层两面外侧挡以锲形掩木防止滚落。管桩在堆放时的支点位置距桩两端均为 $0.21L$（$L$ 为管桩长度）。

4）管桩运输、起吊及堆放质量标准及检验要求（表 1）

5）PHC 管桩的进场验收

首先必须查看管桩出厂合格证、出厂测试报告。再按照《先张法预应力混凝土管桩》（GB 13476—2009）的国家标准、地方标准对桩尖、桩身的构造要求和设计图纸要求，对所有到场的管桩的外观、长度、桩径、壁厚、桩端头板的平整度、桩身弯曲度、桩身强度以及桩身上的标志等按规范进行仔细查验，对表面有露筋、裂缝、桩套箍凹陷、混凝土坍

**PHC 预应力管桩的运输、起吊和堆放质量及检验要求**　　　　　　表 1

| 检 查 项 目 | 质 量 要 求 | 检 查 频 率 | 检 查 方 法 |
|---|---|---|---|
| 管桩运输 | 运输时的桩悬臂长度≤1.5m | 随时 | 卷尺测量 |
| 管桩堆放场地 | 坚实平整或垫木 | 随时 | 目测 |
| 管桩堆高 | ≤5 层 | 随时 | 目测 |
| 起吊方式 | 两端起吊 | 随时 | 目测 |

落等情况，责令其退换生产厂家。

5.2.5　压桩

群桩压桩顺序选择。压桩时，由于桩对土体的挤密作用，先沉入的桩水平推挤而造成偏移和变位，或被垂直挤拔造成浮桩；而后沉入的桩难以达到设计标高或入土深度，造成土体隆起和挤压，截桩过大。所以群桩施工时，为了保证质量和进度，防止周围建筑物被破坏，沉桩前应根据桩的密集程度、桩的规格、长短和桩架移动方便，正确选择沉桩顺序。

桩就位、对中、校直，静压桩机就位，调整桩机使底盘水平，保证桩架处于垂直状态。第一节管桩插入地下时，要尽量保持位置方向正确。开始要轻轻打下，认真检查，若有偏差应及时纠正，必要时要拔出重打。校核桩的垂直度采用两台经纬仪垂直校直，经纬仪位置应在距桩机不受影响范围内，成 90°方向设置经纬仪各一台。通过桩机导架的旋转、滑动及停留进行调整。经纬仪应设置在不受打桩影响处，并经常加以调平，使之保持垂直。

5.2.6　接桩及焊接

首节桩压至桩顶端距地约 1～1.2m 时采用钢端板焊接法接桩，要注意新接桩节与原桩节的轴线一致，用钢丝刷将上、下节桩接头部位预埋件的混凝土、泥土、油污、铁锈等清除干净，焊接应满足《建筑地基基础工程施工质量验收规范》（GB 50207—2002）的相关要求，以防出现桩端之间错位。

为控制焊接变形及缩短接桩时间，拟采用两台电焊机沿桩周对称点焊，然后对称均匀施焊，两节桩焊接后，清除焊渣，做到焊面清洁，便于检查焊缝饱满度；焊接时应采取措施，减少焊接变形，焊缝应连续饱满（满足三级焊缝），焊后应清除焊渣检查其饱满程度，接桩时上下段桩中心线偏差不宜大于 5mm，节点弯曲矢高不得大于桩长的 0.1%。

5.2.7　送桩

设计桩顶高程在地面以下时，必须进行送桩，为确保桩顶高程达到设计要求，压桩前确定基准面的高程，在送桩至桩顶高程后，必须认真丈量送桩器余尺，确保桩顶高程达到设计要求。根据 A8 公路拓宽改建工程设计图纸要求，将 PHC 管桩桩顶高程控制在回填原地表以下 30cm，因此一定使用送桩器送桩至设计要求的高程。

5.2.8　PHC 管桩与桩帽连接

PHC 管桩沉桩完毕后，以管桩顶圆心为中心开挖尺寸为 1.4m×1.4m 正方形，深为 30cm，形成一个土模式的小基坑，将其制作好的钢筋笼（图 1 PHC 管桩桩帽构造配筋图），放入土模中，现浇钢筋混凝土桩帽，桩帽通过桩塞混凝土与管桩相连接，桩身嵌入桩帽 5cm。

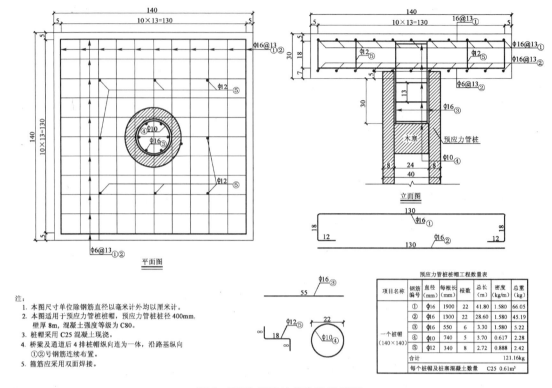

注:
1. 本图尺寸单位除钢筋直径以毫米计外均以厘米计。
2. 本图适用于预应力管桩桩帽,预应力管桩桩径400mm,壁厚8m,混凝土强度等级为C80。
3. 桩帽采用C25混凝土现浇。
4. 桥梁及通道后4排桩帽纵向连为一体,沿路基纵向①②号钢筋连续布置。
5. 箍筋应采用双面焊接。

预应力管桩桩帽工程数量表

| 项目名称 | 钢筋编号 | 直径(mm) | 每根长(mm) | 根数 | 总长(m) | 密度(kg/m) | 总重(kg) |
|---|---|---|---|---|---|---|---|
| 一个桩帽(140×140) | ① | φ16 | 1900 | 22 | 41.80 | 1.580 | 66.05 |
| | ② | φ16 | 1300 | 22 | 28.60 | 1.580 | 45.19 |
| | ③ | φ16 | 550 | 6 | 3.30 | 1.580 | 5.22 |
| | ④ | φ10 | 740 | 5 | 3.70 | 0.617 | 2.28 |
| | ⑤ | φ12 | 340 | 8 | 2.72 | 0.888 | 2.42 |
| 合计 | | | | | | | 121.16kg |
| 每个桩帽及桩塞混凝土数量 | | | | | C25 0.61m³ | | |

图1 PHC管桩桩帽构造配筋图

### 5.2.9 采用PHC管桩进行软土地基处理机理

根据施工设计图纸要求的PHC管桩规格、桩长、桩间距,形成群桩,在桩顶连接桩帽,致使桩帽和管桩形成一体,将上部路基填料自重和动荷载合力传递给管桩基础的受力构件,有效地避免了深层软土地基施工后留下的沉降质量隐患,同时保证地基承载力。

## 6 材料与设备

### 6.1 材料准备

#### 6.1.1 PHC管桩

根据施工设计图纸要求,制订管桩加工生产计划,直接委托生产规模较大且具有相应资质的预制厂家,采用先张法预应力和掺加磨细料、高效减水剂等先进工艺,将混凝土经离心脱水密实成型和在常压、高压两次蒸汽养护而制成,混凝土抗压强度大于C80的一种细长的空心等截面圆筒体混凝土预制构件,集中统一预制。PHC管桩材料进场后根据相关规范要求对其结构尺寸及外观质量进行查验,并向厂家要去提供管桩出厂合格证、强度检验报告、管桩的相关力学性能检测报告等。PHC管桩结构配筋图见图2、工艺流程图见图3、配筋和力学性能见表2。

#### 6.1.2 其他材料

(1)管桩桩尖:采用材料Q235钢制作而成,桩尖所有焊接均为角焊缝,分为开口型钢桩尖(图4)和十字型钢桩尖(图5),根据工程地质情况适当选择。

(2)接桩焊条和静压桩机液压油等其他材料分别根据设计图纸和静压桩机要求采购。

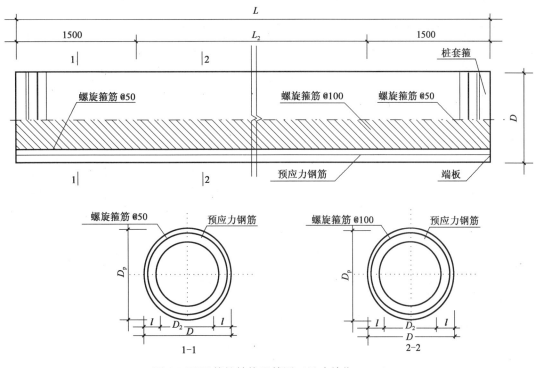

图 2  PHC 管桩结构配筋图（尺寸单位：mm）

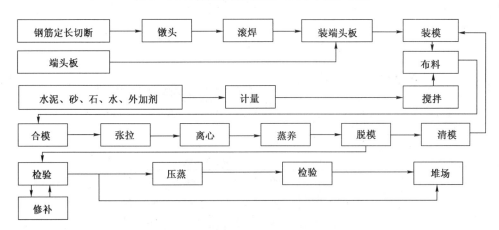

图 3  PHC 管桩施工工艺流程图

**PHC 管桩的配筋和力学性能**                                    表 2

| 外径 $D_0$（mm） | 600～100 | | | 600～110 | | | | 600～130 | | | |
|---|---|---|---|---|---|---|---|---|---|---|---|
| 型号 | A | AB | B | A | AB | B | C | A | AB | B | C |
| 壁厚 $T$（mm） | 100 | 100 | 100 | 110 | 110 | 110 | 110 | 130 | 130 | 130 | 130 |
| 主筋直径（mm） | 9.0 | 10.7 | 12.6 | 9.0 | 10.7 | 12.6 | 12.6 | 9.0 | 10.7 | 12.6 | 12.6 |
| 主筋数量（根） | 13 | 13 | 13 | 14 | 14 | 14 | 17 | 15 | 15 | 15 | 19 |
| 主筋 $D_p$（mm） | 530 | 530 | 530 | 530 | 530 | 530 | 530 | 530 | 530 | 530 | 530 |

续表

| 外径 $D_0$（mm） | 600～100 | | | 600～110 | | | | 600～130 | | | |
|---|---|---|---|---|---|---|---|---|---|---|---|
| 型号 | A | AB | B | A | AB | B | C | A | AB | B | C |
| 混凝土有效预压应力（MPa） | 4.27 | 5.89 | 7.93 | 4.26 | 5.88 | 7.92 | 9.50 | 4.04 | 5.70 | 7.53 | 9.50 |
| 抗裂弯矩（kN·m） | 164 | 201 | 239 | 164 | 201 | 239 | 276 | 164 | 201 | 239 | 276 |
| 极限弯矩（kN·m） | 246 | 332 | 430 | 246 | 332 | 430 | 552 | 246 | 332 | 430 | 552 |
| 桩身竖向承载力设计值（kN） | 3156～4001 | 3068～3914 | 2959～3805 | 3401～4313 | 3308～4220 | 3190～4102 | 3105～4017 | 3871～4904 | 3769～4803 | 3842～4676 | 3527～4861 |
| 混凝土理论质量（t/m） | 0.393 | 0.393 | 0.393 | 0.423 | 0.423 | 0.423 | 0.423 | 0.480 | 0.480 | 0.480 | 0.480 |
| 单节长度（m） | ≤15 | ≤15 | ≤15 | ≤15 | ≤15 | ≤15 | ≤15 | ≤15 | ≤15 | ≤15 | ≤15 |

注：① 颜色为上海市图集，图集号：2000 沪 G502，按 DB 1108—92—2000 执行。

　　② 颜色为浙江省图集，图集号：2002 浙 G22。

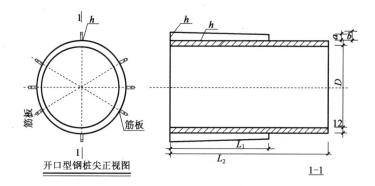

开口型钢桩尖正视图

1—1

开口型钢桩尖参数

| 外径　　项目 | | 300 | 400 | 500 | 600 |
|---|---|---|---|---|---|
| $D$ | PHC PC | 180 | 240 | 300 | 380～400 |
| | PTC | 220 | 310 | 390 | 480 |
| $L_1$ | | 150～200 | 300～400 | 300～500 | 300～500 |
| $L_2$ | | 200～300 | 400～500 | 400～600 | 400～600 |
| $t_1$ | | 12～15 | 12～18 | 12～20 | 12～20 |
| $t_2$ | | 10 | 10 | 12 | 12 |
| $a$ | | 25～40 | | 30～40 | |
| $b$ | | 45 | | 65 | |
| $h$ | | 6～10 | | 8～12 | |
| 筋板数量 | | 4 | | 6 | |

注：1. 图中 $L_1$、$L_2$、$t_1$、$t_2$、$a$、$b$ 及焊缝高度 $h$ 可根据工程地质情况适当调整；

　　2. 桩尖所有焊缝均为角焊缝；

　　3. 桩尖材料采用 Q235 钢。

图 4　开口型钢桩尖结构图

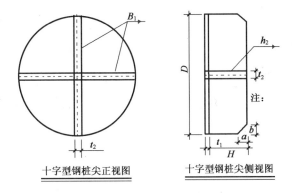

十字型钢桩尖正视图　　　　十字型钢桩尖侧视图

十字型钢桩尖参数

| 外径<br>项目 | 300 | 400 | 500 | 600 |
|---|---|---|---|---|
| $D$ | 270 | 370 | 470 | 570 |
| $H$ | 125-140 | 125-150 | 125-150 | 125-150 |
| $t_1$ | 12 | 15 | 15 | 15 |
| $t_2$ | 18 | | 18 | |
| $a$ | 25 | 30 | 30 | 30 |
| $b$ | 25 | 30 | 30 | 30 |
| $h_1$ | 10 | | 12 | |
| $h_2$ | | | | |

注：1. 图中 $t_1$、$t_2$、$H$ 及焊缝高度可根据工程地质情况适当调整；
2. 桩尖所有焊缝均为角焊缝；
3. 桩尖材料采用 Q235 钢。

图5　十字型钢桩尖结构图

## 6.2　机械设备

### 6.2.1　静压桩机

目前，市场上所用的桩机有抱压式和顶压式两种，以抱压式为主，抱压式桩机最大吨位可达 800t，通常在 600t。

对于静压桩机的机械性能要求：

（1）机身总重力加配重要求达到设计要求。

（2）桩机机架应坚固、稳定，并有足够刚度，沉桩时不产生颤动位移。

（3）夹具应有足够的刚度和硬度，夹片内的圆弧与桩径应严格匹配，夹具在工作时，夹片内侧与桩周应完整贴合，呈面接触状态，且应保证对称向心施力，严防点接触和不均匀受力。

（4）压桩机行走要灵活，压桩机的底盘要能承受机械自重和配重的基本要求，底盘的面积要有足够大，满足地基承载力的要求。

根据以上的要求，A15 公路工程选用了 YZY-750 型静压桩机，该机最大压桩力可达 7500kN，满足本工程压桩的需要，一般情况下，桩机的压桩力应不小于单桩竖向极限承载力标准值的 1.2 倍。

### 6.2.2　测量放线、定位及检测设备仪器

测量放线定位主要为电子全站仪，检测桩身垂直度的两台经纬仪，控制桩顶标高的水准仪，以及管桩经常验收时的卷尺，以上机械设备必须标定或报审。接桩及焊接桩尖采用普通直流电焊机，截桩采用专用的锯桩器。

## 7 质量控制

### 7.1 PHC 管桩施工质量标准

PHC 管桩静压施工质量验收标准，采用国家标准《建筑地基基础工程施工质量验收规范》（GB 50207—2002）、《先张法预应力混凝土管桩》（GB 13476—2009）及相关设计文件要求、地方性桩基施工标准和相关技术规程。

施工前应检查进入现场的成品桩，接桩用电焊条等产品质量。

施工过程中应检查桩的贯入情况、桩顶完整状况、电焊接桩质量、桩体垂直度、电焊后的停歇时间。重要工程应对电焊接头做 10% 的焊缝探伤检查。

施工结束后，应做承载力检验及桩体质量检验。

PHC 静压管桩的质量检验标准应符合表 3 的规定。

**管桩的质量检验标准**　　　　　　　　　　　　　　　　表 3

| 项目 | 序 | 检查项目 | | 允许偏差或允许值 | | 检 查 方 法 |
|---|---|---|---|---|---|---|
| | | | | 单位 | 数值 | |
| 主控项目 | 1 | 桩体质量检验 | | 按《建筑基桩检测技术规范》(JTJ 106—2003) | | 按《建筑基桩检测技术规范》(JTJ 106—2003) |
| | 2 | 桩位偏差 | | 见规范相关标准 | | 用钢尺量 |
| | 3 | 承载力 | | 按《建筑基桩检测技术规范》(JTJ 106—2003) | | 按《建筑基桩检测技术规范》(JTJ 106—2003) |
| 一般项目 | 1 | 成品桩质量 | 外观 | 无蜂窝、露筋、裂纹、色感均匀、桩顶处无孔隙 | | 直观 |
| | | | 桩径 | mm | ±5 | 用钢尺量 |
| | | | 管壁厚度 | mm | ±5 | 用钢尺量 |
| | | | 桩尖中心线 | mm | <2 | 用钢尺量 |
| | | | 顶面平整度 | mm | 10 | 用水平尺量 |
| | | | 桩体弯曲 | | <1/1000L | 用钢尺量，L 为桩长 |
| | 2 | 接桩 | 焊缝质量 | 见规范相关标准 | | 见规范相关标准 |
| | | | 电焊结束后停歇时间 | min | >1.0 | 秒表测定 |
| | | | 上下节平面偏差 | mm | <10 | 用钢尺量 |
| | | | 节点弯曲矢高 | | <1/1000L | 用钢尺量，L 为两节桩长 |
| | 3 | 桩身完整性 | | 符合设计要求 | | 低应变检测 |
| | 4 | 桩垂直度 | | % | ≤±1 | 经纬仪测量 |
| | 5 | 桩顶高程 | | mm | ±50 | 水准仪测量 |

### 7.2 质量控制要点

#### 7.2.1 施工前质量预控

施工队伍资质审查：需对施工队的资质进行审查，了解施工队的技术力量水平；施工压桩路线和相关操作注意事项，进入施工现场进行指导施工、对不符合规范的施工方法及时提出来和将会出现的问题及时解决，确保管桩的施工质量；要求每个技术人员都必须具有相应技术资格证和上岗证。

主要施工机械设备：桩机机架应坚固、稳定，并有足够刚度，机身总重力加配重要求达到设计要求，沉桩时不产生颤动位移；一般情况下，桩机的压桩力应不小于单桩竖向极限承载力标准值的 1.2 倍。压桩用的压力表也应进行检查，对电子全站仪、经纬仪、水准仪等测量仪器设备要进行标定后方可使用。

主要材料质量进场验收及控制：根据设计图纸要求，对先张法预应力管桩的类型、长度、直径、壁厚和其他技术性能的要求进行对照验收，对 PHC 管桩厂家出具成品桩的出厂检验报告、质保书和相应的技术性能指标（抗弯、抗裂）进行检查。接桩时使用的焊条也要进行送检。

### 7.2.2　配桩、桩基测量定位放线

对于深层软土地基处理，管桩长度较长，而单节管桩长度为 7～12m，需要根据施工图设计文件中的桩基深度匹配长度进行组合，不超过 3 节桩组合，施工时按照"长桩在下、短柱在上"的顺序进行施工，采用焊接法接桩，相邻桩接头位置错开 1m 以上，并加强焊缝及桩的连续性检测。

严格根据设计文件和技术交底所确定的坐标控制点和水准点进行桩位放样，对以确定的桩位，加强保护。

### 7.2.3　桩位、垂直度及桩顶高程控制

在压桩前一定要有详细的地勘报告，绝对不能在施工场地内有地下孤石、旧基础等障碍物未清除干净，桩入土后把桩尖挤出正确的桩位。

预应力混凝土管桩采用静压沉桩施工时，垂直度偏差值是一个重要的质量控制点，桩身垂直度偏差过大直接影响单桩承载力。沉桩前每个桩位都经过施工单位放线定位和复核，也经过监理工程师对桩位的复核。沉桩时，管桩垂直度控制采用顶压式设备施工可设置两台约成 90° 方向的经纬仪，测量导杆和桩的垂直度来实现调整和控制；采用抱压式沉桩设备通过水准仪能较好地控制管桩垂直度。

标高控制，通过正确引测到施工现场附近的水准控制点进行观测。将水准仪安放在离开桩机 5m 左右以外的位置，测定此时水准线下需要的送桩长度，并标记在送桩器上，送桩时，设专人进行观测，当送桩器上的刻度将与水准仪的水准线重合时，放慢压桩速度直至两线重合，并结合设计要求的稳定终压值停止压桩。

### 7.2.4　接桩及焊接质量控制

接桩时其桩头应高出地面 1.0～1.2m 之间，接桩前下节桩的桩头加上定位板，然后将上节桩吊放在下节桩端板上，依靠定位板将上下桩接直，其错位偏差不应大于 2mm；上下桩如有空隙，用锲形铁片全部垫实焊接牢固，即可进行焊接。

焊接质量为管桩施工的一个重要的质量控制点。焊接前要将上、下节桩端头表面用铁刷清理干净，直至其坡口处刷出金属光泽；焊接时应分层焊接，上节桩找正方向后，先在坡口圆周上对称点焊 6 点加以固定，焊接时由两个焊工同时对称进行，焊接层数不得少于 2 层，层间焊渣要清理干净，焊缝应达到三级焊缝要求；焊接好的桩接头应自然冷却，冷却时间至少 8min，严禁用水冷却。焊接应满足《建筑地基基础工程施工质量验收规范》

（GB 50202—2002）相关要求。

### 7.2.5　沉桩到位率控制

管桩没有沉入到设计位置，需要截桩，既浪费材料，增加额外的桩头处理费用，而且会导致桩身承载力降低。设计及施工过程中，采取合理的技术措施，在满足承载力的要求下尽可能地将管桩沉入到设计高程位置。

选择合适型号的压桩机械。根据正式工程桩施工前的试验桩资料、地质土层分布情况、桩端持力层土质情况，选择合适的压桩力即选择合适型号的压桩机械，避免压力较小导致管桩压不到设计高程。

降低挤土效应带来的不良影响。由于桩体间距过小、压桩顺序不合理，地下水孔隙压力大均容易导致基础土阻力增大，管桩压不到设计位置。

缩短送桩时间。压桩作业在进入硬土层时，压桩时应控制施工停歇时间，避免由于停歇时间过程中土的磨阻力增大影响桩机施工，造成沉桩困难。

### 7.2.6　确定合理的沉桩压力值

正常情况按设计压桩力，沉桩以高程控制，最后 1.0m 的沉桩压力值作为校核。同一段落桩基中，各桩的最终压力值应大致相近。达到设计高程后持荷（正常压力）10min，且每分钟沉降量不超过 2mm，方可结束压桩。

如若在同一地质类型的地段，出现静压力显著增加或送桩时静压力显著减小等异常情况，需暂停施工并及时报告相关参见单位，共同分析和找出原因后提出处理措施。

### 7.2.7　降低挤土效应危害的措施

管桩在压入土中后，会将桩身周围的土体向旁侧挤压，而占据原来地基土的空间，尤其在桩位较密集或者靠近既有结构的位置，容易因原土体被扰动而产生土体隆起，导致管桩上浮，同时挤土效应产生的水平压力容易导致桩身产生水平方向的挠曲变形，影响桩体承载力。如果附近有建筑物或地下管网，容易遭到破坏。

预制桩挤土效应是无法完全消除的，只能通过一定的措施降低挤土效应带来的危害。设计方案可采取合适的桩间距、开口型桩尖降低挤土效应。施工中合理安排施工顺序，先施工中间后施工四周位置的管桩、先施工靠近建筑物一侧的管桩后施工远离建筑物的管桩、先施工长桩后施工短桩，或采用间隔跳打法；为了减少挤土效应可采用预钻孔再压桩，根据需要控制钻土的深度及直径，一般为管桩长度及深度的 2/3；为减少挤土效应，采用二次送桩的方式减缓挤土效应，既一个承台的管桩统一打到地表高度，然后再一起集中送桩。也可事先在建筑物周边设置袋装砂井或塑料排水板，消除部分超孔隙水压力，设置隔离板桩或地下连续墙、开挖地面排土沟等消除挤土效应给周围建筑物造成影响。

## 7.3　成桩检测

压桩结束后，需要对桩基进行检测，桩基检测依据设计要求采用《建筑基桩检测技术规范》（JGJ 106—2003）及《基桩低应变动力检测规程》（JGJ/T 93—95）进行。检测的项目主要有桩身的完整性质量检测、单桩竖向抗压极限承载力检测及复合地基承载力检测。

桩身质量检测，主要通过现场低应变反射波法进行，目的是对桩身缺陷进行判定，对桩身质量进行分级。根据规范分为四个等级，分别为 Ⅰ、Ⅱ、Ⅲ、Ⅳ 类桩。其中 Ⅰ 类桩为桩身质量优良桩；Ⅱ 类桩为合格桩；Ⅲ 类桩为明显质量缺陷桩，需要与相关单位研究，确定处理方案或继续使用，按要求修补后或经研究可继续使用的视为合格桩；Ⅳ类为不合格桩。

单桩承载力检测，主要通过现场静荷载试验以及高应变动力检测进行，主要检测单桩承载力是否满足设计要求。静荷载试验检测数量，按规范要求随机抽检总桩数的 1% 且不少于 3 根，因为是破坏性试验一般静载试验对施工前的试桩进行。

## 8　安全措施

现场应建立一个有权威的安全生产领导小组，组成安全生产管理保证体系，形成专管成片，群管成网的局面并加强基础管理工作；加强安全生产教育，定期学习安全生产有关文件及操作规程，落实安全生产交底制度；施工员进入现场必须戴好安全帽和其他必要的防护用品，特殊工种增加对其工种有关的安全防护用品和工具；桩机周围要设立明显的示意标志，施工区域要有隔离措施，防止闲人和小孩入内；在构筑物旁沉桩时需考虑安全距离，在没有安全距离的情况下，必须要有确实可行的加固措施；起重作业时要有专人统一指挥密切配合，操作前对各种工具、设备、钢丝绳等进行仔细检查，并进行试运转，严禁起重臂下吊物、站人，保证安全；各种机械设备操作手必须要有上岗证，严格按操作规程操作，严禁无证操作；凡有电机械一定要在电源箱内接出，电源箱要加锁，专人负责保管，不使用时立即切断电源，锁好电源箱；电焊机、切割机、碰焊机等有火星飞溅或危险性的机械，必须加盖防护罩，在操作时禁止闲人旁观；各种机具在操作前要进行试运转，电源装置、制动装置、传动装置是否完好，在正常的情况下方可正式使用；机具使用中加强检查，发现运行不正常、机械发热等情况时，停止运转；机具设备要保持清洁，定期进行检查，延长使用寿命，保证使用安全，确保完好。

## 9　环保措施

建立以项目经理为环保第一责任人，是施工现场环保自我监控体系的领导者和责任者；严格执行国家的法律、法规，采取技术措施保护环境；严格控制人为噪声，进入现场，不得高声喊叫，限制使用高声喇叭；在施工期间，始终保持工地的良好排水状态，修建一些临时排水渠道，并与永久性排水设施相连接，且不得引起淤积和冲刷；施工废水、生活污水不得直接排入农田、耕地、灌溉渠和水库，不得污染饮用水源；施工作业场区设置醒目、整洁的施工标牌，施工许可证等标牌；文物保护，施工时如发现文物古迹，严禁移动和收藏，现场施工人员保护好现场，防止文物流失，并暂时停止作业，立即上报。

## 10　资源节约

由于主要材料预应力 PHC 管桩为厂家集中预制，批量生产、运输及装卸，因此比钻孔灌注桩，很大程度上节约了人力、材料、机械台班等资源。

主要机械为静压桩机，主要依靠自重和配重来达到沉桩压力，同比锤击沉桩施工，有着不需要利用电、气及柴油来产生压力的优势，为此节约了电、气及油料等较为缺乏的资源。

利用预应力 PHC 管桩软基处理相比挖除换填法有着明显的节约资源优势，在开挖了换填过程中要使用挖掘机、推土机、土方运输车、压路机等大型的机械设备，同时还需要相当数量的换填材料，挖除后的软基废土要运输到弃土场，而预应力 PHC 管桩软基处理不需要以上所有的资源，很大程度上节约了机械设备、合格的回填材料、和弃土场土地等资源。

## 11 效益分析

### 11.1 与锤击沉桩法施工比较

采用静压法沉桩时，其 PHC 管桩的配筋率和混凝土强度等级均可降低一个等级，这意味着静压法可降低 PHC 管桩的制作成本。

成桩速度及费用相近，但柴油锤击桩额外需要柴油费用；成桩质量比锤击更可靠，并降低因截桩或对处理质量问题而发生的费用；由于电力液压驱动无噪声，而锤击噪声及烟尘污染严重，比锤击环保。整体效益优于锤击法沉桩工艺。

### 11.2 与预制方桩、混凝土灌注桩等比较

具有单桩承载力高、单位用钢及混凝土量少（约 50％左右）、质量易检测控制、环保无污染、施工速度快等优点。综合经济效益节约成本 40％～50％。

### 11.3 与挖除换填软基处理比较

缩短工期、加快进度，从而减少了管理人员的管理费和其他各项措施费；从机械设备使用、材料的用量、工程施工工艺和施工难易程度，废弃软土处理等，PHC 管桩软基处理节约了大量的资源，因此，创造了一定的经济效益。

## 12 应用实例

12.1 A15 公路新建工程 1 标位于上海青浦区练塘镇，起点与浙江省申嘉湖高速公路相接，全长 4300m，开竣工日期为 2007 年 10 月 10 日～2008 年 9 月 25 日，总造价为 22900 万元，道路软基处理采用先张法预应力管桩（PHC 管桩），PHC 管桩桩长为 39m、41m，共计 8235 套，全部分为 3 节桩，配桩分别为 12m+13m+14m、12m+14m+15m。经过设计要求及相应检查规程，桩身完整性判定 Ⅰ 类桩比例为 97％，Ⅱ 类桩比例为 3％，无 Ⅲ 类及断桩检测结果，得到了业主的表彰。

12.2 A8 公路拓宽改建工程 4 标位于上海松江区新桥镇，全长 2000m，开竣工日期为 2008 年 11 月 1 日～2009 年 10 月 31 日，道路软基处理采用先张法预应力高强混凝土 PHC 管桩（AB 型），混凝土强度采用 C80，桩径 0.4m，壁厚 80mm。单桩结构强度竖向承载力设计值不小于 1640kN，根据土体支撑能力计算的单桩承载力设计值不小于 910kN，桩长为 30m、32m，全部分为 3 节桩，配桩分别为 9m+10m+11m、9m+11m+12m，共计 4126 套。经过设计要求及相应检查规程，桩身完整性判定 Ⅰ 类桩比例为 98％，Ⅱ 类桩比例为 2％，无 Ⅲ 类及断桩检测结果，得到了业主的表彰。

附录 4

# 重载交通沥青路面基层贫混凝土施工工法

GGG（京）B1019—2008

高　政　王旭东　孙建波　周兴业　戴克斌

（北京市公路桥梁建设集团有限公司　交通部公路科学研究院

北京市政路桥建材集团有限公司）

## 1　前言

1.1　近年来，随着我国经济的迅猛发展，公路运输日益发挥着重要的作用，但是一些重载交通和运输车辆严重的超载现象对公路的损坏日趋严重。怎样使用最经济的施工方法使道路的路面基层强度提高，从而提高路面结构使用寿命和功能的耐久性，沥青混凝土路面的路面基层采用贫混凝土铺筑的方法很好的解决了这个问题。贫混凝土（Lean Concrete）是由粗、细集料与一定水泥和水拌和而成的一种混凝土。这种混凝土的水泥用量较普通混凝土低，有时也称经济混凝土（Econocrete）。贫混凝土基层 7d 无侧限抗压强度 95％保证率下的代表值不小于 9.0MPa，采用贫混凝土路面基层设计后（图 2 采用贫混凝土设计路面结构），可以

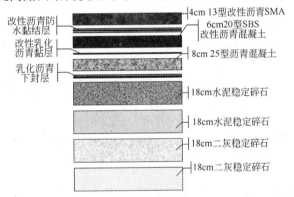

图 1　原设计路面结构

代替原设计（图 1 为原设计路面结构）两层水泥稳定碎石及一层沥青混凝土底面层，可以节省工程原材料和缩短工期，经济效益和社会效益显而易见。贫混凝土混合料是使用经过试验严格设计级配的各类集料、水泥的混合料，改进后的拌和、摊铺、碾压、切缝等施工工艺组成了完整的贫混凝土的施工方法，目前已经在 110 国道改建、110 国道大修等工程中得到了很好的验证。

1.2　贫混凝土路面基层的施工是北京市路政局主持立项，交通部公路科学研究院具体研究实施，北京市公路桥梁建设集团有限公司具体施工的科研项目。

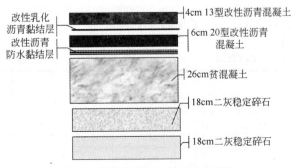

图 2　采用贫混凝土设计路面结构

## 2　工法特点

2.1　严格设计、多次试验，优选出最佳贫混凝土混合料的配合比。

2.2　贫混凝土的施工方法无需采用特殊施工机械、设备，只需对现有的拌和设备进行改造和调整机械组合。

2.3　采用先重后轻的碾压方法，使碾压功直达底层，并且有效地防止了水分散失过快，但是对贫混凝土混合料的最佳含水率有很高的要求。

2.4　通过贫混凝土切缝处理，合理的控制了由于水化热反应及大体积贫混凝土体板膨胀开裂变形，有效地减少了刚性路面基层开裂造成的油面反射裂缝。

2.5　贫混凝土的施工方法大大缩短了工程的施工工期，提高了施工机械的利用率，通过无侧限抗压强度和取芯等试验检测，质量完全符合国家相关标准和设计要求。

2.6　贫混凝土的施工方法减少了路面结构层的数量，节约了资源、减少了有害气体及噪声等环境污染、降低了安全事故发生的概率。

2.7　贫混凝土施工方法的经济效益和社会效益非常显著。

## 3　适用范围

重载交通环境下的沥青混凝土路面基层施工。

## 4　工艺原理

4.1　贫混凝土混合料按照各类集料和水泥严格的配和比拌和，利用骨料镶嵌的物理作用和高剂量的水泥化学作用提高混合料的强度。

4.2　通过改进后的拌和、摊铺、碾压、切缝等施工方法使贫混凝土基层7d无侧限抗压强度95%保证率下的代表值不小于9.0MPa，在提高了路面基层强度的同时有效地减少了刚性路面基层开裂造成的油面反射裂缝。

## 5　施工工艺流程及操作要点

贫混凝土的施工工艺流程图见图3。

### 5.1　贫混凝土混合料配合比设计

在配合比设计过程中采用12组不同原材料的配合比设计，经过筛选确定以下4种原材料的配合比设计进行验证，验证过程及结果如下。

#### 5.1.1　筛分

对拌和厂可用于贫混凝土的料进行了筛分试验，结果如表1。

筛分试验结果　　　　表1

| 各档料　筛孔尺寸（mm） | 20～30（mm） | 10～20（mm） | 10～20（mm） | 5～10（mm） | 机制砂 | 河砂 |
|---|---|---|---|---|---|---|
| | | 新料 | 旧料 | | | |
| 26.5 | 89.62 | 100.00 | 100.00 | | | |

续表

| 筛孔尺寸（mm） \ 各档料 | 20~30 (mm) | 10~20 (mm) | 10~20 (mm) | 5~10 (mm) | 机制砂 | 河砂 |
|---|---|---|---|---|---|---|
| | | 新料 | 旧料 | | | |
| 19 | 25.36 | 91.05 | 99.75 | | | |
| 16 | 6.61 | 74.14 | 94.46 | | | |
| 13.2 | 0.70 | 48.46 | 73.15 | 100.00 | | |
| 9.5 | | 12.03 | 22.69 | 99.01 | 100.00 | 99.76 |
| 4.75 | | 0.10 | 0.31 | 20.17 | 95.95 | 88.24 |
| 2.36 | | | | 1.72 | 70.13 | 65.01 |
| 1.18 | | | | | 51.16 | 44.10 |
| 0.6 | | | | | 37.66 | 26.21 |
| 0.3 | | | | | 23.62 | 12.00 |
| 0.15 | | | | | 18.54 | 7.09 |
| 0.075 | | | | | | 3.28 |

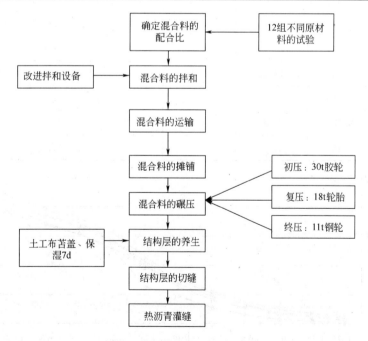

图3　贫混凝土施工工艺流程图

### 5.1.2　试验掺配

对筛分结果进行掺配，形成表2、表3、图4级配组成。

各档料掺配比 表2

| 各  档  料 | 新料 | 旧料 | 新料 |
| --- | --- | --- | --- |
|  | A组 | B组 | C、D组 |
| 20～30（mm） | 15% | 26% | 26% |
| 10～20（mm） | 31% | 25% | 25% |
| 5～10（mm） | 10% | 9% | 9% |
| 机制砂 | 16% | 16% | 16% |
| 河砂 | 28% | 24% | 24% |

掺 配 级 配 表3

| 级配组成<br>（mm） | A 组级配 | B组级配 | C、D组级配 | 设计上限<br>（%） | 设计中限<br>（%） | 设计下限<br>（%） |
| --- | --- | --- | --- | --- | --- | --- |
| 26.50 | 98.44 | 97.30 | 97.30 | 100 | 95 | 90 |
| 19.00 | 86.03 | 80.53 | 78.36 | 86 | 80.5 | 75 |
| 16.00 | 77.97 | 74.33 | 69.25 | 79 | 73.5 | 68 |
| 13.20 | 69.13 | 67.47 | 61.30 | 72 | 66.5 | 61 |
| 9.50 | 57.56 | 54.52 | 51.86 | 62 | 56.5 | 51 |
| 4.75 | 42.11 | 38.54 | 38.37 | 45 | 40 | 25 |
| 2.36 | 29.60 | 26.98 | 26.98 | 31 | 25 | 19 |
| 1.18 | 20.53 | 18.77 | 18.77 | 22 | 16.5 | 11 |
| 0.6 | 13.36 | 12.32 | 12.32 | 15 | 10.5 | 6 |
| 0.3 | 7.74 | 7.26 | 7.26 | 10 | 6.5 | 3 |
| 0.15 | 5.77 | 5.48 | 5.48 | 7 | 4.5 | 2 |
| 0.075 | 3.88 | 3.75 | 3.75 | 5 | 2.5 | 0 |

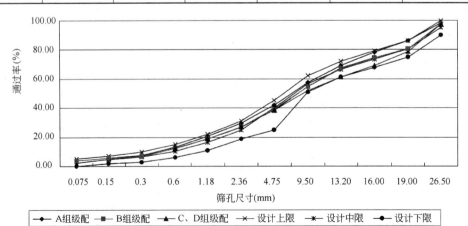

图4 级配曲线

### 5.1.3　击实（表 4）

**击　实　结　果**　　　　　　　　　表 4

| 击实结果 | 新　料 | 旧　料 | 新　料 | 新　料 |
|---|---|---|---|---|
| | A 组 | B 组 | C 组 | D 组 |
| 水泥剂量（%） | 12 | 14 | 14 | 12 |
| 最佳含水率（%） | 5.14 | 7.02 | 5.71 | 5.55 |
| 最大干密度（g/cm³） | 2.3371 | 2.3057 | 2.3432 | 2.3517 |

### 5.1.4　强度（表 5）

**强度试验结果**　　　　　　　　　表 5

| 水泥剂量／试验序号 | 新　料 | 旧　料 | 新　料 | 新　料 |
|---|---|---|---|---|
| | A 组 | B 组 | C 组 | D 组 |
| | 12% | 14% | 14% | 12% |
| 1 | 6.78 | 11.71 | — | 9.94 |
| 2 | 9.95 | 6.75 | 10.98 | 8.20 |
| 3 | 9.39 | 9.59 | 12.85 | 13.71 |
| 4 | 8.90 | 11.54 | 13.94 | 11.31 |
| 5 | 12.00 | 9.88 | 11.57 | 12.31 |
| 6 | 7.86 | 12.46 | 11.96 | 11.67 |
| 7 | 8.92 | 13.79 | 12.74 | 12.29 |
| 8 | 6.42 | 12.45 | 12.74 | 11.25 |
| 9 | 9.52 | 10.57 | 11.05 | 12.80 |
| 10 | 9.72 | 6.95 | 11.13 | 11.70 |
| 11 | 9.33 | 10.98 | 11.65 | 12.02 |
| 12 | 7.79 | 9.46 | 11.49 | 12.16 |
| 13 | 8.54 | 10.83 | 10.59 | 11.13 |
| 平均值 | 8.86 | 10.53 | 11.89 | 11.58 |
| 变异系数 | 16.38% | 19.43% | 8.31% | 11.72% |
| 代表值 | 6.47 | 7.17 | 10.27 | 9.34 |

### 5.1.5　结论与建议

通过以上的试验结果可知：

（1）石料的品质对强度的影响较大，在级配组成大致相同的情况下，C、D 组 10～20 档石料采用质量较好的石灰岩，B 组的采用有较多软石颗粒的石料，仅改变了一档石料，在水泥掺量相同的情况下，强度相差较大。

（2）软石颗粒过多，将直接影响强度的变异性水平，B 组的变异水平远远高于其他各组。

（3）水泥剂量的增大，将减少变异水平，C 组的变异性系数小于 D 组。但通过增加水泥剂量来提高强度和减少变异水平将会产生其他的相应问题，如增大成本、增大干缩开裂可能性等。

（4）级配对贫混凝土的影响较大，在水泥剂量相同的情况下，A 组强度明显小于 D 组。

（5）通过以上的分析，实际生产中按照 D 组的级配进行生产。在实际的生产过程中，严格控制原材料、掺加水泥剂量、掺加水量的变异性。

具体的参数见表 6。

生　产　用　参　数　　　　　　　　　　表 6

| 各档料 | 20～30（mm） | 10～20（mm） | 5～10（mm） | 机制砂 | 河砂 |
|---|---|---|---|---|---|
| 掺配比例 | 26% | 25% | 9% | 16% | 24% |
| 水泥剂量 | 12% | | | | |
| 最佳含水量 | 5.55% | | | | |

5.1.6　试验验证

（1）具备贫混凝土材料配合比试验必要的基本现场试验设备和手段，主要有：

水泥强度等级和终凝时间的测定手段和设备；

混合料的击实、成型设备；

混合料含水率的测定手段和设备；

符合养生要求的混合料试件养生室。

（2）在生产过程中，当原材料发生变化时，需重新进行配合比试验设计。确定相关的生产参数，即：各档集料的比例、水泥剂量、含水率、最大干密度等。

（3）正式施工前铺筑不小于 200m 长的试验路段，验证混合料的配比、施工流程。因此试验路段施工时，施工设备必须全部到场，因此总结的工艺流程在正式施工时必须严格遵照执行。试验路铺设完毕后，经过养生、验收等程序后，编写试验路总结报告方可进行大规模施工。

5.2　拌和与运输

5.2.1　拌和

贫混凝土采用 500 型粒料拌和设备集中厂拌，生产能力不小于 400t/h，拌和设备配备 6 个进料仓。进料仓的隔板必须加高，加高的高度大于 80cm，同时料仓的开口应比装载机的铲斗宽，以保证上料时不同粒料不会相互混杂，影响施工配合比的精确性。拌和场地及堆料场地采用 C20 混凝土硬化处理，不同粒料分别堆放并设置 2m 的砖混隔离墙。

为保证贫混凝土混合料的配比精确性，对现有 500 型粒料拌和设备进行技术改造。拌和机按最大粒径在进料口配置振动筛网，出料口安装附着振动设备，仓底送料带采用电子皮带秤动态计量，用多种控制手段共同控制贫混凝土混合料中各种粒料的比例，以达到混合料与配合比设计的一致性。水泥仓密闭、防潮，并配有破拱装置，保证水泥生产过程中水泥的均匀添加。重点强调的是在拌和过程中必须使贫混凝土混合料的含水率时刻保持精确，严格控制混合料拌和时的含水率，且有必要、有效的计量措施，聘请专业拌和站设备厂家改装水计量装置，把时间计量改为质量计量，以达到对成品料含水率的精确控制，在气候炎热、干燥时，可大于最佳含水率 0.5%～1%。

为保证混合料的充分拌和，从混合料加水拌和到拌和出料，其拌和时间应不少于 40s。

5.2.2　运输

（1）贫混凝土混合料从拌和仓通过传送带传送至给料仓，装车运输至施工现场。在传送带处由质控人员随时抽取样本检测含水率以保证每车含水率达到要求。

（2）运输混合料的车辆数量应根据施工现场进度配置，保障均衡供料。

（3）混合料在运输中覆盖防水苫布以减少水分蒸发。

5.3　贫混凝土混合料的摊铺

5.3.1　支模

（1）采用 8cm 厚，30cm 高，长 4m 的木模支护。

（2）模板搭接处采用 3cm 厚、30cm 长、20cm 高的木板加固连接。

（3）模板的支撑采用直径 20mm、长 45cm 的光圆钢钎钉入下承层 20cm，紧贴模板外侧进行加固。

（4）在贫混凝土混合料碾压成型，并且达到初凝后（8h）方可拆模。

5.3.2　清理

对已有的二灰碎石底基层进行清扫处理，使用专业清扫车对整个工作面进行彻底清理，并使二灰碎石底基层具有一定的粗糙度，为了加强层间结合，应在底基层顶面洒布纯水泥浆（边洒布边摊铺），水泥浆不少于 $4kg/m^2$。

5.3.3　摊铺

（1）贫混凝土混合料的摊铺应采用大功率摊铺机摊铺，并使混合料松铺厚度达到试验段验证的松铺系数值 1.29。摊铺前用燃烧法或钙离子检测法检测每车的含水率，使摊铺时混合料的含水率大于最佳含水率的 0.5％。

（2）摊铺机应尽可能连续、均匀作业，严格控制绞笼供料速度，防止混凝土离析。如遇供料失去均衡时，应缓慢减速或加速，但摊铺速度不超过 1m/min，不可忽快忽慢或频繁停机，以保证摊铺层的平整度和混合料的密实度，保证摊铺层质量。

（3）当采用两台摊铺机梯队摊铺时，两台摊铺机的型号、振动频率应保持一致。在施工过程中两台摊铺机应保持均匀供料，前后间距不宜大于 10m。同时为保证强度，摊铺机接缝位置不应放在未来行车道的轮迹带位置，摊铺机横向布置采用 7m+7m 方式进行。

（4）严格控制摊铺层的设计高程、厚度、横坡度（与面层一致）和平整度，两台摊铺机外侧均采用基准线控制，第一台摊铺机内侧走铝梁，第二台摊铺机内侧采用滑靴走已经铺筑但尚未碾压的结构层控制高程。

（5）配备路面修饰组，跟踪摊铺机及时处理摊铺层出现的缺陷。摊铺机手应随时注意观察摊铺机的工作状态和摊铺质量，发现异常情况应及时进行调整，避免缺陷继续产生。

5.4　碾压

5.4.1　混合料的碾压应按试验路段确认的工艺进行。

5.4.2　为了保证压实效果，同一个施工断面上应配备 5 台重型压路机，采用 2 台重型轮胎振动压路机（18t）、2 台重型胶轮压路机（30t）、1 台双钢轮压路机（11t）配合碾压施工的方式进行。

5.4.3　由于贫混凝土结构层为 26cm 厚，大于现行规范对结构层摊铺厚度的要求，因此在碾压时打破传统的碾压理念，采用先重后轻的碾压方式，使碾压功直接传送至结构层最底部，改变以前碾压后结构层上部密实，下部压实度达不到规范要求的状况。碾压是将压路机的驱动轮面向摊铺机，碾压顺序先外侧后中心，在超高路段由底向高碾压，碾压时应重叠 1/2 轮宽。

（1）初压：由 2 台重型胶轮压路机（30t）紧跟摊铺机进行碾压，碾压遍数为每台 2 遍，共 4 遍。初压时紧跟摊铺机，并保持较短的初压区长度，尽快使表面压实，防止水分散失。

（2）复压：由 2 台重型轮胎振动压路机（18t）挂高频强振碾压，碾压遍数为每台 2 遍，共 4 遍。复压紧跟初压进行，碾压段的长度为 40m，每台压路机均要全幅碾压，防止幅面压实度不均匀。

（3）终压：由 1 台双钢轮压路机消除轮迹印并配合缺陷处理组对混合料离析现象、局部水分过大现象进行缺陷处理。

5.4.4　压路机的碾压速度。碾压速度头两遍以采用 1.5～1.7km/h 为宜，以后宜采用 2.0～2.5km/h。

5.4.5　在碾压过程中，严禁压路机在已完成的或正在碾压的路段上掉头或紧急制动，应保证贫混凝土表面不受破坏。

5.4.6　在碾压过程中，贫混凝土层的表面应始终保持湿润，如水分蒸发过快，应及时补洒少量的水，但严禁洒大水碾压。

5.4.7　碾压过程中，如有弹簧、松散、起皮等现象，应及时翻开重新拌和（加适量的水泥），使其达到质量要求。

5.4.8　经过拌和、整形的贫混凝土材料，宜在胶结料初凝前并应在试验确定的延迟时间内完成碾压，并达到要求的密实度，且没有明显的轮迹印。

5.5　接缝

5.5.1　施工接缝和压路机"掉头"，应按《公路路面基层施工技术规范》（JTJ 034—2000）的规定处理。

5.5.2　当两台摊铺机梯队摊铺时，如遇等料或其他原因，造成接缝位置不能及时碾压时，如间隔时间超过 1h 或接缝位置混合料发干、发白时，该处混合料应铲除，重新用新料填补。

5.5.3　应利用与构造物接缝做横向施工缝，尽可能不设或少设横缝。对横向施工缝应用 3m 直尺量测出"低头处"，画线并向下刨除 9cm（结构层厚度的 1/3）做出台阶，长度不小于 30cm。第二天摊铺前处理完的接缝处应刷水泥浆，以保证两次铺筑的混合料更好的连接。上基层与搭板接缝铺筑玻纤格栅。

5.6　养生

5.6.1　碾压完成后应立即进行养生。养生时间不少于 7d。

5.6.2　养生阶段采用土工布完全覆盖养生，7d 内应始终保持贫混凝土结构层表面饱水湿润，以防止其表面收缩、开裂。

5.6.3　在养生期间，除养生车辆可慢速通行外（车速限制在 30km/h 以下）。禁止其他任何车辆通行。

5.7　切缝与灌缝

5.7.1　切缝时间不宜过早或过迟，过早由于贫混凝土强度较低将导致缝隙边缘产生毛边或飞边现象，过迟由于贫混凝土强度增长较快造成切缝时费时费工。在贫混凝土养生3d时，对贫混凝土层进行锯缝，锯缝深度不小于贫混凝土厚度的1/3，横缝间距为每10m一条缝，纵缝设在未来车道标线下。

5.7.2　在贫混凝土养生结束后，在施工下道工序铺玻纤格栅之前，对贫混凝土层清扫干净后（包括缝内），对所切缝进行灌缝处理，采用热沥青人工灌缝，灌缝要均匀、饱满。

5.8　其他

5.8.1　雨期施工

（1）集中力量，分段铺筑，在雨前做到碾压密实。未经压实合格而遭雨淋的所有混合料均应铲除废弃。

（2）施工时应随时疏通边沟，保证排水良好。

5.8.2　基层施工期间的日最低气温应在5℃以上。

5.8.3　在施工过程中，应严格控制集料的含泥量、混合料的级配组成与含水率，按工艺要求进行摊铺、碾压，加强覆盖保湿养生，以减少铺筑层产生裂缝。

# 6　材料与设备

6.1　本工法的材料

6.1.1　碎石的压碎值不应大于30%。

6.1.2　碎石的最大粒径不应超过31.5mm。

6.1.3　细集料中有机质含量不超过2%，且不宜采用含塑性指数的土。

6.1.4　水泥可选用普通硅酸盐水泥、矿渣硅酸盐水泥和火山灰硅酸盐水泥，初凝时间不小于4h，终凝时间不小于6h。

6.2　采用的机械设备（见表7）

机械设备情况一览表　　　　　　表7

| 序　号 | 机械、设备名称 | 型　　号 | 生产能力、吨位 |
| --- | --- | --- | --- |
| 1 | 贫混凝土拌和站 | WCZ500型 | 500t/h |
| 2 | 摊铺机 | ABG423（2台） | |
| 3 | 压路机 | 单光轮压路机18t（2台） | 18t |
| 4 | 压路机 | 胶轮压路机30t（2台） | 30t |
| 5 | 压路机 | 双钢轮压路机11tDD110（1台） | 11t |
| 6 | 斯太尔运输车 | 自卸汽车（10辆） | 30t |
| 7 | 洒水车 | SEQ5130GSS（2辆） | 8t |
| 8 | 装载机 | ZL50（2辆） | |

## 6.3 无机结合料试验的基本仪器（见表 8）

**试验仪器一览表** 表 8

| 设 备 名 称 | 台 套 |
|---|---|
| 振动筛分机 | 1 |
| 方孔筛 0.075～37.5mm | 1 套 |
| 击实仪 | 1 台 |
| 鼓风、控温烘箱 | 2 台 |
| 200t 压力机 | 1 台 |
| 脱模仪 | 1 台 |
| 路强仪 | 1 台，配 15t 压力环 |
| 劈裂试验模具 | 1 套 |
| 15cm×15cm 的试模 | 15 套 |
| 精度 0.01g，量程不小于 3000g 电子天平 | 1 台 |
| 精度 0.1g，量程不小于 10kg 电子天平 | 1 台 |
| 测定水泥有效剂量的设备 | 1 套 |
| 保温、保湿的养生室 | 1 间 |

## 7 质量控制

7.1 工法施工符合《公路路面基层施工技术规范》（JTJ 034—2000）、《公路工程无机结合料稳定材料试验规程》（JTJ 057—94）、《公路路基路面现场测试规程》（JTG E 60—2008）、《公路工程水质分析操作规程》（JTJ 056—84）的规定。

7.2 成立以项目经理为第一负责人的工程质量管理小组，组员为项目部各部室和各施工工区人员，树立"百年大计，质量第一"的思想，全面负责项目工程质量保证和控制。建立全面的、强有力的质量保证体系，对工程项目进行标准化、程序化的受控管理，认真制定、执行各项质量保证制度。

落实项目工程质量计划，加强施工过程的控制，严格项目工程的施工技术和质量检验管理，严把"图纸、测量、试验"关，并对其工程质量负责。监督检查采购物资的检验和试验设备的控制，制定和实施预防措施和纠正措施。

7.3 贫混凝土的拌和

合格的集料应分粒径堆放在硬化、无污染的场地上，不得混堆。原材料的进场要按照频率进行试验检测。拌和站的计量装置要通过专业管理部门的标定，并且按时进行维护和检修。

7.4 贫混凝土的摊铺

摊铺机的起步和行驶过程中速度要均匀稳定，不可随意停机或加大摊铺速度。有专人指挥料车倒车，防止料车冲撞摊铺机造成平整度的损失，摊铺时测量人员要每 10m 复测高程，保证贫混凝土基层的纵曲线高程满足设计要求。

7.5 贫混凝土的碾压

严格控制压路机的碾压先后顺序及碾压遍数，初压、复压、终压段以插不同颜色的旗帜划分，操作手按照旗帜分段碾压，防止漏压和过压。质控人员随压路机测量混合料的压实度，压实度不足时及时进行补压。

### 7.6　贫混凝土的养生

碾压成活的贫混凝土结构层要马上苫盖土工布进行养生，养生时间不少于 7d。养生期间 7d 内应始终保持贫混凝土结构层表面饱水湿润，以防止其表面收缩、开裂。在养生期间，除养生车辆可慢速通行外（车速限制在 30km/h 以下），禁止其他任何车辆通行。

### 7.7　贫混凝土的切缝

严格按照规定的间隔距离和切缝时间进行贫混凝土的切缝，切缝深度的控制要按照技术交底的内容完成。切缝后清理晚缝内杂物，用热沥青进行灌缝处理，灌缝要均匀密实，封闭缝口防止杂物掉入缝中。

### 7.8　贫混凝土的试验检测

## 8　安全措施

### 8.1　安全保证方针

安全保证方针是：遵守法规、强化管理、落实责任、确保安全、预防为主、加强保护。合理安排施工生产，落实质量保证措施，确保工程质量，对施工生产负直接领导责任。严格执行施工规范、操作规程，杜绝"违章指挥、违章作业、违反操作规程"行为。

### 8.2　安全管理措施

8.2.1　在拌和站和施工现场设置专职安全管理人员，在明显部位张贴安全注意事和安全警示标语、标志。

8.2.2　制定拌和站和各类施工机械的操作规程，严格按照操作规程施工，避免机械伤害事故。各类机械设备要定期保养、定期检查使其始终处于一个良好的工作状态下。各类机械设备的操作工、电工、焊工等工种，必须经过专门安全操作技术训练，考试合格后方可持证上岗。

8.2.3　对项目部人员和劳务用工进行安全入场教育并进行考核，只有考核合格者才可进入施工现场。

8.2.4　对每项工序进行安全交底，交底人员认真学习后签字确认。

8.2.5　坚持经常和定期、不定期的安全检查，及时发现事故隐患，堵塞事故漏洞。

### 8.3　施工用电

对于工程施工用电我们将专门进行设计，编制临时用电方案，但在通常情况下应做到如下几点。

8.3.1　施工用电必须符合用电安全规程。现场电器设备要有防漏电措施，非电工不得安装、操作电器设备。

8.3.2　室外支线应用橡皮线架空，接头不受拉力并符合绝缘要求。

8.3.3　工地采用低压照明，导线不得随地拖拉或绑在架子上。

8.3.4　电箱内开关及电器必须完整无损，接线正确。各类接触装置灵敏可靠，绝缘良好，无灰、无杂物、固定牢固。

8.3.5　配电箱要有防护栏、防雨棚、防砸棚，每个箱子上锁并设专人负责。

8.3.6 各种电器设备有测试、检测记录，现场要达到三级配电、三级漏电保护，现场要有专人负责，各种制度要健全。

8.3.7 所有电器设备，一律安装漏电保护器，设备和线路必须良好，各种电动设备必须接零、接地，开关箱与用电设备实行一机、一闸、一保险。

## 9 环保措施

拌和站和施工现场是控制环保的重点场所，是施工现场综合管理水平的体现，为了创造良好的环境效益、社会效益，开展了以下几个方面的工作。

### 9.1 卫生管理

机械在每天使工现场设专人负责卫生保洁，保持现场整洁卫生，道路畅通，无积水，车辆不带泥出现场。

做好节能工作，安装节水型水龙头，禁止跑、冒、滴、漏现象发生。禁止长明灯。

现场设专人负责门前三包和场区卫生。

将施工场地清理的废渣废料进行定点堆放，及时运到监理工程师指定的地点弃废料，以利施工有序进行；施工排放的污水、废浆等应做沉渣处理后排出。

### 9.2 防止扰民和民扰的措施

严格控制作业时间，特殊情况需连续作业，按规定办理夜间施工证。夜施光源位置安排合理，不得直接对准居民房，在混凝土浇筑必要时采用低噪声振捣棒。

施工现场提倡高度文明施工，建立健全控制人为噪声的管理制度，夜间施工尽量轻拿轻放，杜绝人为敲打、叫、嚷、野蛮装卸噪声等现象，最大限度地减少人为噪声扰民。

大门前设车辆冲洗池，凡冲洗土方车辆，通过排水沟排到沉淀池内，经二次沉淀后排入指定市政污水管线。

做好"门前三包"工作。

### 9.3 防扬尘防污染的措施

施工现场、生活区应制定洒水清扫制度，配备两辆洒水车，指定专人负责，洒水和清扫，每天上、下午各不少于两次。

各种运输车辆出场前必须清扫车身，现场大门前设置冲洗池，用高压水冲洗轮胎及槽帮，防止将灰尘带出场外。

运输易飞扬的细颗粒散体材料和建筑垃圾时，封闭、包括覆盖，以免沿途泄漏、遗撒，卸时采取有效措施防止扬尘。

施工现场内水泥、石灰等细颗粒散体材料必须密闭库内存放，施工土方、砂石等材料须用密目安全网覆盖。

各种运输车辆的尾气排放需达到国家有关标准，超标车禁止上路行驶。

## 10 资源节约

重载交通沥青路面基层贫混凝土施工工法的应用由一层贫混凝土代替两层水稳碎石和一层沥青混凝土，大大节约了各类地材、沥青、机械、人工的使用，进一步减少了水、电、各类油料的消耗量，节约了大量物质资源和社会资源，为国家节能减排、减少资源消耗做出了贡献。

## 11　效益分析

### 11.1　110 国道改建工程

11.1.1　直接经济效益：原 110 国道改建工程结构层设计为 4＋6＋8 三层沥青混凝土，二层水泥稳定碎石各 18cm 厚。二层石灰粉煤灰稳定碎石各 18cm 厚。通过采用贫混凝土设计后，去掉了二层水泥稳定碎石和一层 8cm 厚的沥青混凝土底层。用 26cm 厚的一层贫混凝土代替以上三层结构。原三层结构中水稳每层 34 元/m²。8cm 厚的沥青混凝土 98/m²。原三层结构总价为 8349800 元，26cm 厚的贫混凝土 109 元/m²，总价为 5482700元，直接经济效益为 2867100 元。

11.1.2　间接效益：标段全长 3.6km，每天可铺筑水稳 450m 左右，8d 完成一层，养生 7d 后方可进行下一层施工。8cm 厚的沥青混凝土用 4d 完成。三层铺完用时 28d，而贫混凝土每天铺筑 320m 左右，用时 11d。工期可提前 17d。工期的提前在环保上也节省了一部分财力、物力、人力。对周边环境减少了有害气体的排放，提高了空气质量。减少了噪声及废弃物对环境的污染。道路的提前通车，极大的缓解了以前旧 110 道路的堵塞现象，社会效益显著。

3.6km 长结构造价对比法：

| 各项费用 | 三层结构 | 26cm 贫混凝土 | 节约费用 |
|---|---|---|---|
| 工期 | 28d | 11d | |
| 机械 | 1669960 元 | 1096540 元 | 573420 元 |
| 材料 | 5844860 元 | 3837890 元 | 2006970 元 |
| 人工 | 834980 元 | 548270 元 | 286710 元 |
| 节约费用总计 | | | 2867100 元 |

### 11.2　110 国道大修工程

11.2.1　直接经济效益：原设计要求一层 20cm 水泥稳定碎石。三层 5cm＋6cm＋9cm 的沥青混凝土结构，变更改为 5cm＋6cm 两层沥青混凝土和一层 26cm 厚的贫混凝土结构。26cm 厚的贫混凝土代替了一层水稳碎石和 9cm 后的底层油。水稳每层 24 元/m²，9cm 厚的沥青混凝土 78 元/m²。原两层结构总价为 11704500 元。26cm 厚的贫混凝土 89元/m²，总价为 10212750 元。直接经济效益为 1491750 元。

11.2.2　间接效益：标段全长 8.5km，通过改做 26cm 贫混凝土后工期提前 7d，对周边环境影响较小。社会效益显著，经济效益可观。

通过以上分析可以看出贫混凝土的应用产生的社会效益十分可观。

8.5km 长不同结构层造价对比表：

| 各项费用 | 两层结构 | 26cm 贫混凝土 | 节约费用 |
|---|---|---|---|
| 工期 | 31d | 24d | |
| 机械 | 2340900 元 | 2042550 元 | 298350 元 |
| 材料 | 8193150 元 | 7148925 元 | 1044225 元 |
| 人工 | 1170450 元 | 1021275 元 | 149175 元 |
| 节约费用总计 | | | 1491750 元 |

11.3 通过以上分析可以看出路面基层贫混凝土施工工法的应用产生的经济效益和社会效益十分可观。

## 12 应用实例

### 12.1 国道 110 线（昌平德胜口—延庆下营）改建工程

由北京市公路桥梁建设集团有限公司参建的国道 110 改建工程施工工期为 2005 年 9 月~2007 年 12 月，本标段为山区段 K59+400~K63+004.221，由一层 26cm 的贫混凝土代替两层 18cm 水泥稳定碎石及一层 8cm 沥青混凝土底面层。

本标段道路长度为 3.6km，该工程竣工后通过了四方验收，符合设计、规范及有关验收标准的要求。该工程运用了重载交通下的沥青路面基层贫混凝土施工工法，该工法精确了贫混凝土混合料设计配比，改进了施工艺，在本工程上取得了成功的应用。

经过一个冬融期和雨期的检验，贫混凝土路面基层完全符合设计的预期要求。

### 12.2 国道 110 线（得胜口—军都山渡槽段）大修工程 B 合同

国道 110 线起点为北京，终点为银川，又称京银路。此道路在北京界内又称为京张公路，全长 38.9km，二级路标准。道路路基全宽为 10.5~12m。

本标段为 B 施工合同段，起点桩号为 K52+500，终点桩号为 K61+000，道路全长 8.5km。本次大修设计标准为山区二级路，计算行车速度为 40km/h。全段共新建大桥 1 座、中桥 1 座、小桥 3 座。工程总造价 44351083 元。

工程开工日期为 2003 年 5 月 26 日，完成日期为 2003 年 10 月 20 日。

由北京市公路桥梁建设集团有限公司参建的国道 110 大修 B 合同竣工后通过了四方验收，符合设计、规范及有关验收标准的要求。该工程运用了重载交通沥青混凝土路面基层贫混凝土施工工法，该工法精确了贫混凝土混合料设计配比，改进了施工工艺，在本工程上取得了成功的应用。

附录 5

# 高寒地区钢纤维混凝土路面面层施工工法

GGG（黑）B2032—2009

张国强　简　红　黄景海　吴宗玺　柳洪勒

（龙建路桥股份有限公司　黑龙江畅捷桥梁隧道工程有限公司）

## 1　前言

随着我国经济的快速发展，公路交通车流量不断增大，重型车越来越多，不少高速公路水泥混凝土路面发生了不同程度的损坏，影响了路面的正常使用，在通车的高速公路上维修，必须局部封闭交通，且维修困难，对社会影响较大。

黑龙江省是全国气温最低的省份，极端最低气温达−40℃，处于东北高寒地区，寒冷冰冻期每年在 5 个月左右。较大的昼夜温差，导致混凝土路面遭受频繁的冻融循环作用。冻融破坏成为东北高寒地区混凝土路面的主要病害。选择一种能有效减少混凝土原生微裂隙，增强混凝土路面结构的整体性和连续性，提高抗冻、抗裂能力的路面材料；推行一种适合高寒地区的水泥混凝土路面施工技术，能够有效加强和改善路面的使用品质，延长路面的使用寿命，减少维修次数，是整个高寒地区水泥路面工程成败的关键。为此，我们在哈同高速公路工程路面施工中，首次尝试采用滑模摊铺机摊铺钢纤维混凝土技术进行施工，并在绥满高速公路二期、三期路面施工中大面积应用此法进行路面施工。经过 6 年左右的应用证明：采用 5％左右掺量的钢纤维混凝土抗冻破坏和抗盐冻脱皮能力很强。钢纤维混凝土路面状况良好，未发现大面积开裂、断板、掉角情况；路面行车平稳，对轮胎的磨损小，完全满足高寒地区抗冰冻、耐久性的要求。本工法于 2008 年 5 月通过黑龙江省科技厅技术鉴定，2008 年 4 月该工法经科技查新，处国内领先水平。

## 2　工法特点

钢纤维混凝土中由于钢纤维的存在，大大抑制了基体混凝土裂缝的产生和发展，整体性好。与普通混凝土相比，呈现出良好的耐冻融性、耐热性、耐磨性、抗气蚀性；提高了抗折、抗拉、抗冲击和抗疲劳等力学性能；具有收缩率小、韧性好、耐磨耗等优点。

钢纤维混凝土施工技术解决了高寒地区冻融循环破坏的主要病害，抑制了早期干缩裂纹及连通裂缝的产生，减少了收缩裂缝，改善了路用性能，并可取代钢筋，加大缩缝间距，缩短施工周期，提高工程质量，降低工程维修费用，延长工程使用寿命。

## 3　适用范围

由于钢纤维混凝土具有以上力学特性，因此适用于高寒地区修筑普通公路路面和重载、大交通量的高等级公路路面以及旧路面的加铺层等。

## 4 工艺原理

钢纤维混凝土通过钢纤维长径比来提高混凝土强度和耐疲劳性能，增强了韧性，改变了混凝土性脆易裂的破坏形态，改善了混凝土的抗冻融能力。在高寒地区易采用长径比40，抗拉强度不小于 700MPa，具有光滑面（在新拌混凝土中不结团，分散均匀）和粗糙面（增加机械咬合力、黏结力）的铣削型钢纤维。按钢纤维体积率 0.5% 左右（纤维体积率一般为 0.6% ～1.0%）与水泥、粗集料、细集料和高效减水剂（按目标配合比设定的比例）配料，按设定的顺序投入大型强制拌和机。通过在搅拌楼皮带秤前端增加的钢纤维投料装置，利用皮带转动启动闸门完成投料，经过 15s 干拌，60s 湿拌，搅拌成均匀、不结团的钢纤维混凝土。考虑水泥在特定温度下的初凝时间，按规定运送到现场，由滑模摊铺机增大振捣烈度，通过基准线控制，一遍连续不间断摊铺出密实度高、动态平整度优良、外观几何形状准确的钢纤维水泥混凝土路面。

## 5 施工工艺及操作要点

### 5.1 施工工艺流程

施工准备→钢纤维混凝土搅拌与运输→钢纤维混凝土面层铺筑→面层接缝、抗滑与养生，施工工艺流程见图 1。

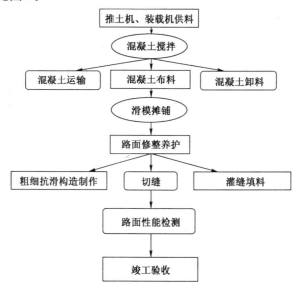

图 1 施工工艺流程图

### 5.2 操作要点

### 5.2.1 施工前准备工作

1）钢纤维混凝土路面搅拌站设置

（1）搅拌站宜设置在摊铺路段的中间位置。搅拌站内部布置应满足原材料储运、混凝土运输、供水、供电、钢筋加工等使用要求，并尽量紧凑，减少占地。

（2）合理布置场地内的通道。搅拌站原材料运输与混凝土运输车辆不应相互干扰，合理布设车辆进出道口的环形道路，并有临时停车场。

2）钢纤维混凝土配合比设计

钢纤维混凝土的配合比设计应满足结构设计要求的弯拉强度、耐久性和工作性、抗冻及抗渗性、耐腐蚀性等项要求。钢纤维混凝土配合比设计采用试算法，步骤如下：

（1）根据强度标准值或设计值以及施工配置强度提高系数，确定试配抗折强度。

（2）按试配抗折强度计算水灰比，一般不大于 0.50，北方高寒地区应取低值，水泥用量不大于 400kg。

（3）根据试验抗折强度确定钢纤维体积率，根据经验，体积率一般选 0.6％～1.0％，但在高寒地区掺量超过 45kg/m³（体积率 0.58％），混凝土抗折强度的增长有所减缓，因此只要掺加体积率在 0.5％左右的钢纤维，混凝土抗折强度就能提高两个等级，面板承载力提高 77％，疲劳作用次数超过 50 次。

（4）根据施工要求的稠度，通过试验或已有资料确定单位体积用水量，掺用外加剂（高效减水剂）应考虑外加剂的影响。

（5）根据试验或有关资料确定合理砂率，一般选用 38％～50％。使用时，根据所用材料的品种规格、纤维体积率、水灰比等适量调整。

（6）按绝对体积法或密度法计算砂石料用量，确定试验配合比。

（7）按试配配合比进行拌和物性能试验，调整单位体积用量和砂率，确定强度试验用基准配合比。

（8）根据强度试验结果，调整水灰比和钢纤维体积率，确定施工配合比。

3）摊铺前材料与设备检查

（1）原材料的主要检验项目和频率符合表 1 的规定。

（2）施工前必须对机械设备、测量仪器、基准线、机具工具及各种试验仪器等进行检查、调试、校核、标定、维修和保养。

**钢纤维混凝土原材料检测项目和频率**　　　　表 1

| 材　料 | 检　查　项　目 | 检查频率 |
| --- | --- | --- |
| | | 高速公路，一级公路 |
| 水泥 | 抗折强度，抗压强度，安定性 | 机铺 1500t 一批 |
| | 凝结时间，标准稠度用水量，细度 | 机铺 2000t 一批 |
| 粗集料 | 针片状，超径颗粒含量，级配，表观密度，堆积密度，空隙率 | 机铺 2500m³ 一批 |
| | 含泥量，泥块含量 | 机铺 1000m³ 一批 |
| | 压碎指标，坚固性 | 每标段不少于 2 次 |
| 砂 | 细度模数，表观密度，堆积密度，空隙率，级配 | 机铺 2000m³ 一批 |
| | 含泥量，泥块含量 | 机铺 1000m³ 一批 |
| 钢纤维 | 抗拉强度，弯折性能，长度，长径比，形状 | 每标段 2 次 |
| | 杂质，质量及其偏差 | 机铺 50t 一批 |
| 外加剂 | 高效减水剂减水率 | 机铺 5t 一批 |

4）基层的检测

（1）进行钢纤维混凝土路面摊铺施工之前，应全面检查摊铺基层是否平整、清洁并湿润；有仰拱地段，检查顶面高程，清除表面浮渣；无仰拱地段，必须设置找平层。摊铺混凝土前，基层表面应充分洒水润湿，以免摊铺混凝土后底部因水分被干燥的基层吸收而变得疏松或产生裂缝。

（2）检测基准线是否准确，工作缝支架和传力杆是否定位，纵缝拉杆板是否直，是否涂好沥青等。

5.2.2 钢纤维混凝土的拌和与运输

1）钢纤维混凝土的拌和

（1）搅拌设备的类型应是强制式的，搅拌设备应能稳定可靠地供应足够的水泥混凝土拌和料。滑模摊铺钢纤维混凝土的均匀性要好，不同次数搅拌的混凝土之间的坍落度误差要小于 2cm。

（2）在搅拌楼皮带秤前端增加的钢纤维投料装置，增加一个有闸门的漏斗型的投料装置，将每立方米混凝土所用钢纤维加在投料器中，利用皮带转动启动闸门完成钢纤维投料工作。

（3）搅拌的投料次序和方法，应以搅拌过程中钢纤维不结团、不产生弯曲或折断、不因拌和机超负荷而停止运转和出料口不堵塞为原则，宜选用将钢纤维、水泥、粗细集料先干拌而后加水湿拌的方法。由于铣削型钢纤维的特点，对于强制式搅拌机只需在湿拌 60s 前增加 15s 干拌时间，钢纤维就能均匀地分布在混凝土中而不成团。

2）钢纤维混凝土的运输

搅拌楼卸料落差不应大于 2m，为了防止新拌水泥混凝土在运输过程中产生离析和分层现象，应当采用自卸车运输钢纤维混凝土，减小颠簸。烈日、大风、雨天低温远运时，应覆盖混凝土，运输的最大距离应控制在 10~15km。路况好、道路畅通时取大值；道路颠簸不平、交通拥挤时取小值。

5.2.3 钢纤维混凝土面层铺筑

（1）使用滑模式摊铺机时，必须有专人指挥车辆卸料，以便较准确地估计卸料位置。滑模摊铺前的钢纤维混凝土拌和料不得高于滑模摊铺机卸料板允许高度，亦不得出现漏料现象。

（2）要求供料与摊铺机速度协调，尽可能匀速摊铺，最大限度地减少摊铺施工中的停机次数。料位过高或过低时，可采用小型挖掘机或装载机进行初摊布料。

（3）在滑模摊铺施工过程中，操纵人员应随时观察新拌钢纤维混凝土的稠度，并根据钢纤维混凝土的工作性来调整滑模摊铺机的作业速度和振动频率。由于钢纤维混凝土实际坍落度比检测坍落度大 10~20mm，所以施工时必须增大振捣烈度，滑模摊铺机的作业速度宜控制在 0.8~1.0m/min 范围内；振捣频率宜控制在 8000~11000r/min 范围内，最低振捣频率不得低于 8000r/min。

（4）在施工过程中，若出现新拌钢纤维混凝土供应不及时，滑模摊铺机停机等待的时间不能超过当时气温下新拌混凝土初凝时间的 2/3。在此时间内，应每隔 15min 开动振动棒振动 3min；若超过此时间，为防止施工缝断板，宜将滑模式摊铺机驶出摊铺位置，以该点作为施工缝。

（5）滑模式摊铺机进行整体式分幅施工路面时，应配置自动或人工打纵缝拉杆的装置。分幅打进或整体植入的拉杆必须位于路面板厚中间位置。拉杆的高低误差不得大于±2cm；横向误差不得大于±5cm；分幅打入的拉杆必须到底，防止拉杆刮坏路面边沿。

（6）铺筑完成整平后的面板表面不得裸露上翘的钢纤维，表面下 10～30mm 深度的钢纤维应基本处于平面分布状态。

5.2.4　钢纤维混凝土面层接缝、抗滑与养生

1）钢纤维混凝土面层接缝施工

（1）纵向缩缝：采用切缝法，在钢纤维混凝土强度达到设计强度的 25%～30% 时，用切缝机切割。

（2）横向缩缝：采用切缝法，在混凝土强度达到设计强度的 25%～30% 时，用切缝机切割。横向缩缝按 10～15m 切缝，切缝深度达到板厚的 1/3。

（3）填缝：混凝土面板所有的接缝凹槽用沥青玛碲脂填缝。由于钢纤维提高混凝土路面抗折强度和抗压强度。因此横向伸缩缝间距可增长至 15～30m。

2）钢纤维混凝土面层抗滑与养生

（1）钢纤维混凝土路面必须采用硬刻槽方式制作抗滑沟槽。高寒、冰冻地区，硬刻槽的形状使用上宽 6mm、下窄 3mm 的梯形槽。养生 14d 后开始硬刻槽。完成后，随即将路面冲洗干净，并恢复路面养生。

（2）路面养生是决定路面强度、内在质量和使用寿命的重要因素之一。钢纤维混凝土铺筑完成后，或抗滑构造制作完毕后，覆盖上草袋或麻袋片进行洒水养生。覆盖养生应特别重视前 7d 的保湿（温），总养生期要符合规范要求。在表面达到足够强度前，禁止人、畜、车辆上路。

5.2.5　钢纤维混凝土技术与分析

（1）钢纤维混凝土与普通混凝土力学性能比较的试验结果见表 2。

力学性能比较的试验结果　　　　　　　　　　表 2

| 物理力学性质指标 | 普通混凝土 | 钢纤维混凝土 |
| --- | --- | --- |
| 极限抗弯拉强度 | 2～5.5MPa | 5～26MPa |
| 极限抗压强度 | 21～35MPa | 35～56MPa |
| 抗剪强度 | 2.5MPa | 4.2MPa |
| 弹性模量 | $2\times10^5$～$3.5\times10^5$MPa | $1.5\times10^5$～$3.5\times10^5$MPa |
| 热膨胀系数 | 9.9～10.8mm/K | 10.4～11.1mm/K |
| 抗冲击力 | 480N·m | 1380N·m |
| 抗磨指数 | 1 | 2 |
| 抗疲劳限值 | 0.50～0.55 | 0.80～0.95 |
| 抗裂指标比 | 1 | 7 |
| 韧性 | 1 | 10～20 |
| 耐冻融破坏指数 | 1 | 2.9 |

（2）在混凝土中加入钢纤维，可以缓解温度变化而引起的混凝土内部应力的作用，阻止温度裂缝的扩展。按混凝土抗冻试验法，掺入 0.5% 左右的钢纤维混凝土经 200 次冻融循环，其抗压和抗弯强度下降约 20%，而其他条件相同的普通混凝土却下降 70% 以上；经过 300 次冻融循环，钢纤维混凝土试件仍保持完好。因此，在混凝土中加入钢纤维是高寒地区有效抵抗冰冻破坏的首选路面混凝土材料和结构。

## 5.3 劳动力组织

劳动力组织情况见表3。

劳动力组织情况 表3

| 序 号 | 工 程 人 员 | 所 需 人 数 | 备 注 |
|---|---|---|---|
| 1 | 项目经理 | 1 | |
| 2 | 工段长（拌和站） | 3 | |
| 3 | 摊铺机操作手 | 3 | |
| 4 | 拌和站操作手 | 3 | |
| 5 | 电工 | 2 | |
| 6 | 摊铺机民工 | 24 | |
| 7 | 拌和站民工 | 12 | |
| 8 | 切缝养生刻槽民工 | 8 | |

# 6 材料与设备

（1）主要原材料，见表4。

主要原材料 表4

| 序 号 | 材 料 名 称 | 规 格 | 备 注 |
|---|---|---|---|
| 1 | 水泥 | 强度等级 42.5 级 | |
| 2 | 砂 | $M_x=2.0\sim3.5$ | |
| 3 | 碎石 | $4.75\sim31.5mm$ | |
| 4 | 外加剂 | 高效减水剂 | |
| 5 | 钢纤维 | 长径比 40，抗拉强度≥700MPa 具有光滑面和粗糙面钢纤维 | |

（2）主要机械设备，见表5。

主要机械设备 表5

| 序 号 | 设备名称 | 设备型号 | 单 位 | 数 量 | 备 注 |
|---|---|---|---|---|---|
| 1 | 强制式拌和站 | 150 | 台 | 2 | |
| 2 | 滑模摊铺机 | 维特根 SP850 | 台 | 1 | |
| 3 | 装载机 | 50 铲 | 台 | 6 | |
| 4 | 发电机 | 90W | 台 | 3 | |
| 5 | 自卸汽车 | 15t | 台 | 12 | |
| 6 | 洒水车 | | 台 | 8 | |
| 7 | 桁架式切缝机 | | 台 | 5 | |
| 8 | 刻槽机 | | 台 | 2 | |

# 7 质量控制

## 7.1 工程质量控制标准

本工法施工质量控制执行以下标准：

(1)《公路工程抗冻设计与施工技术指南》（交公便字［2006］02 号）；

(2)《公路水泥混凝土路面设计规范》（JTG D 40—2003）；

(3)《公路工程水泥及水泥混凝土试验规程》（JTG E30—2005）；

(4)《公路水泥混凝土路面滑模施工技术规程》（JTJ 037.1—2002）；

(5)《公路工程质量检验评定标准》（JTG F80/1—2004）；

(6)《钢纤维混凝土试验方法（附条文说明)》（CECS 13—1989）；

(7)《铣削钢纤维混凝土应用技术规程》（DBJ 08-59—1997）；

(8)《钢纤维混凝土》（JG/T 3064—1999）；

(9)《混凝土用钢纤维》（YB/T 151—1999）；

(10)《公路水泥混凝土纤维材料钢纤维》（JT/T 524—2004）。

### 7.2　质量保证措施

#### 7.2.1　外观质量

钢纤维在混凝土基体中的破坏形式有两种：一是钢纤维从机体混凝土中拔出；二是钢纤维被拉断。如果钢纤维外观质量不好，将影响混凝土基体与钢纤维的黏结性能，钢纤维混凝土在发生破坏时，钢纤维由基体中拔出而不是拉断，从而不能发挥钢纤维的强度，因此钢纤维的增强作用还要考虑钢纤维的外观质量。

#### 7.2.2　钢纤维中的杂质

一类是妨碍钢纤维与基体黏结的黏附在纤维表面的油污、有机质黏液等有害成分。

另一类是占有纤维的重量而不起增强作用，甚至能破坏基体整体性的杂质，如多个纤维黏在一起的片体或块体、纤维表面严重的锈斑、铁屑和泥土等。

#### 7.2.3　钢纤维混凝土组成材料的质量和用量

钢纤维的称量每一工作班至少检验两次；采用水洗法在施工现场取样检测钢纤维体积率，每工作班至少两次；水洗法检验钢纤维体积率的误差不应超过配合比要求的钢纤维体积率的±15%。

#### 7.2.4　拌和的钢纤维混凝土质量

拌和的钢纤维混凝土在搅拌出槽后，纤维分散均匀，应没有絮凝成团现象，表现出良好的保水性和黏聚性。现场铺筑钢纤维混凝土应外观光洁，无肉眼可见裂纹。

## 8　安全措施

(1) 应遵照国家颁发的有关安全技术规程和安全操作规程，建立健全安全组织保证体系，贯彻国家有关安全生产和劳动保护的法律法规，强化基本知识。

(2) 设置专职安全员。

(3) 坚持管生产必须管安全的原则。

(4) 注意加强施工中的安全保护，认真做好安全技术交底，对安全关键部位进行经常性的安全检查，及时排除安全隐患，确保安全施工。

## 9　环保措施

(1) 认真学习环境保护法，并执行当地环保部门的有关规定，教育督促员工自觉做好环境保护工作。

（2）保护周围的自然环境。对施工过程中产生的垃圾及各种废弃物及时清理，不污染周围环境。

（3）及时全面清理施工现场，并在指定地点集中进行无害化处理。

## 10　效益分析

钢纤维混凝土路面与普通水泥混凝土路面相比，由于路面使用寿命延长而节省了材料、人工等费用，提升了投资效果。钢纤维混凝土面板缩缝比普通混凝土面板减少了近30%。同时，接缝少不仅减少了混凝土路面固有的薄弱环节，也提高了车辆的行驶质量，有利于行驶费用的减少和使用寿命的延长。

与新铺沥青混凝土路面相比，钢纤维混凝土路面虽一次性投资较前者高，但从其维修费用、使用年限以及资金的时间效益方面综合考虑，钢纤维混凝土路面每年支出的费用比沥青混凝土路面要低30%。钢纤维混凝土路面与沥青混凝土路面相比，在材料和混合料的加工及施工上还具有明显的能源和环保效益。

因此，钢纤维混凝土路面的综合社会经济效益是显著的。

## 11　应用实例

### 11.1　应用实例一

2002年7月至2003年9月在哈同公路（方正段）路面施工中采用钢纤维混凝土铺筑路面，全长共计11km，里程为K25+000～K36+000。通过对该路段4年通车试验的调查分析，无明显断板、裂缝、错台等病害。采用钢纤维混凝土路面，确实收到了良好的使用效果。从技术经济成本上核算，采用钢纤维混凝土造价比普通混凝土虽有增加，但使用寿命长，效果好，养护工作量大为减少且行驶质量和服务能力大大提高，其效益不能仅从增加钢纤维的费用来计算。

### 11.2　应用实例二

该段位于绥满公路（亚布力至尚志段），起于亚布力收费站，终点于尚志市帽儿山镇蜜蜂村，C6合同段K11+000～K31+500处，全长20km。面层厚0.24m，宽11.0m（其中，行车道2×4.25m，硬路肩2.5m）。为了改善路况，我们采用钢纤维混凝土对该段进行了破除重建，2005年10月交工通车。截至目前，该段在营运4年左右的时间里没有出现任何病害。工程质量得到了建设单位的高度评价。

### 11.3　应用实例三

绥满公路扩建三期工程（海林至亚布力段）是将现有公路扩建为四车道高速公路。里程桩号为K179+726～K263+400，路线全长84.975km，由于地形复杂，线形设计标准偏低，车辆行驶时往往使用制动较多，对路面磨损较大，而且该路段双向车流量均较大，车型又主要以超载、超限的重车为主，在重车行驶和春季冻融交替出现的双重作用下，路面出现裂缝、唧浆等冻融破坏，破损严重的段落有连片坑洞和坑槽等病害。采用钢纤维混凝土通车一年后，经过实地检测，该路段达到了质量目标，改善了路况，延长了路面的使用寿命，有效地治理了冻融破坏这一主要病害，也验证了本工法的科学性、合理性和可操作性，使用性能和寿命的延长都得到了业主和社会的一致好评。

# 钢桥面 ERS 铺装施工工法

GGG（中企）B4043—2009

刘元炜　张志宏　杨志超　黄　飞　黄良诚　杨　燕　王齐昌　卓武极

（中交第三公路工程有限公司）

## 1　前言

钢桥面铺装是一个世界性难题，受到国内外学术界和工程界的高度重视。我国钢桥面铺装研究起步较晚，钢桥面铺装早期破坏现象比较严重，从南京长江二桥引进了美国环氧沥青（Epoxy asphalt）桥面铺装体系，取得较好的效果后，国内钢桥面铺装大都推广应用美国环氧沥青桥面铺装体系。

杭州湾大桥海中平台钢匝道桥钢桥面铺装原设计也是采用美国环氧沥青桥面铺装体系，但其工艺不适应铺装大纵坡（7.98%）、小半径（72.0m）的钢匝道桥施工。杭州湾大桥工程指挥部邀请中国交通建设股份有限公司以"科研施工总承包"形式，开展以实体工程为依托，联合有关高等院校和科研院所的科技攻关。取得了"树脂沥青组合体系钢桥面铺装技术（简称树脂沥青铺装技术，英文简称 ERS，EBCL＋RA＋SMA，EBCL-Epoxy Bonding Chip Layer 环氧树脂黏结碎石层，RA-resin asphalt 树脂沥青，SMA-Stone mastic asphalt 沥青玛蹄脂碎石混合料）"这一国际领先的新成果，分别于 2007 年 11 月、2009 年 3 月通过杭州湾大桥工程指挥部和中国交通建设股份有限公司的专家评审。同时，形成了"钢桥面 ERS 铺装施工工法"，成功地解决了杭州湾跨海大桥大纵坡、小半径钢匝道桥施工技术难题，并推广应用于杭州市江东大桥、宁波市庆丰大桥、广州市猎德大桥等工程。由于在解决钢桥面铺装早期破坏方面，效果显著，技术领先，成本仅为美国双层环氧沥青钢桥面铺装体系的 1/2～2/3，有显著的经济效益和社会效益。

## 2　工法特点

2.1　钢桥面 ERS 铺装体系（树脂沥青组合体系钢桥面铺装技术，简称树脂沥青铺装技术），由 EBCL 界面防水黏结抗滑层、RA 隔热过渡层和 SMA 表面功能层组成的钢桥面铺装结构。该结构层理清晰，功能明确，变形协调。

2.2　钢桥面铺装体系，充分利用国内现有材料与设备，施工简单、造价经济，养护方便。成本仅为美国环氧沥青钢桥面铺装体系的 1/2～2/3。

2.3　SMA 表面功能层具有较大的构造深度，抗滑性能较美国环氧沥青钢桥面铺装体系有显著的提高。

2.4　EBCL 环氧树脂黏结碎石层，充分发挥环氧树脂与钢板的黏结能力、碎石层具有剪力键的作用，RA 树脂沥青隔热过渡层防止钢箱梁日晒热传导软化 SMA 层确保了该层的热稳定性。

2.5 EBCL 胶料冷拌冷涂，RA 混合料冷拌冷铺，均不需要高温施工，降低能耗，减少废气，改善施工和生态环境。

2.6 EBCL 作为防水黏结抗滑层，具有良好的防水性能，即使铺装面层 SMA 和 RA 层发生渗水，也不会导致钢板锈蚀而对桥面铺装造成破坏。

2.7 钢桥面的后期大修维护，只需铣刨和重铺该表面层即可，而 EBCL 层和 RA 层作为施工的平台可以保护桥面钢板不受损伤。

## 3 适用范围

公路工程钢桥面铺装施工。

## 4 工艺原理

利用改性环氧树脂高温性能好、强度高和黏结能力强等众多优点，在光滑的钢板上形成一层牢固的防水黏结抗滑层 EBCL（环氧树脂黏结碎石层），防水并约束铺装层不产生水平滑动位移。

利用双组分树脂沥青混凝土强度高、空隙率小、耐高温、抗损伤能力强等特性，在 EBCL 层上面冷拌施工成型一层 RA（树脂沥青）隔热过渡层，旨在保护 SMA 层不受钢箱梁日晒后热力软化，并保护 EBCL 层不受热拌 SMA 施工时的灼烫而老化和施工损伤，有效分散集中的车轮荷载，增强整体的防水效果，增加力学变形刚度台阶。

利用高黏度的复合改性沥青生产的高性能 SMA 混合料作为行车功能层，为桥面铺装提供构造深、抗滑、抗车辙、噪声小、使用寿命长等优良性能，而且降低整个铺装的造价和具有良好的可置换修复性，全寿命周期造价更为经济合理。

采用"正交异性板钢桥面"结构分析模型和解析方法，检算 ERS 标准结构的界面剪应力和拉应变指标，确定 ERS 铺装结构的厚度、材料性能、检验指标。

## 5 施工工艺流程及操作要点

### 5.1 施工工艺流程

施工准备→钢桥面板除锈施工→EBCL 界面防水黏结层施工→RA 隔温过渡层施工→SMA 表面功能层施工。

### 5.2 操作要点

#### 5.2.1 钢桥面板除锈施工

钢板抛丸除锈是 ERS 技术重要的一环，抛丸的目的是为除去钢板表面的锈迹，使钢板表面形成新鲜的有粗糙度的清洁钢板表面，以便 EBCL 底涂层能牢固的与之黏结。施工中具体要求如下：

（1）钢桥面板抛丸除锈前，要对污染物进行人工清除或预抛丸处理，保证钢板清洁、干燥、无污染，确保钢板表面无焊瘤、飞溅物、针孔、飞边和毛刺等。

（2）抛丸作业要选择晴好干燥的天气进行。抛丸除锈要求连续、匀速，两台抛丸机搭接宽度 3~5cm。

（3）对抛丸除锈机无法处理的边角部位要求用手提式打磨机进行补充处理。

（4）抛丸除锈过程中实行区域封闭施工，工作人员要佩戴作业帽、口罩、毛巾、手套等用品，避免汗水、头发等杂物掉落于作业面。

（5）抛丸作业后，要将散落的钢砂回收，最后利用空压机或森林灭火器进行全面的清扫。

### 5.2.2　EBCL 界面防水黏结层施工

（1）EBCL 胶料涂布面要清洁、干燥、无浮锈、无尘埃。抛丸除锈施工结束后应立即开始 EBCL 层施工，防止抛丸处理后钢板表面发生锈蚀和二次污染。

（2）EBCL 胶料由 A、B 两组分组成，要严格按照比例进行混和，并用电动搅拌机搅拌均匀。根据当时的钢板温度、大气温度和胶料拌和温度，参照试验室确定的温度时间控制图及时调整施工的时间，保证胶料在规定时间内涂刷完毕。

（3）EBCL 胶料采用人工方式涂布，方格网法控制涂布量。EBCL 胶料采用两层刮涂方式，待下层胶料基本固化后尽早开始上层 EBCL 胶料的刮涂施工，然后立即在胶料表面撒布一层单粒径的碎石，使之完全与 EBCL 胶料一起固化。

（4）EBCL 的碎石撒布量应先做好标准样板，施工时参照标准样板控制验收，碎石撒布要求均匀、满布不重叠、无堆积。

（5）EBCL 层施工完后，要封闭养护，未固化以前严禁一切人员和机械进入。

（6）EBCL 施工过程中成型 EBCL 胶料拉剪试件和拉拔试件，与桥面板 EBCL 同等条件养生，检测胶料的拉剪强度和拉拔强度。

### 5.2.3　RA 隔热过渡层施工

1）RA 混合料拌和

（1）RA 混合料采用树脂沥青混凝土专用拌和机 JS750 进行拌和，根据配合比分别放料至称量斗进行称量，以保证油石比精确。

（2）RA 胶料由定量包装的 A 组分和 B 组分组成，将已分装完毕的 A、B 组分倒入拌和桶，用电动搅拌机进行搅拌，搅拌时间不少于 45s（搅拌时间根据现场温度状况需进行适当调整），然后提升至拌锅平台上，待集料干拌结束后直接倒入拌锅内。

（3）聚酯纤维应在 A、B 组分混合后加入胶料并搅拌均匀。

（4）RA 混合料干拌时间控制在 5～10s，湿拌不少于 60s，总拌和时间 80～90s，以混合料均匀为准。

2）RA 混合料运输

（1）拌和完毕的 RA 混合料直接放入运料车，运料车装料先后部再前部，保证摊铺过程中先拌的混合料先摊铺。

（2）为保证 RA 混合料在规定时间内施工完毕，需根据现场 RA 混合料拌和时间、运输时间和摊铺碾压时间确定合理的运料车装料数量，以保证 RA05 摊铺过程不等料，每盘料在规定时间内摊铺碾压完毕。

（3）RA 混合料常温冷拌，运输车辆可不设保温层，但要覆盖篷布。

3）RA 混合料摊铺和碾压

（1）桥面摊铺采用一台或多台摊铺机全幅施工，摊铺速度控制在 3～5m/min，RA 摊铺厚度采用走滑靴的方式进行控制，保证 RA 最小厚度满足设计要求。

（2）碾压方式为光轮静压＋轮胎压路机，初压为光轮静压 1～2 遍，在初压结束后，立即在 RA 表面均匀撒布一层粒径为 10～13mm 的石子，碎石撒布量按满布面积的 3%～5% 控制，然后采用轮胎压路机进行复压 3～4 遍，要求撒布石料粒径的一半以上嵌入 RA 表层。在 RA 层完全固化以后开始下一层工序之前，将 RA 层表面黏结不牢固的石子扫除。

（3）碾压采用分段控制，碾压长度要与每车料摊铺长度一致。碾压过程中严禁洒水、柴油、废机油及其混合液。为防止粘轮，统一采用菜籽油涂刷压路机轮胎表面。

（4）摊铺碾压结束后及时清除压路机上粘连的 RA 混合料，用专用清洗液清洗摊铺机，避免 RA 胶料完全固化后无法清洗。

（5）RA 施工结束后根据气温条件要求封闭养护 2～3d，禁止一切车辆通行。

（6）在现场施工过程中，成型马歇尔试件，置于桥上进行同步养生，检测 1d，3d，6d 的马歇尔稳定度。在 3d 后测试 RA 层的构造深度、摩擦系数和渗水等指标，构造深度、摩擦系数和渗水指标按实测记录。

5.2.4 SMA 表面功能层施工

1）层间黏结沥青

（1）洒布施工前，要对沥青泵、洒布管道进行充分预热并试喷。根据行驶速度、洒布宽度、液体流量等洒布工艺参数控制洒布量。

（2）对于局部未洒到部位，应进行人工补涂，补涂应达到最低厚度要求。

2）改性沥青 SMA 混合料拌和

（1）严格掌握改性沥青和集料的加热温度以及 SMA 混合料的出厂温度。

（2）改性沥青 SMA 混合料拌和时间由试拌确定。投料次序为矿料、矿粉、纤维，干拌约 12s 加沥青，湿拌约 35s 出料，总生产时间约 60～70s，必须使所有集料颗粒全部裹覆沥青胶结料，并以沥青混合料拌和均匀为度。

（3）混合料生产过程中要检测混合料的均匀性、油石比、矿料级配和改性沥青 SMA 混合料的物理力学性质。

（4）拌和楼控制室要逐盘打印改性沥青及各种矿料的用量和拌和温度，并定期对拌和楼的计量和测温进行校核；同时根据拌和总量检验各种材料的配合比和油石比的误差。

3）改性沥青 SMA 混合料运输

（1）运料车的车厢必须涂刷油水混合物的隔离剂，且箱底不得有积液。

（2）运料车车厢外加装帆布棉被保温层，在运输过程中必须加盖完整无损的双层篷布，卸料过程中继续覆盖，直到卸料结束取走篷布。

（3）连续摊铺过程中，卸料过程中运料车应挂空挡，靠摊铺机推动前进。运料车应在摊铺机前 10～30cm 处停车，做到不撞击摊铺机。

4）改性沥青 SMA 混合料的摊铺

（1）摊铺机前必须有 3 辆以上的运料车辆等候，才可以进行摊铺作业，必须做到有运料车等摊铺机，禁止摊铺机等运料车。

（2）改性沥青 SMA 混合料黏度较大，摊铺机的运行速度，最大不超过 3m/min。

（3）SMA 上面层采用非接触式平衡梁装置控制摊铺厚度，下面层采用走钢丝控制摊铺平整度。

5）改性沥青 SMA 混合料碾压

（1）SMA 下面层采用钢轮压路机＋轮胎压路机组合的方式碾压，初压由钢轮压路机紧跟摊铺机静压 1～2 遍，复压用轮胎压路机碾压 3～4 遍，最后用钢轮压路机消除轮迹。

（2）SMA 上面层用钢轮压路机紧跟静压 3～4 遍，然后复压 1～2 遍收迹，不得使用轮胎压路机，以保证必要的构造深度。

（3）碾压过程需要时可喷涂清水或含有隔离剂的水溶液，喷水时应呈雾状，以不粘轮为度，避免 SMA 路面降温过快。禁止使用柴油和机油的水混合物喷涂。

（4）碾压终结温度应大于 110℃，开放交通不高于 50℃。

### 5.3　劳动组织

本工法劳动组织如表 1 所列。

劳动组织情况表　　　　表 1

| 序　号 | 单项工程 | 所需人数 | 备　注 |
|---|---|---|---|
| 1 | 管理人员 | 4 | |
| 2 | 技术人员 | 6 | |
| 3 | 钢桥面板除锈施工 | 12 | |
| 4 | EBCL 界面防水黏结层施工 | 18 | |
| 5 | RA 隔温过渡层施工 | 16 | |
| 6 | SMA 表面功能层施工 | 24 | |
| | 合计 | 80 人 | |

## 6　材料与设备

### 6.1　材料

本工法主要工程材料如表 2 所列，对 EBCL 胶料、环氧树脂黏结碎石、RA 树脂沥青、SMA 混合料高黏度改性沥青等专用材料的技术性能有特殊要求。EBCL 胶料主要技术性能如表 3 所列，环氧树脂黏结碎石（3～5mm）技术性能如表 4 所列，RA 树脂沥青主要技术性能如表 5 所列。

主要工程材料表　　　　表 2

| 结构部位 | 材料名称 | 技术标准 |
|---|---|---|
| EBCL 界面防水黏结层 | EBCL 胶料 | 专用材料，主要技术性能如表 3 所列 |
| | 界面专用碎石 | 专用材料，主要技术性能如表 4 所列 |
| RA 隔温过渡层 | 树脂沥青 | 专用材料，主要技术性能如表 5 所列 |
| | 碎石 | JTG F 40—2004 |
| | 聚酯纤维 | JT/T 534—2004 |
| 黏层沥青 | 聚合物改性沥青 | JTG F 40—2004 |
| SMA 表面功能层 | 改性沥青 | 专用材料，主要技术性能如表 10 所列 |
| | 木质纤维 | JT/T 533—2004 |
| | 碎石 | JTG F 40—2004 |
| | 矿粉 | JTG F 40—2004 |
| 施工耗材钢丸 | 钢丸 | GB/T 18838.3—2008 |

**EBCL胶料主要技术性能表**　　　　　表3

| 试 验 项 目 | 单 位 | 技 术 要 求 | 试 验 方 法 |
|---|---|---|---|
| 拉拔强度（70℃） | MPa | ≥4 | ASTM D638 |
| 拉拔强度（25℃） | MPa | ≥5 | ASTM D638 |
| 拉剪强度（70℃） | MPa | ≥1 | 抗剪试验 |
| 拉剪强度（25℃） | MPa | ≥3 | 抗剪试验 |
| 指干时间（25℃） | h | 5≥t≥1 | 指干法 |
| 固化时间（25℃） | h | ≤72 | 拉拔试验 |
| 断裂伸长率（25℃） | % | ≥1 | 直接拉伸试验 |
| 黏度 | | 适于刮除，不流淌 | 目测 |

**环氧树脂黏结碎石（3～5mm）技术要求**　　　　　表4

| 指　　标 | 单 位 | 技 术 要 求 | 试 验 规 程 |
|---|---|---|---|
| 表观密度 | t/m³ | ≥2.50 | JTG E 42—2005 |
| 坚固性（>0.3mm部分） | % | ≥12 | JTG E 42—2005 |
| 砂当量 | % | ≥60 | JTG E 42—2005 |
| 棱角性（流动时间） | s | ≥30 | JTG E 42—2005 |
| 小于0.075mm的含量（水洗法） | % | ≤0.5 | JTG E 42—2005 |
| 吸水率 | % | ≤2.0 | JTG E 42—2005 |

**RA树脂沥青主要技术性能**　　　　　表5

| 试 验 项 目 | 单 位 | 技 术 要 求 | 试 验 方 法 |
|---|---|---|---|
| 指干时间（25℃） | h | ≥1.0 | 指干法 |
| 固化时间（25℃） | h | ≤96 | 拉剪试验 |
| 断裂伸长率（25℃） | % | ≥10 | 直接拉伸试验 |

## 6.2　设备

本工法采用的主要设备如表6所列，实际施工时，在满足工艺质量控制和施工效率的前提下，可根据具体情况适当调整。

**主要机械设备一览表**　　　　　表6

| 序号 | 机械设备名称 | 型 号 规 格 | 数量（台套） | 工作内容 |
|---|---|---|---|---|
| 1 | 间歇式沥青拌和站 | 3000型 240t/h | 1 | SMA混合料拌和 |
| 2 | 树脂沥青混凝土专用拌和机 | JS750 | 1 | RA混合料拌和 |
| 3 | 沥青摊铺机 | ABG423 126kW/12m | 2 | SMA、RA混合料摊铺 |
| 4 | 双光轮压路机 | DD130 13t | 4 | SMA、RA混合料碾压 |
| 5 | 重型轮胎压路机 | XP261 25t | 2 | SMA、RA混合料碾压 |
| 6 | 抛丸除锈机 | Blastrac2-20DS 50cm | 3 | 钢桥面除锈 |
| 7 | 沥青洒布车 | CZL5102/8-10 8000L | 1 | 黏结油洒布 |
| 8 | 自卸汽车 | 25t | 10 | 运输车 |
| 9 | 装载机 | ZL50 | 2 | 装载物料 |
| 10 | 发电机 | 120kW | 1 | 备用电源 |

## 7 质量控制

### 7.1 工程质量控制标准

7.1.1 钢桥面除锈施工质量执行《公路桥涵施工技术规范》（JTG 041—2000）。钢桥面除锈施工技术要求如表 7 所列。

钢桥面除锈技术要求表　　　　　　　　　　　　　　　表 7

| 检查项目 | 检查频度 | 规定值或允许偏差 | 试验方法 |
|---|---|---|---|
| 清洁度 | 1 点/300m² | Sa2.5 | GB/T 1031—2009 图谱对照 |
| 粗糙度 | 点/300m² | 80~100μm | GB/T 1031—2009 比较法 |

7.1.2 EBCL 界面防水黏结层施工尚没有行业规范标准，施工质量控制推荐值如表 8 所列。

钢桥面 ERS 铺装施工检验标准　　　　　　　　　　　表 8

| 检查项目 | 检查频度 | 规定值或允许偏差 | 试验方法 |
|---|---|---|---|
| 底层胶料涂布量 | 1 点/300m² | 0.1~0.2kg/m² | |
| 上层胶料涂布量 | 1 点/300m² | 0.6~0.8kg/m² | 单位面积称重法 |
| 碎石撒布量 | 1 点/1000m² | 2.5~3.5kg/m² | |
| 拉拔强度 | 点/1000m² | 不小于设计值 | 拉拔仪 |

7.1.3 RA 隔温过渡层施工质量控制推荐值如表 9 所列。

RA 隔温过渡层施工检验标准　　　　　　　　　　　表 9

| 检查项目 | 检查频度 | 规定值或允许偏差 | 试验方法 |
|---|---|---|---|
| 第 1、3、6d 的马歇尔稳定度流值 | 1 次/25t | 实测 | 70℃马歇尔稳定度 |
| 渗水系数 | 1 点/200m² | 小于 50mL/m² | 渗水测试在黏层油施工结束后进行 |

7.1.4 黏层沥青、SMA 表面功能层施工质量执行《公路沥青路面施工技术规范》（JTG F40—2004）、《公路工程沥青及沥青混合料试验规程》（JTJ 052—2000）和《公路工程质量检验评定标准》（JTG F80/1—2004）的相关要求。质量标准如表 10 所列。

黏层沥青、SMA 表面功能层施工检验标准　　　　　　表 10

| 检查项目 | | 检查频度 | 规定值或允许偏差 | 试验方法 |
|---|---|---|---|---|
| SMA10 混合料外观 | | 随时 | 观察集料粗细、均匀性、离析、油石比、色泽、冒烟、有无花白料、油团等各种现象 | 目测 |
| SMA-10 拌和温度 | 沥青、集料的加热温度 | 逐盘检测评定 | 符合施工技术规范要求规定 | 传感器自动检测、显示并打印 |
| | 混合料出厂温度 | 逐车检测评定 | 符合施工技术规范要求规定 | 传感器自动检测、显示并打印，出厂时逐车按 T 0981 人工检测 |

续表

| 检查项目 | | 检查频度 | 规定值或允许偏差 | 试验方法 |
|---|---|---|---|---|
| SMA-10矿料级配（筛孔） | 0.075mm | 逐盘在线检测 | ±2% | 计算机采集数据计算 |
| | ≤2.36mm | | ±4% | |
| | ≥4.75mm | | ±5% | |
| | 0.075mm | 逐盘检查，汇总取平均值评定 | ±1% | 总量检验 |
| | ≤2.36mm | | ±2% | |
| | ≥4.75mm | | ±2% | |
| | 0.075mm | 1次，以2个试样的平均值评定 | ±2% | 拌和场取样，抽提筛分，与标准级配比较的差 |
| | ≤2.36mm | | ±3% | |
| | ≥4.75mm | | ±4% | |
| SMA-10沥青用量（油石比）与生产设计之差 | | 逐盘在线监测 | −0.1%，+0.2% | 计算机采集数据计算 |
| | | 逐盘检查，汇总取平均值评定 | ±0.1% | 总量检验 |
| | | 取2份试样的平均值评定 | ±0.3% | 拌和场取样，抽提 |
| SMA-10马歇尔试验：空隙率、稳定度、流值、析漏 | | 1次，以4~6个试件的平均值评定，析漏需两份试样取平均 | VV：3%~4%<br>稳定度：不小于6kN<br>流值：—<br>析漏：不大于0.1% | 拌和场取样成型试件 |
| 铺装厚度（mm） | | 每100m测5处 | +10，−5 | 对比检查桥面铺筑前后的高程 |
| 压实度 | | 单幅10点/km | 试验室标准密度的97%（98%）最大理论密度的93%（94%） | 钻孔法 |
| 平整度 | σ（mm） | 连续测定，每100m计算IRI和σ值 | 1.5 | T0932 |
| | IRI（m/km） | | 2.5 | |
| 渗水系数 | | 每100m² 一点单点评定 | 不大于50mL/min | |
| 黏结层撒布量 | | 每100m² 一点单点评定 | ±0.2kg/m² | |
| 横坡 | | 每100m三个断面 | ±0.3% | |

## 7.2 质量保证措施

7.2.1 认真贯彻"百年大计、质量第一"的质量方针，建立健全质量保证体系，明确各职能部门和各级人员的质量职责，明确执行者和检验者，以工作质量来保证工程质量，用工序质量保证项目质量，实现质量目标。

7.2.2 根据钢桥面板的锈蚀程度，合理调整钢丸、钢砂比例及大小，抛丸速度，抛丸机行走速度等工艺参数，保证抛丸除锈质量，并防止抛丸面的二次污染、浮锈。

7.2.3 EBCL胶料是双组分，要严格空制其配合比。根据气温、钢板温度、AB配合比和室内试验指干曲线，组织好施工，在规定的时间内涂布胶料和撒布黏结碎石。

7.2.4　施工过程要做 EBCL 胶料的拉剪试验、拉拔试验，以及 RA 混合料的马歇尔试验，进行过程控制。

7.2.5　EBCL 层、RA 层均须封闭养生，其间禁止一切车辆、行人通行，需提前做好交通规划。

7.2.6　控制好 SMA 混合料的粒径与级配，控制好 SMA 混合料的拌和温度、摊铺温度与有效碾压温度。

7.2.7　SMA 下面层采用钢轮压路机＋轮胎压路机组合碾压，提高 SMA 混合料的密实性和防水能力。上面层采用钢轮压路机碾压，禁用轮胎压路机碾压，保证上面层的构造深度，提高抗滑性。

## 8　安全措施

8.1　认真贯彻"安全第一，预防为主、综合治理"的方针，建立健全安全组织保证体系，配备专职安全员和班组兼职安全员，实行安全生产责任制，明确各级人员的职责，抓好工程的安全生产。

8.2　专职安全员按 5000 万元标价配备 1 名的标准，配置完备的专职安全管理人员。

8.3　按产值的 1‰ 提取安全专项资金，用于安全培训和安全防护设施，并对安全专项资金使用进行专项监督。

8.4　进行安全施工应知应会教育，认真进行内容应清晰、明确、具体且通俗易懂的作业前安全技术交底。

8.5　施工现场按符合防火、防风、防雷、防洪、防触电等安全规定及安全施工要求进行布置，并完善布置各种安全标识。

8.6　施工现场的临时用电严格按照《施工现场临时用电安全技术规范》的有关规范规定执行。现场用电采用三相五线制，移动照明用电采用三线制，配备标准配电箱和漏电保护装置。

8.7　拌和站顶部设置避雷针，以防止雷击造成拌和站电子元件的损坏。

8.8　做好安全防火措施，拌和站、工棚、食堂等重点防火部位配备足够的消防器材。

8.9　建立健全安全检查制度，进行定期安全生产检查和不定期专项检查，及时采取措施消除安全隐患。

## 9　环保措施

9.1　认真贯彻有关环境保护的法规，加强对施工燃油、工程材料、设备、废水、生产生活垃圾、弃渣的控制和治理，随时接受相关单位的监督检查。

9.2　对施工场地道路进行硬化，并在晴天经常对施工通行道路进行洒水，防止尘土飞扬，污染周围环境。

9.3　混合料运输车辆加盖苫布，防止降温过快及溢洒，减少环境污染。

9.4　拌和站保持良好的除尘设备，建立粉尘湿回收池，或建立水泥专用储罐和专用运输车，对符合技术标准的粉尘予以回收，按规范要求再生利用。

9.5　4 级以上大风，不进行黏层沥青洒布施工，防止沥青随风飘散，污染环境。

9.6　前后场所有的沥青混合料废料、EBCL 胶料、RA 混合料、清洗液、施工垃圾，统一收集，集中处理。

9.7　保持机械设备的完好，减少噪声，不扰民。

9.8　设置固定的机修点，确保无废油污染。

9.9　文明施工，做到标牌清楚、齐全，各种标识醒目，施工场地整洁文明。

## 10　效益分析

本工法经在杭州湾跨海大桥海中平台钢匝道桥（铺装面积 15852m²）、杭州市江东大桥（铺装面积 26412m²）、宁波市庆丰桥（铺装面积 10521m²）和广州市猎德大桥（铺装面积 8894.5m²）等 4 项工程，61680m² 钢桥面铺装应用表明，本工法具有显著的经济效益和社会效益。

10.1　本钢桥面铺装结构与美国双层环氧沥青钢桥面铺装体系相比，充分发挥 SMA 路面构造深度深，抗滑、抗高温、抗车辙、噪声小、寿命长的特点。其建造成本平均为美国双层环氧沥青铺装体系的 1/2～2/3，且抗滑性能较美国双层环氧沥青钢桥面铺装体系有大幅的提高。

10.2　与美国双层环氧沥青钢桥面铺装体系相比，该钢桥面铺装体系由于采用 SMA 路面表层，其 SMA 路面表层具有可修复性。SMA 路面层后期的大修，只需铣刨和摊铺该表面层，其下的 EBCL 层和 RA 层一般不受损伤，无需重做，从全寿命周期费用角度分析，造价更合理。

10.3　与美国双层环氧沥青钢桥面铺装体系相比，EBCL 胶料冷拌冷涂，RA 混合料冷拌冷铺，均不需要高温施工，降低了能耗，减少了废气排放，改善了施工和生态环境。

10.4　本工法创新了我国钢桥面铺装结构体系，可替代美国环氧沥青钢桥面铺装体系，推动了我国钢桥面施工技术领域的科技进步。技术上能与美国环氧沥青钢桥面铺装体系相媲美。为积累钢桥面铺装设计和施工经验，编制钢桥面铺装技术规范积累了基础资料。

10.5　本工法充分利用国内现有材料与设备，技术领先，质量可控，安全可靠，造价经济，养护方便，为我国钢桥面的成功铺装探索出一条新思路，具有广泛的社会效益和广阔的推广应用前景。

## 11　应用实例

### 11.1　应用工程概况

#### 11.1.1　杭州湾跨海大桥海中平台钢匝道桥

杭州湾跨海大桥海中平台钢匝道桥是连接杭州湾跨海大桥主桥与海中平台的立交桥，由 A、B、C、D、E 等 5 条钢匝道桥组成。钢桥面为 ERS 铺装体系，桥面铺装设计年限 15 年。匝道桥总长 2034.44m，铺装面积 15852m²，最大纵坡 7.0%，最大横坡 3.83%，最大合成坡度 7.98%，最小曲率半径 72.0m。2007 年 3 月 5 日开工，2008 年 5 月 1 日通车。经过一年的通车运营，特别是施工重型车的通行考验，路面质量良好。海中平台钢匝道桥铺装参数如表 11 所列。

海中平台钢匝道桥铺装参数一览表　　　　表 11

| 项　　目 | 匝道长（m） | 匝道宽（m） | 铺装面积（m²） | 纵坡（%） | 横坡（%） | 曲率半径（m） |
|---|---|---|---|---|---|---|
| A 匝道 | 178.0 | 13.94~16.94 | 2040 | 0 | 2.0 | ∞ |
| B 匝道 | 464.37 | 7.44 | 3455 | 7.0 | 3.71 | 72.0 |
| C 匝道 | 464.37 | 7.44 | 3455 | 7.0 | 3.83 | 72.0 |
| D 匝道 | 463.85 | 7.44 | 3451 | 7.0 | 3.31 | 83.86 |
| E 匝道 | 463.85 | 7.44 | 3451 | 7.0 | 3.50 | 83.86 |

### 11.1.2　杭州市江东大桥

江东大桥钢桥面铺装是设计科研施工总承包项目，合同段起止桩号 K0+360~K4+692.5，全长 4.3325km。其中钢桥为 852m。钢桥面行车道为 ERS 铺装体系，铺装面积 26412m²，桥面铺装设计年限 15 年。钢桥面横断面行车道 2×15.5m=31.0m，最大纵坡 3.5%，横坡 2.0%。2008 年 6 月 1 日开工，2008 年 11 月 30 日通车，交工验收工程质量优良。

### 11.1.3　宁波市庆丰桥

庆丰桥钢桥面 ERS 铺装是设计科研施工总承包项目。全长约 3.65km，其中主桥为主跨 280m 的三跨双塔双索面自锚式钢加劲梁悬索桥。钢桥面行车道为 ERS 铺装体系，铺装面积 10521m²，桥面铺装设计年限 15 年。钢桥面横断面行车道 2×15.5m=31.0m，最大纵坡≤3.54%，横坡≤1.5%。2008 年 9 月 1 日开工，2008 年 11 月 30 日通车，交工验收工程质量优良。

### 11.1.4　广州市猎德大桥

广州市新光快速路猎德大桥位于广州市新城市中轴线核心景观区域，桥型为主跨 219m 的独塔自锚式悬索桥，主桥全长 480m。钢桥面行车道为 ERS 铺装体系，铺装面积 8894.5m²，桥面宽度 36.1m，双向六车道，行车道宽度 2×11.7m，最大纵坡 3.4%，横坡 2.0%。2008 年 10 月 1 日开工，2008 年 11 月 30 日完成铺装，交工验收工程质量优良。

## 11.2　应用工程施工总结

经上述 4 项工程 61680m² 钢桥面铺装施工，对共性问题总结如下。

11.2.1　从工程检测结果可以看出，EBCL 固化后强度在 25℃时大于 20.0MPa，70℃时达到 11.0MPa，能满足 ERS 钢桥铺装的技术要求。

11.2.2　EBCL 防水抗滑层的施工采用双层刮涂的方式进行，更有利于钢桥面板的防腐、防水。工程施工证明，控制好两层刮涂的间隔时间，严格按照标准工艺施工在现场是可以做到的，且不会影响黏结强度。

11.2.3　在钢板的防腐问题上是否采用富锌漆，我们通过室内试验对比和现场试验段的相比，在防腐功能没有明显差别的条件下，采用富锌漆反而大大影响了 EBCL 和钢板的黏结力和抗剪力，特别是在 70℃时的抗剪对比试验中，可以明显地看出，采用富锌漆后不利于 ERS 组合体系的界面抗剪性能。

11.2.4　经现场施工检测发现，RA 空隙率低，马歇尔稳定度在 30kN 左右，能满足 ERS 组合体系的要求，并且压实度和渗水指标检测结果表明，现场施工可以满足要求。

11.2.5　工程施工表明，ERS 钢桥面铺装具有良好的施工可操作性，施工后经检测满足设计指标要求。

附录7

# 三辊轴机组连续配筋水泥混凝土路面裸化施工工法

GGG（湘）B2029—2010

罗振宇　向　良　何艳春　祝玉波　李曼容

（湖南路桥建设集团公司　中国路桥工程有限责任公司）

## 1　前言

复合式沥青路面是以水泥混凝土路面为承重层，在上面摊铺厚4～10cm沥青混凝土表面层的一种复合式路面结构。水泥混凝土承重层具有简易的施工机械，投入成本低，与过去人工浇筑、圆盘磨光、提浆机提浆的施工机械相比，工程进度快，质量易于控制。

三辊轴机组连续配筋水泥混凝土路面裸化施工技术是在"湖南公路路面典型结构及修筑技术"课题组、常吉高速公路建设有限公司、衡炎高速公路建设有限公司、湖南路桥建设集团公司等单位参与研发的施工成果，经分析、总结形成本工法。

我公司在常吉高速公路路面P3合同段成立了"裸化技术QC小组"，该技术在2008年获得了湖南省优秀QC小组奖。该关键技术经湖南省建设厅组织的技术鉴定，其关键技术成果达到国内先进水平，为今后复合式沥青路面混凝土承重层结构施工裸化提供成熟的技术借鉴。

## 2　工法特点

2.1　裸化时采用水平旋转式强力裸化机进行，水车及时跟进冲洗浮浆，裸化后的表面深度应达5mm，可以采用构造深度的方法进行检测。

2.2　大幅度提高水泥混凝土面板与沥青混凝土之间的摩擦力，解决以往复合式沥青路面使用过程中推移、拥包等路面早期损坏现象发生，延长了沥青路面的使用寿命。

2.3　以混凝土路面为长久结构功能、以沥青混凝土路面为舒适服务功能的路面结构施工方法，降低路面养护成本。

2.4　整个施工过程简单易操作，混凝土质量直观可控。以水泥混凝土面板为承重的长寿命结构层，配合沥青路面柔软舒适的服务功能结构，可以在两者之间扬长避短，优势互补，既经济又耐用，又行车舒适。

## 3　适用范围

本工法适用于各等级路面混凝土施工，特别适用于大型机械难于作业且厚度在15～40cm水泥混凝土路面的施工，也适用于高速公路养护改造工程复合式路面的施工。

## 4　工艺原理

混凝土经过机械或人工初步找平，混凝土拌和料进入振动腔（排式振动棒）成型，三辊轴机组在施工导线的引导下，在固定两侧的钢模上向前行走，经振捣提浆、密实后，抹平形成混凝土路面，均匀喷洒一定量的缓凝剂，按确定的最佳裸化时间进行裸化并切缝，切缝后立即进行保湿养生。

## 5　施工工艺流程及操作要点

### 5.1　施工工艺流程（图 1）

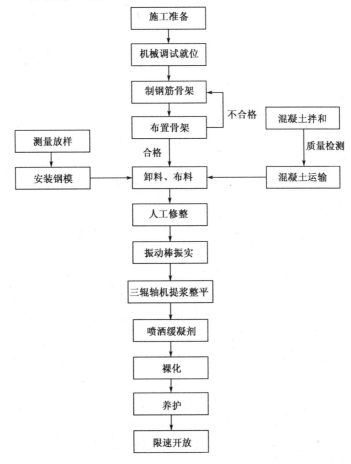

图 1　施工工艺流程图

### 5.2　施工准备

5.2.1　底基层的验收及处理。

5.2.2　表面清扫。

5.2.3　机械设备的调试与保养。

5.2.4　施工原材料的准备。

### 5.3　测量放样

根据施工要求放出模板的准确位置，用系红线钉子钉在底基层顶面，每 10m 一个，在有曲线地段加密放样点。

### 5.4　安装模板

5.4.1　模板技术要求

（1）公路连续配筋混凝土路面板的模板，应采用刚度足够的槽钢或钢制边侧模板，不应使用木模板、塑料模板等其他易变形的模板。模板的精确度应符合规定。钢模板的高度应为面板设计厚度，模板长度宜为 3～5m。用于路中一侧模板可在中间位置按横向钢筋间距打好孔，孔径为横向钢筋直径的 1.1 倍，模板安装牢固、顺直、圆滑、顶面平整，模板下部不漏浆，如模板下缘与基层接触不密封处，可用砂浆抚平，以防止施工时浆体渗漏。路中一侧模板支撑应用电钻在原水泥路面钻好孔，然后用钢支撑固定模板。每米模板应设置 1 处支撑固定装置，见图 2。模板垂直度用垫木楔方法调整。

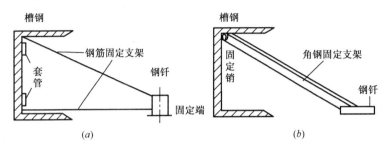

图 2 （槽）钢模板焊接钢筋或角钢固定示意图
（a）焊接钢筋固定支架；（b）焊接角钢固定支架

（2）模板数量应根据施工进度和施工气温确定，并应满足拆模周期内周转需要。一般情况下，模板或轨模总量不宜少于 3～5d 摊铺的需要。

5.4.2 模板安装

（1）支模前的基层上，应进行测量放样，每 20m 应设中心桩；每 100m 宜布设临时水准点；核对路面高程、面板分幅、构造物位置。测量放样的质量要求和允许偏差应符合相应规范的规定。

（2）纵横曲线路段应采用短模板，每块模板中点应安装在曲线切点上。

（3）模板应安装稳固、顺直、平整、无扭曲，相邻模板连接应紧密平顺，不得有底部漏浆、前后错茬、高低错台等现象。模板应能承受摊铺、振实、整平设备的负载行进、冲击和振动时不发生位移。严禁在基层上挖槽、嵌入安装模板。

（4）模板安装检验合格后，与混凝土拌和物接触的表面应涂脱模剂或隔离剂；接头应黏贴胶带或塑料薄膜等密封。

（5）模板安装完毕，应经过测量人员使用与设计板厚相同的测板作全断面检验，其安装精确度应符合要求。

（6）安装好的模板应牢固不变形，能充分抵抗三辊轴机组施工动压力、混凝土侧向压力和施工人员踩踏承受力。

5.5 制作和布置钢筋骨架

5.5.1 钢筋在绑扎前应对钢筋进行检查，对沾有油脂、污垢、铁锈的钢筋进行处理后才能绑扎。

5.5.2 钢筋支架采用 $\phi$8mm 钢筋，制作成三角支架钢筋，并点焊在横向钢筋上。每平方米宜设置支架 4～6 个。

5.5.3 当分幅浇筑混凝土时可利用模板钻孔，每隔 40cm 将横向钢筋穿过，不另设拉杆。

5.5.4　纵向钢筋接头采用焊接与绑扎两种形式，在开始布纵向筋时采取错位方式，每根钢筋的连接位置不同，以保证以后纵向钢筋的接头在同一垂直断面上不出现2个，同时相邻钢筋的焊接或绑扎接头分别错开500mm和900mm以上。

5.5.5　横向钢筋绑扎于纵向钢筋之下。

5.5.6　横向施工缝尽量少设，施工缝采用平缝；纵向钢筋连续贯穿接缝，并在每相邻两根纵向钢筋增设同直径的抗剪钢筋，抗剪钢筋在施工缝两侧的长度分别为100cm（先施工一侧）与250cm（后施工一侧）。

5.5.7　横向施工缝与纵缝处，采取涂刷沥青防锈处理。

5.5.8　一般情况下，保证在混凝土铺筑前预留500m长的钢筋施工范围，便于检查及调整。

5.5.9　所有钢筋的安装精度保证符合规范要求，在混凝土铺筑前进行自检，对有贴地、变形、移位、松脱现象时，立即重新安装，检验合格为止。

### 5.6　混凝土拌和

5.6.1　每天开机前，试验室要对碎石和砂子进行含水率检测，并计算出生产配合比。

5.6.2　开机前要检查设备情况，确保机械螺旋、计量系统正常，检查料仓、料位、水位是否满足要求。

5.6.3　开机运行预热15min，空转一下皮带轮，清除残留的渣滓和多余的水分，加水清洗拌锅，设置生产配合比，并拌和$0.5m^3$混凝土废除，使拌锅腔体内留有砂浆，减少成品混凝土砂浆损失。

5.6.4　取已拌和好的混凝土进行坍落度试验，实测坍落度值必须符合设计要求；否则进行用水量的调整，直到符合要求为止。

5.6.5　混凝土卸料的高度不能高于2m，以免造成拌和料的离析。

### 5.7　混凝土运输

5.7.1　根据施工进度、混凝土用量、拌和场生产能力、运距及路况，合理配备车型和车辆总数，总运力应比总拌和能力略有富余。

5.7.2　混凝土拌和料从搅拌机出料后，送至铺筑地点进行摊铺完毕的最长允许时间，由试验室根据水泥混凝土初凝时间、施工气温及坍落度损失试验结果确定，一般不大于1h。当运距较远或在气温条件不同的情况下，可采用外掺剂来调节初凝时间，使混合料性能满足施工要求。

5.7.3　运输混凝土的车辆在装料时，应防止混凝土离析。自卸车不应停在一个位置上受料，每往车厢内装一斗料，车就移动一次位置，一车料最少应分三次装载，分车厢的前部、中部、后部装料，卸料落差高度不得大于1.5m。混凝土一旦在车内停留超过初凝时间，应采取紧急措施处置，防止混凝土硬化在车厢内或车罐内。

5.7.4　混凝土在运输过程中要防止漏浆、漏料和污染路面。烈日、大风、雨天和冬季施工，采取用油布全遮盖自卸车上的混凝土。运输车辆在每次装混凝土之前，先将车厢清洗干净，并洒水润湿。

5.7.5　施工过程中搅拌楼安排专职质检员全过程监督，从搅拌机开机至正常出料期间，将随时抽查坍落度，一旦发现有不合格料，禁止其运出拌和场。

5.7.6　运送的混凝土如等待的时间过长（大于初凝时间—施工完毕时间），必须予以废除。

### 5.8 卸料、布料

5.8.1 混凝土卸料时，车子停靠在另一幅路上，等待卸料的车停靠在右侧临时施工区域内。

5.8.2 布料前，试验室进行坍落度检测并取样制作混凝土试块，坍落度必须符合设计要求，否则必须废除该混凝土。

5.8.3 用侧向布料车或挖机进行布料，布料时应从远到近，并尽量均匀布料，减少人工的整平；经过初步找平混凝土，使混凝土分布均匀。

### 5.9 人工修整及振实

5.9.1 混凝土拌和物布料长度大于10m时，可开始振捣作业。密集振捣棒组间歇插入振捣时，每次移动距离不宜超过振捣有效作用半径的1.5倍，并不得大于500mm，振捣时间宜为15~30s。排式振捣机连续拖行振实时，作业速度宜控制在4m/min以内。具体作业速度视振实效果，可由下式计算。

$$v = 1.5R/t \tag{1}$$

式中 $v$——振捣机作业速度（m/s）；

$t$——振捣密实所需的时间（s），一般为15~30s；

$R$——振捣棒的有效作用半径（m）。

5.9.2 机械未找平的地方采用人工找平，开动排式振动器振实，以无明显气泡冒出和混凝土表面充满浆体为度，振实过程中辅以人工整平。

5.9.3 振捣混凝土时，应注意以下几点：

（1）振捣器拔出时，速度要慢，以免产生空洞。

（2）振动时，应把握尺度，防止漏振和过振，以彻底捣实混凝土，但时间不能太久，避免造成离析。不允许在模板内利用振捣器使混凝土长距离流动式运送混凝土。

（3）使用插入式振捣器不能达到的地方时，应避免碰撞模板、钢筋及预埋件等，不得直接通过钢筋施加振动。

（4）模板角落以及振捣器不能达到的地方，应辅以插钎插捣，以保证混凝土表面平滑和密实。

（5）混凝土捣实后24h之间，不得受到振动。

（6）浇捣过程中，应密切注意模板变形及漏浆，有现象发生应立即纠正。

### 5.10 三辊轴机组提浆整平

5.10.1 三辊轴整平机的主要技术参数应符合表1的规定。板厚200mm以上宜采用直径168mm的辊轴；桥面铺装或厚度较小的路面可采用直径为219mm的辊轴。轴长宜比路面宽度长出600~120mm，振动轴的转速不宜大于380r/min。

**三辊轴机组主要技术参数** 表1

| 型号 | 轴直径（mm） | 轴速（r/min） | 轴长（m） | 轴质量（kg/m） | 行走机构质量（kg） | 行走速度（r/min） | 整平轴距（mm） | 振动功率（kW） | 驱动功率（kW） |
|------|------|------|------|------|------|------|------|------|------|
| 5001 | 168 | 300 | 1.8~9 | 65±0.5 | 340 | 13.5 | 504 | 7.5 | 6 |
| 6001 | 219 | 300 | 5.1~12 | 77±0.7 | 568 | 13.5 | 657 | 17 | 9 |

5.10.2 开动三辊轴机组前在三个滚筒表面喷洒少许水分，以免滚筒黏附混凝土，造成施工表面拉毛现象。

5.10.3 三辊轴整平机作业

（1）三辊轴整平机按作业单元分段整平，作业单元长度宜为 20～30m，振捣机振实与三辊轴整平两道工序之间的时间间隔不宜超过 15min。

（2）三辊轴滚压振实料位高差宜高于模板顶面 5～20mm，过高时应铲除，过低应及时补料。

（3）三辊轴整平机在一个作业单元长度内，应采用前进振动、后退静滚方式作业，分别 2～3 遍为宜。最佳滚压遍数应经过试铺确定。

（4）在三辊轴整平机作业时，应有专人处理轴前料位的高低情况，过高时，应辅以人工铲除，轴下有间隙时，应使用混凝土找补。

（5）滚压完成后，将振动辊轴抬离模板，用整平轴前后静滚整平，直到平整度符合要求、表面砂浆厚度均匀为止。

（6）表面砂浆厚度宜控制在 4mm±1mm。

（7）行走过程中确保机组与两侧的钢模垂直，以免影响表面平整度。

### 5.11 喷洒混凝剂

混凝剂的作用在于使表面 5mm 和 5mm 以下混凝土形成凝结时间差。使用裸化机进行洗刷表面浮浆，使混凝土表面露出碎石，形成凹凸不平的表面。

5.11.1 在施工好的路面均匀喷洒缓凝剂，每平方米约 500g，记录喷洒的桩号、喷洒时间及温度。每隔 1h 记录温度，并计算时间温度的累计值，最佳裸化时间为 180～240 温度小时，具体数值由试验路得出。

5.11.2 施工时，应提前一个星期测量时间－温度关系，并绘制曲线。图 3 中的阴影面积即为时间温度对应的面积。

5.11.3 该施工过程应注意以下几点：

（1）缓凝剂喷洒要均匀，缓凝剂聚积处要人工及时处理。

（2）喷洒后的缓凝剂避免雨水稀释，否则必须补洒。

（3）缓凝剂缓凝时间要在大于 200 温度小时左右，保证裸化深度。

| 时间（h） | 6 | 8 | 10 | 12 | 14 | 16 | 18 | 20 |
|---|---|---|---|---|---|---|---|---|
| 温度（℃） | 17 | 18 | 21 | 24 | 26 | 23 | 21 | 18 |

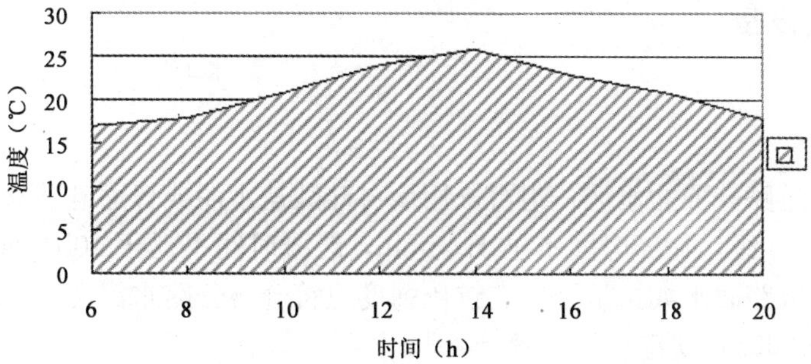

图 3 时间温度面积图

### 5.12 裸化

#### 5.12.1 裸化技术的机理

对于复合式沥青路面，层间摩擦力至关重要，裸化后的混凝土表面，在施工了沥青混合料表层后，层间处于一种犬牙交错状态，可以大大提高沥青混凝土表面层和混凝土路面之间的表面黏结力，从而减少沥青混凝土表面层推移、拥包等早期路面损坏现象。

#### 5.12.2 混凝土路面裸化施工过程中，必须配备有专业的裸化设备。该设备是带有三个行走轮（其中一个为转向轮）的钢桁架梁，下面悬挂一个带有钢刷的圆盘（有平面圆盘旋转式和水平轴旋转式），并带有能控制水量的流水装置。三个行走轮为充气式轮胎，钢刷圆盘可旋转并能自由控制升降且能调整水平度。路面裸化主要是靠旋转圆盘上的钢刷刷去面板表面上的砂浆层，裸露出碎石，再由人工用洒水车的压力喷水装置冲刷刚刷下来的砂浆层残渣，使裸露出的碎石表面干净无附着物，裸化深度以不小于 5mm 为宜。

#### 5.12.3 该施工过程应注意以下几点：

（1）圆盘钢刷与路面接触应充分，接触面钢丝刷要受力均匀，要让以保证经裸化过的路面上的碎石充分暴露。

（2）严格控制集中喷水，避免集中冲水引起路面坑洼。水压力过大会损坏路面早期脆弱的强度，造成以后混凝土路面强度偏低。

（3）使用裸化机前，应确保设备无漏机油、柴油现象，确保裸化机轮胎和钢丝刷清洁和无铁锈，如有要先清洗干净后再使用。

### 5.13 养生

#### 5.13.1 水泥混凝土路面采用喷洒养护剂及薄膜保湿覆盖的方式养生。养护剂的喷洒在表面混凝土泌水完毕后进行，喷洒要求均匀，成膜厚度应一致，喷洒高度控制在 0.5～1.0m。除喷洒上表面外，面板两侧也要求喷洒。

#### 5.13.2 盖塑料薄膜的时间，以不压没细观抗滑构造为准。薄膜厚度（韧度）应合适，宽度大于覆盖面 60cm。两条薄膜对接时，搭接宽度要大于 40cm，薄膜在路面上加细土或砂盖严实，并防止被钢筋刮烂及被风吹破或掀走。养生期间始终保持薄膜完整，薄膜破裂时立即补盖或修补。

#### 5.13.3 混凝土路面摊铺成型后，在其左侧边缘标出百米桩号和每次摊铺起始桩号；并标明施工的日期，以便随时检查各段混凝土面层的养护时间。一般养生天数为 7d。混凝土板在养生期间，严禁行人、车辆通行，在达到设计强度 40%、撤除养生覆盖物后，行人方可通行。

## 6 材料与设备

### 6.1 材料

#### 6.1.1 水泥

宜采用旋窑道路硅酸盐水泥，也可采用旋窑硅酸盐水泥或普通硅酸盐水泥。水泥强度等级不宜低于 32.5 级，初凝时间不早于 45min，终凝时间不迟于 10h。80$\mu$m 筛余不大于 10%。各交通等级路面水泥抗折强度、抗压强度应符合《公路水泥混凝土路面施工技术规范》（JTG F30—2003）规定。

#### 6.1.2 粗集料

粗集料应使用质地坚硬、耐久、洁净的碎石，并应符合技术规定。材料的级配要符合《公路水泥混凝土路面施工技术规范》（JTG F30—2003）要求。高速公路、一级公路、二级公路及有抗（盐）冻要求的三、四级公路混凝土路面使用的粗集料级别应不低于Ⅱ级，无抗（盐）冻要求的三、四级公路混凝土路面、碾压混凝土及贫混凝土基层可使用Ⅲ级粗集料。有抗（盐）冻要求时，Ⅰ级集料吸水率不应大于1.0%；Ⅱ级集料吸水率不应大于2.0%。

6.1.3　细集料

（1）细集料应采用质地坚硬、耐久、洁净的天然砂、机制砂或混合砂，并应符合规定。高速公路、一级公路、二级公路以及有抗（盐）冻要求的三、四级公路混凝土路面使用的砂应不低于Ⅱ级，无抗（盐）冻要求的三、四级公路混凝土路面、碾压混凝土基层可使用Ⅲ级砂。特重、重交通混凝土路面宜使用河砂，砂的硅质含量不低于25%。

（2）细集料的级配要求应符合技术规范要求，天然砂宜为中砂，同一配合比用砂的细度模数变化范围不应超过0.3，否则，应分别堆放，并调整配合比中的砂率。

6.1.4　外加剂

在施工混凝土过程中，使用了引气减水剂，引气剂可以提高混凝土路面使用的耐久性，也可以根据需要掺用普通减水剂、高效减水剂，运输距离较长或高温季节施工时，要掺用缓凝剂，冬天施工时建议掺早强剂和防冻剂。

6.2　设备

主要施工机械设备见表2，试验设备均为混凝土施工必备设备，裸化深度采用表面构造深度检测法。

主要施工机械设备　　　　　　表2

| 序号 | 设备名称 | 规格型号 | 数量 | 序号 | 设备名称 | 规格型号 | 数量 |
|---|---|---|---|---|---|---|---|
| 1 | 水泥混凝土拌和机 | 50m³/h | 2 | 5 | 发电机 | 30kW | 1 |
| 2 | 装载机 | 4m³ | 2 | 6 | 钢筋切割机 | | 1 |
| 3 | 自卸车 | 25t | 15 | 7 | 裸化机 | 河南高远 | 1 |
| 4 | 挖机 | 小松 | 1 | 8 | 洒水车 | 7m³ | 1 |

## 7　质量控制

7.1　本工法执行的技术规范

《公路水泥混凝土路面施工技术规范》（JTG F30—2003）；

《公路工程水泥及水泥混凝土试验规程》（JTG E30—2005）；

《公路工程质量检验评定标准》（JTG F80/1—2004）。

7.2　对主要原材料的质量监控

7.2.1　水泥

水泥常采用普通硅酸盐水泥。对拟订采用的水泥都要进行物理性能和化学成分试验和分析，除厂家分批提供的产品质量检验单外，项目试验室要定期对运到拌和现场的水泥进行质量抽检。

7.2.2　粗集料（级配碎石）

在拌和现场，检验员要对拉到工地的每一车碎石把好关，杜绝不合格碎石进入拌和现场；试验室对已进入现场的碎石进行定期抽检。同时由于路面用水泥混凝土的特殊性，在施工中，必须对含泥量过大的碎石用碎石水洗机进行水洗后，方可使用。施工过程中的粗集料检测频率按《公路水泥混凝土路面施工技术规范》（JTG F30—2003）要求进行。

7.2.3 细集料（砂）

开工前应对沿线砂场进行颗粒级配、含泥量、硫化物及硫酸盐含量、有机物含量等指标进行试验分析，根据分析结果确定供砂砂场，杜绝不合格砂进入施工现场。试验室定期对已运到施工现场的砂进行质量检验。

7.2.4 水

清洗集料、拌和混凝土及养生用水，不应含有影响混凝土质量的油、酸、碱、盐、有机物等。混浊的河沟水和受海水或盐碱地侵蚀的咸水不能使用。

7.2.5 钢筋

钢筋供应商必要对每批各种类型的钢筋提供相应的测试化验单，对已进入施工现场的钢筋，在使用前试验室首先应进行抽检，然后再进行定期的抽检，不合格的严禁使用。

7.3 水泥混凝土在拌和过程中的注意事项

7.3.1 在实际施工中，每天或每台班进行碎石、砂子含水率检测，计算生产配合比供生产使用。

7.3.2 混凝土搅拌机拌和总时间为 60～90s/盘（从进料开始到拌和完成出料时间），以混凝土拌和均匀为度。

7.3.3 混凝土拌和料的温度控制在 10～35℃，否则原材料必须做降温处理。

7.3.4 混凝土坍落度控制：水泥混凝土坍落度的要求为机口坍落度 5cm 左右，坍落度要求应根据现场温度和运输距离的不同作出相应的调整。

7.4 混凝土浇筑过程中的质量监控

7.4.1 对施工现场操作人员和管理人员进行详细的技术交底和监理质量控制的交底工作，使现场施工的每个工人都能明确施工过程中应注意的事项，避免操作过程中不规范的行为发生。

7.4.2 混凝土的施工，应尽量避免夏季中午高温或冬季低温施工时间段，确保混凝土施工质量。

7.4.3 在混凝土浇筑施工过程中，每个搅拌站每个工班或每 200m³ 混合料至少做 2 组试件，做好现场坍落度的检测和按照有关规范进行试块的留置，并根据业主的需求进行 3d、7d 或 14d 等试块的留置；现场管理人员应随时检查摊铺机的工作状况。

7.5 混凝土面板质量管理

7.5.1 在每道工序进行质量监控的情况下，对已完工的路面外观进行检查，测量几何尺寸与设计文件进行核对。外观检查在养生达到设计强度后进行。

7.5.2 应在面层摊铺前通过基准线或模板严格控制板厚，检验标准为：行车道横坡低侧面板厚度和厚度平均值两项指标均应满足设计厚度允许偏差。同时，板厚统计变异系数应符合规定。

7.5.3 作为沥青路面承重层，上面一般就是 1～2 层沥青混合料结构，一定要严格控制好平整度，平整度检测应符合《公路工程水泥及水泥混凝土试验规程》（JTG E30—

2005）规定的要求。整平后的混凝土表面立即用 3m 尺、有条件的可以使用 6m 尺进行施工过程的控制。

7.5.4　在混凝土裸化时，也必须配备一名施工员进行平整度跟踪检测，如有局部不平整的地方，立即用裸化机进行局部裸化处理，直到平整度合格为止。

## 8　安全措施

8.1　建立安全责任制，制订安全巡视和突击检查制度，施工前进行施工安全三级技术交底，并进行考核，合格人员方可进行上岗操作。

8.2　制订拌和机、发电机、运输车、三辊轴机等大型设备安全操作规程和作业指导书，并在施工过程中严格执行。

8.3　摊铺施工现场及拌和站的周围，应有明显警告标志，严禁非工作人员进入。

8.4　加强用电管理，采用标准配电盘，严禁乱拉电线及乱安用电装置，确保用电安全。

8.5　搅拌站清理拌锅时，必须一人清理、一人辅助、一人留守操作台，并且拌和机接入电闸和主机电源开关必须是关闭状态，并在开关处挂上警示红牌。拌和机上料时，在铲斗活动范围内，不能有人员逗留。

8.6　做好施工区域安全标志的宣传，在三轴仪进行检修和保养工作时，必须先把发动机停止下来。三轴仪在施工现场，晚间要点上红灯，并设置围护。

8.7　不要触摸正在工作的发动机的任何部分，不要触摸任何处于工作温度状态的液压油箱、液压阀或液压软管，预防烧伤。

8.8　材料车现场布料时要有专人指挥，交通繁忙地段施工时，现场要设专职纠察。

## 9　环保措施

9.1　成立环境保护小组，制订环保责任制，采取环保措施；项目部、施工队分级管理，负责检查、监督各项环保工作的落实。

9.2　严格遵守有关法律、法规及其他要求，进行环保知识教育，树立人与自然和谐共处的思想。

9.3　主动倾听相关方的建议，接受监督，增强对劳务合作方和供应方施加影响的力度。

9.4　尽量控制施工区域的噪声污染，减少噪声对当地环境的影响；在居民密集区应积极采取降噪措施，夜间尽量不安排施工。

9.5　对施工生产产生的废水进行沉淀净化处理，保证对当地居民及生态无影响的条件下才可以排放，尽量降低水泥产生的粉尘污染。生产过程中产生的固体垃圾应进行深埋无害处理。生活中产生的垃圾统一及时处理，堆放在指定地点，及时掩埋。严禁乱扔乱弃，避免阻塞河流和污染水源。

## 10　资源节约

10.1　该路面结构可以有效减薄路面厚度，节约大量的路面材料。

10.2　作为长寿命结构承重层，与沥青路面结构形成优势互补，可以大大减少车辙损坏现象，特别适合重载交通路面结构。

10.3 裸化技术增大了层间粗糙度，可以有效提高复合式路面层间黏结力，延长路面使用寿命，降低路面养护成本，节约有限的沥青资源。

## 11 效益分析

该项技术主要应用于复合式沥青路面结构，适用于任何等级的复合式路面结构施工。该技术条件成熟、适用范围广、机械设备投入少、简单易用，是今后长寿命路面结构的发展方向。

### 11.1 经济效益

由于解决了层间结合问题，可以延长沥青路面使用寿命，大大减小路面使用后的养护维修费用，而且路面的承重层是连续配筋的长寿命结构层，在以后的养护过程中，可节约维修承重层的开支，路面出现车辙的地方，只需铣铇沥青表面层即可，维修速度极快。该项技术提倡以混凝土路面为长久结构功能，以沥青混凝土路面为舒适服务功能的路面结构设计理念，可以降低路面养护成本。

### 11.2 社会效益

复合式沥青路面层间裸化技术解决了层间结合问题，为今后施工复合式沥青路面时提供了一个可靠、实用的技术借鉴。复合式沥青路面是今后高等级长寿命路面结构设计的一种趋势，为今后大力发展起到了奠基作用。

### 11.3 节能环保效益

该项技术直接施工于底基层上面，传统的半刚性沥青路面基层厚度为34cm，沥青面层厚度为17cm；而复合式沥青路面结构是水泥混凝土板厚20cm，沥青混凝土面层厚6cm，厚度减少了25cm，详见表3。以密度为2.3kg/m³计算，26m路基宽的高速公路，路面单幅为11.15m宽，每10km可节约13万吨路面材料，可以大大节约路面材料用量。特别是碎石缺乏的地区，路面的成本投入少于半刚性沥青路面结构。由于施工机械投入少，可以有效节约沥青的用量，减少对大气的污染。

**路面结构厚度比较表** 表3

| 结　构　层 | 传统的半刚性沥青路面 | 复合式沥青路面结构 |
|---|---|---|
| 承重层（cm） | 34 | 20 |
| 面层（cm） | 17 | 6 |
| 总厚度（cm） | 51 | 26 |
| 减薄路面厚度（cm） | 25 | |

## 12 应用实例

### 12.1 湖南常吉高速公路路面P3标

湖南常吉高速公路路面P3标地处湖南桃源县茶庵铺镇境内，全长28km。该方案施工长度为5.4km，项目开工日期为2007年10月，竣工日期为2008年12月。路基宽度为26m，单幅路面宽度为10.5m；上面层为厚6cm SMA16改性沥青混凝土，封层采用橡胶沥青应力吸收层，承重层为厚 20cm 水泥混凝土结构（裸化处理）。

应用本工法大幅度提高了水泥混凝土面板与沥青混凝土之间的摩擦力，解决了以往复合式沥青路面使用过程中推移、拥包等路面早期损坏现象的发生，延长了沥青路面的使用寿命。

### 12.2　衡炎高速公路路面 22 标

衡炎高速公路路面 22 标项目施工地点为湖南省衡东县境内，全长 24.5km。该方案施工长度为 5.0km，项目开工日期为 2008 年 12 月，竣工日期为 2009 年 12 月。路基宽度为 26m，单幅路面宽度为 11.25m；上面层为厚 4cm 双复合式橡胶改性沥青混合料 ARHM（W）+Domix（多米克斯），中面层为厚 6cm 橡胶沥青混合料 ARHM（W），封层采用橡胶沥青应力吸收层，承重层为厚 24cm 水泥混凝土结构（裸化处理）。

应用本法解决复合沥青路面以往因为层间结合问题出现的路面早期损坏，以降低路面使用过程中的养护费用。

### 12.3　衡炎高速公路路面 24 标

衡炎高速公路路面 24 标项目施工地点为湖南省衡茶陵境内，全长 31km。该方案施工长度为 6.5km，项目开工日期为 2008 年 12 月，竣工日期为 2009 年 12 月。路基宽度为 26m，单幅路面宽度为 11.25m；上面层为厚厚 4cm 双复合式橡胶改性沥青混合料 ARHM（W）+Domix（多米克斯），中面层为厚 6cm 改性沥青混合料（掺 0.3%Domix），封层采用橡胶沥青应力吸收层，承重为厚 24cm 的水泥混凝土结构（裸化处理）。

应用本工法大幅度提高了水泥混凝土面板与沥青混凝土之间的摩擦力，解决了以往复合式沥青路面使用过程中推移、拥包等路面早期损坏现象的发生，延长了沥青路面的使用寿命。

# 热拌环氧沥青混凝土钢桥面铺装施工工法

GGG（粤）B4037—2011

曾利文　杨东来　李俊均　梁　勇　徐　科

（广东省长大公路工程有限公司）

## 1　前言

2003 年，广东湛江海湾大桥钢桥面铺装设计方案采用双层美国环氧沥青结构。由于广东省当时还没有这方面的施工经验可供借鉴，为此，成立了由业主、施工、科研院校等组成的《大跨径钢桥面铺装关键技术研究》课题小组，从钢桥面铺装力学分析、铺装材料设计研究、施工技术控制等方面进行系统研究。2006 年该工程完成了湛江海湾大桥美国环氧沥青路面钢桥面铺装，运行第二年局部发现了"鼓包"等早期病害，2008 年分两次对发现的鼓包进行了处理。经认真分析其"鼓包"产生的最基本原因是：海边空气潮湿、天气变化快，美国环氧沥青施工温度低（110～121℃），低温混合料不能有效地排除铺装工作面上的水分。水分残留在混合料内在太阳暴晒等条件下发生相变，从而形成"鼓包"。"鼓包"在车辆荷载反复作用下破裂形成裂缝等早期病害。

2008 年，在广东珠江黄埔大桥施工中，《大跨径钢桥面铺装关键技术研究》课题小组为了解决美国环氧沥青施工温度低带来的病害，部分采用了施工温度高的日本环氧沥青，对比其钢桥面铺装的性能及施工技术方面的差异。经比较发现日本环氧在施工后期铺装层几乎没有鼓包，同时美国环氧沥青养护时间一般在 30～60d 之间，日本环氧沥青养护时间为 7～15d，具体养护时间与施工环境温度有关。日本环氧沥青从施工完毕到开放交通的养护时间比较短，这一特点有利于施工完成后及时开放交通，对旧桥维修特别有现实意义。2008 年，在虎门大桥东行方向的主车道与重车道采用了日本环氧沥青铺装施工，从运行两年多时间来看，效果良好。这也是国内、外首次在新建大桥及旧桥维修上大规模使用高温热拌的日本环氧沥青。2010 年，在广东东新高速的东沙特大桥、湛江海湾大桥维修工程中相继采用了热拌环氧沥青（日本）钢桥面铺装施工技术并取得良好的效果。

2010 年，《大跨径钢桥面铺装关键技术研究》课题通过鉴定，其关键技术达到国际领先水平。2011 年已申报 2010 年度广东省科技进步一等奖。广东省长大公路工程有限公司在总结施工技术研究的基础上，申报并通过了"广东省省级工法"评审。"钢桥面热拌环氧沥青（日本）混凝土铺装施工工法"为国内、外大规模应用高温热拌的日本环氧沥青提供了依据。

## 2　工法特点

热拌环氧沥青（日本）混合料与美国环氧沥青混合料相比，其拌和温度较高，集料在烘干中热交换充分，混合料对水分的敏感性较低，铺装后的桥面发生鼓包等病害少。同时，铺装后养护时间大大缩短，对桥面铺装施工组织管理及旧桥翻修更显其优越性。

## 3　适用范围

本工法适用于各种类型的钢桥面热拌环氧沥青（日本）混凝土铺装施工。

## 4　工法原理

环氧沥青是将环氧树脂、固化剂与基质沥青经复杂的化学改性所得的混合物。这种固化物从根本上改变了沥青的热塑性质，而赋予全新的优良物理、力学性能。通过改变环氧树脂主剂与固化剂的掺配比例，可改变环氧沥青的路用性能。

## 5　施工工艺流程及操作要点

### 5.1　施工工艺流程（图 1）

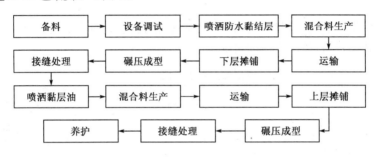

图 1　钢桥面日本环氧施工工艺流程

### 5.2　环氧沥青混凝土配合比设计

环氧沥青混凝土配合比设计与常规的沥青配合比设计相比，其特点有：

(1) 试件在 60℃恒温条件下养生 4d，检验马歇尔指标及小梁弯曲试验指标。

(2) 混合料目标孔隙率指标要求 3% 以下。

(3) 在常温下养生，当强度达到设计指标的 50% 时，即可开放交通。

### 5.3　黏结层的喷洒

#### 5.3.1　准备工作

(1) 用软扫帚或鼓风机清洁钢板尘埃、杂物。

(2) 如果有油污，须用适当浓度（足以洗去油污）的非离子型肥皂水溶液清洗。

(3) 用自来水彻底冲洗桥面。

(4) 铺装层以外的部位（如缘石和护栏座等），在喷洒前采用塑料薄膜和黏胶带进行临时覆盖，施工完成后清理干净。

(5) 用热风对桥面烘干。

注：每次的清洁范围，应略大于此后黏结剂的喷洒范围。

#### 5.3.2　黏结剂准备

(1) 黏结剂、主剂和固化剂按 1∶1 的质量比例组成，将两种成分加入到容器内，用手持电动搅拌器搅拌 30s。

（2）如果液温在20℃以下时，需要将混合液加热到20～30℃左右方可使用。

### 5.3.3 喷洒

（1）黏层油喷洒方法采用人工涂布，用毛滚刷直接蘸满黏结剂，在钢板或下面层上滚动涂刷。

（2）主剂和固化剂从混合到喷涂结束，必须在以下可使用时间范围内，见表1。

**黏层油混合后的可使用时间**　　　　表1

| 黏结层材料温度（℃） | 20 | 30 | 40 |
|---|---|---|---|
| 可使用时间（min） | 45 | 20 | 5 |

（3）防水黏结层黏结剂的洒布量0.4km/m²±0.05km/m²。

（4）黏结层黏结剂的洒布量为0.4km/m²±0.05km/m²。

注：凡与铺装层接触的部位属于喷洒区，当天的喷洒区与计划的铺装施工区相对应，且喷洒区边缘要比铺装区多出3cm。

### 5.3.4 养护

（1）对黏结层进行封闭养生，直到确定环氧树脂已达到所需的程度（用手指按压黏结层，不黏手的状态）。具体养生时间可参考表2。

**黏层油的养生天数参考表**　　　　表2

| 温度条件 | 养生天数 | 黏结有效期限 |
|---|---|---|
| 40℃以上，50℃以下 | 0.5d | 1.5d |
| 30℃以上，40℃以下 | 1d | 2d |
| 20℃以上，30℃以下 | 1d | 3d |
| 10℃以上，20℃以下 | 2d | 6d |

（2）需按照表5.3.4所示的有效时间内进行铺设铺装层，超过有效养生期限，需重新喷涂黏层油。

（3）重新喷洒黏结剂，喷洒量为0.18km/m²。

### 5.4 混合料生产

**5.4.1** 热拌环氧混合料生产工艺流程，如图2所示。

**5.4.2** 环氧树脂的投入

（1）环氧树脂的温度控制，树脂、主剂加热到50～60℃。

（2）主剂和固化剂的计量拌和，其中主剂：固化剂为56：44（质量比）。

（3）先按质量比称量并搅拌30s，在基质沥青投入到拌和锅的同时投入环氧树脂。

（4）环氧沥青的环氧树脂添加量，环氧树脂：基质沥青为50：50。

**5.4.3** 混合料拌和

（1）环氧树脂和基质沥青同时投入拌和锅内。

（2）环氧树脂投入后的拌和时间是45～50s。

（3）出料温度设定在170～190℃之间，如果天气较冷，设定温度偏上限，相反出料温度设定偏下限。

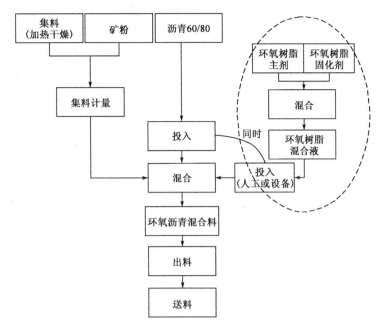

图 2　热拌混合料生产工艺流程图

### 5.5　混合料运输

5.5.1　在混合料运输中要盖帆布进行保温，气温较低或强风天气，要盖两层帆布或加盖棉被来提高保温效果。

5.5.2　运输车进入摊铺现场前，应在专门区域进行清洁。

5.5.3　运料车在摊铺机前 10～30cm 处停住卸料，卸料过程中靠摊铺机推动前进。

### 5.6　铺装层的摊铺与碾压

5.6.1　环氧沥青混合料摊铺

（1）环氧沥青混合料摊铺应在规定的温度和时间内及时按设计厚度进行摊铺。

（2）从环氧混合料拌和到二次碾压结束的时间要控制在 90min 以内。

（3）施工时的气温和路表温度在 10℃以下，风速在 10.8m/s（6 级）以上的大风天气时，不宜施工。

5.6.2　环氧沥青混合料的碾压

（1）碾压应紧跟摊铺机进行。

（2）碾压过程按初压、复压、终压三个阶段进行。

（3）压路机组合及碾压遍数见表 3 所示。

拟采用的压路机组合及碾压遍数　　　　　　　　　　表 3

| | 初　压 | 复　压 | 终　压 |
| --- | --- | --- | --- |
| 铺装下层 | 轮胎压路机 3 遍 | 双钢轮压路机 3 遍 | 轮胎压路机 3 遍 |
| 铺装上层 | 双钢轮压路机 3 遍 | 轮胎压路机 3 遍 | 双钢轮压路机 3 遍 |

注：碾压一遍的定义为在碾压范围内，摊铺层表面的任意一点都通过了一次压路机（不含叠轮）。

（4）宜对初压、复压、终压段落设置明显标志，对碾压顺序、压路机组合、碾压遍数、碾压速度及碾压温度应设专岗管理和检查、记录。

5.6.3 施工管理（温度管理条件）

（1）初压开始时混合料的温度宜为155℃以上。

（2）复压开始时混合料的温度宜为110℃以上。

（3）终压开始时混合料的温度宜为90℃以上。

（4）边角局部位置，可采用人工夯或手扶式振动夯等振捣密实。

5.7 接缝处理

5.7.1 施工缝位置确定

施工缝位置必须依据结构图纸来确定，且相邻两幅及上、下面层的纵缝应错开300mm以上。

5.7.2 施工缝的切割

（1）环氧沥青混凝土铺装下层的纵、横施工缝均采用60°斜接缝。

（2）切缝前要预先画好线，沿线切割。

（3）切割时间应通过试切确定。

（4）铺装层下层切缝深度宜控制在2.5cm左右，上层切缝深度宜控制在3cm左右。

（5）切缝后，将铺装多余的混合料清除干净。

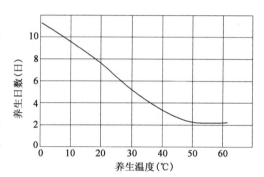

图3 开放交通所需的养生天数

5.8 养护

在养生期间禁止一切车辆通行或停留，养生的天数与养生的温度条件有关。开放交通所需的养生天数如图3所示。

5.9 劳动力组织

施工劳动力组织情况见表4。

施工劳动力组织　　　　　　　　　　　　　　　　　表4

| 前　场 | | |
|---|---|---|
| 岗　位 | 人　数 | 备　注 |
| 黏结层洒布组 | 24 | |
| 摊铺组 | 60 | |
| 碾压组 | 29 | 人员数量可视工作量大小略有增减 |
| 切缝组 | 20 | |
| 安全组 | 3 | |
| 后　场 | | |
| 岗　位 | 人　数 | 备　注 |
| 拌和楼 | 35 | 同上 |

## 6　材料与设备

### 6.1　材料

#### 6.1.1　沥青

（1）热拌环氧沥青（日本）结合料是一种三组分材料，由环氧树脂主剂、固化剂和基质沥青组成。其试验结果应分别满足表5～表7中规定的技术要求。

环氧树脂主剂的技术要求与试验方法　　　表5

| 项　目 | 技　术　要　求 | 试　验　方　法 |
|---|---|---|
| 黏度（25℃，Pa·s） | 10～12.5 | JISK 7233 |
| 相对密度（25℃） | 1.00～1.25 | JISK 7233 |
| 外观 | 透明液体 | 肉眼观测 |

固化剂的技术要求与试验方法　　　表6

| 项　目 | 技　术　要　求 | 试　验　方　法 |
|---|---|---|
| 黏度（25℃，cP） | 10～80 | JISK 7233 |
| 相对密度（25℃） | 0.75～1.00 | JISK 7233 |
| 外观 | 淡黄色液体 | 肉眼观测 |

环氧树脂养生固化后的技术要求与试验方法　　　表7

| 项　目 | 技　术　要　求 | 试　验　方　法 |
|---|---|---|
| 质量比（主剂/固化剂） | 56/44 | — |
| 相对密度（23℃） | 1.00～1.05 | JISK 7112 |
| 拉伸强度（23℃，MPa） | ≥5.0 | JISK 7113 |
| 破坏延伸率（23℃，%） | ≥5.0 | JISK 7113 |

（2）热拌环氧沥青（日本）的生产过程是试验时将基质沥青加热到150℃，环氧树脂加热到60℃，两者放入搅拌器里搅拌4min后制作试件。成型试件冷却至室温后，在60℃烘箱里养生4d，在常温下放置1d后进行试验。其养生后的技术要求见表8。

环氧沥青养生固化后的技术指标　　　表8

| 试　验　项　目 | 技　术　要　求 | 试　验　方　法 |
|---|---|---|
| 质量比（基质沥青/环氧树脂） | 50/50 | — |
| 针入度（25℃，100g，5s，0.1mm） | 5～20 | JISK 2207 |
| 软化点（℃） | ≥100 | JISK 2207 |
| 拉伸强度（23℃，MPa） | ≥2.5 | JISK 711 |
| 破坏延伸度（23℃，%） | ≥100 | JISK 7113 |

（3）热拌环氧沥青（日本）黏结剂（HYPER-PRIMER）由两种成分组成：主剂和固化剂。其基本物理性能和技术指标见表9和表10。

（HYPER-PRIMER）主剂的物理性能和技术指标 表 9

| 试 验 项 目 | 技 术 要 求 | 试 验 方 法 |
|---|---|---|
| 黏度（25℃，Pa·s） | 1～4 | JISK 7233 |
| 相对密度（25℃） | 1.10～1.30 | JISK 7232 |
| 外观 | 淡黄色透明液体 | 肉眼观察 |

（HYPER-PRIMER）固化剂的物理性能和技术指标 表 10

| 试 验 项 目 | 技 术 要 求 | 试 验 方 法 |
|---|---|---|
| 黏度（25℃，Pa·s） | 0.5～1 | JISK 7233 |
| 相对密度（25℃） | 0.75～1.00 | JISK 7232 |
| 外观 | 淡黄色液体 | 肉眼观察 |

（4）将主剂和固化剂分别加热到 50～60℃，以 1∶1 的比例混合后搅拌 5min 使其充分混合，养生固化后的环氧沥青黏结剂性能见表 11。

环氧树脂养生固化后的技术指标 表 11

| 试 验 项 目 | 技 术 要 求 | 试 验 方 法 |
|---|---|---|
| 质量比（主剂/固化剂） | 50/50 | — |
| 拉伸强度（23℃，MPa） | ≥4.0 | JISK 7113 |
| 破坏延伸度（23℃，%） | ≥100 | JISK 7113 |
| 黏结强度［拉伸：（铁/铁）］（23℃，MPa） | ≥3.0 | — |

### 6.1.2 集料

环氧沥青混凝土用集料质量应满足表 12 的要求。

粗集料的技术要求和试验方法 表 12

| 试 验 指 标 | 技 术 要 求 | 试验方法（JTJ 058—2000） | 备 注 |
|---|---|---|---|
| 抗压强度（MPa） | ≥120 | T 0221-2005 | |
| 洛杉矶磨耗率（%） | ≤22 | T 0317-2005 | |
| 石料磨光值（%） | ≥48 | T 0321-2005 | |
| 针片状含量（%） | ≤5 | T 0312-2005 | |
| 与改性沥青的黏附性（级） | ≥4 | T 0616-1993 | |
| 石料压碎值（%） | ≤12 | T 0316-2000 | 抽样检测 |
| 吸水率（%） | ≤1.5 | T 0307-2005 | |
| 视密度（g/cm³） | ≥2.65 | T 0304-2005 | |
| 软石含量（%） | ≤1 | T 0320-2000 | |
| 水洗法 0.075mm 颗粒含量（%） | ≤1 | T 0320-2000 | |

## 6.2　设备

主要机械设备可参考表 13。

**沥青混凝土施工作业主要施工机械设备**　　表 13

| 序　号 | 机械设备名称 | 数　量 | 备　　注 |
|---|---|---|---|
| 1 | 沥青混合料拌和机 | 1 套 | 额定生产能力 120t/h 的间歇式拌和机 |
| 2 | 沥青混合料摊铺机 | 1～2 台 | 具有自动找平装置及可加热的振动熨平板装置等 |
| 3 | 装载机 | 2～4 台 | 装载能力不小于 2m²/次 |
| 4 | 轮胎压路机 | 2～4 台 | 自重不小于 12t |
| 5 | 双轮双振压路机 | 2～4 台 | 自重不小于 10t |
| 6 | 小型振动压路机 | 1 台 | 自重 3t |
| 7 | 切缝机 | 5～15 台 | |
| 8 | 振动夯 | 2 台 | |
| 9 | 热鼓风机 | 1 台 | |
| 10 | 自卸运输车 | 5～20 台 | 载重不小于 10t，视每次摊铺长度定 |
| 11 | 水车 | 1 台 | 清洗钢桥面 |

## 7　质量控制

### 7.1　基本要求

7.1.1　环氧沥青混合料的矿料质量及矿料级配应符合设计要求及施工规范的规定。

7.1.2　环氧沥青材料及混合料的各项指标应符合设计文件及施工规范的要求。

7.1.3　严格控制各种矿料及沥青用量和各种矿料及环氧沥青的加热温度。

7.1.4　拌和后的环氧沥青混合料应均匀一致，无花白，无粗细料分离和结团成块现象。

7.1.5　摊铺时严格控制厚度和平整度，仔细找平，注意摊铺和碾压温度，碾压至要求的密实度。

### 7.2　检验项目

环氧沥青面层施工完毕后，立即对高程、厚度、横坡度、油石比、级配等技术指标按有关技术文件等规范要求进行检测验收。检验项目及工要求见表 14。

**环氧沥青混凝土施工过程中质量控制检测项目及要求**　　表 14

| 工程分项 | 检　测　指　标 | | 要　　求 | 合　格　判　定 | 检　测 |
|---|---|---|---|---|---|
| 热拌环氧沥青（日本）结合料 | 基质沥青 | 针入度(25℃，0.1mm) | 60～80 | 最小 60，最大 80 | 2 次/每施工日 |
| | | 软化点(℃) | 44～52 | 最小 44，最大 52 | |
| | | 延度(10℃，cm) | ≥15 | 最小 15 | |
| | 主剂与固化剂混合比例(%) | | 56∶44 | 允许偏差±3 | 当天施工前 |
| | 环氧树脂和基质沥青混合比例(%) | | 50∶50 | 允许偏差±3 | |
| | 环氧树脂和基质沥青加热温度(℃) | | 60，150 | 允许偏差±5 | |
| | 结合料 | 抗拉强度(23℃，MPa) | ≥2.5 | 最小 2.5 | 1 次/批 |
| | | 断裂延伸率(23℃，%) | ≥100 | 最小 100 | |

续表

| 工程分项 | 检测指标 | | 要 求 | 合格判定 | 检 测 |
|---|---|---|---|---|---|
| 环氧沥青混凝土 | 级配(通过率,%) | **厂拌取样**<br>4.75mm,<br>2.36mm,<br>0.075mm | ±5<br>±3<br>±2 | 与施工级配目标值对比,每次结果均达到要求 | 2次/施工日 |
| | 油石比(%) | **厂拌取样** | ±0.2 | 与设计值对比,每次结果均达到要求 | |
| | 空隙率(%) | | 2~5 | 与设计马歇尔空隙率对比,平均值 | |
| | 流值(mm) | | 2~5 | 平均值 | |
| | 马歇尔稳定度(%) | | ≥40.4(完全固化) | 最小40.4 | |
| | 出料温度(℃) | | 170~190 | 最小155,最大180 | 每车 |
| | 前场料车内混合料平均温度(℃) | | 150~180 | 最小150,最大180 | 每车 |
| | 压实温度(℃) | | 初压结束≥110,<br>终压结束≥90 | 初压最小110,<br>终压最小90 | 随时 |
| | 铺装厚度(mm) | 总厚度 | −6<br>−11 | 代表值满足要求<br>极值满足要求 | 钢桥面铺装厚度按总混合料用量和碾压遍数计算 |
| | | 上面层 | −4<br>−8 | 代表值满足要求<br>极值满足要求 | |
| | 空隙率(%) | | 2~5 | 全部满足要求 | 1点/2000m² |
| | 平整度(mm) | | IRI≤2.0m/km<br>σ≤1.2mm | 平均值满足要求 | 每车道,100m连续测量10尺 |
| | 横坡坡度(%) | | ±3 | 全部满足要求 | 每断面 |

## 7.3 外观鉴定

7.3.1 表面平整、密实,无泛油、松散、裂缝、粗细料集中等现象。

7.3.2 表面无明显碾压轮迹。

7.3.3 接缝密实、平顺。

7.3.4 铺装层与路缘石及其他构造物要衔接平顺,无积水现象。

7.3.5 铺装层表面的水要排除到路面范围之外,表面无积水现象。

# 8 安全措施

8.1 应遵照《公路工程施工安全技术规程》(JTJ 076—95)。

8.2 建立安全生产领导组织和各级成员安全生产责任制度,完善各项安全生产作业管理制度,明确安全责任。

8.3 开工前必须编制有安全措施的施工组织设计(包括施工用电组织设计)及技术复杂的专题方案,并严格审批手续及程序。

8.4 根据施工特点,做好安全教育和培训,加强安全检查,消除事故隐患。

8.5　环氧沥青拌和人员要着防护服、鞋套，戴防毒面罩等。

## 9　环保措施

9.1　施工期间始终保持工地的良好排水状况，修建临时排水设施，并与永久排水设施相结合。

9.2　项目部、作业区进行硬化，防止扬尘。对施工作业易产生灰尘或污染的工序（如沥青拌和楼振动筛等）要有专人负责，及时采取可行的措施，以便施工作业产生的灰尘减至最低程度。

9.3　合理布置施工场地，生产、生活设施尽量布置在规定范围以内，施工尽量不破坏地表原有植被，保护自然环境。

## 10　资源节约

10.1　在环氧沥青施工中，由于环氧沥青价格昂贵，因此，在施工时，对环氧沥青拌和楼进行了改造。对冷料称量系统从原来的变频称量改为电子计量系统，减少了由于热楼筛分导致的溢料、配合比的不稳定现象。

10.2　通过对冷料计量系统的改进，可以直接用目标配合比进行混合料的生产，提高了生产效率。

10.3　环氧沥青混合料需要按单一粒径进行生产，并且价格高。由于计量能够有效控制，在原材料采购时，能按配合比要求的数量进行采购，大大提高了集料的节约。

## 11　经济效益分析

热拌环氧沥青（日本）混合料除具有美国环氧沥青混凝土优良综合性能外，其拌和温度较高，集料热交换充分，对水分的敏感性较低，铺装后的桥面发生鼓包等病害少。由于日本环氧从拌和到施工完毕的允许时间约为 2h，更好地满足了施工控制要求，工程实体质量更有保证，桥面铺装层的使用寿命大大增加，减少了桥面养护维修费用；另一方面，在桥面维修工程中，从铺装到开放交通养护时间较短，满足桥梁维修工程要求尽快开放交通的要求。

应用日本环氧沥青施工的虎门大桥，从 2008 年完工通车至今，路面基本完好，没有发现环氧沥青早期鼓包等病害，未发生维修费用支出。2010 年施工的东沙大桥，环氧沥青铺装层未出现任何病害，未发生维修费用支出。与早先施工的湛江海湾大桥相比，2010 年，对湛江海湾大桥桥面集中产生鼓包等病害路段进行了处理，共处理 1050m²，从机械设备调迁，工作面的处理，混合料的拌和、摊铺、碾压，共发生费用 157 万元。日常养护中，发生的人工费用及灌缝材料、冷补材料等费用约 30 万元/年。

从环氧沥青混合料养护到开放交通，日本环氧沥青混凝土比美国环氧可提前开放15～30d，从而可减少交通维护设施的损失和维修路段交通事故的发生。交通的顺畅，带来的社会效益及经济效益是非常显著的。

## 12　应用实例

### 12.1　广州珠江黄埔大桥钢桥面铺装工程（S16B 标）

12.1.1　工程概况

广州珠江黄埔大桥京珠高速广州段的组成部分，是国家重点工程。钢桥面铺装工程由南汉钢箱梁 1105m 悬索桥及北汉独塔双索面 707m 箱梁斜拉桥组成，总铺装面积 57046m²，其中日本环氧沥青混凝土铺装 4772.5m²。

12.1.2 施工情况

根据质量检测及监测资料显示，本工程自正式开工直至竣工（2008 年 3 月～2008 年 11 月），由于采用本钢桥面热拌环氧沥青（日本）混凝土铺装施工工法，确保了钢桥面施工的正常顺利进行。

12.1.3 工程监测及评价结果

钢桥面环氧施工过程中，业主聘请了华南理工大学作为施工监控方，对整桥每一车环氧沥青混合料的施工温度进行了记录，并对摊铺、碾压过程温度进行抽检，所有监测结果均为优良。

广州珠江黄埔大桥于 2008 年 11 月通过了广东省交通质量监督站验收，所有检测项目均满足设计要求。

12.2 虎门大桥钢桥面铺装工程

12.2.1 工程概况

虎门大桥是中国第一座大型悬索桥，其主航道跨经 888m，居中国前列，被誉为"世界第一跨"。该桥总投资近 30 亿元，其悬索桥部分均采用钢箱焊接。目前，昼夜通车量为 12 万车次，由于是我国第一次建造的大跨径钢桥，设计经验、建造标准均偏低，箱梁面板厚度仅有 12cm（目前国内一般为 16～18cm），导致桥面铺装局部受力后变形大，桥面铺装也已经过多次重修，效果均不理想。2008 年珠江虎门大桥主桥桥面铺装进行大修，设计为双层日本环氧沥青混凝土铺装，钢箱梁长度为 888m，钢桥面铺装总面积 6660m²。

12.2.2 施工情况

根据质量检测及监测资料显示，本工程自正式开工直至竣工（2009 年 3 月～2009 年 9 月），桥面铺装施工为一边通车一边施工，施工环境复杂、恶劣。由于在施工过程中采用本钢桥面热拌环氧沥青（日本）混凝土铺装施工工法，对钢桥面施工的正常顺利进行并按计划完成起到了关键的作用。

12.2.3 工程监测及评价结果

钢桥面环氧施工过程中，业主聘请了华南理工大学作为施工监控方，对整桥每一车环氧沥青混合料的施工温度进行了记录，并对摊铺、碾压过程温度进行抽检，所有过程监测结果均为优良。

虎门大桥于 2009 年 1 月通过了广东省交通质量监督站验收，所有检测项目均满足设计要求。

12.3 广州东沙特大桥钢桥面铺装工程

12.3.1 工程概况

广州东沙大桥连接广州市芳村区与番禺区，是广佛大都市圈公路交通网的重要组成部分。大桥北起芳村东沙开发区内的东沙大道，一直延伸至番禺南浦岛，建成后将促进广州西部与番禺及南沙开发区的联系并疏解洛溪桥部分交通压力，对打通制约两地多年的交通瓶颈，完善广州各区间的交通连接具有重要意义。主桥设计为双层日本环氧沥青混凝土铺装，钢箱梁长度为 330m，钢桥面铺装总面积 10000m²。

12.3.2　施工情况

本工程自正式开工直至竣工（2009 年 10 月～2010 年 4 月），施工过程采用本钢桥面热拌环氧沥青（日本）混凝土铺装施工工法。本工法确保了钢桥面施工的正常顺利进行，为大桥建设节约总施工工期，确保后续施工标段的节点任务按计划完成起到了重要作用。

12.3.3　工程监测及评价结果

钢桥面环氧施工过程中，业主聘请了华南理工大学作为施工监控，对整桥每一车环氧沥青混合料的施工温度进行了记录，并对摊铺、碾压过程温度进行抽检，所有过程监测结果均为优良。

广州东沙大桥于 2010 年 11 月通过了广东省交通质量监督站验收，所有检测项目均满足设计要求。

# 遥控飞艇施放大跨径悬索桥先导索施工工法

GGG（贵）C3046—2008

阮有力　钟荣炼　杨胜江　黄　盛　杨茂军

（贵州省桥梁工程总公司）

## 1　前言

随着 21 世纪科学技术的发展，工业技术、计算机技术、静态和动态仿真技术、自动控制技术等在桥梁工程设计和施工中得到了广泛的应用和发展，尤其在跨越江河、海湾及峡谷的特大悬索桥建设中得到推广应用。

悬索桥的施工主要包括锚碇施工、索塔施工、主缆架设、索夹吊索安装、加劲梁安装等。主缆架设是悬索桥施工的重点和难点，也是悬索桥的"生命线"。其施工步骤为先导索架设、牵引系统架设、猫道架设、主缆索股架设。其中先导索架设是缆索工程中的第一道难关，先导索也是缆索工程中最先拉过江河、海湾或峡谷的第一根钢索。目前，国内外架设先导索有如下几种方法：轮船渡江牵引法、直升机牵引法、火箭发射牵引法、人工跨越牵引法等，其中轮船渡江牵引法包括悬挂牵引法、江（海）底牵引法、浮索牵引法。

为丰富大跨度悬索桥先导索架设的施工工法，考虑到目前现有工法的操作性能、适用性能、经济性能、安全性能、环保性能等特点，充分利用机械技术和遥感技术，贵州省桥梁工程总公司提出了遥控飞艇施放大跨径悬索桥先导索施工工法，并将它成功应用于镇胜公路第 39G-1 合同段坝陵河大桥。这是国内外第一次使用飞艇架设悬索桥先导索，在世界建桥技术的尚属首创。

遥控氦气飞艇的前身是 M6-2000 军事飞艇。该型飞艇是中国人完全拥有自主知识产权的水滴软式飞艇。它采用了国际上现有的新技术、新设备、新材料和新工艺，2001 年 9 月试飞成功，经过民航局适航部门的认真审查，已经取得了型号设计批准书（TDA）和适航证，2002 年被评为中国新技术转化 A 级项目。贵州省桥梁工程总公司于 2007 年 10 月 20 日发布了遥控飞艇施放大跨径悬索桥先导索施工工法，并于 2007 年 11 月 1 日实施。

2008 年 3 月 14 日，贵州省交通厅在贵阳主持召开了《遥控飞艇施放大跨径悬索桥先导索施工工法》成果鉴定会。鉴定认为，该工法有广泛的推广应用价值。在大跨径悬索桥建设中首次采用遥控飞艇施放先导索施工工法，达到国际先进水平。

## 2　工法特点

2.1　遥控飞艇施放大跨径悬索桥先导索施工工法工艺先进，操作方便，安全可靠，节约资源，符合环保。

2.2　遥控飞艇施放大跨径悬索桥先导索施工工法创造了多级牵引技术，达到了牵引索材料类型、规格及牵引力的均衡，最大限度地使用牵引力的功率。

2.3　遥控飞艇施放大跨径悬索桥先导索施工工法创造了牵引设备最小化，牵引设备载体无人化，安全效果显著。

2.4　遥控飞艇施放大跨径悬索桥先导索施工工法将自动控制技术与传统的导索牵引技术相结合，提高了作业效率，经济效益显著。

## 3　适用范围

由于遥控飞艇具有推力大、抗风能力强、稳定性高、操作灵活、续航时间长、环保性能好等优势，遥控飞艇施放大跨径悬索桥先导索施工工法适应于各种地形及架设条件，有广泛的推广应用价值。

## 4　工艺原理

遥控飞艇施放大跨径悬索桥先导索施工工法的核心是采用遥控气动飞艇搭载轻质高强的先导绳索，从桥梁此岸飞越彼岸，然后通过小绳换大绳的多级牵引方式，最终置换成钢丝绳以达到先导索架设的目的。

飞艇是一种有推进装置、可控制飞行的轻于空气的航空器。飞艇由较大的流线型艇体、艇体下面的吊舱、起稳定控制作用的尾面和推进装置组成，在飞行中主要依靠内部充满氢气或氦气的气囊提供的浮力，将飞艇及其载荷支持在空中，发动机为其提供前进的动力，通过操纵尾翼上的升降舵和方向舵控制飞艇的俯仰和方向运动。飞艇可以垂直起降、空中悬停，不需要有专用设备的起降场。

## 5　施工工艺流程及操作要点

遥控飞艇施放大跨径悬索桥先导索施工工法，采用在此岸放绳，彼岸收绳的单循环放线方式。其施工顺序是：飞艇施放一线引绳（φ3mm 韩国丝）→一级引绳置换成二级引绳（φ4mm 迪尼玛）→二级引绳置换成三级引绳（φ10mm 丙纶绳）→三级引绳置换成四级引绳（φ12mm 迪尼玛）→四级引绳置换成钢丝绳（φ17.5mm 钢丝绳）。

此岸作为放绳的主要作业区，彼岸作为收绳的主要作业区。飞艇在作业区准备就绪，将一级引绳架固定在地上，一级引绳与飞艇连接。由一名遥控操作员负责指挥飞艇，一名工作人员负责托起飞艇。施工中首先要观察气候条件，察看风向和风速，起飞的时候一定要逆风起飞，这是不变的原则。接着发动发动机，不要急着将油门摇杆拨到高速的状态，先确认发动机的提速反应是否顺利，然后先回复到低速的状态，再一点一点地让发动机运转。在发动机马力全开之后，再利用信号一起把手放开，这是为了能够一口气进行加速。当手离开飞艇之后，飞艇就会发出吼声加速离去，然后再进行调整。飞艇飞到一半之后，彼岸遥控操作手，指挥飞艇降落，完成一级引强的架设。

在两岸布置1t、8t卷扬机各一台，卷扬机前设置导线轮。在彼岸把二级引绳架固定在地上，二级引绳与一级引绳绳头相连，在此岸通过 1t 卷扬机或人工牵引一级引绳，一边回收一级引绳一边牵引二级引绳，完成二级引绳的架设。按同样的方法完成三级、四级钢丝绳的架设。施工工艺流程见图1。

各级引绳的具体操作步骤如下：

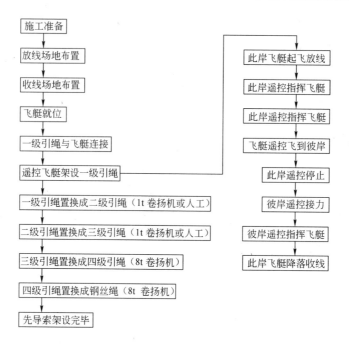

图 1    施工工艺流程图

（1）采用起降场带绳起飞或塔顶挂绳起飞作业，途中接力操作、直接牵引的方法施放一级引绳。施放一级引绳时，选择此岸塔前空地作为起降场地，由 1 号操作手负责飞艇的起飞遥控；飞艇起飞后，在适当的高度及飞行中点将飞艇与 2 号操作手交接，由 2 号操作手负责飞艇将一级引绳牵引至对岸塔旁空地降落。飞艇放线示意见图 2。

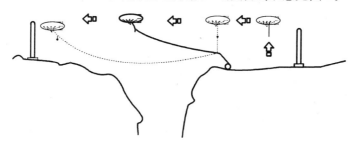

图 2    飞艇放线示意图

（2）二级引绳：一级引绳牵二级引绳时，以 1t 卷扬机或人工牵引方式在滑车内进行，各高空人员进行监护，绳不能与地面摩擦或出现跳槽现象，同时往牵引方向导绳子，直至二级引绳导通为止。

（3）三级引绳：二级引绳牵三级引绳时，利用两台 1t 卷扬机进行牵放，采用一牵一的形式在朝天滑车内进行，牵通后将绳子锚固牢于卷扬机两端。

（4）四级引绳：三级引绳牵四级引绳时，把已经放通的三级引绳作为牵引绳，通过 8t 卷扬机牵引四级引绳，四级引绳通过卷扬机出线而产生张力。

（5）钢丝绳：五级绳采用钢丝绳，通过四级引绳牵引到对岸，两岸都临时锚固在承台前端的预埋件上，待牵引系统作业时再替换更大绳径的钢丝绳。

## 6　材料与设备

### 6.1　材料与设备

遥控飞艇施放大跨径悬索桥先导索施工工法，主要设备有遥控飞艇 1 艘、一级引绳 1 根、二级引绳 1 根、三级引绳 1 根、四级引绳 1 根、1t 卷扬机 2 台、8t 卷扬机 2 台（表 1）。

材料设备一览表　　　　　　　　　　　　　表 1

| 物资名称 | 规　格 | 数　量 | 备　注 |
|---|---|---|---|
| 飞艇总成及配套工具 | YS-7 | 1 艘、1 套 | |
| 韩国丝 | $\phi$3mm | 根据桥梁跨径决定 | 一级引绳 |
| 迪尼玛 | $\phi$4mm | 根据桥梁跨径决定 | 二级引绳 |
| 丙纶绳 | $\phi$10/13mm | 根据桥梁跨径决定 | 三级引绳 |
| 迪尼玛 | $\phi$12mm | 根据桥梁跨径决定 | 四级引绳 |
| 钢丝绳 | $\phi$17.5mm | 根据桥梁跨径决定 | 先导索 |
| 对讲机 | | 4 台 | 飞艇组用 |
| 抗弯连接器 | 3t | 4 个 | 二三级引绳连接 |
| 抗弯连接器 | 5t | 4 个 | 三四级引绳连接 |
| 旋转连接器 | 3t | 2 个 | 三级引绳连接 |
| 旋转连接器 | 5t | 2 个 | 四级引绳连接 |

### 6.2　飞艇

现代飞艇一般都是软式飞艇，要保持它们的外形，只能是通过气囊中氦气压力来实现。其主要组成部分有气囊、辅助气囊、吊舱、推进装置、尾翼、方向舵和升降舵等。

（1）气囊：其里面充满了氦气以提供升力，另外里面还有辅助气囊。现代飞艇上气囊由涤纶、聚酯纤维、迈拉等人造材料织成，可有效地防止氦气的泄漏，并具有很长的使用时间。

（2）辅助气囊：飞艇内部一个小的辅助性气囊，可通过在飞行中的充气和放气来控制和保持飞艇形状和浮力。

（3）吊舱：位于飞艇下方的舱室，包括驾驶舱、发动机和人员舱（有人驾驶飞艇）。

（4）推进装置：为飞艇的起飞、降落和空中悬停提供动力。

（5）尾翼、方向舵和升降舵：为飞艇提供机动能力。

（6）遥控飞艇有关参数见表 2。

遥控飞艇参数表　　　　　　　　　　　　　表 2

| 飞艇型号 | | QS-700（氦气） | |
|---|---|---|---|
| 单人遥控半径 | | 1km | |
| 飞行载质量 | | 5kg | |
| 使用燃料 | | 专用合成油（主成分甲醇） | |
| 发动机点火方式 | | 被动式热火塞，无火花 | |
| 飞行数据 | | 几何尺寸 | |
| 巡航速度 | 20km/h | 全长 | 6.5m |
| 最大航速 | 70km/h | 全高 | 2.0m |
| 续航时间 | 40min | 气囊直径 | 1.7m |
| 作业抗风能力 | 8m/s | 气囊总体积 | 9m³ |
| 最大抗风能力 | 13m/s | 副气囊体积 | 1m³ |

### 6.3 引绳参数

（1）引绳的级别：按引绳被施放的顺序，划分为一级引绳、二级引绳、三级引绳、四级引绳等。

（2）引绳的参数见表3。

引 绳 参 数 表　　　　　表3

| 序　号 | 名　称 | 型　号 | 直径(mm) | 断裂强度(kN) | 质量(g/m) | 断裂伸长 | 备　注 |
|---|---|---|---|---|---|---|---|
| 1 | 韩国丝 | 3—50 | 3 | 0.6 | 3 | 10% | 一级引绳 |
| 2 | 迪尼玛 | φ3.5 | 4 | 11.4 | 9.5 | | 二级引绳 |
| 3 | 丙纶绳 | φ10/13 | 10/13 | 11/35 | 97 | 9% | 三级引绳 |
| 4 | 迪尼玛 | φ12 | 12 | 135 | 108 | | 四级引绳 |
| 5 | 钢丝绳 | φ17.5 | 17.5 | 192 | 1310 | | |

## 7 安全措施

### 7.1 飞艇飞行安全

（1）气囊为防静电特殊材料制成，不会聚集静电荷。

（2）双发配置，能保证在无工作负荷的情况下，单发也能完成基本的飞行功能。

（3）配有遥控脱绳装置，在需要的时候，可以准确、快速地使所带绳索与飞艇分离。

（4）严格的起飞质量控制，保证飞艇在任何失控的情况下，都只会向下落到地面。

（5）遥控装置设有自动失控保护，飞艇在失去地面遥控时会自动调整为降落姿态并迅速降落。

（6）飞艇自重轻，飞行速度慢，意外降落不会对环境造成破坏。

（7）飞艇艇体有明显的单位标志，便于辨识。

（8）由专人负责飞艇的管理维护，每次起飞前均要对飞艇的机械、电气、燃油等部分进行全面的检查，保证每次的起飞条件都符合规程的要求。

（9）具有高水平操作、维护飞艇的专业团队，具备完整的飞艇使用体系，及地勤、飞行应急预案。

### 7.2 飞艇作业安全

（1）飞艇操作及维护人员的工作必须按照 YS-7 型遥控飞艇《飞行、维护操作规程》、《发动机使用及维护操作规程》、《遥控设备说明书》执行。

（2）后勤人员在起飞检查过程中要注意保护自身不受到飞艇的伤害。

（3）在对飞艇进行组装时应在警界区内，严格按照组装程序进行组装，整个过程应严禁烟火；艇囊在充气时，所有施工人员应穿着棉制工装，以防产生静电；在对发动机进行调试时，应防止飞艇运动部件（发动机螺旋桨）对人体的伤害。

（4）每次作业应严格按照飞行任务书执行。

（5）作业应急措施：飞艇每次作业除有预定的起降场地外，还必须考虑应急降落场地，一旦在作业过程中发生意外，应能够就近降落；一旦出现紧急状况，应立即向飞艇作业负责人汇报。

（6）飞艇飞行记录表格

① 遥控飞艇飞行任务书；

② 充放电统计记录表；

③ 飞艇状态检查表；

④ 飞行日志；

⑤ 飞艇事故分析记录。

### 7.3　高空作业的安全措施

（1）凡患有不宜从事高空作业病症的人员一律不得进行高空作业。

（2）高空作业时，作业人员必须系好安全带（绳）。安全带的另一端必须拴在牢固的构件上，注意尽量拴在闭合的构件内，不得低挂高用，同时在施工中应随时检查是否拴牢。

（3）高空作业人员应穿软底鞋，上下应沿脚钉或爬梯攀登，在转移作业位置时，脚要踩稳，手扶的构件必须牢固，不得沿单根构件上爬或下滑。

（4）高空作业人员杆塔上应避免上下交叉作业，多人在一处作业时，应相互照应、密切配合，所用的工具、材料，应放在工具袋内或用绳索绑牢，上下传递物体应用绳索吊送，严禁抛掷。

（5）高空作业均需设置安全监护人，安全监护人的责任一方面是监护高空作业人员是否按照安全规程的要求进行作业，另一方面是监护塔下的工作人员注意不要在高空作业的落物范围内，以免落物伤人。

不同高度的高作空业可能的落物范围（半径）如下：高空作业位置到地面的垂直距离2～5m、5～15m、15～30m、>30m，可能的落物半径分别为2m、3m、4m、5m。

（6）遇有雷雨、浓雾、六级以上大风时，不得进行高空作业。

## 8　效益分析

根据国家规划，21世纪前30年我国交通建设将会出现又一次飞跃，至2020年公路建设要实现总里程达到300万公里的目标，预计将建设大约20万座大中桥梁，总计长度会超过1万公里，其中跨度超过500m的大型桥梁将达到数百座，一批跨越江河、海湾、峡谷的桥梁工程已进入实施阶段。未来跨江、跨海、山区特大跨径悬索桥建设、数量需求较大，规模上将有较大的跨越。对地形水文限制的悬索桥施工意义重大，遥控飞艇施放大跨径悬索桥先导索施工工法与其他工法相比，以其工艺先进、操作方便、安全可靠、投资节约、符合环保、工期极短等特点，具有很大的市场应用价值，可以在以后的悬索桥施工中应用和推广。与传统工法相比，对于1000m以上跨径的大路径悬索桥，有其明显的社会经济效益（表4）。

经济效益比较表　　　　　　　　　　　　　　　　　表4

| 项目名称 | 直升机牵引 | 火箭牵引 | 人工牵引 | 轮船牵引 | 遥控氦气飞艇牵引 |
|---|---|---|---|---|---|
| 成本 | 48万元 | 25.4万元 | 3万元 | 20万元 | 12万元 |
| 设备 | 直升机/1架 | 火箭/2门 | 人工/20人 | 轮船/2艘 | 飞艇/1艘 |
| 工期 | 1d | 1d | 7d | 3d | 0.5d |
| 文明施工与环境保护 | 需要停机场地，文明施工与环境保护效果较好 | 火箭采用火力助推方式，在野外施工中对环境有一定的破坏，应尤其注意防火，文明施工与环境保护效果一般 | 需要先开劈道路以利于人员及钢丝绳通过，必须对桥梁下方高压线和房屋进行拆迁，文明施工与环境保护效果最差 | 要求桥下通航，施工期间要求封航，文明施工与环境保护效果一般 | 对场地无任何破坏，文明施工与环境保护效果最好 |

续表

| 项目名称 | 直升机牵引 | 火箭牵引 | 人工牵引 | 轮船牵引 | 遥控氦气飞艇牵引 |
|---|---|---|---|---|---|
| 其他 | 办理相关手续复杂 | 必须进行人员拆离，落点差误大，落点半径0～30m | 由于人员进入高山深谷，安全风险较大 | 必须进行封航 | 工艺先进，操作方便，安全可靠，投资节约，符合环保，工期极短 |
| 可靠性分析 | 可借鉴国内外经验，超1000m的桥梁已有成功先例；在技术和经验上有充分的保障 | 可借鉴国内经验，湖北沪蓉西泗渡河大桥有成功先例；有技术和经验上的保证，但施工中的安全问题还需高度重视 | 国内小跨径桥梁经常采用此方面，在大跨径桥梁中实施较小，技术上要求不高，重在人员过河的安全要保障 | 可借鉴国内外经验，超1000m的桥梁已有成功先例；在技术和经验上有充分的保障 | 可借鉴国内外其他行业的成功经验，特别是在电力放线、航拍等方面有成功经验 |
| 选用条件 | 不受限制 | 无人居住的山区 | 地势较平缓的山区 | 江上、海上 | 不受限制 |
| 经济效益分析 | 造价最高，不经济 | 造价较高，较经济 | 造价最低，最经济 | 造价较高，较经济 | 造价较高，较经济 |

## 9 应用实例

### 9.1 工程概况

沪瑞国道主干线是"五纵七横"国道主干线系统中的一横（GZ65），是西南地区通往华东地区的主要通道之一。镇宁至胜境关公路是GZ65公路在贵州省境内"两纵两横四联线"公路主骨架的重要组成部分。该路段起于安顺市镇宁县城北，东接清镇至镇宁高速公路，途经安顺、黔西南、六盘水三个地州市，穿越黄果树风景名胜管理区、关岭、晴隆、普安和盘县特区，终点为滇黔省界的胜境关。

坝陵河大桥为主跨1088m单跨钢桁加劲梁悬索桥，距拟建的镇宁至胜境关高速公路起点约21km，地处黔西地区的高原重丘区，在关岭县东北跨越坝陵河峡谷，峡谷两岸地势陡峭，地形变化急剧，起伏很大，河谷深切达400～600m。图3为坝陵河大桥总体布置图。

### 9.2 地形、地貌、区域地质构造及水文

镇宁至胜境关路线位于贵州高原西部斜坡地带，西高东低为溶蚀、剥蚀中山～低中山地貌，全线熔岩发育。线位又处于北盘江流域中游，由于流水长期侵蚀，地面相当破碎，河谷附近起伏很大。在桥位区域，由于受安庄断层和关岭县城以西的上木咱断裂的影响，使该区域形成高差悬殊的深切河谷地形，即以黄果树为代表的众多高差悬殊的瀑布。

桥址区地表水属于珠江水系，坝陵河起源于郎岱山北部，长约40km，中下游平均坡降12.1‰。枯季流量0.0928m³/s，平水期约3～4m³/s，丰水期5～6m³/s。夏季大雨后猛增暴涨，水量增大数十倍，流量可达15m³/s以上。区内坝陵河两岸冲沟多为干沟，汛期洪流顺坡而泄，S6号泉出露于坝陵河东岸斜坡中部，枯季流量在28L/s左右，汛期流量大增。

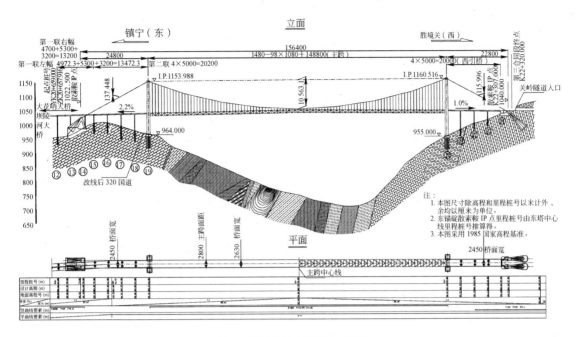

图 3   坝陵河大桥总体布置图

## 9.3   坝陵河大桥工程特点

坝陵河大桥桥型结构为 248m＋1088m＋228m 单跨钢桁加劲梁悬索桥，其工程规模大、技术含量高、施工条件复杂，大桥多项指标处于国内、省内领先水平。

（1）大桥为主跨 1088m 钢桁加劲梁悬索桥，在高山峡谷区修建如此大跨度桥梁，世界建桥史上尚属首次。

（2）西岸隧道式锚碇长 74.34m，轴线倾角 45°，为世界第一大隧道锚。

（3）东岸重力式锚碇混凝土浇筑方量达 81662m³。

（4）全桥建成后长达 2257m。

（5）全桥概算投资 14.8 亿元人民币。

（6）大桥东接壮美的黄果树大瀑布、西临三国索马古道、南毗神秘的红涯天书、北靠滴水滩瀑布，建成后为该景区增加又一道亮丽的风景线。

## 9.4   坝陵河大桥先导索架设方案的确定

针对坝陵河大桥桥址区峡谷宽广、深切的特点进行构思，我们先后对比了直升机牵引、火箭牵引、人工牵引，甚至还想到了风筝，但经方案论证之后，都不太适合于本项目，于是提出了遥控飞艇施放先导索施工方案。

## 9.5   遥控氦气飞艇架设先导索施工

遥控飞艇施放放线引绳施工采用 QS-700 型遥控飞艇，飞艇施放引绳时多采用牵放的形式，即将一级引绳盘置于地上，一级引绳通过塔顶专用放线滑车后由飞艇牵引绳头飞行的方式。图 4 为坝陵河大桥先导索架设示意图。

（1）架设步骤如下：利用飞艇架设一级引绳，一级引绳为 φ3mm 韩国丝；在塔前两侧各布置一台 8t 卷扬机，以备换绳用。

（2）利用一级引绳架设二级引绳，二级引绳为 φ4mm 迪尼玛；利用二级引绳架设三级引绳，三级引绳为 $\phi$10mm 丙纶绳；利用三级引绳架设四级引绳，四级引绳为 $\phi$12mm 迪尼玛。

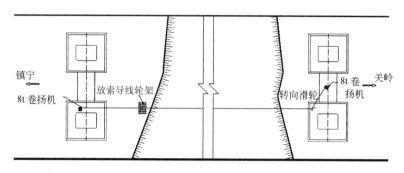

图 4　坝陵河大桥先导索架设示意图

（3）在东岸锚碇后 25t 卷扬机上卷进 2000m$\phi$16.5mm 钢丝绳、西岸锚碇后 25t 卷扬机上卷进 250m$\phi$16.5mm 钢丝绳；利用人工将边跨先导绳 $\phi$16.5mm 钢丝绳通过散鞍导轮组从锚碇后牵拉到塔底；把钢丝绳从边跨侧通过塔顶导轮组下放到塔前。

（4）同时牵引主副牵引卷扬机，将四级引绳提至所需高程；牵引主牵引卷扬机，同时放副牵引卷扬机，将四级引绳换成 $\phi$16.5mm 钢丝绳；$\phi$16.5mm 钢丝绳牵引系统形成。

（5）按照"小绳换大绳、逐级牵引"的方式依次换成 $\phi$16.5mm 钢丝绳→$\phi$24mm 钢丝绳→$\phi$32mm 钢丝绳→$\phi$36mm 钢丝绳；将两岸 $\phi$36mm 钢丝绳通过拽拉器连接从而形成牵引系统。

导索过谷后，因索径太细，需将索径换大，以便形成索引索，进而形成牵引系统。牵引索的张拉力及绳径与安装绳索的施工方法及猫道的结构有关，一般在 $\phi$36mm 左右。牵引索在先导索拉到位后，在锚碇处将先导索与牵引索的前端连接，在另一锚碇处用卷扬机卷取先导索，牵引索随之前进到对岸，同时后端施加反拉力使其维持所需高程。

9.6　施工组织及安全措施

牵引系统施工是主缆施工的关键工序，且施工难度和风险较大，必须精心组织、精心施工，确保安全。

9.6.1　施工组织

导索过谷的人员组织及工作职责见表 5。

导索过谷的人员组织及工作职责表　　　　　　　　　　　　表 5

| 岗　　位 | 人　数 | 工　作　职　责 |
| --- | --- | --- |
| 总指挥 | 1 人 | 总策划 |
| 现场指挥 | 1 人 | 现场牵引作业具体指挥 |
| 主牵引卷扬机 | 2 人 | 操作 |
| 副牵引卷扬机 | 2 人 | 操作 |
| 东塔顶 | 2 人 | 观察导索牵引情况 |
| 西塔顶 | 2 人 | 观察副牵引索情况，拆除制动索 |
| 东西塔塔吊 | 2 人 | 配合作业 |

9.6.2　注意事项及安全措施

（1）牵引索系统架设施工工作机械设备多，且高空地面联合作业，为了保证机械设备及人员的安全，机械定人负责，其他人员定点定位；对所有人员进行详细的安全施工技术交底；无线通信配备应齐全。

（2）导索过峡谷应选在晴朗、风小的天气条件下进行。

（3）先导索、副牵引索和制动索等的临时连接采用适宜的 U 形卡（卸扣）连接方式，更为方便快捷。

（4）索塔上人员应佩戴安全带，系好安全绳等；高空作业佩戴安全带，并悬挂警示、警告标牌。

（5）导索过谷前应对所有机械进行检查保养待用；所有钢绳连接头应严格检查，牵引过程中随时观察接头情况，及时发现和消除隐患。

（6）牵引过程中，派专人对塔顶支架上、塔顶承台上的转向滑轮及牵引的运动情况进行观察，以便及时处理可能出现的意外情况。

9.7　实施结果

遥控飞艇施放大跨径悬索桥先导索施工工法于 2007 年 8 月 30 日，应用于镇胜公路第 39G-1 合同段坝陵河大桥工程，取得圆满成功。

# 大直径深长钻孔桩旋挖钻机施工工法

GGG（中企）C1064—2009

付国平　闵　峰　周　望　冯兆祥　林海峰

（中铁大桥局股份有限公司　江苏省长江公路大桥建设指挥部）

## 1　前言

钻孔桩基础广泛应用于公路、铁路、水利水电、高层建筑等工程，特别在桥梁工程中得到大量采用。从国内跨江大桥建设发展的方向来看，钻孔桩基础有向大直径、大长度发展的趋势。

泰州长江公路大桥主桥桥跨组合为 350m＋1080m＋1080m＋350m，为世界上首座千米级三塔两跨悬索桥。夹江大桥位于江苏省扬中市南侧夹江段，上游距扬中大桥约 8km，下游距扬中二桥约 16km，北接泰州长江公路大桥扬中接线段，南联镇江新区。夹江大桥左汊桥及扬中岸引桥全长 1180m，桥跨布置为(7×30)＋(7×30)＋(7×30)＋(87.5＋3×125＋87.5)＝1180m；扬中岸引桥段基础采用 $\phi$1.2m 的钻孔灌注桩，共计 172 根；左汊桥主桥段基础采用 $\phi$1.5m、$\phi$1.8m、$\phi$2.0m 三种桩径的钻孔灌注桩，其中 22 号墩采用 $\phi$1.5m 的钻孔桩，共计 12 根，23 号墩与 27 号墩采用 $\phi$1.8m 的钻孔桩，共计 34 根，24～26 号墩采用 $\phi$2.0m 的钻孔桩，共计 57 根。全桥各类钻孔桩共计 275 根，最大设计桩长为 94m。桥址沿线岩土层分布自上而下可概括为：上部全新统松散层类(厚度 35～54m)、上更新统黏性土和砂性土类(厚度约 30m)以及中更新统粉质黏土、粉砂。

经过研究分析和现场试验，最终确定钻孔桩采用旋挖钻机进行施工。实践证明旋挖钻机在安全、优质、高效地完成钻孔桩施工的同时，取得了较好的经济效益，经总结其主要施工方法形成本工法。

## 2　工法特点

### 2.1　施工工期短

2.1.1　旋挖钻机采用动力头装置，钻进能力强；其钻杆自动伸缩，钻进过程中无须装、拆钻杆；深水 100m 长桩钻进成孔时间小于 48h，成孔时间大大缩短。下放钢筋笼、清孔及灌注混凝土不到 20h，单桩施工时间小于 68h。

2.1.2　旋挖钻机采用履带式底座，可自行移动。一根桩钻进成孔经检验合格后，即可自行到下一孔位继续钻进，给后续施工留出作业面。形成的流水作业使整个钻孔桩施工周期缩短。

### 2.2　成孔质量高

2.2.1　旋挖钻机施工时，孔壁不易产生厚泥皮；且在孔壁上形成较明显的螺旋线，有助于增加桩的摩阻力，提高桩的质量。

2.2.2   旋挖钻机通过电脑操控，可精确定位钻杆，并能自动校正钻孔垂直度，自动测量钻孔深度，可以最大限度地保证钻孔质量。

2.3   安全性能好

2.3.1   旋挖钻机采用履带式底座，与地面接触面积大，平稳可靠。

2.3.2   旋挖钻机只需一人操作，即可完成钻孔作业，大大减少了现场施工人员，减少了安全隐患。

2.3.3   旋挖钻机自带动力钻孔，减少了施工电力布置，确保了用电安全。

2.4   经济效果佳

2.4.1   旋挖钻机自带动力，既减少了辅助起吊设备，又减少了施工现场电力布置。

2.4.2   旋挖钻机从孔内直接取土，形成的废渣少，有效降低了排污处理费用。

2.4.3   单机施工效率极高，节约了机械设备费用。

2.5   环保效果突出

旋挖钻机施工取土产生的钻渣量大致为钻孔桩体积，所用泥浆仅起护壁作用且用量少，减少了对土体污染，改善了施工环境。

## 3   适用范围

本工法适用于黏土、粉土、砂土、淤泥质土、人工回填土及含有部分卵石、碎石地层的大直径深长钻孔桩施工。

## 4   工艺原理

旋挖钻机的钻头为直筒式容器，不同型号的钻头大小不一。钻头主要由钻土斗、切削斗齿、挡土板、底板锁定装置、上碰杆等组成，见图1。钻头通过销轴与钻杆连接。钻杆为多节可伸缩结构，主要作用是传递由动力头施加的扭矩和压力至钻头。

旋挖钻机采用履带式底盘，整个机身可绕底盘中心实现360°回转。钻机钻进过程中，由动力头施加扭矩和钻压，通过可伸缩钻杆传递给钻头，钻头带动切削斗齿切入土体，钻头旋转时，切削斗齿将土体推进钻土斗完成钻孔取土。钻土斗装满土体后，钻头反向旋转，挡土板通过底板锁定装置封闭。动力装置提升钻杆和钻头出孔外。钻机将钻杆和钻头移动到预先设置的弃渣池上方，钻头上碰杆与机架相碰后，挡土板打开。土体在重力作用或水平摆动下排出钻土斗，落入弃渣池内，集中外运。钻头下放并关闭挡土板。回至孔内进行下一钻头的取土。如此循环反复，不断取土、卸土，直钻至设计深度。

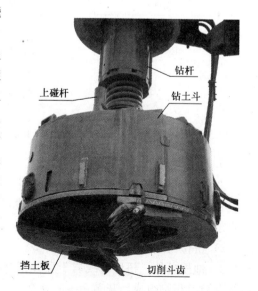

图 1   旋挖钻机钻头

## 5 工艺流程及操作要点

### 5.1 施工工艺流程（图2）

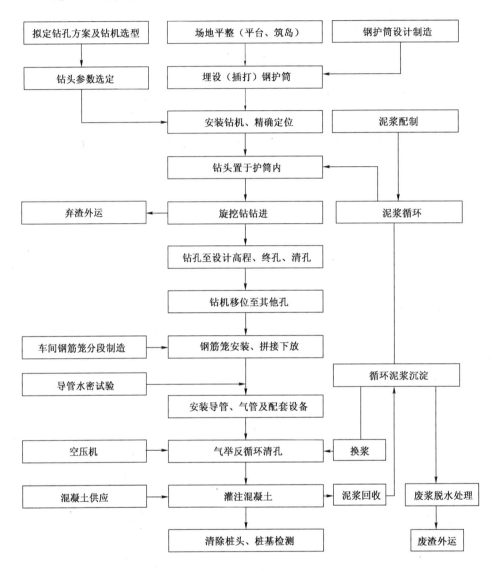

图2 旋挖钻机施工工艺框图

### 5.2 施工准备

#### 5.2.1 详细研究工程水文地质资料

1）水文地质：属长江下游感潮河段，潮位受长江径流与潮汐双重影响。每日两潮。常水位+1.0～2.0m。20年一遇洪水位+6.065m。

2）桥位区属副热带湿润气候类型。

3）地质条件。桥址沿线岩土层分布自上而下可概括为：上部全新统松散层类（主要由细颗粒沉积物组成，灰黄色～青灰色，岩性主要为黏性土及粉、细砂，厚度35～54m）、上更新统黏性土和砂性土类（上部颗粒较细，岩性为黏性土及粉、细砂，下部变粗，岩性为中砂夹小砾石，厚度约 30m）以及中更新统粉质黏土、粉砂。

5.2.2　拟定钻孔方案及钻机选型（表 1）

常见旋挖钻机主要技术参数　　　　　　　　　　表 1

| 型　　号 | 泰格 TIG300 | 宇通 YTR260 | 三一 S220 | 金泰 SD20 | 宝峨 BG25 | 巨力 ZY200 | 中联重科 ZR200 | 辰龙 CLH200 |
|---|---|---|---|---|---|---|---|---|
| 额定功率（kW） | 256 | 261 | 250 | 190 | 291 | 246 | 252 | 216 |
| 扭矩（kN·m） | 300 | 265 | 250 | 194 | 245 | 200 | 220 | 220 |
| 最大钻孔直径（m） | 2.5 | 2.0 | 2.3 | 2.0 | 2.6 | 2.2 | 2.0 | 2.0 |
| 最大钻孔深度（m） | 100 | 83 | 67 | 60 | 82.5 | 60 | 60 | 60 |
| 整机质量（t） | 90 | 78 | 65 | 65 | 81 | 60 | 70 | 65 |

根据地质情况，结合施工工期，钻孔施工配备 2 台 TIG300 旋挖钻机和 2 台 YTR260 旋挖钻机。其中主墩 $\phi2.0m$ 钻孔桩采用 TIG300 旋挖钻机，陆上 $\phi1.5m$、$\phi1.8m$、$\phi1.2m$ 钻孔桩采用 YTR260 旋挖钻机。

5.2.3　场地平整

1）陆上：清除墩位处杂物，整平场地，测量放样。夯实加固场地，保证平整、稳固，确保施工中不沉陷、倾斜、移动。

2）水上：根据所选用的旋挖钻机和起吊设备及施工荷载进行水上钻孔平台设计。平台所用材料为：$\phi820mm$ 钢管桩、贝雷梁、型钢及混凝土桥面板。搭设水上施工平台，其主要施工工序：钢管桩制造、运输→浮吊抛锚、定位→测量定位桩位→振动打桩锤插打平台钢管桩→联结系及平台安装。

5.2.4　埋设（插打）钢护筒

1）陆上：在测量放样好的孔位位置埋设钢护筒。

2）水上：在平台上安装钢护筒插打导向装置，精确定位，利用浮吊和打桩锤插打钢护筒。

3）护筒埋设要求：

（1）钢护筒内径大于设计桩径 20～40cm。任意断面的椭圆度≤3%，垂直度≤0.5%。

（2）钢护筒中心线应与桩中心线重合，平面位置偏差≤5cm，倾斜率≤1%。

（3）钢护筒顶部高程应高出水位 1.0～2.0m，或高出地面 0.3m。

（4）一般情况钢护筒埋深 2.0～4.0m，特殊情况应加深以保证钻孔和灌注混凝土的顺利进行。有冲刷影响的河床应沉入局部冲刷线以下不小于 1.0～1.5m。

5.2.5　设置泥浆池、弃渣池

1）陆上：在两个桥墩中间空地上挖设泥浆池和弃渣池，分别用来配置泥浆和储存废渣。

2）水上：在平台两侧横桥向放置两艘 600t 运输船，分别作为泥浆池和弃渣池。

5.3′　泥浆配制

5.3.1　泥浆护壁特点

泥浆护壁是利用泥浆与地下水之间的压力差来控制水压力，以确保孔壁的稳定。孔内泥浆密度过小，泥浆护壁就容易失去了阻挡土体坍塌的作用；孔内泥浆密度过大，容易产生大量沉渣甚至使混凝土的灌注产生困难，使成桩质量难以得到保证。所以泥浆密度在保持这种压力差方面起着关键作用。

### 5.3.2 泥浆配制

根据旋挖钻机钻进的特点，在钻孔灌注桩的施工过程中，采用膨润土、CMC（羧甲基纤维素钠盐）、纯碱等按一定比例加水配制成的泥浆进行护壁。泥浆中的膨润土颗粒经渗透作用，吸附在孔壁表面形成泥皮，起护壁作用。根据工程地质具体情况，合理地控制不同土层中泥浆的指标。

1）膨润土：为泥浆胶体质的主要来源，采用以蒙脱石为主的钠质膨润土，该土具有较好的分散悬浮性和造浆性，泥皮薄，稳定性好，造浆率高。膨润土掺量为泥浆体积的 $6\%\sim10\%$。

2）纯碱（$Na_2CO_3$）：主要作用使黏土颗粒进行分散，并增加表面负电荷，来吸附带正电荷的钻屑，使泥浆悬浮钻屑效能更好，因此回流孔内泥浆中 pH 值应稍高一些。纯碱掺量为泥浆体积的 $0.3\%\sim0.5\%$ 左右。

3）羧甲基纤维素钠盐（CMC）：提高泥浆的黏度，具有使土壁表面形成化学膜泥皮和降低失水量的功能。它常作为膨润土基浆的改性剂，掺用量为泥浆体积的 $0.005\%\sim0.01\%$。

4）聚丙烯酰胺（PHP）：既可单独拌制泥浆，又可作为膨润土泥浆中的掺加剂，其突出功能是使泥浆具有触变性，保持不分散、低固相、高黏度的优质性能，提高泥浆的黏度，降低泥浆的失水量。其掺用量为泥浆体积的 $0.003\%$ 左右。增黏效果远大于CMC。

5）制浆用水：取自夹江，水质经试验满足要求。

6）钻孔桩泥浆的性能指标：

(1) 密度：$1.06\sim1.10g/cm^3$；

(2) 黏度：$18\sim28s$；

(3) 胶体率：$\geqslant95\%$；

(4) 含砂率：$\leqslant4\%$；

(5) 失水率：$\leqslant20ml/30min$；

(6) 酸碱度：$8\sim10$。

### 5.4 旋挖钻机钻进成孔

### 5.4.1 安装钻机

1）旋挖钻机安装必须稳定。陆上采用钻机自行移动就位，水上采用200t浮吊起吊至钻孔平台后钻机自行就位。钻机就位时平面最大倾角不超过 4°。将钻机行驶到要施工的孔位，调整桅杆角度，将钻头中心与孔位中心对准，放入孔内，调整钻机垂直度参数，使钻杆垂直，同时稍微提升钻具，确保钻头自由浮动孔内。钻头中心与护筒顶面中心的偏差不得大于 5cm。

2）钻孔桩钻孔最大深度达100m，应严格保证钻杆安装质量，以防发生掉钻、埋钻的情况。

3）开钻前应进行机械试运转。

### 5.4.2 钻机钻进

开始钻进时采用低速钻进，以保证孔位不产生偏差。钻进护筒底以下 3m 后可以采用高速钻进。钻进过程中，操作人员随时观察钻杆是否垂直，并通过深度计数器控制钻孔深度。由动力头施加扭矩和钻压，通过可伸缩钻杆传递给钻头，钻头带动切削斗齿切入土体，钻头旋转时，切削斗齿将土体推进钻土斗完成钻孔取土。钻土斗装满土体后，钻头反向旋转，挡土板通过底板锁定装置封闭。动力装置提升钻杆和钻头出孔外。钻机将钻杆和钻头移动到预先设置的弃渣池上方，钻头上碰杆与机架相碰后，挡土板打开，土体在重力作用或水平摆动下排出钻土斗，落入弃渣池内，集中外运。钻头下放并关闭挡土板。回至孔内进行下一钻头的取土。如此循环反复，不断取土、卸土，直到钻至设计深度。钻至离设计孔底高程 30cm 左右时，低速钻进，掏渣 2～3 次，尽量减少孔底沉渣厚度。

5.4.3　注意事项

1）根据不同地层情况适当控制钻进速度，调整钻压，减少扩孔及斜孔。

2）注意钻进速度，钻孔到护筒底口 1～2m 时，要慢速减压钻进。在淤泥质黏土层中可用快速或中等转速、低密度泥浆钻进。

3）孔内外水头差应保持大于 2m。

4）根据不同地质情况，检查泥浆指标。

5）保持排渣系统畅通。

6）起落钻头要平稳，避免撞击孔壁。严防工具等杂物落入孔内。

7）钻孔应连续作业，因故中途停钻时，必须将钻头提起以防坍孔埋钻，并采取有效措施保证孔壁稳定。

8）每孔钻完后，检查钻头磨耗情况并及时进行修补。

5.5　检孔、下放钢筋笼、安装导管、清孔

5.5.1　检孔

当钻至设计高程时，终止钻进。用检孔器或超声波检测仪对孔径、孔形和倾斜度进行检验，合格后，钻机移位至下一孔位。

5.5.2　下放钢筋笼

将分节制作好的钢筋笼运至指定地点，采用履带吊接长、下放钢筋笼。

5.5.3　安装导管

导管安装前须按规范进行水密试验，利用履带吊逐节安装导管，导管应位于孔位中心，确保顺直以防卡挂钢筋笼。

5.5.4　清孔

测量孔底沉渣厚度，因旋挖钻钻进采用优质泥浆进行护壁，孔底一般沉渣较少（10cm 左右）。如沉渣厚度超标，可用气举反循环法清孔，直至泥浆各项指标、孔底沉渣等符合设计及规范要求。严禁采用加深孔底深度的方法来代替清孔。

清孔质量符合下述要求：

1）泥浆相对密度：1.03～1.10；

2）含砂率≤4%；

3）黏度：18～28s；

4）胶体率：≥95%；

5）pH 值：8～10；

6) 沉渣厚度≤20cm。

## 5.6 灌注混凝土

### 5.6.1 混凝土的拌制

严格按照施工规范进行混凝土配合比设计，必须测定砂、石含水率，将理论配合比换算成施工配合比。混凝土拌和采用强迫式拌和机，搅拌时间不少于1.5min。

### 5.6.2 混凝土的运输

陆上混凝土由布置在23号墩附近的混凝土工厂供应，由搅拌车运送至墩位。水上混凝土由水上混凝土工厂供应。

### 5.6.3 混凝土的浇筑

1) 首批混凝土的方量应能满足导管初次埋置深度大于等于1.0m和填充导管底部间隙的需要。

2) 灌注采用"拔球法"灌注水下混凝土，拔球后混凝土要连续灌注，不得停顿，保证整桩在混凝土初凝前灌注完成。

3) 混凝土灌注过程中要有专人测量混凝土面高程，正确指挥导管的提升和拆除，保证埋置深度不大于6m，不小于2m。

## 6 材料与设备

钻孔桩旋挖钻机施工所需的主要机械设备见表2和表3。

主要机械设备的配置表 　　　　表2

| 序 号 | 设 备 名 称 | 备 注 | 序 号 | 设 备 名 称 | 备 注 |
|---|---|---|---|---|---|
| 1 | 旋挖钻机 | | 6 | 电焊机 | |
| 2 | 空气压缩机 | | 7 | 混凝土拌和楼 | |
| 3 | 泥浆分离器 | | 8 | 封孔导管 | |
| 4 | 泥浆泵 | | 9 | 测量仪器 | |
| 5 | 钢筋加工机械 | | | | |

旋挖钻机技术参数表 　　　　表3

| 型 号 | TIG300 | YTR260 |
|---|---|---|
| 额定功率 | 256kW | 261kW |
| 最大输出扭矩 | 300kN·m | 265kN·m |
| 最大钻孔直径 | 2.5m | 2.0m |
| 最大钻孔深度 | 100m | 83m |
| 整机质量 | 90t | 78t |

## 7 质量控制

### 7.1 旋挖钻机成孔质量检验（表4）

成孔质量标准　　　　　　　　　　　　　　　表 4

| 序　号 | 项　目 | 允　许　偏　差 |
|---|---|---|
| 1 | 孔径 | 不小于设计孔径 |
| 2 | 孔深 | 不小于设计孔深 |
| 3 | 孔位偏差 | 不大于 50mm |
| 4 | 群桩中心偏差；单排桩偏差 | ≤100mm；≤50mm |
| 5 | 倾斜度 | ≤1% |
| 6 | 灌注混凝土前孔底沉渣厚度 | ≤200mm |
| 7 | 灌注混凝土前泥浆指标 | 相对密度：1.03～1.10；黏度：18～28s；含砂率：≤4%；胶体率：≥95%；pH 值：8～10 |

### 7.2　钻孔桩质量检验

7.2.1　混凝土强度满足设计要求。

7.2.2　超声波检测钻孔桩混凝土质量符合要求。

### 7.3　旋挖钻机施工病害预防及处理措施

钻孔过程中可能发生坍孔、缩孔、漏浆、糊钻、卡钻、钻孔偏斜等现象，一旦发生，应仔细查明情况，分析原因，及时进行处理。

7.3.1　坍孔预防及处理措施

坍孔分为孔口坍塌、孔内塌方两种情况。

1）孔口坍塌处理：应及时回填黏土或砌黏土草袋加固防护后，继续钻孔。若坍孔严重，宜拆除护筒回填或下钢护筒至未坍处以下 1.0m。原因分析：护筒埋置过浅或回填黏土夯实不细密；护壁泥浆不浓，钻进过快，致使护筒脚处护壁不牢，以及孔口压力过大。

2）孔内坍塌处理：坍孔不严重时，加大泥浆密度继续钻进，严重时回填重钻。原因分析：泥浆性能差，未形成可靠护壁；孔内水头低，造成孔内外水压力差等。

7.3.2　斜孔、扩孔、缩孔、糊钻的预防及处理措施

1）安装钻机时，不得产生水平位移。

2）采用减压钻进施工，以中低速钻进，保证钻孔垂直度。

3）钻进过程根据不同的地层控制钻压和钻进速度，尤其在变土层位置、护筒口位置更要采用低速钻进。

4）选用优质泥浆护壁，加强泥浆指标的控制，随时注意孔内泥浆液面的变化情况，孔内泥浆应始终高于江水面 2.5～3m，需要时补充新制泥浆，保持孔壁的稳定。

5）若出现斜孔，应扫孔至倾斜位置，慢速来回转动钻头。

6）扩孔一般表现为局部的孔径过大。在土质松散地层处或钻头摆动过大，易出现扩孔。若只是孔内局部发生坍塌而扩孔，仍能钻到设计深度则不必处理。若因扩孔后继续坍塌影响钻进，应按坍孔处理。

7）缩孔一般表现为钻机钻进时发生卡钻，提不出钻头或提钻异常困难。缩孔原因主要是由于地层中有软塑土，遇水膨胀后使孔径缩小。为防止缩孔，要使用失水率小的优质泥浆护壁并须高转速少进尺，并复钻二、三次；或者上下、左右反复扫孔以扩大孔径，直到使缩孔部位达到设计孔径要求为止。

8) 糊钻的原因是钻进的进尺过快，钻渣加大，泥浆密度过大。处理办法：控制进尺，降低钻进速度。

### 7.3.3　钻孔漏浆预防及处理措施

跟进护筒或减小孔内外水头差、增加泥浆密度、改善泥浆性能。

### 7.3.4　卡钻、埋钻预防及处理措施

发生卡钻和埋钻时，宜采用冲、吸等方法，将钻头周围土层松动后提钻，并采取措施保持孔壁稳定。

## 8　安全措施

8.1　要求各工序、各工点严格按照相应的安全操作规程进行施工。

8.2　强化安全教育，在思想上重视安全生产，在技术上懂得安全生产知识，在操作上掌握安全生产要领。

8.3　优化安全管理办法，根据"全员管理，安全第一"的原则，建立安全责任制，明确规定各级领导、职能部门、工程技术人员和生产工人的责任。

8.4　针对现场实际情况，经常分析施工中可能出现的不安全因素，制定对策，防患于未然。

1) 机械、电器定期检查，并配置安全防护措施。实行三级配电保护，电缆设明显标记。

2) 施工作业区悬挂安全警戒标志，非作业人员严禁进入施工现场。

3) 钻孔完毕钻机移位后，及时将孔口盖住，防止人员掉入孔内。

4) 按夜间规定施工，配备好照明设备。

5) 电缆线要架空，电箱设置要符合施工安全操作要求，并设专人负责。

6) 按要求穿戴好安全防护用品，水上施工人员必须穿着救生衣。

## 9　环保措施

认真贯彻环保、文明施工的要求，推行现代管理方法，科学组织施工，做好施工现场的各项管理工作：

1) 严格遵守省、市环保部门的有关政策、法规、法令，接受检查监督。

2) 加强施工管理、监督工作，严格检查各种施工机械，防止油料泄漏污染水体。

3) 健全环保管理机制，定期进行环保检查，及时处理违章事宜。

4) 操作人员要加强各种施工机械的维修保养，尽可能降低施工机械噪声。

5) 陆上钻孔桩施工，设泥浆池和沉淀池，形成循环系统，避免环境污染。水上钻孔桩施工，配备泥浆船和沉淀船。形成的废渣集中存放，及时外运到指定地点。

6) 施工现场保持整齐有序，坚持文明施工。

## 10　效益分析

### 10.1　经济效益

泰州长江公路大桥夹江左汊桥水中 $\phi 2.0m$ 钻孔桩施工地质情况特殊，责任工期紧张，采用了旋挖钻机施工工法。旋挖钻机的诸多优势在施工中得到体现，现将本工法的经济效

益分析如下。

### 10.1.1　直接费用

1）同等地质情况、相同机械工作状态下，旋挖钻机比普通钻机成孔一根桩大概节约7d工期，工作效率明显提高，工期节省是最大的效益。

2）普通钻机成孔后混凝土消耗量约为 $3.48m^3/m$，旋挖钻机成孔后混凝土消耗量约为 $3.34m^3/m$，相对混凝土消耗量减少约为 4%，全部 $\phi2.0m$ 共5101m，混凝土材料费用节约了约24.3万元。

小计节约直接费用约为24.3万元。

### 10.1.2　间接费用

1）普通钻机在施工过程中需增设一级配电630kVA变压器一台约50万元，三个墩位二级配电及敷设电缆约750m约18.8万元，旋挖钻机自带动力钻孔，只需柴油。此项目费用节约68.8万元。

2）普通钻机每次平移孔位需其他辅助人员、机械配合，且移动速度慢。旋挖钻机可自行移动，桩位之间转换方便，对位快速、准确，节约机械约30台班，节约人员、机械费用约15万元。

3）环境效益：普通钻机所产生的渣土和泥浆量大约为桩孔体积的3倍，所产生的渣土和泥浆为 $48100m^3$，旋挖钻机泥浆只起护壁作用，钻削中的泥浆含量相当低，可以重复使用，排出的渣土和泥浆量仅为桩孔体积的1.1倍，所产生的渣土和泥浆为 $17600m^3$，节省环境污染费用约为55万元。

4）普通钻机成桩周期约10d/根（桩长100m），每个墩配备二台，施工速度折算为5d/根；旋挖钻机成桩周期约3d/根（桩长100m），每个墩配备一台。全部 $\phi2.0m$ 共57根，工期节约了55d。管理人员40人考虑，人员工资可节约30万元。

小计节约间接费用约为168.8万元。

节约直接费用、间接费用共计193.1万元。

### 10.2　环保效益

旋挖钻机钻进利用钻头取土斗把钻渣从孔内快速取出，钻渣集中外运。泥浆用量小，减少了对土体污染，改善了施工环境。

### 10.3　社会效益

夹江左汊桥钻孔桩基础采用旋挖钻施工，满足了钻孔桩施工技术要求，为大桥施工打好了坚实基础，对大桥的顺利建设有着积极的作用。"大直径深长钻孔桩旋挖钻机施工工法"，具有施工工期短、成孔质量高、安全性能好、经济效果佳等特点，可以在以后的类似地质情况施工中推广应用。

## 11　应用实例

### 11.1　实例一：泰州长江公路大桥夹江左汊桥钻孔桩施工

左汊桥引桥基础为 $\phi1.2m$ 的钻孔灌注桩，共计172根，采用2台YTR260旋挖钻机施工；主桥段基础为 $\phi1.5m$、$\phi1.8m$、$\phi2.0m$ 三种桩径的钻孔灌注桩，共计103根，采用2台TIG300旋挖钻机施工。

桥址沿线岩土层分布自上而下可概括为：上部全新统松散层类（主要由细颗粒沉积物

组成，灰黄色～青灰色，岩性主要为黏性土及粉、细砂，厚度 35～54m）、上更新统黏性土和砂性土类（上部颗粒较细，岩性为黏性土及粉、细砂，下部变粗，岩性为中砂夹小砾石，厚度约 30m）以及中更新统粉质黏土、粉砂。

全部采用旋挖钻机进行钻孔桩施工。共计使用旋挖钻 4 台，分别为 2 台 TIG300 旋挖钻机和 2 台 YTR260 旋挖钻机。施工工期从 2009 年 2 月 21 日至 2009 年 7 月 4 日。

其中 24～26 号墩 57 根钻孔桩采用水上钻孔平台法施工，平台顶高程为 +6.5m，从钻孔平台到桩底的长度分别为 92m、94.5m、100m。使用 2 台 TIG300 旋挖钻机进行施工，施工工期从 2009 年 3 月 12 日至 2009 年 7 月 4 日。

所施工的钻孔桩经桩基检测均满足规范和设计要求。

## 11.2 实例二：泰州长江公路大桥南锚至南塔间引桥钻孔桩施工

泰州长江公路大桥南锚至南塔间引桥钻孔灌注摩擦桩基础，桩径 1.8m，最大桩长为 73m，S01～S05 每墩各 16 根桩，共计桩基 80 根。

桥址沿线岩土层分布自上而下可概括为：

（1）第四系全新统（Q4）：主要由细颗粒沉积物组成，灰黄色～青灰色，岩性主要为黏性土和粉、细砂。

（2）第四系上更新统（Q3）：上部颗粒较细，岩性为黏性土及粉、细砂；下部变粗，岩性为中砂夹小砾石。

根据场地情况，配备 2 台 BG25 旋挖钻机进行墩钻孔桩施工，墩旁设置汽车吊配合钻机施工。施工工期从 2008 年 9 月 18 日至 2009 年 3 月 15 日。

所施工的钻孔桩经桩基检测均满足规范和设计要求。

# 大跨度悬索桥先导索火箭抛送施工工法

GGG（中企）C3083—2009

庄值政　熊仕伶　王崇旭　王嗣江　王宗仁

（中国路桥工程有限责任公司　路桥集团国际建设股份有限公司）

## 1　前言

进入 21 世纪后，统筹区域均衡发展成为可持续发展的战略要求，中西部地区需大力进行交通、水利、电力、通信、油气管道等基础设施建设。连通山区的各种干线不可避免地跨越各种沟壑峡谷，而为其发挥重要作用的大跨径悬索桥将大范围修建。

先导索架设作为悬索桥上部结构施工的最先工序，是首要攻破的技术难关。一般来说，大跨径悬索桥通常都修建在大江大海上，先导索可以用船或直升机进行架设。在我国修建的小跨度山区悬索桥的先导索一般都采用人工拽拉（卷扬机配合）的方式进行施工；在险峻的山区，先导索架设却是最为棘手的难题。悬索桥先导索如何成功跨越深谷沟壑，成为桥梁建设首要克服的难题。

依托湖北沪蓉西高速公路四渡河大跨度悬索桥工程，在千米宽、五百米深的深切峡谷复杂地形条件下，旨在研发一项安全、经济、便捷、高效的新技术，解决深山峡谷悬索桥先导索架设难题。这一项新技术通过把军用技术和建桥技术结合起来，达到在峰高谷深的山区、在宽阔复杂水域上而因航道繁忙不能封航的环境下成功架索目的。

大跨度悬索桥火箭抛送先导索新技术在四渡河特大桥的成功开发，填补了国内桥梁施工原创性的技术空白，开创了大跨度悬索桥先导索架设的施工新技术；也可在跨江河及复杂山地环境下，电缆、光纤架索工程，悬崖峭壁地区探险和救援等民用领域中得到应用。它还可以用于城市反恐行动中高层建筑物之间的物资、人员快速投送，抗洪抢险、应急救援时紧急物资等的输运，为快速机动保障提供技术手段。

《大跨度悬索桥先导索火箭抛送技术》先后获得了广东省中山市科学技术进步一等奖、广东省科学技术二等奖以及中国公路学会科学技术二等奖。编制的《先导索过深切峡谷火箭抛绳技术的研发》QC 成果获 2007 年"国酒茅台"杯全国 QC 小组成果发表赛一等奖。结合施工实践，经总结形成本工法，以便对类似工程施工提供借鉴和指导。

## 2　工法特点

大跨度悬索桥先导索火箭抛送技术，其动力源：火箭发动机为运载平台和飞行动力；工作绳：高强软质锦纶绳；发射角度和方向：通过发射架来进行调整；弹落点散点精度：高，但是受到风特性影响；射程：1200m 以内；工作环境：以晴天和风速在 4 级以下为最佳，大雾和大风对发射的瞄准产生影响。系统轻巧、简便、可靠，具有"安全、经济、环保、高效"的特点。

（1）安全：对构造物和人身不构成安全威胁。

（2）经济：系统施工总成本低。

（3）环保：无污染、不破坏生态环境。

（4）高效：系统从准备至发射完毕仅需 2h。

而在目前国内外桥梁界的悬索桥建设中，适用于山区悬索桥先导索施工的方法，只有直升飞机牵引法、人工拽拉法，以及我公司研发的火箭抛索技术，现分析如下。

### 2.1  人工拽拉方法

（1）施工风险大，极易引发安全事故；

（2）山区植被茂密，在陡峭的山谷里需要沿着先导索架设后的水平投影线，然后用人工砍出一条宽 1.5m 的通道，生态环境破坏很大；

（3）受季节影响比较大，必须避开雨雪天气及雾天；

（4）施工周期比较长，远远满足不了工期要求。

### 2.2  直升机牵引法

（1）山区桥位的紊流特性不仅由大气边界层运动决定，而且受到山峰绕流特征紊流的作用，对飞行安全影响极为不利；

（2）山区桥位对飞行的视野有一定的影响；

（3）山区桥址区域雾多湿重，对飞行的视野有一定的影响；

（4）两岸均需提供一个大于 500m² 的场地供直升机降落，需修建一次性的升降场地，对环境破坏大。

### 2.3  火箭抛索技术

（1）施工速度快；

（2）受到天气、地形地貌影响程度比较小；

（3）基本上对作业人身和结构物不构成安全威胁；

（4）对环境破坏非常小。

## 3  适用范围

本工法适用于大跨度悬索桥先导索架设施工，也可在跨江河及复杂山地环境下，电缆、光纤架设工程，悬崖峭壁地区探险和救援等民用领域中得到应用。它还可以用于城市反恐行动中高层建筑物之间的物资、人员快速投送，抗洪抢险、应急救援时紧急物资等的输运，为快速机动保障提供手段。

## 4  工艺原理

### 4.1  火箭抛绳系统组成

全套器材由火箭发动机、工作索、发射架、钢丝绳、固定桩等部分组成。系统构成如图 1 所示。

火箭发动机是软绳抛送系统的动力源。它由弹头、燃烧室、定向钮、喷管、连接件等

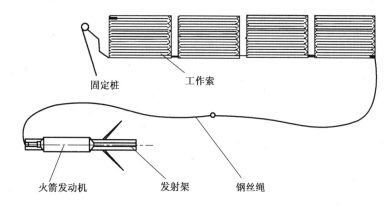

图 1 抛送先导索火箭系统方案原理示意图

组成。发动机结构如图 2 所示。

工作索由不同直径的锦纶绳两端编制插花而成，有足够的抗拉强度。

发射架赋予火箭发动机的射角及方向，它由导轨、射角测量角器、固定装置等组成，射角在范围 20°～50°范围内可调，导轨全长 1150mm。发射架结构如图 3 所示。

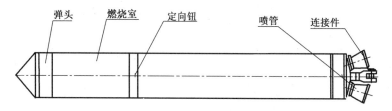

图 2 火箭发动机结构示意图

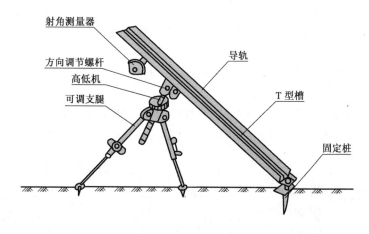

图 3 发射架结构示意图

## 4.2 火箭抛绳系统组成及主要技术指标

火箭抛绳系统由全套器材由火箭发动机、工作索、发射架、固定桩等部分组成。

火箭抛绳系统采用模块化设计，射程在 500～1200m 范围内可调，火箭弹横向偏差±40m（法向风速超过 4m/s 以上时可适当修正射向）；

工作索直径 $\phi$14mm、抗拉强度≮2000kg、线密度≯105g/m、断裂伸长率≯45%；

射角在 20°～50°范围内可调；

使用温度：-40～+50℃；

系统操作使用简便、安全、可靠。

### 4.3 火箭抛绳系统工作原理

首先根据射程选定发射架的射角，根据弹着点标志杆位置及风力和风向确定火箭发动机的射向，瞄准并固定发射架；然后将火箭发动机安装在发射架上，通过牵引钢丝绳将火箭发动机与工作索一端连接，工作索另一端与固定桩相连，此时发射准备就绪。用导电线连接发动机电点火头，用电点火击发装置点燃电点火头，并使发动机内的发射药燃烧，火箭发动机在火药气体推力作用下迅速飞离发射架，进入主弹道飞行，与此同时钢丝绳将先导索拖起，发动机工作结束后，火箭发动机带着先导索进入惯性飞行阶段，几秒钟后火箭弹体落入预定的目标区。

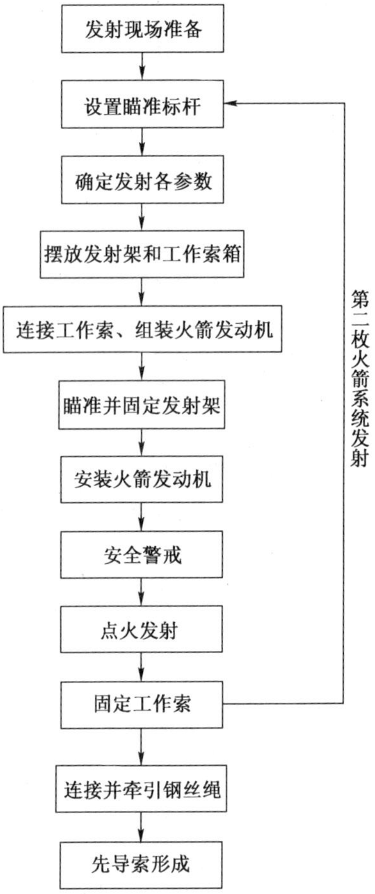

## 5 施工工艺流程及操作要点

### 5.1 施工工艺流程（图4）

### 5.2 操作要点

#### 5.2.1 现场准备工作如下（图5）：

（1）收集整理发射前一周现场的气象资料，尤其是两岸及峡谷地带的风向和风力大小在每天不同时段的变化规律。

（2）平整发射场地：发射场地不小于 3m×10m 的平地，四周无灌木丛和杂草等易燃物。

（3）在东岸，确定火箭的落点位置，落点的选择主要考虑如何控制弹头不被先导索拽下沟底；同时还要考虑到索塔不被弹头碰到，以免影响到结构的安全。

发射现场准备 → 设置瞄准标杆 → 确定发射各参数 → 摆放发射架和工作索箱 → 连接工作索、组装火箭发动机 → 瞄准并固定发射架 → 安装火箭发动机 → 安全警戒 → 点火发射 → 固定工作索 → 连接并牵引钢丝绳 → 先导索形成

（第二枚火箭系统发射）

图 4 工艺流程图

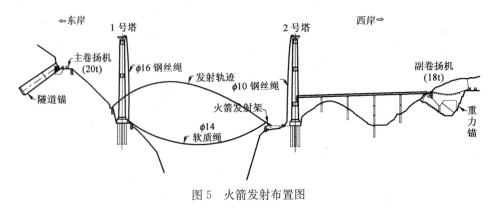

图 5 火箭发射布置图

（4）为了防止火箭弹落下后由于反弹而滚下悬崖，保证弹头不被所拽拉的绳子拽到沟底，火箭弹落点范围进行篱笆桩设计，以左右瞄准点为中心靠近悬崖一侧各铺设高度为1.5m 的栅栏，每个篱笆能承受 3t 的水平拉力。

（5）准备器材房一间，用于抛绳系统运送至现场后的临时存放。

（6）将 $\phi10$ 钢丝绳从西岸塔顶 6t 卷扬机放下，牵拉至火箭发射位置，卷扬机绳筒预留一定富余长度，在火箭发射场处与 $\phi14$ 软质绳进行连接，以满足先导索过沟的需要。

（7）将 $\phi16$ 钢丝绳从东岸塔顶 6t 卷扬机放下，下放到中跨侧塔底，预留一定的长度。

5.2.2　设置瞄准标杆：在东岸和西岸分别设置两枚火箭弹发射时的瞄准标杆，标出东岸弹着点范围标志，并测量发射点距离落弹点的距离。

5.2.3　确定发射各参数：根据射程选定发射架的射角、弹着点位置及风力和风向确定火箭发动机的射向。

5.2.4　摆放发射架和工作索箱：沿着瞄准线方向，在瞄准标杆后方选择工作索摆放和发射架设置的位置，装箱的工作索通常整齐排放在发射架左前方 2~3m 处。

5.2.5　连接工作索、组装火箭发动机：将木箱中的工作索相互可靠连接、检测并组装火箭发动机、设置发射架和固定桩。

5.2.6　瞄准并固定发射架：选定射角和射向，然后固定发射架。

5.2.7　安装火箭发动机：将火箭发动机安装在固定好的发射架上，通过牵引钢丝绳将火箭发动机与先导索连接，先导索另一端与固定桩相连。

5.2.8　安全警戒：在东岸派出安全警戒，清除落弹区域 100m 范围内的所有人员。

5.2.9　点火发射：用导电线连接发动机电点火头，用电点火击发装置点燃电点火头使发动机内的发射药燃烧，火箭发动机在火药气体推力作用下迅速飞离发射架，进入主弹道飞行，与此同时钢丝绳将先导索拖起，发动机工作结束后火箭发动机带动先导索进行惯性飞行，几秒钟后火箭弹体落入预定的目标区。

5.2.10　固定工作索：将落入东岸的工作索进行打桩固定，同时将西岸的先导索固定，以便牵引 $\phi10mm$ 的钢丝绳。

5.2.11　按照以上作业程序发射第二发火箭弹。

5.2.12　连接并牵引钢丝绳：牵引先导索的两发火箭弹安全发射至预定区域后，从东岸开始牵引先导索，通过先导索牵引 $\phi10mm$ 的钢丝绳。

5.2.13　启动 1 号索塔塔顶 6t 卷扬机，收紧 $\phi14$ 先导索，把 $\phi10$ 钢丝绳牵拉到东岸，在东岸塔顶解除 $\phi14$ 先导索和 $\phi10$ 钢绳的连接，将 $\phi10$ 钢丝绳和 $\phi16$ 钢丝绳相连。同时启动两岸塔顶卷扬机，将 $\phi10$ 钢丝绳回收至西岸塔顶处，把 $\phi16$ 钢丝绳牵拉至西岸塔顶，临时锚固 $\phi16$ 钢丝绳；把 $\phi28$ 副牵引索牵拉至西岸塔顶，再将 $\phi16$ 钢丝绳与 $\phi28$ 副牵引索相连；同时启动两牵引卷扬机，将 $\phi16$ 钢丝绳回拉至东岸塔顶处，临时锚固 $\phi28$ 副牵引索；将 $\phi36$ 主牵引索牵拉至东岸塔顶，在东岸塔顶，通过拽拉器将 $\phi28$ 副牵引索和 $\phi36$ 主牵引索连接，同时启动主副卷扬机，慢慢抬高形成牵引系统的雏形，经垂度、拉力测定调整，确保牵引系统符合设计线形，试运行，符合要求后即形成牵引系统。流程见图 6。

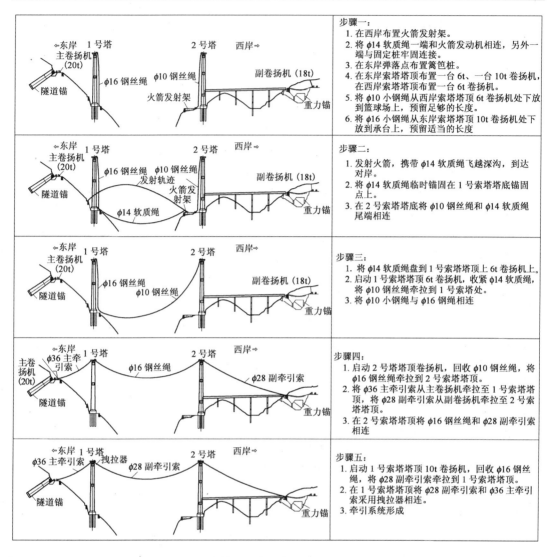

图 6　火箭抛送先导索施工流程示意图

## 6　材料与设备

一套先导索火箭抛送系统所需机具设备（表1）。

先导索火箭抛送系统所需机具设备　　　　　　　　表1

| 序　号 | 名　　称 | 数　量 | 序　号 | 名　　称 | 数　量 |
|---|---|---|---|---|---|
| 1 | 火箭发动机 | 1个 | 7 | 导电线 | 50m |
| 2 | 发射架 | 1个 | 8 | 灭火器 | 6个 |
| 3 | 锦纶工作索 | 1200m | 9 | 对讲机 | 4个 |
| 4 | 高强连接钢绳 | 6m | 10 | 大锤 | 1把 |
| 5 | 固定桩 | 2个 | 11 | 冲击电钻 | 1部 |
| 6 | 起爆器 | 1套 | | | |

## 7　质量控制

为了达到 1200m 的射程要求和横向偏差 ±40m 的目标，必须从以下几个方面进行控制：

（1）火箭牵引变质量软索远程抛送系统采用模块化设计，以改进了发动机喷管和推进剂装药结构火箭发动机为运载平台和飞行动力。

（2）先导绳直径 $\phi14$mm、抗拉强度 $\geqslant 2450$kg、线密度 $\geqslant 105$g/m、断裂伸长率 $\geqslant 45\%$，保证飞行过程中不被拉断。

（3）选择在 4 级风以下，避开有雾和雨天的环境条件下进行发射，效果最佳。

（4）在弹落区设置篱笆桩，防止弹头反弹回拉。

## 8　安全措施

（1）以预计落弹点为中心 100m 半径范围内的人员全部撤离至安全区域。

（2）两岸的警戒人员必须戴安全帽，火箭发射时密切注视火箭弹的落点位置。

（3）发射场地内必须平整，不能有碎石，防止发动机点火时，碎石扬起伤人。

（4）发射架正后方 50m 范围内人员全部撤离。

（5）发射前对相关工作进行分工，并提前进行告示。

（6）所有人员全部撤离至安全区域（安全区域现场指定）后，点火人员方可将干线与起爆器连接。

## 9　环保措施

火箭发动机牵引变质量软索远程抛送新技术为路桥华南工程有限公司首创，为国内外首例。该项新技术基本上不对环境产生破坏，环保性非常好。

## 10　资源节约

火箭发动机牵引变质量软索远程抛送新技术，是军用技术和桥梁建设技术的巧妙结合，能耗非常低，不需耗费油料和电能等能源。

## 11　效益分析

以湖北沪蓉西高速四渡河特大桥先导索架设为例。

11.1　经济效益分析

11.1.1　人工拽拉法

直接费 70 万元：

（1）人工费：需要普工 24 人，历时 3 个月，2200 元/月×3 月×24 人＝158400 元；

（2）征地费用：2700m² ×1.5 元/m²＝4050 元；

（3）树木补偿费：2700m² ×5 颗/m²×25 元/颗＝337500 元；

（4）不可预见费：200000 元。

间接费为 4567 万元：

采用人工拽拉法必然会引起人员伤亡而导致工期拖延至少 2 个月，由此产生的间接费用为：

拖延工期增加的固定费用：(1) 人工费 110 万；(2) 机械费 130 万；(3) 拖延工期损失赔偿金（按合同规定为合同价格的 0.2%/d，赔偿金限额为合同总价 4.327 亿的 10%）：4327 万。

综上所述人工拽拉法所需的总费用为 4637 万元。

### 11.1.2 直升机牵引法

直接费 300 万元：

(1) 飞机飞行费用：3 班次×60 万元/班=180 万元；

(2) 500m² 直升机降落场地修建费用：100 万元；

(3) 不可预见费：20 万元。

间接费为 904.5 万元：

拖延工期（雾、风影响导致工期延长按 10d 考虑）增加的固定费用：

(1) 人工费 18 万；

(2) 机械费 21 万；

(3) 拖延工期损失赔偿金（按合同规定为合同价格的 0.2%/d，按 10d 计算）：865.5 万。

综合上述直升机牵引法所需总的费用为 1204.5 万元。

### 11.1.3 火箭远程抛送软索技术

(1) 试验研究费 24 万元；

(2) 发射架 2 万元/个×2 个=2 元；

(3) 施工火箭弹费用：5 万元/枚×2 枚=10 万元；

(4) 篱笆桩费用为 5 万元；

(5) 其他管理费用：150000 元。

火箭远程抛送软索技术所需总的费用为 56 万元。

通过比较，本课题所采用的火箭远程抛送软索技术相对人工拽拉法共节支（4637-56）=4581 万元，相对于直升机牵引法共节支（1204.5-56）=1148.5 万元。

## 11.2 社会效益

火箭远程抛送软索技术具有环保、安全、快速、高效的特点，在倡导环保、人文、和谐的今天，火箭远程抛送软索技术具有显著的社会效益。

### 11.2.1 环保方面

火箭远程抛送软索技术不对环境产生破坏。

传统人工牵拉法至少需要砍伐出 1.8km 长、1.5m 宽的通道，毁坏植被 2700m²、砍树 13500 棵，对环境破坏非常大。

直升机牵引法需要在两岸建设一个 500m² 的飞机起落平台，同样对环境破坏大。

### 11.2.2 安全方面

火箭远程抛送软索技术根本不会对作业人员人身构成威胁。

传统人工牵拉法因山高、坡陡、林密、谷深，极易对作业人员造成伤亡事故（在离本桥轴线 150m，地势较好、坡度较缓的平行位置，当地部门在进行高压电力架设中采用了人工拽拉的方法进行施工，造成两死三重伤的安全事故）。

直升机牵引法：在山高、坡陡、林密的山区，紊流风变化快，对飞机安全飞行影响非常大，极易造成机毁人亡安全事故。

11.2.3  时间方面

火箭远程抛送软索技术从发射到弹落，整个飞行时间仅为几秒。

传统人工牵拉法需要在悬崖、陡坡上砍树开路，至少需要花费 3 个月的时间。

直升机牵引法，需要进行三个班次飞行，第一个班次进行高空环境探查、第二个班次进行等高空试飞，第三个班次进行正式飞行作业。

火箭远程抛送软索技术在时间上具有显著的效益，这在抗洪抢险、反恐、应急救援过程中物资和轻装备输送和人员救助等方面体现得更为明显。

## 12  运用实例

沪蓉国道主干线湖北宜昌至恩施高速公路段采用火箭抛绳系统进行先导索的架设。

四渡河特大桥为主跨 900m 的钢桁架悬索桥。该桥横跨四渡河，桥址区四渡河为清江北岸二级支流，河水暴涨暴落、流量变化大，河谷宽 20～30m、河两岸地形陡峻（宜昌岸坡度为 75～85°、恩施岸坡度为 85°～90°）、悬崖矗立、植被茂密、交通闭塞，桥面距谷底垂直高度约 560m，桥塔顶距谷底垂直高度约 680m。

2006 年 10 月 9 日上午 7 时 28 分，火箭抛送先导索系统第一次发射正式开始，随着现场指挥"5、4、3、2、1"发射指令的发出，"改进 407 型"火箭拖带 $\phi$14mm 锦纶绳工作索腾空而起，3.5s 钟后火箭发动机跨过 900m 峡谷，准确落入宜昌岸预定的落弹区；7 时 48 分火箭抛送先导索系统第二次发射顺利完成。第一次发射的火箭落点水平距离为 1121m，第二次发射的火箭落点水平距离为 1001m，两次试验的落点高程差约为 120m。计算表明：消除高程差因素，第一次发射对应于第二次试验落点高程的水平射程应为 1014m。因此，两次火箭抛索的水平发射距离为 1001～1015m 之间，与设计的水平射程之间的相对误差小于 15m，而测得的两个落点相对于瞄准点的左右偏差分别为 10m 和 5m，火箭抛送先导索取得圆满成功。

附录 12

# 大跨度变截面连续箱梁
# 组合式支架大节段现浇施工工法

GGG（中企）C3113—2010

杨　萍　杨振伟　王　君　时天利　曹振民

（中交第二公路工程局有限公司　中国路桥工程有限责任公司）

## 1　前言

一直以来，我国大跨度预应力混凝土连续梁基本采用悬臂浇筑法施工，近年各种新型挂篮的研制和应用，使得悬臂浇筑法施工大跨度预应力混凝土连续梁更加广泛和实用。但该施工方法的工期相对较长，尤其随着近年来我国经济的迅猛崛起，铁路大发展日新月异，客运专线，高速铁路的建设进入到一个全新的时代，在这样一个大背景下，桥梁工程的数量急剧增加，很多工程都要求桥梁施工的进度必须加快，缩短施工工期，从而满足总体的需要。对于大跨度预应力混凝土连续梁采用悬臂浇筑法施工，显然时常会影响到工程的进度，而改用分大节段现浇法施工便能很有效地解决这个问题。

中交第二公路工程局在哈大高速铁路、京沪高速铁路以及沪宁城际铁路上、下行线等项目施工中采用组合式支架大节段现浇大跨度变截面连续箱梁施工，成功地完成了多座连续梁，为保证全线按时顺利贯通奠定了基础。

## 2　工法特点

2.1　采用大节段现浇，每次浇筑长度 40m 左右，梁体高度大，荷载集度大，对支架的承载力、沉降、稳定性要求高；施工预拱度设置也完全不同于悬浇工法。

2.2　采用下部大钢管桩支架，上部碗扣式满堂支架的组合形式，保证承载力、沉降、稳定性的同时，便于高墩纵向弧线形梁底高程的调整。

## 3　适用范围

本工法适用于以下条件：

3.1　地基较为软弱，无法直接采用满堂支架或桥下净空较高，采用满堂支架，高度太大，稳定性、沉降无法满足梁体施工要求的项目。

3.2　水中无法直接采用满堂式支架现浇施工梁体的项目。

3.3　工期要求较紧的项目。

## 4　工艺原理

采用组合式支架大节段现浇大跨度预应力混凝土连续梁施工工艺原理：

4.1  下部采用大直径钢管桩框架支架跨越障碍物、既有线,并保证承载力、沉降、稳定性;上部 2～6m 高度采用通用碗扣式满堂支架,便于纵向弧线形梁底高程及纵横坡的调整。

4.2  连续梁纵向分段,施工时按照设计给定的施工顺序进行分段搭设支架(也可一次搭设)、立模、绑扎钢筋、浇筑混凝土施工。

4.3  每一梁段混凝土浇筑完成,混凝土强度达到设计要求后,张拉本阶段的预应力束,然后再进行下一梁段的施工,直至全桥合龙,最后进行全桥预应力连续张拉、压浆。

4.4  箱梁由支架支撑转换为桥墩支座受力,完成受力体系转换。

## 5  施工工艺流程及操作要点

### 5.1  施工工艺流程

采用组合式支架大节段现浇大跨度预应力混凝土连续梁施工工艺流程见图 1。

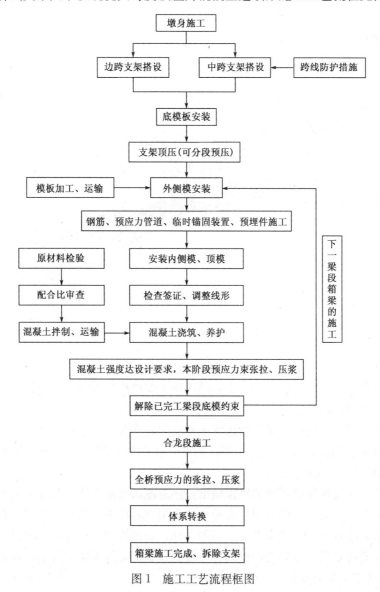

图 1  施工工艺流程框图

### 5.2　操作要点

#### 5.2.1　支架施工前的准备工作

在跨线支架安装之前，做好交通安全防护措施及各种施工安全措施。跨既有公路安装好交通警示标志标牌等，跨既有铁路的安装好防护棚架等。

某高铁跨既有线路线总体图如图 2 所示。

#### 5.2.2　组合式支架搭设

1) 支架基础施工

(1) 基础类型

组合式支架基础一般采用钢管桩基础或钢筋混凝土桩基础＋条形承台或扩大基础（地基条件较好时采用）。

(2) 基础荷载试验

基础施工前，应进行荷载试验，验证软土地基承载力及沉降值，为基础形式的选取提供可靠的参数。

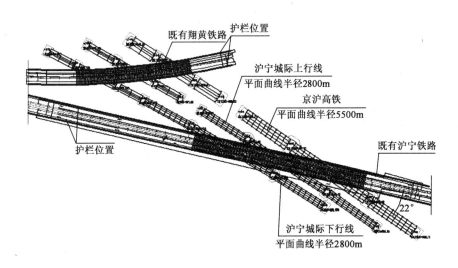

图 2　某高铁跨既有线路线总体图

(3) 基础施工

确定基础形式后，即进行基础施工，基础施工要严格按设计要求进行。

2) 下部钢管桩支架的安装

基础施工完成后，进行下部钢管桩支架的安装，安装注意事项如下：

(1) 分层安装钢管立柱及钢管间平、纵联，注意钢管间接头、钢管立柱垂直度以及平、纵联与钢管的连接满足设计要求。

(2) 钢管立柱安装完成后安装桩顶横梁，注意桩头处理及横梁与桩头的连接。

(3) 安装承重主梁，一般采用贝雷架或者大型钢，注意与横梁的连接。若主梁需要加强时，如型钢需贴钢板、贝雷支点位置需加立杆，必须按设计要求进行加强。

(4) 分配梁的安装，按照设计要求进行安装，分配梁与主梁的连接一般采用点焊。

3) 上部满堂支架的安装

　　碗扣支架搭设时，必须保证纵、横成线，纵横向杆件要用扣碗扣紧，不移动，形成牢固的纵、横、竖三维网架。为加强支架整体稳定性，按设计要求安装纵、横、平剪刀撑，剪刀撑需左右上下连通。

　　某高铁工地搭设的跨既有线组合式支架如图 3 所示。

*(a)*　　　　　　　　　　　　　　　　　　　　*(b)*

图 3　某高铁工地搭设的跨既有线组合式支架

### 5.2.3　连续梁施工

连续梁的施工顺序见图 4，整个施工工艺流程如下：

支架安装完成后安装底模→预压→安装外侧模→绑扎底板和腹板钢筋→安装内侧模及顶模→绑扎顶板钢筋、设预应力管道、安装预埋件、预留孔→检查签证，调整线形→浇混凝土→养护→拆除侧模和内模→预应力张拉→压浆→部分解除已浇筑梁段底模约束→施工下一梁段，直至全桥合龙→全桥预应力连续张拉→压浆→拆除全桥模板支架体系转换为桥墩支座受力→恢复环境。

1）底模板安装

底模采用钢模或竹胶板，按设计要求安装底模的纵、横肋。

2）支架预压

（1）预压目的：消除支架及基础非弹性变形及验证地基基础、支架的承载力和稳定性。

（2）预压试验：

①连续箱梁为分段施工，支架预压采用分段预压。

②底模板及外侧模板安装好后，开始进行预压。

预压可采用砂袋或水箱，并模拟梁体荷载，根据梁体不同部位，按照梁体自重荷载120%布置预压物。

③纵向每隔 5m 设置一排沉降观测点，观测点设置在特点受力部位，如图 5 所示。

④加载预压观测：加载顺序为 0→10%→20%→50%→80%→100%→120%→0

每到一级荷载后，观测此时支架各特征点的高程，并与上一级高程进行比较分析。若发现异常，要查找原因，并采取好处理措施后，然后继续加载预压。当荷载达到混凝土设计重量的 120% 后，停止加载，并在预压重物上覆盖防雨布，每 4h 测一次高程，待高程变化稳定后，开始卸载。卸载完成后测一次高程。将历次测得的高程进行制表汇总、分析，

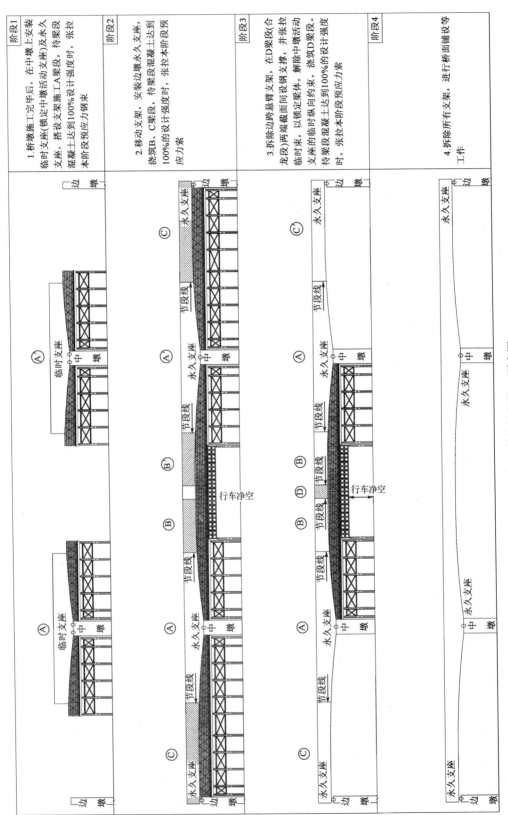

|  |  |
|---|---|
| 阶段1 | 1.桥墩施工完毕后，在中墩上安装临时支座（锁定中墩活动支座）及永久支座，搭设支架施工A梁段，待梁段混凝土达到100%设计强度时，张拉本阶段预应力钢束 |
| 阶段2 | 2.移动支架，安装边墩永久支座，浇筑B、C梁段，待梁段混凝土达到100%的设计强度时，张拉本阶段预应力束 |
| 阶段3 | 3.拆除边跨悬臂支架，在D梁段（合龙段）两端截面间设钢支撑，并张拉临时束，以锁定D梁段。解除中墩临时支座的纵向约束，浇筑D梁段。待梁段混凝土达到100%的设计强度时，张拉本阶段预应力束 |
| 阶段4 | 4.拆除所有支架，进行桥面铺设等工作 |

图 4　某连续梁施工顺序图

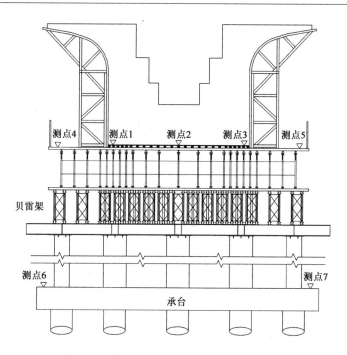

图 5　组合式支架预压沉降观测点布置图

计算支架的弹性变形和非弹性变形。计算式如下：

$$加载前 0\%的高程－卸载后 0\%＝非弹性变形$$
$$总变形－非弹性变形＝弹性变形$$
$$施工预拱度＝设计预拱度＋弹性变形$$

其中要适当考虑非弹性变形

3）安装外侧模

外侧模为定型钢模，调整模板轴线、高程，达到设计要求后，用对拉杆固定。

4）钢筋、预应力管道、临时锚固装置、预埋件施工

清理模板表面脏物、涂脱模剂，开始钢筋施工。普通钢筋在加工场加工成型，汽车运到墩位旁临时存放，吊车吊往支架顶面，人工按设计图纸要求布置并绑扎。同时，按设计图纸布置预应力管道，并用定位钢筋固定，保证其位置准确，管道接口采用封箱带包裹严密，避免漏浆。

在施工肋墙钢筋时，根据实际需要预先制作成钢筋网片，等现场就位后再绑扎或焊接。

5）安装内侧模及顶模

（1）肋墙钢筋安装完成后，安装内侧模板，内侧模板与外侧模板对拉拉紧。

（2）开始安装肋墙内模板，采用拉杆对拉（图 6），检查合格后，安装内箱顶部模板。内箱顶部模板采用钢管支架支撑，可调托撑调整高程。顶部模板安装牢固后，安装顶板钢筋、安装顶板预应力管道。

（3）安装端部封端模板。

6）检查签证，调整线形

模板、钢筋、预应力管道全部安装完成后，对支架结构和线形作一次全面自检，自检

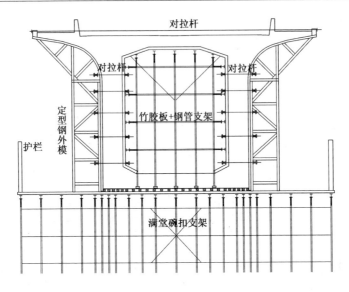

图6 箱梁模板加固图

合格后，请监理工程师检查。针对检查情况，对支架结构和线形作好纠偏和调整，直到满足安全要求。

7）混凝土施工

经监理工程师检查合格后即可浇筑混凝土，每段箱梁混凝土一次浇筑完成，采用拌和楼集中拌制，混凝土泵送入模，插入式振捣器振捣，但要注意一定不能损坏波纹管。混凝土按梁的全断面斜向分段、水平分层连续浇筑，层厚按30cm控制。

8）混凝土养护

由于是大面积、大体积混凝土，施工时间相对较长，施工过程中要做好混凝土养护，顶板顶面、底板顶面等外露面成型后，及时用棉麻编织袋包裹并保水养护，成型一部分就覆盖一部分。混凝土未凝固前，要保护好混凝土表面不被损坏。

9）拆除侧模和内模

混凝土达到75%强度后，拆除内外模板。

10）预应力施工

混凝土强度达到设计强度的90%后，进行张拉。

（1）钢绞线的下料采用砂轮切割机切割，切口两侧用20号铅丝绑扎，以免松散。钢绞线通过吊车吊往桥面，采用卷扬机牵引使穿入梁段中的预应力管道。

（2）待混凝土强度达到设计容许值后即可进行预应力筋张拉施工，预应力束张拉程序：0→（0.1设计值）→持荷2min→量测伸长量→张拉至100%设计值→持荷2min→锚固。张拉顺序按设计要求。

11）压浆

预应力管道压浆紧随预应力张拉工序后进行施工。水泥浆搅拌及压浆设备均布设于梁顶，由高压输浆管输送到施工位置；压浆前用压缩空气清除管道内杂质，压浆配合比采用最优配合比，不掺入任何氯盐。采用活塞式压浆至最大压力后，稳压一段时间，达到孔道另一端饱满和出浆为止。压浆后，从检查孔抽查压浆的密实情况，如有不实，应及时处理和纠正。压浆时，每一工作班取3组7.07cm×7.07cm×7.07cm的立方体试件标养28d，检查其抗压强度，作为水泥浆质量评定的依据。

12）解除已完工梁段底模约束

孔道张拉压浆完成后，适当松开支架的托撑，解除对已完工梁段底板的约束。

13）施工下一梁段，梁段结合面处理

在进行下一梁段施工前，与前一梁段混凝土接合面应凿毛并清洗干净，按设计要求进行普通钢筋、预应力筋的连接。

14）合龙段施工

满足正常施工温度：合龙段混凝土浇筑时间应在一天中温度最低时，并使混凝土浇筑后温度开始缓慢上升为宜。

合龙段的施工应严格按《铁路桥涵施工规范》执行。

15）预应力连续张拉及压浆

进行全桥预应力连续张拉、压浆。

16）体系转换

松开所有托撑和楔子，箱梁由支架支撑转换为桥墩支座受力，完成受力体系转换。

全桥箱梁完成后，拆除支架，恢复环境。

## 6 材料与设备

以单个连续梁整个施工过程为例，该工法采用的主要机具设备如表1所示。

主要机具设备配备表 表1

| 名　称 | 型　号 | 规　格 | 单　位 | 数　量 | 用　途 |
|---|---|---|---|---|---|
| 履带吊 | QUY50A | 50t | 台 | 2 | 支架搭设、钢筋施工、混凝土浇筑 |
| 装载机 | ZL50 | 3m³ | 台 | 1 | 支架搭设、钢筋施工、混凝土浇筑 |
| 推土机 | SD13 | | 台 | 1 | 支架搭设 |
| 挖掘机 | PC220 | 1m³ | 台 | 1 | 支架搭设 |
| 打桩机 | YZY80 | | 台 | 2 | 支架搭设 |
| 自卸汽车 | | 15t | 台 | 2 | 支架搭设、钢筋施工、混凝土浇筑 |
| 汽车起重机 | QY25 | 25t | 台 | 1 | 支架搭设、钢筋施工、混凝土浇筑 |
| 混凝土拌和站 | 120 型 | 120m³/h | 台 | 1 | 混凝土浇筑 |
| 混凝土拌和站 | 180 型 | 180m³/h | 台 | 1 | 混凝土浇筑 |
| 混凝土输送车 | | 10m³ | 台 | 10 | 混凝土浇筑 |
| 汽车泵 | | | 台 | 2 | 混凝土浇筑 |
| 插入式振捣器 | ZH-50 | 2.2kW | 台 | 15 | 混凝土振捣 |
| 插入式振捣器 | ZX-30 | 1.1kW | 台 | 15 | 混凝土振捣 |
| 钢筋切割机 | GQ-40 | 40mm | 台 | 2 | 钢筋施工 |
| 电焊机 | ZLD21 | 30kW | 台 | 15 | 钢筋施工 |
| 手拉葫芦 | | 5t | 台 | 5 | 支架搭设、钢筋施工、混凝土浇筑 |
| 全站仪 | Leica TC802 | | 台 | 1 | 支架搭设、钢筋施工、混凝土浇筑 |
| 电子水准仪 | SOKKIA SDL30 | | 台 | 1 | 支架搭设、钢筋施工、混凝土浇筑 |

| 名　称 | 型　号 | 规　格 | 单位 | 数量 | 用　途 |
|---|---|---|---|---|---|
| GPS接收机 | LeicaTX1200 | | 台 | 1 | 支架搭设、钢筋施工、混凝土浇筑 |
| 三脚架及棱镜 | Leica | | 台 | 2 | 支架搭设、钢筋施工、混凝土浇筑 |
| 发电机组 | | 120kW | 台 | 1 | 备用 |
| 预应力张拉设备 | | | 套 | 2 | 预应力张拉 |
| 压浆设备 | | 连续式 | 套 | 2 | 压浆 |

## 7 质量控制

### 7.1 工程质量控制标准

对于公路上部箱梁施工质量控制标准参见《公路桥涵施工技术规范》（JTJ 041—2000）。客运专线上部箱梁施工质量要求高，施工时应严格要求，精细施工，严把质量关。严格遵守《客运专线铁路桥涵工程施工技术指南》（经规标准［2005］110号）和《客运专线铁路桥涵工程施工质量验收暂行标准》（铁建设［2005］160号）的相关要求。下述为客运专线上部结构施工质量控制标准。

#### 7.1.1 模板施工

模板施工质量控制标准见表2。

**模板施工质量控制标准** 表2

| | | | |
|---|---|---|---|
| 1 | | 梁段长 | ±10 |
| 2 | | 梁高 | +10，0 |
| 3 | | 顶板厚 | +10，0 |
| 4 | | 底板厚 | +10，0 |
| 5 | | 腹板厚 | +10，0 |
| 6 | | 横隔板厚 | +10，0 |
| 7 | | 腹板间距 | ±10 |
| 8 | | 腹板中心偏离设计位置 | 10 |
| 9 | 模板安装允许偏差<br>（mm） | 梁体宽 | +10，0 |
| 10 | | 模板表面平整度（不少于3点） | 3 |
| 11 | | 模板表面垂直度 | 每米不大于3 |
| 12 | | 孔道位置 | 1 |
| 13 | | 梁段纵向旁弯 | 10 |
| 14 | | 梁段纵向中线最大偏差 | 10 |
| 15 | | 梁段高度变化段位置 | ±10 |
| 16 | | 底模拱度偏差 | 3 |
| 17 | | 底模同一端两角高差 | 2 |
| 18 | | 桥面预留钢筋位置 | 10 |

### 7.1.2 钢筋施工

钢筋施工质量控制标准见表3。

钢筋施工质量控制标准　　　　　　　　　　　　表3

| 1 | 钢筋安装允许偏差<br>（mm） | 受力钢筋全长 | ±10 |
|---|---|---|---|
| | | 弯起筋弯折位置 | 20 |
| | | 箍筋内净尺寸 | ±3 |
| 2 | 钢筋安装允许偏差<br>（mm） | 桥面主筋间距及位置 | 15 |
| | | 底板钢筋间距及位置 | 8 |
| | | 箍筋间距及位置 | 15 |
| | | 腹板箍筋垂直度 | 15 |
| | | 钢筋保护层厚度 | ＋5，0 |
| | | 其他钢筋偏移量 | 20 |

### 7.1.3 混凝土施工

混凝土施工质量控制标准见表4。

混凝土施工质量控制标准　　　　　　　　　　　　表4

| 1 | 大节段现浇连续梁（刚构）梁体外形尺寸允许偏差（mm） | 梁全长 | | ±30 |
|---|---|---|---|---|
| 2 | | 边孔梁长 | | ±20 |
| 3 | | 变高段长度及位置 | | ±10 |
| 4 | | 边孔跨度 | | ±20 |
| 5 | | 梁底宽度 | | ＋10，−5 |
| 6 | | 桥面中心位置 | | 10 |
| 7 | | 梁高 | | ＋15，−5 |
| 8 | | 挡碴墙厚度 | | ＋10，−5 |
| 9 | | 表面垂直度 | | 每米不大于3 |
| 10 | | 梁上拱度偏差 | | ±10 |
| 11 | | 底板厚度 | | ＋0，0 |
| 12 | | 腹板厚度 | | ＋10，0 |
| 13 | | 顶板厚度 | | ＋10，−5 |
| 14 | | 桥面高程 | | ±20 |
| 15 | | 桥面宽度 | | ±10 |
| 16 | | 平整度 | | 每米不大于5 |
| 17 | | 腹板间距 | | ±10 |
| 18 | | 支座板 | 四角高度差 | 1 |
| | | | 螺栓中心位置 | 2 |
| | | | 平整度 | 2 |

### 7.1.4 箱梁预应力施工

箱梁预应力施工质量控制标准见表5。

## 7.2　工程质量保证措施

### 7.2.1　支架

（1）受力杆件、贝雷梁进场前要先做探伤检验并出具检验报告。

（2）杆件之间的连接要安全可靠，栓接达到规定的强度数，焊接达到规定的焊接长度及厚度。

（3）杆件轴线位置保证符合设计要求。

预应力施工质量控制标准　　　　　　　　　　　　　　　　　　表5

| 1 | 预应力筋下料长偏差（mm） | 钢丝 | 设计（计算）长度 | ±10 |
| | | | 束中各根之差 | 钢丝长度1/5000，且不大于5 |
| | | 钢绞线 | 设计（计算）长度 | ±10 |
| | | | 束中各根之差 | 5 |
| | | 热轧带肋钢筋 | | ±50 |
| 2 | 梁段预留孔道位置允许偏差（mm） | | | 4 |
| 3 | 张拉端预应力筋内缩量限值 | 支承式锚具、墩头锚具等（mm） | 螺帽缝隙 | 1 |
| | | | 每块后加垫板缝隙 | 1 |
| | | 锥塞式锚具（mm） | | 5 |
| | | 夹片式锚具（mm） | 有顶压 | 5 |
| | | | 无顶压 | 6～8 |

### 7.2.2　模板工程

（1）箱梁模板底模及内模一般采用竹胶板，侧模采用钢模。

（2）模板接缝采用先进可靠的技术工艺，确保接缝满足外观质量要求和混凝土耐久性需要。

（3）加强模板的维修与保养，拆摸后及时清理、整修、涂刷脱模剂。

### 7.2.3　钢筋、钢绞线工程

（1）每批进场的钢筋、钢绞线，都要附有批号、炉罐号、出厂合格证，以及有关材质、力学性能试验资料等质量证明资料。

（2）到工地的每批钢筋、钢绞线，要按规范要求进行抽样试验，所有试验符合有关标准的规定。钢筋按不同品种、等级、牌号、规格及生产厂家分批验收，分别堆放。

（3）钢筋的加工、绑扎、焊接以及安装严格按图纸中的尺寸、位置以及规范要求的质量标准进行。

（4）钢绞线的下料、安装严格按图纸中的尺寸、位置以及规范要求的质量标准进行。

## 8　安全措施

### 8.1　跨既有公路施工时安全保证措施

当跨既有公路施工时，为保证现场交通车辆、人员安全，拟采取下列措施：

（1）正确使用安全帽，进场施工必须戴好经有关部门检验合格后的安全帽。

（2）在既有高等级公路及高架桥上进行部分车道围挡施工时，施工区前方2km、1km处分别设"前方×km施工"警示标牌，500m范围内设"前方施工，注意慢行"、限速、限高限宽、行车路标等警示标志及车道引导锥形帽，必要时设置数条减速带，以提醒过往驾驶员注意。

（3）在施工区的围挡上设置醒目的红色霓虹灯，夜晚警示过往车辆驾驶员前方为施工区域，路面变窄，小心驾驶；在限高限宽门架及车行道预留孔对着行车方向涂刷红白相间的反光漆或粘贴反光膜。

（4）派人配合交通管理部门，协调指挥，做好车辆交通疏导工作，确保道路交通畅通，防止堵塞。

（5）通行车道顶部进行全封闭防护，支架四周及底部均牢固挂安全网，防止施工坠物伤车伤人；在限高限宽门架及车行道预留孔对着行车方向支架前设置防撞墩，防止车辆撞毁支架。

（6）加强施工的规范化，提高员工特别是操作工人的交通安全意识，听从统一指挥，不随意乱扔杂物。派专职安全员进行现场监督管理。

（7）在主梁两侧的作业平台边缘，安设间距不大于 1.5m、高度不低于 1.2m 的防护栏杆和 15cm 高的踢脚板，并挂好安全网，防止人员与物品坠落。

（8）高空作业或临边作业必须使用检验合格的安全带，安全带应高挂低用，不准将绳打结使用。安全带上的各种部件不得任意拆除，更换新绳时要注意加绳套。高空作业布设安全网，安全网网绳不得破损，并生根牢固、绷紧、圈牢、拼接严密。

（9）在位于高架桥护栏以上 2m 高范围内围设防眩目装置，避免夜晚对过往车流产生影响。

（10）高处露天作业、构件起重吊装时，根据作业高度和现场风力大小、对作业的影响程度，制定适于施工的风力标准。遇有六级（含六级）以上大风时，上述施工停止作业。

（11）在高架桥上口处封闭道路时，应在适当位置设立显著的安全警示标志及指示标牌，避免造成车辆堵塞。

（12）跨线施工时，大型施工照明灯从上向下横向照射至施工区域，严禁将其指向高速公路行车方向，避免产生交通事故。

（13）行车道上方支架底部在夜晚开启红色霓虹灯，使过往车辆明确建筑物位置及施工高度。

（14）起重机驾驶员操作之前，应做例行保养，检查制动器、钢丝绳、信号装置、限位开关等是否符合安全要求。如发现异常，及时报告处理，不得带病工作。

8.2　跨既有铁路施工时安全保证措施

当跨越既有铁路时，为了确保既有线施工中安全，应严格按照铁道部办公厅 2008 年印发《铁路营业线施工及安全管理办法》（铁办 [2008] 190 号）以及《铁路行车线上施工技术规则》（TBJ 412—87），并采取以下主要措施：

（1）在技术质量部成立既有线安全施工组织机构，配置相应的安全人员和安全材料设备。

（2）加强与既有铁路管理部门的联系与沟通，按照施工要求进行施工。

（3）调查既有线路的通信、信号光缆及地下埋设物等，确保施工时不损坏既有设备。

（4）对全体职工进行既有线施工中的安全知识教育，提高对保证既有线安全的认识，同时选派责任心强的人员担任安全员，保证施工中的一切活动不危及行车安全。

（5）为加强对既有线路的防护，按规定指定驻站联络员和工地防护员，并配备相应的信号和通信设备，设置醒目的信号和标志牌。

（6）临近既有铁路施工前，要将专项施工方案报经铁路局有关部门批准，方案中要充分考虑到可能对既有线路基的影响，必要时采取相应的加固措施，施工前按规定要点设防。在既有线两侧护栏外 5～10m 设置沉降观测点，跨线支架搭设和连续梁施工期间，每2h 测定沉降观测一次，如果沉降量达到 2mm/h，则立刻通知现场负责人停止施工，并通知工务段维护人员维护。

（7）施工中任何机具、材料、设备及人员均不得侵入既有线建筑限界内，列车通过前，所有人员必须撤到安全地带，确保行车和人员安全。

（8）对必须封锁线路进行的作业，将严格按规定要点，事先做好充分施工准备，接到调度命令后，施工负责人要确认施工起止时间，设好施工标志停车防护后，方可开工，并保证在规定的时间内完成。经检查确保行车安全，办理开通登记后，通过车站值班员通知列车调度员开通区间。

（9）在封闭作业上方进行的起重作业，必须保证起重机械完好，对吊点、索具、吊具要经过检查，不准"带病"工作，起重臂和起吊重物，不得伸出封闭构架的空间外。对重大物件起重，必须有方案，事前确认吊物重量、重心位置、确定吊机停放的位置，起重臂幅度，回转范围，司机应严格按规定操作，作业时，施工负责人必须在场。

（10）对跨线部分实行封闭作业，也不能放松警惕，必须严格规范作业人员的行为，严禁抛掷工具、材料和其他物品，防止坠落影响行车安全。

8.3 跨既有线施工时既有线接触网安全技术措施

（1）所有跨越接触网的施工和操作，在跨越接触网的地方，必须设置安全栅网。

（2）现场所有人员和所携带的物件（如长杆、导线、钢管、钢筋、吊索、吊臂等）与接触网设备、牵引变电设备和电力机车的带电部分，必须保持 5m 以上的距离；

（3）进入电气化区段作业的人员必须按规定穿戴劳动保护用品（如绝缘手套、绝缘靴等）。

（4）离接触网带电部分不足 2m 的建筑物作业时，接触网必须停电，由供电部门验电和装设可靠的临时接地线，并设专人监护，作业结束，供电部门要确认所有工作人员都已进入安全地点，方可正式完工，办理送电手续。

（5）严禁在接触网支柱上搭挂衣物、攀登支柱或在支柱旁休息。禁止在吸流变压器、支柱、铁塔、接触网下避雨。雷雨天气时，不准靠近避雷针、避雷器，雨天作业时，必须远离接触网支柱、接地线、回流线等设备。

（6）遇雨、雪、雾等不良天气时，禁止靠近接触网设备部件，禁止使用带金属的雨伞等物在接触网下作业。

（7）用水或一般灭火器扑灭距离接触网带电部分不足 4m 的燃着物体时，接触网必须停电，扑灭距离接触网超过 4m 的燃着物体时，可不停电，但必须使水流不向接触网方向喷射。若用沙土灭火时，距离在 2m 以上可不停电。

（8）在距离接触网支柱及带电部分 5m 范围内的钢管、脚手架、钢梁、道口金属杆等金属结构上，均需装设接地线。在距接触网 5m 范围内使用发电机、空压机、搅拌机等机电设备时，应有良好的接地装置。所有接地装备必须经过测试，其电阻值不得大于 10Ω。

（9）在电气化区段进行圬工养生等作业时，禁止向接触网带电部分 2m 范围内泼水、喷水。

（10）严禁向接触网上抛挂绳索等物体，发现接触网断线或在接触网上挂有线头、绳索等物体时，不得与其接触，必须保持 10m 以上的距离，并将该处加以防护，立即通知供电部门进行处理，防止跨步电压伤人。

（11）施工现场装卸石灰、碎石等散料时，应远离接触网，防止破坏及降低接触网对地绝缘。

（12）手持木杆、梯子等工具通过接触网时，必须水平通过。

（13）施工现场必须每天清理，严禁现场有塑料布、土工布、苫布等物品散放，避免被风吹起刮到接触网及其设备上。

（14）梁体脚手架和梁上施工中严禁向下抛掷任何物品，避免落于接触网上。

（15）棚架外侧要用安全网封闭，防止坠物从侧面落入棚架内，既有线未封锁时，严禁在防护棚架以外铁路上方投影范围内起吊物件。

（16）接触网防雨、防水安全保证采用在跨线支架防护棚盖顶设置 1% 的单坡，雨水和养生水通过棚盖顶铁皮顺坡排至护栏外，并通过地下明沟排出铁路侧。

## 9　环保措施

（1）施工及生活废水的排放遵循清污分流、雨污分流的原则，各种施工废油、废液集中储积，集中处理，严禁乱流乱淌，防止污染水源，破坏环境。

（2）注意夜间施工的噪声影响，尽量采用低噪声施工设备和限时作业措施。混凝土浇筑噪声应控制在 85dB 以下。

（3）在施工期间废弃物、边角料等应分类堆放，统一集中处理。

（4）支架拆除时，各类材料应分类存放，严禁乱堆乱放。

（5）施工完成后，应尽快恢复原地貌。

## 10　资源节约

（1）优化施工方案，合理进行施工组织安排，减少临时工程及材料投入量，缩短设备使用时间及周转期。

（2）采用低功耗设备，设备勤保养，减少故障发生率，提高设备有效使用率。

（3）合理布设各种用电线路和取暖、供水管道，并采购相对应的设备，降低能源无功损耗。

## 11　效益分析

组合式支架法大节段现浇大跨度连续梁施工工法与传统的悬臂法浇筑大跨度连续梁施工方法相比，最明显的优点就是节约工期，可满足近年来铁路建设市场的需要。

例如某 60m＋100m＋60m 连续梁，采用悬臂浇筑法共分为 16 个节段（包括合龙段），按传统的悬臂施工总工期大约需 206d，见表 6。

挂篮悬臂施工 60m＋100m＋60m 连续梁施工工效分析　　　表6

| 序　　号 | 施工工序 | 控制工期（d） | 备　　　　注 |
|---|---|---|---|
| 1 | 0 号块施工 | 45 | |
| 2 | 挂篮拼装、预压 | 30 | |
| 3 | 标准段施工 | 7×13 | |
| 4 | 边跨合龙段施工 | 20 | |
| 5 | 中跨合龙段施工 | 20 | |
| | 合计 | 206 | |

采用组合支架法大节段现浇共分为 7 段，分 4 次浇筑，则总工期大约需 147d，见表7。

组合式支架大节段现浇施工 60m＋100m＋60m 连续梁施工工效分析　　　表7

| 序　　号 | 施工工序 | 控制工期（d） | 备　　　　注 |
|---|---|---|---|
| 1 | 基础施工，安装交通安全防护设施 | 30 | |
| 2 | 支架搭设 | 30 | |
| 3 | 预压 | 8 | |
| 4 | 分段 A、A′安装模板/扎设钢筋/浇筑混凝土/张拉/压浆 | 25 | 连续梁分 7 个 |
| 5 | 分段 B、B′安装模板/扎设钢筋/浇筑混凝土/张拉/压浆 | 20 | 大块段进行浇筑 |
| 6 | 分段 C、C′安装模板/扎设钢筋/浇筑混凝土/张拉/压浆 | 20 | |
| 7 | 合龙段 D 施工，全桥张拉压浆 | 6 | |
| 8 | 支架拆除/体系转换 | 8 | |
| | 合计 | 147 | |

由此可见，采用组合式支架法大节段现浇连续梁比传统的悬臂法施工工期减少 59d，使生产效率大幅提高。经过对多座连续梁的施工成本的分析，比较，发现主跨在 60m 以上的连续梁采用该工法与传统的悬臂浇筑法相比，其所创造的间接效益远大于其比悬臂浇筑法多投入的费用。

## 12　工程实例

京沪高速铁路土建六标段在上海市区京沪高速铁路 DK1290＋441.860～DK1290＋541.860 处跨越既有线沪宁铁路，在该处桥型布置为 60m＋100m＋60m 三跨连续梁。沪宁城际上行线在上海市区 HQS2＋665.403～HQX2＋765.403 处，下行线在 HQX2＋744.43～HQX2＋844.43 处跨越既有线沪宁铁路，该处桥型布置为 57m＋100m＋63m 连续梁。

以上 3 座主跨为 100m 的连续梁（跨线总体图见图 2）原设计均为挂篮悬浇法施工，由于工期要求，全部变更为组合式支架现浇施工。每座桥均分为 7 段，采用上述工艺进行现浇施工，全部成功地建成了 3 座连续梁，为保证全线按时顺利贯通奠定了基础。

此外，该工法在新建的吉林省哈大高速铁路、上海市和江苏省京沪高速铁路及沪宁城际铁路上的其他标段中也被广泛采用，均取得了成功。其次，在杏林大桥中也采用了该工法，杏林大桥位于厦门岛北部，其部分跨海主桥采用了该工法，杏林大桥已于 2008 通车。

# 悬索桥边跨无索区钢箱梁安装施工工法

GGG（川）C3129—2010

卢　伟　杨如刚　邓亨长　龙　勇　李润哲

（四川公路桥梁建设集团有限公司）

## 1　前言

悬索桥是目前跨越能力最强的桥型，目前悬索桥主梁分为钢箱梁与桁架式两种，桥型布置分为两跨（三或四跨）连续或单跨双绞式主梁构造。主梁安装是悬索桥施工的关键工序之一。

舟山大陆连岛工程西堠门大桥是目前国内最大跨径桥梁，也是世界第一大跨钢箱梁悬索桥与第二大跨悬索桥。大桥地处台风区，同时桥址处海流情况复杂、波急浪高、海床无覆盖层，这些因素的存在，使得大桥钢箱梁安装难度极大（面临很大挑战）。

在大桥北边跨无索区钢箱梁安装施工中形成了"悬索桥边跨无索区钢箱梁安装施工工法"。该工法解决了西堠门大桥边跨无索区钢箱梁安装难题，所用施工设备较少，技术先进，社会效益与经济效益明显。

## 2　工法特点

### 2.1　移动支架与固定支架结合

在悬索桥全桥钢箱梁桥位焊接前，以固定支架作为无索区钢箱梁临时存放场所，移动支架作为钢箱梁纵移就位的中转接力装置，结构简单有效。

### 2.2　无索区钢箱梁荡移，临时吊索、吊具及牵引系统的组合

借助临时吊索与水平牵引系统，采用连续荡移技术（即钢箱梁"荡秋千"），以缆载吊机与特制吊具将无吊索钢箱梁从运输船转运至支架上。充分利用已有设备，确保施工过程安全高效、安装定位准确。

### 2.3　无索区线形调整工艺

以千斤顶群作为无索区线形调整手段，结合线形精细调整监控技术，简单、快速、实用。

## 3　适用范围

受地形限制无法使用浮吊、大型履带吊安装的两跨（或多跨）连续钢箱梁悬索桥边跨无索区（锚侧）钢箱梁安装施工。

## 4　工艺原理

吊机、临时吊索与水平牵引系统以及支架系统（包括固定支架与移动支架）组成无吊

索钢箱梁连续荡移安装系统。吊机垂直提升钢箱梁，水平牵引系统提供水平力牵引钢箱梁至临时吊索位置，连接临时吊索与钢箱梁，放松吊机吊索，使钢箱梁重量转移至临时吊索，同时吊机前行，通过吊机与临时吊索的交替接力，最终使钢箱梁荡移至移动支架位置。总体布置见图1。

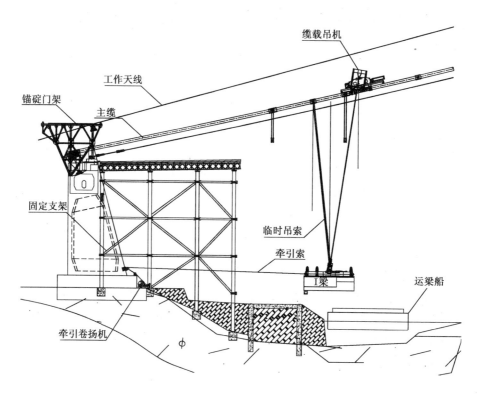

图 1 连续荡移系统总体布置图

受吊机或吊索荡移角度所限，此时钢箱梁无法通过荡移施工平移至固定支架上，故设计移动支架，待钢箱梁提升超过支架高程后，横移移动支架并与固定支架连接，贯通钢箱梁纵移轨道后，下放钢箱梁至移动支架，解除吊具后纵移钢箱梁至固定支架上设计平面位置。支架布置见图2。

待所有钢箱梁吊装完成后，按监控指令利用安放于支架上的千斤顶群调整无索区梁段高程，首先将支架上无索区梁段调整并焊为一体，再整体调整无索区梁段并与有吊索梁段临时连接、焊接，最后利用千斤顶群完成钢箱梁体系转换，整个调整过程均全程监测梁段高程变化，随时调整千斤顶作用力，确保调整过程安全。

## 5 施工工艺流程及操作要点

正式安装前，首先搭设固定与移动支架，安装临时吊索与索夹，布置好水平牵引系统。加工特制吊具。吊机行走至可安装位置。

运梁船将梁段运到锚前可停泊位置，此时下放吊机吊具，连接临时吊耳与吊具，做好准备，即可进行钢箱梁安装。

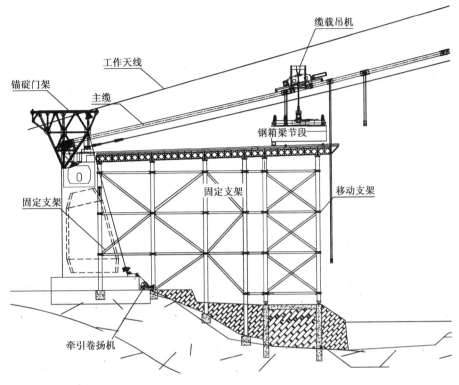

图 2　支架系统布置图

## 5.1　施工工艺流程（见图 3）

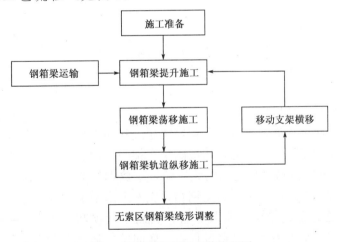

图 3　无索区钢箱梁安装流程图

## 5.2　操作要点

### 5.2.1　钢箱梁提升施工

（1）施工准备

①支架搭设。无索区钢箱梁在与有吊索钢箱梁焊接前，必须考虑临时放置场地，按钢箱梁的安装平面与高程布置存梁的固定支架，一般考虑型钢桁架式，同时支架上还包含钢箱梁纵移系统与线形调节系统。前者一般为带水平牵引力的轨道，后者为钢支垫与千斤顶

群的组合。

同时在固定支架外端靠塔侧布置可横桥向移动的移动支架，其高度与固定支架匹配，轨道与固定支架相接。

②水平牵引系统布设。在将钢箱梁从起吊位置向安装位置方向荡移过程中，水平牵拉力由水平牵引系统提供，水平牵引系统由牵引卷扬机、钢绳、连接吊耳、锚固件、转向滑车等部分组成，均在吊装前布设好。

③临时吊索与索夹安装。作为钢箱梁荡移中转装置，临时吊索与索夹也提前布置好，其安装位置与长度根据吊机最大允许荡移角度设计。

④吊具与吊机就位。吊装前，缆载吊机需在主缆上行走至提升位置，并提前下放吊具至安全高度。

（2）运输船就位

其他工作准备就绪后，运梁船将钢箱梁运抵提升吊机正下方，进行动力定位。

（3）吊机垂直提升

连接吊具与钢箱梁临时吊耳，解除钢箱梁与运输船的临时约束，启动吊机提升钢箱梁至设计荡移高度。

钢箱梁提升要点如下：

①钢箱梁固定支架与移动支架设计高度需考虑支垫与千斤顶作用空间，可低不可高。

②临时吊索长度根据钢箱梁荡移角度确定，设计时需考虑主缆在钢箱梁重力作用下高程的变化。

③吊具应针对无吊索钢箱梁设计与吊索对应的吊耳构造，作为荡移过程临时承力构造。

### 5.2.2 钢箱梁荡移施工

钢箱梁提升至一定高度后，此时水平牵引系统吊耳已连接好，启动水平牵引卷扬机开始连续荡移施工，其施工流程如图 4 所示。

### 5.2.3 钢箱梁轨道纵移施工

当完成最后一次荡移后，吊机提升钢箱梁超过移动支架高程，横移移动支架至钢箱梁下方，连接固定支架与移动支架（含轨道），布置好钢箱梁移运器与钢支垫，下放钢箱梁至移位器，吊机卸载并解除吊具。启动钢箱梁支架上水平牵引绳，沿支架轨道纵移钢箱梁至安装位置，利用千斤顶卸载，将钢箱梁转移至钢支垫上，纵移过程中，横向偏位除轨道约束外，另通过（手动葫芦）横向牵引钢箱梁调整平面位置（移运器与钢支垫上安装四氟板）。施工流程如图 5 所示。

### 5.2.4 钢箱梁线形调整

钢箱梁合龙段架设完成，将预先牵拉开的梁段恢复原来位置，随后进行主梁线形测量，施工监控单位在此基础上计算线形调整目标值，施工方根据上述数据计算无索区钢箱梁段高程调整量，即可开始线形调整工作。

无索区线形调整分两步进行：

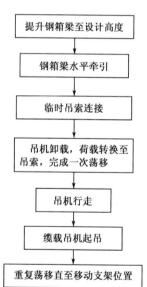

图 4 钢箱梁荡移施工流程图

　　第一步，依次调整无索梁段的纵坡与高程，待无索区梁段高程调整完成后，利用千斤顶将梁段重力转至支承楔块，荷载转换至支垫后进行梁段高程与纵坡复测，结果无误后固定焊接马板并焊接无索区梁间环焊缝以及纵隔板焊缝，待探伤合格后再对称施焊嵌补段焊缝。

　　第二步，将第一二段有吊索梁间临时连接与匹配件解除，利用千斤顶与特制施工装置，按监控指令调节无吊索梁段与相邻有吊索梁段的相对高程与纵坡。高程与纵坡调整完成后，调节焊缝宽度，固定焊接马板，焊接环焊缝以及纵隔板焊缝，待探伤合格后再对称施焊嵌补段焊缝。焊接完成后，利用千斤顶卸落无索区梁段支承，将无索区梁重力转移至主缆与支座，完成无索区梁段线形调整作业。施工流程如图 6 所示。

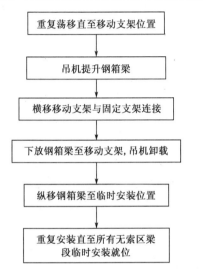

图 5　钢箱梁轨道纵移施工流程图　　图 6　钢筋梁线形调整施工流程图

### 5.2.5　监测技术与分析

　　无索区钢箱梁安装与线形调整过程需对大桥几何参数进行监测以确保线形调整结果的准确，监测内容包括：①无索区箱梁梁面高程测量；②塔偏位及竖向变形测量；③主缆线形测量。

　　其中，①项采用精密水准仪——索佳 B1 测量，每次线形调整前后均需测量；②、③项采用全站仪——TCA2003 与 TCA1800 测量，仅在线形调整前进行一次测量。以上测量过程中，梁温为关键参数之一，需采用专用温度传感器进行全程测量。与支座连接的钢箱梁安装时应在过程中监测梁轴线与高程变化并及时调整。

　　监测的关键在于①项，而②、③项内容为监控复核所用，测量数据与监控分析计算值比较，及时反馈指导施工。

　　主要的监测内容参见表 1。

监测项目汇总表　　　　　　　　　　　　　　　　　　　表 1

| 序　号 | 监测项目 | 监测仪器 | 监测频率 | 监测目的 |
|---|---|---|---|---|
| 1 | 主梁温度 | LM35 温度传感器 | 梁温：1～2 次/梁，每次调整，塔温：1～2 次，均在气温稳定时（夜间或阴天）观测 | 掌握塔温与梁温，为监控计算提供数据 |
| 2 | 塔温 | | | |
| 3 | 主梁梁顶高程 | 索佳 B1 精密水准仪 | 1～2 次/梁，每次调整 | 掌握梁面高程，为监控计算与线形调整提供数据 |

续表

| 序　号 | 监测项目 | 监测仪器 | 监测频率 | 监测目的 |
|---|---|---|---|---|
| 4 | 桥轴线偏位 | TCA2003、 | | 掌握大桥钢箱梁轴线偏差与主缆实 |
| 5 | 主缆线形 | TCA1800 全站仪 | 1 次 | 际线形，为大桥精确计算提供数据 |

## 5.3　劳动力组织（表 2）。

劳动力组织情况表　　　　表 2

| 序　号 | 单项工程 | 所需人数（人） | 备　注 |
|---|---|---|---|
| 1 | 管理人员 | 4 | |
| 2 | 技术人员 | 9 | |
| 3 | 钢箱梁转运与吊具安装 | 25 | |
| 4 | 钢箱梁提升施工 | 8 | |
| 5 | 钢箱梁荡移施工 | 14 | |
| 6 | 钢箱梁轨道纵移施工 | 26 | |
| 7 | 钢箱梁线形调整 | 60 | 与 3～6 不同时作业 |
| 8 | 杂工 | 5 | |
| | 合　计 | 86（78） | 括号中数字为线形调整所用人员 |

## 6　材料与设备

本工法无需特别说明的材料，采用的机具设备见表 3。

机具设备表　　　　表 3

| 序　号 | 设备名称 | 设备型号 | 单　位 | 数　量 | 用　途 |
|---|---|---|---|---|---|
| 1 | 缆载吊机 | 370t | 台 | 1 | 钢箱梁吊装 |
| 2 | 卷扬机 | JKK10 | 台 | 2 | 钢箱梁荡移牵引 |
| 3 | 自航驳船 | 2000t | 台 | 1 | 钢箱梁运输 |
| 4 | 临时吊索 | GW40 | 台 | 1 | 钢筋加工 |
| 5 | 固定支架 | 钢管桁架 | 个 | 1 | 存梁，钢箱梁线形调整 |
| 6 | 移动支架 | 钢管桁架 | 个 | 1 | 钢箱梁安装 |
| 7 | 重物移运器 | 80t | 台 | 10 | 钢箱梁安装 |
| 8 | 重物移运器 | 60t | 台 | 10 | 钢箱梁安装 |
| 9 | 千斤顶 | 50t | 台 | 16 | 钢箱梁线形调整 |
| 10 | 千斤顶 | 32t | 台 | 9 | 钢箱梁线形调整，卸架 |
| 11 | 千斤顶 | 25t | 台 | 8 | 钢箱梁线形调整 |
| 12 | 精密水准仪 | 索佳 B1 | 台 | 2 | 钢箱梁安装，线形调整 |
| 13 | 全站仪 | TCA1800，TCA2003 | 台 | 3 | 钢箱梁安装，线形调整 |

## 7　质量控制

### 7.1　工程质量控制标准

钢箱梁施工质量执行《公路桥涵施工技术规范》(JTJ 041—2000)与《舟山大陆连岛工程西堠门大桥专项质量检验评定标准》。钢箱梁安装允许偏差按表4执行。

钢箱梁安装允许偏差表　　表 4

| 序　号 | 项　　目 | 允许偏差（mm） | 检查频率 | 检验方法 |
|---|---|---|---|---|
| 1 | 相邻节段匹配高差 | ±2 | 每片梁 | 用钢尺 |
| 2 | 箱梁段轴线偏差 | ±10 | | 全站仪 |
| 3 | 吊点偏位 | ±30 | | 用全站仪 |
| 4 | 同一梁段两侧对称吊点处梁顶高差 | ±40 | | 用水准仪 |

### 7.2　质量保证措施

7.2.1　缆载吊机、支架系统等主要承载构造均需进行详细的计算分析或完成荷载试验，保证钢箱梁吊装、存放的安全。

7.2.2　结合监控计算成果确定临时吊索长度，保证钢箱梁不接触地面构造物的同时，确保荡移角度足够大。

7.2.3　支架顶面高程应低于主梁合龙线形减去梁高，保证千斤顶有足够操作空间。

7.2.4　缆载吊机单机提升钢箱梁，故在安装前需计算每段梁的重心，并通过吊具进行相应调整，确保提升荡移过程钢箱梁的平稳。

7.2.5　无索区钢箱梁特别是首段梁纵移过程通过轨道进行限位，同时通过手动葫芦横向牵引纠偏，确保安装时桥轴线偏差控制在允许范围内。

7.2.6　用千斤顶进行线形调整时，应遵循同步、小量的原则，在夜间稳定时段测量（包括温度与梁顶高程）、白天统一进行线形调整。

## 8　安全措施

8.1　认真贯彻执行国家和行业的有关规定、条例，建立完善的施工安全保证体系，加强施工作业中的安全检查，确保作业标准化、规范化。

8.2　缆载吊机吊装、荡移与钢箱梁存梁固定、移动支架上施工均为高空作业，需做好安全防护措施以及对作业人员进行相应安全教育。

8.3　沿海风环境对钢箱梁安装影响极大，在吊装前应根据天气预报保证在吊机设计规定风速下进行吊装，同时因钢箱梁安装会穿越台风期，故缆载吊机、存梁固定支架与移动支架设计均考虑台风荷载并制订相应的防台预案。

8.4　无索区钢箱梁线形调整时，利用千斤顶群进行顶升或下降时，需进行全程监测，保证顶升的同步、小量，避免千斤顶不同步导致偏载引起安全事故。

## 9　环保措施

9.1　树立"以人为本"的理念；贯彻"施工过程中最大限度保护、实施中最小限度破坏及最大程度恢复生态平衡"的指导思想，根据工程所在地形、地貌、地质特点等因素，灵活运用技术标准，将工程与自然环境融为一体。

9.2　对施工界限内、外的植被、树木等尽量维持原状。对临时用地范围内的裸露地表，通过植草或种树进行绿化，工程完工后，及时彻底进行现场清理，并按设计要求采用植被覆盖或其他处理措施。

9.3　靠近生活水源的施工，用沟壕或堤坝同生活水源隔开，避免污染生活水源。所有吊机与施工船只必须遵守有关海上防污染国际公约，严禁向海域抛设和倾倒废弃用品。在陆上建立废油和废弃用品的回收站，并负责及时处理。

## 10　资源节约、效益分析

10.1　本工法通过缆载吊机结合临时吊索与荡移牵引系统安装无索区钢箱梁，避免采用浮吊与大型汽车吊（或履带吊）等大型设备，简单易行，对环境影响小，为悬索桥边跨无索区钢箱梁安装提供了经济指标优越、适用性强的成套安装技术可资借鉴，该技术成功运用，将促进悬索桥施工技术进步，社会经济效益明显。

10.2　本工法利用存梁固定支架与千斤顶群结合调整无索区钢箱梁线形，不用缆载吊机辅助整体提升，占用大型设备时间短，节约建设资金，同时因不使用吊机，主缆防护等工作可同步开展，相应节约了至少一个月工期，产生了良好的经济效益。以西堠门大桥为例进行效益比较，见表5。

经济效益分析表　　　　　　　　　　　　　　　　　表5

| 序号 | 方案简述 | 工程量 | 费用 | 备注 |
|---|---|---|---|---|
| 1 | 搭设固定和移动支架。通过缆载吊机荡移后提升，通过移动支架将梁段安装到位。<br>利用存梁支架与千斤顶群调整钢箱梁线形 | 支架和贝雷673t | 330万元 | 本工法 |
| 2 | 采用浮吊船搭设支架进行安装。缆载吊机辅助整体提升进行无索区线性调整 | 支架和贝雷673t，1600t浮吊、3200P拖轮和锚艇各一艘，缆载吊机一台 | 550万元 | 占用缆载吊机，主缆防护不能同时进行 |

## 11　应用实例

浙江舟山大陆连岛工程西堠门大桥上部结构北边跨钢箱梁安装

西堠门大桥是舟山大陆连岛工程的第四座大桥，大桥于2004年5月10日开工，2009年10月1日通车。大桥主桥为主跨1650m的两跨连续飘浮体系的钢箱梁悬索桥，钢箱梁连续总长为2224.2m。主跨跨径居世界第二、国内第一，主桥总体布置见图7。

北边跨无索区三个梁段17～19号梁长分别为12.414m、12.8m、12.4m，采用缆载吊机结合临时吊索、牵引系统连续荡移安装。全桥钢箱梁安装于2007年12月圆满完成，得到了行业人士的一致肯定，获得了良好的社会效益。

附录 14

# 斜拉桥组合梁段悬拼吊机安装施工工法

GGG（中企）C3094—2011

刘　晟　李英俊　高　冲　朱　斌　李志双

（中交第一公路工程局有限公司）

## 1　前言

宁波市清水浦大桥为国内首次设计建造的连体索塔分幅钢—混组合梁斜拉桥（图1、图2），组合主梁的钢结构部分采用格构式钢梁，由箱形主纵梁、工字横梁、工字小纵梁等组成，钢梁为全焊接结构形式。

国内钢格构梁＋混凝土桥面板组合梁悬臂安装工艺一般采用散件拼装，目前主要采用桥面克灵吊，应用于钢桁架梁、钢桁架拱安装的360°旋转吊机亦可用于组合梁散件拼装。

清水浦大桥中跨主梁安装施工中无论是使用克灵吊（只能270°旋转）还是使用360°旋转吊机，它们虽然解决了起重能力的问题，但是由于其本身存在自重大、操作复杂、需加临时吊架且梁段稳定性差、施工对航道不利等因素，在施工中存在一定的局限性。中交第一公路工程局有限公司根据清水浦大桥的特有结构形式，通过自主创新，设计研发了悬拼吊机，施工中运用该悬拼吊机进行组合梁段安装，施工进度快，操作方便，安全、质量易于控制，取得了显著的经济和社会效益。通过工程实践积累的操作流程及施工工艺，经认真总结提炼，形成了（全焊结构）组合主梁斜拉桥梁段安装的一套安全可靠、质量可控、经济适用的工法。

## 2　工法特点

2.1　由于宁波清水浦大桥连体分幅的特点，该桥中跨主梁采用散件拼装工艺，采用跨幅龙门吊吊装构件上桥＋自制自行式运输平车＋悬拼吊机进行单个构件吊装施工，满足组合梁构件安装、焊接施工的各项指标要求，而且该工法具有操作简单、安全可靠、质量可控、经济适用等特点。

2.2　自主研制开发的悬拼吊机采用全液压元件，采用已有成熟技术的起重系统，吊装设备使用无线控制系统、液压同步操作控制系统等，简化了操作工序，降低了施工人员劳动强度，节约了施工周期，保证了施工安全；悬拼吊机和底篮作为整体通过精轧螺纹钢锚固在已施工完成悬臂节段，增强了结构施工的安全性。

2.3　采用高精度自动化测量仪器，实时监控量测主梁施工，掌握组合梁安装施工各工况下主梁线形情况，并与设计计算值进行分析验证，保证悬臂施工的安全；通过对悬拼吊机等设备工作状态应力及变形（位移、挠度）监控，保证了构件吊装安全。

2.4　悬拼吊机的工作底篮为施工操作平台，安全可靠，占用航道净空最小，且能避

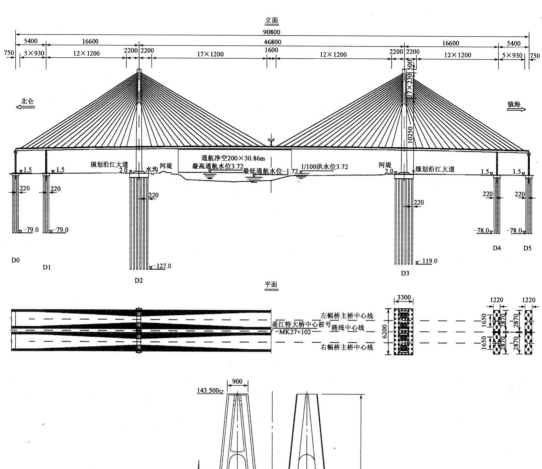

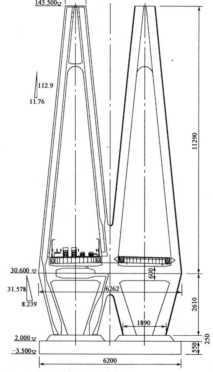

图1 清水浦大桥主梁整体示意图（尺寸单位：cm，高程单位：m）

免施工杂物（包括焊渣）掉落影响航道安全；组合梁段构件采用散件吊装，在底篮上完成与已有梁段的对接偏差调整、梁段构件之间偏差调整后，方进行梁段对接，避免了偏差累积，同时底篮滑动架的三维空间调整装置，使悬臂节段对接调整的定位精度达到毫米级，定位精度高，提高了安装质量；同时，在底篮上进行梁段临时连接后，取消劲性刚架，可多点进行焊接施工，加快了工程施工速度。

2.5　组合主梁采用散件悬拼施工工艺：散件在索塔区域的双幅之间提升上桥，通过桥面运输小车送至桥面吊机后方，悬拼吊机逐件安装。相对于整段悬拼：在索塔区域的主梁下方地面上进行整段拼装，悬挂在主梁下方的运输桁架悬挂整段主梁，运输主梁至最前面，然后用桥面吊机与运输桁架进行转换悬挂主梁，最后桥面吊机提升主梁直至安装到位。具有工艺成熟，起重设备需用少、负载小，节段间偏差调整相对容易等优点。

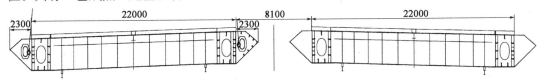

图 2　组合主梁横断面示意图（尺寸单位：mm）

## 3　适用范围

本工法适用于组合梁构件散件拼装施工，特别适用于全焊接组合结构散件拼装。在组合梁斜拉桥节段的悬臂安装工程施工中，具有操作简单、施工速度快、精度高等优点，其自带的底篮系统可以有效保证施工安全，尤其全焊接钢结构节段间需要进行精确定位调整时，采用本工法施工具有很大的优越性。

## 4　工艺原理

本工法采用跨幅龙门垂直起吊组合梁构件，用桥面运输平车将构件运至悬拼吊机吊装区域，悬拼吊机起重系统将主纵梁放置于工作底篮的滑动架上，使用滑动架上设置的由横推千斤顶、纵推千斤顶和竖向千斤顶组成的三向定位系统分别对两箱形主纵梁对称地进行精准调整，并进行临时锚定，用悬拼吊机逐件安装横梁和小纵梁并进行临时锚定，根据监控数据对梁段高程进行再次调整，然后对称进行焊接工作。在钢梁安装完成后进行拉索安装，最后使用悬拼吊机对桥面板进行安装，即完成了单个梁段安装施工。

4.1　悬拼吊机设备整体安全性保证

已安装施工完成的组合梁斜拉桥悬臂梁段，其荷载通过斜拉索拉力承受。悬拼吊机和底篮系统作为整体通过精轧螺纹钢锚固在已施工梁段上，保证了设备整体安全和稳定性；底篮作为构件安放和操作平台，其滑动架支撑定位装置可以有效保证钢箱梁段侧向稳定性。

4.2　底篮不均衡荷载控制

为保证悬拼吊机起吊安装单个钢构件时底篮不产生影响结构安全的不均衡荷载，使底篮滑动架始终对称放置于近底篮横桥向轴线位置；构件横向推移调整过程中，严格控制液压传动泵站的同步性，始终保持对称、均衡、缓慢操作。同时，加强推移过程挠度测量监控工作，确保底篮受力均衡，保证悬臂安装过程结构施工安全。

### 4.3　钢梁对接精度调整质量控制

组合梁梁段钢构件由两边箱梁＋工字横梁＋工字小纵梁组成，为全焊接结构。为保证构件对接焊接精度，在底篮设滑动架。其中：下层滑动架可以沿底篮横梁做横桥向移动，上层滑动架可以沿下层滑动架做顺桥向移动，设置于滑动架上的垂直调节千斤顶可以满足构件高度方向的调节需要。以上三种调节装置可以满足钢梁三维对接调整精度要求。

### 4.4　跨中合龙段施工

合龙段总长度为6m，钢结构由两个箱形主纵梁和一根横梁组成，构件总重约400kN，根据悬拼吊机起重系统的吊装能力，合龙段安装由标准节段的单构件拼装改由整体起吊入位，底篮仅作为施工人员操作平台，不承受主梁荷载。使用合龙段中的横梁的吊点作为合龙段整体吊装的吊点，多功能吊具不需要改造。

## 5　施工工艺流程及操作要点

### 5.1　设备组成

斜拉桥组合梁段安装施工设备由构件吊装上桥用跨幅龙门、桥面自行式运输平车、悬拼吊机及其底篮系统和多功能专用吊具等组成。

#### 5.1.1　跨幅龙门（图3）

组合梁构件从桥下垂直起吊至桥面的起重设备，两个支腿横向跨越左右幅桥面，使用单台设备可以保证构件能够顺利吊装至左右幅桥面。可行走式龙门安装在第1根斜拉索与索塔之间，横跨左右幅主梁，利用中央分隔带8.1m间隙进行起重作业，为中跨梁段、边跨梁段、斜拉索提供从地面至桥面的提升吊装能力。

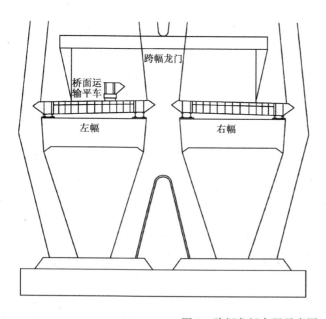

图3　跨幅龙门布置示意图

#### 5.1.2　桥面构件运输平车（图4）

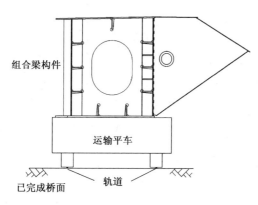

图 4　桥面运输平车示意图

用自行式运输车在桥面上运输主梁构件，选用方钢代替钢轨作为轨道，既安全又方便实用、经济。

5.1.3　悬拼吊机系统（图 5）

悬拼吊机由主桁架、系梁及底横联、主滑轨及支撑座、推进系统和起重系统等组成。

主桁架作为吊机的起重支撑构件，通过系梁及底横联连接，主滑轨及支撑座放置于已安装梁段上并牢靠锚固，推进采用液压操作系统，可以使吊机沿纵桥向方向前进或后退。

主桁架顶面设有起重机及配套起吊装置。起重机可沿整个主桁架顶面行走。起重机可行驶到后部，起吊组合梁构件，并移动到前部，将各部件下放到位。

5.1.4　底篮系统

底篮作为组合梁钢构件临时放置并精确调整的工作平台，由纵梁和横梁组成的大型结构，铺设在整个作业区域，用于分段安装和焊接作业，其下铺设一层防火布防止杂物掉落。底篮前部用吊杆悬吊在主桁架上，分段安装时，其后部（用吊杆）锚固在主轨上；行走时，其后部滑轮则停放在钢梁底部的检修车轨道上。

横桥向内外侧设有两只滑动架。每个滑动架在前后横梁上设有两层滑动机构，用于完成钢梁的移动及精确定位。

下层滑动架：下层滑动架的支承设置在底篮前后横梁上，跨度 10m。支点两端均设有侧移缸，用于沿横梁做横向移动。

上层滑动架：下架作为上架的支撑，纵向调节缸的一侧连接到上架上，另一端连接到下架上，用于实现主纵梁纵向调节。每只滑动架均设有 4 只垂直调节千斤顶，用于精准调节，并在焊接时承载钢梁分段。

5.1.5　多功能吊具（图 6）

根据组合梁段构件吊装需要，设计了多功能专用吊具以保证构件吊装过程中重心不产生偏转，避免影响吊装安全；多功能吊具与起重系统使用销子连接，在用于非主梁构件起吊时可方便拆除。同一款多功能专用吊具可以满足组合梁所有构件吊装需要。

5.2　技术参数

5.2.1　塔侧桥面高程 37.5m，地面高程 2.5m，组合梁构件垂直起吊高度约 35m，单个构件最大质量约 450kN。

5.2.2　跨幅龙门跨度 33m，额定起质量 50t，采用联动台控制，大车和副钩能同时

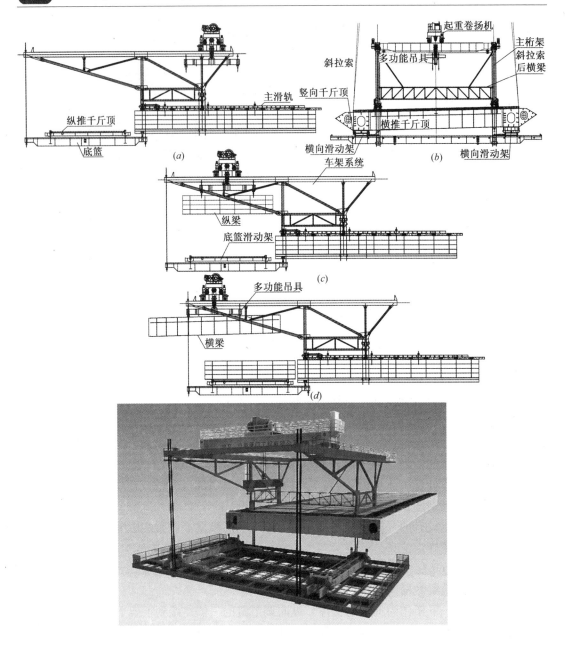

图 5 悬拼吊机及底篮系统示意图

(a) 侧面图；(b) 正面图；(c) 主桁架；(d) 底篮

工作，主钩工作时大车不能同时工作。

5.2.3 悬拼吊机为自主创新设计。

吊机自重：两片主桁架总重 350kN，起重系统为 300kN，滑轨系统 150kN，底篮 350kN。悬拼吊机可负载：起重系统 500kN，底篮为 1500kN；工作状态为 8 级风，非工作状态 14 级风。

5.3 工艺流程

施工工艺流程见图 7。

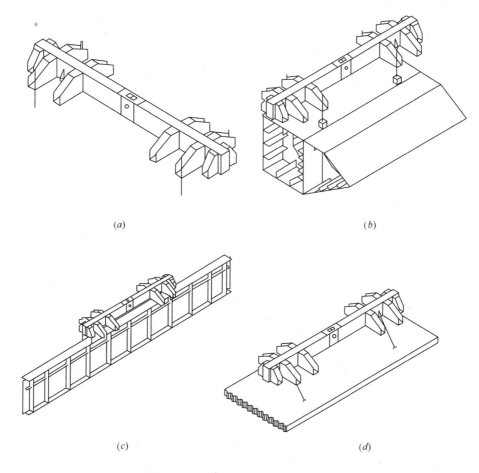

图6　多功能专用吊机吊装示意图

(a) 多功能专用吊具；(b) 吊装主纵梁；(c) 横梁吊装示意；(d) 桥面板吊装

## 5.4　操作要点

### 5.4.1　施工前准备工作

（1）悬拼吊机安装、验收及试载：悬拼吊机主桁架及起重系统等构件由起重汽车单件吊装上桥，在桥面完成拼装，检查钢构件连接是否牢固可靠，进行空载状态下行走及起升试验；底篮在桥下拼装成整体后，由吊机起重系统吊装上桥并定位锚固。起吊底篮过程中，通过在底篮上设置配重，吊装过程即可完成悬拼吊机的静载（安全系数1.2）承载力试验，及动载（1.0G、1.1G提升紧急制动）试验，以验证悬拼吊机工作性能。

（2）其他起重及运输设备按要求安装调试完毕，全面检查起重设备刹车、液压系统油路、钢丝绳完好情况，对需要整改的部分及时整改，保证构件吊装安全。

（3）检查复核起重设备吊装能力及构件安装各种工况条件下受力情况，为组合梁构件安装施工提供可靠的技术保证，确保施工中结构的安全；构件吊装前对所有起重及运输系统进行负荷试载运行试验，模拟实际施工工况，验证起重系统安装组合梁构件的使用性能。

（4）负载运行试验验证完毕，在各项指标符合计算及设计要求后即可进行正常安装

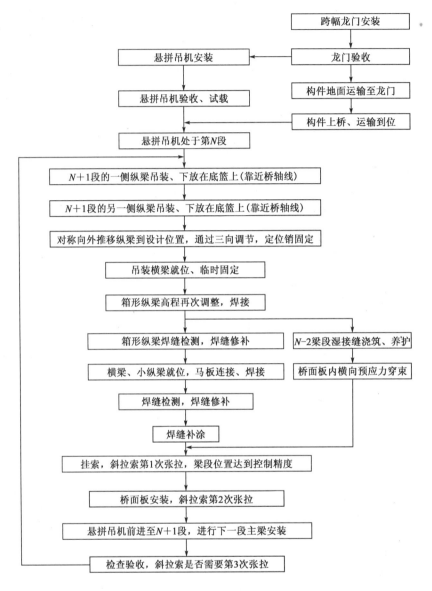

图 7　组合梁梁段安装工艺流程

施工。

### 5.4.2　组合梁标准节段安装施工（图 8）

组合梁段安装施工主要有以下步骤：主纵梁（含风嘴）安装及调整，横梁及小纵梁安装，钢结构焊接及焊缝检测，湿接缝施工，斜拉索张拉及桥面板安装。

（1）主纵梁（带风嘴）安装及调整：主纵梁由跨幅龙门起吊到桥面，通过运输平车运至悬拼吊机吊装范围内，悬拼吊机的起重天车，使用多功能吊具起吊主纵梁，将主纵梁安放在底篮滑动架上；2 根主纵梁对称放置于底篮滑动架上以后，使用横推千斤顶将 2 个主纵梁连同滑动架同步向外侧顶推到位，再使用纵推千斤顶纵移到位，然后交错顶升 4 个竖向千斤顶调整主纵梁的高程，完成主纵梁的初调；再次使用千斤顶三向定位系统分别对两根主纵梁进行精准调整，完成梁段的里程、轴线和高程的精确定位，使主纵梁与已安装主

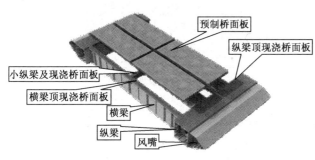

图 8 组合梁段构件组成及安装示意图

纵梁的销接，即完成了主纵梁的安装及调整工作。

（2）横梁及小纵梁安装：用悬拼吊机多功能吊具进行横梁及小纵梁吊装，手拉葫芦配合进行纵横向对接调整，码板连接。

（3）第 $N-2$ 段湿接缝施工，在该段接缝混凝土初凝后，根据监控数据对钢梁高程进行再次调整，然后使主纵梁与已安装主纵梁码板连接。

（4）钢结构焊接及焊缝检测：焊接采用 $CO_2$ 气体保护焊，主要为主纵梁对接环焊缝和横梁角焊缝，严格按照焊接工艺流程及焊接顺序实施，合理的焊接顺序和焊接方向对于预防焊接变形和减小焊接应力非常重要，因此所有焊缝在施焊时应遵循对称、均布、同步的原则。焊接完毕 48h 后进行焊缝探伤检测。

（5）斜拉索张拉及桥面板安装：根据组合梁混凝土桥面板力学特点，制定合理的张拉顺序以利于控制混凝土裂缝：湿接缝滞后两个阶段浇筑，斜拉索分三次张拉。即浇筑第 $(N-2)$ 梁段湿接缝—斜拉索一张完成后安装桥面板—斜拉索二张—前推吊机进行下一节段主梁施工—全桥合龙后第三次调索。

5.4.3 中跨合龙段施工（图 9）

中跨合龙段钢梁采用整体吊装工艺，合龙前清理不必要荷载，中跨合龙左、右幅必须同步进行，左、右幅施工荷载应一致，观测数据也应一致。

（1）线形调整。中跨合龙前提前两段进行 24h 龙口距离、轴线、高程及扭转观测，认真分析监控量测数据，针对合龙段安装施工工况，模拟分析整体安装过程主梁悬臂端线形变化情况，必要时施加配重进行高程及扭转调整，以保证合龙段入位后使主梁悬臂端能够在无应力状态进行合龙焊接。

（2）温度观测。线形观测及调整过程中即进行温度观测，绘制主梁悬臂端温度与线形变化之间的关系曲线，确定合龙时间及合龙温度。

（3）合龙段长度确定。根据龙口距离与温度监测数据，绘制"小时—环境温度—龙口间距（横截面扭转）"关系曲线，确定合适的合龙温度（同时确定了合龙段长度），分析确定在设计合龙温度时合龙段的长度。合龙段加工长度比理论长度加大 30cm，在合龙温度条件下，对合龙段进行现场切割。

（4）合龙段钢梁整体吊装入位。龙口有关数据观测、分析，确定合龙温度等→合龙段切割→在合龙段的前段主梁上将合龙段钢构件拼装成整体→在合适的温度，吊装合龙段放入龙口内→通过水箱配重、葫芦对拉，完成合龙段轴线、高程及相对扭转的对接调整，同

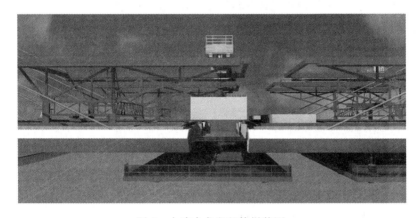

图9 中跨合龙段整体拼装图

时与两侧悬臂端码板连接→对称焊接完成→同步解除四个部位的塔、梁临时固结。

（5）使用悬拼吊机安装桥面板。安装完成桥面板后，拆除悬拼吊机，浇筑湿接缝，完成中跨合龙段施工。

中跨合龙段采用在升温状态下，整体吊装入位的自然合龙施工工艺，在无应力状态下完成焊接作业，避免了强制合龙对主梁产生二次应力，确保了主梁线形和结构内力符合监控及设计要求。

5.4.4 监控量测及线型控制

通过在现场设立的实时测量体系，对施工过程中结构的内力、位移（线形）、索力、温度等进行跟踪量测，提供实时测量数据，保证主梁施工过程中结构的安全及为监控计算提供实测结构参数和核校。大悬臂状态，采用高精度测量仪器，监测主梁施工过程线形，严格控制线形使之与监控计算分析一致。

## 6 材料设备

组合梁段悬拼吊机安装施工所涉及的设备及材料见表1。

组合梁段悬拼吊机安装施工材料设备表　　　　　表1

| 序号 | 名　称 | 规　格 | 单位 | 数量 | 备　注 |
|---|---|---|---|---|---|
| 1 | 悬臂吊机及底篮系统 | 50t/150t | 台 | 4 | 吊装作业 |
| 2 | 跨幅龙门吊 | 60t | 台 | 2 | 吊装作业 |

续表

| 序号 | 名　称 | 规　格 | 单　位 | 数　量 | 备　注 |
|---|---|---|---|---|---|
| 3 | 自行式运输平车 | 60t | 台 | 4 | 吊装作业 |
| 4 | 多功能专用吊具 | | 套 | 6 | 吊装作业 |
| 5 | 塔吊 | 120t·m | 套 | 2 | 吊装作业 |
| 6 | 施工电梯 | | 套 | 2 | 吊装作业 |
| 7 | 卷扬机 | | 套 | 8 | |
| 8 | 机械自锁式千斤顶 | CLL-5010 | 台 | 4 | 液压系统 |
| 9 | 机械自锁式千斤顶 | CLL-1004 | 台 | 4 | 液压系统 |
| 10 | 中空单作用千斤顶 | RCH-603 | 台 | 8 | 液压系统 |
| 11 | 手动泵 | P804 | 台 | 4 | 液压系统 |
| 12 | 机械自锁液压快速接头 | 3/8NPT | 个 | 20 | 液压系统 |
| 13 | 高压油管 | 3m | 根 | 4 | 液压系统 |
| 14 | 花篮螺栓 | | 套 | 20 | 安装微调 |
| 15 | 电焊机 | BX3-500-2 | 台 | 40 | 焊接 |
| 16 | 其他 | 精密监测全站仪 | 套 | 2 | TCA2003，监控量测 |
| | | 精密水准仪 | 套 | 2 | DNA03，监控量测 |
| | | 振弦式读数仪 | 套 | 2 | BGK-408，应变测试 |
| | | 便携式高分辨率光纤光栅分析仪 | 套 | 2 | 应变测试 |
| | | 无线温度测试仪 | 个 | 5 | DZT800N，温度测试 |
| | | 振动信号采集系统 | 套 | 4 | 索力测试 |
| | | MIDAS | 套 | 1 | 桥梁结构分析系统 |
| | | TDV | 套 | 1 | 大跨度结构及桥梁非线性分析程序 |
| | | 卸扣 | 个 | 20 | T-DW50-2（50t） |
| | | 卸扣 | 个 | 20 | T-DW30-11/2（30t） |
| | | 捯链 | 台 | 8 | 20t |
| | | 捯链 | 台 | 8 | 10t |
| | | 捯链 | 台 | 8 | 5t |
| | | 捯链 | 台 | 8 | 2t |
| | | 卷扬机 | 台 | 4 | 5t |
| | | 索力测试软件 | 套 | 1 | CRAS |
| | | 基康振弦应变传感器 | 个 | 182 | BGK-4200，应变测试 |
| | | 高精度光纤光栅压力环 | 个 | 88 | BSF-PRE，索力测试 |
| | | 传感器 ZX-308T | 套 | 8 | 等张力法张力索力监测 |

组合梁斜拉桥悬拼吊机安装施工人员组织见表2。

**组合梁段悬拼吊机安装施工人员组织表** 表2

| 序 号 | 工种名称 | 工作内容 | 人 数 |
|---|---|---|---|
| 1 | 指挥人员 | 各工种、设备总体调度指挥 | 2 |
| 2 | 管理人员 | 控制现场施工质量及安全 | 4 |
| 3 | 起重工 | 组合梁段吊装与定位 | 6 |
| 4 | 锚工及焊工 | 拱肋节段间栓接及焊接 | 20 |
| 5 | 测量人员 | 梁段的三维坐标测量及线形控制 | 6 |
| 6 | 液压操作人员 | 滑动架液压控制 | 4 |
| 7 | 电工 | 接、拆电源、安装电器设备及处理电器故障 | 4 |
| 8 | 专职安全员 | 施工安全监督、检查 | 2 |

## 7 质量控制

7.1 所有用于吊装施工的材料和产品必须经过检验合格并出具有时效性合格证明。

7.2 悬拼吊机主桁架的加工、拼装、焊接及栓接等工艺按《钢结构工程施工质量验收规范》(GB 50205—2001) 等相关规范和标准的规定执行。

7.3 所有起重设备须按照《起重设备安装工程施工及验收规范》(GB 50278—98)的相关规定组织验收鉴定,并出具验收合格证明。

7.4 主纵梁调整对接精度严格执行《铁路钢桥制造规范》(TB 10212—98),《公路工程质量检测评定标准》(JTGF 80—2004)的要求。

7.5 悬拼吊机的起重系统在进行吊装前必须试吊,确保制动工作正常;锚固用精扎螺纹钢不得进行任何焊接和过电;各设备每一部分指定专门的专业负责人进行检查,检查合格签字确认后,吊机才能运行。

7.6 吊装作业过程中,严格按《起重机操作规程》的有关规定执行。

7.7 为保证组合梁各节段安装质量,在每个拱节段上布置了监控量测测点,在施工过程对主梁线形进行监测。索塔也布置了位移测点、应力等监控测点,保证组合梁施工过程安全。

7.8 悬臂安装质量标准(表3、表4)

**组合梁段安装质量控制标准** 表3

| 序 号 | 检查项目 | 允许偏差(mm) |
|---|---|---|
| 1 | 纵梁(前端、后端)轴线偏差 | 10 |
| 2 | 纵梁(前端、后端)高程 | +20,10 |
| 3 | 纵梁四角水平高差 | 6 |
| 4 | 索导管位置的桩号 | ±4 |
| 5 | 纵梁Ⅰ、纵梁Ⅱ相对高差 | 符合设计、监控要求 |
| 6 | 横梁与纵梁高程相对偏差 | ±2 |
| 7 | 横梁竖直面偏差 | ±10 |

| 序　号 | 检查项目 | 允许偏差（mm） |
|---|---|---|
| 8 | 纵梁前端高程绝对高程 | ±5 |
| 9 | 索力偏差 | 符合设计、监控要求 |

**纵梁里程、轴线、高程质检表**　　　　　　　　　　表 4

梁段编号：**镇海侧**　　　　　　分幅编号：**右幅**　　　　　　日期：**20100405**

| 质量标准 | 索道管位置里程容许偏差：±4mm。两个纵梁里程相对偏差容许值：2mm | | | | | | |
|---|---|---|---|---|---|---|---|
| | 单个纵梁轴线容许偏差：10mm。两个纵梁轴线间距容许偏差：0，+2mm | | | | | | |
| 梁段编号 | 测点编号 | 理论设计坐标 | 实测坐标 | 偏差值（mm） | 单点坐标偏差（mm） | 单个纵梁轴线偏差（mm） | 两个纵梁间距相对偏差（mm） |
| LZ1 内 | 后端 | X | | | | | |
| | | Y | | | | | |
| | 前端 | X | | | | | |
| | | Y | | | | | |
| LZ1 外 | 后端 | X | | | | | |
| | | Y | | | | | |
| | 前端 | X | | | | | |
| | | Y | | | | | |
| 签字 | 计算（观测） | | | | | | |
| | 复核 | | | | | | |

| 质量标准 | 单个纵梁（前端、后端）高差容许偏差：10mm；单个纵梁四角高差容许偏差：6mm | | | | | |
|---|---|---|---|---|---|---|
| | 两个纵梁相对高差容许偏差：2mm；单点高差容许偏差：10mm | | | | | |
| 梁段编号 | 测点编号 | 设计高程 | 实测高程 | 单点高差（mm） | 前后端高差（mm） | 四角高差（mm） | 两纵梁相对高差（mm） |
| LZ1 内 | 后端内 | | | | | | |
| | 后端外 | | | | | | |
| | 前端内 | | | | | | |
| | 前端外 | | | | | | |
| LZ1 外 | 后端内 | | | | | | |
| | 后端外 | | | | | | |
| | 前端内 | | | | | | |
| | 前端外 | | | | | | |
| 签字 | 计算（观测） | | | | | | |
| | 复核 | | | | | | |

## 8　安全措施

8.1　组合梁悬臂安装施工属于高空作业，建立安全检查制度，定期、定时实施安全检查，发现问题立即整改，不得继续施工；封闭底篮系统，确保施工人员及桥下通航安全。

8.2 悬拼吊机使用前进行试载试验，并组织验收；系统设置超载及风力监测报警装置，超限后会自动报警并自动停止作业，保证了施工吊装安全。设备在实际使用、操作中必要严格实行统一指挥制度，所有操作人员必须经过专业培训，持证上岗。

8.3 建立安全奖罚制度，对违规作业人员进行处罚；对遵守安全规章制度的人员进行奖励。

8.4 起吊操作人员和信号指挥人员必须密切配合，指挥人员必须熟悉所指挥的缆索吊装系统的性能，操作人员必须执行指挥人员的信号指挥。

8.5 起重作业时，重物下方不得有人员停留或通过，无论何种情况，严禁用起重设备吊运人员。严禁斜拉、斜吊或起吊埋设地下和凝固在地面上的重物。

8.6 施工用动力、照明电源必须由专业人员敷设，并经常检查清理，以消除漏电、短路安全隐患。

8.7 高空作业和危险区域要设置防护围栏，安全警示标牌，并安排安全人员值班维护。

## 9 环保措施

9.1 成立环保领导小组。以项目经理为核心，建立环保领导小组，设立专职环保工程师，全面负责环保工作。

9.2 悬拼吊机底篮四周做全封闭围护，底部满铺双层阻燃布，形成封闭的施工环境，施工产生的废弃物、焊渣、湿接混凝土渣等及时清理出现场，并运送至指定场所，妥善处理。设备养护用油脂及废弃液压油全部回收利用，严禁直接倒入江中。

9.3 施工现场保持干净整洁，每天用完用剩的材料及时处理或堆放整齐。施工现场设置必要的临时围护，平交路口等设置明显的标志，使施工现场尽可能自成一体，以减少和外界相互干扰。保护人文景观及自然资源，采取必要措施防止燃料、油、污水、垃圾等对现场的污染，施工产生的废料、产生的废水弃到指定地点，不随意倾倒。对主要施工便道及时组织进行养护，避免有坑槽出现，同时不定时地用水车洒水，减少灰尘污染。

9.4 防止噪声污染措施。施工过程中产生的噪声，对动植物和人体损害均较大，为了保护环境，合理安排作业时间，应尽量减少噪声污染，避免夜间作业，尽量减少对当地居民日常生活的影响。对机械设备产生的超分贝噪声利用消音设备减噪。钢结构施工尽量安排白天施工，晚上施工时间不超过 10：00，避免施工噪声干扰附近居民。

9.5 航道及水污染保护措施。施工影响航道通航时，应按照航道部门要求设立警示标志和导航标志，设置施工防护设施，对航道进行管制，设置临时航标。施工营地生活废水就近排入不外流的地表水体，严禁将生活污水直接排放至江河中，含油废水经隔油池处理后排放，防止油污染地表和水体。

## 10 资源节约

采用悬拼吊机进行斜拉桥组合梁安装施工，机械化程度高，操作方便快捷，可以节约大量劳动力；其底篮系统作为施工操作平台，可以多工作面同时施工，加快了施工进度，极大的节约了项目的工期成本；根据工程实际特点，因地制宜的将左右幅间起重设备合二为一，有效减少了设备购置，提高了设备的利用率。

同时，采用本工法施工，施工期间不影响桥下正常通航，减小了航运协调维护人员及船只费用，有效的节约了设备资源。

## 11  效益分析

### 11.1  经济效益

悬拼吊机作为自主设计创新设备，与桥面克灵吊，应用于钢桁架梁、钢桁架拱安装的360°旋转吊机相比，斜拉桥组合梁安装通过悬拼吊机起重系统吊装运输安装，自动化程度高，操作方便快捷，简化了操作工序，减少了劳动力成本；其底篮系统作为施工操作平台，可以同时进行多工作面同时施工，加快节段施工周期。每标准节段构件从桥下吊装到斜拉索张拉完毕共需 8d，有效节约了项目的工期成本，经初步估算可以节约 1890 个工日；采用悬拼吊机进行组合梁施工，期间不影响桥下正常通航，避免了采用浮吊等大型机械设备，估算节约成本约 330 万元，取得了显著技术经济效益。

### 11.2  社会效益

清水浦大桥作为宁波市绕城高速公路东段的节点和标志性工程，其成功建成，将起到完善国道主干线，强化浙江省高速公路网的巨大作用，该特大桥将极大地促进宁波、舟山港口的一体化发展，更加充分发挥出宁波港作为国家主要港口的作用，同时，该特大桥在构筑现代综合交通体系，拓展都市发展空间，完善城市空间结构等方面意义深远，该特大桥的建成，将极大地促进长江三角洲经济一体化和现代化的进程。

清水浦大桥钢混组合梁施工是整个桥梁工程施工的重要和核心部分，采用国内首创的悬拼吊机散件拼装调节施工工艺，填补了连体索塔分幅组合梁全焊接钢结构施工的空白，为今后类似桥梁工程建设积累了成功的实施经验。

## 12  应用实例

宁波清水浦大桥钢混组合梁采用本工法进行组合梁段安装施工。

宁波市绕城高速公路东段清水浦大桥为主跨 468m 组合梁连体塔四索面分幅斜拉桥，桥梁全长 908m，桥梁配跨 54m＋166m＋468m＋166m＋54m。主梁由箱形主纵梁（含锚箱）、工字横梁、小纵梁、风嘴、预制桥面板及现浇湿接缝组成。主梁采用箱形纵梁及工字横梁全焊结构＋预应力 C60 聚丙烯纤维混凝土桥面板组合梁，预制桥面板之间采用无收缩纤维混凝土湿接，钢梁与预制桥面板之间湿接缝处采用剪力钉结合，三者共同受力，形成钢梁—预应力混凝土组合梁结构。中跨悬拼吊机安装施工共有 37 梁段（单幅），标准节段长 12m，钢—混组合结构重约 3000kN，组合梁构件单件最重 400kN。

2010 年 3 月开始组合梁悬拼吊机安装施工，采用本工法施工组合梁每标准节段构件从桥下吊装到斜拉索张拉完毕共需 8d，该工法施工速度快，钢主纵梁对接调整精度高，全液压设备操作，自动化程度高，对接方便；尤其是钢结构焊接利用底篮作为工作平台，可以多工作面同时作业，大大节省了单节段施工周期，组合梁安装施工不影响桥下航道通航要求。采用此工法节省了大量人工费及机械费等费用，节约了项目工期成本，保证了结构施工的质量和安全，取得了良好的经济效益及社会效益。

# 浅埋偏压地段双连拱公路隧道施工工法

GGG（中企）D1132—2009

巩荣耀　何海梅

（中铁十二局集团有限公司）

## 1　前言

公路连拱隧道经常设计于地形、地势崎岖陡峭、长度小于 500m、场地狭窄埋深较浅的中低山体中。隧道洞口经常会遇到浅埋偏压情况，并且地质条件较差，而连拱隧道开挖跨度大，洞口段工程遇到浅埋偏压的 Ⅳ、Ⅴ 级围岩时，传统的方法均是明挖法，即刷坡开槽→边仰坡防护→施工抗滑抗偏压工程→浇筑中隔墙→分别施工左、右洞明洞并做防排水→洞顶反压回填。传统的明挖法在遇到严重浅埋偏压特别是处于古滑坡体地段，山体横坡较陡时，不但开挖和回填方量大、边坡抗滑防护工程量极大、施工速度慢，而且极易造成原山体的扰动，诱发滑坡体的复活，对隧道造成破坏性的严重后果。我们在认真总结以往连拱隧道施工经验的基础上，为了确保施工安全，加快施工进度，针对隧道处在浅埋偏压软弱滑坡体地质条件中的特难点，结合在连拱隧道研究中比较专业的同济大学专家的现场跟踪、监测指导，综合云南思小高速公路全线连拱隧道的施工经验，形成本工法。

2005 年 12 月 19 日本工法通过了山西省建设厅省级工法关键技术鉴定，当时的工法名称为"整浇曲中墙双连拱隧道在浅埋偏压滑坡体地段施工工法"，其关键技术达到国际先进水平。本工法可广泛应用于浅埋偏压地段连拱隧道洞口工程的施工中，具有较为广泛的应用前景。

## 2　工法特点

（1）双连拱隧道因其特殊结构，决定了施工工序多，各工序间的相互影响大，且各工序施工的先后顺序与时间间隔直接决定着左右洞受力的先后与大小。双连拱隧道的施工必须要有科学合理的施工组织设计，要理清各个工序的先后顺序及相连关系，在施工过程中尽量减小各施工工序之间的相互影响并根据施工中的实际情况灵活地调整，确保施工质量和安全。该工法中涉及明洞段众多的工序，提出了科学合理的安排各项复杂工序间的施工方案与顺序。

（2）该工法与常规连拱隧道施工方法相比，方案更优化、合理，对山体围岩扰动小，施工过程安全可靠，使隧道结构受力更合理。

（3）该工法具有简化施工步骤，加快施工进度的特点。

（4）该工法具有优化工序、节约成本的特点。

## 3　适用范围

本工法适用于浅埋偏压地质条件下连拱隧道的施工，可广泛推广应用于地质条件较差（Ⅳ级围岩以上地质）浅埋偏压的连拱隧道施工中。

## 4　工艺原理

为使隧道施工顺利通过浅埋偏压滑坡体，避免大面积开挖明洞段边仰坡造成本来就不稳定的滑坡体的复活，更加充分地体现环保生态施工理念，本工法是将设计和传统施工中的明挖法施工明洞改为暗挖与盖挖法相结合的方法进行施工，且根据偏压地段连拱隧道有限元法计算分析开挖方案的结果，采用侧压力小的一侧先施工，即主洞施工先山体外侧后山体内侧的顺序进行。并根据量测观察数据来指导开挖、仰拱、二衬等工序的循环进尺、间距与作业时间的施工方法。

## 5　施工工艺流程及操作要点

### 5.1　施工工艺流程

施工工艺流程，如图1所示。

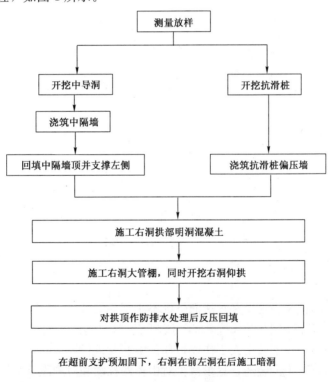

图1　施工工艺流程

### 5.2　施工步骤

施工步骤，如图2所示。具体施工步骤如下：

（1）开挖右侧偏压墙位置的土石方，开挖并浇筑抗滑桩—Ⅰ、1。

（2）开挖中导洞，同时浇筑偏压墙承台—Ⅱ、2。

（3）浇筑中隔墙，同时平行浇筑偏压墙3′、3。

（4）回填中隔墙壁顶部并加固中隔墙左侧支撑。

（5）平整右洞拱部以上土石方，浇筑外侧拱部混凝土—Ⅲ、4。

（6）施作左、右侧大管棚同时开挖施工右洞明洞段土体及仰拱—Ⅳ、Ⅴ、5、6。

（7）施作右洞顶明洞防水层，用碎石土反压回填右洞拱顶Ⅵ、7。

（8）右洞在前左洞在后，在超前支护预加固下采用台阶法步骤施作暗洞（二衬紧跟）。

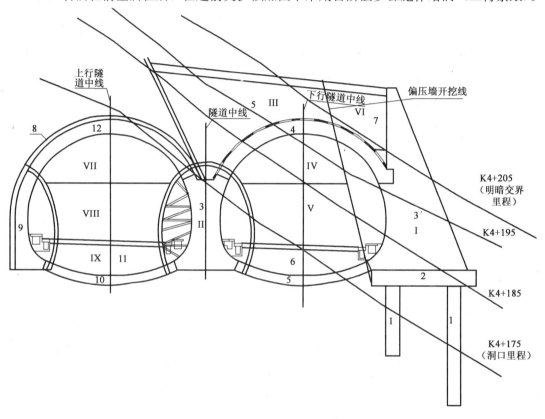

图2　半明半暗段施工程序示意图

## 5.3　施工要点及综合治理

（1）施工要点

①抗滑桩施工时桩长确定要穿过滑面下延不小于5m。

②暗洞偏压严重段需在外侧增设抗滑桩，主洞相应里程开挖施工前完成抗偏压结构的施工。

③抗滑桩及中导洞开挖采用人工作业，局部确实要进行爆破时，爆破技术方面要严格控制，短进尺，多打眼，少装药，尽量减少对山体的扰动和对中隔墙的影响。抗滑桩施工跳孔开挖浇筑，主洞开挖决不能将中导洞作为临空面进行爆破施工。

④主洞在通过浅埋偏压滑坡体地段时，严格按照"管超前、短进尺、单循环、二衬紧跟"方法施工。

（2）综合治理

隧道在通过浅埋偏压古滑坡体不稳定地质地段时，如果洞顶以上山体高度超过25m，还必须另外采取科学合理的施工方案加固和消除偏压，否则，很可能会因为侧压力过大，造成连拱隧道结构的破坏，发生重大工程事故。处于严重的浅埋偏压地段时，有扰动滑坡体使山体失稳的可能（见图 3）。根据地形与隧道设计线形的关系和滑坡体地质勘探结果，采用如下几种方法综合治理施工。

图 3  浅埋偏压段施工示意图

①抗滑桩板墙结构

暗洞施工前在右洞右侧边墙外 5m，设一排 1.5m×2.0m 抗滑桩板墙，间距 5m，开挖抗滑桩时必须跳孔开挖施工，先施工单号孔，后施工双号孔，待桩基部分浇筑完成后，模筑外露部分至隧道拱顶以上 2.0m，再现浇挡土板，将桩与桩之间连接起来后，回填桩板墙与山体之间的空间，使抗滑桩充分发挥作用。

②锚索框格梁施工

在右侧抗滑桩完成一半时，开始在隧道顶左侧山坡上施工锚索框格梁。根据滑面的构造深度，锚索采用 6 束 36m 长，每根锚索张拉力达 90t 以上。锚索施工顺序为由下向上，由洞口段向洞内方向的顺序施工和张拉。

5.4  中隔墙防排水

（1）连拱隧道在拱部和边墙部位的防排水与分离式隧道相同，防排水难点主要位于中隔墙顶，因为此部位二衬混凝土存在一条施工纵向通缝和中隔墙环向施工缝与沉降缝。拱部渗水通过防水板与初支之间的空隙下渗至中隔墙顶后如何顺利排走，是连拱隧道处理渗漏水的难点所在。

（2）隧道中隔墙防排水可以看作由环向排水管、纵向排水管、竖向排水管及墙顶防水板几个方面组成（见图 4）。纵向排水管沿隧道轴向铺设，在中隔墙上设置竖向排水管与纵向排水管进行连接，下方接入隧道排水边沟形成完整的排水系统，在中隔墙顶面上铺设防水板，与拱墙防水板进行焊接成为整体，铺设成"U"形结构，可以比较理想地解决中隔墙顶的排水问题。

5.5  监控量测

现场监控量测是判断围岩和隧道的稳定状态、保证施工安全、提供设计信息的重要手段，使支护参数与地层相适应并充分发挥围岩的自承能力，达到确保工程质量、施工安全和进度，合理控制投资的目的。

为全过程监测隧道的安全稳定，并及时监测各主要施工工序阶段引起的沉降动态数值，我方请同济大学专家组对施工过程进行了全过程监控量测。中导洞开挖施工中进行隧

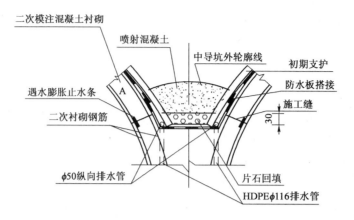

图 4 中隔墙排水（尺寸单位：cm）

道"地质辩论"，为施工提供地质资料。

（1）测点布设

测点大部分设置在 II 类围岩段，在 III、IV 类围岩中设置少量测点。

①洞内测点布设

在拱顶设置两个沉降观测点，上半断面及下半断面各设一条水平收敛基线。

②洞外测点布设

正常情况在洞口边仰坡位置环向布设 5 个点即可，针对曼歇 4 号隧道进口纵向长距离偏压的实际情况，我部在隧道顶斜坡上布设了两排 7 个点（下面一排 4 个点），在桩板墙及偏压墙顶布设 4 个点，共布设了 11 个点进行监控。

（2）埋设时间

洞内尽早埋设测点和读取初读数，一般在滞后一个循环进行。洞外在中导开挖后和桩板墙完成后埋设。

（3）量测频度

①洞内量测频度

1～15d 内：1～2 次/d；16d～1 个月内：1 次/2d；

1～3 个月内：1～2 次/周；3 个月以后：1～3 次/月。

②洞外量测频度

洞外观察视洞内施工情况确定，一般对应位置正常施工时 1 次/(2～3)d，如山体有明显变化时可 2 次/d 进行观测。

（4）画出位移随时间变化图

根据位移变化记录，及时画出位移随时间变化图，据此判断围岩稳定状况；并结合肉眼观察经验判断补充。

（5）稳定性判别方法

稳定性判别，可根据位移量值及位移变化速率结合观察结果综合判断。用位移率和位移变化趋势来判断比较有利，一般距离工作面二倍开挖宽度时，位移应基本趋向稳定。若位移变化率仍无减少趋势或速率减少不明显，说明支护强度是不够的，应该加强；若速率量呈上升趋势，则说明洞室有失稳的可能，则应停止掘进，立即采取措施加强支护。

根据这种动态监控量测结果或回归分析数据进行信息反馈及预测预报来判断围岩的稳

定性和支护系统的工作状态，全面、动态指导隧道工程的各项工作，实现信息化施工，确定不同地质条件下合理有效的开挖、支护方式、支护时间，为及时变更设计和指导施工提供有力的证据，确保隧道施工的安全与质量以及工程项目的社会、经济和环境效益，确保科技成果的转化，达到技术与经济的最优化，保证工程的顺利进行。

## 6 材料与设备

### 6.1 材料

本工法使用的主要材料，如表 1 所示。

主要材料表　　　　　　　　　　　　　表 1

| 序 号 | 材料名称 | 规格型号 | 单 位 | 数 量 |
|---|---|---|---|---|
| 1 | 水泥 | 普通硅酸盐水泥 42.5 级 | t | 1 700 |
| 2 | 钢筋 | $\phi$16、$\phi$22、$\phi$32 | t | 125 |
| 3 | 工字钢 | I20 | t | 26 |
| 4 | 锚杆 | $\phi$25 中空 | t | 1.6 |
| 5 | 锚索 | $6\times\phi$15.24 | m | 648 |

### 6.2 设备

本工法所配备的主要设备，如表 2 所示。

主要设备表　　　　　　　　　　　　　表 2

| 序 号 | 名 称 | 规格型号 | 单 位 | 数 量 | 备 注 |
|---|---|---|---|---|---|
| 1 | 挖掘机 | CAT320 | 台 | 2 | |
| 2 | 风枪 | | 台 | 14 | |
| 3 | 装载机 | ZL40 | 台 | 2 | |
| 4 | 自卸汽车 | | 台 | 7 | |
| 5 | 搅拌机 | JZ350 | 台 | 2 | |
| 6 | 混凝土输送车 | | 台 | 3 | |
| 7 | 输送泵 | | 台 | 2 | |
| 8 | 潜孔钻 | | 台 | 1 | |
| 9 | 电焊机 | | 台 | 8 | |

## 7 质量控制

（1）项目部成立质量管理领导小组，建立、完善由项目经理、副经理、总工及各业务部门主管组成的质量监控管理体系，施工现场设有专职质量工程师，班组配质量技术员，最终形成全员组织管理体系。

（2）在施工中，决策层、管理层、作业层三级职责清楚、权限分明，自上而下逐级建立工程质量责任制，签订质量责任书，明确工作岗位的质量职责和义务，建立完善的质量责任制度，以确保施工质量得到有效控制。

（3）工程开工前，在认真熟悉设计图纸和规范标准的基础上，由主管工程师向全体施工人员进行技术交底，讲清该项工程的设计要求、技术标准、功能作用及与其他分项工程的关系、施工方法、工艺和注意事项等，要求全体人员明确标准，做到人人心中有数，正确指导施工。

（4）特殊部位与关键工序的施工要召集班组成员以上人员进行岗前培训与技术交底，让所有人明白整个施工过程的流水作业与交叉作业的关系，避免盲目蛮干。

（5）严格按设计要求施作超前预支护结构，提高注浆的效果，并在超前支护下"短进尺、弱爆破、快封闭、早成环"，使隧道的变形受控，结构安全。

（6）测量资料必须经换手复核无误，再报监理工程师审查认可，方可用于施工。对中线桩、水准点建立定期复测检查制度，测量与施工应建立联系制度，对监控测量的数据及时反馈到施工方案中，并根据反馈信息及时调整施工方法，确保施工质量。

（7）对采购进场的原材料、半成品及成品均要有出厂合格证，并进行检查验收，合格后经报请监理工程师复检认可方可用于施工。进库材料应有出厂证、检验单和材料单，保证合格品进库。库存保管应按性能分批存放，做到先进先用、不积压、不变质。

（8）开挖后按照设计要求加强围岩变形量测监控，根据量测反馈数据及时调整开挖方案，防止围岩坍塌。加强公路隧道无损检测的应用，运用地质雷达、钢筋混凝土保护层厚度测定仪等检测手段，达到对施工质量100%的检测率。

（9）在隧道衬砌施工中加强衬砌结构应力的量测，及时反馈，加强与设计单位和科研单位的配合。

## 8 安全措施

本工程严格执行《中华人民共和国安全生产法》和《安全生产条例》等相关法律法规和公路隧道行业标准。

（1）坚持标准化作业，严防隧道坍塌、滑坡事故发生。

（2）加强危爆物品管理，做到领用、起爆、清退专人使用，专人监管，确保企业生产安全。

（3）所有参与施工人员必须佩戴安全帽。

（4）把外部劳务纳入安全生产管理全过程，及时签订安全生产责任书并强制上保险，为施工生产创造良好的氛围。在施工过程中认真抓好安全设施的使用和配套完善工作，如在安全用电方面：用电设备必须符合安全技术要求，必须安装漏电保护器；闸刀的使用和安装必须符合安全要求，用电线不得乱拉乱接，不得随意搭接。侧重于初期支护和安全用电，要求支护必须牢固，不得悬空，洞内电线必须绝缘悬挂等。同时利用地质描述和围岩量测等科学手段进行安全分析预测，准确指导安全施工生产。

（5）建立抢险突击队，制定隧道安全预案，建立有值班备勤制度等，做到超前谋划、超前谋略。还要做到"三个到位"、强化"四种意识"、搞好"四个结合"、开展"三无"活动、"安全文明岗"和"安全天天讲"等活动，确保施工生产正常、有序、顺利进行。

（6）油罐埋入地下，消防器材齐全，防火标志醒目，库区周围无明火、无用电，符合安全要求。

（7）针对重要部位、重点对象均采取了"以施工方案来指导施工"的思路进行，避免了盲目性、蛮干、乱干等现象发生。从施工工艺把关，规范操作规程，重视施工工序的衔接，不漏项，不留盲区。在遇到难点、重点等控制工序时，召集相关人员进行会议研讨，方案比选后，再进行现场指导施工，变事后控制为事前预防。

## 9  环保措施

（1）施工过程中尽量保存原有植被，杜绝乱砍滥伐。

（2）拌和站的砂石料存放场应设沉淀池，处理和冲洗机械车辆产生的废水，应达标后排放。

（3）拌和站、工程材料存放场地、施工便道和生产、生活区道路采取硬化处理，施工过程中经常洒水，防止扬尘对施工人员造成危害和对周边环境的造成影响。

（4）隧道施工中加强通风排烟，洞内有害气体和粉尘含量不超标，确保作业环境良好。洞内作业人员配备必要的劳保防护用品。

（5）施工完成后及时清除临时工程和设施及建筑垃圾，对弃土场进行挡墙及植被防护，以免水土流失。

（6）合理布置施工便道，尽量减少施工便道数量，不在便道两侧就近取土。施工营地合理选择在一定的距离范围内。

## 10  资源节约

采用暗挖与盖挖法施工取代传统的明挖法施工，不但加快了工程进度，工期提前了2.5 个月，提高了施工效率。而且简化了工序，节约了资源与成本，每延米隧道施工中可节约的工程量约为：开挖土石方 250m³；锚索 216m；框格梁钢筋 360kg、混凝土 6m³；反压回填碎石土 25m³；植草防护 15m²；劳力工费更是节约较多，为企业节约了成本，为社会节约了资源。

## 11  效益分析

（1）经济效益

浅埋偏压滑坡体地段中连拱隧道采用暗挖与盖挖结合的方法取代传统的明挖法施工，总结了丰富的连拱隧道施工经验，解决了许多技术方案难题，节约了成本，提高了工效，加快了施工进度。由于工程量的节约每延米隧道直接创效约 6 万元，综合考虑工期及环保等因素，延米隧道创效约 15 万元，经济效益非常明显。

（2）社会效益

思小高速公路在曼歇 4 号隧道进口的浅埋偏压滑坡体地质中采用暗挖、盖挖法施工，有效地控制了古滑坡体复活的风险，确保了山体的稳定，节约了投资，加快了施工进度，在连拱隧道重难点技术攻关方面取得了重大的突破，在全线施工中起到了以点带面的作用。并被建设指挥部推广应用到 6-1 标的麻底河 1 号隧道工程中，受到了监理及业主的一致好评，取得了良好的社会效益，为企业赢得了荣誉。

（3）环保效益

思小高速公路穿越国家级自然森林保护区，在全国备受关注的亚洲唯一的热带雨林中修建的生态环保路上，该工法一改传统施工中大面积开挖边仰坡的做法，高度诠释了"绿色进洞环保施工"，完工后隧道洞顶及洞口周边的思茅松依然挺立，"马刀梁式"的树干

（古滑坡体的时间推断依据）清晰可辨，森林与植被资源最大限度的得到了保护，环保、节能效益良好，施工现场环保意识与成效得到国内外专家的认可与好评。

## 12　工程实例

（1）位于云南省思茅至小勐养的高速公路，由于穿越国家级的自然森林重点保护区，为修建自然环保的生态高速公路，保护好我国唯一的亚热带雨淋气候与环境，节约占地，保护森林，设计上采用的连拱隧道较多，第 1~2 合同段的曼歇 4 号隧道，隧道里程 K4＋170~K4＋395，全长 225m，设计为双连拱隧道，隧道开挖跨度 25.2m，通过严重浅埋偏压的古滑坡体地段，被云南思小高速公路建设指挥部、设计院及监理单位定为思小公路建设项目中的重难点工程。在施工过程中备受建设单位、监理单位、设计及监测单位的关注。并将曼歇 4 号隧道定为"连拱隧道中重点检测科研项目"。由于我部在施工过程中技术方案科学合理，施工方法得当，曼歇 4 号隧道在全线 15 座连拱隧道中率先贯通中导洞并安全顺利通过严重浅埋偏压古滑坡体，第一家完成了施工任务重、施工难度大的双连拱隧道，并经云南省交通厅与质检站等部门质量检测合格。在思小公路连拱隧道施工中，我们运用先进的技术方案和科学合理的施工组织，多次受到同济大学、长安大学专家的高度评价和业主的赞扬，取得了良好的经济效益和社会信誉，较好地掌握了连拱隧道通过严重浅埋偏压滑坡体地段的施工技术，并推广应用与 6-1 合同段的麻底河一号连拱隧道施工中。

（2）思小高速公路 6-1 合同段麻底河一号连拱隧道，全长 305m，进出口段均处于浅埋偏压地质中，开始在进口的施工中采用明挖法施工，造成 30 多米高的边仰坡多次滑塌，经过反复治理，严重影响了隧道的正常施工，后经业主推广该工法，应用与麻底河 1 号隧道出口的施工中，不但节约了投资，降低了成本，而且逐渐缓解了工期压力，最终后开工的出口承担了该隧道三分之二的施工任务。创造了良好的经济效益与社会效益。

# 公路隧道超大直径深竖井施工工法

GGG（中企）D1138—2009

谢 爽　刘宝许　高崇霖　王 巍　皇甫明

（中交隧道工程局有限公司　中铁二十局集团第二工程有限公司）

## 1　前言

秦岭终南山特长公路隧道全长 18.02km，设 3 座竖井将隧道分为 4 段纵向式通风。2 号竖井工程是该隧道通风系统的主体工程，井深 661m，开挖直径 12.4m，是世界上直径最大的竖井工程。

中交隧道工程局有限公司承担了 2 号竖井工程的施工任务，在施工过程中克服了没有同类工程规模施工经验以供参考、缺乏超大直径竖井机械化施工装备、地应力高及岩爆现象突出等诸多困难，在参照以往小直径竖井（$\phi$8.5m 以下）施工经验的基础上，在交通部西部科研课题《公路隧道超深大断面竖井工程施工技术研究》的技术攻关下，配备和自行加工制作了以改进 V 形井架、3m 直径提升绞车、井底挖掘机、分瓣式整体滑升模板等为主的超大直径竖井机械化施工设备，开挖采用全断面钻爆法开挖、衬砌采用滑模工艺自下而上连续施工的施工工艺，其关键技术《超大直径深竖井关键施工技术及装备》于 2009 年 1 月 19 日通过了中国煤炭工业协会的鉴定，综合技术达到了国际先进水平。该综合技术在现场应用过程中创造了"开挖月进尺 80m"和"滑模衬砌月成井 236m"的全国纪录，该两项纪录被中国企业家协会认可，并收录于《中国企业新纪录》第十二辑和十三辑。

对井径 8.5m 以下的竖井施工工法已经有成套配套技术，但对于井径超过 8.5m 以上的竖井工法还没有系统配套技术，根据 2 号竖井等工程实践以及相关调研情况，编制了"公路隧道超大直径深竖井施工工法"，并分别在 1、3 号竖井工程应用取得了良好社会和经济效益，为井径超过 8.5m 以上的超大直径深竖井工程施工提供参考。

## 2　工法特点

（1）采用伞钻与人工钻相结合，井筒 8.5m 范围内采用伞钻施工，外侧部分采用人工钻施工，实现伞钻和人工钻的最佳匹配，凿岩效率高，钻孔质量好。

（2）大断面复式斜眼掏槽配合水胶炸药爆破施工，掏槽效果好，进尺快，解决了爆破效果不佳、进尺不理想的问题。

（3）采用井底挖掘机装岩，双绞车提升，出岩效率高，节省了人工清底时间，提高了循环效率。

（4）初期支护随开挖直至井底，竖井开挖完成后再采用滑模工艺进行永久衬砌，简化了施工工艺，加快了施工进度，经济效益显著。

## 3　适用范围

（1）公路、铁路、水电等行业井径8.5m以上的竖井井筒施工。

（2）井筒地质条件要求无瓦斯，涌水量不大（小于$10m^3/h$）。如井筒涌水量过大，需采取地面预注浆、壁后预注浆和预留岩帽工作面超前预注浆等综合治水措施。

（3）井筒深度无限制，如小于400m时可考虑反井法施工。

## 4　工艺原理

大断面深竖井施工以"新奥法"基本原理为依据，配备以大跨距特制井架、3m直径双提升绞车、系列提升稳车、双层金属工作吊盘以及井底挖掘机为代表的综合机械化打井装备，全断面钻爆掘进。根据围岩级别动态选取锚、喷、网、格栅等初期支护方式，随挖随护，紧跟工作面，使初期支护体系与围岩共同组成承载体系，充分发挥围岩自稳能力；井壁与中隔板混凝土施工采用液压分瓣式机械一体化滑模系统由井底向上一次整体滑模成型。

## 5　施工工艺流程及操作要点

### 5.1　施工工艺流程

初期支护随掘进及时施工，反复循环，直至到井底；然后从井底向上，采用滑模工艺进行井壁二次衬砌和中隔板混凝土施工。竖井施工工艺流程，见图1所示。

### 5.2　施工操作要点

（1）工作面打眼采取分区、定钻、定人的打眼责任制，工作面共划分为四个区，责任到人，确保钻孔质量和高效率。

①6臂伞钻负责$\phi$8.5m范围内打眼，每臂由1人操作，四个区域$\phi$8.5m范围外每个区布置5台风钻，每台风钻由1人操作，每区配2名领钎工。

②伞钻打眼顺序为从外围开始依次打辅助眼、掏槽眼；人工钻开始依次打周边眼、辅助眼。

③伞钻滑轨与人工风钻之间的最小安全距离保持在1m以上。

④钻孔垂直度控制在5°以内，爆落岩块要大小适中。

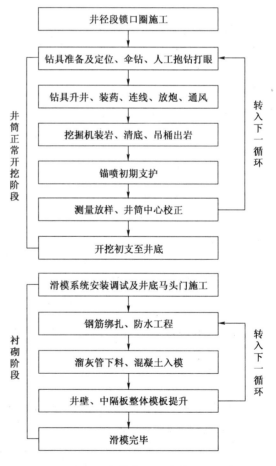

图1　竖井施工工艺流程

（2）爆破孔打设完毕后，先收拢伞钻支撑臂，然后提至地面，吊挂在井架上，再提升风钻、钎杆和子母梯等设备。施工过程中要有专人统一指挥设备提升。

（3）竖井掘进施工必须做好爆破设计，既要减少对周边围岩的扰动，还要提高单循环爆破进尺，达到快速掘进的目的。竖井机械施工凿岩阶段及炮眼布置，如图 2、图 3 所示。竖井爆破参数，见表 1 所示。

**竖井爆破参数**　　　　　　　　　　　　　　　　　　　表 1

| 圈别 | 每圈炮眼数 | 圈径（m） | 炮眼倾角（°） | 炮眼深（m） 每个炮眼 | 炮眼深（m） 每圈炮眼深 | 炮眼间距（mm） 眼间距 | 炮眼间距（mm） 圈间距 | 装药量 每圈炮眼药量（kg） | 装药系数 | 雷管段数 | 起爆顺序 | 连线方式 |
|------|-----------|-----------|---------------|------------------------|--------------------------|------------------------|------------------------|----------------------------|----------|----------|----------|----------|
| 1 | 9 | 1.6 | 90 | 2 | 18 | 550 | 500 | 4.32 | 0.6 | Ⅰ | 1 | |
| 2 | 14 | 2.6 | 90 | 3.7 | 55.5 | 600 | 500 | 12 | 0.54 | Ⅰ | 1 | |
| 3 | 22 | 4.2 | 90 | 3.5 | 84 | 600 | 800 | 15.5 | 0.46 | Ⅱ | 2 | |
| 4 | 30 | 5.8 | 90 | 3.5 | 115.5 | 600 | 800 | 21.3 | 0.46 | Ⅱ | 2 | 并联 |
| 5 | 39 | 7.4 | 90 | 3.5 | 147 | 600 | 800 | 27 | 0.46 | Ⅲ | 3 | |
| 6 | 47 | 9 | 90 | 3.5 | 178.5 | 600 | 800 | 50.7 | 0.71 | Ⅳ | 4 | |
| 7 | 55 | 10.6 | 90 | 3.5 | 213.5 | 600 | 800 | 60.6 | 0.71 | Ⅴ | 5 | |
| 8 | 62 | 12 | 89 | 3.5 | 241.5 | 600 | 700 | 40.6 | 0.42 | Ⅵ | 6 | |
| 合计 | 278 | | | | 1053.5 | | 232 | | | | | |

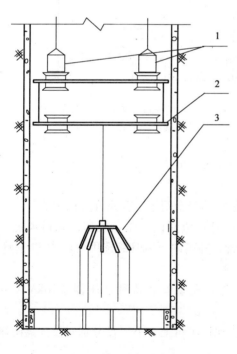

图 2　竖井机械施工凿岩阶段示意
1—吊桶；2—吊盘；3—伞钻

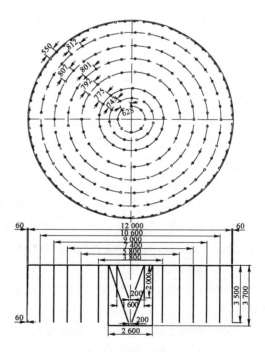

图 3　炮眼布置示意
（尺寸单位：mm）

①3～3.5m 的中深孔 2 阶复式掏槽，遵循"光面、光底、弱振、弱冲、全断面掘进"的

爆破设计原则。

②炸药采用 T-220 水胶炸药，雷管选用 5m 长脚线毫秒延期电雷管，起爆电源为 380 V 动力电源。

③放炮连线前工作面设备要停电，放炮前应将工作面的机具提到安全高度，打开盖门，切断井棚内的切电源。放炮时井下人员要全部升井，并和井棚内的人员撤出到井口 50m 以外的安全地方。

（4）施工通风系统。根据井筒断面大小以及一线操作人员需风量的计算，选用 2 台 FBD-37 型局部通风机，利用局扇进行压入式通风。风机安装在井架平台上，运行风机需安装消音器。井筒内悬挂 2 趟强力胶质风筒（$\phi$1.0m 和 $\phi$0.8m），风筒距工作面不应超过 20m。在井口锁口盘上设 2 个规格为 1m×1m 的回风孔，回风口设有保护网格和细筛网。

（5）装岩、出岩系统（见图 4）。与中心回转抓岩机相比，采用小型挖掘机装岩能够大大提高装岩效率，井深 500m 以上段采用 4 个 4.0m³ 吊桶出渣，500m 以下采用 4 个 3.0m³ 吊桶出渣，装渣与提升交替进行以利于快速出渣。通过地面两台绞车提至井架翻渣台，经溜渣仓由自卸汽车运走。

①吊桶必须沿钢丝绳罐道升降。在建井初期尚未装罐道时，吊桶升降距离不得超过 40m；吊盘下面不装罐道的部分也不得超过 40m。

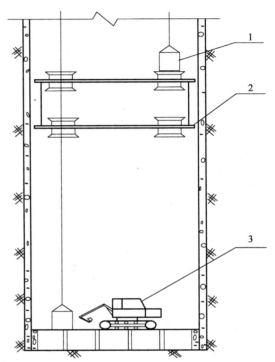

图 4　竖井机械施工装岩提升阶段示意图
1—吊桶；2—吊盘；3—挖掘机

②装有渣石和物料的吊桶不得载人。

③要保证吊桶与井内其他悬吊设备之间有足够的安全间距。要避开井筒中心。

（6）压风系统。根据伞钻和人工钻需风量计算，地面设一压风机房，总供风能力为 200m³/min。地面压风主干线选用 $\phi$219 无缝钢管，井筒内压风管路选用一趟 $\phi$159 钢管。

（7）供电照明及通信系统。

①为保证 2 台 3m 直径提升绞车的正常工作，需要安装特种变压器（10kVA 变为 6kVA）。

②井口照明在井架上安装 6 盏自镇汞灯来实现；吊盘上、下层盘分别安设 3 盏防爆投光灯，用于井底工作面施工照明。

③凿井期间，在井筒内保护盘、井口信号房、10m 翻渣台、绞车房均设置声光信号系统，可确保井上、下的通信联络及时、准确。井下防爆电话可与地面任意地点实现内部通话。

（8）初期支护（见图5）。采用湿法喷射混凝土，工作面安排转Ⅶ型混凝土喷射机2台，自制的钢板混凝土盛放器1个。地面采用1台PLD-1200型配料机输送砂石，电子秤计量，铲车上料，水泥通过电子秤计量自动加入，由一趟159mm×6无缝管输喷浆料到井底工作面。

（9）滑模衬砌施工。井筒二次衬砌和中隔板采用分瓣式模板机械一体化滑模衬砌由下至上一次成型施工技术，其平面示意见图6。中隔板与井壁同时灌注，连接处用半径0.5m圆弧顺接。中隔板与井壁设置贯通的变形缝，每6m一道，弹性材料填塞。

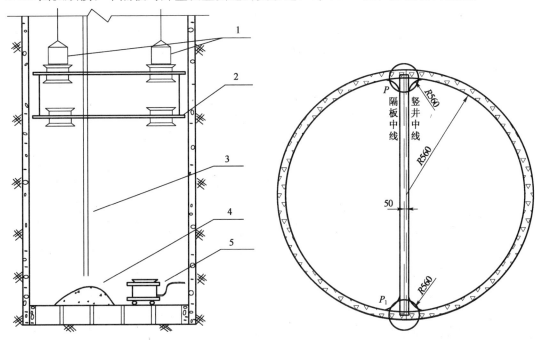

图5　竖井机械施工初期支护喷射
混凝土阶段示意图
1—吊桶；2—吊盘；3—溜灰管；
4—喷浆料；5—喷浆机

图6　竖井二次衬砌及中隔板平面图
（尺寸单位：cm）

①液压滑升模板的结构组成。竖井液压滑升模板为二次衬砌和中隔板分瓣式一体化模板，其中竖井二次衬砌为单侧滑模施工，中隔板为双侧滑模施工。滑升模板结构断面，见图7所示。液压提升系统是全部滑模装置、设备及施工荷载向上提升的动力装置，由千斤顶、支承杆、液压控制系统和油路等组成。

②滑模系统组装顺序：桁架梁→辐射梁→加强圈→提升架→开子架→围圈→模板就位→操作平台铺板及栏杆→千斤顶就位→液压控制装置及管路→支承杆→辅助盘及安全绳网。

③滑模衬砌施工。

a. 井下滑模定位与调试。当滑模整体下井就位后，首先利用仪器测定竖井井筒中心线和模板边线位置，再利用滑模中心的重垂线与井筒中心重合，找正定位。然后利用液压系统进一步全面校核井下滑模的空载调试，确认无误后，插入爬杆，找正焊接牢固。

b. 钢筋绑扎与爬杆（支承杆）接长。钢筋绑扎应随同滑模滑升同步进行，即升一层绑一层，环向水平筋与爬杆的接点与爬杆和立筋焊接牢固，以加强爬杆的稳定性。

c. 滑模的检查与校正。滑模施工过程中要经常对操作平台的偏移、扭转情况进行检查。

d. 混凝土浇筑。竖井内混凝土浇筑采用溜灰管（φ159mm）进料（溜灰管在工作吊盘上设置缓冲器防止混凝土离析，同时严格按照试验提供的配合比拌制混凝土），严格遵守分层分片对称浇筑混凝土，每层混凝土厚度以300mm为宜。混凝土振捣采用插入式振捣器，经常变换振捣方向和顺序，以防工作平台发生倾斜和扭转。

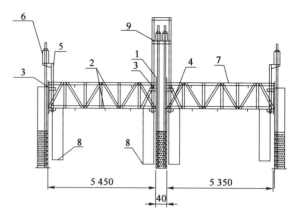

图 7　滑升模板结构断面示意图（尺寸单位：mm）
1—模板；2—加强圈；3—围圈；4—桁架梁；5—提升架；
6—千斤顶和爬杆；7—辐射梁；8—辅助盘；9—开子架

e. 模板滑升。浇筑第一层时，厚度要达到 600～700mm，开始滑升 1～2 行程，每个行程 10～20mm，并检查脱模的混凝土凝固程度是否合适，如合适，再继续进行浇筑或滑升。

f. 井壁的表面修整及养护。混凝土脱模后须立即进行混凝土表面修整工作，为使已浇筑的混凝土具有适宜的硬化条件、减少裂缝，通过辅助盘利用水管对井壁混凝土随时洒水养护。

g. 滑模拆除。当滑模由井底向上逐渐滑出井口后应停滑，撤出一切工具、设备，并将滑模整体吊出井外，在地表进行滑模的拆除、清理，千斤顶进行养护一切工作结束后，应将各种设备进行清点入库。

## 6　材料与设备

竖井施工材料与设备要根据现场情况进行计算选型，该项目非常规消耗材料详见表2，主要施工机械投入详见表3。

竖井施工投入的非常规消耗材料　　　　　　　　　　　　　　　　　表 2

| 序　号 | 名　　称 | 型　　号 | 数　　量 | 备　注 |
|---|---|---|---|---|
| 1 | 提升钢丝绳 | 18×7—φ37—170 特 | 2 根×850m＝1700m | 消耗 |
| 2 | 模板钢丝绳 | 6×19—φ34—170 I | 4 根×850m＝3400m 左、右捻各 2 根 | 消耗 |
| 3 | 吊盘钢丝绳 | 6×19—φ37—170 I | 4 根×850m＝3400m 左、右捻各 2 根 | 消耗 |
| 4 | 引梁绳钢丝绳 | 6×19—φ34—170 I | 2 根×850m＝1700m 左、右捻各 1 根 | 消耗 |
| 5 | 压风管钢丝绳 | 6×19—φ34—170 I | 2 根×850m＝1700m 左、右捻各 1 根 | 消耗 |
| 6 | 风筒钢丝绳 | 6×19—φ24.5—170 I | 2 根×850m＝1700m 左、右捻各 1 根 | 消耗 |
| 7 | 混凝土管钢丝绳 | 6×19—φ37—170 I | 4 根×850m＝3400m 左、右捻各 1 根 | 消耗 |
| 8 | 抓岩机钢丝绳 | 18×7—φ34—170 特 | 3 根×850m＝2550m | 消耗 |
| 9 | 放炮电缆钢丝绳 | 18×7—φ31—170 特 | 1 根×850m＝850m | 消耗 |

竖井施工投入的主要施工机械　　　　　表 3

| 序 号 | 设备名称 | 型号/规格 | 数 量 | 产 地 | 年 份 | 功率（kW） | 用 途 |
|---|---|---|---|---|---|---|---|
| 1 | 提升绞车 | 2JK-3.0/20 | 2 | 洛矿 | 1985 | 1000 | 提升 |
| 2 | 挖掘机稳车 | JZ2T-10/700 | 3 | 济重 | 1988 | 45 | 悬吊 |
| 3 | 吊盘稳车 | JZ-16/800 | 4 | 济重 | 1989 | 22 | 悬吊 |
| 4 | 引梁绳稳车 | JZ-10/600 | 2 | 济重 | 1989 | 22 | 悬吊 |
| 5 | 模板稳车 | JZ-16/800 | 4 | 浙江 | 1987 | 30 | 悬吊 |
| 6 | 压风管稳车 | 2JZ-16/600 | 1 | 包头 | 1989 | 40 | 悬吊 |
| 7 | 风筒稳车 | 2JZ-10/600 | 1 | 包头 | 1989 | 22 | 悬吊 |
| 8 | 混凝土管稳车 | 2JZ-16/800 | 1 | 上海 | 1999 | 40 | 悬吊 |
| 9 | 安全稳车 | JZ-10/600 | 1 | 济重 | 1989 | 22 | 悬吊 |
| 10 | 伞钻 | FJD-6 | 1 | 济宁 | 2005 |  | 钻眼 |
| 11 | 挖掘机 | YC85-7C | 2 |  | 2007 |  | 装岩 |
| 12 | 空压机 | 5L-40/8 | 4 | 沈阳 | 1998 | 250 | 压风 |
| 13 | 变压器 | SJ-560/6/0.4 | 2 | 哈尔滨 | 2003 |  | 供电 |
| 14 | 通风机 | FBD-30 | 4 | 湘潭 | 2006 |  | 通风 |
| 15 | 搅拌机 | JS-750 | 4 | 郑州 | 2006 |  | 搅拌 |
| 16 | 分瓣式滑升模板 |  |  | 自制 |  |  | 衬砌 |
| 17 | 配料机 | PLD-1200 | 2 | 郑州 | 2006 |  | 配料 |
| 18 | 装载机 | ZL50M | 2 | 柳州 | 2006 |  | 上料 |
| 19 | 凿岩机 | YT-29 | 30 | 沈阳 | 2006 |  | 钻眼 |
| 20 | 井架 | 自制改 V 型 | 1 | 沈阳 | 2006 |  | 提升 |
| 21 | 自卸汽车 | 东风 | 8 | 沈阳 | 2006 |  | 出渣 |

## 7　质量控制

（1）本工法以《公路隧道施工技术规范》（JTG F60—2009）、《公路工程质量检验评定标准》（JTG F80/1—2004）、《煤矿井巷工程质量检验评定标准》（MT5009—94）等为依据进行质量控制。

（2）质量保证措施。

①认真执行招标书中指定的国家和行业现行有关验收标准及规范，严格按设计图纸要求施工，优良品率达 100%，实现全优工程。

②建立健全质量管理机构，完善质量管理制度，认真开展 QC 小组活动。设专、兼职质量检查员，检查评定各项工程质量。

③组织全体施工人员，包括工程技术人员和管理干部，认真学习、全面掌握施工质量标准。

④严格执行各项质量管理制度，重点做好图纸自审、会审、技术与质量交底工作。

⑤施工期间认真做好井筒中心复测工作，保证井筒中心位置。

⑥加强施工材料的质量管理，保证施工材料采购质量。凡进场的施工材料：水泥、混凝土外加剂、钢材等必须有合格证，砂、石必须经检测并经现场有关人员检查验收。不符合设计和施工要求的材料，施工单位不予验收和使用。

⑦砂石料场在雨天要用雨布盖好，防止雨淋。

⑧为防止溜灰管下料混凝土离析，溜灰管每次使用前要及时清理，水灰比不宜过大，控制在 0.65 以下，坍落度应控制在 8～12cm。

## 8 安全措施

### 8.1 安全注意事项

竖井工程属于高危工程，在公路工程中具有特殊性，存在一些区别于常规隧道作业的不安全因素，其中包括：

（1）井下提升系统的作业安全。

（2）竖井高空坠物、井下物体高空坠落。

（3）井筒涌水。

（4）高地应力下岩爆带来的危险。

### 8.2 安全措施

（1）加强职工培训工作，对参加施工的全体人员全面进行安全技术培训，经考试合格后发证，持证上岗。

（2）认真执行各级安全生产岗位责任制，坚持安全检查活动，及时处理安全隐患。

（3）乘罐人员必须扎好安全带，将安全带的钩头扣在吊环上。

（4）入井人员必须戴安全帽，身体各部位不得超出罐外。

（5）信号工必须设专人，经培训后持证上岗，其他人员不得替信号工传送信号。罐在运行期间，信号工要精力集中，发现不正常现象要立即停罐，并查明原因。

（6）每天都要对提升钢丝绳和各种悬吊设备及提升钩头进行检查并做好记录，发现问题应及时处理。

（7）吊盘起落要由跟班队长或组长统一指挥，吊盘上作业人员要系好安全带并生根，所用工具要带笼头生根，盘上人员不得将身体某个部位伸出喇叭口，不得向下张望。

（8）处理溜灰管堵管时的混凝土不准直接溜放到滑模工作盘，防止混凝土冲击滑模工作盘造成其破坏。

（9）地面提升绞车运行到滑模工作盘上方 5m 必须自动停车，在吊盘到滑模工作盘区间的运行速度不准大于 0.5m/s。

（10）当发生突出水灾害时，人员可乘吊盘软梯到吊盘上；如需升井时，可利用吊桶升井；如停电时可由井上放下的安全梯升井。

## 9 环保措施

（1）建立以项目经理任组长的环境保护领导小组，制定管理程序，明确各职能部门的职责，专门负责施工中的环境保护工作。

（2）建立文明施工区域负责制，实行包点包片分工负责。

（3）施工现场设备、材料应摆放整齐，施工用管线、敷设应标准化。

（4）井棚内、井盖门及周围应保持清洁，无杂物、无积水。

（5）施工管理牌板及掘砌施工图板应悬挂整齐。

（6）项目部与当地环保部门应联合建立环境保护检测点，对环境质量进行跟踪检测，对排入本区水域的污水执行一级标准。

（7）精心保护原有植被，保护野生动物；对施工废弃物和生活垃圾集中运至指定垃圾处理场进行处理。

（8）工程完工后对工程所在地地表植被要予以复原。

## 10　效益分析

由于配备了综合机械化打井装备，大大减轻了竖井施工的劳动强度，减少了施工操作人员，提高了工效，缩短了工序循环时间，降低了施工成本。该工法实质就是在保证工程质量的前提下，充分利用机械设备的高性能和可靠性，通过严格的管理和技术创新来缩短竖井建设工期，具有显著的经济效益和社会效益。

### 10.1　经济效益

（1）显著提高竖井施工速度。开挖阶段，正规机械化打井循环开始后，平均月进尺69.6m，最高月进尺80m；衬砌阶段，分瓣式机械一体化滑模系统可以连续不间断施工，月平均滑模进尺206m，最高月滑模进尺236m，此两项指标均创造了国内同类工程快速施工记录。全员人均效率达到31.2万/年，经济效益显著。缩短建井工期4个月，仅此一项节约建设投资800万元。

（2）采用整体液压滑升模板，机械化程度可达95％以上，与翻模法或倒模法衬砌相比，减少了施工人员30～40名；采用井底挖掘机装岩缩短工序衔接时间，减少了清底人员20名。此两项措施使得施工效率大大提高，减少人工费、辅助费以及其他费用合计200万元。

### 10.2　社会效益

（1）此工法机械化程度高，建井速度快，适合大口径竖井施工，工艺简洁流畅，适于推广应用。

（2）优质高效建成竖井工程，为隧道的通风、防灾减灾、安全运营提供了必要的保障。

（3）为施工企业积累了丰富的施工经验，提高了企业的知名度，带动了企业施工技术进步，促进了我国隧道竖井的建设水平。

## 11　工程实例

秦岭终南山特长公路隧道位于新建西安至安康高速公路西安至柞水段的青岔乡与营盘镇之间，全长18.02km，目前公路隧道中规模居世界第一，被誉为"中国第一长隧"。该隧道采用3竖井纵向式通风方案，1号竖井井深185.0m（开工时间2006年3月，竣工时间2008年6月）、2号竖井井深661.1m（开工时间2006年6月，竣工时间2008年9月）、3号竖井井深395.0m（开工时间2006年3月，竣工时间2008年6月），三座竖井开挖井径均超过12m，衬砌内径11.2m。其中2号竖井井深661.1m，开挖直径12.4m，是世界公路隧道行业口径最大、深度最深的通风竖井工程。

这三座竖井应用情况表明，竖井开挖超欠挖控制较好，滑模衬砌质量内实外美，施工迅速，取得了良好的经济和社会效益。施工期间创造了开挖月进尺80m、衬砌月滑模236m的全国纪录，此两项纪录分别被载入《中国企业新纪录》。秦岭终南山隧道2号竖井施工，见图 8～图 13 所示；图 14 和图 15 为创纪录照片。

图 8　凿井井架

图 9　凿岩伞钻

图 10　提升绞车

图 11　地面稳车群

图 12　挖掘机装岩

图 13　初期支护

图14　井筒开挖新纪录

图15　井筒滑模施工新纪录

# 四车道大跨度公路隧道施工工法

## GGG（中企）D1139—2009

马建军　卫永毅　陈向军　陈德国　刘　涛

（中铁二十一局集团有限公司）

## 1　前言

深圳市雅宝隧道是国内第一座分离式双向八车道、矢跨比最小（0.4185～0.4146）的公路隧道，隧道穿越Ⅱ、Ⅲ类围岩段 153.5m，原设计采用双侧壁导坑法施工，设计工期 9 个月。雅宝隧道设计推荐的开挖施工方法是双侧壁法，但该工法工序复杂，对围岩扰动的次数多，施工速度慢，无法进行大型机械化施工，且工期长、造价高。中铁二十一局集团针对四车道公路隧道施工进行了科技攻关，在Ⅱ、Ⅲ类围岩段采用台阶法施工，形成了"四车道大跨度公路隧道施工技术"科技成果，于 2008 年 5 月通过了甘肃省科技成果鉴定，达到国内领先水平，并获得了 2008 年度中国铁道建筑总公司科技成果三等奖。该项技术经进一步完善总结形成本工法。

## 2　工法特点

（1）隧道作业空间大，工序可平行作业，施工干扰小，便于大型机械化联合施工，施工速度快。

（2）Ⅱ类（Ⅴ级）软弱围岩段采用 I20b 工字钢进行竖向临时支撑，施工安全、简便，同时材料可周转使用。

## 3　适用范围

本工法适用于Ⅱ类（Ⅴ级）及以下围岩条件下四车道公路、铁路隧道等地下结构工程施工。

## 4　工艺原理

施工充分利用新奥法施工原理，应用岩体力学理论，以维护和利用围岩的自承能力为基点，以监控量测为手段，通过对工程地质资料的详细分析，在Ⅱ、Ⅲ类（Ⅴ级、Ⅳ级）围岩段采用分部台阶法工艺施工，辅助措施采用型钢竖向支撑加固，重点通过对围岩和支护的监控量测结果来指导隧道工程施工，确保施工安全。

## 5 施工工艺流程及操作要点

### 5.1 施工工艺流程

施工准备→洞口浅埋段施工→进洞上台阶开挖、支护→监控量测→下台阶交错开挖、支护→仰拱开挖、支护→衬砌结构防排水施工→明洞及衬砌钢筋混凝土施工。

### 5.2 操作要点

#### 5.2.1 洞口浅埋段施工

（1）完善洞口施工防排水系统。施工前做好地表情况调查，完善施工范围内地表防排水系统，特别是对顶部及两侧的冲沟进行疏导引流，减少地表水对隧道周边岩体的侵蚀。

（2）洞口边、仰坡防护。洞口端一般存在浅埋、堆积、偏压等不良地质，施工前进行清理、锚喷网防护、管棚超前支护。

（3）洞口浅埋段施工。在洞口Ⅲ类围岩段进洞施工时采用 $\phi 50 \times 5mm$ 小导管超前支护；在土质或全、强风化的Ⅱ类围岩段进洞施工时采用 $\phi 127 \times 8mm$ 大管棚超前支护，管棚内安装钢筋笼，增加管棚刚度。

（4）施工套拱及进洞施工。施工套拱作用是预防洞顶落石，确保进洞安全，套拱施工长度 2m。在套拱的防护下进行隧道洞身开挖施工。

#### 5.2.2 洞身开挖及支护

隧道洞身采用台阶法开挖进洞，首先通过超前地质预报对掌子面前方岩体的施工性能进行判别，及时调整实施超前支护方案，因为开挖断面宽度大，对施工安全监测要求高。

（1）超前地质预报

根据超前地质预报起作用的时间和控制隧道的长度，分为长远期、中近期和临近期。在施工期间必须熟悉和掌握前期地质工作的成果，包括地质报告、试验数据、地质剖面图等，采用多种方法综合判断验证。如在隧道围岩变化较大、出现异常或地质情况不是很明确的地段施工超前地质钻孔取样，钻深 10～30m，以探明围岩变化，使工程措施紧跟地质变化；在临近开挖面前一两个循环内的地质情况，采用超前炮孔（每一断面 5～10 个）工程地质综合分析法，推测前方 3～5m 范围内的地质情况，简单有效，不需另外增加投入，费时短。大跨度隧道超前地质预报的内容主要考虑以下几点：

① 对照勘测阶段的地质资料，预报地质条件的变化情况对施工的影响程度。

② 可能出现塌方、滑动影响时，预报其部位、形式、规模以及发展趋势，提出处理措施。

③ 当隧道穿越不稳定地层、断层时，需采取应急措施的预报。

④ 预报可能存在的突然涌水地点、涌水量大小、地下水中泥沙含量以及对施工的影响。

⑤ 岩体突然开裂或原有裂缝逐渐加宽时，预报其危害程度。

⑥ 在洞口可能出现的滑坡、坠石情况的预报。

⑦ 隧道浅埋段地面出现下沉或裂缝时，预报其对隧道稳定性和施工的影响程度。

⑧ 根据围岩地质特性，推断开挖施工面前方一定范围内的地质特征，进行地质预报，防范不良地质或产生地质突变。

⑨ 在隧道开挖后根据隧道围岩状况填写围岩地质记录，并对围岩岩性、岩体结构和

完整程度进行判定，推测施工面前方围岩稳定性。

（2）超前支护

开挖放样后，利用钢架进行超前导管定向。沿开挖轮廓线外缘进行超前导管支护，导管的尾部与钢架焊接牢固。采用注浆机进行导管超前预注浆固结。

（3）洞身上台阶开挖

根据测量放样，在对隧道周边围岩超前加固后，进行隧道上台阶开挖。上台阶开挖高度控制在7m左右，一是便于工人支护施工操作，二是便于大型机械化出渣作业施工。Ⅳ类围岩段循环进尺控制在2.5～3.5m，Ⅲ类围岩段开挖循环进尺控制在1.5～2.0m，Ⅱ类围岩段采用弱爆破与挖掘机相结合的开挖方式开挖（浅埋段必要时预留核心土），人工风镐修整开挖轮廓面，循环进尺控制在0.5～1.2m。采用机械钻孔，光面爆破。为减小爆破对围岩的振动，使周边眼爆破时有较好的临空面，掏槽眼、辅助掏槽眼、底眼、辅助周边眼、周边眼导爆管采用跳段或加大雷管段别的方法，即采用1段、5段、9段、13段、17段、或2段、6段、10段、14段、18段的布设方式。开挖后及时进行型钢架、超前导管、锚杆、钢筋网、喷射混凝土等联合支护。

（4）洞身下台阶开挖

当上台阶开挖超前30m并且支护稳定以后，再进行下台阶开挖施工。下台阶开挖长度根据围岩类别Ⅲ类控制在3～5m之间，Ⅱ类控制在2～3m之间；开挖宽度根据施工调整一般取7～10m。在Ⅱ类围岩段下导开挖时上台阶支护底脚边墙处预留宽度不小于1m；进行超前支护后采用挖掘机配合人工修整至设计位置，要避免单侧5榀以上钢架同时悬空，钢架及时接至底脚，施工锚杆、钢筋网，及时进行喷射混凝土支护。下导坑左右交错开挖施工长度可根据施工情况具体调整，一般可控制在15～20m之间。

（5）隧道支护

隧道初期支护是由中空锚杆、钢筋网片、型钢架和喷射混凝土支护等联合组成的一种受力结构。在洞口加强段辅助φ127×8mm大管棚超前支护、φ50×5mm管棚超前支护以加强围岩受力，确保隧道洞室开挖稳定。在隧道断面开挖后，及时进行通风、排危和断面超欠挖检查处理。围岩支护参数见表1～表4，工艺流程如图1所示。

**Ⅳ类围岩支护参数** 表1

| R25中空注浆锚杆 | | | 钢筋网 | | 2φ25锁角药卷锚杆 | | | 喷射混凝土 |
|---|---|---|---|---|---|---|---|---|
| 位置 | 规格 | 间距 | 位置 | 间距 | 位置 | 规格 | 间距 | |
| 拱墙 | 长3m | 100cm×100cm，每环28/29根 | 局部设置 | 20cm×20cm | 两侧底脚对称布设 | 长4m | 50cm，每处3根 | 喷射C25钢纤维混凝土，钢纤维掺量40kg/m³ |

**Ⅲ类围岩支护参数** 表2

| R25中空注浆锚杆 | | | 工字钢 | | | 超前小导管 | | | 喷射混凝土 |
|---|---|---|---|---|---|---|---|---|---|
| 位置 | 规格 | 间距 | 位置 | 规格 | 间距 | 位置 | 规格 | 间距 | |
| 拱墙 | 长3.5m | 100cm×100cm，每环28/29根 | 拱墙 | I20b | 0.75m/榀 | 拱墙 | φ50，壁厚5mm | 环距40cm | 喷射C25钢纤维混凝土，钢纤维掺量40kg/m³ |

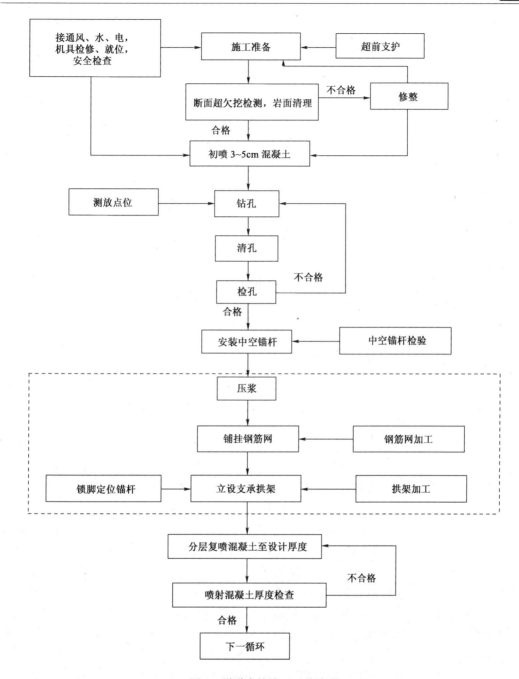

图 1  隧道支护施工工艺流程

**Ⅱ类围岩支护参数**                                                              表 3

| R25 中空注浆锚杆 | | | 钢 筋 网 | | 工 字 钢 | | | 超前小导管 | | | 喷射混凝土 |
|---|---|---|---|---|---|---|---|---|---|---|---|
| 位置 | 规格 | 间距 | 位置 | 间距 | 位置 | 规格 | 间距 | 位置 | 规格 | 间距 | |
| 拱墙 | 长 4m | 80cm×80cm，每环 39/40 根 | 局部设置 | 20cm×20cm | 拱墙 | I20b | 0.75m/榀 | 拱墙 | φ50，壁厚 5mm | 环距 35cm | 喷射 C25 钢纤维混凝土，钢纤维掺量 40kg/m³ |

洞口加强段支护参数表

表 4

| R25 中空注浆锚杆 | | | 钢筋网 | | 工字钢 | | | 超前大管棚 | | | 喷射混凝土 |
|---|---|---|---|---|---|---|---|---|---|---|---|
| 位置 | 规格 | 间距 | 位置 | 间距 | 位置 | 规格 | 间距 | 位置 | 规格 | 间距 | |
| 拱墙 | 长 5m | 80cm×80cm，每环 39/40 根 | 局部设置 | 20cm×20cm | 拱墙 | I20b | 0.5m/榀 | 拱墙 | φ127，壁厚 8mm | 环距 40cm | 喷射 C25 钢纤维混凝土，钢纤维掺量 40kg/m³ |

① 初期支护紧跟开挖面，使围岩与锚喷网及时联合成受力体系，共同受力。

② 锚杆钻孔本身应成直线，不应弯曲。方向沿隧道周边径向，并根据岩层节理、产状予以调整，不能平行于岩面。

③ 小导管架立钻孔时应精确核定孔位，保证钻机钻杆线与导管设计线吻合，钻机在钻孔时不能产生偏移和倾斜。导管的尾部与钢架焊接牢固。

④ 钢筋网按照设计和规范要求进行预制加工（100cm×100m、200cm×200m）、现场安装，并使钢筋网紧贴初次喷射混凝土面（岩面）。钢筋网的交接点采用梅花形间隔点焊，利用外露中空锚杆进行固定，个别部位采用架设适当的 φ25 钢筋头（锚固剂锚固）固定牢固，使钢筋网在喷射混凝土时不至于晃动。

⑤ 安设前进行断面尺寸检查，及时处理欠挖侵入净空部分，保证钢架正确安设，钢架外侧有不小于 5cm 的喷射混凝土。安设拱脚或墙脚前，清除垫板下的虚渣，将钢架置于原状岩石上。在软弱地段，采用拱脚下垫钢板的方法。钢架与封闭混凝土之间紧贴，在安设过程中，当钢架与围岩之间有较大间隙时安设垫块，垫块数量大于 10 个，两排钢架间沿环向每隔 1m 用 φ22 的纵向钢筋焊接，形成纵向连接系。拱脚高度不够高设置钢板调整，拱脚高度低于上半断面底线以下 10cm。拱脚每边打两根 φ25 长 1.5m 的锁脚锚杆，利于下部开挖时初期支护的稳定。

⑥ 喷射混凝土前对原材料、机械设备进行检查，检查受喷岩面，清除危岩浮土和欠挖部位，冲洗吹扫岩面，埋设厚度标志。边墙部分为自下而上，从左到右或从右到左，分段分片进行，并注意呈旋转轨迹运动，一圈压半圈，纵向按顺序进行，旋转半径一般为 15cm，每次蛇行长度为 3～4m。在拱部拱脚至拱腰处，自下而上，拱腰至拱顶由里向外喷射混凝土。当岩层松软易坍方时，喷射作业应紧跟作业面，初喷应先拱后墙，复喷应先墙后拱；喷射混凝土时，其喷射混凝土速度不宜太慢或太快，适时加以调整。钢架与围岩之间的间隙采用由两侧拱脚向上喷射密实。

（6）仰拱支护

根据设计要求，隧道Ⅲ型衬砌段仰拱支护采用钢纤维喷射混凝土环向封闭支护，Ⅱ型衬砌段仰拱支护采用钢架（与拱墙部分设置要求相同）、钢纤维喷射混凝土联合支护，以加强围岩整体受力。因此，在完成拱墙初期支护后，及时采用左右交错的方式进行仰拱开挖、安装钢架、喷射钢纤维支护，使初期支护封闭成环，以尽早发挥围岩的自承能力，构成稳固的初期支护体系，缩短二次应力重分布的时间。施工仰拱混凝土后，为洞内施工运输创造良好的作业环境。

（7）临时支护

在Ⅱ类软弱围岩段，当初期支护施工结束后围岩变形接近规定值但仍无减缓趋势或混凝土表面已有明显开裂时，必须进行临时支护。临时支护采用 I20b 工字钢竖向支撑。工字钢纵向间距 1.5m，采用角钢连接，形成一面受力的墙体，以承受围岩变形压力。工字钢底部采用纵梁支垫，以增大支撑体系的受力效果。由于断面大，可以根据现场情况采用中间支撑或两侧拱腰支撑。同时在围岩变化部位进行小导管注浆固结，并检查注浆效果。注浆导管深度应与支护锚杆一致，待围岩稳定后再撤去临时支护。具体施工，如图 2 所示。

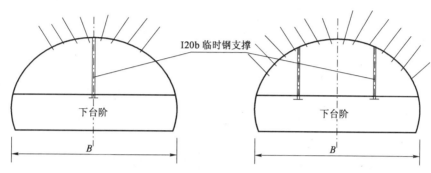

图 2　临时支护

### 5.2.3　施工监控量测

在施工中通过围岩变形量测、三维弹塑性有限元模拟分析，对隧道变形进行系统研究验证，适时调整支护措施，保证施工安全。

（1）三维弹塑性有限元模拟分析

根据相似模型和三维弹塑性有限元分析，预测各种施工方法的下隧道变形和受力状态分析，优化施工参数，及时采取相应的施工措施。

（2）围岩应力应变测试

围岩应力应变测试包括在初期支护与围岩之间径向接触压力（钢架与岩面之间设置）、围岩内部应力测试。Ⅲ类围岩段 1 处，Ⅱ类围岩段 2 处，每断面五个测试点。

（3）围岩变形监控量测

围岩变形监控量测，包括拱顶下沉量测、围岩周边收敛量测、地表沉降量测、支护结构观察和掌子面地质素描等。详见表 5 所示。

**隧道监控量测汇总表**　　表 5

| 监控量测项目 | 监控量测内容 | 监控量测仪器 |
|---|---|---|
| 洞内观察 | 对隧道开挖面的围岩状况和地质变化情况观察并绘示意图 | 地质罗盘 |
| 地表下沉量测 | 对洞口地表情况，地表沉陷，边、仰坡稳定，地表水的渗透观察 | 精密水平仪、钢尺 |
| 洞外观察 | | |
| 净空水平收敛量测 | 主要测量施工过程中支护结构位移变形情况 | 收敛计 |
| 拱顶下沉量测 | | 水准尺、钢尺 |
| 围岩应力 | 掌握施工过程中围岩压力、接触压力大小情况 | 应变计、频率接受仪 |
| 初期支护与围岩间接触压力 | | 压力盒、频率接受仪 |

① 净空变化量测点布置

由于四车道隧道开挖断面大，净空变化量测断面布设间距除按规范要求的数值减半外，还需具体结合围岩类别、埋置深度等具体情况确定。在雅宝隧道施工中采取的参数为：IV类围岩段每20m设置一个断面；III类围岩段每10m设置一个断面；II类围岩段每5m设置一个断面。一般围岩地段每一台阶1条测线，每断面设2条测线；软岩地段上台阶设置3条测线，下台阶设置1条测线。

② 拱顶下沉量测

拱顶下沉量测与净空收敛量测在同一断面内进行，测点设于拱顶顶部，用精密水准仪、悬挂钢钢尺测定其下沉量。当测点下沉量较大或存在较大偏差时，可在拱腰增设测点，作为辅助控制量测。水准点设在稳固的基岩上。

③ 地表下沉量测

地表沉降点布设在隧道轴线上方的地表中，原则上尽量与净空变化和拱顶下沉量测的测点布置在同一断面内，同时在主测点横向上也布设必要的测点。水准基点应布设在隧道施工影响范围以外且不易扰动的地方，并且便于观测使用。

地表下沉量测点横向间隔取2～10m。在一个量测断面内设7～11个测点，测点布置时洞身中线附近较密，两侧渐稀。测点用长20～30cm的钢筋制成，埋设钢筋外露端头刻画十字，钢筋周围以混凝土包裹，布设牢固、不移位，且易于识别。地表下沉量测断面间距，如表6所示。

**地表下沉量测断面间距** 表6

| 埋置深度（m） | 地表下沉量测断面的间距（m） | 埋置深度（m） | 地表下沉量测断面的间距（m） |
|---|---|---|---|
| $H<20$ | 5～10 | $H>40$ | 20～50 |
| $20<H<40$ | 10～20 | | |

④ 现场观察

在每一开挖施工循环结束后，及时进行现场观察并作详细记录，预报其对隧道稳定性和施工的影响程度。

⑤ 量测频率和量测时间

净空变化量测和拱顶下沉量测的测试频率，主要根据位移和测点距开挖面的距离进行确定，一般按表7选定。即元件埋设的初期测试频率每天观测1～2次，随着围岩逐渐趋于稳定，量测次数可以减少；当出现围岩不稳定征兆时，要加大量测次数。

**净空变化量测和拱顶下沉量测的量测频率** 表7

| 序 号 | 位移速度 | 距工作面距离 | 量测频率 | 备 注 |
|---|---|---|---|---|
| 1 | 10mm/d以上 | 0～B | 1～2次/d | |
| 2 | 10～5mm/d | B～2B | 1次/d | B为隧道开挖宽度 |
| 3 | 5～1mm/d | 2B～5B | 1次/2d | |
| 4 | 1mm/d以下 | 5B以上 | 1次/周 | |

在由位移速度决定的和由距工作面距离决定的量测频率中，原则上采用两次频率之中较高者。当位移趋于一定值时，可不采用以上参数。

量测开始时间：一般要能够保证在爆破后24h内、下一次爆破前测读初次读数，以获得位移开挖初始阶段的变形动态数据。

量测结束时间：当位移达到基本稳定后，以3日一次的频率测量2周，若无明显变形，则可以结束量测。

⑥ 数据处理与信息反馈

数据处理：根据现场观察和监控量测结果，绘制净空收敛、拱顶下沉时间-位移曲线，分析判断围岩压力变化趋势。

信息反馈：在施工监控过程中，及时对所得数据分析、处理，以判断支护结构的稳定性和施工过程的安全性，并将所得的结果及时反馈于施工过程中，达到指导施工的目的。

5.2.4 结构防排水施工

结构防排水系统主要包括单壁打孔波纹管、防水板及无纺布防水层、衬砌施工缝（沉降缝）止水带以及隧道二次衬砌自防水等。在上下导坑施工结束后，防水板采用环向整体一次无钉铺设成型，确保施工质量。

## 6 材料与设备

（1）本工法无特别需要说明的材料。

（2）机具设备见表8所示。

**机具设备表** 表8

| 序号 | 设备名称 | 规格型号 | 单位 | 数量 | 备 注 |
|------|---------|---------|------|------|--------|
| 1 | 挖掘机 | PC220 | 台 | 1 | 按单口隧道工作面配置 |
| 2 | 装载机 | ZL50C | 台 | 2 | |
| 3 | 自卸载货汽车 | 东风自卸车，15t | 台 | 5 | |
| 4 | 电动空压机 | $20m^3/min$ | 台 | 2 | |
| 5 | 内燃空压机 | $10m^3/min$ | 台 | 1 | |
| 6 | 气腿式凿岩钻机 | YT28 | 台 | 15 | |
| 7 | 通风机 | $2×55kW$ | 台 | 1 | |
| 8 | 注浆机 | BW250 | 套 | 1 | |
| 9 | 风镐 | | 台 | 4 | |
| 10 | 泥浆泵 | 200QW350-25 | 台 | 2 | |
| 11 | 简易开挖台架 | 自制 | 台 | 1 | 自制 |
| 12 | 地质钻机 | MGJ-50 | 台 | 1 | 大管棚施工 |
| 13 | 混凝土湿喷机 | | 台 | 2 | |
| 14 | 电焊机 | ZXG-500 | 台 | 4 | |
| 15 | 钢筋切断机 | CJ4-1 | 台 | 2 | |
| 16 | 万能弯筋机 | CW40-1 | 台 | 1 | |
| 17 | 卷扬机 | | 台 | 1 | |
| 18 | 混凝土输送泵 | HB-60 | 台 | 1 | |
| 19 | 自行式爬焊机 | | 台 | 2 | |
| 20 | 混凝土运输车 | $5m^3$ | 台 | 3 | 商品混凝土 |
| 21 | 强制式混凝土搅拌机 | | 套 | 1 | 商品混凝土 |
| 22 | 整体式衬砌台车 | 全液压 | 台 | 1 | |
| 23 | 变压器 | 10kVA | 台 | 1 | |
| 24 | 发电机 | 200kW | 台 | 1 | |

## 7 质量控制

### 7.1 工程质量控制标准

隧道施工质量执行《公路隧道施工技术规范》（JTG F80—2009）、《钢筋混凝土工程施工及验收规范》（GBJ204—83）、《公路工程质量验收评定标准》（JTG F80/1—2004）。

### 7.2 质量保证措施

（1）实施 GB/T19001—2000—ISO9001：2000 标准质量管理体系，建立健全质量保证体系和全面质量管理体系，严格按奖惩制度管理。

（2）强化技术管理、大力开展科技攻关，优化方案，对重点关键性工艺组织开展 QC 小组活动，进行专项技术攻关。

（3）加强施工过程的质量监控，严格"三检"制度，把好材料进场关、检验关、使用关，把好工序质量关。

（4）严格控制欠挖。当石质坚硬完整，并确认不影响衬砌结构稳定和强度时，允许岩石个别凸出部分（$1m^2$ 不大于 $0.1m^2$）凸入衬砌断面，锚喷支护时凸入不大于3cm，衬砌时不大于5cm。拱脚、墙脚以上 1m 内严禁欠挖。开挖轮廓圆顺，开挖断面的中线高程符合设计要求。

（5）严格控制钢纤维喷射混凝土的原材料质量，拌制时严格按照配合比计量，均匀掺放，缩短存放时间，随拌随用。

（6）当钢纤维喷射混凝土表面有裂缝、脱落、露筋、渗漏水等情况时，应及时修补，凿除喷层，重新喷射或进行整治。

（7）上台阶钢架支护安装锁脚锚杆必须设置牢固；在开挖下台阶时，严格控制开挖进尺，避免多榀钢架底脚同时悬空或同一榀钢架两侧底脚同时悬空。

（8）根据量测数据及时调整预留变形量和设置临时支护。一个量测断面的量测信息结果只适用于该断面前后不大于5m范围同类围岩地段的施工指导。长段落进行设计参数修正时，必须以不少于三个断面的量测信息为依据。

（9）严格按设计要求无钉铺设防水板，并在安装衬砌钢筋时，加强对已施工验收防水层的有效防护，避免焊渣烧伤防水板。

（10）衬砌钢筋混凝土采用整体式衬砌台车一次浇注成型，混凝土采用插入式与附着式联合振捣密实。

（11）上下分离式隧道同时施工时，考虑到左右线爆破振动叠加影响，当一侧开挖支护进洞 2D（D 为隧道设计最大开挖宽度）后再进行另一个洞口施工。

## 8 安全措施

### 8.1 管理措施

（1）实施《职业健康安全管理体系规范》（GB/T28001—2001），建立健全安全保证体系，制定切实可行的施工安全保障措施制度。

（2）隧道施工各班组间，建立完善的交接班制度。

## 8.2　技术措施

（1）分项工程开工前制定出详细的施工方案和实施措施，上报相关部门批准，并向施工人员进行详细的安全技术交底。

（2）在交接班时，交班人应将本班组的施工情况及有关安全事宜及措施向接班人详细交代，并记录在交接班记录本上；工地值班负责人（领工员）应认真检查交接班情况。每班开工前未认真检查工作面安全状况，不得施工。

（3）施工期间，现场施工负责人应会同有关人员对支护各部定期进行检查。在不良地质地段每班应设专人随时检查，当发现支护变形或损坏时，应立即整修和加固；当支护变形或损坏情况严重时，应先将施工人员撤离现场，再行加固。

（4）对不良地质段隧道施工，采取"弱爆破、短开挖、强支护、快衬砌"，必要时留核心土，加强支护措施。

（5）对自稳程度很差的围岩，采用预注浆，超前锚杆、挂网和钢架支撑喷混凝土的办法进行临时支护，以免造成坍方。

（6）隧道开挖作业前，先检查工作面的安全状态，如有松动的岩石应立即加以支护和清除。同时要加强隧道内照明，施工照明采用防爆灯具。

（7）当发现测量数据有异常变化、洞内或地表位移量测值大于允许位移值、出现裂缝，以及喷层出现异常裂缝时，均应视为危险信号，必须立即通知作业人员撤离现场，待制定处理措施后才能继续施工。

（8）在洞口或适当场所，应设置急救材料储备库，所储备的各项机械设备、器材应保证数量和质量，不得随意挪用，使用后随即补足数量。

（9）在隧道衬砌作业时，模板台车作业地段距开挖面要保持一定的安全距离；台车下的净空应能保证车辆顺利通行，并悬挂明显的缓行标志。

（10）合理布设洞内"设三管一线"，即风管、水管（进、出）、施工用电线路。用电线路布设时，高压线路在上，低压线路在下，不同回路、电压的交流导线不得穿在同一根管内。照明线路电压在施工区域内不高于 36V。

（11）闸刀、配电箱以及其他电力设备警示标志明确，有防雨水措施，且需有专人经常性检查维护。

## 9　环保措施

（1）严格执行国家有关环保法规及工程所在地政府对环保的有关规定，严格执行合同中的环保条款。开工前对全体职工进行培训教育，认真学习法律法规，增强全体施工人员的环保意识，提高认识，明确环保责任，形成全员全过程环保局面。

（2）搞好环保调查，了解当地环保内容与要求，严格执行建设单位与当地环保部门签订的有关协议，建立环保检查制度，把环保措施层层落实，做到责任到人，奖罚分明。

（3）在编制实施性施工组织设计时，应同时考虑施工方案与环保问题，对易污染环境的施工项目（如弃土、施工垃圾、扬尘、燃料、污水、化学物质等）制订具体防护措施，从施工安排上全力落实。不多占用土地，少破坏植被，不污染河流，不随意堆放垃圾，减少施工扬尘。

（4）在布置施工场地时，钢筋加工、混凝土拌和、构件预制等设施应尽量远离居民区，以减少视觉和噪声污染。

（5）生产施工废水及生活污水经收集并采用二级生化或化粪池、过滤、沉淀等措施进行净化处理，经检查符合标准后按当地环保部门的规定要求排放。施工机械的废油废水采用隔油池处理，未经处理的废水、废油，不得直接排放。

（6）生产及生活垃圾分可降解、不可降解分类集中收集。可降解的垃圾就地降解处理，不可降解的垃圾运至环保部门指定的地点按规定处理。

（7）及时清理并保持生产、生活区环境卫生，严格禁止随意倾倒垃圾，同时认真搞好周围环境的绿化工作。

（8）配备专用洒水车，对施工现场和运输便道经常进行洒水湿润，防止扬尘，并对施工便道进行植被绿化。

（9）对使用的工程机械和运输车辆加强维修保养，提高尾气排放标准，降低噪声。

（10）严格按土方调配方案取、弃土，并按设计要求及时实施工程防护，严禁向设计范围外场地弃土。

（11）工点完工后，及时进行现场清理，恢复植被绿化，建筑垃圾运至环保部门指定地点。

（12）经常征求当地环保部门及群众对施工范围内环保工作的意见，及时整改，避免和减小由于施工方法不当而造成的污染和破坏。

## 10 资源节约

（1）台阶法施工相对双侧壁导坑法施工节约大量的型钢、锚杆等临时支护材料，减少材料使用量。

（2）初期支护施工中采用 I20b 型钢替代 H20 型钢，减少钢材用量。

（3）通过对工程施工机械和运输车辆的维修保养，减少油料损耗，提高燃料利用率。

（4）通过采用漏电节能保护措施减少施工用电损耗，提高电能利用率。

## 11 效益分析

（1）通过对隧道开挖方式的优化，扩大作业空间，可形成平行流水化作业，便于大型机械化施工，可提高工效 20% ～45%，确保施工工期。

（2）在四车道大跨度隧道Ⅱ类围岩区段采用台阶法施工中，大跨度全断面二次衬砌施工技术方面推动了技术创新性，为以后类似工程的设计、施工积累了宝贵经验，具有较好的社会效益。

（3）台阶法施工作业面空间大，机械使用效率高，施工通风效果好，节约了能源，减少了尾气排放和粉尘污染，改善了作业环境。

## 12 应用实例

深圳南坪快速路雅宝隧道左线、右线。该隧道为国内第一座双向八车道、矢跨比最小的大跨度公路隧道，左线洞身 262.5m，右线洞身 181.5m，隧道最大埋深 75m，最小埋深 1.5m，左右线最小净距 32m。隧道设计限界净宽 18.0（4×3.75＋2×0.50＋2×0.25＋2×0.75）m，净高 5m。衬砌内轮廓采用三心圆曲墙断面设计，洞身最大开挖宽度

21.10m，最大开挖高度 13.68m（拱顶至仰拱底部）。洞身穿越地层岩性主要为燕山期粗粒花岗岩、第四系坡洪积层、第四系残积层，围岩类别为Ⅱ、Ⅲ、Ⅳ类（Ⅴ级、Ⅳ级、Ⅲ级），围岩节理发育，Ⅱ、Ⅲ类围岩稳定性较差（长度 153.5m），Ⅳ类围岩较稳定，设计工期 9 个月。

隧道 2004 年 12 月 31 日开工，左线 2005 年 5 月 31 日顺利贯通，主体衬砌 2005 年 10 月 25 日完工。2006 年 4 月 15 日全部完工，6 月 30 日顺利通车。

隧道采用台阶法施工，硬岩段最大月进尺达 89m，软岩段月进尺平均 30m，实现顺利穿越软弱破碎围岩段，保证了隧道按期完工。400m 暗洞施工中节省 $\phi$50 超前导管 137.76t、型钢及螺纹钢筋 533.72t、喷射钢纤维混凝土 1374m$^3$，直接费用约 400 余万元，节约造价 8.3%。台阶法施工作业面空间大，机械使用效率高，施工通风效果好，节约了能源，减少了尾气排放和粉尘污染，改善了作业环境。在整个隧道施工过程中安全可靠，未出现一次安全质量事故，得到了各方认可。

附录 18

# 海底隧道断层破碎带综合施工工法

GGG（中企）D1162—2010

罗 嵩 李海宝 杨祖根 荆永军

（中铁隧道集团有限公司）

## 1 前言

青岛胶州湾隧道是目前国内最长的海底隧道，全长 7.8km（含连接线），其中海底隧道长度 6.17km 施工跨度约 17m。该工程跨越海域 3.95km，设双向六车道，采用钻爆法修建。其中，由中铁隧道集团有限公司承建的起止里程为：YK5＋600～YK8＋900，跨海域段 1750m，隧道覆盖层厚度约在 25.4～35.1m 之间，最大水深 42m，拱顶最大静水压力 0.78MPa。

基岩主要为下白垩纪青山群火山岩及燕山晚期崂山超单元侵入岩，多断层裂隙，Ⅱ级～Ⅴ级围岩，采用钻爆法施工，由于工期紧，工程技术和安全质量要求高，因此需要通过探索创新来攻克施工的重点和难点。

胶州湾隧道岩体种类繁多、地质软硬交替、频繁变化，隧道岩性界面形态复杂、断层构造发育，具有与海水连通通道的可能，稍有不慎，就可能引发严重的安全生产事故。隧道需穿越海底 9 条共长 178m 的断裂破碎带，断层以压碎岩、碎裂岩、糜棱岩为主，裂隙发育多为微张型，施工风险高；国内尚无成熟经验可供借鉴，施工难度大。

针对工程的特殊性，如何安全快速地通过多条断层破碎带施工，是海底隧道顺利推进的关键。为此，在施工中开展了复杂地质环境下隧道施工安全风险控制与管理技术研究，严格施工组织实施，依靠先进的超前地质预报手段以及超前预注浆加固止水、新型支护结构、机械化配套、快速掘进等综合技术，同时经过对凿岩台车的二次开发，实现了钻注一体化，使工程开挖安全顺利完成，工程质量良好，并总结出本工法。

## 2 工法特点

2.1 依靠超前探孔和 TSP 预报等方法组成的综合超前地质预报技术，将超前探孔等综合地质预报技术纳入工序作业，通过准确分析、判断围岩的工程、水文地质情况结合探孔出水量实施有针对性的注浆方案。

2.2 对凿岩台车进行二次开发，实现台车钻注一体化，人工和机械的配套组织合理，能有效保证施工安全质量和效率。

2.3 断层破碎带（出水量、水压大及地质条件差地段）采用全断面超前预注浆，止水和加固效果显著，提高开挖安全性。

2.4 在充分了解和加固围岩后，选择适宜的开挖方法，有效降低安全风险并提高了施工进度。

## 3 适用范围

适用于岩石地层条件下的海底隧道断层破碎带等复杂地质的安全施工，亦可用于岩石条件下山岭隧道及城市地铁高压富水段的施工。

## 4 工艺原理

施工中主要采用超前探孔和 TSP 预报等方法组成的综合超前地质预报技术，并将超前探孔等综合地质预报技术纳入工序作业，通过准确分析、判断围岩的工程、水文地质情况结合探孔出水量实施有针对性的注浆方案，采用三臂凿岩台车进行超前探孔和注浆，充分挖掘了该设备的性能，提高了施工效率，并大幅度降低了大量人员参与施工的风险，开挖作业前实施超前预支护（双层小导管支护），开挖施工按照三台阶分部法组织。确保地层稳定，开挖完成后立即支护。同时依据洞内监控量测数据反馈不断修正施工方案，及时控制住了隧道开挖中的各种险情，确保了隧道安全与快速通过断层破碎带。

## 5 施工工艺流程及操作要点

### 5.1 施工工艺流程

施工工艺流程图如图1所示。

### 5.2 操作要点

#### 5.2.1 超前地质预报

为获取准确的地质信息，主要采用超前探孔和 TSP 预报等方法组成的综合超前地质预报技术（图2），施工中将超前探孔等综合地质预报技术纳入工序作业，经过施工准备、过程控制和分析总结，查明断层的工程、水文地质情况及不良地质体的准确位置和岩土物理力学参数及岩体强度和可注性等情况，从而为制订有针对性且有效的施工方案提供依据。

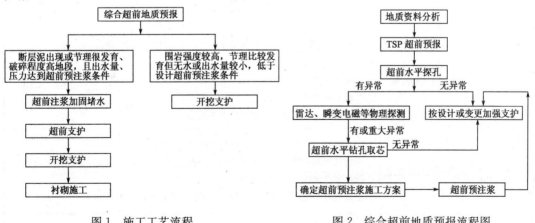

图1 施工工艺流程　　　　　图2 综合超前地质预报流程图

1）TSP 超前地质预报

TSP203＋每次可探测 100～350m，为提高预报准确度和精度，采取重叠式预报，每开挖 100～150m 预报一次，重叠部分（不小于 20m）对比分析，每次探测结果与开挖揭示情况对比分析。

2）超前地质探孔

超前地质探孔采用南京阿特拉斯公司组装的全液压火箭式 RB353E 三臂液压凿岩台车实施，可提高探孔施工速度和探孔质量，探孔最佳长度 30～37m，探孔数量 3 孔为宜，孔径 $\phi$90mm（孔径过大，钻进速度缓慢，过小探测效果不明显）。掌子面超前探孔位置见图 3。

此外根据工程实际需要，可增设雷达及瞬变电磁等进行短距离预报及拱顶岩层厚度雷达探测，特别是遇异常断层等不良地质体时，需要采用雷达对顶部岩层厚度进行探测，以确定是否进行立拱支护，确保工程安全。

5.2.2 注浆方式选择

为安全快速通过断层破碎带，依靠隧道超前预报手段，并主要根据超前探孔情况结合其他超前预报成果确定是否采取超前预注浆方案（全断面注浆、周边帷幕注浆、局部注浆），注浆方案具体选择标准见表 1。

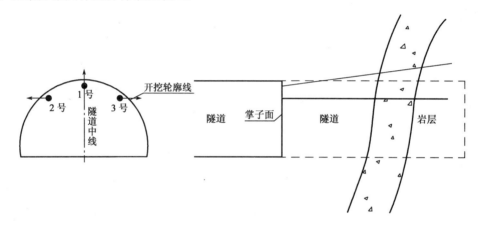

图 3 超前水平探孔示意图

注浆方案选择表 表 1

| 方案 | | 选择标准 |
|---|---|---|
| 超前预注浆 | 全断面超前预注浆 | ①前方围岩破碎，断层岩体风化严重，有可能存在断层泥；<br>②V 级围岩地段；<br>③探水孔流水量≥60L/min；<br>④探水孔水压≥0.6MPa；<br>⑤隧道通过以上特点断层长度大于 25m |
| | 隧道周边帷幕注浆 | ①前方围岩比较破碎，围岩风化较严重；<br>②超前探水孔单孔出水量 25～60L/min；<br>③探水孔水压 0.3～0.6MPa；<br>④其他有全断面需要注浆的特点，但隧道穿过长度小于 25m 时 |
| | 局部断面超前注浆 | ①隧道局部断面围岩节理裂隙较发育或比较破碎，其余部位围岩比较完整；<br>②超前探水孔单孔出水量 5～25L/min；<br>③探水孔水压≤0.3MPa |

5.2.3 超前预注浆施工流程及操作要点

1）超前预注浆施工工艺流程（图 4）

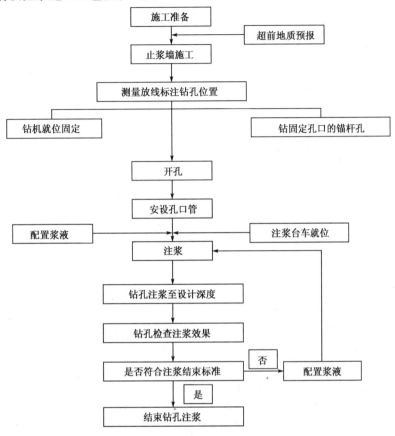

图 4 超前预注浆施工工艺流程图

2）超前预注浆操作要点

（1）施工准备：对凿岩台车进行改进和开发，发挥三臂液压凿岩台车快速、灵活的施钻能力，满足不同孔径和工程范围的作业要求，将原台车的钻杆更换为钻孔深度、钻杆强度和刚度更高的美国 T38×3.66 圆形加长钻杆，钻孔中的排渣采用改进后的高压水洗和高压风洗双重系统，按设计孔径大小配置相应大小的钻头，由台车进行钻孔，用符合设计要求的设备、机具、材料、工艺进行施工组织。

（2）注浆加固范围：根据环境条件、力学模拟计算和分部开挖的施工方法，结合工程经验，过断层破碎带施工中隧道注浆加固区范围为隧道轮廓线外 5m。

（3）浆液扩散半径：根据工程经验和工程类比，注浆扩散半径为 2m。施工中可根据注浆试验或施工前期注浆效果验证、评估后进一步修正确定。

（4）注浆终孔间距：根据注浆加固交圈理论，注浆后应形成严密的注浆帷幕，在注浆终孔断面上不应存在注浆盲区，根据公式计算得出注浆终孔间距不超过 3.5m。

$$a \leqslant \sqrt{3}R \tag{1}$$

式中　$a$——注浆终孔间距（m）；

　　　$R$——浆液扩散半径（m）。

（5）注浆段长度确定：应综合考虑工程水文地质情况、选择钻机的最佳工作能力、余留止浆墙厚度等内容。本工法过断层破碎带帷幕注浆每循环注浆段长为30m，开挖25m，预留5m为下一循环止浆岩盘。

（6）注浆材料及配比设计：根据相关工程经验和室内试验结果，结合本工程特点选择以下几种材料进行注浆，并根据现场试验情况进行优化组合，同时每循环注浆段可根据注浆顺序采用不同配合比。浆液配比参数及适用性见表2。

**浆液配比参数及适用性表** 表2

| 序号 | 名 称 | 配比参数 | | | 适用条件 |
| --- | --- | --- | --- | --- | --- |
| | | 水灰比 W：C | 体积比 C：S | 水玻璃浓度 | |
| 1 | 普通水泥单液浆 | 0.4：1～1：1 | | | 探孔涌水量较小的地段 |
| 2 | 水泥-水玻璃双液浆 | 0.4：1～1：1 | 1：1～1：0.3 | 30～45Be | 封闭掌子面、锚固孔口管和探孔顶水 |
| 3 | 超细水泥单液浆 | 0.6：1～1.2：1 | | | 强风化和渗透性较差围岩段 |
| 4 | 特制硫铝酸盐水泥单液浆 | 0.6：1～1.2：1 | | | 探水孔涌水压力较大围岩地段及海水连通段 |

同时，水泥单浆液的析水性大、稳定性差、注入能力有限，且凝胶时间较长，在遇高压动水情况下，浆液容易冲刷和稀释，影响注入效果。为改善这些问题，在浆液制备时可掺入适量的外加剂。此外，满足设计要求下，必要时可选用其他浆液作为注浆施工的辅助浆液，根据不同地层注浆堵水的需要灵活组合。

（7）注浆压力的确定：根据试验超前预注浆压力为：$P=1.5～3.0$MPa。现场根据施工需要逐步调整。

（8）浆液注入量：根据相关公式和经验计算，常见孔径每延米单孔注浆量为：$\phi$130mm钻孔：0.31m³/m；$\phi$90mm钻孔：0.18m³/m；$\phi$56mm钻孔：0.14m³/m。

（9）分段长度：在断层（裂）破碎带中，分段长度一般为5～7m。

（10）注浆速度：注浆速度为5～110L/min。注浆速度还要经现场试验后才能进一步确定。

（11）注浆孔布置：可根据注浆加固范围、注浆扩散半径均匀布置注浆孔。当按设计要求布设的注浆孔无法满足实际注浆施工时，可适当增加注浆孔。几种注浆孔布置见图5～图7。

（12）止浆墙施工

止浆墙通常结构为较简单的模筑混凝土或喷射混凝土墙，在注浆前先施工。混凝土墙必须内实外光，喷射混凝土墙要内部密实、表面平整，强度不低于设计值。待墙体混凝土强度达到设计值后才转入注浆孔钻进施工。

（13）钻孔准备

准确标识注浆孔的位置，开孔前保持钻机前端中点与掌子面钻孔位于同一轴线上，固定钻机，保证钻杆中心线与设计注浆孔中心线相吻合，钻机安装应平整稳固，在钻孔过程中应检查校正钻杆方向。

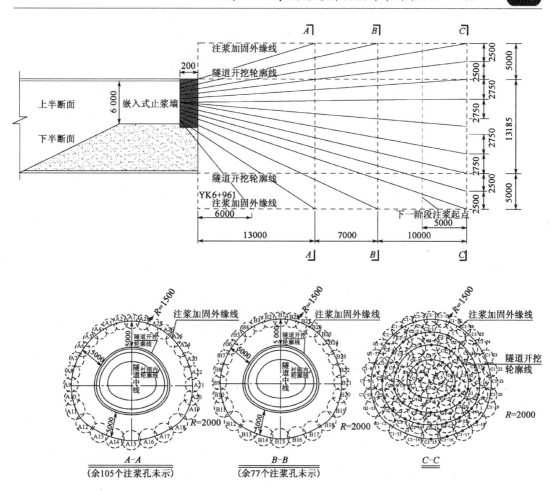

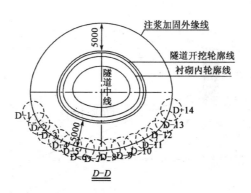

图 5　全断面预注浆布置图（尺寸单位：cm）

（14）钻孔开孔

为确保快速高效地完成钻孔注浆任务，最大限度发挥凿岩台车快速掘进能力，在施工过程中，开孔由凿岩台车采用 $\phi127$mm 钻头开孔，注浆终孔由 $\phi90$mm 钻头完成。

（15）孔口管安装

钻孔至孔口管设计长度要求后退出钻杆，利用台车作业平台安装孔口管，孔口管是一

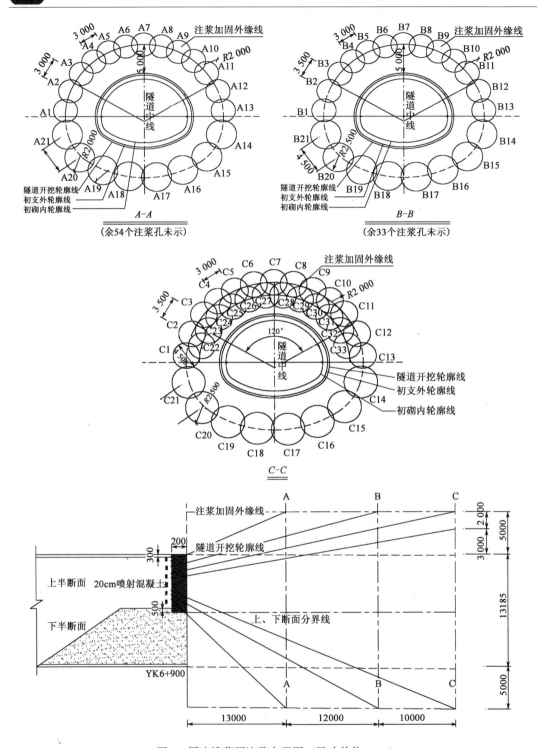

图 6 周边帷幕预注浆布置图 (尺寸单位：cm)

端焊有抱箍卡口的钢管，长度 2.2m。孔口管管身缠绕纺锤体麻丝，外涂锚固剂，在 5min 之内用钻机将孔口管顶入孔内，以防止锚固剂凝固，孔口管统一外露止浆墙 20～30cm，以便连接注浆管件。为防止孔口管由于注浆压力过大而爆突伤人，对所有已安装完毕的孔

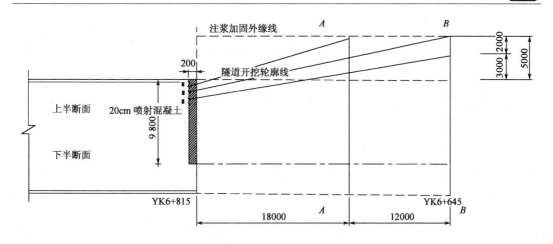

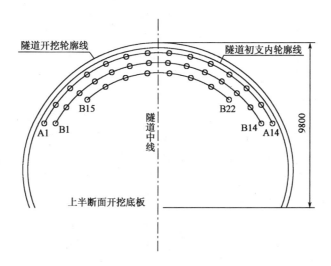

图 7 局部预注浆布置图（尺寸单位：cm）

口管使用 $\phi$12mm 钢筋进行联体连接，确保施工安全。

（16）配置浆液

一般情况下，部分制浆参数如下：

单液水泥浆：水灰比 0.4：1～1：1，先稀后浓，可加入适量的速凝剂。

单液水泥浆配制：先在搅拌机内放入定量清水进行搅拌，同时视设计及现场要求加入速凝剂，待全部溶解后放入水泥，继续搅拌即可。

水泥—水玻璃双液浆：水泥浆与水玻璃浆液体积比 1：1～1：0.3，水玻璃浓度 30～45 波比，凝胶时间 1～3min。并加入缓凝剂或速凝剂来调整凝胶时间，可调范围为十几秒到几十分钟。

双液浆的配制：水泥浆的配制同上，水玻璃浆的配制在搅拌桶内加一定量的清水，再放入一定量的水玻璃，搅拌均匀即可。两种浆液通过注浆机在混合器处混合后进入岩层。

（17）注浆

采用前进式分段或全孔一次性注浆，安设孔口管的孔位采用台车 $\phi$127mm 钻头开孔，随后改为 $\phi$90mm 钻头成孔，通过孔口管钻进 3～10m 后，停止钻孔，进行注浆施工，之后每钻进 5～7m，再注浆，如此循环下去，直至完成该孔的钻孔及注浆施工。

注浆顺序：从外圈向里圈注浆。每环注浆孔先施工奇数编号注浆孔，然后施工偶数编号注浆孔同时作为检查孔，如果不能达到标准，则另设检查孔。

（18）注浆结束标准

注浆结束标准以定压和定量为主，注浆压力达到设计终压，并且注浆速度小于 5L/min 超过 20min 时，即可结束该孔注浆。若注浆过程中长时间压力不上升，并且达到设计注浆量时，应缩短浆液的凝胶时间，并采取间歇注浆措施，控制注浆量。当设计孔全部达到结束标准并注浆效果检查合格时，即可结束本循环注浆。

（19）注浆效果检查

注浆效果检查主要以凿岩台车钻孔检查法并结合注浆资料的分析法为主，后期开挖效果检查为辅。检查孔的位置和数量依据注浆情况确定，检查孔数量一般按注浆孔数量 5%～10% 布置，检查孔钻深以开挖段长度并预留 5～8m 止浆岩盘确定。根据检查孔出水量及强度来决定是否实施补充注浆。如果每孔每延米涌水量大于 0.15L/min 或局部孔涌水量大于 3L/min 的需追加钻孔注浆，再次压注直到达到设计要求为止。

5.2.4 开挖支护和衬砌

1）超前预支护

为了保证断层破碎带开挖施工安全，采用双层小导管超前预支护方式，长管采用 $L=10m$、$\phi=50mm$、$\delta=5mm$ 无缝钢管，在注浆完成后由凿岩台车施作并注浆，短管采用 $L=3.0m$、$\delta=32mm$，$\delta=3.25mm$ 的热轧无缝注浆钢管，在每循环开挖前由凿岩台车施作并注浆，这样每循环都至少有 2 层超前预支护。在最大限度上封闭破碎岩体，能够保证隧道在软弱富水地段的安全施工。支护方式详见图 8。

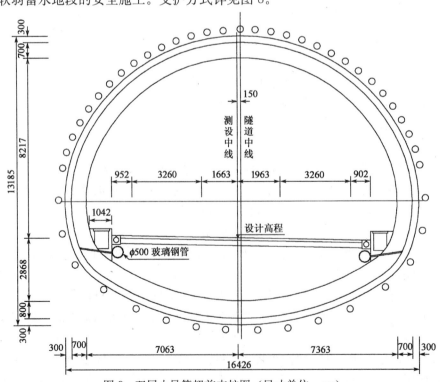

图 8 双层小导管超前支护图（尺寸单位：cm）

2）开挖支护

超前预注浆达到设计要求，经探测检查达到止水效果后方可进行开挖支护。在断层破碎带施工中，施工安全及结构稳定，主要根据现场地质状况，围岩破碎程度，采用预留核心土分部开挖法施工，减小一次开挖面积，利于围岩稳定。采用液压凿岩台车进行钻爆开挖。当各部位开挖完成后及时进行支护作业，支护采用以格栅拱架为主要承力结构的锚、网、喷体系。三台阶分部法施工图见图 9。

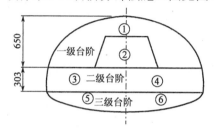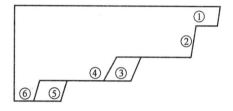

图 9  三台阶分部法施工图（尺寸单位：cm）

注：① 部为先行开挖上台阶的弧形断面部分。
　　② 为预留的核心土，确保拱部稳定，再下循环施工时开挖，同时预留新的核心土。
　　③④ 为中台阶的分幅开挖（距离上台阶约 50m，上、中台阶过渡采用单侧斜坡道，作为运输通道），左右错开施工，开距离控制在 10m 以内。
　　⑤⑥ 为台阶（仰拱部分）（距离中台阶约 50m，中、下台阶过渡采用单侧斜坡道，作为运输通道），也采用两侧分幅开挖，加快施工进度，错开距离与中台阶相同。

3）二次衬砌施工

本工法的衬砌防水等级为一级防水，防排水有两种方案：海域段全封闭方案和陆域段限量排放方案。衬砌施工前，对初支结构渗漏水超过设计标准的部位再次实施径向注浆堵水，确保初支结构表面无渗漏水。隧道二次衬砌采用全液压移动模板台车进行 C50、S12 耐久性混凝土模筑施工。

## 5.3  劳动力组织（超前预注浆、小导管预支护为主）

施工人力资源配置详见表 3。

**劳 动 力 配 置 表**　　　　　　　　　　　　　　表 3

| 序号 | 工种名称 | 每班劳动力 | 班制 | 施工人数（个） |
|---|---|---|---|---|
| 1 | 凿岩台车驾驶员及辅助人员 | 1+3 | 两班制 | 8 |
| 2 | 工班长 | 1 | 两班制 | 2 |
| 3 | 注浆作业人员 | 6 | 两班制 | 12 |
| 4 | 装载机驾驶员 | 2 | 三班制 | 6 |
| 5 | 运输车驾驶员 | 8 | 三班制 | 24 |
| 6 | 挖掘机驾驶员 | 1 | 三班倒 | 3 |
| 7 | 小导管支护人员 | 10 | 两班制 | 20 |
| 8 | 电工 | 1 | 三班制 | 3 |
| 9 | 文明施工 | 8 | 循环 | 8 |
| | 合 计 | | | 86 |

## 6 材料与设备

海底隧道开挖施工所需要的材料主要有乳化炸药、雷管、导爆索、普通水泥、无碱速凝剂、格栅钢架、钢筋、超细水泥、水玻璃、钢管、方木等。机械设备配置见表4。

机械设备配置表　　　　　　　　　　　　　　表4

| 序 号 | 名 称 | 规格型号 | 单 位 | 数 量 |
|---|---|---|---|---|
| 1 | 凿岩台车 | RB353E | 台 | 2 |
| 2 | 装载机 | WA470/380 | 台 | 2 |
| 3 | 自卸汽车 | 18t 北方奔驰 | 台 | 8 |
| 4 | 挖掘机 | PC200 | 台 | 2 |
| 5 | 空压机 | XP825E，20m³/min | 台 | 4 |
| 6 | 混凝土搅拌站 | HZS60 型 | 台 | 2 |
| 7 | 进口喷射机组 | SiKa-PM500 型 | 台 | 1 |
| 8 | 湿喷机 | TK-500 型 | 台 | 9 |
| 9 | 高速制浆机 | ZJ-400 | 台 | 1 |
| 10 | 搅拌桶 | 3kW 容量 300L | 台 | 1 |
| 11 | 注浆泵 | KBY50/70，KBY70/100 | 台 | 4 |
| 12 | 三参数注浆记录仪 | LHGY-3000 | 台 | 1 |

## 7 质量控制

### 7.1 质量控制标准

7.1.1 孔位误差≤±1cm，钻机定位误差≤±5cm，角度误差≤±0.5°。

7.1.2 注浆孔的孔底偏差应不大于孔深的 1/40 孔深，检查孔的孔底偏差应不大于孔深的 1/80 孔深。

7.1.3 水、水泥、水玻璃称量误差不应大于 2%，外加剂称量误差不应大于 1%。

### 7.2 质量控制措施

7.2.1 开孔钻进的前 3m 一定要采取低冲击、慢钻进的操作方法，减少开孔段的钻进偏差，对随后的深钻孔起到很好导向作用。

7.2.2 超前预注浆参数、注浆材料等指标须根据实际地层选用，但一旦确定就必须按要求严格实施，同时选用经验丰富的注浆作业人员，保证注浆效果及质量。

7.2.3 为保证浆液质量，制浆材料准确计量，水泥、缓凝剂、速凝剂等固相材料采用质量称量法，水、水玻璃采用体积称量法。

7.2.4 严格按顺序加料，有外加剂的浆液中，外加剂未完全溶解，不得加入水泥。搅拌时不得将绳头、纸片等杂物带入搅拌机内，搅拌后的浆液必须经筛网过滤后方可进入注浆机。掺有缓凝剂的水泥浆必须在 30min 内用完。

7.2.5 各类浆液必须搅拌均匀，测定浆液密度和黏滞度等参数，并做好记录。

7.2.6 拌制超细水泥浆液时，应加入减水剂和采用高速搅拌机，高速搅拌机转速应大于 1200r/min，搅拌时间应通过试验现场确定。超细水泥浆液的搅拌，从制备至用完的

时间宜小于2h。确保浆液的良好性能。

7.2.7　隧道注浆效果的检查及评价很重要，是确定是否可以开挖的重要依据，因此注浆过程中必须安排技术人员全过程监控，确保注浆按照方案要求施工，同时对注浆过程中出现的问题及情况记录清楚，便于效果检查做评判参考依据。

7.2.8　隧道开挖支护后要及时进行回填注浆，确保支护体系与围岩密贴，使支护体系尽快起到承重作用，减小围岩变形。

7.2.9　合理安排资源，及时施做衬砌结构，尽可能缩小开挖与衬砌之间的距离，满足规范要求，保证施工安全与质量。

## 8　安全措施

8.1　严格执行"有疑必探、先探后挖、不探不挖"的超前地质预报原则。

8.2　备好应急物资：施工中应做好正常排水工作，同时准备好充足的应急抽水设备，并有备用，同时保证自发电系统良好运转，以防止施工中出现涌水危害；准备好抢险材料、应急救援物资，做好抢险准备工作（应急物资见表5），以便在隧道发生险情时，及时进行支护，将险情及时控制。

应急物资储备表　　　　　　　　　表5

| 序　号 | 名　称 | 数　量 | 性能状态 | 备　注 |
|---|---|---|---|---|
| 1 | 装载机 | 2台 | 合格 | |
| 2 | 汽车 | 5台 | 合格 | |
| 3 | 编织袋 | 若干 | 合格 | |
| 4 | 注浆机 | 2台 | 合格 | |
| 5 | 速凝剂 | 5t | 随时更换批次，并保持在有效期内 | |
| 6 | 水泥 | 30t | | |
| 7 | 抽水机 | 10台 | 合格 | |
| 8 | 钢管 | 若干 | 合格 | |
| 9 | 救生衣 | 30套 | 合格 | |

8.3　防止钻孔注浆时发生突涌水，先设置孔口管，并安设止水球阀。

8.4　海底隧道施工防止突涌水发生是关键，在施工过程中要仔细分析、认真研究每一施工步骤面临的风险，然后提出科学的解决方案和应急预案，并进行应急演练及逃生演练，力求将海底含水断层破碎带等施工风险降到最低。

8.5　为确保洞内外信息通畅，及时了解海域段断层破碎带施工情况，第一时间下达正确的施工指令，应在各作业点之间设置便捷可靠的通信设备。

8.6　隧道监控量测是海底隧道安全措施之一，同时及时建立监测系统，采集围岩和结构安全信息，认真进行分析、处理和反馈，实行动态管理、信息化施工，确保施工安全。

8.7　设置安全预警系统，当洞内出现紧急情况时，可启动安全警报，安全指示灯会跳到红色预警。能够及时通知各部门人员，及时启动应急预案。

8.8　为保证结构安全，支护要加强并紧跟开挖，同时及时施做二次衬砌。

### 9　环保措施

9.1　由于出水等情况探明后采用超前预注浆及时进行止水和加固，且效果达到目标要求，在确保施工安全的同时，也保证了海洋水体的稳定，保护了海洋生态系统。

9.2　喷射混凝土采用湿喷工艺，采用进口 SiKa PM500 型喷射机组施工，有效减少了粉尘污染；同时喷射混凝土外加剂采用无碱速凝剂，防止了对海底环境的二次污染。

9.3　海底隧道施工大量采用新技术、新工艺，在提高了结构的防排水性能的同时，支护和衬砌结构分别采用高强度等级、耐久性的 C35 及 C50 混凝土，保证了使用期限安全的同时，也降低了维护费用和资源，对资源的节约，也是对环保有积极意义。

9.4　采用超前预注浆时，特别加强了对环境的保护，采取的主要措施如下：

9.4.1　采用全新注浆设备，保证良好机况，注浆过程中，加强跟踪检查及维修，尽量避免跑、冒、滴、漏。

9.4.2　注浆时，严格控制注浆材料用量，浆液随伴随用，并在作业面设置排水沟及沉淀池，沉淀掌子面溢出的浆液，沉淀物及时清理出场，其余废水经过多级沉淀，达标排放，防止浆液对水土造成污染。

### 10　资源节约

10.1　通过对三臂凿岩台车改进，实现长距离超前探孔，提高超前预报的准确性，减少了其他技术资源的利用，降低了风险，节约了资源。

10.2　通过对三臂凿岩台车改进，实施钻注一体化施工，既减少了作业人员又降低了安全风险，同时也挖掘了设备的潜力，提高了设备的使用效率，降低了单位能耗，节约了资源。

10.3　倡导减少资源投入，针对不同的地层条件选择不同的注浆方案，既保证施工安全，同时满足经济和资源节约的要求。

10.4　注浆施工工艺改变传统做法，将注浆管的法兰盘连接改为活结口的套接，在提高作业速度的同时，配件清洗后可重复利用，降低了投资，节约了资源。

10.5　大量采用新技术、新工艺，从中空防腐锚杆、多重注浆锚杆等新支护结构到采用高强度等级、耐久性的 C35 及 C50 混凝土，在保证结构安全的同时，也降低了运营维护费用，对资源节约有积极意义。

10.6　科学组织、精心施工，加强过程控制，提高成功率，避免返工带来的资源浪费。

### 11　效益分析

胶州湾隧道应用海底断层破碎带综合施工工法，不仅提高了施工进度（采用传统方法，进度只能达 8～20m/月，而应用此工法后，进度达 60m/月，提高功效 2 倍以上），使工程进展始终领先其他标段，而且隧道施工也处于安全状态，未发生安全事故，获得良好的安全效益，同时取得了良好的社会和经济效益。

青岛海底隧道的相继建成将展示我国工程技术的发展和实力，对推进隧道建设技术的进步，缩小与世界海底隧道先进修建技术的差距，起到积极作用。对国内诸如烟大、大连

湾，甚至台湾海峡隧道等众多工程的论证、修建将起到很好的案例引导作用，其政治、社会、环保效益巨大，影响深远。

## 12　应用实例

### 12.1　应用实例一

青岛胶州湾隧道是一项规模宏大的跨海工程，是青岛市实现"拥湾战略、环湾保护"的举措之一，工程全长约 8720m，包括跨海隧道主体工程及两岸的部分接线工程。隧道部分设两条主隧道和一条服务隧道，以及各项运营管理设施，并预留市政管线敷设通道。海底隧道总长约 6170m，其中跨越海域段约 3950m，路基段长约 950m，是一条以城市道路功能为主兼有公路功能的隧道，主隧道内设双向六车道，断面为椭圆形断面，内净空高8.218m，宽 14.426m。

主隧道限界高度 5.0m，车行道宽度 $2×3.5+3.75=10.75m$，总宽 13.5m。

胶州湾隧道工程第四施工合同段主隧道长 3300m，起止里程为 YK5+600～YK8+900，海域段约 1750m，覆盖层厚度约在 25.4～35.1m 之间。隧道通过海域段最大水深约 42m。

其中，开挖支护长度 3220m，Ⅱ级围岩段长度 1065m，占合同段隧道长度的32.27%，Ⅲ级围岩段长度 812m，占合同段隧道长度的 24.61%，Ⅳ级围岩段长度1100m，占合同段隧道长度的 33.33%，Ⅴ级围岩 323m，占合同段隧道长度的 9.79%。

隧道围岩地质复杂多变，在Ⅲ、Ⅳ级围岩中，频繁出现节理破碎带，规模不等的小断层，裂隙集中区等。Ⅱ级围岩岩体强度较高，岩性主要为花岗岩，节理、裂隙不甚发育，完整性和稳定性较好。

主要的不良地质体，从设计图纸地质资料上显示，在本合同段内共分布有 9 条断层（裂）破碎带，其中海域段有（f4-5、f4-4、f4-3、f4-2、f4-1、f3-2、f3-1）7 条，以压扭性和张性断层（裂）为主，带内岩体多呈碎裂～镶嵌碎裂结构，裂隙多为微张型且发育，破碎带影响带岩体受其影响发育微张型裂隙。

水文地质主要指海域范围内地层中的地下水，据其赋存形式分为松散岩类孔隙水、风化基岩孔隙裂隙水及基岩裂隙水三种。海域地下水主要受海水的垂直入渗补给。

施工前进行了地质情况调查分析，结合开展的综合工法研究进行了科学合理的施工方法选择及工序设施配套。

从 2008 年 10 月 28 日主隧道进入海域段第一个断层 f4-5 正式运用此工法至通过 2009年 12 月 11 日最后断层 f3-1。实际使用超过 14 个月。

通过运用此工法，成效显著：

（1）本项目的海底隧道施工未发生安全事故；

（2）在确保施工安全与质量的前提下，加快了施工速度，从原计划的断层带的 8～20m/月的施工进度指标提高到 60m/月，提高功效 2 倍以上。

根据本工程存在的断层（裂）构造发育、岩性界面形态复杂、穿越海底的突出特点，在本工程采用以地质分析为主，长距离宏观预报与短距离精确预报相结合、物探与钻探相结合、定性与定量相结合、多种探测方法相互补充验证的综合超前预报方案，结合洞内变形量测进行光爆设计、特殊地段施工方案、普通段开挖支护方案的参数进行修正，能够及时控制住隧道开挖中的各种险情，使工程安全、优质地完成了开挖支护。经过断的修正参数使海底隧道各项施工参数更趋于合理，即能保证隧道安全，施工速度也有了提高。目前已安全、高速地完成了主隧道的全部开挖任务，后续工程正在按计划推进。在胶州湾隧道的四个标段中，中铁隧道集团率先安全顺利完成掘进工作，获得了业主和监理的好评，此工法的成功运用对今后类似条件下的水下隧道的施工具有重要示范作用。

### 12.2 应用实例二

湖南长沙市营盘路湘江隧道工程位于银盆岭大桥和橘子洲大桥居中偏南位置，东西走向，分别穿越潇湘大道和湘江大道，距上游橘子洲大桥约 1.3km 左右，距下游银盆岭大桥约 2.1km 左右。

隧道设计净宽 9.0m＝余宽 0.25m＋左侧路缘带宽度 0.5m＋行车道宽度 3.5m×2＋右侧路缘带宽度 0.5m＋右侧检修道宽度 0.75m，净高 4.5m。

根据地勘资料，隧道将先后穿过三条断层破碎带，分别为傅家洲断层破碎带（F1）、橘子洲断层（F2）及湘江东岸断层破碎带（F3）。隧道过断层破碎带时极易发生突泥、涌水、岩块崩落甚至坍塌。隧道暗挖段大部分地段覆土厚度为 6.5～22.3m，而地下分岔大跨段达到 23.49m，因此隧道暗挖段存在很大的施工风险。

工程于 2009 年 10 月开工，隧道在通过 F1 断层破碎带施工方案制订时，吸收了《海底隧道断层破碎带综合施工工法》的相关内容，目前已在湘江隧道的施工中推广应用，给项目施工产生了良好的经济、社会和环境效益，为后续安全通过剩余断层破碎带施工积累了成功经验，确保隧道施工安全。

# 公路隧道前置式洞口工法

GGG（渝）D6170—2010

蒋树屏　胡学兵　黄伦海　濮家利　郭云普

（招商局重庆交通科研设计院有限公司）

## 1　前言

隧道洞口是隧道施工中最为困难的地段。传统的方法是先进行洞口边仰坡开挖、防护，达到一定的进洞条件后再进洞施工，但这时已经形成了较大高度的边仰坡。有些洞口虽采用接长明洞回填绿化的方法加以补救，然而，这对于原生植被的破坏却是不可恢复的。

宁淮高速公路上的老山隧道处于国家级森林公园老山风景区，属原始次森林带，古树参天，植被茂密，自然生态环境良好。老山隧道的修建势必影响附近的自然环境，破坏部分原生植被。为了实现"自然生态系统良性循环，维护国家生态环境安全，确保国民经济和社会的可持续发展"的战略目标，使公路能够方便、迅达、安全、舒适、清洁，同时兼顾公路的美观、公路与周围生态环境的和谐以及公路建设引起的生态可持续性问题，重庆交通科研设计院联合管理单位和施工单位开展了科技创新，共同完成了"公路隧道环保型建设技术研究"课题，并开发了国内首创、国际领先的"公路隧道前置式洞口工法"，成功地将其应用于老山隧道洞口施工中。本科研成果于 2006 年 5 月 28 日在南京由江苏省科技厅委托江苏省交通厅组织评审，并于 2007 年获得中国公路学会科学技术一等奖。

鉴于"公路隧道前置式洞口工法"在老山隧道的成功实施，2006 年重庆交通科研设计院在进行重庆至长沙公路洪安至酉阳段设计时，又将该工法成功运用于隧道洞口施工过程中，减少了隧道边仰坡工程。在保证安全的前提下，既保护了周边生态环境，又节省了总体造价，还加快了工期，取得了很好的社会效益和经济效益。

## 2　工法特点

2.1　利用隧道中间核心土体的支撑作用稳定隧道边仰坡，减少洞口开挖量。

2.2　采用隧道两侧开槽，在原设计明洞外轮廓以外施作钢拱架并浇筑混凝土，作为临时衬砌，然后反压回填，稳定边仰坡。

2.3　在临时衬砌保证了边仰坡稳定的前提下，进行明洞的开挖。

2.4　本工法在施工过程中尽可能减少边仰坡开挖，减少对围岩的扰动，并及时施作临时衬砌结构和回填反压，缩短了边仰坡的暴露时间。因此，相对于传统洞口施工方法，隧道边仰坡对环境的破坏更小，稳定性更好，安全隐患更少，质量更高，总体造价更节省。

## 3　适用范围

前置式隧道洞口工法在国内山区高等级公路隧道洞口施工中均可推广应用。对处于滑坡区段的洞口，应先对滑坡进行处治后再进行洞口开挖。

## 4　工艺原理

前置式洞口工法采取不切坡进洞方法，即在洞外不开挖山脚土体的情况下，采用两侧开槽逐榀施作工字钢拱架，随着钢拱架推进逐渐"亲吻"山体，拱架间以纵向钢筋连接为整体，浇筑混凝土形成临时衬砌，在进洞前以临时衬砌成洞，回填反压后再进行临时衬砌内暗挖施工。

本工法在隧道洞口施工过程中，由于开槽范围小，对洞口边仰坡的稳定性影响小，开槽过程中边仰坡处于稳定状态；开槽至暗洞口位置，及时施作临时明洞和结构外反压回填，保证边仰坡的稳定，再进行暗洞开挖。因此，本工法施工过程，一直是在隧道洞口边仰坡稳定的情况下进行的，能有效避免洞口坍塌或滑移等不良地质现象的发生。

## 5　施工工艺流程及操作特点

### 5.1　施工工艺流程

前置式洞口工法的开挖顺序为：左洞施工槽开挖→左洞施工槽喷锚支护→左洞前置支护钢拱架架立→左洞前置支护混凝土浇筑→左洞回填→左洞前置支护内开挖→左洞衬砌。右洞口基本相同。施工中，关键是尽量迟缓洞内核心土（小土埝）的挖出时间，并永久保留两洞之间的大土埝。

### 5.2　操作要点

#### 5.2.1　开槽施工与防护

开槽的宽度和深度主要受施工工艺、施工操作空间、围岩条件等因素的限制。在岩质边坡地段，围岩条件较好，可采用爆破开挖，开槽宽度可适当宽些，开槽深度直接挖至隧道明洞边墙底高程位置；在土质边坡地段，围岩条件较差，边坡稳定性较差，可采用机械开挖，开槽宽度可适当窄些，开槽深度可分台阶跳槽开挖。施工中的具体要求如下：

（1）施工前应严格核查路线测设线位置，确保隧道洞口位置正确。

（2）施工前严格核查地形、地质、水文条件，以确定合理的洞口开挖及防护参数。

（3）洞口开挖前应清除仰坡浮土，做好截水措施，放出开挖边界线。

（4）拉槽开挖过程中，应严格控制一次纵向开挖长度和每次的开挖深度。

（5）边仰坡开挖后应及时喷锚防护，边开挖边防护，严禁将洞口边槽开挖完毕后进行一次性防护。

（6）锚杆施工时应注浆饱满；钢筋网应与锚杆连接成一整体，钢筋网之间的搭接应牢固。

（7）开槽施工时应做好槽内的排水工作。

（8）开槽施工过程中，应加强施工监测，并及时反馈监测结果，以便及时修正支护参数，确保安全。

#### 5.2.2　临时衬砌施作

临时衬砌刚度的设计受围岩条件、地形条件的制约，当洞口地形陡峭或偏压较严重时，临时结构应设计得比较牢固；当基底为软弱岩土时，临时衬砌边墙底端还应设置桩基础等辅助措施，保证边坡及结构的稳定。主要施工步骤如下。

（1）按设计施工管棚套拱，钢拱架架立就位后，浇筑 C25 混凝土套拱。若无超前大管棚，直接进行下一步。

（2）超前大管棚或超前小导管预支护施工。若无超前预支护，直接进行下一步。

（3）前置式洞口临时衬砌施工。首先架立型钢拱架，并采用连接钢筋焊接牢靠。在型钢拱脚部先浇筑 C15 片石混凝土稳定拱架基脚，浇筑高度控制在 2m 左右。型钢拱采用 20b 工字钢分段焊接而成，型钢拱脚设架立钢板。型钢钢架纵向间距为每榀 50cm，连接钢筋采用 $\phi$22mm 钢筋，以环向间距 100cm 交错布置。临时衬砌采用 30cm 厚的 C25 混凝土。

（4）洞顶回填反压，以保证临时衬砌和边仰坡的稳定。临时衬砌最大回填高度控制在 2m 内。临时衬砌施作时的具体要求如下：

①　临时衬砌的基础承载力必须满足设计要求，当达不到设计要求时，应采取换填或设置桩基础。

②　严格控制型钢拱架间距，拱架必须直立；每榀拱架的接头应错开布设，严禁设置在同一断面；接头位置应设置于弯矩较小的部位，避免设于拱顶和拱腰位置。

③　纵向连接筋应通长设置，与钢架焊接牢固，保证钢架的整体性，起到分布钢筋作用。

④　临时衬砌模板必须密实，严禁施工中出现漏浆现象；混凝土浇筑完毕后应按要求进行养护。

⑤　临时衬砌回填过程中应左右侧同时对称进行，两侧的回填高差不应大于 1m。

5.2.3　监测技术与分析

确保工程建设安全的关键是全过程监测隧道洞口边仰坡的稳定情况，及时监测各施工工序对边仰坡的稳定性影响，回填过程中及时监测临时衬砌的结构内力。主要监测内容见表 1。

**监测项目汇总表**　　　　　　　　　　　　　　　　　　表 1

| 序号 | 监测项目 | 监测仪器 | 监测频率 | 监测目的 |
|---|---|---|---|---|
| 1 | 地表沉降 | WILD-N3 精密水准仪、钢钢尺 | 初期：1～2 次/d<br>后期：1～2 次/3d | 掌握洞口开挖对边仰坡的影响程度和范围 |
| 2 | 地表分层沉降 | 分层沉降仪 | 初期：1～2 次/d<br>后期：1～2 次/3d | 掌握洞口边仰坡不稳定情况下围岩内部的滑移状况 |
| 3 | 边坡位移 | 多点位移计、全站仪 | 初期：1～2 次/d<br>后期：1～2 次/3d | 掌握洞口边仰坡的稳定状况 |
| 4 | 临时衬砌拱顶沉降 | 水准仪、钢尺 | 初期：1～2 次/d<br>后期：1～2 次/7d | 了解施工过程中临时衬砌的稳定情况 |
| 5 | 临时衬砌水平收敛 | 收敛仪 | 初期：1～2 次/d<br>后期：1～2 次/7d | |

续表

| 序号 | 监测项目 | 监测仪器 | 监测频率 | 监测目的 |
|---|---|---|---|---|
| 6 | 钢架内力 | 钢筋计、频率接收仪 | 初期：1～2次/d<br>后期：1～2次/7d | 了解施工过程中临时衬砌的稳定情况 |
| 7 | 混凝土应变 | 应变计、频率接收仪 | 初期：1～2次/d<br>后期：1～2次/7d | |

## 5.3 劳动力组成（表2）

劳动力组织情况表      表2

| 序　号 | 单项工程 | 所需人数（人） | 备　注 |
|---|---|---|---|
| 1 | 管理人员 | 4 | |
| 2 | 技术人员 | 4 | |
| 3 | 拉槽开挖 | 10 | |
| 4 | 管棚施工 | 6 | |
| 5 | 临时衬砌施工 | 15 | |
| 6 | 钢筋加工 | 4 | |
| 7 | 杂工 | 4 | |
| 合　计 | | 47 | |

## 6 材料与设备

本工法无需特别说明的材料，采用的机具设备见表3。

机具设备表      表3

| 序号 | 设备名称 | 设备型号 | 单位 | 数量 | 用途 |
|---|---|---|---|---|---|
| 1 | 正铲装载机 | ZL50 | 台 | 1 | 运土 |
| 2 | 履带式挖掘机 | 925LC | 台 | 1 | 挖土 |
| 3 | 混凝土搅拌运输车 | 混凝土搅拌运输车 | 台 | 2 | 运输混凝土 |
| 4 | 混凝土喷射机 | PZ—5B | 台 | 2 | 喷射混凝土 |
| 5 | 凿岩机 | 7665 | 台 | 4 | 打设锚杆 |
| 6 | 混凝土输送泵 | HB—300 | 台 | 2 | 泵送混凝土 |
| 7 | 钢筋弯曲机 | GW40 | 台 | 1 | 钢筋加工 |
| 8 | 点焊机 | BX—300 | 台 | 4 | 钢筋加工 |
| 9 | 注浆泵 | KBY—50/70 | 台 | 1 | 锚杆或管棚注浆 |
| 10 | 漏斗及导管 | $\phi$200mm | 套 | 1 | 灌注混凝土 |
| 11 | 潜孔钻机 | KQG150 | 台 | 1 | 管棚施工 |

## 7　质量控制

### 7.1　工程质量控制标准

7.1.1　洞口施工质量执行《公路隧道施工技术规范》(JTG F60—2009)，明洞结构允许偏差按表 4 执行。

明洞结构允许偏差表　　　　表 4

| 序　号 | 项　　目 | 允许偏差（mm） | 检查频率 | 检验方法 |
|---|---|---|---|---|
| 1 | 中线 | ±10 | | 全站仪 |
| 2 | 高程 | ±10 | | 全站仪 |
| 3 | 同步 | ±30 | 每榀钢架 | 钢尺 |
| 4 | 环向闭合 | ±50 | | 全站仪 |
| 5 | 垂直度 | 20 | | 锤球、钢卷尺 |

7.1.2　临时衬砌施工质量执行《公路隧道施工技术规范》(JTG F60—2009) 中洞门衬砌的相关规定。

### 7.2　工程质量保证措施

7.2.1　边坡开挖必须按设计要求，随开挖、随防护。

7.2.2　边坡开挖不应欠挖，并严格控制超挖，尽量选用机械开挖施工。对意外出现的超挖或局部坍塌，应及时用喷射混凝土回填密实，必要时对围岩注浆加固。

7.2.3　拉槽基坑内不得积水，坡口外应做好截水措施。

7.2.4　拉槽施工完毕后，应及时施作临时明洞结构，在临时衬砌达到设计强度指标要求后，及时进行洞顶回填，保证边仰坡稳定。

## 8　安全措施

8.1　认真贯彻"安全第一、预防为主"的方针，根据国家有关规定、条例，结合施工单位实际情况和工程的具体特点，组成由专职安全员和班组兼职安全员以及工地安全用电负责人参加的安全生产管理网络，执行安全生产责任制，明确各级人员的职责，抓好工程的安全生产。

8.2　施工现场按防火、防风、防雷、防洪、防触电等安全规定及安全施工要求进行布置，并完善布置各种安全标识。

8.3　各类房屋的消防安全距离符合公安部门的规定，室内不堆放易燃品；严格做到不在木料加工场、料库等处吸烟；随时清除现场的易燃杂物；不在有火种的场所或其近旁堆放工程材料。

8.4　氧气瓶与乙炔瓶隔离存放，严格保证氧气瓶不沾染油脂、乙炔发生器有防止回火的安全装置。

8.5　施工现场的临时用电严格按照《施工现场临时用电安全技术规范》的有关规定执行。

8.6　电缆线路采用"三相五线"接线方式，电器设备和电器线路必须绝缘良好。场内架设的电力线路，其悬挂高度和线间距除要符合安全规定要求外，还要将其布置在专用电杆上。

8.7 施工现场适用的手持照明灯使用 36V 的安全电压。

8.8 室内配电柜、配电箱前放置绝缘垫，并安装漏电保护装置。

8.9 对将要较长时间停工的开挖作业面，不论地层好坏均进行网喷混凝土封闭。

8.10 建立完善的施工安全保证体系，加强施工作业中的安全检查，确保作业标准化、规范化。

## 9 环保措施

9.1 成立对应的施工环境卫生管理机构，在工程施工过程中严格遵守国家和地方政府下发的有关环境保护的法律、法规和规章，加强对施工燃油、工程材料、设备、废水、生产生活垃圾、弃渣的控制和治理，做好交通环境疏导，充分满足便民要求，认真接受城市交通管理，随时接受相关单位的监督检查。

9.2 将施工作业限制在工程建设允许的范围内，合理布置、规范围挡，做到标牌清楚、齐全，各种标识醒目，施工场地整洁、文明。

9.3 对施工中可能影响到的各种公共设施，制订可靠的防止损坏和移位的实施措施，加强实施中的监测、应对和验证。同时，将相关方案和要求向全体施工人员详细交底。

9.4 设立专用排浆沟、集浆坑，对废浆、污水进行集中，认真做好无害化处理，从根本上防止施工废浆乱流。

9.5 定期清运沉淀泥砂，做好泥砂、弃渣及其他工程材料运输过程中的防散落与沿途污染措施。废水除按环境卫生指标进行处理达标外，按当地环保要求的指定地点排放。弃渣及其他工程废弃物按工程建设的指定方案进行合理堆放和处治。

9.6 优先选用先进的环保机械，采取设立隔音墙、隔音罩等消声措施，以降低施工噪声至允许值以下，同时尽可能避免夜间施工。

9.7 对施工场地道路进行硬化，并在晴天经常对施工通行道路进行洒水处理，防止尘土飞扬，污染周围环境。

## 10 资源节约

10.1 比较《日本道路公团设计要领》中关于洞口仰坡高度的规定，前置式洞口工法的上仰坡开挖高度仅为日本规定值的 20%；比较国内传统工法，前置式洞口工法的上仰坡开挖高度仅为传统工法的 3%。前置式洞口工法能够达到悄然进洞、避免植被破坏的效果，有效地减少了洞口开挖量和边仰坡防护措施，节省了大量的征地面积，发挥了资源节约的功效。

10.2 前置式洞口工法对洞口边仰坡的影响小，基本能保证边仰坡的稳定，解决了隧道进洞难的问题，避免了洞口滑塌的风险，加快了洞口的施工进度，从而达到资源节省的效果。

## 11 效益分析

前置式洞口工法实现了隧道洞口"零仰坡"施工，避免了隧道洞口高大边坡开挖，保护了自然植被，减小了对原地质体的扰动，节约了资源，取得了良好的环境效益与社会效益。本工法符合科学发展观的时代要求，体现了"环境友好、资源节约型"交通建设的理念。前置式隧道洞口工法在国内山区高等级公路隧道洞口施工中均可推广应用，具有极好的适用。其应用前景是广阔的，发挥的作用是巨大的，意义是深远的。

## 12　应用实例

前置式洞口工法紧密结合交通运输部勘察设计新理念，注重安全、环保、经济的原则，目前成功运用于以下工程项目。

### 12.1　江苏宁淮高速公路南京老山隧道

宁淮高速公路是国家重点规划建设公路"十三纵、十五横"中的重要组成部分，也是江苏省干线公路网规划中"四纵、四横、四联"主骨架中的重要组成部分，是南京通往苏北腹地的一条重要干线高速公路，全长 193km。公路建设标准为双向 6 车道高速公路，设计行车速度 100km/h。老山隧道位于国家级森林公园老山林场辖区内，采用上下行分离形式布置。老山中部垭口将隧道截分为 1 号隧道和 2 号隧道，老山隧道左线全长 3210m，右线全长为 3595m，为双向 6 车道高速公路隧道。针对老山林场自然环境条件和隧道工程地质条件，在 1 号隧道出口和 2 号隧道进口采用前置式洞口工法施工，贯彻落实隧道"早进晚出"设计施工理念。该方法使隧道最大仰坡高度控制在 1.5m 以下，隧道边坡高度控制在 8m 以下，减少边仰坡开挖面积 2362m²。隧道洞口建成后情形见图 1。

图 1　老山隧道洞口

### 12.2　渝沙通道洪安至酉阳段高速公路隧道

重庆至长沙公路是西部开发省际公路通道之一，也是宁波至樟木国家重点干线公路及重庆市骨架公路网的重要组成部分，是连接我国西南、中南、东南的重要横向干线。洪安至酉阳段是重庆至长沙公路重庆境内的一段，也是重庆规划建设的"三环八射九联线"骨架公路网中重庆至秀山公路的一段。路线全长 77.387km，其中洪安（湘渝界）至上官桥段路线长度 45.437km，上官桥至酉阳段路线长度 31.95km。公路建设标准为双向 4 车道高速公路，设计行车速度 80km/h。洪西高速设隧道 10 座，分别为狮子山隧道、大董岭隧道、老虎山隧道、沙帽坡隧道、小龙潭隧道、平阳隧道、青冈隧道、龙门隧道、葡萄隧道、寨上隧道洞。洞口均采用前置式洞口工法设计与施工，避免了隧道进洞难的问题，加快了洞口施工进度，取得了较好的安全、环保、经济效果。隧道洞口建成后情形见图2。

图2 洪酉高速隧道洞口

# 超大直径盾构穿越浅覆土水下隧道施工工法

GGG（中企）D6132—2011

王守慧　王华伟　陈　健　杨纪彦　葛照国

（中铁十四局集团有限公司）

## 1　前言

盾构法进行水域（江、河、湖、海）下隧道施工时，由于隧道使用线路上的因素限制，有时使得隧道所处位置的上覆土层较浅。盾构机在高水压、强透水、浅覆土（覆盖层厚度不足 1 倍盾构机直径）条件下的掘进过程中，极易发生掌子面失稳、地层隆陷、透水冒浆和局部扰动液化，施工技术难度和工程风险极大，属于世界级技术难题。

中铁十四局集团有限公司针对南京长江隧道工程盾构隧道江中浅覆土段（该段覆土最小厚度大约在 10.49～12.34m 间，有 72m 覆土厚度不足 1 倍盾构直径，最小覆土厚度仅为盾构直径的 70%），受到盾构掘进扰动后，土体易发生液化现象，易坍塌；且当盾尾密封效果不佳或注浆量设置不合理时，均可能发生涌水涌沙等技术难点，通过研究总结出了在最大水压达到 $7.0 kg/cm^2$（即相当于 70cm 水头压力），开挖直径达 14.96m，距离超过 3km 的情况下超大直径盾构穿越浅覆土水下隧道施工技术，并形成工法。该工法 2009 年被评为企业级工法，2010 年被评为"中国铁道建筑总公司优秀工法"。

2010 年 9 月 9 日该技术通过了中国建筑业协会全国建筑业新技术应用示范工程成果评审，评审意见："复杂地质条件下超大直径盾构隧道浅覆土穿越长江技术"达到国内领先水平。

该工法应用于南京长江隧道工程，施工中未出现任何风险，技术成熟可靠。

该工法解决了地层加固不均、端头土体失稳、涌水涌沙、地层塌陷等诸多难题，取得了创造性研究成果，达到了国际领先水平。实践证明，运用该工法可以确保施工安全，加快施工生产进度，创造良好的社会经济效益。该成果在类似工程建设中有重要的指导意义，在大型铁路工程、公路工程及市政工程中具有良好的推广价值，应用前景将非常广阔。

## 2　工法特点

2.1　加快施工进度。采用高黏度泥浆维护开挖面稳定，工艺简单，提高施工进度。

2.2　降低成本。工艺简单，原材料价格低廉，降低了施工成本。

2.3　操作简单。最大限度减少了施工人员和运输机械设备的工作量，现场管理简便易行。

2.4　减少了对河道通航的影响。不在江中进行作业，减少了对河道通航的影响。

2.5 安全可靠。减少了对江底土体的扰动，安全可靠。

## 3 适用范围

本工法适用于大直径的越江穿河隧道工程中采用盾构法施工的复杂地质条件下的浅覆土掘进施工，对其他类似盾构隧道的施工也具有一定的参考价值。

## 4 工艺原理

南京长江隧道采用抛填黏土方法可以满足掘进覆土厚度要求，但是江底浅覆土地段处于长江主流下方，由于江水流速较快，黏土颗粒较细，只能采用抛填袋装黏土，这样就很难在江底形成均匀的覆土层。这样就导致抛填黏土部分土体松散，与原有河床下土体无法成为一个整体，土压力稳定作用较小。由于水流快，抛填黏土会引起周圈土体局部冲刷扰动原覆土层的稳定。

南京长江隧道江中浅覆土施工通过采用高黏度泥浆维护开挖面，控制开挖面泥水压力波动和泥浆流量，掘进过程中严格控制盾构姿态，确保注浆均匀充足等综合技术，安全平稳通过了浅覆土地段。

泥水平衡盾构开挖面的稳定是依靠密封舱的压力泥浆来达到的。当泥水压力大于地下水压力时，泥水渗入土体中，泥水中的砂成分、黏土堵住了地层土中的间隙（或淤堵在其表面），形成与土体间隙成一定比例的悬浮颗粒，被土体捕获的颗粒凝聚于土体与泥水的接触面，形成渗透性非常小的一层泥膜。在渗透系数较小的泥膜形成后，降低了泥水压力的损失，泥水与地下水的置换将被隔绝，泥水压力可更加有效地作用于开挖面，从而可防止开挖面的变形和垮塌，并确保开挖面的稳定。

## 5 施工工艺流程及操作要点

### 5.1 盾构穿越浅覆土施工工艺流程图（图1）

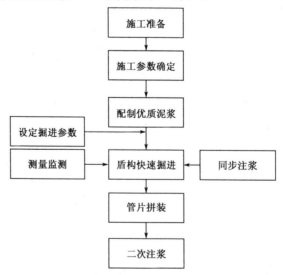

图1 盾构穿越浅覆土施工工艺流程图

### 5.2 操作要点

#### 5.2.1 泥水压力

泥水压力计算过程中的水深以施工时实际长江水位为准，并根据盾构通过浅覆土段时的长江潮汐水位进行调整。泥水压力要求严格进行控制，偏差幅度在 $\pm 0.1$ bar（1bar $= 10^5$ Pa）之间。

施工参数计算采取的公式如下。

1）切口水压上限值（图 2）

$$
\begin{aligned}
P_{fu} &= P_1 + P_2 + P_3 + P_4 \\
&= \gamma_w \times h + K_0 [(\gamma - \gamma_w) \times h + \gamma \times (H - h)] \\
&\quad + 20 + \gamma_{水} h_{水}
\end{aligned} \tag{1}
$$

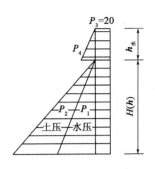

图 2 江中段开挖面切口水压示意图

式中：$P_{fu}$——切口水压上限值（kPa）；

$P_1$——地下水压力（kPa）；

$P_2$——静止土压力（kPa）；

$P_3$——变动土压力，一般取 20kPa；

$P_4$——江水压力，根据不同的水深确定；

$\gamma_w$——水的重度（kN/m³）；

$h$——地下水位以下的隧道埋深（算至隧道中心）（m）；

$K_0$——静止土压力系数；

$\gamma$——土的重度（kN/m³）；

$H$——隧道埋深（算至隧道中心）（m）；

$\gamma_{水}$——江水的重度（kN/m³）；

$h_{水}$——江水的深度（m），应根据潮汐表确定盾构切口上方实际水深。

2）切口水压下限值

$$
\begin{aligned}
P_{fl} &= P_1 + P_2' + P_3 + P_4 \\
&= \gamma_w \times h + K_a [(\gamma - \gamma_w) \times h + \gamma \times (H - h)] \\
&\quad - 2 \times C_u \times \sqrt{K_a} + 20 + \gamma_{水} h_{水}
\end{aligned} \tag{2}
$$

式中：$P_{fl}$——切口水压下限值（kPa）；

$P_2'$——主动土压力（kPa）；

$K_a$——主动土压力系数；

$C_u$——土的黏聚力（kPa）。

3）送排泥流量

$$
v_L = F_L \sqrt{2gD \frac{d_s - d}{d}} \tag{3}
$$

$$
v_d = 1.2 \sim 1.25 v_L \tag{4}
$$

式中：$v_L$——最低极限流速（m/s）；

$F_L$——取决于土粒子浓度和直径的常数，送泥管取值 0.7，排泥管取值 1.35；

$d_s$——流过泥管内土粒的相对密度；

$D$——管路直径；

　　$d$——泥水相对密度；

　　$g$——重力加速度，$9.8m/s^2$；

　　$v_d$——设计最低流速。

　　实际施工过程中的切口水压的取值介于理论计算值的上下限之间，即盾构正面挤压力 $F_g$ 介于主动土压力 $P_2'$ 和静止土压力 $P_2$ 之间（$P_2' < F_g < P_2$）。施工中充分发挥岩层自立性良好的优势，采取欠压推进模式，即在保持开挖仓液位与进出浆流量总体平衡的条件下，保持施工中的支撑压力略低于理论计算值，采用快速掘进，快速拼装，掘进结束后补充高质量泥浆的施工控制方法，很好地稳定了掌子面，时刻参考每环泥浆场的出渣情况和出渣量及泥浆池液位变化情况，根据实际监测数据对盾构正面的挤压力进行调整。

　　5.2.2　高性能泥浆配制

　　南京长江隧道通过泥浆成膜试验确定了采用高分子材料和旧浆复合调浆的方案，在应用中取得了良好的效果。低成本的旧浆对于完善泥水体系、稳定泥浆密度和抑制地层漏失有较好的效果，不仅降低了成本，且由于旧浆回收工艺简单，减少了制浆时间，提高了调浆效率。泥浆参数如下：

　　1）密度

　　泥水密度大，可较好地稳定掌子面，但太大则加重设备负担，并影响出渣效率。为维护掌子面的稳定，进浆泥水密度在 $1.23 \sim 1.26 g/cm^3$ 之间，出浆密度 $1.30 \sim 1.40 g/cm^3$。

　　2）黏度

　　为了维护开挖面的稳定，在掌子面形成有效泥膜，泥水处理场制备新浆时应提高循环泥水质量，将调浆池泥浆黏度的控制在 $23 \sim 25s$ 范围之内，同时保证泥浆的漏失量小于 $10m^3/h$，析水率不大于 $5\%$。

　　根据国内外类似工程施工经验，并与相关科研单位进行试验确定，在江中浅覆土段施工中，每推进 1 环加入 $80 \sim 100m^3$ 新浆，对循环系统泥浆黏度和密度进行调整。

　　3）含砂率

　　在空隙率大的圆砾层和级配差的砂层，泥浆中的砂粒对地层空隙有堵塞作用，故泥膜形成与泥浆中砂的粒径及含量有很大关系。通过泥水处理场进行筛分沉淀，保留有用的黏土颗粒，去除 $74\mu m$ 以上的大部分砂颗粒及 $45\mu m$ 以上的部分粉土颗粒，形成适当的固相颗粒级配，确保在开挖面形成泥膜。因此，泥浆中的含砂量控制在泥水处理中也是一个重要指标。南京长江隧道工程大部分地段含砂量控制在 $15\% \sim 25\%$。

　　4）泥浆泵泵压控制

　　为避免泥水环流系统进排泥浆泵泵压过高造成设备超负荷运转发生故障，必须对进出泥浆泵泵压进行控制，最大泵压不超过 9.0bar。

　　在江中浅覆土段泥水参数详见表 1。

浅覆土段泥浆参数　　　　　　　　　　　　　　　　表 1

| 项　目 | 进浆密度<br>（g/cm³） | 进浆流量<br>（m³/h） | 排浆密度<br>（g/cm³） | 排浆流量<br>（m³/h） | 析水率 | 漏失量 |
|---|---|---|---|---|---|---|
| 江中浅覆土 | 1.23～1.26 | 1800～2000 | 1.30～1.40 | 2050～2250 | ＜5％ | ＜10m³/h |

　　为了确保在江中浅覆土段施工盾构开挖面的稳定，根据确定的泥水参数，在进入江中

浅覆土施工前，首先调配基础浆 $3000m^3$，泥浆黏度达到 $25s$，密度控制在 $1.23\sim1.26g/cm^3$。根据南京长江隧道工程在⑧层粉细砂、⑩层砾砂中的掘进经验，施工中泥浆损失主要包括掘进及拼装过程中掌子面漏失、泥水分离时渣土携带和沉淀池清理时泥浆损失。在江中浅覆土粉细砂层中掘进时，每环浆液损失在 $110\sim130m^3$。

根据泥浆管流速及路程，确定每环掘进完成前 $20min$ 向掌子面补充新制泥浆 $80m^3$，以维护掌子面稳定。为保持泥水循环系统泥浆量稳定，向泥浆池内加入 $30\sim50m^3$ 新制泥浆。

### 5.2.3　泥浆管流速

根据施工经验，排浆管浆液密度在 $1.30\sim1.40t/m^3$ 之间，砾砂层干密度为 $1.72t/m^3$，根据杜郎德最低极限流速公式，计算可得到排浆管在砾砂层最小排泥量 $Q_排=1731m^3/h$。考虑到进排浆量与掘进速度的匹配，粉细砂层、砾砂层将进浆量设定为 $1900m^3/h$，排浆量设定为 $2150m^3/h$ 左右。

### 5.2.4　掘进速度及刀盘转速

掘进速度和刀盘转速根据地质条件及施工经验设定，见表2。

浅覆土段掘进参数表　　　　　　　　　　　　　　　表2

| 项　目 | 刀盘转速 | 掘进速度 | 锥入度 | 地层特征 | 备　注 |
|---|---|---|---|---|---|
| 江中浅覆土 K5+900～K6+200 | 0.65～0.8r/s | 25～30mm/min | 35～45mm/r | ⑦-1 层粉细、⑧层粉细砂、⑩层砾砂 | 减少掘进对掌子面的扰动 |

### 5.2.5　管片壁后注浆

根据地质情况，江中浅覆土地段粉细砂层颗粒级配不良，砾砂层充填物易被冲刷，为防止盾尾漏浆、隧道上浮及地层失稳，需加强管片壁后注浆控制，保证同步浆液质量。设定浆液密度为 $1.96g/cm^3$，浆液的坍落度控制在 $18\sim22cm$；注浆量控制在理论建筑空间的 $150\%\sim200\%$，确保壁后注浆密实有效。同时控制注浆压力，防止击穿浅覆土层，注浆压力设定为注浆管位置泥水压力的 $95\%\sim105\%$（波动 $\pm0.1bar$，与泥水压力匹配）加上泥水管泵头至出口压力损失。

### 5.2.6　出渣量控制

盾构机掘进时，必须严格控制每环的出渣量。理论出渣量＝盾构开挖面积×掘进长度×土体自然重度；实际出渣量＝（排浆流量×排浆密度－进浆流量×进浆密度）×泥水循环时间，具体数值在盾构机控制系统进行统计，并由泥水场工程师根据渣土场出碴量进行复核。一般实际出渣量控制在理论出渣量的 $97\%\sim100\%$ 之间，允许出现少量欠挖，不允许出现超挖，以保证掌子面稳定。

### 5.2.7　盾构机姿态控制

根据南京长江隧道施工经验，盾构机姿态及成型管片在砂层中较稳定，在浅覆土层易发生上浮，江中浅覆土段盾构姿态竖向上控制在 $-30mm\sim+10mm$ 之间，由于平面上在曲线段前进，盾构机姿态控制在曲线内侧 $+10mm\sim+30mm$ 之间。

### 5.2.8　盾尾保护

泵送油脂主要是为了保持油脂仓的压力，使其不被盾体外的泥水击穿。南京长江隧道盾构机采用欧洲式保压：将泵送口设定一定的压力（该压力与油脂仓为同一压力），当油脂仓压力小于该压力时，油脂泵自动向油脂仓泵送油脂，以达到保压效果。

对于透水性强，自稳性差的地层，多选用泥水平衡盾构，其显著特点就是对盾尾密封止水性能的要求非常高，一旦盾尾密封出现问题，将会造成盾尾漏浆，液化砂土随地下水沿盾尾和隧道接缝渗漏进入隧道内，从而导致开挖面泥水压力下降，土体失稳，严重时造成隧道周围局部土体掏空，隧道下沉，螺栓断裂，隧道破坏，或者隧道内大量淤积泥浆而将盾构机淹没。所以盾构掘进中需加强盾尾保护，严格控制风险。

### 5.2.9 测量监测

受长江水位变化和江水对江底的冲刷和淤积影响，掘进泥水压力计算选取的数值和实际施工时存在一定差异。为确保掘进时泥水压力设置准确，在江中浅覆土掘进施工时，应加强河床和水位监测，根据监测数据及时修正泥水压力。河床监测采取超声波装置江中浅覆土施工前测量，水位监测每天进行，并与当地长江水文站进行复核。在江中浅覆土施工期间，租用驳船停泊在盾构掘进上方江面上进行全天候监测。

### 5.2.10 管片上浮控制及处理措施

1) 选择适当的注浆浆液及方法

在含水粉细砂地层中，解决管片上浮问题实质上是同步注浆稳定管片与管片上浮在时间上的竞赛。比较理想的注浆方法应是盾构沿轴线掘进，注浆浆液完全充填施工间隙并快速凝固形成早期强度，隧道与周围土体形成整体构造物从而达到稳定。双液瞬凝浆液因其时效特点，在隧道位移控制上优势明显，同步注浆工艺和双液瞬凝型浆液（水泥浆液和水玻璃浆液）无疑能彻底解决管片上浮的问题。但双液浆随着温度的变化，同种配比的浆液化学凝胶时间因时而异，堵管故障也极易发生，综合考虑这些实际问题，南京长江隧道同步注浆采用惰性浆液。根据管片上浮的规律值和盾构推进姿态的关系合理选择注浆孔位、注浆量和注浆压力。根据南京长江隧道施工经验，盾构尾部上、下 3 排 6 个注浆孔中，上、中、下 3 排注浆孔的注浆量比例约为 4∶3∶2。

2) 控制盾构机姿态

盾构机掘进过程中姿态控制不好，必然造成频繁的纠偏。纠偏的过程就是管片环面受力不均的过程。所以在掘进过程中要严格控制好盾构机的姿态，尽可能地使其沿隧道设计轴线进行推进，避免出现纠偏蛇形。发现偏差时应逐步纠正，禁止突纠，以免造成管片间存在较大错台，致使管片环面受力严重不均。

3) 控制掘进速度

如果同步注浆过程中，浆液不能达到及时有效地固结和稳定管片的条件，应适当控制盾构掘进速度。一般以缓推为宜，推进速度不大于 30mm/min，确保管片脱出盾尾时形成的空隙量与注浆量平衡，尽量避免注入的浆液被水稀释而降低浆液性能。

4) 合理控制盾构机推进高程

根据南京长江隧道盾构施工经验，统计在各种地层中管片拼装后上浮经验值，在掘进时控制盾构姿态按照减去管片上浮量的轴线高程进行推进。在江中浅覆土段施工将盾构机推进轴线高程降至设计轴线下 20mm，以此来抵消管片衬砌后期的上浮量。实践证明，这样控制掘进，成型隧道中心轴线与设计轴线基本一致。

5) 管片上浮后的处理

管片上浮后的处理比较难，一般可尝试在隧道底部打开注浆孔泄压，释放管片底部的注浆浆液。根据类似工程施工经验，此方法效果不理想，并且污染隧道，施工风险大。如发现管片上浮超限，需立即停止盾构掘进，对已上浮的管片通过注浆孔进行二次注浆。注浆材料以瞬凝双液浆为最好，注浆压注顺序应顺着隧道坡度方向，从隧道拱顶至两腰，最后压注拱底。终止注浆以打开拱底注浆孔无渗水为原则，以防止盾构恢复掘进后管片继续上浮。

### 5.3 劳动力组织

施工过程控制由总工程师全面负责，技术、质检、测量人员跟班作业。劳动组织见表3。

劳 动 组 织 表3

| 序号 | 岗位 | 工作内容 | 人数（人） | 工具配备 |
|---|---|---|---|---|
| 1 | 现场指挥 | 负责技术、人员调度 | 2 | 对讲机、电脑 |
| 2 | 盾构机操作手 | 盾构机掘进操作控制 | 3 | |
| 3 | 机电工程师 | 盾构机检查维保 | 6 | |
| 4 | 掘进工人 | 管片箱涵拼装 | 22 | |
| 5 | 维保工人 | 维修机械设备 | 4 | 维修工具 |
| 6 | 泥浆工 | 泥浆制备 | 8 | |
| 7 | 电焊工 | 加工焊接管道、支架 | 6 | 电焊、氧割设备 |
| 8 | 电工 | 负责临时用电 | 2 | |
| 9 | 监控量测 | 观测中心线、高程 | 8 | 对讲机、测量仪器 |
| 10 | 机动人员 | 配合临时工作 | 16 | |
| 11 | 安全员 | 负责安全工作 | 2 | |
| 12 | 技术人员 | 检查各工序的施工情况 | 6 | |

## 6 材料与设备（表4、表5）

主 要 材 料 表4

| 序号 | 材料名称 | 规格 | 数量 | 用途 |
|---|---|---|---|---|
| 1 | 制浆剂 | HS-1 | 200t | 配制泥浆 |
| 2 | 制浆剂 | HS-2 | 100t | 配制泥浆 |
| 3 | 制浆剂 | HS-3 | 200t | 配制泥浆 |
| 4 | 制浆剂 | HS-4 | 80t | 配制泥浆 |
| 5 | 膨润土 | | 300t | 配制泥浆 |
| 6 | 聚氨酯 | | 10t | 抢险材料 |

主 要 设 备 表5

| 序号 | 设备名称 | 规格型号 | 数量 | 用途 |
|---|---|---|---|---|
| 1 | 抢险工程车 | | 10 台 | 抢险 |
| 2 | 大型驳船 | | 1 艘 | 抢险 |

续表

| 序 号 | 设备名称 | 规格型号 | 数 量 | 用 途 |
|---|---|---|---|---|
| 3 | 挖掘机 | PC60 | 2 台 | 抢险 |
| 4 | 装载机 | Z30 | 1 台 | 抢险 |
| 5 | 水泵 | 18.5kW | 10 台 | 抢险 |

## 7 质量控制

### 7.1 工程质量控制标准

盾构施工执行《盾构法隧道施工及验收规范》（GB 50446—2008），变形测量频率按表6执行，管片拼装按表7执行。

**变形测量频率** 表6

| 变形速度（mm/d） | 施工状况 | 测量频率（次/d） |
|---|---|---|
| >10 | 距工作面1倍洞径 | 2/1 |
| 10~5 | 距工作面1~2倍洞径 | 1/1 |
| 4~1 | 距工作面2~5倍洞径 | 1/2 |
| <1 | 距工作面>5倍洞径 | 1/>7 |

**管片拼装允许偏差表** 表7

| 序 号 | 项 目 | 允许偏差（mm） | 检验方法 | 检查频率 |
|---|---|---|---|---|
| 1 | 衬砌环直径椭圆度 | $\pm6‰D$ | 尺量后计算 | 4点/环 |
| 2 | 隧道圆环平面位置 | $\pm60$ | 用经纬仪测中线 | 1点/环 |
| 3 | 隧道圆环高程 | $\pm60$ | 用水准仪测高程 | 1点/环 |
| 4 | 相邻管片的径向错台 | 6 | 用尺量 | 4点/环 |
| 5 | 相邻环片环面错台 | 7 | 用尺量 | 1点/环 |

注：$D$指隧道的外直径（mm）。

### 7.2 质量控制措施

7.2.1 为防止盾构机在此区段因长时间停机造成地层劈裂，在盾构机进入此区段前即对盾构机进行全面的检查，更换所有存在隐患的配件，做好拼装系统的全面检修更换，并在进入冲槽段前更换一次高压电缆。

7.2.2 确保在冲槽地段以"高黏优浆、合理低压、平稳推进、快速拼装、禁止停机、一次通过"的原则进行推进，力争将穿越时间缩到最短；泥浆池重新制备优质泥浆，并在储浆池保持储存400m³新浆，用于每环结束维护掌子面和调浆使用；在调浆池储备好满足指标要求的调配浆液3100m³，同时在废浆池中储备5000m³的备用浆液；现场库房储备不少于20tHS1、10tHS2、20tHS3、10tHS4等高分子聚合材料和50t膨润土备用，仓储库房储备100tHS1、30tHS2、100tHS3、50tHS4等高分子聚合材料和200t膨润土。

7.2.3 掘进采用高密度、高黏度泥浆形成致密泥膜，封闭掌子面。

7.2.4 根据软弱地层参数计算泥水压力，给掌子面提供足够的支撑压力，同时严控泥水压力和注浆压力（波动±0.1bar），防止压力击穿覆土层。

7.2.5　为保证掘进参数的准确性，在实际工程中在穿越冲槽段前对冲槽地形进行一次江底地形断面实测，在穿越过程中每环掘进前均安排专人测量水位，对掘进参数进行修正。

7.2.6　穿越过程中加强设备的状态监测与维护保养，配备必要的易损件。

7.2.7　掌子面存在 4.5% 的坡度在停止掘进时是较难保持稳定的，因此要求泥浆必须有迅速成膜的能力。根据经验数据，结合计算压力适当调高一些泥水压力抵消因上坡影响造成的掌子面失稳分力，每环掘进结束前必须及时向掌子面注入 50～100m³ 高浓度新浆，以维护掌子面稳定。

7.2.8　为减少平面曲线段对冲槽段施工的影响，掘进时按照每环的设计偏移量进行均匀转向，防止出现急转现象。

7.2.9　为保证盾尾间隙不出现恶化，每环分 0.5m、1m、1.5m、2m 四个里程段对盾尾间隙选取 10 个点进行测量，并根据盾尾间隙的测量数据，在掘进过程中及时进行慢慢修正，严禁过度纠偏。管片选型采用机选为主，人工复核的方式，选取与盾构机姿态最匹配的管片安装形式。当盾尾间隙不均匀造成漏浆时，可在管片外弧面粘贴止水海绵，以便盾尾漏浆时吸水膨胀封堵，同时在加大同步注浆量的情况下增加油脂注入量。

7.2.10　针对砂土层液化现象，在掘进参数上采取降低掘进速度和刀盘转速的方式，将扰动降到最小。采用高密度、高黏度泥浆形成致密泥膜，封闭掌子面；同时通过泥膜形成过程将黏性颗粒渗透入粉细砂层，也可改良粉细砂层的液化现象，消除与刀盘接触土体的液化作用。根据粉细砂层参数计算泥水压力，给掌子面提供足够的支撑压力。针对可能发生的涌水涌沙现象，一方面要保证盾尾间隙均匀，并且要保证壁后注浆和盾尾密封油脂注入量的充足；另一方面每次注浆结束要采用粉煤灰加膨润土的混合浆液对盾尾注浆管进行保压，防止外部泥水涌入。

## 8　安全措施

### 8.1　安全管理措施

#### 8.1.1　创建三级安全生产责任体系

在集团公司安全机构的领导下，指挥部成立了三级安全机构：一级是安全领导小组，由指挥长亲自任组长，管施工生产的副指挥长及安全长任副组长，组员由总工程师及各项目部经理、各部门负责人组成。二级是由各项目部分管生产的副经理及安全长、安全工程师及各部门负责人组成。三级是由专职安全员及各班组兼职安全员组成，并且在施工现场所有作业人员都是义务安全员，对所负责的施工现场安全负责。

#### 8.1.2　强化安全责任制、严格规章制度、实行绩效管理

制定一系列的安全生产管理办法，并根据每个管理人员及施工作业人员不同的工作岗位及所从事的不同工种制定详细的岗位安全职责，贯彻"安全第一、预防为主"的方针和"管生产必须抓安全"的原则，确保施工生产的安全。指挥部制定了"项目绩效考核管理办法"，把安全工作目标进行数据化量化管理，实行每月一考核。

#### 8.1.3　推进"一法三卡"工作法；维护员工的健康和安全

参照国家现行的劳动安全卫生法律法规和技术标准，结合安全生产的实际情况，借鉴国内外安全管理的经验，积极推行"一法三卡"工作法，维护员工的健康和安全。

8.1.4　颁布落实《安全生产手册》

根据超大直径盾构浅覆土穿越施工的特点和业主、公司的安全生产管理规定，颁布实施适合本工程需要的《安全生产手册》，其内容遵守国家颁布的各种安全规程。工人上岗前进行培训和考核，合格者准予上岗。

8.1.5　坚持持证上岗制度

对于机械操作手、电工、电焊工等特殊工种工作人员，严格持证上岗，确保按安全操作规程施工，保证施工安全。

8.1.6　抓教育培训、提高员工素质

面对超大直径盾构隧道施工这一技术难度大、施工风险点多、危险源多、员工操作不熟练这一现状，为了使员工能熟练掌握操作规程，保证安全生产，我们坚持"学用结合、按需培训"的原则，做好员工三级安全教育的同时，抓好员工操作技能培训工作。

8.1.7　以预防为重点，加强突发事件的应急和处置能力

我们始终坚持"安全第一、预防为主"这一安全管理工作方针。面对工程地质复杂，风险点多的现状，实行应急管理；针对风险点组织制订了专项应急预案及其现场处置方案，并组织进行演练，遇到突发事件时能紧急处置，避免事故发生。

8.2　安全技术措施

8.2.1　采取先进技术，加强远程监控

与上海超级计算机模拟中心合作，采用超级计算机三维数值仿真模拟和小直径盾构模型掘进"双模拟"试验；采用声纳法和多波速束测探扫描系统等手段对江底地形进行"双监测"等先进技术，对施工风险点进行科研攻关。施工过程中加强对作业现场的监控，设立了远程视频监控系统，在现场的每个作业地点都安装了摄像头，从而对施工现场的每道工序及作业流程都能做到一目了然，对于员工是否按操作规程作业和施工中的控制参数都能在指挥部监控指挥中心看到，对碰到的问题也可以通过网络系统组织专家进行论证。

8.2.2　以科技为先导，加强方案预控

施工方案制订得科学合理是施工安全的最大保障，为此指挥部专门成立了工地专家组，聘请了国内外知名的盾构施工及机械设备方面的专家（由我国工程院院士、日本盾构专家、德国盾构专家、国内盾构施工专家以及西南交通大学、北京交通大学、河海大学、上海同济大学教授组成）对工程施工方案进行论证把关，并请日本盾构专家及德国盾构专家常驻工地，每遇到风险大的施工方案（例如盾构机的运输及工地装、盾构机的超浅埋始发及接收、盾构机下穿长江大堤、江中复合底层段施工、江中浅覆盖层段施工、盾构机江中换刀及进仓）等，都事先进行专家论证，确认方案上可行后再组织施工，从而从源头上保证了施工安全。

## 9　环保措施

在本工程施工过程中，严格遵守国家和地方政府下发的有关环境保护的法律、法规和规章，以及业主制定的有关本工程环境保护的规章制度，加强对粉尘、废气、废水的控制和治理，降低噪声，控制粉尘和废气的浓度以及做好废水和废油的治理和排放，整个施工过程对环境无污染。

## 10  资源节约

南京长江隧道江中浅覆土施工不采用抛填土加固方式，而是采用高黏度泥浆维护开挖面，控制开挖面泥水压力波动和泥浆流量，掘进过程中严格控制盾构姿态，确保注浆均匀充足，安全平稳通过浅覆土地段，从而节约了大量资源，如回填所需黏土、车船运输设备、车船燃料等。

## 11  效益分析

### 11.1  经济效益

南京长江隧道江中浅覆土施工在通过江中浅覆土前制订了针对性强的施工措施，切实可行、经济合理，相比通常盾构法穿越浅覆土施工顶部抛填黏土的措施，节省费用约2000万元，保证了工程的安全和进度，共计节约工期1个月，获取间接经济效益1500万元。

### 11.2  环境效益

因采用高黏度泥浆维护开挖面，控制开挖面泥水压力波动和泥浆流量，掘进过程中严格控制盾构姿态施工避免了抛填土施工给长江通航及排水的影响，对环境无影响。

### 11.3  社会效益

（1）采用高黏度泥浆维护开挖面，控制开挖面泥水压力波动和泥浆流量，掘进过程中严格控制盾构姿态，确保注浆均匀充足，安全平稳通过浅覆土地段成功地解决了江中浅覆土段，受到盾构掘进扰动后，土体易发生液化现象，易坍塌；且当盾尾密封效果不佳或注浆量设置不合理时，均可能发生涌水涌沙等，确保工程建设的成功。

（2）超大直径盾构穿越浅覆土水下隧道施工工法的研究，对在水底设计施工超浅埋长大隧道具有一定指导意义。

（3）超大直径盾构穿越浅覆土水下隧道施工工法的研究为企业在施工领域的拓展树立了良好的信誉。

## 12  应用实例

南京长江隧道工程左线盾构隧道工程和右线盾构隧道工程采用了该工法进行了施工。

### 12.1  工程概况

南京长江隧道工程采用"左汊盾构隧道＋右汊桥梁"的施工方案，其中左线盾构隧道长3022m，右线盾构隧道长3014m。盾构隧道采用两台$\phi$14.93m泥水加压平衡盾构施工，左、右线里程K5＋900～K6＋200为江中超浅覆土段。该段里程最小覆土厚度约为10.49m，仅为盾构直径的70%，覆土厚度不足1倍盾构直径的区间共有72m长，地层与江水有水力联系，极易发生冒顶和坍塌现象。该里程段盾构施工所穿越地层主要为⑦-1层粉细砂、⑧层粉细砂、⑩层砾砂、⑫层粉细砂，上部覆土主要为④层淤泥质粉质黏土、⑥层淤泥质粉质黏土夹粉土、⑦-1层粉细砂。地质概况见图3。由于粉细砂液化等级为轻微液化～中等液化，当其受到盾构掘进扰动后，易发生液化坍塌现象，且当盾尾密封效果不佳或清洗注浆管时，可能发生涌水涌沙事故。

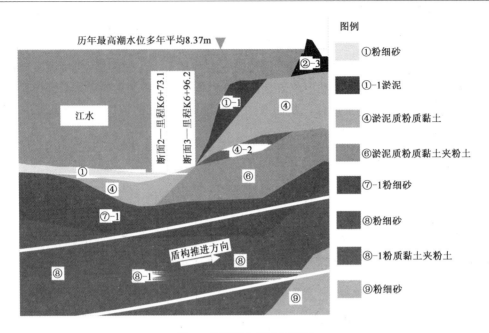

图 3　超浅覆土段地质概况

## 12.2　施工情况

浅覆土掘进施工是盾构过江过河隧道工程成败的关键，通过制订严密的施工方案，加强施工过程的信息化管理，并重点控制防塌、防冒、防浮和防偏等四个方面，可以确保浅覆土段施工的安全。南京长江隧道工程左、右线盾构区间分别顺利穿越了左线盾构隧道江中浅覆土段（LK5＋900～LK6＋200）、右线盾构隧道江中浅覆土段（RK5＋900～RK6＋200），盾构掘进过程中开挖面稳定；管片拼装无错台、无渗漏；成型管片实际轴线水平偏差控制在±10mm以内，高程偏差控制在±20mm以内，后续沉降较小。左线右通过江中浅覆土时分别创出了超大直径盾构施工中单日掘进29m（14.5环）、单班（12h）16m（8环）和单日掘进32m（16环）、单班（12h）17m（8.5环）的世界纪录，同时创造了170m计85环的周掘进记录。

南京长江隧道工程项目左线隧道工程于2008年5月开始，2009年5月竣工。右线隧道工程于2008年1月开始，2009年8月竣工。

## 12.3　工程监测与结果评价

南京长江隧道结构健康监测系统布置各类传感器共682只，可对6个监测断面管片结构受到的土、水压力、各类结构响应以及混凝土腐蚀性状进行实时在线监测。监测结果表明，监测环管片结构在该时间段内处于"健康"的工作状态。

该工法解决了在强透水地层、不进行地层处理条件下穿越江中浅覆土段的施工技术难题，取得了创造性研究成果，达到了国际领先水平。实践证明，运用该工法可以改善施工作业环境，保证施工安全，加快施工生产进度，创造良好的社会经济效益，可为地下工程施工技术领域积累宝贵的经验财富，对国内同类型地质条件下超大型盾构水域下超浅覆土安全穿越有极好的借鉴和推广意义。

# 参 考 文 献

1. 中华人民共和国国民经济和社会发展第十二个五年规划纲要. 国务院
2. 交通运输"十二五"发展规划. 交通运输部
3. 公路水路交通运输"十二五"科技发展规划. 交通运输部
4. 安全生产"十二五"规划. 国务院办公厅
4. 全国监理工程师培训教材. 工程建设投资控制. 北京：中国建筑工业出版社，2010
5. 王雪青. 国际工程项目管理. 北京：中国建筑工业出版社，2002
6. 卢毅、刘建生. 高速公路建设项目业主管理指南. 北京：人民交通出版社，2005
7. 成虎. 工程项目管理（第三版）. 北京：中国建筑工业出版社，2010
8. 全国造价工程师培训教材. 工程造价计价与控制. 北京：中国计划出版社，2009
9. 彭于山. 浅谈合同风险的成因及形态. 广东建材，2010 年第 1 期
10. 李垒垒. 国际工程承包合同风险的分析与控制研究. 山东建筑大学硕士学位论文，2010
11. 吴红燕. 工程项目分包合同风险的规避和对策探讨. 现代经济信息，2011 年 15 期
12. 王资权. EPC 模式下的项目合同风险管理初探. 经济研究导刊，2011 年第 13 期
13. 许杨. 浅谈工程承包方的合同风险防范. 工业建筑，2011 年第 41 卷增刊
14. 张喜刚. 公路桥梁和隧道工程设计安全风险评估. 北京：人民交通出版社，2010 年
15. 交通运输部工程质量监督局. 公路桥梁和隧道工程施工安全风险评估制度及指南解析. 北京：人民交通出版社，2011 年
16. 国家发展和改革委员会法规司、国务院法制办公室财金司、监察部执法监察司. 中华人民共和国招标投标法实施条例释义. 北京：中国计划出版社，2012 年
17. 丁士昭. 工程项目管理. 北京：中国建筑工业出版社，2006
18. 何伯森. 工程项目管理的国际惯例. 北京：中国建筑工业出版社，2007
19. 大伙房输水工程特长隧道修建技术研究. 中铁西南科学研究院有限公司，2010，11
20. 许祥榜. 渝隧高速公路合同管理. 公路与管理，2010 第 21 期
21. 黄宏伟、刘国彬. 隧道工程建设风险管理现状与长江隧道工程风险评估研究［R］. 同济大学，2006，12
22. 公路桥梁工程施工安全风险评估指南. 2010 年 9 月
23. 公路桥隧工程施工安全风险评估管理办法. 2010 年 9 月
24. 公路隧道工程施工安全风险评估指南. 2010 年 9 月
25. 陈龙. 城市软土盾构隧道施工期风险分析与评估研究：同济大学博士论文. 上海，同济大学土木工程学院，2004 年
26. 中共中央办公厅. 中共中央国务院关于加强技术创新发展高科技实现产业化的决定（中发【1999】14 号），1999 年